Bernd Greiner/Christian Th. Müller/Dierk Walter (Hg.)

Heiße Kriege
im Kalten Krieg

Studien zum Kalten Krieg
Band 1

Hamburger Edition

Hamburger Edition HIS Verlagsges. mbH
Mittelweg 36
20148 Hamburg
www.hamburger-edition.de

© 2006 by Hamburger Edition

Redaktion: Jörg Später
Umschlaggestaltung: Wilfried Gandras
Typografie und Herstellung: Jan Enns
Karten: Peter Palm
Satz aus Sabon von Dörlemann Satz, Lemförde
Druck und Bindung: Clausen & Bosse, Leck
Printed in Germany
ISBN-10: 3-936096-61-9
ISBN-13: 978-3-936096-61-3
1. Auflage April 2006

Inhalt

Bernd Greiner/Christian Th. Müller/Dierk Walter
Einleitung

Für den größten Teil der nördlichen Hemisphäre war die Ära des Kalten Krieges (1945–1989) eine Phase des Friedens – wenigstens formal. Zwar war es ein Frieden im Schatten der drohenden atomaren Weltvernichtung; ein Frieden, der, allgemeiner zeitgenössischer Perzeption zufolge, gerade durch die Garantie der gegenseitigen nuklearen Vernichtung im Falle einer außer Kontrolle geratenden Konfrontation der feindlichen Blöcke erzwungen wurde. Es war auch ein Frieden, der, paradoxerweise, mit einer materiellen, personellen und ideologisch-mentalen Hochrüstung einherging, die in der Geschichte für vergleichbar lange Phasen ohne tatsächliche militärische Konfliktaustragung ihresgleichen sucht. Jahrzehntelang unterhielten die Großmächte, aber eben auch die mindermächtigen Länder beider Blöcke, Streitkräfte, die nach Umfang und Mobilisierungsgrad zumindest dem Anspruch nach permanent kriegsbereit waren. Die Verteidigungshaushalte selbst kleinerer Staaten verschlangen Jahr für Jahr Anteile an den Staatsausgaben, die in früheren Friedenszeiten unerhört gewesen wären. Zu Lande, zu Wasser, in der Luft und schließlich im Weltall tobte ein Rüstungswettlauf um den jeweils kleinsten technologischen Vorsprung, der nur durch die wiederholte kurzfristige und kostenintensive Umrüstung auf jeweils neueste Militärtechnologie gewinnbar schien. In vielen Ländern, die sonst in Friedenszeiten keine Wehrpflicht kannten, brachte der größte Teil der jungen Männer teilweise mehrere Jahre in Kasernen zu, und das in Zeiten der Vollbeschäftigung. Nicht zuletzt führte die Blockkonfrontation zu einem auf Dauer gestellten inneren Abwehrzustand, einer Art Kriegsrecht im Frieden. Medien, Wissenschaft und Kultur wurden für die offensive Auseinandersetzung mit der jeweils anderen Ideologie mobilisiert. Eine tatsächliche oder auch nur unterstellte Kooperation mit dem außenpolitischen Gegner, im Sprachgebrauch der Zeit auch ganz ungezwungen als »Feind« bezeichnet, wurde zumindest phasenweise in Kategorien des schweren Hoch- und Landesverrats interpretiert und mit einer Härte bestraft, die bis dahin nur in Kriegszeiten üblich war. Kurz, es standen sich im Kalten Krieg zwei hochgerüstete Blöcke gegenüber, die sich ganz so benahmen, als befänden sie sich trotz des Friedenszustandes, der rein völkerrechtlich herrschte, permanent im Krieg.

Nicht dass in diesem »Krieg« nicht trotzdem auch geschossen worden wäre und Soldaten (und Zivilisten) gestorben wären. Es gab viele Fronten, an denen der Kalte Krieg immer wieder kurzfristig und lokal, für eine kleine Zahl von Beteiligten, heiß wurde. Es gab provozierte oder unabsichtliche Unfälle zwischen den in permanentem Alarmzustand befindlichen militärischen Vorposten der gegnerischen Streitkräfte. Es wurden Flugzeuge abgeschossen, es sanken U-Boote. Wirkliche oder vermeintliche Agenten des Feindes wurden liquidiert. Menschen starben beim Versuch, den Eisernen Vorhang zu überwinden, und es gab immer wieder Momente, in denen sich die Truppen beider Blöcke praktisch Auge in Auge gegenüberstanden, in denen der Ausbruch eines heißen und aller Vermutung nach terminalen Krieges nur die paar Millimeter entfernt schien, die den Finger eines Schützen vom Abzug, eines Piloten vom Knopf für die Raketenauslösung trennten. In der Kuba-Krise von 1962 schien der Weltuntergang für die Beteiligten mitunter nur an einem falschen Augenschlag zu hängen.

Und dennoch lebte der allergrößte Teil der Bevölkerungen der nördlichen Hemisphäre unter diesen ungewöhnlichen und welthistorisch einmaligen Begleitumständen ein im Wesentlichen friedliches Leben. Die heißen Kriege des Kalten Krieges nämlich, die als Kriege zu identifizieren man keiner semantischen Transferleistungen bedurfte, fanden jenseits der Kernstaaten der beiden feindlichen Blöcke statt. »Heiß« wurde der Kalte Krieg von allem Anfang an in Übersee, in der Dritten Welt, dort, wo keine oder nur eine geringe Gefahr bestand, dass ein Gewehrschuss mit einer taktischen Nuklearwaffe beantwortet wurde und diese wiederum mit dem strategischen Atomschlag.

Mehr als 150 größere bewaffnete Konflikte sind für die viereinhalb Jahrzehnte nach 1945 gezählt worden, der ganz überwiegende Teil in der Dritten Welt. Beide Blöcke suchten sich ihre Verbündeten in Asien, Afrika und Lateinamerika, brachten sie gegeneinander in Stellung, belieferten sie mit (oft ausgemusterten) Waffen, versorgten sie mit Militärberatern und Ausbildern und hetzten sie in so genannte Stellvertreterkriege – Kriege, in denen die Blockkonfrontation stellvertretend nachvollzogen wurde, in denen der Erfolg oder Misserfolg des lokalen Akteurs als Erfolg oder Misserfolg des großen Bruders in Washington oder Moskau (oder Peking) interpretiert wurde. Die ganze Welt wurde zum Schachbrett eines Nullsummenspiels, in dem letztlich nur die globale Gesamtbilanz zählte.

Zumindest war dies die dominante Perzeption seitens der Kernmächte der beiden Blöcke, die unsere moderne Sichtweise auf bewaffnete Konflikte in der Dritten Welt vor 1989 stark geprägt hat. Aber wird diese

Perspektive der Realität der heißen Kriege, die in der Ära des Kalten Krieges geführt wurden, gerecht? Zweifel sind, aus unterschiedlichen Gründen, angebracht.

Ein großer Teil der heißen Kriege im Kalten Krieg war das direkte Resultat des sich im Wesentlichen zwischen 1947 und 1975 manifestierenden Unabhängigkeitsstrebens der indigenen Bevölkerungen der europäischen Kolonialreiche. Natürlich eigneten sich gerade diese Auseinandersetzungen für die Unterwerfung unter die Logik der ideologischen Frontstellung des Ost-West-Konflikts. Alle Kolonialmächte waren integraler Teil der westlichen und kapitalistischen Welt; der Kommunismus baute im Gegenzug ganz wesentlich auf eine explizit antiimperialistische Ideologie, die zwangsläufig eine besondere Attraktivität für Befreiungsbewegungen haben musste. Zeitgenössisch sind denn auch Dekolonisationskriege vom Westen gern als genuiner Kampf an der Front des Kalten Krieges verstanden worden. Die kolonialen Befreiungsbewegungen wurden stereotyp mit dem ideologischen Feind Kommunismus identifiziert, der drohende Verlust eines überseeischen Territoriums als Nettogewinn des Ostens im globalen Kampf um die Vorherrschaft verstanden. Dass die kommunistische Ausrichtung kolonialer Befreiungsbewegungen fast immer situativ und instrumental, oft recht oberflächlich und teilweise offensichtlich nichtexistent war, dass selbst eine unverhüllt kommunistische Ideologie noch nicht zwangsläufig mit der Fernsteuerung durch Moskau gleichzusetzen war, wurde dabei mitunter entweder propagandistisch unterschlagen oder im Zeichen des von *worst case*-Szenarien bestimmten Scheuklappendenkens einfach übersehen.

Tatsächlich waren eben Kriege um die Unabhängigkeit kolonialer Herrschaftsgebiete nicht selten zunächst genau das, was sie vorgaben zu sein, und nicht das, was der ideologische Subtext suggerierte, den die Protagonisten des Kalten Krieges in sie hineinprojizierten. Sowenig sich die europäische Präsenz in der Dritten Welt primär als Resultat des Kalten Krieges erklären lässt – schon allein nicht, weil sie auf frühere Jahrhunderte zurückging –, so wenig ist der Kampf um ihre Ablösung durch neue Nationalstaaten automatisch und in jedem Falle ein Element der Blockkonfrontation gewesen. Für die europäischen Mächte standen in Dekolonisationskriegen nicht selten primär die Faktoren auf dem Spiel, um die es schon bei der Aufrichtung der Kolonialherrschaft gegangen war – um Wirtschaftsbeziehungen, die ausschließliche Verfügung über Rohstoffe und Absatzmärkte sowie nicht zuletzt um globalstrategische Paradigmen wie die Sicherung von Stabilität in der Region, die Offenhaltung von Seewegen oder schlechterdings um den strategischen Zugang zu peripheren Gebieten. Für die lokalen Akteure wiederum ging es

in Befreiungskriegen zunächst um die Aneignung von Schlüsselstellun-
gen und Machtmitteln, die Ausschaltung politischer Gegner, die Entscheidung über die ethnische und/oder religiöse Kräftebalance in einem
neuen Staat. Ideologie, oder ihre Manifestation im globalen Konflikt
zwischen Ost und West, war für die Akteure beider Seiten nicht selten
nur ein Postskriptum, eine instrumentelle Erwägung, eine außen- oder
innenpolitisch schlagkräftige Unterfütterung und Legitimation einer oft
ganz anders motivierten Frontstellung.

Noch viel mehr galt dies natürlich für regionale Konflikte, in denen
die Fronten nicht zwischen einer westlichen Kolonialmacht und lokalen
Akteuren verliefen. In den zahlreichen Regional-, Grenz- und Bürgerkriegen in der Dritten Welt während des Kalten Krieges war die ideologische Überformung durch die globale Blockkonfrontation nicht selten
nur oberflächlich, kaschierte kaum die rein lokalen Ursachen, Strukturen und Logiken des Konfliktes. Dies hat sich eindrücklich nach dem
Ende der Ost-West-Konfrontation gezeigt, als diese Kriege nämlich
mehrheitlich mit unverminderter Intensität fortdauerten, obwohl ihnen,
wären sie reine »Stellvertreterkriege« gewesen, doch mit der ideologischen und machtpolitischen Frontstellung in der nördlichen Hemisphäre
auch der tiefere Sinn oder doch wenigstens die Legitimität abhanden gekommen sein sollte. Hingegen haben die Vormächte des Kalten Krieges
in der nördlichen Hemisphäre mit materieller, finanzieller und personel-
ler Unterstützung lokaler Akteure häufig dazu beigetragen, regionale
Konflikte zu intensivieren und auf Dauer zu stellen. Im Zweifel war aus
der Sicht der Supermächte ein permanenter Konflikt in der Dritten Welt
einer Konfliktlösung vorzuziehen, von der etwa der ideologische Gegner
profitieren hätte können.

Es lohnt sich also ein genauerer Blick auf die heißen Kriege im Kalten
Krieg. Diesem Blick ist der vorliegende Band gewidmet. Er fragt nach
dem relativen Gewicht der ideologischen und politischen Konfrontation
des Kalten Krieges für größere Gewaltkonflikte jenseits des Kernberei-
ches der nördlichen Hemisphäre, verglichen mit anderen Konfliktlogiken. Zu diesen gehören in erster Linie (1) die imperiale Struktur der Beziehung zwischen einer Kolonialmacht und politischen Entitäten an der
Peripherie von Imperien; (2) globalstrategische Faktoren, die dem Engagement von Großmächten in Regionalkonflikten zugrunde liegen konnten und die vom globalen ideologischen Konflikt weitgehend losgelöst
waren; (3) regionale und lokale Ursachen, Strukturen und Logiken von
bewaffneten Auseinandersetzungen.

In 13 Fallstudien werden unter dieser Fragestellung lokale und regionale Kriege der Jahre 1945 bis 1989 analysiert. Drei längere chronolo-

gische Überblicke widmen sich einleitend einerseits dem globalen Blick sowie andererseits dem der beiden Supermächte USA und Sowjetunion auf das Gesamtproblem der heißen Kriege im Kalten Krieg. Die Fallstudien hinterfragen in erster Linie die Qualität und Struktur der Konfliktlogik im Einzelfall. Wo Faktoren des Kalten Krieges eine wesentliche Rolle für die Konstellation und den Verlauf eines Gewaltkonfliktes spielten, analysieren die Beiträge deren Bedeutung im Vergleich zu anderen Determinanten. Es wird gefragt, ob und inwieweit verschiedene Konfliktlogiken gleichzeitig auftreten oder im Konfliktverlauf einander ablösen konnten, und was jeweils die Bedingungen dafür waren. Die Analyse dieser Faktoren am Einzelfall und darüber hinaus ist nach Auffassung der Herausgeber ein wesentlicher Schritt zum Verständnis von heißen Kriegen im Kalten Krieg.

Für die Auswahl der Fallbeispiele war dabei die begründete Vermutung eines »Anfangsverdachts« ausschlaggebend. Es ist sicher unstrittig, dass es zahlreiche lokale und regionale Konflikte zwischen 1945 und 1989 gegeben hat, sogar mit Beteiligung von Großmächten, bei denen der Verdacht einer Bedingtheit durch die globale Blockkonfrontation nahezu absurd wäre, etwa der »Fußballkrieg« zwischen El Salvador und Honduras 1969 oder der britisch-argentinische Konflikt über die Falklandinseln 1982. Interessant waren für die Herausgeber diejenigen heißen Kriege, bei denen die Verortung im Kalten Krieg oberflächlich betrachtet besonders nahe liegend schien, sich aber dann bei genauerer Analyse als eher fragwürdig herausstellte – oder umgekehrt.

Ein ausdrückliches Anliegen des Bandes besteht darin, die in der öffentlichen Wahrnehmung des Kalten Krieges, zumal retrospektiv, dominante Logik eines bilateralen globalen Konfliktes zweier nahezu monolithischer Blöcke aufzubrechen. Besonderes Augenmerk schenken die Beiträge daher der Rolle lokaler, regionaler und mindermächtiger globaler Akteure wie der Beinahe-Weltmacht Großbritannien. Dies rechtfertigt sich nicht zuletzt aus der dominanten Rolle, die das Vereinigte Königreich als größte Kolonialmacht der Erde in den Dekolonisationskriegen nach 1945 gespielt hat. Die Herausgeber sind der Auffassung, dass jede Interpretation des Kalten Krieges als im Wesentlichen statische Blockkonfrontation dem Verständnis der Ursachen und Verläufe lokaler und regionaler Konflikte massiv im Wege steht. Es geht daher vor allem auch darum, die Facetten, Handlungsspielräume und Dynamiken multilateraler Konfliktkonstellationen, global und lokal, auszuleuchten. Ganz besonders gilt dies für Konflikte, in denen die Einflussnahme der Weltmächte auf die Handlungsspielräume der Akteure vor Ort unübersehbar war. Das Bild im Wesentlichen von den Launen der Weltmächte abhängiger lokaler Klienten in den so genannten Stellvertreterkriegen hält, bei allem offensichtlichen Machtgefälle zwischen dem »großen« und dem »kleinen Bruder«, einer näheren Überprüfung im Einzelfall oft nicht stand. Ganz im Gegenteil stellt sich oft genug heraus, dass die Macht der »Schwachen«, beinahe nach Belieben die Seiten zu wechseln, häufig ausreichend war, um ihnen eine immense Handlungsfreiheit und ein äußerst wirksames Mittel, den »Starken« Zugeständnisse abzupressen, an die Hand zu geben. Dies umso mehr, als es den Blockmächten zunehmend wichtig war, ihre politische und militärische Position an keinem Ort der Welt in Frage stellen zu lassen, ja gar nicht erst in den Verdacht zu kommen, sie würden ihre Schutzbefohlenen im Stich lassen. Unter den Umständen einer solchen »Glaubwürdigkeitsfalle« war das Verhalten der Weltmächte für die Akteure an der Peripherie beruhigend berechenbar, und sie gegeneinander auszuspielen bedurfte keines besonderen diplomatischen Geschicks. Die Untersuchung der Ausnutzung dieser Handlungsspielräume durch lokale Akteure, die es einem beliebten, wenn auch nicht besonders schmeichelhaften Bild zufolge mitunter dem Schwanz erlaubte, mit dem Hund zu wedeln, ist ein wichtiger Aspekt der Beiträge dieses Bandes.

Über die Analyse der Konfliktstrukturen und Interessenkonstellationen soll allerdings der Charakter der kriegerischen Auseinandersetzung selbst nicht vergessen werden. Die Autoren untersuchen daher auch, welche Konsequenzen die ideologische Konfrontation des Kalten Krieges für die Kriegführung vor Ort hatte. War sie ursächlich für das Verhalten der Kombattanten im Gefecht, für die Geltung oder Missachtung von kriegsvölkerrechtlichen Normen, für die Behandlung der Zivilbevölkerung durch die Kämpfenden? Was waren die Folgen, unmittelbar und vor allem langfristig, für die betroffenen Gesellschaften? Nicht zuletzt: Was waren die gesellschaftlichen Kriegskosten, gemessen in toten und verwundeten Soldaten und Zivilisten, in der Destabilisierung und Aushöhlung politischer, wirtschaftlicher und sozialer Systeme und in der Zerstörung von natürlichen Lebensgrundlagen?

Der vorliegende Band geht auf Beiträge der vom 19. bis 22. Mai 2004 vom Hamburger Institut für Sozialforschung veranstalteten internationalen Konferenz »Hot Wars in the Cold War« zurück. Es war die zweite Konferenz im Rahmen der seit 2002 am Institut etablierten Konferenzreihe »Zwischen Totalem Krieg und Kleinen Kriegen. Studien zur Gesellschaftsgeschichte des Kalten Krieges«, mit der das Ziel verfolgt wird, jenseits der eingefahrenen Geleise der Diplomatie-, Politik- und Militärgeschichte die Epoche des Kalten Krieges hinsichtlich der Wechselwirkungen zwischen zivilen und militärischen Welten, von Innen- und Außenpolitik, von Sicherheitsstrategie und Wirtschaftspolitik, von staatlichen und zivilgesellschaftlichen Akteuren, von politischen »Großwetterlagen« und Mentalitäten – um nur einige Beispiele zu nennen – zu untersuchen. Kennzeichnend ist dabei eine vergleichende Perspektive, bei der neben den Supermächten USA und Sowjetunion auch mindermächtige regionale und lokale Akteure die ihnen gebührende Beachtung finden.

Für die Publikation wurden die auf der Tagung gehaltenen Vorträge überarbeitet und durch einige Beiträge ergänzt. An dieser Stelle ist es den Herausgebern eine angenehme Pflicht, all jenen zu danken, die die Entstehung dieses Buches mit Rat und Tat begleitet haben – vor allem den Referenten und Teilnehmern der Konferenz, ohne deren wissenschaftliche Expertise und professionelle Kooperation dieser Band nicht zustande gekommen wäre.

Hamburg, im September 2005

Einführungen

Robert J. McMahon
Heiße Kriege im Kalten Krieg

Zum Kalten Krieg gehört ein zentrales Paradox. Während mit dem Kalten Krieg für Europa die längste ununterbrochene Friedenszeit seiner jüngeren Geschichte begann, erlebten Asien, Afrika und der Nahe Osten im selben Zeitraum immer neue und zunehmend gewaltsame Konflikte. Man schätzt die Zahl der Kriegstoten in den Jahren 1945 bis 1990 auf weltweit 20 Millionen, davon entfällt aber nur etwa ein Prozent, nämlich 200000 Opfer, auf die nördliche Hemisphäre – alle übrigen starben in den zahlreichen bewaffneten Auseinandersetzungen, von denen die südliche Hemisphäre erschüttert wurde.[1]

Ist der dauerhafte Frieden in Europa, wie es John Lewis Gaddis und andere überzeugend behauptet haben, die unmittelbare Folge einer durch das Machtgleichgewicht zwischen Ost und West erzwungenen Stabilität gewesen, dann stellt sich die Frage, in welchem Maße Logik und Struktur des Kalten Krieges die Konflikte dieser Ära in der Dritten Welt direkt oder indirekt förderten, zum Ausbruch brachten oder verschärften.[2] Und spielte diese Logik und Struktur eine Rolle als eigenständiger Faktor in den Fällen militärischen Eingreifens der USA, der Sowjetunion oder europäischer Staaten in einige dieser Auseinandersetzungen?

Nach meiner Auffassung bestand von 1945 bis 1990 zwischen dem Kalten Krieg und den heißen Kriegen in der Dritten Welt ein deutlicher konstitutiver, wenngleich in kaum einem Fall unmittelbarer oder gar ursächlicher Zusammenhang. Die Feindseligkeiten waren von zahlreichen anderen Faktoren weit mehr bestimmt: von der Dekolonisierung und den aus ihr folgenden Konflikten, von ungelösten Grenzfragen, lokalem und regionalem Machtstreben, ethnischen und religiösen Spannungen, nationalen Machtkämpfen, Streit um Ressourcen und den Problemen, die sich aus der Rolle westlicher Unternehmen in der Dritten Welt ergaben. In beinahe jedem bedeutenden Konflikt wirkte der Kalte Krieg jedoch als Katalysator, indem er den lokalen Akteuren Handlungsräume eröffnete oder

---

1 David S. Painter, Explaining U.S. Relations with the Third World, in: *Diplomatic History*, 19 (Sommer 1995), S. 525.
2 John Lewis Gaddis, The Long Peace. Inquiries into the History of the Cold War, New York 1987.

begrenzte, einen bestehenden Konflikt verschärfte, verlängerte und internationalisierte oder auch verkürzte und einer diplomatischen Lösung zuführte. Auf diese Weise war der Kalte Krieg in fast jedem großen Konflikt in der Dritten Welt präsent: von den ersten antikolonialen Aufständen im französischen Indochina, im niederländischen Ostindien und im britischen Malaya bis zu den Unabhängigkeitskriegen in Algerien, im Kongo und Angola; von den Interventionen der Großmächte in den koreanischen und vietnamesischen Bürgerkrieg – die bei weitem blutigsten Auseinandersetzungen der Ära – bis zur Suez-Krise von 1956 und der sowjetischen Besetzung Afghanistans in den 1980er Jahren; nicht zu vergessen die verdeckte Einmischung der USA im Iran, in Guatemala, Indonesien, Kuba, El Salvador, Nicaragua und anderenorts. Aus dem Verlauf und der Beendigung dieser Konflikte ist der Kalte Krieg nicht wegzudenken.

Schon 1950, mit dem Beginn des Koreakriegs, war das traurige Schicksal der Dritten Welt besiegelt, als wichtigstes Schlachtfeld des Kalten Krieges zu dienen – dabei blieb es bis zum Ende der 1980er Jahre. Allerdings wäre es auch eine kontrafaktische Überlegung wert, ob die internationale Machtstruktur des Kalten Kriegs nicht vielleicht eine ganze Reihe von weiteren möglichen Kriegen verhindert hat. Einige Experten sind zum Beispiel der Ansicht, dass die ethnischen Konflikte in Jugoslawien ohne das Machtgleichgewicht zwischen Ost und West schon viel früher aufgebrochen wären. Ähnliche Vermutungen ließen sich auch für eine Reihe von Regionen in der Dritten Welt anstellen: Das System des Kalten Krieges hätte vermutlich Saddam Hussein davon abhalten können, 1990 das Risiko eines Überfalls auf Kuwait einzugehen. Doch das sind nachträgliche Spekulationen. Entscheidend bleibt, dass bei der Betrachtung der Konflikte in der Dritten Welt, die von 1945 bis 1990 tatsächlich stattfanden, ein deutlicher Zusammenhang zwischen Kaltem Krieg und diesen heißen Kriegen offenbar wird.

Die Entstehung der Dritten Welt

Die Herausbildung einer Dritten Welt, Resultat mörderischer Kämpfe um die Dekolonisierung, fiel nicht nur zufällig in die Ära des Kalten Kriegs, vielmehr war der Kalte Krieg an deren Gestaltung beteiligt. Sogar der Begriff »Dritte Welt« ergab sich aus dem Kräftemessen zwischen den USA und der Sowjetunion: Anfang der 1950er Jahre begannen französische Journalisten, den Ausdruck »Le Tiers monde« zu gebrauchen, und nach der legendären Bandung-Konferenz von afrikanischen und asiatischen Staaten im April 1955 war diese Wortschöpfung endgültig eingeführt – als ein Schlagwort für die armen, nichtweißen und keinem der feindlichen Blöcke zugehörigen Regionen der Welt. Ursprünglich meinte Dritte Welt also einfach den Schauplatz der Auseinandersetzung zwischen West und Ost, zwischen der so genannten Ersten und Zweiten Welt. Man sollte nicht vergessen, dass die Idee einer Dritten Welt erst aus der ideologischen Konkurrenz zweier Supermächte um die globale Vorherrschaft entstanden ist. Ohne den Kalten Krieg besäßen wir heute wohl kaum den Begriff der Dritten Welt.

In der neueren internationalen Geschichte spielt der Aufstieg dieser Dritten Welt eine definierende Schlüsselrolle. »Mit kleinen Abstrichen kann man die Geschichte der Nachkriegszeit durchaus als die Ära der Dritten Welt bezeichnen«, meint der Historiker H. W. Brands.[3] Im Verlauf der 50 Jahre nach dem Zweiten Weltkrieg befreiten sich viele Regionen in Asien, Afrika, Lateinamerika und im Nahen Osten von den Fesseln der Kolonialzeit und des Neokolonialismus: Sie formulierten ihre nationalen Ansprüche, kämpften für wirtschaftliche und politische Unabhängigkeit, und sie etablierten sich, zunehmend erfolgreich, als neue Akteure auf dem internationalen Parkett. Weltgeschichtlich gesehen bedeutete der Aufstieg der Dritten Welt eine grundsätzliche – und in dieser Form in der Moderne nie da gewesene – Kampfansage gegen den Anspruch des Westens auf globale Vorherrschaft und natürlich ebenso gegen die Ziele beider Großmächte in der Nachkriegsära. »Wir werden auf eigenen Füßen stehen«, erklärte Indiens Ministerpräsident Dschawaharlal Nehru im März 1947. »Wir wollen nicht der Spielball fremder Mächte sein.«[4] Auf der Bandung-Konferenz von 1955 fehlte es nicht an Aufrufen zur Bildung einer unabhängigen Union der Staaten der Dritten Welt, die keinem der beiden Machtblöcke angehören sollte. Der indonesische Staatspräsident Sukarno erklärte in seiner mitreißenden Eröffnungsansprache:

»Wir, die Völker Asiens und Afrikas, stellen über die Hälfte der Weltbevölkerung, 1,4 Milliarden Menschen stark. Der Minderheit, die auf den übrigen Kontinenten lebt, können wir jetzt deutlich machen, dass wir, die Mehrheit, gegen den Krieg und für den Frieden sind und alle Macht, die uns zuwachsen mag, stets für den Frieden einsetzen werden.«[5]

---

3 H. W. Brands, The Specter of Neutralism. The United States and the Emergency of the Third World, 1947–1960, New York 1989, S. 1f.
4 Zit. nach Dennis Merril, Bread and the Ballot. The United States and India's Economic Development, 1947–1963, Chapel Hill 1990, S. 15.
5 Zit. nach George McTurnan Kahin, The Asian-African Conference. Bandung, Indonesia, April 1955, Ithaca, NY, 1956.

Für die beiden Supermächte bedeutete dieser Zusammenschluss von Staaten zu einem neuen, kraftvollen und künftig vielleicht machtvollen Block in der internationalen Politik natürlich eine Herausforderung – aber zugleich eröffneten sich damit interessante Möglichkeiten. Washington und Moskau hatten in der Dritten Welt außerordentlich viel sowohl zu gewinnen als auch zu verlieren: Amerikanische wie sowjetische Strategen sahen die Entwicklungsländer als ein Terrain, in dem es Interessen wahrzunehmen und grundlegende strategische, wirtschaftliche und politische Ziele zu verfolgen galt. Wohin sich diese Staaten letztlich orientieren würden, schien die entscheidende Frage im ideologischen Wettstreit zwischen Kapitalismus und Sozialismus. In den 1950er Jahren wurde dieser riesige Teil der Welt als bestimmender Faktor für das globale militärische, wirtschaftliche und ideologische Gleichgewicht begriffen – und so überrascht es nicht, dass die meisten Ost-West-Krisen dieser Ära ihren Ursprung in der Dritten Welt hatten, eingeschlossen jene Konflikte (mit der Ausnahme der Berlin-Krise), die zu einer direkten Konfrontation der Supermächte zu eskalieren drohten. Alle Kriege jener Zeit, in denen Truppen der USA und der Sowjetunion zum Einsatz kamen, fanden in Ländern der Dritten Welt statt.

Die Interessen der Vereinigten Staaten

Während – und vor allem wegen – des Kalten Kriegs begannen die Vereinigten Staaten, sich deutlich stärker für die Dritte Welt zu interessieren und ihre Kontakte zu den Staaten zu intensivieren, die ihr angehörten. Wirtschaftliche, geostrategische, politische, ideologische und auch psychologische Faktoren spielten eine Rolle. Die Dritte Welt wurde zum wichtigsten Schauplatz der US-Außenpolitik. Man hatte aus dem Zweiten Weltkrieg und der nachfolgenden sowjetisch-amerikanischen Konfrontation gelernt und legte entschieden mehr Gewicht auf die Verfolgung der seit langem bestehenden nationalen Interessen bezüglich der Rohstoffressourcen und Märkte in den Entwicklungsländern. In den Planungsstäben der USA wusste man sehr genau, welche Bedeutung den Ressourcen dieser Gebiete in den deutschen und japanischen Strategien zur Erlangung der Weltherrschaft zugekommen war: Die Eroberung rohstoffreicher Regionen hatte die Achsenmächte wirtschaftlich und militärisch gestärkt und sollte der Schlüssel zu einer globalen Kriegführung sein. Wie sehr die Vereinigten Staaten auf Südostasien angewiesen waren, wurde schmerzlich deutlich, als die Japaner wichtige Regionen der Zinnförderung und Kautschukerzeugung besetzt hatten – sofort zeigten sich Engpässe in der verarbeitenden Industrie der USA. Die wichtigste Lektion aus dem Zweiten Weltkrieg bestand für die westlichen Strategen allerdings wohl in der Einsicht, dass die moderne Kriegführung entscheidend vom Zugriff auf Ölressourcen abhing – und die Lagerstätten befinden sich nun einmal vorwiegend unter dem Territorium und den Seegebieten von Staaten der Dritten Welt. Damit war klar, dass engen ökonomischen Beziehungen zwischen den Industriestaaten und den wichtigsten Erzeugerländern in der Dritten Welt große Bedeutung zukam. Diese Beziehungen neu zu knüpfen gehörte zum Programm des weltweiten wirtschaftlichen Aufschwungs, das sich die USA in der Nachkriegszeit auf die Fahnen geschrieben hatten.

Die Einmischung der USA in Konflikte der Dritten Welt folgte weitgehend diesem Muster. Man war überzeugt, dass diese Länder im Kalten Krieg eine entscheidende Rolle spielten. Von Harry S. Truman bis Ronald Reagan versuchten die amerikanischen Regierungen, die Übernahme wichtiger Märkte und Rohstoffquellen durch die Sowjetunion zu verhindern, die ihr, nach dem Vorbild Japans und Deutschlands im Zweiten Weltkrieg, bedeutende wirtschaftliche und militärische Vorteile verschafft und den Westen entsprechend geschwächt hätten. Für den Fall einer Krise, die den Kalten in einen heißen Krieg hätte umschlagen lassen, hatten die USA schon in der frühen Nachkriegszeit Verteidigungspläne ausgearbeitet, in denen Militärstützpunkte im Nahen Osten unverzichtbar waren: Von dort wollte man Luftangriffe und Atomschläge auf die strategischen Zentren der Sowjetunion führen. All diese ökonomischen und strategischen Prämissen waren integraler Bestandteil des Konzepts der nationalen Sicherheit der USA. In einem Memorandum des Nationalen Sicherheitsrats vom April 1950 (NSC 68) werden als die zwei grundlegenden – und sich ergänzenden – Ziele der US-Politik die »Eindämmung« des sowjetischen Einflusses und der »Aufbau einer gesunden internationalen Ordnung« genannt.[6] Dass beide Absichten ohne die Dritte Welt nicht zu verwirklichen waren, dürfte erklären, warum die USA in der Ära des Kalten Krieges immer wieder in Ländern Asiens, Afrikas, des Mittleren Ostens und Lateinamerikas intervenierten.

---

6 Siehe den Wortlaut in Ernest R. May (Hg.), American Cold War Strategy. Interpreting NSC 68, Boston 1993, S. 21–81.

Die Interessen der Sowjetunion

Auch die Sowjetunion begann während – und fast ausschließlich wegen – des Kalten Kriegs, sich deutlich stärker für die Dritte Welt zu interessieren und ihre Kontakte zu Staaten und Bewegungen zu intensivieren, die ihr angehörten. In den frühen Jahren des Kalten Kriegs sah Josef Stalin das sowjetische Vordringen in die Dritte Welt als geeignetes Mittel, das eigene Lager zu stärken und den Westen zu schwächen. Die in vielen Ländern aufkommenden antikolonialen Aufstandsbewegungen unter kommunistischer Führung erhielten Ermutigung und diplomatische Unterstützung, in manchen Fällen auch direkte Hilfe – die Sowjetunion drängte zum Beispiel China, damals von Mao Zedong geführt, prokommunistische Erhebungen in Südostasien mit Nachschub und Militärberatern zu versorgen. Stalin versuchte auch, zu den überall in der Dritten Welt gegründeten populären kommunistischen Parteien ähnlich gute Kontakte zu etablieren wie zu den starken kommunistischen Parteien in Frankreich, Italien und anderen westeuropäischen Ländern. Im Rahmen der bestehenden ideologischen Orientierungen boten sich der Führung in Moskau damit neue Möglichkeiten vor Ort, prowestliche Regime zu unterminieren und den eigenen Einfluss gleichzeitig auszuweiten.

Ein klassisches Beispiel für dieses Vorgehen ist die Anerkennung der von Ho Chi Minh geführten Demokratischen Republik Vietnam im Januar 1950 durch Moskau und Peking. Der Aufnahme diplomatischer Beziehungen folgte die aktive Unterstützung des Vietminh-Aufstands durch China. Natürlich weiß man heute auch, in welchem Maße Stalin und Mao die Versuche des nordkoreanischen Führers Kim Il Sung förderten und ermutigten, im Juni 1950 das von den USA gestützte Süd-Korea zu erobern. In beiden Fällen zeigt sich, dass die beiden kommunistischen Mächte damals sehr wohl bereit waren, in der Verfolgung ihrer strategischen und ideologischen Interessen einen ernsten Ost-West-Konflikt in der Dritten Welt in Kauf zu nehmen oder gar zu schüren.[7]

Unter Nikita Chruschtschow unternahm der Kreml verstärkte Anstrengungen, seine Beziehungen zu den neuen Staaten in der Dritten Welt und zu aufständischen Bewegungen zu festigen. Allerdings bewies Chruschtschow Pragmatismus und diplomatisches Geschick, indem er auch engere Verbindungen zu nichtkommunistischen Regime in der Dritten Welt suchte – vor allem zu den blockfreien Ländern. Die oppositionellen kommunistischen Parteien in wichtigen Staaten wie Indien

---

7 Vgl. Sergei Goncharev/John W. Lewis/Xue Litai, Uncertain Partners. Stalin, Mao and the Korean War, Stanford 1993.

oder Ägypten mussten dafür eine gewisse Distanzierung von Seiten Moskaus hinnehmen. In diesem politischen Kurswechsel zeigte sich die Auffassung der poststalinistischen Führung, dass die Sowjetunion ihre globale Position durch gute Kontakte zu den Ländern der Dritten Welt verbessern könne – selbst durch Annäherung an Regime, die Stalin noch als hoffnungslos bourgeois eingeschätzt hatte. Chruschtschow war risikobereit und opportunistisch genug, um die vielfältigen Chancen einer solchen Abkehr von der stalinistischen Orthodoxie zu erkennen. Die ideologische Verhärtung in der Vergangenheit hatte dem Westen gestattet, in großen Teilen der Dritten Welt die Führung zu übernehmen, was zur Einkreisung der Sowjetunion durch USA-initiierte Bündnissysteme wie den Bagdad-Pakt und den Südostasien-Pakt (SEATO) geführt hatte. Chruschtschow glaubte, viele der neu etablierten Staaten durch großzügige Wirtschaftshilfe und günstige Handelsabkommen gewinnen und in ihrer Politik der Neutralität bestärken zu können. Auf diese Weise sollte der wirtschaftlichen und militärischen Stärke begegnet werden, die der Westen aus seinen engen Kontakten zu den Entwicklungsländern bezog. Überdies hoffte die Sowjetunion auf strategische und wirtschaftliche Geländegewinne, um sich aus ihrer politischen Isolation zu befreien und auf dem internationalen Parkett als echte Supermacht aufzutreten.

Chruschtschow vertrat zur doktrinären Absicherung seiner neuen Politik die Annahme, die Welt teile sich in eine Zone des Friedens und eine des Kriegs. Dabei war der Begriff der »Friedenszone« so weit gefasst, dass die Sowjetunion sich auch den eher kapitalistisch orientierten Staaten der Dritten Welt annähern konnte – sofern deren Interessen und politisches Kalkül nur den sowjetischen Absichten nahe genug kamen. In diesem Sinne durften die Sowjets auch die noch kaum entwickelte Bewegung der Blockfreien als Partner begrüßen: »Der Kampf der Nationen Asiens und Afrikas gegen jede Form kolonialer Herrschaft und wirtschaftlicher Abhängigkeit findet das volle Verständnis der Völker der Sowjetunion«, unterstrich der stellvertretende Außenminister Wassili W. Kusnetzow am Vorabend der Bandung-Konferenz. Chruschtschow hatte auf einer geheimen Sitzung des KP-Zentralkomitees die Entwicklungsländer zum entscheidenden Schauplatz der Ost-West-Konkurrenz erklärt.[8]

---

8 David J. Dallin, Soviet Foreign Policy after Stalin, Philadelphia 1961, S. 286–
   306; siehe auch Neil MacFarlane, Successes and Failures in Soviet Policy
   Toward the Third World, 1917–1985, in: The USSR and Marxist Revolutions
   in the Third World, New York 1990, S. 60–61. Das Zitat stammt aus der Arbeit von Dallin, S. 299.

Damit erhielt die sowjetische Politik freie Hand, sich Freunde und Verbündete in der Dritten Welt zu suchen und ihre allgemeinen Ziele in der Ära des Kalten Kriegs zu verfolgen. Viele Regime der Dritten Welt hatten längst Gefallen an den marxistisch-leninistischen Rezepten gefunden. Dies und die offensichtlichen Erfolge der sowjetischen Entwicklungshilfe bedeuteten wiederum für die Sowjetunion eine wichtige ideologische Bestätigung – eine grundsätzliche Bekräftigung des sowjetischen sozialen Experiments und eine Stärkung des Weltmachtstatus der Sowjetunion. Zugleich konnte auf diese Weise der Anspruch des Westens, gut meinender Wohltäter der Entwicklungsländer zu sein, in Frage gestellt werden.

Die Experten der amerikanischen Regierung kamen zu ganz ähnlichen Schlüssen – und zeigten sich sehr besorgt. Mitte bis Ende der 1950er Jahre unternahmen die USA unter Präsident Dwight D. Eisenhower erhebliche Anstrengungen, um der sowjetischen »Wirtschaftsoffensive« in der Dritten Welt entgegenzuwirken. Dass der Marxismus-Leninismus und die Kommandowirtschaft nach sowjetischem Vorbild bei den nationalen Führungen in Asien, Afrika, Lateinamerika und dem Mittleren Osten so viel Anklang gefunden hatten, bereitete Eisenhower und seinen Beratern besonderes Kopfzerbrechen.[9]

Damals schien die Sowjetunion im Kampf um die Loyalität der entstehenden postkolonialen Gesellschaften der Dritten Welt auf vielen Gebieten im Vorteil. Antikoloniale und antiwestliche Haltungen waren weit verbreitet, es gab zahlreiche, erbittert ausgetragene regionale Konflikte, und überall strebte man vor allem nach rascher wirtschaftlicher Entwicklung – günstige Voraussetzungen für die sowjetischen Offerten. Überdies machte es auf die Architekten der Dritte-Welt-Entwicklungen großen Eindruck, wie die Sowjetunion im Zeitraum von kaum einer Generation zu einer militärisch-industriellen Großmacht aufgestiegen war. Auch hatten sich die Sowjets in keiner Weise für das so bedeutende Problem kolonialer Vergangenheiten zu verantworten, die für die westlichen Mächte eine belastende Hypothek darstellten. Die anhaltenden Versuche der USA, den Sowjetkommunismus als ein besonders despotisches und brutales System zu brandmarken, verfingen bei Völkern wenig, die ihre Erfahrungen mit der Kolonialherrschaft und dem Neokolonialismus europäischer Mächte für deutlich tyrannischer und grausamer erachteten.

---

9   Mehr zu diesen Fragen bietet der Aufsatz von Robert J. McMahon, The Illusion of Vulnerability. American Reassessments of the Soviet Threat, in: *International History Review*, 18 (August 1996), S. 591–619.

Spätestens seit Mitte der 1970er Jahre gewann die sowjetische Führung die Überzeugung, die Dritte Welt werde zwangsläufig eine zunehmend antikapitalistische und antiimperialistische Haltung einnehmen.
Die Hoffnung auf diese ideologisch günstige Entwicklung bewirkte eine
erhebliche Zunahme des sowjetischen Engagements. Besonders deutlich
zeigte sich Moskaus Aktivismus Mitte und Ende der 1970er Jahre in den
offenen Interventionen am Horn von Afrika und in Angola. Dem globalen Entspannungsprozess schadeten diese Aktivitäten, riefen sie doch
neue Spannungen zwischen den Supermächten hervor.

Das Glaubwürdigkeitssyndrom

Dass sich sowohl die USA als auch die Sowjetunion in geradezu obsessi-
ver Weise immer wieder in die heißen Kriege einmischten, die während
der gesamten Ära des Kalten Kriegs die Dritte Welt erschütterten, hatte
noch einen weiteren Grund: Beide Seiten plagten sich mit einer Art
Glaubwürdigkeitsproblem. Die Forschung hat die Fixierung der USA
auf ihre Glaubwürdigkeit in der Nachkriegszeit schon häufig behandelt.
Neuere Studien zeigen, dass offenbar auch die Sowjetunion ihr Glaubwürdigkeitsproblem hatte. Der Einmarsch der Sowjetunion in Afghanistan, der im Dezember 1979 eine der folgenschwersten Militärinterventionen einer Supermacht während des Kalten Kriegs einleitete und
50 000 sowjetischen Soldaten und über 1,2 Millionen Afghanen das Leben kostete, hatte vermutlich weniger mit konkreten Zielen als vielmehr
mit dem Bedürfnis der sowjetischen Führung zu tun, Entschlossenheit
und Stärke zu demonstrieren. Leonid Breschnew und seine Berater fühlten sich damals gezwungen, auf einen antikommunistischen Staatsstreich
in einem Land zu reagieren, das seit langem als Teil des sowjetischen
Machtbereichs galt. Schwach und unentschlossen zu erscheinen hätte
Zweifel unter den eigenen Verbündeten wecken und die Feinde ermutigen können – also galt ein Militärschlag als die weit bessere Lösung.[10]
Ähnliche Erwägungen hatten Washington einst zu der Entscheidung
geführt, in Korea und später in Vietnam zu intervenieren. Amerikanische
Staatsmänner betonten während des Kalten Kriegs immer wieder, man
müsse selbst in entlegenen Gebieten Stärke und Bündnistreue zeigen,
um Feinde abzuschrecken und Verbündete zu beruhigen. Zeichen von

---

10 Siehe dazu Odd Arne Westad, The Road to Kabul. Soviet Policy on Afghanistan, 1978–1979, in: Odd Arne Westad (Hg.), The Fall of Détente. Soviet-American Relations during the Carter Years, Oslo 1997, S. 118–148.

Schwäche an der Peripherie könnten die Gegner ermutigen und die Partner verunsichern.

Glaubwürdigkeit, das sollte man nicht vergessen, ist ein psychologisches Phänomen, ein Konstrukt, das im schwer fassbaren Feld kognitiver Prozesse wurzelt. Letztlich erweist sich die Glaubwürdigkeit von Worten und Taten einer Macht nur in der Einschätzung durch andere Staaten: Glaubwürdig zu sein bedeutet, dass andere die Drohungen und Versprechungen ernst nehmen und ihr Verhalten entsprechend ausrichten. Will sich ein Staat erfolgreich durchsetzen, muss er kraft seiner Glaubwürdigkeit die Wahrnehmungen wie Überzeugungen anderer Staaten beeinflussen. In den Jahren des Kalten Kriegs gingen die US-Strategen dieser Logik entsprechend vor allem davon aus, dass alle wichtigen Akteure im Weltgeschehen beständig die Entscheidungen der amerikanischen Außenpolitik verfolgten und daraus ihre Schlüsse auf Amerikas Stärke, Entschlossenheit und Verlässlichkeit – sowie sein künftiges Verhalten – zogen. Also war es der US-Führung außerordentlich wichtig, in Äußerungen und Entscheidungen stets klare Zeichen zu setzen. Selbst in Regionen von minderer wirtschaftlicher und strategischer Bedeutung durfte nie der Eindruck von Unentschlossenheit oder Schwäche entstehen, weil jede Beeinträchtigung der amerikanischen Glaubwürdigkeit die Verbündeten wie die Gegner dazu veranlassen konnte, in entscheidenden Weltgegenden Schritte zu unternehmen, die den USA schadeten. Im Zeitalter der atomaren Bedrohung hätten solche Fehleinschätzungen katastrophale Folgen haben können. So wie diese Weltsicht bestimmt war vom unauflöslichen Zusammenhang der Verpflichtungen, Interessen und Bedrohungen, musste allerdings jedes Gebiet auf der Welt als tendenziell unverzichtbare Interessensphäre der USA gelten. Der Politologe Robert Jervis hat auf den Folgeeffekt hingewiesen, dass damit »kleine Probleme oft große Schatten werfen, weil sie trotz ihrer geringen Wichtigkeit als Testfall für eine grundsätzlich entschlossene Haltung erachtet werden«.[11]

Amerika wollte seine globale Vormachtstellung beweisen und fühlte sich gehalten, immer wieder Stärke und Verlässlichkeit zu demonstrieren. Zwischen den beiden Impulsen besteht offensichtlich eine enge Verknüpfung. Dass die Regierungen der USA sich auf diese Form der Verbindung von direkten und indirekten Erfordernissen für die Stellung ihres Landes in der Welt verpflichteten, könnte einen Ansatz zur Erklärung von zwei Paradoxien in der Ära des Kalten Kriegs bieten: dass sich

---

11 Robert Jervis, The Meaning of the Nuclear Revolution. Statecraft and Prospect of Armageddon, Ithaca, NY, 1989, S. 39.

nämlich Krisen zumeist in Gebieten entwickelten, die fast ohne Bedeutung für die Wirtschafts- und Sicherheitsinteressen der USA schienen, und dass den Regierungsvertretern die konkreten Streitpunkte häufig kaum wichtiger waren als Macht und Ansehen der Vereinigten Staaten – beide Aspekte galten also offenbar als gleichrangig.

Ein für diese Haltung instruktives Beispiel ist der Koreakrieg. Den Angriff Nord-Koreas erklärte die US-Regierung unter Harry S. Truman sofort zu einer ernsten Bedrohung der Glaubwürdigkeit ihres Landes. Natürlich fürchtete man in erster Linie das so genannte München-Syndrom: Ein Erfolg in Korea hätte die Sowjetunion ermutigen und die Abwehrkräfte der USA gegen neue sowjetisch gestützte Attacken schwächen können. Wer Schwäche zeigt, fordert weitere Aggression heraus. »Wenn wir Korea im Stich lassen«, erklärte Präsident Truman am Tag nach dem nordkoreanischen Vormarsch in einer Sitzung mit seinen engsten Beratern, »dann werden sich die Sowjets Asien Stück für Stück einverleiben [...]. Und wenn wir Asien aufgeben, wird der Nahe Osten fallen, und wer weiß, wie es dann in Europa weitergeht.«[12] Korea sei strategisch eher unbedeutend, aber »als Symbol der Stärke und Entschlossenheit des Westens [...] unverzichtbar«, meinte auch Außenminister Dean Acheson. Eine zu schwache Reaktion auf die sowjetisch gestützte Invasion werde zu »neuen Aggressionen in anderen Gebieten« ermutigen und die »Länder am Rande der sowjetischen Einflusssphäre« demoralisieren.[13]

Die Truman-Regierung sorgte sich auch um die möglichen Folgen bei den Alliierten in Europa und Asien und nicht zuletzt bei jenen Nationen, die Bereitschaft zur Kooperation mit den USA signalisierten, aber noch keine Entscheidung getroffen hatten. Am Tag des nordkoreanischen Einmarschs erklärten die Geheimdienstexperten des Außenministeriums, ein Sieg der Sowjetunion in Korea werde »dem Ansehen der USA in Westeuropa erheblichen Schaden zufügen. Wenn ein kleiner Satellitenstaat der Sowjetunion sich ein militärisches Abenteuer erlauben und die Macht und Entschlossenheit der USA auf die Probe stellen darf, dann werden viele Europäer diese Macht und Entschlossenheit ernsthaft in Zweifel ziehen müssen«. Den Vorstoß der Nordkoreaner in das Gebiet südlich des 38. Breitengrades unbeantwortet zu lassen hätte nach Meinung der US-Regierung weltweit katastrophale Folgen gehabt – vor allem in den Beziehungen zu den NATO-Verbündeten und zu Deutsch-

---

12 Zit. nach Melvyn P. Leffler, A Preponderance of Power. National Security, the Truman Administration and the Cold War, Stanford, CA, 1992, S. 366.

13 Zit. nach William W. Stueck, The Korean War. An International History, Princeton, NJ, 1995, S. 43.

land wie Japan. Das Außenministerium gab außerdem zu bedenken, dass »die Völker Südostasiens den Eindruck gewinnen würden, der Vormarsch der Sowjetunion sei unaufhaltsam, und darum versucht sein könnten, noch rechtzeitig auf die Seite der Sieger zu wechseln«.[14]

Ebenso deutlich zeigte sich diese Haltung im Vietnamkonflikt – dem neben Korea und Afghanistan wichtigsten Fall direkten Eingreifens einer Supermacht in einen Krieg der Dritten Welt. Außenminister Dean Rusk lieferte sich im Januar 1965, während einer geheimen Anhörung zur Vietnampolitik, einige Redeschlachten mit den Mitgliedern des Senatsausschusses für Außenpolitik und ließ dabei keinen Zweifel an der zentralen Stellung der Glaubwürdigkeitsfrage in den Überlegungen der Regierung. Dean Rusk beklagte die Zurückhaltung der Alliierten bei der Unterstützung der USA in Vietnam und gab zu bedenken, es handele sich keineswegs um einen begrenzten Konflikt in Südostasien. Obwohl Vietnam ein wichtiger Schauplatz der weltweiten Auseinandersetzung zwischen dem Kommunismus und der »freien Welt« sei, fehle es den USA bei dem Versuch, ihren Bündnispflichten in der Region nachzukommen, an Rückendeckung – man müsse erleben, dass »ganz deutlich mit zweierlei Maß gemessen wird«. »Wir haben 42 Bündnispartner«, erklärte der Außenminister, »aber nicht allen erscheint Südostasien von Bedeutung, und nicht alle zeigen sich erfreut über unser ernsthaftes Engagement in der Region.« – »Ich bin jedoch überzeugt«, fuhr er fort, »dass ein Rückzug aus diesem Bündnis unsere Verpflichtungen in anderen Teilen der Welt fragwürdig erscheinen lassen und das Vertrauen unserer Partner schwer belasten würde.«

Den NATO-Partnern, die nicht bereit waren, im Kampf der USA gegen den kommunistischen Vormarsch in Südostasien konkrete Hilfe zu leisten, traute die US-Regierung also zu, dass sie sich sofort über mangelnde Entschlossenheit der westlichen Führungsmacht beklagen würden, sollte Amerika der von ihnen geforderten Verhandlungslösung in Vietnam zustimmen. Dean Rusk war überzeugt, dass ein Zurückweichen der USA in Indochina Zweifel an der Bündnistreue gegenüber der NATO wecken musste: »Man darf wohl annehmen, dass der Rückzug aus irgendeiner unserer Verpflichtungen in Südostasien überall in der freien Welt schwere Bedenken bezüglich unserer Entschlossenheit im Fall einer ernsten Bedrohung stiften würde.« Zum Beleg für diese Haltung verwies er auf Kuba: Noch bis ein Jahr vor der Raketenkrise von 1962 hätten sich »unsere NATO-Verbündeten für Kuba nicht im Geringsten interes-

---

14 Prognose des Geheimdienstes des Außenministeriums vom 25. Juni 1950, in: Foreign Relations of the United States, 1950, Vol. 7, Washington, DC, 1976, S. 154.

siert. Nach der Raketenkrise wurde aber deutlich, dass unsere Bündnis-treue gegenüber der NATO stark in Zweifel geraten wäre, falls wir den Sowjets erlaubt hätten, ihre 72 Mittel- und Langstreckenraketen auf Kuba zu stationieren. Ich habe solche Äußerungen von vielen Vertretern der NATO-Staaten gehört.«[15]

Damals vertraten führende US-Regierungsvertreter – mit großem Nachdruck, wenngleich nicht immer mit überzeugenden Argumenten – aber auch die Ansicht, die Europäer und andere Partner erwarteten, trotz gegenteiliger Beteuerungen, von den USA die Fortsetzung des Kampfes in Südostasien. Dean Rusk argumentierte, ein überstürzter Rückzug aus Vietnam müsse von den Verbündeten als Hinweis gelesen werden, dass die USA auch zu anderen Verpflichtungen nicht unbedingt stehen würden. Dabei verwies er seltsamerweise wiederholt auch auf Frankreich, den schwierigsten NATO-Partner: »Wenn wir abziehen würden, wäre de Gaulle der Erste, der erklärte: ›Ich habe immer gesagt, dass man sich auf Sicherheitsabkommen mit den USA nicht verlassen kann‹.«[16] Genauso sah es auch US-Präsident Lyndon B. Johnson. In einer Unterredung mit dem stellvertretenden Außenminister George Ball stellte er im Juni 1965 fest: »Die Europäer hätten ein großes Problem, wenn wir ihren Wünschen folgen und uns aus Vietnam zurückziehen würden.«[17]

Das atomare Gleichgewicht

Seit jeher haben sich große Mächte Sorgen um ihr Image und die mög-lichen Folgen einer schlechten Reputation gemacht. Aber während des Kalten Kriegs kamen im internationalen System einige Besonderheiten zusammen, die der in Entscheidungsprozessen einer Großmacht stets wirksamen psychologischen Komponente übergroßes Gewicht verlie-hen. Die Atomwaffen spielten dabei sicherlich die entscheidende Rolle.

---

15 Zeugenaussage Rusk, 8. Januar 1965, in: U.S. Foreign Relations Committee, Vol. 17, Washington, DC, 1982, S. 100.
16 Zit. nach Philip Geyelin, Lyndon B. Johnson and the World, New York 1966, S. 122.
17 Zit. nach Frank Costigliola, The Vietnam War and the Challenge to American Power in Europe, in: Lloyd C. Gardner/Ted Gittinger (Hg.), International Per-spectives on Vietnam, College Station, 2000, S. 146–147. Mehr zu den hier an-gesprochenen Problemen findet sich in Robert J. McMahon, Credibility and World Power. Exploring the Psychological Dimension in Postwar American Diplomacy, in: *Diplomatic History*, 15 (Herbst 1991), S. 455–471.

Sie bedrohten die Sicherheit aller Nationen und bewirkten damit ein grundsätzliches Umdenken in den Führungszirkeln der Staaten – das ist in zahllosen Werken der Sozialwissenschaft überzeugend dargelegt worden. Durch die stets gegenwärtige nukleare Bedrohung gewannen psychische Faktoren an Bedeutung. Kaum jemand hielt einen Atomkrieg für realistisch, umso wichtiger wurden auf allen Seiten Symbole, Überzeugungen und Außendarstellung.[18]

Im Atompoker des Kalten Kriegs war Sicherheit nur zu gewinnen, indem man Vermutungen über die Vorstellungswelt der Gegenseite anstellte. Die NATO-Partner verließen sich auf den nuklearen Schutzschirm der USA gegen die Sowjetunion, doch zum Missvergnügen der amerikanischen Diplomatie hielt sie diese Abhängigkeit nicht davon ab, der Verlässlichkeit der Vereinigten Staaten mit einer gesunden Portion Skepsis zu begegnen. Dass die USA fast zwanghaft um ihre Glaubwürdigkeit bemüht waren, mag also nicht zuletzt mit der Nötigung zu tun haben, sich ständig als treuer Verbündeter zu beweisen, der seine Freunde nie im Stich lassen würde. Und das Problem wurde natürlich verschärft durch die geographische Distanz zwischen Nordamerika und Westeuropa: Der US-Führung musste jede der weltweiten Krisen auch als eine Gelegenheit erscheinen, den notorisch skeptischen NATO-Partnern zu zeigen, dass man sich auf Amerika verlassen konnte.[19]

Die US-Strategie der Abschreckung im Kalten Krieg war also nicht zu trennen vom Problem der Glaubwürdigkeit. In Washington galt es als ausgemacht, dass eine entschlossene Haltung in der Dritten Welt, und sei es in einer Region geringer wirtschaftlicher und geopolitischer Bedeutung, stets zugleich eine Warnung an die Sowjetunion und ein Signal an die Verbündeten sei. Immer wollte man zeigen, dass die USA auf jede Bedrohung reagierten und allen ihren Verpflichtungen nachkämen. Letztlich waren in der Nuklearstrategie der USA die psychologischen Aspekte entscheidend: Es ging darum, die Vorstellungen anderer von Amerika als Gegner und Verbündetem richtig einzuschätzen. Und davon dürften auch die meisten, wenn nicht alle Interventionen der USA in der Dritten Welt bestimmt gewesen sein.

Über die Details der sowjetischen Entscheidungsfindung wissen wir weniger, doch es spricht alles dafür, dass man – aus den gleichen Grün-

---

18 Siehe dazu Robert Jervis, The Illogic of American Nuclear Strategy, Ithaca, NY, 1984; ebenso ders., The Meaning of the Nuclear Revolution; sowie Michael Mandelbaum, The Nuclear Revolution. International Politics before and after Hiroshima, New York 1981.
19 Vgl. Jervis, The Meaning; sowie McMahon, Credibility and World Power.

den – auch in Moskau dem Auftritt als Weltmacht und den entsprechenden Symbolen große Bedeutung beimaß. Auch die Sowjetunion führte
ein Bündnissystem, und seit Ende der 1950er Jahre war ihr in China ein
ernsthafter Konkurrent um die Gunst der Militärpartner und der aufständischen revolutionären Bewegungen erwachsen. Also sah auch sie
sich genötigt, Entschlossenheit zu zeigen, wo immer sich die Gelegenheit
bot – und das war vor allem in der Dritten Welt. Chruschtschow »hatte
begriffen, wie wichtig die Glaubwürdigkeit war«, schreibt John Gaddis.
»Er wusste, dass er der Gegenseite keinen Anlass bieten durfte, an seiner
Entschlossenheit zu zweifeln. Er teilte die Auffassung [Eisenhowers],
Psychologie habe mehr Einfluss auf die Gestaltung der Weltpolitik als
die Techniken des Machtgleichgewichts: So wichtig die Zahl und Stärke
der Waffen sein mochte, noch bedeutsamer waren die Ängste und Hoffnungen in den Köpfen der Menschen.«[20] Chruschtschow führten solche
Überlegungen zu seiner gefährlichsten Entscheidung: Im Sommer 1962
verfügte er den verdeckten Transport von Atomraketen nach Kuba. Der
sowjetischen Führung sei es damals »um ein deutliches Zeichen gegangen, das Washington daran erinnern sollte, die Militärmacht des Kremls
zu respektieren«, heißt es dazu in einer Studie von Aleksandr Fursenko
und Timothy Naftali. »Außerdem ging es darum, Castro durch diese Aktion persönlich und nachdrücklich zu versichern, dass die Sowjetunion
bereit war, seine Revolution zu verteidigen.«[21] Chruschtschow fürchtete
vor allem die verheerenden Folgen für das weltweite Ansehen der Sowjetunion: Castro im Stich zu lassen, hätte den Kreml als den sprich-
wörtlichen »Papiertiger« entlarvt.

Die Rolle der Europäer und der Dritten Welt

In Washington und Moskau glaubte man, in der Dritten Welt um hohe
Einsätze zu spielen – das eröffnete dritten Parteien die Chance, das
System des Kalten Kriegs zu nutzen, um eigene Ziele zu verfolgen. Von
dieser Möglichkeit machten die europäischen Mächte ebenso geschickt
Gebrauch wie die Staatsführer und die aufständischen Bewegungen der
Dritten Welt. Schon in den ersten Nachkriegsjahren wurden die neuen
Spielregeln deutlich, als Unabhängigkeitsbewegungen gegen die Fortfüh-

---

20 John Lewis Gaddis, We Now Know. Rethinking Cold War History, Oxford
   1997, S. 235.
21 Zit. nach Aleksandr Fursenko/Timothy Naftali, »One Hell of a Gamble«.
   Krushchev, Castro and Kennedy, 1958–1964, New York 1997, S. 183.

rung der Kolonialherrschaft in Ostindien, Indochina und Malaya antraten. Die Niederlande und Frankreich – unverzichtbare Partner der
USA im Kalten Krieg, innerhalb der NATO und beim Marshall-Plan –
versuchten, die lokalen Aufstände als das Werk moskautreuer kommunistischer Extremisten darzustellen. Man hoffte auf diplomatische und
materielle Unterstützung durch die USA, die zunächst um Neutralität
bemüht waren. Indem die alten Kolonialmächte ihre Interessen in den
Kategorien des Ost-West-Konflikts formulierten, stiegen ihre Chancen
auf Rückendeckung aus Washington. Doch auch die Befreiungsbewegungen nutzten die neuen Möglichkeiten: Sie traten gegen die Propaganda
der Kolonialstaaten an und versuchten, sich als gemäßigte, verlässliche
und prowestliche Alternative zum Kommunismus zu verkaufen – den
Führern der indonesischen Unabhängigkeitsbewegung gelang dieses Manöver perfekt.[22]

Dass Sukarno und seine Anhänger tatsächlich antikommunistisch eingestellt waren, gab den Ausschlag – die Niederlande hatten das Nachse-
hen. Frankreich dagegen erhielt die gewünschte Unterstützung durch die
USA, weil die Bewegung von Ho Chi Minh eindeutig prokommunistisch
war. Von 1950 bis 1954 stützten die Amerikaner alle französischen Mi-
litärexpeditionen gegen die kommunistisch geführte Vietminh-Bewe-
gung. Ho Chi Minh zog daraus den Schluss, Hilfe nur noch von China
und der Sowjetunion zu erbitten. Damit war ein Kolonialkrieg zum Stellvertreterkrieg im Ost-West-Konflikt geworden. Ohne die Einmischung
der Großmächte hätte der erste Indochina-Krieg sehr wahrscheinlich
nicht mehr lange gedauert: Frankreich konnte sich diesen Krieg nicht
länger leisten und war schon bereit, sich ins Unvermeidliche zu fügen.
In Indonesien der umgekehrte Fall: Zweifellos wäre der antikoloniale
Kampf blutiger und langwieriger verlaufen, wenn nicht die USA Druck
auf die Niederlande ausgeübt und sie zum Kompromiss mit den gemäßigten indonesischen Nationalisten genötigt hätten. Zusammenfassend
ist festzuhalten, dass der Kalte Krieg nachhaltige Wirkungen zeitigte,
was Verlauf wie Resultat von Konflikten anlangt, deren Ursprünge
nichts mit ihm zu tun hatten.

Auch Frankreichs anschließende Bemühungen um US-Unterstützung
bei der Verteidigung seiner nordafrikanischen Gebiete scheiterten, obwohl es an Versuchen wahrlich nicht gefehlt hatte. Tatsächlich schürten
die Politiker in Paris neurlich amerikanische Ängste vor dem Kommunismus, um sich der nötigen Hilfe für den Versuch zu versichern, den Zu-

---

22 Vgl. Robert J. McMahon, Colonialism and Cold War. The United States and
the Struggle for Indonesian Independence, 1945–49, Ithaca, NY, 1981.

griff auf die imperialen Besitzungen zu sichern. Der Algerienkrieg, von
Ende der 1950er bis Anfang der 1960er Jahre, wurde eine der blutigsten
und kostspieligsten Auseinandersetzungen der weltweiten Dekolonisierung: Er forderte über eine halbe Million Opfer. Von Anfang an hatten
Franzosen wie Algerier die Möglichkeiten im Bezugsrahmen des Kalten
Kriegs für ihre jeweiligen Ansprüche zu nutzen gesucht, was im Resultat
zur frühen Internationalisierung des Kriegs führte. »Wie de Gaulle und
Bidault zuvor«, bemerkt Matthew Connelly, »konnte die FNL die Sowjets gegen die Amerikaner ausspielen, um in diesem Fall Washington
dazu zu bringen, Druck auf Frankreich auszuüben.«[23]

1956 ließ Robert Murphy, Staatssekretär im US-Außenministerium,
im Gespräch mit einem französischen Diplomaten in ungewöhnlich deutlicher Form wissen, dass die Vereinigten Staaten mit Frankreichs Absicht
sympathisierten, die algerische Befreiungsbewegung niederzukämpfen.
»Wenn ihr wirklich glaubt, das Problem mit Gewalt lösen zu können –
wir lassen euch freie Hand. Aber ihr müsst rasch zum Erfolg kommen,
dann wird euch niemand für ein zu hartes Vorgehen zur Rechenschaft
ziehen. Dauert die Befriedung zu lange, dann müsst ihr die notwendigen
Kompromisse eingehen.«[24] Als sich abzeichnete, dass es Frankreich nicht
gelang, die algerische Befreiungsbewegung, die für viele Staaten Asiens
und Afrikas längst zum Symbol des antikolonialen Kampfes geworden
war, zu zerschlagen, wechselte die Politik der USA ihren Kurs. Ende der
1950er Jahre begann die Eisenhower-Regierung, Frankreich zur Beendigung des aussichtslosen Kampfes gegen einen Feind zu nötigen, der mit
militärischen Mitteln nicht zu schlagen war. In Washington hatte man er-
kannt, dass es dem Ansehen der USA in der Dritten Welt (und damit ihren übergeordneten Zielen im Kalten Krieg) schaden musste, sich zu sehr
hinter die Interessen einer europäischen Kolonialmacht zu stellen. Die
Sowjetunion hatte die Gelegenheit genutzt, sich als die wahre Schutzmacht der antikolonialen Bewegungen zu präsentieren, und für die FLN
und gegen Frankreich Partei ergriffen. Auch in diesem heißen Krieg ist
der Einfluss des Kalten Kriegs also unübersehbar.

In vielen anderen Dekolonisierungskonflikten – vom Kongo bis Ja-
maika, von Angola bis Moçambique – bot die übergreifende und internationale Wirklichkeit eines bipolaren Konfliktes zwischen Ost und
West sowohl den Kolonialmächten als auch den nationalen Befreiungsbewegungen Gelegenheit, ihre jeweilige Position zu stärken. Im Angola-

---

23 Matthew Connelly, A Diplomatic Revolution. Algeria's Fight for Independence and the Origins of the Post-Cold War Era, New York 2002, S. 65.
24 Ebenda, S. 101.

krieg Mitte der 1970er Jahre, dem letzten Akt des verspäteten Rückzugs von Portugal aus seinen Kolonien, traten abermals Kontrahenten an, die jeweils von der Sowjetunion oder den USA gestützt waren. Dieses Schlusskapitel der Dekolonisierung war hoffnungslos in den Kalten Krieg verstrickt, ganz wie es zuvor die Konflikte in Südostasien gewesen waren. Es ist völlig unmöglich, eine Trennungslinie zwischen den heißen Kriegen dieser Zeit und dem Kalten Krieg zu ziehen. Auch wenn der Kalte Krieg, dies sei nochmals betont, keinen dieser Kolonialkonflikte hervorgebracht hat, so hat er doch Verlauf, Richtung und Dauer fast jeder dieser Auseinandersetzungen machtvoll beeinflusst.

Dies gilt auch für eine weitere Kategorie heißer Kriege, von der bislang noch nicht die Rede war: Es handelt sich um regionale und neoimperiale Krisen, wie beispielsweise den Streit um den Suez-Kanal im Jahre 1956. Damals unternahmen Großbritannien, Frankreich und Israel den Versuch, Ägyptens Staatspräsidenten Gamal Abdel Nasser zu stürzen, der den Kanal verstaatlicht hatte und als Unterstützer von Terrorangriffen gegen Israel galt. Dass die groß angelegte gemeinsame Militäraktion gegen Ägypten sich als Fehlschlag erwies, hatte nicht zuletzt damit zu tun, dass die USA ihren Verbündeten in diesem Fall nicht beistehen wollten. In Washington war man der Meinung, ein direktes Engagement werde nur zu weiterer Entfremdung der Staaten der Dritten Welt von den USA beitragen und der Sowjetunion helfen, sich als Gönner der zunehmend antiwestlich orientierten arabischen Nationalisten aufzuspielen. Es ist nicht zu übersehen, dass die Entscheidungen in diesem Konflikt eindeutig mit Blick auf die Kräfteverhältnisse im Kalten Krieg getroffen wurden. Im engeren Beraterkreis machten Eisenhower und andere hochrangige Politiker daraus kein Geheimnis. »Wir mussten eine Entscheidung treffen, weil wir von den Staaten Asiens und Afrikas erheblich unter Druck gesetzt wurden«, erklärte Eisenhower dazu. »Wir riskieren, dass sich all die jungen, unabhängig gewordenen Staaten der UdSSR anschließen, wenn es uns nicht gelingt, unsere Führungsrolle jetzt zu bekräftigen und zu stabilisieren.«[25]

Zahlreiche weitere Beispiele lassen sich anführen. Wenn man die arabisch-israelischen Kriege von 1967 und 1973 oder die Kriege zwischen Indien und Pakistan 1965 und 1971 betrachtet oder auch die US-Invasion auf Grenada 1983, das sowjetische und kubanische Engagement in Angola und Somalia, die von den USA gestützten Erhebungen gegen die Sowjetmacht in Afghanistan in den 1980ern und am Beginn jenes Jahrzehnts gegen das sowjetfreundliche sandinistische Regime in Nicaragua –

---

25 Ebenda, S. 120.

stets wird überdeutlich, dass der Kalte Krieg entscheidenden Einfluss auf den Verlauf, die Heftigkeit und das Ergebnis dieser akuten Auseinandersetzungen in der Dritten Welt hatte.

Aus dem Englischen von Edgar Peinelt

Marc Frey
Die Vereinigten Staaten und die Dritte Welt im Kalten Krieg

Vier Jahrzehnte, vom Ende des Zweiten Weltkriegs bis zum Fall der Berliner Mauer im November 1989, stand Europa unter dem Einfluss zweier sich antagonistisch gegenüberstehender Supermächte.[1] Zwischenstaatliche Kriege konnten während des Kalten Krieges in Europa vermieden werden. Dafür bezahlten die im sowjetischen Hegemonialbereich liegenden Länder einen hohen Preis: Sowjetische Truppen und ihre lokalen kommunistischen Handlanger unterdrückten Volksaufstände in der Deutschen Demokratischen Republik (1953), in Ungarn (1956) und in der Tschechoslowakei (1968). Die tiefen Wunden, welche die sowjetische Besetzung Osteuropas hinterlassen hat, heilen nur langsam. Für Westeuropa brach unter dem Schutz der Vereinigten Staaten eine historisch beispiellose Epoche des Friedens und der Integration an. Aus dieser Sicht erklärt sich die Charakterisierung des Kalten Krieges als einer Zeit des »langen Friedens«.[2]

Eine Übertragung der für eine (west)deutsche Perspektive prägenden Elemente des Kalten Krieges – Brennpunkt Europa, Bipolarität und Frieden – auf die Analyse des globalen internationalen Systems nach 1945 erscheint jedoch wenig sinnvoll. Denn der Kalte Krieg war nicht auf Europa beschränkt, sondern wirkte in seiner ideologischen, politischen, wirtschaftlichen und strategischen Dimension auf globaler Ebene ebenso wie in zahllosen lokalen Kontexten in Afrika, Asien und Lateinamerika. Was sich aus der Perspektive der nördlichen Hemisphäre wie ein bipola-

---

1 Jost Dülffer, Europa im Ost-West-Konflikt 1945–1991, München 2004; John Lewis Gaddis, We Now Know. Rethinking Cold War History, Oxford 1997; Raymond L. Garthoff, Détente and Confrontation: American-Soviet Relations from Nixon to Reagan, Washington 1994; Wilfried Loth, 1. August 1975. Entspannung und Abrüstung, München 1998; ders., Die Teilung der Welt, München 2000; Keith Nelson, The Making of Détente: Soviet-American Relations in the Shadow of Vietnam, Baltimore 1995; Marc Trachtenberg, A Constructed Peace. The Making of the European Settlement, 1945–1963, Princeton 1999; Odd Arne Westad (Hg.), Reviewing the Cold War. Approaches, Methods, Theories, London 2000.

2 John Lewis Gaddis, The Long Peace. Inquiries into the History of the Cold War, New York 1987.

rer Konflikt darstellte, war im Kontext der globalen Systemkonkurrenz eine Auseinandersetzung in einem polyzentrischen internationalen System. Denn weder der Sowjetunion noch den Vereinigten Staaten gelang es, ihre jeweiligen hegemonial gesteuerten Räume in Europa auf globaler Ebene zu konsolidieren. Von Beginn an erwuchs Moskau in Gestalt der Volksrepublik China ein ideologischer und strategischer Konkurrent, der seit Ende der 1950er Jahre den kommunistischen Alleinvertretungsanspruch des Kreml in Frage stellte und offen um Meinungsführerschaft, kommunistische Entwicklungspfade und strategische Positionen kämpfte.[3] Auch das von den Vereinigten Staaten dominierte westliche Lager erwies sich von Beginn des Kalten Krieges an nicht als Monolith. Die europäischen Kolonialmächte – Großbritannien, Frankreich, die Niederlande und Portugal – verfolgten nach dem Zweiten Weltkrieg gegenüber ihren abhängigen Territorien partikulare Interessen, die denen der Vereinigten Staaten vielfach konträr gegenüberstanden. Insbesondere Frankreich nutzte nach der Dekolonisierung Afrikas seine privilegierten Beziehungen zu seinen ehemaligen Kolonien dazu, sich als unabhängige »dritte Kraft« in der Weltpolitik zu etablieren.[4] Schließlich bezeichnete der Kalte Krieg in der Dritten Welt keine Epoche des »langen Friedens«, sondern eine Phase unzähliger Bürgerkriege und zwischenstaatlicher Konflikte, deren Merkmale nur partiell mit der Bezeichnung »Stellvertreterkriege« wiedergegeben werden können. Von Beginn an waren Ost-West-Konfrontation und Nord-Süd-Beziehungen miteinander verknüpft.[5]

Vor dem Hintergrund dieser Überlegungen – globale und lokale Dimensionen des Kalten Krieges, Polyzentrismus und Polyvalenz von Konflikten in der Dritten Welt – sollen im Folgenden Muster der Interaktion

---

3 Gordon H. Chang, Friends and Enemies. The United States, China, and the Soviet Union, 1948–1972, Stanford 1990, S. 42–80; Ilya V. Gaiduk, The Soviet Union and the Vietnam War, Chicago 1996, S. 30f., 206f., 223–226; Marc S. Gallicchio, The Cold War Begins in Asia. American East Asian Policy and the Fall of the Japanese Empire, New York 1988, S. 113–136; Jonathan Spence, Mao, London 1999, S. 113–181.

4 Eckart Conze, Hegemonie durch Integration? Die amerikanische Europapolitik und ihre Herausforderung durch de Gaulle, in: *Vierteljahrshefte für Zeitgeschichte*, 43 (1995), S. 297–340.

5 Siehe dazu auch Geir Lundestad, East, West, North, South: Major Developments in International Politics, 1945–1986, Oslo 1989, und Richard Saull, Locating the Global South in the Theorisation of the Cold War: capitalist development, social revolution and geopolitical conflict, in: *Third World Quarterly*, 26 (2005), S. 253–280.

der Vereinigten Staaten mit Ländern der Dritten Welt untersucht werden.[6] Drei erkenntnisleitende Fragestellungen stehen dabei im Mittelpunkt. Erstens: Wie gestalteten sich die Strukturen des internationalen Systems nach 1945, und welche Konsequenzen hatte dies für die Beziehungen zwischen den Vereinigten Staaten und Ländern der Dritten Welt? Zweitens: Welche kulturellen, politischen, strategischen und wirtschaftlichen Faktoren prägten Amerikas Beziehungen zur Dritten Welt? Drittens: Welche Erwartungen hegten Eliten der Dritten Welt gegenüber den Vereinigten Staaten, und wie reagierten sie auf das vielschichtige Einwirken der Vereinigten Staaten?

»Heiße« Kriege sind das Resultat gescheiterter friedlicher Konfliktregulierung oder Ausdruck des Willens von Akteuren, ihre Interessen militärisch durchzusetzen. »Verhinderte« Kriege deuten dagegen auf Konflikte hin, die nicht unter Anwendung militärischer Gewalt gelöst wurden oder die zumindest nicht in bewaffneten Auseinandersetzungen mündeten.[7] »Heiße« Kriege unter Beteiligung amerikanischer Soldaten waren für die Entscheidungsträger in Washington nur die Ultima Ratio politischen Handelns. Unterhalb dieser Schwelle standen den Vereinigten Staaten aber verschiedene andere Instrumente zur Verfügung, mit denen sie Sicherheit gewährleisten wollten: geheime Operationen, Polizeiausbildungsprogramme, Entwicklungspolitik und Außenhandelspolitik, Propaganda und Informationskampagnen sowie diplomatisches Handeln.

Die amerikanische Politik gegenüber der Dritten Welt zielte auf die Etablierung eines »informellen Imperiums«, eines Netzwerkes interaktiver Beziehungen, die durch unterschiedliche Mechanismen der Steue-

---

6 Teilaspekte des Themas behandeln Richard J. Barnet, Intervention and Revolution. The United States in the Third World, New York 1968; Scott L. Bills, Empire and Cold War. The Roots of US-Third World Antagonism, 1945–47, London 1991; Henry W. Brands, The Specter of Neutralism: The United States and the Emergence of the Third World, 1947–1960, New York 1990; Douglas J. MacDonald, Adventures in Chaos: American Intervention for Reform in the Third World, Cambridge, Mass., 1992; Peter L. Hahn/Mary Ann Heiss (Hg.), Empire and Revolution. The United States and the Third World since 1945, Columbus 2001; Gabriel Kolko, Confronting the Third World: United States Foreign Policy, 1945–1980, New York 1981; David D. Newsom, The Imperial Mantle. The United States, Decolonization, and the Third World, Bloomington 2001; David Ryan/Victor Pungong (Hg.), The United States and Decolonization. Power and Freedom, London 2000.

7 Zum Konzept der »verhinderten Kriege« siehe Jost Dülffer/Martin Kröger/Rolf-Harald Wippich, Vermiedene Kriege. Deeskalation von Konflikten der Großmächte zwischen Krimkrieg und Erstem Weltkrieg, 1865–1914, München 1997.

rung zusammengehalten wurden und die dem Zweck dienten, ein globales Staatensystem zu schaffen, das amerikanischer Sicherheit und amerikanischen Interessen zuträglich war. Dieses »informelle Imperium« musste permanent abgesichert, verteidigt und neu ausgehandelt werden. Es eröffnete lokalen Akteuren Möglichkeiten, ihre partikularen oder nationalen Interessen zu vertreten, es veränderte seine Ausdehnung und seinen Charakter entsprechend der regionalen Verteilung von Macht, und es passte sich den Entwicklungen an, die sich im internationalen System auf globaler Ebene vollzogen.

Das Internationale System und der Kalte Krieg

Die Dekolonisierung, die im Zweiten Weltkrieg einsetzte und bis in die frühen 1960er Jahre dauerte, veränderte das Gesicht der Welt und den Charakter der internationalen Politik.[8] Im Unterschied zur Vorkriegszeit wurde das internationale System nicht länger von einigen europäischen Mächten dominiert, sondern von zwei Supermächten, die unter unterschiedlichen Prämissen auf die Auflösung der europäischen Kolonialherrschaft hinwirkten. Während sich in Europa ein bipolares Blocksystem herausbildete, konkurrierten in der Dritten Welt lokale, regionale und globale Akteure um Macht und Einfluss. So wie die »freie Welt« im Wesentlichen auf Westeuropa und Nordamerika beschränkt war, blieb der von westlichen Beobachtern evozierte monolithische Kommunismus ein machtpolitisches Gebilde, dass die Sowjetunion und die von ihr nach dem Zweiten Weltkrieg besetzten osteuropäischen Staaten umfasste.

Während der Epoche der Dekolonisierung konkurrierten die Vereinigten Staaten und die europäischen Kolonialmächte in Asien und Afrika um Einfluss und Macht. Unterschiedliche Interessen artikulierten sich nicht allein in großen Dekolonisierungskonflikten wie Indonesien

---

8   Charles-Robert Ageron (Hg.), Le chemins de la décolonisation de l'empire français, 1936–1956, Paris 1986; Rudolf v. Albertini, Dekolonisation. Die Diskussion über Verwaltung und Zukunft der Kolonien, 1919–1960, Köln 1966; John Darwin, Britain and Decolonization. The Retreat from Empire in the Post-War World, London 1988; Wolfgang J. Mommsen (Hg.), Das Ende der Kolonialreiche. Dekolonisation und die Politik der Großmächte, Frankfurt am Main 1990; Rainer Tetzlaff, Die Dekolonisierung und das neue Staatensystem, in: Karl Kaiser/Hans-Peter Schwarz (Hg.), Die neue Weltpolitik, Bonn 1995, S. 34–55.

(1945–1949 und 1961–1962) oder der Suezkrise (1956).[9] Divergente Entwürfe zur Zukunft des Kolonialismus und konkurrierende Strategien zur Auflösung der Kolonialreiche sorgten dafür, dass Konkurrenz zwischen den transatlantischen Partnern in der Epoche der Dekolonisierung ein endemisches Charakteristikum der »freien Welt« war.[10] Die machtpolitische Konkurrenz zwischen den Vereinigten Staaten und den europäischen Kolonialmächten in der Dritten Welt endete jedoch nicht mit der Dekolonisierung. Dies galt insbesondere für Frankreich, dessen Politik im Afrika südlich der Sahara in Gestalt der Vorstellung eines *Eurafrique* oder der Franc-Zone darauf zielte, Frankreichs Position als dominanter externer Akteur fortzuschreiben und zu verhindern, dass bipolare Strukturen zum bestimmenden Ordnungsprinzip der afrikanischen Staatenwelt wurden. Auch das *Commonwealth of Nations* bezog zumindest bis 1950 seine Berechtigung aus der Vorstellung, es könne Großbritannien gelingen, neben der Sowjetunion und den Vereinigten Staaten weiterhin die Rolle und Position einer Weltmacht einzunehmen.[11]

Polyzentrismus herrschte auch im kommunistischen Lager. Nur in den ersten Jahren des Kalten Krieges kooperierten die beiden kommunistischen Großmächte, die Volksrepublik China und die Sowjetunion, harmonisch miteinander. Unterschiedliche ideologische Vorstellungen und entwicklungstheoretische Prämissen deuteten jedoch bereits 1949 auf die tief greifenden Meinungsverschiedenheiten hin, die nach dem XX. Parteitag der KPdSU (1956) und der Entstalinisierung in der Sowjetunion offen zutage traten. So unterschieden sich bereits von Beginn an Mao Zedongs Indochinapolitik und seine Haltung gegenüber dem Ko-

---

9 H. W. van den Doel, Afscheid van Indië. De val van het Nederlandse imperium in Azië, Amsterdam 2001; William Roger Louis (Hg.), Suez, 1956. The Crisis and its Consequences, Oxford 1989.

10 Matthew Connally, The French-American Conflict over North Africa and the Fall of the Fourth Republic, in: *Revue française d'histoire d'outre-mer*, 84 (1997), S. 9–27; ders., Taking Off the Cold War Lens: Visions of North-South Conflict during the Algerian War for Independence, in: *American Historical Review*, 105 (2000), S. 739–769; Marc Frey, Die Dekolonisierung in Indochina, Indonesien und Malaya nach 1945, in: *Vierteljahrshefte für Zeitgeschichte*, 50 (2002), S. 399–433, bes. S. 404–415, 416–426; Annie Lacroix-Riz, Les Protectorats d'Afrique du Nord entre la France et Washington du débarquement à l'indépendance: Maroc et Tunisie 1942–1956, Paris 1988.

11 Danielle Domergue-Cloarec, La France et l' Afrique après les indépendances. Paris 1991; W. David McIntyre, The Commonwealth, in: Robin W. Winks (Hg.), The Oxford History of the British Empire, Bd. 5: Historiography, Oxford 1999, S. 558–570.

reakonflikt signifikant von der letztlich auf Europa fixierten Politik Stalins. Am Ende der 1950er Jahre positionierte sich Maos China offen als Hüter der kommunistischen Revolution und als Partner agrarisch geprägter nationaler Befreiungsbewegungen in aller Welt. Das wachsende sowjetische Engagement in der Dritten Welt, das Chruschtschow im Januar 1961 antikapitalistischen und antikolonialistischen Befreiungsbewegungen in Aussicht stellte, war nicht nur eine Reaktion auf den gewachsenen Einfluss der Vereinigten Staaten in der Dritten Welt, sondern auch eine unmittelbare Folge die vermeintlichen Attraktivität der chinesischen Entwicklungsdiktatur und des chinesischen Werbens um kommunistische Meinungsführerschaft, das insbesondere unter den nationalistischen Eliten Afrikas auf fruchtbaren Boden fiel.[12] Eine ganze Reihe afrikanischer Machthaber beanspruchte für sich die Deutungshoheit über den besten Weg zu wirtschaftlicher Entwicklung. Damit einher ging in vielen Fällen die Unterdrückung jeglicher Opposition im eigenen Land und die Verfolgung ethnischer Gruppen, die vermeintlich den Fortschritt aufhielten oder den Staat zersetzten.[13]

Der Polyzentrismus ermöglichte es Befreiungsbewegungen, Regimes und Machthabern in der Dritten Welt, ihre Handlungsoptionen zu erweitern und die Intra- und Inter-Block-Konkurrenz dazu zu benutzen, mehr materielle und immaterielle Ressourcen zu erlangen als in einem rein bipolar konfigurierten System. Dies galt beispielsweise für Länder wie Ägypten, Indien, Indonesien oder Pakistan. Wirtschaftshilfen und Waffenexporte sorgten aber auch dafür, dass Konflikte in der Dritten Welt aufgeladen wurden, die Neigung zur militärischen Lösung stieg und diese wesentlich blutiger und gewaltsamer verliefen, als es ohne die Existenz externer Akteure der Fall gewesen wäre. Die Kongokrise, der Bürgerkrieg in Biafra/Nigeria oder der Vietnamkrieg sind nur einige Beispiele dafür. Dies reflektieren auch die Zahlen zur amerikanischen Militär- und Wirtschaftshilfe, die kontinuierlich anstieg und nur zu Beginn der Entspannungsphase Anfang der 1970er Jahre kurzfristig reduziert wurde. Nach dem Ende des Kalten Krieges nahmen die Rüstungsexporte insbesondere in den Nahen Osten allerdings noch einmal sprunghaft zu. Auch konnte von einer »Friedensdividende« für die Dritte Welt keine Rede sein.

---

12 Deborah Bräutigam, Chinese Aid and African Development: Exporting Green Revolution, New York 1998.
13 Rothermund, Delhi, 15. August 1947, S. 240. Siehe auch Frederick Cooper, Conflict and Connection: Rethinking Colonial African History, in: *American Historical Review*, 99 (1994), S. 1516–1545, hier S. 1543 f.

Amerikanische Militärhilfe (Kredite und Beihilfen) in Millionen Dollar, 1950–1999

(Dollarwert = 2004)

Region	1949–1952	1953–1961	1962–1999
Welt gesamt	10064	19302,2	151460
Naher Osten und Nordafrika	67,2	675,1	77065
(davon Israel)	–	0,9	46570
Afrika (Subsahara)	–	66,5	1941,8
(davon Südafrika)	–	–	4
Lateinamerika und Karibik	46,5	530,8	4769,4
Asien (ohne Japan)	805,9	6283,9	34805,3
(davon Südkorea)	12,5	1785,1	7005,4

Kompiliert aus: U.S. Overseas Loans and Grants. Obligations and Loan Authorizations, July 1, 1945 – September 30, 2003 (Congr-R-0105). Report prepared by the U.S. Agency of International Development, Washington DC [o.J.]

Amerikanische Wirtschaftshilfe (Kredite und Beihilfen) in Millionen Dollar, 1950–1999

(Dollarwert = 2004)

Region	1949–1952	1953–1961	1962–1999
Welt gesamt	18634,3	24050,0	289956,2
Naher Osten und Nordafrika	117,6	2653,3	61538,2
(davon Israel)	86,5	507,1	28207,9
Afrika (Subsahara)	3,6	395,5	27970,6
(davon Südafrika)	–	–	912,5
Lateinamerika und Karibik	97,7	1552,2	34931,5
Asien (ohne Japan)	2084,1	11475,7	44571,2
(davon Südkorea)	485,6	2579,0	2860,1

Kompiliert aus: U.S. Overseas Loans and Grants. Obligations and Loan Authorizations, July 1, 1945 – September 30, 2003 (Congr-R-0105). Report prepared by the US Agency of International Development, Washington DC [o.J.]

Weltweite Wirtschafts- und Mitlitärhilfe der USA

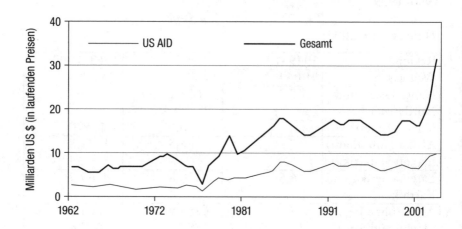

Quelle: US AID: U.S. Overseas Loans and Grants
http://qesdb.cdie.org/gbk/index.html (2. Juli 2005)

Das internationale System der Zeit nach dem Zweiten Weltkrieg war
nicht nur macht- und interessenpolitisch polyzentrisch konfiguriert. Das
Ensemble der Akteure war zugleich ethnisch und kulturell heterogener
als das von einigen europäischen Großmächten dominierte System der
Vorkriegszeit. Der afroamerikanische Schriftsteller James Baldwin fasste
diesen epochalen Wandel 1953 mit einer hoffnungsvollen Feststellung
zusammen: »The world is no longer white, and it will never be white
again.«[14] Kulturelle Faktoren – Kultur als Ausdruck spezifischer Lebensweisen ethnischer und nationaler Gemeinschaften, ihrer Institutionen,
Symbole, Normen und Werte – sowie Rassenbeziehungen und Wahrnehmungen von Ethnizität beeinflussten die Politik in einer sehr viel offene-
ren und kontroversen Weise als in der Vorkriegszeit, als koloniale Rebel-
lionen immer wieder die weiße Herrschaft in Frage gestellt hatten, aber
von den Kolonialmächten erfolgreich niedergeschlagen wurden.[15]

---

14 James Baldwin, Notes of a Native Son, Boston 1955, S. 175.
15 Meine Definition von Kultur folgt Akira Iriye, Culture and International History, in: *Journal of American History*, 77 (1990), S. 91–100. Über Ethnizität in
   den internationalen Beziehungen siehe Thomas Borstelmann, The Cold War
   and the Color Line. American Race Relations in the Global Arena, Cambridge,
   Mass., 2001; Gerald Horne, Race from Power. U.S. Foreign Policy and the General Crisis of »White Supremacy«, in: *Diplomatic History*, 23 (1999), S. 437–
   461; Paul Gordon Lauren, Power and Prejudice. The Politics and Diplomacy of

Leitvorstellungen

Die historiographische Diskussion um die amerikanische Außenpolitik gegenüber der Dritten Welt wird durch zwei Konzepte geprägt.[16] »Realisten« argumentieren, die amerikanische Politik sei von nationalen Interessen, der Suche nach Märkten und Rohstoffen und vom Kalkül machtpolitischer Auseinandersetzung mit der Sowjetunion dominiert gewesen.[17] »Idealisten« gehen davon aus, dass der amerikanischen Politik ein antikolonialistischer Impetus zugrunde lag. Danach waren die Vereinigten Staaten an einem Ende asymmetrischer Machtbeziehungen, traditioneller Abhängigkeiten und an der Etablierung einer Gemeinschaft unabhängiger und gleicher Nationalstaaten interessiert. Motivation und Ziele standen, so die Idealisten, in der Tradition Wilson'scher Außenpolitik, wie sie in den Vierzehn Punkten, der Roosevelt'schen Formel von den »Vier Freiheiten« oder in der Atlantik-Charta, die das Recht jedes Volkes auf nationale Selbstbestimmung postulierte, zum Ausdruck gekommen war.[18] Idealisten kritisieren die vermeintliche Diskrepanz von amerikanischen Selbstzuschreibungen als einer antikolonialistischen Kraft und der nach dem Zweiten Weltkrieg auch von ihnen konstatierten Interessenpolitik. Sie argumentieren, dass die Vereinigten Staaten infolge des Kalten Krieges gezwungen waren, wohlmeinende, in der Tradition der Aufklärung stehende außenpolitische Ziele »pragmatischen« Erwägungen zu opfern. Darüber hinaus werfen sie der amerikanischen Nachkriegspolitik vor, die Ziele von Freiheit und nationaler Selbstbestimmung auf dem Altar des antikommunistischen Kreuzzugs geopfert zu haben.[19] Die Dichotomie von »realistischer« Interessenpolitik und

Racial Discrimination, Boulder 1996; Penny M. Von Eschen, Race Against Empire. Black Americans and Anticolonialism, 1937–1857, Ithaca 1997, S. 122–184.

16 Einführend siehe Frank Ninkovich, The United States and Imperialism, Oxford 2001, S. 200–246; ders., Kontinentale Expansion, Empire und die Zivilisierungsmission im Amerika des 19. Jahrhunderts, in: Boris Barth/Jürgen Osterhammel (Hg.), Zivilisierungsmissionen. Imperiale Weltverbesserung seit dem 18. Jahrhundert, Konstanz 2005, S. 285–310.

17 William J. Duiker, U.S. Containment Policy and the Conflict in Indochina, Stanford 1990, S. 5–131, 379; Lloyd C. Gardner, Approaching Vietnam. From World War II through Dienbienphu, New York 1988, S. 11–18; Melvyn P. Leffler, A Preponderance of Power. National Security, the Truman Administration, and the Cold War, Stanford 1990, S. 10–14 u. passim.

18 Walter Russell Mead, Special Providence. American Foreign Policy and How it Changed the World, New York 2001, S. 132–173.

19 David Ryan, The United States, Decolonization and the World System, in: ders./Pungong (Hg.), The United States and Decolonization, S. 1–23.

»idealistischem« Zivilisierungsanspruch greift jedoch zu kurz. Wesentlich erscheint mir eine Interpretation amerikanischer Außenpolitik, die ideologische Grundvorstellungen und kulturelle Vorprägungen von Entscheidungsträgern berücksichtigt.[20]

Vor dem Zweiten Weltkrieg hatten sich die amerikanischen Beziehungen zur Dritten Welt im Wesentlichen auf die Interaktion mit Lateinamerika beschränkt und auf vereinzelte individuelle Kontakte mit Menschen aus der außereuropäischen Welt. Die Kontakte waren jedoch in der Regel durch ungleiche soziale Rollen gekennzeichnet, die Menschen aus der außereuropäischen Welt in subalterne Positionen rückten. Bis auf wenige Ausnahmen waren die Kenntnisse über die außereuropäische Welt sehr gering. Nach 1945 rückte die Dritte Welt sukzessive und selektiv in den außenpolitischen Horizont der Entscheidungsträger in Washington. Rückblickend umriss Dean Acheson, der Architekt der NATO und der Eindämmungspolitik, die mentalen Dispositionen der Entscheidungsträger am Ende des Zweiten Weltkrieges:

»Es war nicht wirklich bei uns angekommen, dass das Britische Empire verschwunden war, Frankreich als Großmacht verschwunden war, dass Europa aus vier oder fünf Ländern von 50 Millionen Menschen bestand. Ich schaute noch immer auf die Weltkarte und sah dieses viele Rot, und bei Gott, das war das Britische Empire, die französischen Senegalesen-Truppen in Ostafrika und in Deutschland – all das war zur Hölle gegangen. Diese Länder waren in der Welt kaum noch bedeutender als Brasilien. Ich denke, unser Urteilsvermögen war durch die Unfähigkeit beeinträchtigt, die Wirklichkeit zu verstehen.«[21]

Entwicklungen in Asien und dem Nahen und Mittleren Osten gewannen mit dem Zweiten Weltkrieg an Bedeutung, doch erst nach 1945 wurden sie zum Gegenstand systematischer Beschäftigung. Das galt zunächst für den Bürgerkrieg in China (bis 1949), die Unabhängigkeit Indiens (1947) oder den Palästinakonflikt der späten 1940er Jahre.[22] Afrika wurde bis weit in die 1960er Jahre hinein als Domäne der Europäer betrachtet, die

---

20 Michael H. Hunt, Ideology and Foreign Policy, New York 1987, und ders., Conclusions: The Decolonization Puzzle in U.S. Policy – Promise versus Performance, in: Ryan/Pungong (Hg.), The United States and Decolonization, S. 207–229.

21 Dean Acheson, Oral History Interview, Washington, DC, 30. Juni 1971, Harry S. Truman Library, Independence, Missouri.

22 Peter L. Hahn, Caught in the Middle East: U.S. Policy toward the Arab-Israeli Conflict, 1945–1961, Chapel Hill 2004; Harry Harding/Yuan Ming (Hg.), Sino-American Relations 1945–1955: A Joint Reassessment of a Critical Decade, Wilmington 1989; Robert J. McMahon, The Cold War on the Periphery: The United States, India and Pakistan, New York 1994.

ihrerseits bemüht waren, den Kontinent von amerikanischem Einfluss freizuhalten.[23] Lateinamerika, während der 1950er Jahre im Windschatten amerikanischer Außenpolitik, rückte mit der kubanischen Revolution (1959), der Kuba-Krise (1962) und der optimistischen Rhetorik des kontinentalen Entwicklungsplans der »Alliance for Progress« für einige Jahre in den Mittelpunkt der amerikanischen Politik gegenüber der Dritten Welt.[24]

Die Verdichtung amerikanischer Kontakte mit der Dritten Welt und die wachsende politische Beschäftigung mit ihren Entwicklungen korrespondierten mit einer Zunahme wissenschaftlicher Auseinandersetzung mit einer Vielzahl von Fragestellungen und Problemen. Menschen und Gesellschaften der Dritten Welt wurden regelrecht seziert: Anthropologen, Politikwissenschaftler, Soziologen und Ökonomen definierten Entwicklungsstadien, ordneten kulturelle Symbole, Rituale und Praktiken Mustern zu und erklärten soziale Phänomene zu rational kontrollierbaren Problemen.[25] Paradigmatisch kam dies im Aufbau von Regionalstudiengängen an amerikanischen Universitäten zum Ausdruck, in denen länder- und regionenspezifische Kenntnisse vermittelt wurden. Vielfach wurden diese Aktivitäten vom Pentagon oder von der CIA gefördert.[26] Bis Mitte der 1960er Jahre hatten Forschung und Lehre in den Vereinigten Staaten vergleichbare Aktivitäten an den Universitäten der ehemali-

---

23 Wibke Becker, Die USA und der Transformationsprozess in der Dritten Welt: Amerikanische Afrikapolitik am Beispiel von Ghana, 1950–1966, Diss. phil. Köln 2004.

24 Mark T. Gilderhus, An Emerging Synthesis? U.S.-Latin American Relations since the Second World War, in: Michael Hogan (Hg.), America in the World. The Historiography of American Foreign Relations since 1941, Cambridge 1995, S. 424–461.

25 Michael Adas, Machines as the Measure of Men: Science, Technology, and Ideologies of Western Domination, Ithaca 1989; Arturo Escobar, Encountering Development. The Making and Unmaking of the Third World, Princeton 1995; Irene Gendzier, Managing Political Change: Social Scientists and the Third World, Boulder 1985.

26 Prominente Beispiele sind das 1948 eingerichtete Afrika-Programm der Northwestern University in Chicago oder das Southeast Asia Program der Cornell University. William Nelson Feton, Area Studys in American Universities: For the Commission on Implications of Armed Services Educational Program, Washington 1947. Kritisch zur Kooperation zwischen Sicherheitsorganen und Universitäten äußert sich Bruce Cumings, Boundary Displacement: Area Studies and International Studies during and after the Cold War, in: Christopher Simpson (Hg.), Universities and Empire. Money and Politics in the Social Sciences during the Cold War, New York 1998, S. 159–188.

gen Kolonialmächte quantitativ und häufig auch qualitativ in den Schatten gestellt.

Bis weit in die 1960er Jahre hinein lagen den Forschungsperspektiven von Wissenschaftlern und den handlungsleitenden Doktrinen von Entscheidungsträgern leitmotivische Vorstellungen über die eigene und fremde Geschichte und Gegenwart zugrunde, welche die Wahrnehmungen der Dritten Welt maßgeblich prägten. Diese »gate keeping concepts«, die »belief systems« steuerten, bestanden erstens aus einer teleologischen Interpretation der nationalen Geschichte als eines universal adaptierbaren Modells linearen, evolutionären Fortschritts. Zweitens drückte sich in ihnen eine tiefe Abneigung gegen Revolutionen aus. Konkret äußerte sich dies in einem unter den gegebenen Umständen zuweilen anachronistisch anmutenden Eintreten für graduelle Machttransfers in der kolonisierten Welt und in dem für viele nationale Befreiungsbewegungen realitätsfernen Rat, auch nach einem Souveränitätswechsel eng mit der ehemaligen Kolonialmacht zu kooperieren. Drittens herrschte die Vorstellung vor, dass kulturelle Unterschiede – der Begriff »Rasse« war durch den Holocaust gründlich diskreditiert – auf Hierarchien menschlicher Entwicklung verwiesen und dass diese Unterschiede den Glauben in die Überlegenheit westeuropäischer und weißer nordamerikanischer Gesellschaften gegenüber Asiaten, Afrikanern und Lateinamerikanern legitimierten. Vereinfacht ausgedrückt gab es eine bemerkenswerte Kontinuität zwischen den Zweifeln Franklin Roosevelts an der Mündigkeit außereuropäischer Völker und den Forderungen der Modernisierungstheoretiker der 1960er Jahre, »Traditionen« zu zerschlagen, um soziale und ökonomische »Zurückgebliebenheit« (»backwardness«) zu überwinden.[27] Diese Kontinuität schlug sich in der Überzeugung nieder, dass außereuropäische Völker in der Regel noch nicht dazu in der Lage seien, sich selbst zu regieren, und dass sie aufgrund wissenschaftlicher Analysen ihrer Kulturen, Wirtschaften und Sozialsysteme längere Phasen von Ausbildungsverhältnissen (»tutelage«) durchlaufen müssten. Weil die Kolonialmächte dazu entweder nicht mehr in der Lage seien oder Ausbildungsfunktionen aufgrund nationalistischer Widerstände

---

27 Mark Philip Bradley, Franklin D. Roosevelt, Trusteeship, and U.S. Exceptionalism: Reconsidering the American Vision of Postcolonial Vietnam, in: Marc Frey/Ronald W. Pruessen/Tan Tai Yong (Hg.), The Transformation of Southeast Asia. International Perspectives on Decolonization, Armonk 2003, S. 197–212; Marc Frey, Visions of the Future: The United States and Colonialism in Southeast Asia 1940–1945, in: *Amerikastudien/American Studies*, 48 (2003), S. 365–388; Seth Jacobs, America's Miracle Man in Vietnam: Ngo Dinh Diem, Religion, Race, and U.S. Intervention in Southeast Asia, Durham 2005.

nicht ausfüllen könnten, seien die Vereinigten Staaten dazu berufen, diese Bürde zu schultern. Denn »nation building« allein im nationalen Kontext erschien aufgrund zahlreicher Defizite – die Persistenz von »Traditionen«, die Unerfahrenheit der politischen Eliten, mangelnde wirtschaftliche, technische und soziale Infrastruktur etc. – als große Gefahr und als Rezept zur Bildung eines Machtvakuums. Dieses aber sollte vor dem Hintergrund der Systemkonkurrenz mit der Sowjetunion und China unbedingt vermieden werden.[28]

Bereits vor dem Zweiten Weltkrieg hatten amerikanische Kommentatoren Zusammenhänge zwischen der prosperierenden Entwicklung der Vereinigten Staaten und Entwicklungen in der Dritten Welt hergestellt, und zwar in zweierlei Hinsicht. Zum einen dienten wirtschaftliche Entwicklung und Stabilität in der Dritten Welt amerikanischer Sicherheit. Zum anderen konnten diese für die amerikanische Sicherheit notwendigen Voraussetzungen nur durch einen Systemexport geschaffen werden. So hatte, um nur ein Beispiel herauszugreifen, die Literaturnobelpreisträgerin Pearl S. Buck erklärt: »Wenn die amerikanische Lebensweise sich in der Welt durchsetzen soll, muss sie sich in Asien durchsetzen.«[29] Um diesen American way of life – eine friedliche und prosperierende Gesellschaft, die dem Individuum Freiheit, vertikale Mobilität und Wohlstand gewährleiste – zu sichern, war eine Interaktion mit der Dritten Welt unabdingbar. Unter dem Eindruck von Kaltem Krieg und Systemkonkurrenz verstärkte sich diese erheblich. Mit dem Niedergehen des Eisernen Vorhangs in Europa wurden die »middle lands« umstrittenes Terrain.[30]

Amerikanische Außenpolitik als Transformationspolitik

Die ideellen Leitvorstellungen – oder auch »gate-keeping concepts« –, das Ziel, ein Machtvakuum in der Dritten Welt zu verhindern, und der Kampf gegen den Kommunismus hoben die amerikanische Vision einer

---

28 Nils Gilman, Mandarins of the Future. Modernization Theory in Cold War America, Baltimore 2004; Michael Latham, Modernization as Ideology. American Social Science and »Nation Building« in the Kennedy Era, Chapel Hill 2000, S. 1–20 u. passim.

29 Zit. n. Christopher Thorne, Allies of a Kind. The United States, Britain and the War against Japan, 1941–1945, London 1978, S. xxiii.

30 Zitat von Lord Inverchapel (Archibald Clark Kerr), 16. Oktober 1947, in: Foreign Relations of the United States (im Folgenden FRUS) 1947, Bd. 5: The Near East and Africa, Washington 1971, S. 566.

friedlichen und kooperativen Ordnung in Westeuropa auf eine globale Ebene. Der Marshall-Plan und die Etablierung eines »empire by invitation« in Europa waren Komponenten einer Transformationspolitik, welche die Vereinigten Staaten zumindest partiell nun auch in die Dritte Welt projizierten.[31] Transformation bedeutete nicht allein einen geordneten Rückzug der Kolonialmächte und eine graduelle staatliche Emanzipation neuer unabhängiger Staaten. Transformation meinte Veränderung in vielen Bereichen, zielte auf die persönliche und nationale Ebene, auf ländliche Regionen und urbane Zentren, und richtete sich an kleine ethnische Gruppen und große multiethnische Nationalstaaten gleichermaßen. Transformation meinte Modernisierung des individuellen und kollektiven Verhaltens, und zwar in Richtung einer Angleichung an amerikanische Verhältnisse. Denn im Selbstverständnis der Entscheidungsträger bildeten die amerikanische Gesellschaft und ihr Entwicklungsgrad eine Norm mit universalem Anspruch.[32] Der Transformationspolitik lag eine zivilisierende Mission zugrunde, die mit Hilfe wirtschaftlicher »take off«-Phasen und informeller und formeller Allianzen relative Ordnung, Sicherheit und Wirtschaftswachstum in der Dritten Welt bewirken sollte.[33] Notwendigerweise beinhaltete dies einen Normen- und Wertetransfer, das Interesse an Bewusstseinswandel und das Bestreben, in den Staaten der Dritten Welt Institutionen und Strukturen aufzubauen, die sich komplementär zu amerikanischen verhielten und die Kerne der Modernisierung bilden konnten, etwa Entwicklungsbehörden, Planungsinstanzen, Steuersysteme, moderne Sicherheitsapparate und Parlamente. Die Völker der Dritten Welt sollten davon überzeugt werden, dass der Kapitalismus, der freie Austausch von Gütern und die internationale Arbeitsteilung nicht allein eine ökonomische Dimension besaßen. In der Vorstellung vieler Entscheidungsträger war der Kapitalismus eine »kohärente und attraktive Philosophie«, eine positive und konstruktive Ideologie, deren Qualität geradezu dazu verpflichtete, sie weltweit zu verbreiten.[34]

---

31 Den Begriff »empire by invitation« entlehne ich Geir Lundestad, The American »Empire« and other Studys of US Foreign Policy in a Comparative Perspective, Oxford 1990, S. 32.
32 Siehe beispielsweise Walt Whitman Rostow, The Stages of Economic Growth. A Non-Communist Manifest, New York 1960.
33 Siehe ausführlich Barth/Osterhammel (Hg.), Zivilisierungsmissionen.
34 Rede von Harlan Cleveland, einem hohen Beamten der amerikanischen Entwicklungsbehörde, 20. Oktober 1950, National Archives, College Park, Maryland (im Folgenden NA), Record Group (im Folgenden RG) 469, Entry 59, Box 26, Folder FE General 3.

Dieses hegemoniale Projekt – Hegemonie hier verstanden als Führung eines Staates über andere ohne Aushöhlung der formalen Souveränität – operierte mit einer Reihe von Instrumenten, die unmittelbar die Belange und Strukturen der Länder der Dritten Welt berührten.[35] Bis zum Amtsantritt der Kennedy-Administration 1961 bedeutete dies primär den Einsatz aller Mittel mit Ausnahme der Entsendung von Bodentruppen. Nach dem Ende des Koreakrieges griffen amerikanische Kampftruppen nur einmal unmittelbar in einen Konflikt in der Dritten Welt ein. Dabei handelte es sich um den Libanon (1958), wo 5000 Marines eine Krise nach amerikanischen Vorstellungen beenden sollten. Zuvor hatte Washington mit einer Vielzahl von Staaten Verteidigungsbündnisse geschmiedet, so den Rio-Pakt mit Lateinamerika (1947) oder die Südostasiatische Verteidigungsgemeinschaft SEATO (1955). Militärallianzen dienten der Abwehr der kommunistischen Gefahr; sie waren aber auch dazu geeignet, um die neuen unabhängigen Staaten strategisch zu vernetzen und zu integrieren. Dahinter stand ein Verständnis amerikanischer Sicherheit, dass sich nicht mehr territorial definierte. Nach den Erfahrungen des Zweiten Weltkrieges und der Schrumpfung von Raum und Zeit infolge des Einsatzes neuer Technologien wurde Sicherheit nun kulturell konnotiert. Ihre Gewährleistung hing von einer globalen Umwelt ab, die amerikanischen Normen, Werten und Lebensweisen gegenüber aufgeschlossen war.

Unmittelbare amerikanische Militärinterventionen in der Dritten Welt waren vor allem ein Phänomen der 1960er Jahre, in dieses Jahrzehnt fielen der Krieg in Vietnam (1961–1973) oder die Intervention in die Dominikanische Republik (1965). Libanon oder Grenada folgten in den 1980er Jahren. Entscheidend ist in diesem Zusammenhang die Tatsache, dass die Anerkennung möglicher wechselseitiger Zerstörung im Kontext des Kalten Krieges (mutually assured destruction, MAD) Ende der 1950er Jahre zur Entwicklung einer neuen Militärdoktrin führte: der Doktrin vom »begrenzten Krieg«.[36] Sie sollte militärische Interventionen in der Dritten Welt operationalisieren und das konventionelle Arsenal

---

35 Definitorisch folge ich hier Ursula Lehmkuhl, Pax Anglo-Americana. Machtstrukturelle Grundlagen anglo-amerikanischer Asien- und Fernostpolitik in den 1950er Jahren, München 1999, S. 50–54; Werner Link, Die Neuordnung der Weltpolitik. Grundprobleme globaler Politik an der Schwelle zum 21. Jahrhundert, München 1998, S. 127; Heinrich Triepel, Die Hegemonie: Ein Buch von führenden Staaten, Stuttgart 1938, S. 125–149.
36 George C. Herring, LBJ and Vietnam: A Different Kind of War, Austin 1994, S. 3–6; Maxwell D. Taylor, The Uncertain Trumpet, Westport 1959, S. 133–199.

des amerikanischen Militärs für Kriege unterhalb der atomaren Schwelle bündeln. Diese Doktrin gelangte mit dem Antritt der Kennedy-Administration erstmals in Vietnam zur Anwendung und prägte die Kriegspolitik der Regierung Lyndon B. Johnson bis zum Ende der 1960er Jahre. Angesichts von Massenprotesten, einer weit verbreiteten Antikriegsstimmung in der Bevölkerung und der zunehmenden Aussichtslosigkeit des Krieges in Vietnam gelangte die Doktrin in den 1970er und 1980er Jahren kaum noch zur Anwendung. Vietnam signalisierte den Administrationen von Richard Nixon bis George W. Bush, dass Kriege mit Staaten in der Dritten Welt trotz haushoher militärischer Überlegenheit nur dann zu gewinnen waren, wenn sie ein klares Ziel besaßen, kurz waren und mit minimalen eigenen Verlusten geführt werden konnten.

Die vielfältigen Herausforderungen, mit denen sich die amerikanische Transformationspolitik konfrontiert sah, der Unwille von Alliierten, sich vorbehaltlos dem hegemonialen Projekt zu ergeben, und die Neigung von Staaten der Dritten Welt, den amerikanischen Normen- und Ressourcentransfer zu kanalisieren, zu adaptieren oder auch ganz abzulehnen, führten dazu, dass Subversion und verdeckte Operationen neben die traditionelle Diplomatie als Instrument zwischenstaatlicher Beziehungen traten und diese in einigen Fällen gänzlich ablösten.[37] Sie ersetzten konventionelle Modi zwischenstaatlicher Interaktion und unterminierten die traditionelle Vorstellung von der Nichteinmischung in die inneren Angelegenheiten von Staaten. Prominente Beispiele für subversive Aktivitäten der CIA sind der Staatsstreich gegen den sozialistischen iranischen Premierminister Mohammed Mosaddegh (1953) und die Unterstützung Schahs Resa Pahlawi, die Kampagne gegen den sozialdemokratischen Ministerpräsidenten Guatemalas, Jacobo Arbenz (1953), die Hilfe für das südvietnamesische Regime unter Ngo Dinh Diem (nach 1954) oder die Unterstützung der Sezessionsbewegung auf Sumatra und Sulawesi gegen Java und das Sukarno-Regime in Indonesien (1957/58). Am Ende der 1950er Jahre führte die CIA in allen Ländern Südostasiens umfangreiche Programme durch, rüstete rivalisierende Ethnien in Laos auf, bestach königliche Astrologen in Kambodscha, mischte im Drogenhandel des Goldenen Dreiecks mit und bildete Spezialeinheiten in Thailand aus. Sie bezahlte chinesische Exilkräfte in Burma, die Anfang der 1950er Jahre mehrfach auf kommunistisches Territorium vorstießen,

---

37 Einführend siehe Douglas S. Blaufarb, The Counterinsurgency Era: U.S. Doctrine and Performance, 1950 to the Present, New York 1977, S. 1–51; D. Michael Shafer, Deadly Paradigms. The Failure U.S. Counterinsurgency Policy, Princeton 1988, S. 104–132.

versorgte antichinesische Tibeter mit Waffen und kooperierte mit indischen und pakistanischen Sicherheitskräften gegen China.[38] Um 1960 herum waren Kuba und Kongo Ziele geheimdienstlicher Aktivitäten.[39] Geheimdienste waren in Dammbauprojekte in Afghanistan und Ghana oder in ländliche Entwicklungsprogramme in Zentralvietnam verwickelt. Etwas später, Anfang der 1970er Jahre, half die CIA chilenischen Generälen, den sozialistischen Premierminister Salvator Allende zu stürzen (1973), und sie beteiligte sich in den 1970er und 1980er Jahren an Bürgerkriegen in Zentralamerika (Nicaragua, El Salvador) und Afghanistan.[40] Verdeckte Operationen wurden eine systemische Komponente amerikanischer Außenpolitik. Polizeiausbildungsprogramme wurden erstmals seit 1950 in Indonesien durchgeführt, um Spezialkräfte auf die Niederschlagung von Aufständen und die Disziplinierung der Bevölkerung vorzubereiten. Bis 1961 wuchs die Zahl der Länder der Dritten Welt, in denen die Vereinigten Staaten Polizeiausbildungsprogramme unterhielten, auf 26 an.[41] Während der 1960er Jahre wurden die Mittel für die Programme kontinuierlich aufgestockt, der Kreis der Nehmerländer noch erweitert.

Daneben spielte Entwicklungshilfe eine wesentliche Rolle. Erste Ressourcentransfers erreichten die Länder Ost- und Südostasiens in den späten 1940er Jahren, und zwar im Zusammenhang mit dem Marshall-Plan (Indonesien) und China. Im Jahr 1949 verkündete Präsident Harry S.

---

38 S. Mahmud Ali, Cold War in the High Himalayas. The USA, China and South Asia in the 1950s, New York 1999; David Anderson/Chester Pach (Hg.), Managing an Earthquake. The Eisenhower Administration and the Third World, Cambridge, Mass., 2006 (im Druck); Nick Cullather und Piero Gleijeses, Secret History: The CIA's Classified Account of its Operations in Guatemala, 1952–1954, Stanford 1999; Daniel Fineman, A Special Relationship. The United States and Military Government in Thailand, 1947–1958, Honolulu 1997; Audrey R. Kahin und George McT. Kahin, Subversion as Foreign Policy. The Secret Eisenhower and Dulles Debacle in Indonesia, New York 1995; Zachary Karabell, Architects of Intervention. The United States, the Third World, and the Cold War 1946–1962, Baton Rouge 1999; Jürgen Martschukat, Antiimperialismus, Öl und die Special Relationship. Die Nationalisierung der Anglo-Iranian Oil Company im Iran 1951/54, Münster 1995.

39 James C. Blight/Peter Kornbluh (Hg.), Politics of Illusion: The Bay of Pigs Invasion Reexamined, Boulder 1998; Mollin, Die USA und der Kolonialismus, S. 442–468.

40 Diego Cordovez und Selig Harrison, Out of Afghanistan: The Inside Story of the Soviet Withdrawal, New York 1995; Helen Schooley, Conflict in Central America, Chicago 1987.

41 History of the Office of Public Safety, 1955–70, NA, RG 286, Entry 18, Box 4.

Truman ein erstes Entwicklungsprogramm, das »Point IV«-Programm, das den Staaten der Dritten Welt technische und finanzielle Hilfe in Aussicht stellte.[42] Von Beginn an war Entwicklungshilfe eine Komponente der Sicherheitspolitik und die funktionale Ergänzung der Militärhilfe. So interpretierte im Juni 1949 Unterstaatssekretär James Webb die Vorstellungen des Präsidenten mit den Worten: »Der Präsident denkt an Point IV in Zusammenhang mit dem Militärischen Unterstützungsprogramm (Military Assistance Program, MAP) und sagte ausdrücklich, dass er es für hilfreich hielte, wenn das Point IV-Programm ein wenig schneller vorankäme als MAP, da das eine für den Frieden ist, das andere für den Krieg.«[43] Nachdem in den 1950er Jahren vorwiegend asiatische Staaten von der amerikanischen Entwicklungshilfe profitiert hatten – insbesondere vom Kommunismus bedrohte Länder wie Süd-Korea, Taiwan oder Südvietnam und strategische Partner wie Thailand, Pakistan und Iran –, rückte in den 1960er Jahren vorübergehend Lateinamerika ins Zentrum der entwicklungspolitischen Bemühungen. Nach der kubanischen Revolution verabschiedete die neu ins Amt gewählte Kennedy-Administration die »Allianz für den Fortschritt«, einen ehrgeizigen kontinentalen Entwicklungsplan, der die sozioökonomischen Verhältnisse des Halbkontinents binnen einer Dekade grundlegend verbessern sollte. Die Allianz für den Fortschritt sollte die Überlegenheit des kapitalistischen Entwicklungsmodells demonstrieren und Revolutionen vorbeugen. Sie scheiterte jedoch schon bald an der unzureichenden finanziellen Ausstattung, am abnehmenden Interesse der Johnson-Administration, die zunehmend auf Vietnam fixiert war, und an der mangelnden Kooperationsbereitschaft lateinamerikanischer Regime und Eliten. Diese sahen ihre politische und soziale Stellung durch amerikanische Forderungen nach einer Umverteilung von Land zugunsten von Kleinbauern massiv bedroht.[44] Auch Afrika rückte Mitte der 1960er Jahre in den entwick-

---

42 Public Papers of the Presidents of the United States: Harry S. Truman, 1949, Washington 1963, S. 114–116.

43 Under Secretary's Meeting with President, Hearings on Point IV, Aufzeichnung von James E. Webb, 13. Juni 1949, NA, RG 59, Lot 65D238, Box 1, F 1949.

44 Yvonne Baumann, John F. Kennedy und ›Foreign Aid‹. Die Auslandshilfepolitik der Administration Kennedy unter besonderer Berücksichtigung des entwicklungspolitischen Anspruchs, Stuttgart 1990; Matthias Fink, Nationales Interesse und Entwicklungshilfe: John F. Kennedy's »Alliance for Progress«, München 1978; Michael Latham, Ideology, Social Science, and Destiny: Modernization and the Kennedy-Era Alliance for Progress, in: *Diplomatic History*, 22 (1998), 199–229; Jerome Levinson und Juan de Onís, The Alliance That Lost Its Way. A Critical Report on the Alliance for Progress, Chicago 1970.

lungspolitischen Horizont Washingtons. Gelder, Expertise und Informations- und Propagandakampagnen sollten Verständnis für geordnete Machttransfers wecken und neue sozialhygienische Standards durchsetzen helfen (Geburtenkontrolle, »moderne« Kleinfamilien, konforme Geschlechterrollen) sowie Regimestabilität sichern.[45] Entwicklungspolitik, so argumentierten Max Millikan und Walt W. Rostow, Ökonomen des Massachusetts Institute of Technology, 1954 in einer Expertise für die CIA, war ein wesentliches Instrument, um »eine Umwelt [zu schaffen], in der Gesellschaften, die für uns direkt oder indirekt eine Gefahr darstellen, gar nicht erst entstehen können«.[46]

In entwicklungspolitischer Hinsicht vollzog sich Ende der 1960er und Anfang der 1970er Jahre eine Wende weg von bilateralen Entwicklungsprogrammen hin zu einer Multilateralisierung der Entwicklungshilfe. Diese Neuausrichtung stand im Zusammenhang mit dem Beginn der Détente und der system- und ideologieübergreifenden Erkenntnis, dass Entwicklung in der Dritten Welt ein langer Prozess von globalem Interesse sei. Sie stand aber auch im Zusammenhang mit den hohen Kosten des Vietnamkriegs (über 30 Milliarden Dollar im Jahr 1968) und dem amerikanischen Wunsch, Partner wie die Bundesrepublik Deutschland und Japan stärker als bisher an den Kosten von Entwicklung zu beteiligen. In den Kontext dieses Politikwechsels gehört schließlich die Verkündung der Nixon-Doktrin (1969), in der die Administration Alliierten und befreundeten Staaten zwar weiterhin ihre Unterstützung zusagte, zugleich aber ankündigte, keine unmittelbare und alleinige Verantwortung mehr für deren Entwicklungsprogramme und Verteidigung zu übernehmen.[47] Insofern bedeutete Détente nicht nur eine Entspannung im Verhältnis mit der Sowjetunion, wachsendes Vertrauen und verstärkte Kooperation der Blöcke in Europa. Mit Détente erfolgte auch eine Multilateralisierung des globalen Stabilisierungsprojekts Entwicklung.

Ein weiteres zentrales Element amerikanischer Bemühungen, das hegemoniale Projekt eines informellen Imperiums weltweit zu etablieren, bestand in der zunehmenden Zusammenarbeit mit Militärregime in der

---

45 Nick Cullather, Development? It's History, in: *Diplomatic History*, 24 (2000), S. 641–653; Marc Frey, Tools of Empire: Persuasion and the United States Modernizing Mission in Southeast Asia, in: *Diplomatic History*, 27 (2003), S. 543–568.

46 Max Millikan/Walt W. Rostow, Notes on Foreign Economic Policy, 21. Mai 1954, in: Simpson (Hg.), Universities and Empire, S. 41.

47 Jeffrey Kimball, Nixon's Vietnam War, Lawrence 1998, S. 154f., 209, 225; Walter LaFeber, The American Age. U.S. Foreign Policy at Home and Abroad, 1750 to the Present, New York 1994, S. 638–640.

Dritten Welt. Militärdiktatoren waren in der Regel antikommunistisch eingestellt, und auch wenn sie, um einen Ausspruch Franklin Roosevelts zu gebrauchen, »Hurensöhne« waren, waren sie doch wenigstens »*our son of a bitch*«. Die Präferenz für militärische Eliten und Militärregime erfuhr seit Mitte der 1950er Jahre eine politisch-praktische und wissenschaftliche Legitimation, als Sozialwissenschaftler die ihnen als unzuverlässig erscheinenden politischen Strukturen in der Dritten Welt zum Anlass nahmen, Militärs eine exponierte Rolle im Modernisierungsprozess zuzuweisen. In Washington mischte sich das Misstrauen der Außenpolitiker in das Potenzial demokratischer Entwicklung in der Dritten Welt mit den Vorstellungen der Modernisierungstheoretiker, die die Entwicklung der südlichen Hemisphäre als eine demokratisch nicht zu bewältigende Herausforderung betrachteten. So nahm der Nationale Sicherheitsrat im Frühjahr 1959 Militärputsche in Pakistan, Burma, Thailand, im Irak und im Sudan zum Anlass einer kulturalistischen Analyse »zurückgebliebener« Gesellschaften, die das Versagen demokratischer Systeme in der Dritten Welt ausschließlich auf endogene Faktoren zurückführte:

>»Eine Reihe von Gründen, die sich auf kulturelle Traditionen, Religionen und die Last des Lebensunterhalts konzentrieren, erklärt den Niedergang demokratischer Institutionen in Asien. Es kann keine wirkliche Demokratie in Ländern geben, wo die überwiegende Mehrheit analphabetisch ist, keine intelligente Wahl zwischen demokratischen Werten und kommunistischen Überredungskünsten ausdrücken kann, eine fatalistische oder quietistische Religion akzeptiert, ein autoritäres System als die traditionelle Lebensweise anerkennt und zu verstrickt in den Kampf ums Überleben ist, um Zeit oder Energie für individuelle Selbstentwicklung zu haben.«[48]

Die von sozialdarwinistischen Gedanken und hierarchisierten Vorstellungen über außereuropäische Kulturen durchdrungene Diskussion postulierte die »Unzulänglichkeit« demokratischer Institutionen, die »Revolution der wachsenden Erwartungen« steuern zu können, die die Dritte Welt erschüttere. Apodiktisch gelangte die Eisenhower-Administration zu dem Schluss: »Die Krise, mit der eine rückständige Gesellschaft während eines Modernisierungsprozesses konfrontiert ist, ist so tiefgreifend, dass autoritäre Kontrolle und Disziplin notwendig sind, um die Revolution auf einen stabilen Kurs zu führen.«[49] Wahrgenommen als

---

48 Political Implications of Afro-Asian Military Takeovers, Summary of Conclusions, Marion W. Boggs (Direktor des Nationalen Sicherheitsrates) an Nationaler Sicherheitsrat, 21. Mai 1959, NA, RG 273, Mill Papers, Box 4.

49 Memorandum of Discussion at the 410th Meeting of the National Security Council, 18. Juni 1959, in: FRUS 1958–1960, Bd. 18: East Asia-Pacific Region; Cambodia; Laos, Washington 1992, S. 97–102.

die einzige Institution in neuen unabhängigen Staaten, die moderne Technologie nutzte, Ressourcen effizient einsetzte und straff organisiert war, avancierten Militärs und ihre Apparate im politischen und akademischen Entwicklungsdiskurs zu den Adepten der Modernisierung. Ende der 1960er Jahre hatte sich diese Einschätzung nicht verändert. So hieß es in einer Direktive über die Ziele von Polizeiausbildungsprogrammen im Jahre 1968 beschönigend: »Die Entwicklung von Institutionen, die gut auf nationale Verhaltensmuster reagieren, ist wichtiger als Fortschritt in Richtung auf ein objektives Ziel repräsentativer demokratischer Institutionen.«[50] Die Unterstützung von Militärregierungen und autoritären Regime in aller Welt erfuhr dadurch eine doppelte Legitimierung: Sie verhinderten den Vormarsch des Kommunismus, und sie waren am besten in der Lage, die »Revolution der wachsenden Erwartungen« zu steuern.

Reaktionen der Dritten Welt

Wegen der geographischen, wirtschaftlichen, politischen, kulturellen und ethnischen Heterogenität der Dritten Welt lassen sich verallgemeinernde Aussagen über die Reaktionen von Ländern und Menschen der Dritten Welt auf die amerikanischen Bemühungen um eine Etablierung des informellen Imperiums schwer treffen. Reaktionen variierten und umfassten die Bandbreite individuellen, kollektiven und staatlichen Verhaltens und vollzogen sich in einem Spektrum von Attraktion, Abgrenzung und Zurückweisung.

Nach der Liberalisierung der Einwanderungsgesetze in den 1960er Jahren wanderten Millionen Menschen aus der Dritten Welt, vor allem aus Ost- und Südasien, Ostafrika, der Karibik und aus Lateinamerika in die Vereinigten Staaten ein, um ein besseres Leben führen und ihren Kindern bessere Chancen geben zu können. Hunderttausende von Studierenden aus der Dritten Welt ließen sich an amerikanischen Universitäten ausbilden. Dieser Prozess setzte in den 1950er Jahren ein; bereits 1959 studierten über 17000 Menschen asiatischer Herkunft (ohne Japan) in den Vereinigten Staaten.[51] Zweifellos übten die Vereinigten Staaten wäh-

---

50 United States Policy on Internal Defense in Selected Foreign Countrys, 23. Mai, 1968, NA, RG 286, Entry 18, Box 2.

51 The President's Committee on Information Activities Abroad – Asia (Sprague Report), 11. Juli 1960, Dwight D. Eisenhower Library, Abilene, Kansas, Sprague Committee Papers, Box 5.

rend des Kalten Krieges für Millionen von Menschen aus der Dritten Welt große Anziehungskraft aus.

Dieser positiven Wahrnehmung der Vereinigten Staaten standen zahlreiche kritische Stimmen gegenüber. Kritik setzte an der rigiden Haltung an, mit der die Vereinigten Staaten während des Kalten Krieges den Kommunismus bekämpften und sozialistische, »dritte« Entwicklungspfade von Gesellschaften der Dritten Welt zu unterdrücken suchten.[52] Diese Kritik bildete einen Aspekt einer breiten Debatte über die Ursachen von Armut und Unterentwicklung, die im Zuge der Dekolonisierung und der Herausbildung der Dritten Welt zunächst in Lateinamerika, dann aber auch in Asien und Afrika geführt wurde. Einflussreiche Politiker und Ökonomen, allen voran der Argentinier Raúl Prebisch, warfen den Vereinigten Staaten vor, die weltwirtschaftlichen Rahmenbedingungen, die durch die Expansion Europas seit dem 16. Jahrhundert entstanden waren, zuungunsten der Länder der südlichen Hemisphäre auszunutzen. Prebisch und andere in den 1960er Jahren als Dependenztheoretiker bekannt gewordene Wissenschaftler bezichtigten die Vereinigten Staaten, die asymmetrischen Wirtschaftsbeziehungen der Kolonialzeit zu perpetuieren. Dependenztheoretiker gingen davon aus, dass der Kolonialismus die wirtschaftliche Entwicklung in abhängigen Gebieten behindert habe. Durch Europa zunächst ausgeplündert, würden die Länder der Dritten Welt vom Kolonialismus – und auch von den USA, die dem gleichen Wirtschaftssystem verpflichtet waren – zu strukturell abhängigen Rohstoffproduzenten gemacht. Prebisch und andere Ökonomen schlugen daher eine Abkoppelung der Volkswirtschaften der Dritten Welt von den kapitalistischen Wirtschaften vor. Importsubstitution, staatliche Planung und eine Palette wirtschaftsnationalistischer Maßnahmen sollten dazu dienen, Abhängigkeit und Unterentwicklung zu überwinden.[53]

Auf unterschiedliche Arten und Weisen experimentierten fast alle Länder der südlichen Hemisphäre in den 1950er und 1960er Jahren mit einer wirtschaftsnationalistischen Politik. Während die Vereinigten Staaten diese etwa in Süd-Korea oder Taiwan duldeten und sogar förder-

---

52 Siehe beispielsweise die klassische Arbeit von Frantz Fanon, Les damnés de la terre, Paris 1961 (dt.: Die Verdammten dieser Erde, Frankfurt am Main 1966).

53 Prebischs zentrale Forderungen und theoretische Grundgedanken sind bereits in der Veröffentlichung einer von ihm geleiteten Arbeitsgruppe der UN Economic Commission for Latin America enthalten. Siehe United Nations Economic Commission for Latin America, The Economic Development of Latin America and its Principal Problems, New York 1950.

ten, um die strategischen Partner gegen das kommunistische China zu stärken, bemühten sie sich beispielsweise gegenüber Brasilien mit Erfolg darum, dessen Außenhandels- und Industriepolitik im Interesse der amerikanischen Wirtschaft zu beeinflussen. Brasiliens Politik von hohen Importzöllen und Aufbau eigener Schwerindustrien, während der 1950er Jahre mit Nachdruck verfolgt, musste auf amerikanischen Druck hin Anfang der 1960er Jahre entscheidend liberalisiert werden.[54]

Das überragende amerikanische Interesse an freiem Zugang zu Rohstoffmärkten und Absatzgebieten – ein vom Kalten Krieg unabhängiges, aber durch die Systemkonkurrenz deutlich verschärftes Interesse – fand seinen Niederschlag auch im General Agreement on Tariffs and Trade (GATT) von 1947, das die Rohstoff produzierenden Staaten gegenüber der industrialisierten Welt systematisch benachteiligte und die asymmetrischen Wirtschaftsbeziehungen der Kolonialzeit durch Zölle, Agrarsubventionen und nichttarifäre Handelshemmnisse fortschrieb.[55] Versuche der Länder der Dritten Welt, durch Zusammenschluss – etwa im Rahmen der United Nations Conference on Trade and Development (UNCTAD) und der Gruppe der 77 (seit 1964) – eine Verbesserung der *terms of trade* zu erreichen, scheiterten am Einfluss der industrialisierten Staaten – insbesondere der Vereinigten Staaten – auf Weltwirtschaft und internationale Organisationen. Darüber hinaus waren die Interessen der Länder der Dritten Welt zu disparat und heterogen, um internationale Plattformen für einen effektiven Druck auf die Vereinigten Staaten und Westeuropa nutzen zu können.[56]

Neben dem Vorwurf systematischer wirtschaftlicher Benachteiligung kritisierten Länder der Dritten Welt bis in die 1980er Jahre hinein den Rassismus in der amerikanischen Gesellschaft und seinen Einfluss auf die amerikanische Außenpolitik. In den 1940er Jahren bemängelten sie, die USA seien nicht entschieden gegen den Kolonialismus und für nationale Befreiungsbewegungen eingetreten, dann warfen sie den Amerikanern den Vietnamkrieg und die Politik gegenüber Afrika südlich der Sahara vor. Schließlich kritisierten sie die Unterstützung des südafrikanischen Apartheidregimes durch die Reagan-Administration in den

---

54 E. Bradford Burns, A History of Brazil, New York 1970, S. 308–333; Nick Cullather, »Fuel for the Good Dragon«: The United States and Industrial Policy in Taiwan, 1950–1965, in: Hahn/Heiss (Hg.), Empire and Revolution, S. 242–268.

55 Ausführlich siehe Hildegard Brog, Handel statt Hilfe. Die entwicklungspolitischen Vorstellungen in der Havanna-Charta 1947/48, Frankfurt am Main 1990.

56 Walther L. Bernecker, Port Harcourt, 10. November 1995. Aufbruch und Elend in der Dritten Welt, München 1997, S. 33–60, 190–200.

1980er Jahren. Die bis in die 1960er Jahre hinein dauernde Segregation
im Süden der Vereinigten Staaten und die weit verbreitete Diskriminierung von Nichtweißen im Norden waren keine abstrakten gesellschaftlichen Phänomene, die von der sowjetischen Propaganda als Instrumente
im Kampf um die Weltmeinung genutzt wurden, sondern eine schmerz-
liche Erfahrung, die viele Besucher Amerikas – Politiker, Diplomaten,
Gäste der amerikanischen Regierung, Studierende und Touristen – aus
Afrika, Asien und Lateinamerika machen mussten.[57] Auch intern beklagten Mitarbeiter der Asien- und Afrikaabteilungen des State Department noch zu Beginn der 1960er Jahre den latenten Rassismus ihrer Kollegen, die mit Europa betraut waren. Für diese internen Kritiker war dies
nicht nur eine Frage der Außendarstellung und der medialen Performanz
amerikanischer Außenpolitik. Es ging ihnen auch darum, die Gering-
schätzung zu überwinden, die Menschen und Kulturen der außereuropäischen Welt entgegengebracht wurde.[58] Erst der massenhafte und
anhaltende Protest der Bürgerrechtsbewegung seit den ausgehenden
1950er Jahren, der reformorientierte Liberalismus der 1960er Jahre und
der exogene Druck auf die amerikanische Gesellschaft, sich zu Multieth-
nizität und Multikulturalität zu bekennen, veränderten in einem bis
heute andauernden Prozess tradierte Denkmuster und Vorstellungen von
Ethnizität, Rasse und Kultur.

Neben Fragen der Weltwirtschaftsordnung und der gerechten Verteilung von Ressourcen und Wohlstand sowie dem Problem des Rassismus
beeinflussten grundlegende Entscheidungen amerikanischer Außenpolitik immer wieder die Beziehungen der Dritten Welt mit den Vereinigten
Staaten und deren Wahrnehmung. Das gilt beispielsweise für die amerikanische Israel-Politik, die in weiten Teilen der arabischen Welt auf
Unverständnis stieß. Das trifft aber auch für die amerikanische Unterstützung bestimmter Regime zu. So hing der Antiamerikanismus nationalistischer Araber während der 1950er Jahre zum Teil auch mit den engen Beziehungen der Vereinigten Staaten zu dem als feudalistisch und
reaktionär angesehenen saudischen Königshaus zusammen.[59]

---

57 Borstelmann, The Cold War and the Color Line, S. 10–44; Mary L. Dudziak,
Cold War Civil Rights. Race and the Image of American Democracy, Princeton
2000; Andrew Rotter, Gender Relations, Foreign Relations: The United States
and South Asia, 1947–1964, in: Hahn/Heiss (Hg.), Empire and Revolution,
S. 195–213, hier S. 195 u. 198.
58 Alfred le S. Jenkins an John Steeves, 2. November 1960, NA, RG 59, Lot
62D26, Box 1.
59 Ussama Makdisi, »Anti-Americanism« in the Arab World: An Interpretation
of a Brief History, in: *Journal of American History*, 89 (2002), S. 538–557.

Schluss

In der Epoche des Kalten Krieges überlagerten sich Ost-West-Konflikt und Nord-Süd-Beziehungen. Diese Verknüpfung erfolgte vor dem Hintergrund der Dekolonisierung und des Zusammenbruchs europäischer Kolonialherrschaft in weiten Teilen der Welt. Um das befürchtete Machtvakuum in der entstehenden Dritten Welt zu verhindern, verfolgten die Vereinigten Staaten nach dem Zweiten Weltkrieg eine Politik globaler Transformation, die auf die Etablierung systemkonformer Gesellschaften in Asien, Afrika und Lateinamerika zielte. Diese Transformationspolitik war multifunktional und operierte mit verschiedenen Instrumenten außenpolitischen Handelns. Strategische Allianzen, Militärhilfe, Entwicklungspolitik, Aktivitäten der Geheimdienste und Informations- und Propagandakampagnen dienten dem Zweck, die Staaten der Dritten Welt in das informelle amerikanische Imperium zu integrieren. Direkte Militärinterventionen waren vor allem ein Phänomen der Zeit vor 1973 – Korea, Libanon, Dominikanische Republik und Vietnam –, die militärische Unterstützung privilegierter Regime jedoch ein systemisches Charakteristikum amerikanischer Außenpolitik. Dieser Politik lagen bestimmte Leitvorstellungen zugrunde, welche die Wahrnehmung außereuropäischer Kulturen steuerten und die historisch tradiert waren und wissenschaftlich legitimiert wurden.

Die Systemkonkurrenz trug in vielen Fällen dazu bei, dass innerstaatliche Konflikte eskalierten. Dies gilt für Südostasien (Burma, Indonesien, Laos, Kambodscha, Malaysia, Vietnam) bis in die frühen 1970er Jahre, aber auch für Zentralamerika in den 1970er und 1980er Jahren (El Salvador, Nicaragua). Diese Konflikte hatten endogene soziale, religiöse, ethnische oder wirtschaftliche Ursachen. Doch erst externe Waffenlieferungen machten sie zu endemischen Krisenherden, in denen zum Teil über Jahrzehnte hinweg Krieg zum sozialen Alltag gehörte. Vor allem für Regime und oppositionelle Kräfte in Afrika, aber auch in Asien, erweiterte der Polyzentrismus die Fähigkeiten, Militär- und Wirtschaftshilfen zu erlangen. Denn hier überschnitten sich Partikularinteressen von Amerikanern und Europäern beziehungsweise Sowjets und Chinesen. Darüber hinaus verschaffte der Kalte Krieg Akteuren – Regimes und bewaffneten Oppositionsbewegungen –, die mit Waffengewalt gegen ethnische, religiöse oder soziale Gruppen vorgingen, den Anschein von Legitimität. In anderen Fällen trug die Systemkonkurrenz dazu bei, innerstaatliche und zwischenstaatliche Auseinandersetzungen um knapper werdende Ressourcen etwa im Nahen und Mittleren Osten oder in Afrika zu überlagern und zu verschieben, etwa in Somalia oder im Kongo.

Statistiken über Krisenherde und Konfliktzonen oder der rapide Anstieg amerikanischer Rüstungsexporte seit Ende des Kalten Krieges zeigen, dass die Welt nach dem Ende des Kalten Krieges nicht sicherer oder weniger gewaltbereit geworden ist. Vielmehr ist das Gegenteil der Fall. Dennoch erscheint es wenig sinnvoll, den Kalten Krieg als eine Epoche des »langen Friedens« zu bezeichnen. Denn über Jahrzehnte lieferten die Supermächte bereitwillig militärische Güter und begünstigten die Verwüstung von Ländern. Entwicklungshilfe wurde auf das Allernotwendigste beschränkt, Ausbeutung schöngeredet, schlechtes Regieren und parasitäres Verhalten von Eliten im Interesse politischen Wohlverhaltens geduldet. Für die Dritte Welt und für die Nord-Süd-Beziehungen war der Kalte Krieg nicht eine Zeit des »langen Friedens«, sondern eine traurige Epoche der verpassten Möglichkeiten und der nichtgenutzten Chancen.

Roger E. Kanet
Sowjetische Militärhilfe für nationale Befreiungskriege

Während der Kalte Krieg mit seiner Ausrichtung auf die Konfrontation zwischen der Sowjetunion und den Vereinigten Staaten zunehmend in den historischen Hintergrund tritt, erleben weite Teile der Entwicklungsländer, wie entzündlich die Hinterlassenschaften dieser Auseinandersetzung nach wie vor sind. Die mörderischen Kriege, die Afghanistan und Somalia nach 1990 verwüstet haben, die verheerenden lokalen und regionalen Konflikte in Afrika und Asien, die beherrschende Rolle des Militärs in so vielen Entwicklungsländern sind nur ein Teil des bedrückenden Vermächtnisses, das der Kalte Krieg dem Süden der Welt hinterlassen hat.

In diesem Essay werden wir untersuchen, wie die Supermächte ihren ursprünglich in Europa angesiedelten Konflikt in die Entwicklungsländer ausgedehnt haben, so dass sie bis in die 1970er und 1980er Jahre hinein damit beschäftigt waren, in zahlreichen Regionalkonflikten Asiens, des Nahen Ostens, Afrikas und Lateinamerikas jeweils gegnerische Lager zu unterstützen. Wir beginnen mit einer Diskussion der Ursprünge und der Natur jener globalen Konfrontation, die uns als Kalter Krieg geläufig ist. Wir werden zeigen, dass der Wettstreit zwischen Sowjets und Amerikanern erst in die Entwicklungsländer getragen wurde, nachdem sich Ende der 1950er Jahre abgezeichnet hatte, dass eine direkte militärische Auseinandersetzung in Europa wahrscheinlich die wechselseitige Vernichtung durch einen Atomkrieg zur Folge haben würde.[1] Wir werden dann auf die zunehmende sowjetische Unterstützung fortschrittlicher Kräfte in ihrem Kampf gegen den Westen – einschließlich des Kampfes einiger arabischer Staaten gegen den israelischen und amerikanischen Imperialismus – näher eingehen sowie auf die Beteiligung der Sowjets an nationalen Befreiungskriegen bis hin zur direkten militärischen Intervention in Afghanistan. Wir werden uns den Faktoren zuwenden, die zu einer wachsenden sowjetischen Hybris geführt haben, einer

---

1 Siehe E. A. Kolodziej, The Cold War as Cooperation, und R. E. Kanet, Superpower Cooperation in Eastern Europe, in: R. E. Kanet/E. A. Kolodziej (Hg.), The Cold War as Cooperation, Baltimore 1991, S. 3–30 und S. 90–120.

Hybris, die die imperiale Überdehnung[2] zur Folge haben sollte, welche zusammen mit der internen politischen und wirtschaftlichen Erstarrung sowie den aufkommenden Nationalismen schließlich das gesamte Sowjetsystem zu Fall brachte. Im Gegenzug unterstützten die USA insbesondere während der Reagan-Ära all jene Bewegungen in den Entwicklungsländern, die gegen die von den Sowjets oder Kubanern unterstützten Kräfte ankämpften. Das Ergebnis war eine signifikante Ausweitung militärischer Konflikte. Wir werden uns dann der entscheidenden Rolle zuwenden, die Michail Gorbatschows »neues Denken« für die Umorientierung der sowjetischen Außenpolitik wie auch dafür gespielt hat, dass den vielen Gruppierungen und Ländern in der Dritten Welt, mit denen die Sowjetunion ein Vierteljahrhundert verbunden gewesen war, die Unterstützung entzogen wurde. Schließlich werden wir erörtern, welche langfristigen Kosten und Hinterlassenschaften die Konfrontation der Supermächte insbesondere für die Länder nach sich zog, denen das Interesse und die Unterstützung der Sowjets einst gegolten hatten.

Ursprünge und Wesen des Kalten Kriegs

Der Wettstreit zwischen den Vereinigten Staaten und der Sowjetunion, der sich in den 1960er Jahren zur weltweiten Konfrontation und Rivalität um Einfluss und Herrschaft entwickelte, hatte seine unmittelbaren Wurzeln im Zweiten Weltkrieg und dem faktischen Rückzug aller ande-

---

2 Zum Begriff der »imperialen Überdehnung« siehe Paul Kennedy, Aufstieg und Fall großer Mächte, Frankfurt am Main 2000. Als Auswahl der wichtigeren Untersuchungen zur Politik der Sowjets in den Entwicklungsländern (einschließlich ihrer Militärhilfe) seien genannt: R. Allison/P. Williams (Hg.), Superpower Competition and Crisis Prevention in the Third World, Cambridge 1990; A. Bennett, Condemned to Repetition?, Cambridge 1999; H. Carrère d'Encausse, Ni Paix ni Guerre, Paris 1986; K. Fritsche (Hg.), Rußland und die Dritte Welt, Baden-Baden 1996; Groupe d'Études et de Recherches sur la Stratégie Soviétique, L'URSS et la Tiers-Monde, Paris 1984; T. Hopf, Peripheral Visions, Ann Arbor 1994; S. T. Hosmer/T. W. Wolfe, Soviet Policy and Practice toward Third World Conflicts, Lexington 1983; E. A. Kolodziej/R. E. Kanet (Hg.), The Limits of Soviet Power in the Developing World, London 1989; J. Krause, Sowjetische Militärhilfepolitik gegenüber Entwicklungsländern, Baden-Baden 1985; S. N. MacFarlane, Superpower Rivalry and Third World Radicalism, Baltimore 1985; W. E. Odom, On Internal War, Durham 1992; A. P. Schmid, Soviet Military Interventions since 1945, New Brunswick 1985; A. Z. Rubinstein, Moscow's Third World Strategy, Princeton 1988; R. M. Shultz, Jr., The Soviet Union and Revolutionary Warfare, Stanford 1988.

ren Weltmacht-Anwärter von der internationalen politischen Bühne.[3] Tatsächlich weisen die Wurzeln des Konflikts in vielen Hinsichten noch viel weiter zurück, kamen Ende des Ersten Weltkriegs mit dem Wilsonianismus auf der einen und dem Leninismus auf der anderen Seite doch zwei diametral entgegengesetzte Ansichten darüber auf, wie die menschliche Gesellschaft eigentlich auf staatlicher und internationaler Ebene zu organisieren sei. Für Wilson bestand die Lösung internationaler Konflikte einschließlich der Kriegsproblematik darin, ein demokratisches politisches System zu schaffen, das auf nationaler Selbstbestimmung und freien Marktwirtschaften basiert, also auf dem amerikanischen Modell der historischen Entwicklung.[4] Nach dem Zweiten Weltkrieg waren nur noch die Vereinigten Staaten und die Sowjetunion in der Lage, einander die Vorherrschaft in Europa und die Definitionsmacht für die Nachkriegswelt streitig zu machen. Die USA entwickelten ein Programm für den europäischen Wiederaufbau und die Eindämmung des sowjetischen Einflusses in Europa, das auf dem freien Marktkapitalismus basierte. Freie Märkte würden sowohl zur Erholung der Wirtschaft und zu politischer Stabilität in Westeuropa beitragen als auch den USA zugute kommen, weil der Kapitalismus diese Wirtschaftsräume an den der USA anbinden und so den Einfluss Amerikas in der Welt mehren werde.[5]

---

3 Ich teile zwar die Kritik am Realismus und Neorealismus, die den allgemeinen theoretischen Hintergrund der Analyse internationaler Politik bildet. Und doch übersieht jeder Versuch, das amerikanisch-russische Verhältnis während des Kalten Kriegs zu erklären und dabei die Bedeutung der militärischen Konfrontation und des Kampfes der beiden Länder um die Weltmacht herunterzuspielen, schlicht einen wesentlichen Bestandteil dieses Verhältnisses wie der internationalen Politik in der zweiten Hälfte des 20. Jahrhunderts überhaupt. Der Wettstreit zwischen den USA und der Sowjetunion war jedoch mehr als nur die Fortsetzung des – von anderen Teilnehmern geführten – Kampfes um Macht und Herrschaft, der Europa und schließlich die Welt über vier Jahrhunderte geprägt hatte, wie Kolodziej am überzeugendsten dargelegt hat. Bei der Konfrontation ging es auch um die Regeln des internationalen Systems und darum, wer dessen Parameter festlegen durfte. Siehe E. A. Kolodziej, NATO and the Longue Durée, in: C. Krupnick (Hg.), Almost NATO, Lanham 2003, S. 1–16.

4 Zu Wilsonianismus und Leninismus siehe C. Johnson, The Sorrows of Empire, New York 2003, S. 46–54; sowie H. Kissinger, Diplomacy, New York 1994, S. 52–55.

5 Auf diese Phase lässt sich die Entwicklung einer »hegemonialen Einstellung« der USA gegenüber der übrigen Welt zurückverfolgen. Am deutlichsten macht das Johnson, Sorrows of Empire. Siehe auch R. Kagan, Of Paradise and Power, New York 2003; J. L. Gaddis, Surprise, Security and the American Experience, Cambridge 2004.

Das auf der Marx'schen These, wonach das Privateigentum die Wurzel jedes sozialen Konflikts einschließlich des Kriegs sei, basierende Lenin'sche Rezept für die internationale Entwicklung bestand darauf, als Vorbedingung für eine friedliche Welt zuallererst den Kapitalismus abzuschaffen. Um dieses Ziel zu erreichen, befürwortete Lenin die Schaffung zentralisierter, autoritärer politischer Strukturen als wesentlicher Werkzeuge des unausweichlichen Klassenkampfes, der über kurz oder lang einzelne Länder und schließlich den ganzen Globus erfassen würde. Hinzu kam der Sicherheitswahn, den die neue Sowjetführung von ihren zaristischen Vorgängern übernommen hatte, sowie die traditionell russische Auffassung, der zufolge Sicherheit nur zu gewährleisten sei, indem potenzielle Gegner an den Rändern des russischen beziehungsweise sowjetischen Staates durch Expansion ausgeschaltet werden.[6]

Die Interessen, Absichten und Ziele der beiden Großmächte gerieten vor allem in Ostmitteleuropa in Konflikt, wo die erste Etappe des Kampfes, den wir als den Kalten Krieg kennen, denn auch ausgefochten wurde.[7] Als die Sowjets ihre Macht über die Gebiete ausbauten, die die Rote Armee von den Nazis befreit hatte, verschlechterten sich die Beziehungen zwischen den einstigen Alliierten dramatisch. Die Konsolidierung der von Moskau gesteuerten kommunistischen Regime in Ostmitteleuropa, einschließlich des kommunistischen Staatsstreichs in Prag im Februar 1948 und der Blockade West-Berlins, die die Amerikaner und ihre westlichen Verbündeten aus der Stadt treiben sollte, waren endgültige Schritte hin zu einer Totalkonfrontation mit den Vereinigten Staaten. Die USA beschlossen ihrerseits, sich erstens – wie in der Truman-Doktrin angekündigt – einer weiteren Expansion der Sowjets in Europa und anderswo in der Welt entgegenzustellen, zweitens durch den Marshall-Plan die Volkswirtschaften der verbündeten westeuropäischen

---

6 Siehe A. J. Rieber, Persistent Factors in Russian Foreign Policy. An Interpretive Essay, in: H. Ragsdale (Hg.), Imperial Russian Foreign Policy, Woodrow Wilson Center, Washington 1993, S. 315–359.

7 Von den vielen Untersuchungen zu diesem Thema zählen zwei frühe Publikationen zu den bis heute besten: H. Seton-Watson, The East European Revolution, London 1950; sowie Z. M. Brzezinski, The Soviet Bloc, Cambridge 1967. Kurz nach dem Zweiten Weltkrieg kollidierten die Interessen der USA und der Sowjetunion auch im Iran und in den Dardanellen, siehe hierzu B. R. Kuniholm, The Origins of the Cold War in the Near East, Princeton 1980. Obwohl sich 1950 mit der Unterstützung der Sowjets für Kim Il Sungs Versuch, Korea durch militärische Gewalt wieder zu vereinigen, der entstehende globale Konflikt teilweise nach Ostasien zu verlagern schien, blieb Europa das Zentrum der Aufmerksamkeit.

Länder als Bollwerk gegen eine weitere kommunistische Expansion wieder aufzubauen und drittens auf die Initiative der Europäer einzugehen, ein nordatlantisches Verteidigungsbündnis zu schaffen. Diese Entscheidungen waren allesamt eingebettet in die zunehmende Bereitschaft, gegen die aus US- und westeuropäischer Sicht praktisch unausweichliche Expansion des Sowjetkommunismus vorzugehen.

Doch erst der Angriff Nord-Koreas auf den Süden der Halbinsel im Juni 1950 machte aus der eher papiernen Organisation namens NATO ein bedeutsames Bündnis, das die Sowjets für die nächsten vier Jahrzehnte in Schach halten sollte. Der Koreakrieg war für den Neuaufbau des amerikanischen Militärpotenzials von entscheidender Bedeutung, ging es doch nicht nur darum, die Situation in Korea zu bestehen, sondern auch darum, der mutmaßlichen militärischen Überlegenheit der Sowjets in Europa zu begegnen. Auch die Europäer investierten in die militärische Wiederaufrüstung, unter anderem, um auf einen Angriff zu reagieren, den die Sowjets nach verbreiteter Ansicht in der Absicht angezettelt hatten, vor einem geplanten Vorgehen gegen den Westen die Amerikaner und ihr militärisches Potenzial nach Asien zu locken.

Die Grundfesten des Kalten Kriegs waren 1950 gelegt: Zwei vorherrschende Staaten, beide unterstützt von Bündnispartnern, standen sich in Europa gegenüber. Als 1956 die Ungarn im Protest gegen die sowjetische Vorherrschaft auf die Straße gingen, zeichnete sich längst die zukünftige Natur des amerikanisch-sowjetischen Verhältnisses deutlich ab. Trotz des Appells der Republikanischen Partei während des US-Präsidentschaftswahlkampfs 1952, den »Eisernen Vorhang zurückzuziehen«, lag es Präsident Eisenhower fern, das Risiko einer direkten militärischen Konfrontation mit der Sowjetunion einzugehen – weder im Namen der Ostberliner Arbeiter 1953 noch 1956 für die ungarischen Patrioten. Die Entscheidung, keine militärische Konfrontation zu riskieren, wiederholte sich im August 1961, als die Sowjets und ihre ostdeutschen Vasallen eine Mauer durch Berlin errichteten, um den Exodus von DDR-Bürgern aus dem im Aufbau befindlichen sozialistischen Paradies aufzuhalten.

Entscheidend für das Entstehen einer Pattsituation in Europa war die Sorge, Konfrontation könne zu Krieg führen. Dabei richteten sich die Befürchtungen der Vereinigten Staaten und ihrer westeuropäischen Verbündeten im Wesentlichen auf die Überlegenheit der sowjetischen Bodentruppen, denen der Westen keine annähernd vergleichbaren Kräfte entgegenzusetzen hatte. Für die Sowjetunion hingegen blieb das US-Monopol in Sachen atomarer Sprengkraft das vorrangige Sicherheitsproblem der gesamten 1950er Jahre. Zwar hatten die Sowjets mit der Zün-

dung zunächst einer Atom-, dann einer Wasserstoffbombe die nukleare
Kluft überbrückt, doch erst Ende der 1950er Jahre – mit der Entwicklung der sowjetischen Raketentechnologie – gehörte der Vorsprung der
USA, deren Luftwaffenstützpunkte einen Ring um das sowjetische Territorium legten, tatsächlich zur Vergangenheit. Gut zehn Jahre später, zu
Beginn der 1970er Jahre, sollte US-Präsident Richard Nixon einräumen,
dass die Sowjets nuklear mit ihren amerikanischen Gegenspielern gleich-
gezogen hatten[8] – ein Faktor, der, wie wir noch sehen werden, erheblich
zu dem übersteigerten Selbstvertrauen beitrug, das die Politik der Sowjetunion in den 1970er Jahren prägte.

Der Konflikt der Supermächte: Von Europa in die Dritte Welt

Noch bevor das Patt zwischen Ost und West in Europa konsolidiert war,
verlagerten die Sowjets den Schauplatz von Europa in die wenig später
so genannte »Dritte Welt«. Stalins Nachfolger Nikita Chruschtschow
hatte Lenins Argument wieder entdeckt, dass die Völker der kolonialen
Welt de facto Verbündete des Proletariats, mithin der Sowjetunion als
des ersten proletarischen Staates, seien. Ihr Kampf um Unabhängigkeit
vom imperialistischen Westen würde zur Schwächung der Hauptkontrahenten der Sowjetunion und letztlich der Vereinigten Staaten beitragen.[9] Bis zum Ende des Kalten Kriegs über 30 Jahre später war die
koloniale und postkoloniale Welt für die beiden Supermächte ein Ge-
fechtsfeld, auf dem sie einen als Nullsummenspiel zu charakterisieren-
den Wettstreit austrugen – noch der geringste Zuwachs an Präsenz oder
Einfluss der einen Seite galt unmittelbar als entsprechender Verlust für
die andere Seite.[10] Diese Sichtweise bildete den Kern der amerikanischen Containment-Politik. Am deutlichsten hat sie jedoch Mitte bis
Ende der 1970er Jahre Leonid Breschnew ausgesprochen, wann immer
er auf das »veränderte internationale Kräfteverhältnis« Bezug nahm,

---

8 US-Präsident Nixon vermerkte, dass die Sowjets »essenzial equivalence« erzielt hätten; Nuklearexperten nannten das »die gesicherte gegenseitige Zerstörung«. Siehe Keylor, The Twentieth Century World, S. 322.
9 Siehe R. E. Kanet, Soviet Attitudes toward Developing Nations since Stalin,
   in: ders. (Hg.), The Soviet Union and the Developing Nations, Baltimore 1974,
   S. 27–50.
10 Siehe R. E. Kanet, Las Superpotencias y Africa: concepciones de suma-cero en
   la competencia sovietico-norteamericana, in: *Cuadernos Semestrales: Estados
   Unidos*, Nr. 12 (1982), S. 331–358. Zur konkurrierenden Intervention siehe
   K. A. Feste, Expanding the Frontiers, New York 1992, insb. S. 175–179.

das auf zwei wesentlichen Entwicklungen basiere – den militärtechnologischen Fortschritten der Sowjetunion, dank deren sie nun ihrerseits den USA voraus sei, und der wachsenden Anzahl von mehrheitlich Dritte-Welt-Ländern, die den nichtkapitalistischen Weg der Entwicklung beschritten und sich für eine enge Anbindung an die Sowjetunion und deren sozialistische Bruderstaaten entschieden hätten.[11] Damit sei eine sozialistische Staatengemeinschaft entstanden, die das weltweite kapitalistische System bald ausstechen und ablösen werde. Die spiegelverkehrte Sicht brachte in den Vereinigten Staaten insbesondere die Reagan-Administration mit ihrer Forderung zum Ausdruck, die sowjetischen Vorstöße zu stoppen und die von den Sowjets erzielten Vorteile durch die Unterstützung solcher Gruppen in Nicaragua, Angola, Afghanistan und anderswo wieder wettzumachen, die den von den Sowjets unterstützten Regime, welche zumeist aus dem Sieg über westlich orientierte Kräfte hervorgegangen waren, die Stirn boten.

Chruschtschows Bemühungen, die politische Vorherrschaft des Westens im Nahen Osten und in Südasien zu untergraben und dadurch Präsenz und Einfluss in Regionen zu gewinnen, denen die sowjetische Führung strategische Bedeutung beimaß, begannen 1954 mit der militärischen und wirtschaftlichen Hilfe für Nassers Ägypten. Ende der 1950er Jahre waren die Sowjets zu den wichtigsten Unterstützern der Araber in ihrem Kampf gegen Israel sowie jener radikalen arabischen Staaten geworden, die traditionelle, konservative Monarchien bekämpften. Nachdem die Sowjets zunächst via Tschechoslowakei Kriegsgerät an Ägypten geliefert und Entwicklungshilfe für den Bau des Assuan-Staudamms zugesagt hatten, entschieden Israelis, Briten und Franzosen 1956, den Suezkanal zu erobern und das anwachsende ägyptische Militärpotenzial zu zerstören. Obwohl die ägyptischen Streitkräfte eine empfindliche Niederlage einzustecken hatten, gingen die Sowjets aus

---

11 Zum sich verändernden internationalen Kräfteverhältnis siehe Bennett, Condemned to Repetition, S. 132–137; sowie G. Shakhnazarov, On the Problem of Correlation of Forces in the World, in: *Strategic Review*, Herbst 1974. 1977 hielt Shakhnazorov, ein anerkannter politischer Experte, der das offizielle sowjetische Denken vertrat, fest: »Das weltweite Kräfteverhältnis ist nicht länger auf das Gleichgewicht des militärischen Potentials der Großmächte begrenzt. Es formiert sich vielmehr unter dem Einfluß aller anderen Länder. Dies hat zunächst und in erster Linie mit dem Zerfall des imperialistischen Kolonialsystems zu tun sowie mit der Gründung neuer Staaten und der wachsenden Unabhängigkeit der ehemaligen Quasi-Kolonien in Asien, Afrika und Latein-Amerika.« (G. Shakhnazarov, Effective Factors of International Relations, in: *International Affairs*, Moskau, 2/1977, S. 87)

dem Suez-Krieg doch als klare Sieger hervor – sie hatten ihr Image als Unterstützer der ägyptischen und arabischen Interessen ausgebaut.[12] Hinzu kam, dass 1958 auch noch die prowestliche Regierung in Bagdad, die das Zentrum einer antisowjetischen Allianz gewesen war, durch einen Staatsstreich von einem moskaufreundlichen Regime abgelöst wurde.[13]

Ägypten, Syrien und Irak waren aus der Sicht Moskaus progressive Regime, die mit dem westlichen Imperialismus gebrochen und mit dem Aufbau einer sozialistischen Wirtschaft und Gesellschaft begonnen hatten. Wichtiger für Moskau war allerdings die Tatsache, dass die Sowjetunion Präsenz, Ansehen und wohl auch Einfluss in Regionen gewonnen hatte, die noch kurz zuvor unter der alleinigen Kontrolle des Westens gestanden hatten.

Darüber hinaus brachten die Sowjets immer wieder ihre Missbilligung des westlichen Kolonialismus zum Ausdruck und drängten im UN-Treuhandrat wie in anderen internationalen Foren auf dessen sofortige Beseitigung. Viel mehr als nur verbale Unterstützung konnten sie den aufkommenden antikolonialistischen Bewegungen in der Regel freilich nicht anbieten. 1960 hatten sie bereits ein enges, ebenfalls hauptsächlich auf wirtschaftliche und militärische Hilfszusagen basierendes Verhältnis zu den fortschrittlichen westafrikanischen Regierungen Ghanas, Guineas und Malis aufgebaut, die alle drei angespannte Beziehungen zu ihren einstigen Kolonialmächten unterhielten.[14] Einen ersten kräftigen Rückschlag erlebten die Bemühungen der Sowjets, ihre Beziehungen zu den unabhängig gewordenen Staaten Afrikas auszubauen, freilich 1960 im Kongo. Die Versuche, dem kongolesischen Premierminister Patrice Lumumba im Bürgerkrieg militärisch unter die Arme zu greifen, wurden durch den UN-Beschluss vereitelt, die Flughäfen des Landes für nichtgenehmigte Flüge zu schließen.[15]

---

12 Die bis heute beste Abhandlung über das sowjetisch-ägyptische Verhältnis ist: A. Z. Rubinstein, Red Star on the Nile, Princeton 1977.

13 Zu einzelnen Aspekten des Verhältnisses der Sowjets zu arabischen Ländern siehe R. O. Freedman, Soviet Policy Toward the Middle East since 1970, 3. Auflage, New York 1982.

14 Zur sowjetischen Afrikapolitik in den 1960er Jahren siehe R. E. Kanet, Soviet Economic Policy in Sub-Saharan Africa, in: *Canadian Slavic Studies*, I (1967), S. 566–586; sowie ders., Soviet Attitudes Toward the Search for National Identity and Material Advancement in Africa, in: *Vierteljahresberichte*, Forschungsinstitut der Friedrich-Ebert-Stiftung, Nr. 36 (1969), S. 143–156.

15 Vgl. M. G. Kalb, The Congo Cables, New York 1982.

In etwa dieselbe Zeit fiel allerdings ein wichtiger Etappensieg für die Sowjets – Fidel Castro hatte sich entschlossen, ein marxistisch-leninistisches Gesellschaftssystem in Kuba aufzubauen, und erbat militärische wie finanzielle Unterstützung von Moskau, um den »Yankee«-Imperialismus auf dem gesamten amerikanischen Kontinent und in den Ländern der Dritten Welt überhaupt herauszufordern.[16] Chruschtschow wollte aus dieser neuen Verbindung unmittelbaren Nutzen ziehen, indem er auf amerikanische Städte gerichtete Atomraketen auf Kuba stationieren ließ. Im Oktober 1962 löste er damit die schwerste Krise zwischen den Supermächten nach dem Zweiten Weltkrieg aus. Obwohl sich die Sowjets schließlich ziemlich gedemütigt zurückziehen mussten, weil sie nicht über genug militärisches Drohpotenzial verfügten, um die Dominanz der Amerikaner ernsthaft zu gefährden, ergab sich aus Moskauer Perspektive eine positive Entwicklung: Sie konzentrierten sich stärker auf den Ausbau von Seestreitkräften und schweren Langstrecken-Transportflugzeugen, nachdem sie einzusehen hatten, dass sie außerhalb ihres unmittelbaren Einflussgebiets ausschließlich über ihr nukleares Waffenarsenal mit den Vereinigten Staaten konkurrieren konnten. Zehn Jahre später konnten die Sowjets und ihre kubanischen Verbündeten in den angolanischen Bürgerkrieg und in die Auseinandersetzung zwischen Äthiopien und Somalia am Horn von Afrika eingreifen, weil sie inzwischen konventionelle Langstreckenwaffen einzusetzen vermochten.[17]

In den 1960er Jahren setzten die Sowjets ihre Bemühungen um gute Beziehungen zu einer wachsenden Zahl von Dritte-Welt-Ländern und nationalen Befreiungsbewegungen fort. Bis mindestens in die Mitte der 1960er Jahre hinein blieb ihre Rolle jedoch darauf beschränkt – neben vernachlässigbaren wirtschaftlichen und technischen Hilfsleistungen –, Waffen und militärische Ausbildung zur Verfügung zu stellen. Außerdem ließen die UdSSR und andere kommunistische Länder Europas in ihrem

---

16 Siehe J. Lévesque, The USSR and the Cuban Revolution, New York 1978; P. Shearman, The Soviet Union and Cuba, London 1987; W. M. LeoGrande, Cuba's Policy in Africa, 1959–1980, Berkeley 1980.

17 Die Entscheidung der Sowjets, der Überlegenheit der US-Marine durch die Entwicklung einer eigenen, auf den Weltmeeren operierenden Seestreitkraft zu begegnen, fiel eigentlich schon vor der Kuba-Krise. Sie bestätigte die Sowjetführung noch darin, dass dem Ausbau ihrer Marinekapazitäten große Bedeutung zukomme. Siehe W. S. Thompson, Power Projection, New York, National Strategy Information Center 1978, S. 10–19; sowie R. E. Kanet, L'Union Soviétique et les Pays en Voie de Developpement: Rôle de l'Aide Militaire et des Transferts d'Armes, in: F. Conte/J.-L. Martres (Hg.), L'Union Soviétique dans les Relations Internationales, Paris 1982, S. 415–464.

Bestreben, die künftigen Eliten der Dritten Welt zu beeinflussen, immer mehr Studenten aus Dritte-Welt-Ländern bei sich studieren.[18]

Zu einer ersten, klar erkennbaren sowjetischen Einmischung in einen militärischen Konflikt der Dritten Welt kam es in den späten 1960er Jahren. Ermutigt durch massive sowjetische Militärhilfe und -ausbildung, beschlossen Gamal Abdel Nasser und andere im Nahen Osten, die Israelfrage ein für alle Mal zu lösen. Das Ergebnis fiel für die arabischen Staaten und ihre Helfershelfer im Kreml desaströs aus. Israel vertrieb die Ägypter von der Sinai-Halbinsel, eroberte die syrischen Golanhöhen und besetzte die jordanischen Gebiete der West Bank. In den darauf folgenden Jahren ließ Nasser den Sowjets faktisch freie Hand beim Wiederaufbau des ägyptischen Militärs. Darüber hinaus kamen 1969 und 1970 tausende sowjetischer Militärtechniker während des Zermürbungskriegs zwischen Israel und Ägypten zum Einsatz, bedienten modernstes Radargerät und Boden-Luft-Raketen, unterstützt von sowjetischen Kampfpiloten, die Angriffe gegen die israelische Luftwaffe flogen.[19] Dennoch blieb die Einmischung der Sowjets in heiße Kriege der Dritten Welt weitgehend auf politische Unterstützung und Ermutigung beschränkt sowie auf militärische Ausbildung, Waffenlieferung und Beratung. Dies sollte sich freilich ändern, sobald sich die jeweilige Machtposition der beiden Supermächte, zumindest aus der Sicht Moskaus und Washingtons, verschob.

Konflikte in der Dritten Welt und das sich verändernde internationale Kräfteverhältnis

Der wichtigste Dritte-Welt-Konflikt der 1960er Jahre ist zweifelsohne der Vietnamkrieg gewesen, in dem die Vereinigten Staaten vergeblich versuchten, dem nationalistischen Furor der Vietnamesen zu begegnen, den

---

18 Von Mitte der 1950er bis Ende der 1980er Jahre bestand der Dreh- und Angelpunkt für das Engagement der Sowjets in den Entwicklungsländern in ihrer Fähigkeit und Bereitschaft, einer wachsenden Anzahl von Klientelstaaten substanzielle militärische Hilfe zukommen zu lassen. Siehe R. E. Kanet, Soviet Military Assistance to the Third World, in: J. F. Copper/D. S. Papp (Hg.), Communist Nations' Military Assistance, Boulder 1983, S. 39–71; ders., African Youth: The Target of Soviet African Policy, in: *The Russian Review*, XXVII (1968), S. 161–175; ders., The Evolution of Soviet Policy toward the Developing World: From Stalin to Brezhnev, in: Kolodziej/Kanet (Hg.), The Limits of Soviet Power, S. 36–61.

19 Vgl. 1969–1970: The War of Attrition, Jewish Virtual Library, http://www.us-israel.org/jsource/Society_&_Culture/69iaf.html, 16. 3. 2004.

sie primär unter dem Blickwinkel der weltweiten Konfrontation und des globalen Machtkampfs wahrnahmen. Die Tatsache, dass die Sowjets die Hauptlieferanten militärischer und wirtschaftlicher Unterstützung für die nordvietnamesische Regierung und die Streitkräfte des Vietcong waren, bestärkte die Amerikaner in ihrer Auffassung. Für Washington ging es im Vietnamkrieg in erster Linie um die von der Expansion des internationalen Kommunismus ausgehende Bedrohung US-amerikanischer und westlicher Interessen.

Die Niederlage und der Rückzug der USA markierten einen in der gesamten Dritten Welt spürbaren Wendepunkt im Konkurrenzverhältnis der Supermächte. Nach dem Krieg litten die Vereinigten Staaten unter dem so genannten »Vietnamsyndrom« – die amerikanische Gesellschaft und die Regierung nahmen nun Abstand von allen militärischen Engagements, bei denen US-Streitkräfte womöglich gegnerischen Militäraktionen ausgesetzt sein könnten. Diese Reaktion auf das Vietnamdesaster blieb in Moskau nicht unbemerkt. So wies Leonid Breschnew verschiedentlich darauf hin, dass es sich die US-Regierung angesichts der öffentlichen Meinung im eigenen Land nicht mehr leisten könne, in der Dritten Welt gegen fortschrittliche, den Neokolonialismus bekämpfende Kräfte einzuschreiten.[20] Nicht minder bedeutsam war aus sowjetischer Perspektive die Tatsache, dass »das sich verändernde internationale Kräfteverhältnis« – der Begriff fand Mitte der 1970er Jahre Eingang in das sowjetische Lexikon – einen baldigen Sieg der mit der Sowjetunion verbündeten progressiven Kräfte versprach. Demnach gab es im globalen Wettstreit zwischen den von den USA auf der einen und der Sowjetunion auf der anderen Seite vertretenen Sozialsystemen eine doppelte Entwicklung. Erstens hatten die Sowjets die nukleare Lücke geschlossen und beanspruchten nun die umfassende Überlegenheit bei den Atomwaffen samt Trägerraketen. Damit konnten die USA nicht mehr auf eine Art nuklearer Erpressung zurückgreifen, um die UdSSR etwa daran zu hindern, nationale Befreiungsbewegungen und andere fortschrittliche Gruppierungen in den ehemaligen Kolonialländern zu unterstützen. Zweitens hatte sich der sozialistischen Staatengemeinschaft in den Jahren zuvor eine Vielzahl neuer Staaten angeschlossen, deren Führer sich auf das sowjetische Entwicklungsmodell festgelegt hatten. Beide Entwicklungen

---

20 In einer Rede zum 60. Jahrestag der Oktoberrevolution erklärte Breschnew beispielsweise: »Der Krieg der USA gegen das vietnamesische Volk endete in einer niederschmetternden und schändlichen Niederlage, um den Wunsch nach einer Wiederholung derartiger Abenteuer aufkommen zu lassen.« *Prawda*, 3. 11. 1977.

rechtfertigten den langfristigen Anspruch der Sowjets auf die Führungsrolle in dem unvermeidlich weltweiten revolutionären Aufschwung und
bewiesen zudem, dass die aufstrebende sozialistische Staatengemeinschaft in der Lage war, dem internationalen kapitalistischen System den
Rang abzulaufen.[21]

Mit diesem öffentlich vorgetragenen Optimismus ging ein neues,
auftrumpfendes Selbstbewusstsein der sowjetischen Politik in den Entwicklungsländern einher – trotz einer deutlichen Verbesserung in den
sowjetisch-amerikanischen Beziehungen, zu der es im Rahmen der Entspannungspolitik gekommen war.[22] Von Waffenlieferanten, Truppen-
ausbildern und politischen Beratern, die sie in lokalen oder regionalen
Konflikten, sei es in Ägypten, Indien oder Syrien, über zwei Jahrzehnte
lang gewesen waren, entwickelten sich die Sowjets zu aktiven Teilnehmern in einer ständig wachsenden Zahl von Regionalkonflikten.
Diese Verschiebung ihrer Politik trat 1975 in Angola offen zutage,
wo Kuba über lange Zeit die Angolanische Volksbefreiungsbewegung
(MPLA), unterstützt hatte, die im Unabhängigkeitskampf gegen Portugal die Macht erringen wollte. Mit dem Rückzug der Portugiesen brach
1975 ein zwischen drei angolanischen Splitterparteien, die sich auf bestimmte ethnische Gruppen im Land stützten, erbittert geführter Bürgerkrieg aus. Ziemlich schnell zog sich die kleinste und prowestlichste
Gruppierung, Holden Robertos FNLA, zurück und überließ der marxistisch orientierten MPLA mit ihrer langjährigen Bindung an Castros
Kuba und der von Jonas Savimbi angeführten, von Südafrika wie den
USA unterstützten UNITA das Feld. Weil es den USA angesichts des De-

---

21 Eine ausgezeichnete Darstellung der sowjetischen Konzeption des »sich verän-
    dernden internationalen Kräfteverhältnisses« findet sich bei V. V. Aspaturian,
    Soviet Global Power and the Correlation of Forces, in: Problems of Commu-
    nism, Bd. 29, Nr. 1 (1980), S. 1–18. Zur Entspannungspolitik siehe G. Wettig,
    Entspannungskonzepte in Ost und West, in: Berichte des Bundesinstituts für
    ostwissenschaftliche und internationale Studien, Nr. 32 (August 1979).

22 Nach Ansicht von US-Außenminister Henry Kissinger hatte die sowjetische
    Führung die in den Helsinki-Abkommen eingegangene Verpflichtung faktisch
    verletzt. Darin war vereinbart worden, dass die Sowjets mit den USA koope-
    rieren und helfen würden, regionale Konflikte einzudämmen. Im Gegenzug er-
    klärten sich die USA bereit, die Sowjetunion als gleichberechtigt anzuerkennen
    und ihr bei verschiedenen Initiativen entgegenzukommen. Der Begriff, mit dem
    die Koppelung der amerikanisch-sowjetischen Beziehungen im einen Feld mit
    dem Verhalten der Sowjets in einem anderen beschrieben wurde, lautete »link-
    age«. Diese »Verbindung« war ein wesentlicher Bestandteil von Nixons Mos-
    kau-Politik. Siehe Henry Kissinger, Diplomacy, S. 733–761, und ders., White
    House Years, Boston 1979, S. 129–137.

sasters in Vietnam tatsächlich so gut wie unmöglich war, ernst zu neh-
menden Initiativen der Sowjets wirkungsvoll zu begegnen, und weil Castro die Sowjets dazu gedrängt hatte, schritten sie 1974/75 direkt ein. Für
eine massive Ausweitung der direkten kubanischen Militärhilfe an die
MPLA stellten sie die Waffen und logistische Unterstützung bereit, einschließlich der notwendigen Transportmaßnahmen. Die Anwesenheit
tausender kubanischer Soldaten wie tausender ziviler Techniker, Ärzte,
Krankenschwestern und Verwaltungsangestellter verschob die Machtbalance in Angola dramatisch. Obwohl Savimbi und seine UNITA-Streit-
kräfte der MPLA-Regierung weiterhin schwer zusetzten, behielt sie die
Kontrolle über die nördlichen zwei Landesdrittel und über praktisch alle
Ballungszentren.[23]

In Angola veränderten die Sowjets die beim Kampf der Supermächte
bis dahin geltenden Spielregeln. Zusammen mit ihren kubanischen Verbündeten griffen sie direkt in einem Regionalkonflikt ein, bei dem angeblich die Gesamtinteressen der anderen Seite auf dem Spiel standen.[24]
Kurz darauf folgte eine ähnlich groß angelegte Operation der Sowjets
und Kubaner am Horn von Afrika, wo sie Äthiopiens marxistische Regierung unter Haile-Marian Mengistu im Krieg gegen ihre einstigen Vasallen in Somalia unterstützten.[25] Für die US-Regierung war mit diesen
Aktionen der Beweis erbracht, dass die Sowjets die in den Entspan-

---

23 Siehe A. J. Klinghoffer, The Angolan War, Boulder 1980.
24 Es sei vermerkt, dass Kubaner und Sowjets angeblich auf den Versuch der USA
   reagiert haben, nach dem Rückzug der Portugiesen durch Unterstützung von
   Holden Roberto und Jonas Savimbi das Kräftegleichgewicht zugunsten der
   prowestlichen Gruppen zu verschieben. Siehe J. Stockwell (ehemaliger CIA-
   Agent), In Search of Enemies, Charlotte 1997. Der ehemalige Assistant Secretary of State im Außenministerium Nathaniel Davis versichert dagegen, dass
   die USA erst nach der kubanisch-sowjetischen Intervention nennenswerte Unterstützung schickten. Siehe N. Davis, The Angola Decision of 1975: A Personal Memoir, in: Foreign Affairs, Bd. 57, Nr. 1 (1978). So massiv die direkte
   Einmischung der USA in Vietnam während der 1960er und 1970er Jahre auch
   war, sie galt dem Ziel, die bestehenden Kräfteverhältnisse aufrechtzuerhalten,
   und nicht der Absicht, ein Regime zu stürzen, das im globalen Powerplay de
   facto zur anderen Seite gehörte. Das Gleiche kann für die anderen interventio-
   nistischen Operationen der USA gesagt werden, wie etwa den Sturz des iranischen Ministerpräsidenten Mohammed Mossadegh 1953 und den von Präsident Jacobo Arbenz in Guatemala 1954. In beiden Fällen fürchteten die USA,
   dass sich mit ihrer Ansicht nach linksgerichteten Regime die Machtverhältnisse in der Region zu ihren Ungunsten verschieben würden.
25 Siehe M. Ottaway, Soviet and American Influence in the Horn of Africa, New
   York 1982.

nungsvereinbarungen eingegangene Verpflichtung, bei der Stabilisierung regionaler Konflikte zu helfen, verletzt hatten. Sie intensivierten ihr Engagement in den Entwicklungsländern, um junge Staaten von ihren historischen Bindungen an den Westen abzubringen – und den eigenen Einfluss zu mehren. In der Tat hatte die sowjetische Politik im Lauf der beiden vorangegangenen Jahrzehnte systematisch versucht, unter den nationalen Befreiungsgruppen und unabhängig gewordenen Staaten Verbündete zu gewinnen, zumal wenn sie gegen westliche Kolonialmächte oder gegen Israel und seine europäischen, später auch amerikanischen Unterstützer kämpften. Es handelte sich um eine Politik, die für die Sowjets von großem Vorteil war. Sie unterstützten einfach überall in der Dritten Welt Bewegungen, die gegen einen im europäischen Kolonialismus oder in lokalen, vom Westen bevorzugten Regime verkörperten Status quo aufbegehrten.

Der Trend zur Unabhängigkeit hielt an, und in vielen Entwicklungsländern erwiesen sich die gemäßigten prowestlichen Regierungen als unfähig, mit der wirtschaftlichen Rückständigkeit und politischen Instabilität fertig zu werden – was dazu führte, dass in den 1960er und 1970er Jahren eine Reihe von Regierungen an die Macht kamen, die verglichen mit ihren Vorgängern eher antiwestlich eingestellt waren.[26] Damit erhielten die Sowjets die Chance, sich Zugang – wenn nicht tatsächlichen Einfluss – in einigen dieser Länder zu verschaffen. Da Washington diese Entwicklung als ernsthafte Bedrohung westlicher Interessen begriff, brachten sich die USA unter Präsident Reagan bis in die 1980er Jahre gegen sowjetisch unterstützte linke Regime in Stellung.

In Zusammenhang mit der veränderten Position der beiden Supermächte in den Entwicklungsländern stand die Unfähigkeit der Amerikaner, Kurs zu halten. Das Debakel in Vietnam, der Watergate-Skandal, der Nixon zum Rücktritt zwang und diverse illegale Aktivitäten des CIA ans Tageslicht brachte – all das schwächte die US-Präsidentschaft und verunmöglichte der US-Regierung, den sowjetischen Aktivitäten in der Dritten Welt wirksam entgegenzutreten. Sowohl in Angola als auch später am Horn von Afrika ging die Sowjetführung zu Recht davon aus, dass mit größeren Gegenaktionen der USA nicht zu rechnen sei, da die Vereinigten Staaten nicht willens waren, der sich ausdehnenden sowjetischen Einmischung in Gegenden, die damals weit entfernt vom Zentrum der amerikanischen Interessen zu liegen schienen, Paroli zu bieten.

---

26 Siehe Kanet, The Soviet Union as a Global Power, in: ders. (Hg.), Soviet Foreign Policy in the 1980s, New York 1982, S. 7–8.

Der Sturz der Monarchie in Afghanistan 1973 setzte eine Kette von Ereignissen in Bewegung, die schließlich im umfangreichsten direkten militärischen Engagement der Sowjets in einem Dritte-Welt-Land mündeten – ein Engagement, das letzten Endes zur Schwächung und zum Sturz des sowjetischen Staates beitrug. Im Frühjahr 1978 übernahmen die afghanischen Kommunisten die Macht aus den Händen einer Koalition, die nach dem Ende der Monarchie regiert hatte. Doch zerfiel die Kommunistische Partei Afghanistans wenig später in rivalisierende Splittergruppen und hatte gegen eine Vielzahl nichtkommunistischer Kräfte um die Kontrolle des Landes zu kämpfen. Statt seine Machtposition zu konsolidieren, stand das kommunistische Regime bis Herbst 1979 unter permanentem Druck. Zu diesem Zeitpunkt entschlossen sich die Sowjets einzugreifen, das heißt dazu, die bestehende kommunistische Führung ihres Amtes zu entheben und ihnen genehmere Parteiführer einzusetzen. Die zehnjährige Einmischung der Sowjets in Afghanistan, die zur völligen Zerstörung der afghanischen Gesellschaft und am Ende zum Kollaps des Sowjetsystems führte, begann.[27]

Ab 1980 hatte die sowjetische Politik gegenüber den Entwicklungsländern klare Konturen. Begonnen hatte sie ein Vierteljahrhundert zuvor mit bescheidener politischer, wirtschaftlicher und militärischer Hilfe für potenzielle Verbündete und Klientelstaaten. Später wurde in regionalen Konflikten eine sehr viel umfassendere militärische Unterstützung gewährt und über Stellvertreter wie etwa Kuba agiert, schließlich kam es zur direkten militärischen Intervention.[28] Was sich in den Entwicklungsländern ereignete, bewies in den Augen der Sowjetführung, dass ihre Politik die im weltweiten Kampf gegen den kapitalistischen Imperialismus richtige Vorgehensweise war. Auf der langen Liste der Länder, die den Sieg antiimperialistischer Kräfte markierten, standen nun auch Afghanistan, Angola, Äthiopien, Iran, Kambodscha, Laos, Moçambique, Nicaragua und Simbabwe. Zwar hatten noch nicht all diese Staaten den Weg in Richtung Sozialismus eingeschlagen, aber ihre allgemeinen Interessen deckten sich mit denen der Sowjetunion und der wachsenden internationalen sozialistischen Gemeinschaft. Darüber hinaus hatte die

---

27 Siehe dazu H. S. Bradsher, Afghanistan and the Soviet Union, Durham 1983; J. J. Collins, The Soviet Invasion of Afghanistan, Lexington 1986; sowie T. T. Hammond, Red Flag over Afghanistan, Boulder 1984.
28 Siehe auch R. E. Kanet, Soviet Policy Toward the Developing Countries: The Role of Economic Assistance and Trade, in: R. H. Donaldson (Hg.), The Soviet Union and the Developing Countrys, Boulder 1981, S. 331–357; sowie ders., L'Union Soviétique.

sowjetische Unterstützung der Befreiungsbewegungen keine Verstimmung in den bilateralen Beziehungen zum Westen, insbesondere zu den Vereinigten Staaten, nach sich gezogen. Im Gegensatz zu den Zielen von US-Präsident Nixon und Außenminister Kissinger war es nach Ansicht führender sowjetischer Politiker gelungen, die Pflege der Beziehungen zu den Vereinigten Staaten abzukoppeln von ihrer Unterstützung nationaler Befreiungsbewegungen.[29]

Die Sowjets verfolgten nun außerdem in ihren Beziehungen mit Dritte-Welt-Ländern eine Doppelstrategie: Sie konzentrierten sich einerseits auf bürgerliche Staaten wie Indien, die, wiewohl wichtig für die sowjetischen Wirtschafts- oder Sicherheitsinteressen, aller Wahrscheinlichkeit nach kein marxistisch-leninistisches Regime etablieren würden, sowie andererseits darauf, die Gemeinschaft sozialistischer Staaten auszubauen, in der sich die wachsende Anziehungskraft des sowjetischen sozioökonomischen Politikmodells verkörperte.[30] Die Ziele der Sowjets und die angewandten Methoden zu ihrer Durchsetzung unterschieden sich allerdings stark, je nachdem, ob ein Land zur ersten oder zweiten Kategorie gehörte.

Der offizielle Optimismus aufgrund der revolutionären Erfolge und der kaum eingetrübten Beziehungen zu den USA war jedoch fehl am Platz. Noch vor der sowjetischen Invasion in Afghanistan Ende 1979 zeigten sich amerikanische Regierungsvertreter besorgt über die wachsende militärische Macht der Sowjets und das übersteigerte Selbstbewusstsein der sowjetischen Politik in der Dritten Welt. Die äußerst nega-

---

29 Siehe A. Bennett, Condemned to Repetition, S. 169–173. Der sowjetische Optimismus ließ jedoch völlig außer Acht, dass die engen Verbindungen mit den Regierungen von Ägypten und Somalia zerbrachen. Wie Ted Hopf gezeigt hat, hielten sich Erfolge und Rückschläge der Sowjets in der Dritten Welt die Waage: »Zwischen 1965 und 1990 hatte die Sowjetunion insgesamt 38 Siege bzw. Niederlagen zu verzeichnen. Die 18 Siege schließen die Machtübernahme einiger Gruppen ein, die in grundsätzlichen Fragen der Innen- und Außenpolitik sowjetische Positionen bezogen hatten. [...] Zu den 20 Niederlagen zählen sowohl die Absetzung prosowjetischer Regierungen als auch gescheiterte Versuche, proamerikanische Regierungen abzulösen oder zu destabilisieren.« (Hopf, Peripheral Visions, S. 22)

30 Siehe R. E. Kanet/D. R. Kempton, Soviet Policy in Sub-Saharan Africa: Prospects and Problems for Model and Ally Strategies, in: J. Shapiro Zacek (Hg.), The Gorbachev Generation, New York 1988, S. 179–224; M. N. Katz (Hg.), The USSR and Marxist Revolutions in the Third World, Cambridge 1990; D. E. Albright, Vanguard Parties and Revolutionary Change in the Third World, Berkeley, University of California, *International Studies*, Nr. 38, 1990; M. Ottaway/D. Ottaway, Afrocommunism, New York 1986.

tive Reaktion der Carter-Regierung auf den Einmarsch kam also nicht unerwartet.[31] Jedoch sollte erst Jimmy Carters Nachfolger Reagan den Sowjets und ihren Verbündeten in der gesamten Dritten Welt tatsächlich den Krieg erklären.

Die Reagan-Doktrin und die Eskalation des Konflikts in der Dritten Welt

Im amerikanischen Präsidentschaftswahlkampf des Jahres 1980 standen sowohl innen- wie außenpolitische Themen auf der Tagesordnung. Der Sturz des proamerikanischen Regimes in Iran und das sich anschließende Geiseldrama, der Erfolg marxistischer Guerillabewegungen in Mittelamerika – insbesondere der der in Nicaragua an die Macht gekommenen Sandinisten – und die sowjetische Besetzung Afghanistans belegten allesamt, wie Reagan nicht müde wurde zu behaupten, das Scheitern von Carters Außen- und Sicherheitspolitik. Sie unterstrichen die Notwendigkeit, zu einer energischen Politik zurückzukehren, die auf dem Schutz der globalen Interessen der USA beruhte.

Kaum im Amt, unternahm Ronald Reagan erste Schritte, um die Situation zu verändern.[32] Er stellte große Summen bereit, um einen Ausgleich für die kurz zuvor stationierten atomaren Mittelstreckenraketen der Sowjets zu schaffen, brachte das Raketenabwehrsystem »Star Wars« auf den Weg, erhöhte die amerikanischen Militärausgaben und kündigte an, dass die Vereinigten Staaten überall auf der Welt den Kampf gegen seiner Ansicht nach illegitime, linksgerichtete und von den Sowjets gestützte Staaten aufnehmen würden. Die Reagan-Doktrin wurde 1985 aufgestellt, als der Präsident festhielt: »Wir dürfen das Vertrauen der Menschen nicht enttäuschen, die ihr Leben riskieren, um sich auf allen Kontinenten, von Afghanistan bis Nicaragua, der sowjetischen Aggression zu widersetzen [...]. Unterstützung von Freiheitskämpfern ist Selbst-

---

31 Zur allmählichen Verschlechterung der amerikanisch-russischen Beziehungen im Vorfeld der Invasion siehe R. E. Kanet, East-West Political Relations: The Challenge of Détente, in: ders. (Hg.), Soviet Foreign Policy and East-West Relations, New York 1982, insb. S. 49–52.

32 Carter hatte die amerikanischen Militärausgaben allerdings bereits erhöht, um dem sowjetischen Vorsprung bei den neuen atomaren Mittelstreckenraketen und bei den konventionellen Waffen unter anderem in Europa zu begegnen. Außerdem reagierten China, Pakistan und die islamischen Staaten deutlich feindseliger, als die Sowjets erwartet hatten. Siehe J. W. Young/J. Kent, International Relations since 1945, New York 2004, S. 493–496.

verteidigung.«[33] Tatsächlich blieb die amerikanische Unterstützung weitgehend auf Gruppierungen konzentriert, die gegen die von der Sowjetunion gestützten Regime in Afghanistan und Nicaragua antraten, obwohl auch die angolanische UNITA und andere Aufständische gegen linke Regime in der Dritten Welt US-Hilfe erhielten.[34] Der vermutlich wichtigste Aspekt der neuen US-Politik in Afghanistan war die Lieferung von Waffen an die antisowjetischen Aufständischen, einschließlich tragbarer Fliegerabwehrraketen, mit denen die Rebellen sowjetische Kampfhubschrauber vom Himmel holen und die Manövrierfähigkeit der Sowjets im Land begrenzen konnten.

Mit der veränderten Situation zu Beginn der 1980er Jahre hatten die beiden Supermächte in gewisser Hinsicht ihre Rollen vertauscht, obwohl sich an ihrer grundsätzlichen Entschlossenheit, den Kampf um globale Macht und Einfluss zu führen, noch nichts geändert hatte. Die Vereinigten Staaten waren nun selbst in der Situation, Aufständische gegen häufig instabile und unpopuläre Regime zu unterstützen – was ein Vierteljahrhundert lang Markenzeichen der sowjetischen Politik gewesen war. Auch wenn – wie wir weiter unten noch sehen werden – die US-Unterstützung für Aufständische gegen marxistische und andere linksgerichtete Regime kein Hauptfaktor für den Wandel der sowjetischen Politik Ende der 1980er Jahre gewesen ist, verschärfte sie doch die Auseinandersetzungen, indem sich die Situation für die UdSSR und die von ihr abhängigen Staaten komplizierte.[35]

---

33 Zitiert nach Young/Kent, International Relations, S. 563.

34 Die verdeckte amerikanische Unterstützung für afghanische Aufständische verdoppelte sich zwischen 1983 und 1987 von 80 Millionen Dollar auf 630 Millionen Dollar. Siehe D. Cordovez/S. Harrison, Out of Afghanistan, New York 1995, S. 157. Die US-Interventionen unter Reagan, um die von Kuba unterstützte Regierung in Grenada sowie die mutmaßlich in Drogengeschäfte verwickelte Regierung Panamas zu stürzen, verstärkte in der Dritten Welt den Eindruck eines neuen Selbstbewusstseins der Amerikaner. Siehe Young/Kent, International Relations, S. 569–573.

35 Siehe dazu Bennett, Condemned to Repetition. Bennett behauptet, dass entscheidend für den Wechsel in der sowjetischen Politik und damit schließlich für das Ende des Kalten Kriegs die Lernfähigkeit einiger sowjetischer Regierungsmitglieder war. Siehe auch G. W. Breslauer/P. E. Tetlock (Hg.), Learning in U.S. and Soviet Foreign Policy, Boulder 1991.

Das »neue Denken« und das Ende der globalen Konfrontation der Supermächte

Bis in die frühen 1980er Jahre hinein wurde die Sowjetunion von einer kleinen Gruppe alternder Bürokraten regiert, die wenig geneigt waren, die Macht an eine jüngere Generation abzutreten. Während der knapp zwei Jahrzehnte, in denen Leonid Breschnew an der Spitze des Sowjetsystems stand, war das Land zu einer wirklichen Supermacht aufgestiegen, die praktisch überall in der Welt ihren Einfluss geltend machen konnte. Im Herbst 1982 starb Breschnew, und zweieinhalb Jahre später wählte die Sowjetführung Michail Gorbatschow zum neuen Generalsekretär der Kommunistischen Partei der UdSSR.

Michail Gorbatschow demonstrierte schnell, warum seine Politik eine ganz andere sein würde als die seiner unmittelbaren Vorgänger, die nicht hatten wahrhaben wollen, dass die UdSSR innen- und außenpolitisch zerfiel. Er stellte fest, dass sich die sowjetische Gesellschaft in der Krise befand, einer ökonomischen zumal, und dass ebenso drastische wie neuartige Maßnahmen erforderlich seien, um die Entwicklung wieder anzuregen. Eine Generalüberholung und Neustrukturierung der Wirtschaft seien vonnöten, andernfalls werde die Sowjetunion weiter hinter den kapitalistischen Westen zurückfallen. Angesichts der bürokratischen Widerstände, die ein derartiger Politikwechsel hin zu Dezentralisierung und Effektivität bestimmt auslösen würde, wie auch angesichts der Tatsache, dass viele Probleme des Sowjetsystems auf Geheimhaltungspflichten und mangelnde Transparenz zurückgingen, plädierte er für eine zweite wichtige Säule seines Reformprogramms – Offenheit und Demokratisierung. Die Öffnung des politischen Systems und Förderung der öffentlichen Diskussion sollte in der Rückwirkung die wirtschaftliche Produktivität verbessern helfen und die reformwilligen Parteiführer gegen konservative Kräfte innerhalb der Bürokratie unterstützen.[36]

Das dritte Element in Gorbatschows Reformpaket, das »neue Denken«, sollte sich als das für die Entwicklungsländer folgenreichste erweisen. Wie gesagt, war das Hauptziel von Gorbatschows Reformen die Wiederbelebung der Wirtschaft. Dazu bedurfte es jedoch nicht nur eines Umbaus der wirtschaftlichen Steuerungsmechanismen, sondern auch erheblicher Neuinvestitionen. Sie konnten nur aus zwei Quellen kommen –

36 Siehe vor allem: M. Gorbachev, Perestroika, New York 1987; A. Aganbegyan, The Economic Challenge of Perestroika, Bloomington 1988; sowie T. Zaslavskaya, The Second Socialist Revolution, Bloomington 1990.

aus Einsparungen, die Gorbatschow überwiegend im Bereich der Außen- und Sicherheitspolitik zu erzielen hoffte, und aus Anleihen wie Auslandsinvestitionen des Westens. Beide Ansätze erforderten eine einschneidende Restrukturierung der sowjetischen Außen- und Sicherheitspolitik. Sowjetische Experten wiesen auf die enormen Kosten der sowjetischen Verteidigungspolitik hin. Die hohen Zuschüsse sowohl an kommunistische Staaten als auch an die vermeintlich progressiven Länder in der Dritten Welt brächten zudem weder nennenswerte Sicherheitsgewinne, da die Vereinigten Staaten auf die zusätzliche Stationierung sowjetischer Waffen ihrerseits mit verstärktem militärischen Engagement geantwortet hätten, noch einen Zuwachs an Stabilität oder Selbständigkeit der Klientelregime in Europa und den Entwicklungsländern.[37]

Handgreiflich sichtbar wurde der Wechsel in der sowjetischen Außenpolitik in den Jahren 1987 bis 1989: Die Sowjets unterzeichneten eine umfassende Vereinbarung mit den USA zum Abbau der zehn Jahre zuvor stationierten atomaren Mittelstreckenwaffen und entschärften so die Konfrontation in Europa, sie kündigten den Truppenrückzug aus Afghanistan bis Anfang 1989 an, zogen als Zeichen der verbesserten Beziehungen mit dem Westen 100 000 sowjetische Soldaten sowie 10 000 Panzer aus Osteuropa ab und fuhren ihr Engagement in Regionalkonflikten in der Dritten Welt drastisch zurück.[38]

Es war jedoch nicht nur Pragmatismus und die Einsicht, dass die wirtschaftliche Wiederbelebung andere Prioritäten erforderte, was den Politikwechsel unter Gorbatschow herbeiführte. Auch gaben Gorbatschow und eine wachsende Zahl der für die Entwicklung und Durchsetzung der sowjetischen Außenpolitik Verantwortlichen nach und nach marxistisch-leninistische Glaubensartikel auf – beispielsweise die Idee vom Klassenkampf als wesentlicher Triebfeder der sowjetischen Außenpolitik – und hielten Kernfragen, die das Überleben der Menschheit be-

---

37 Siehe R. E. Kanet, Reassessing Soviet Doctrine: New Priorities and Perspectives, in: Kolodziej/Kanet (Hg.), The Limits of Soviet Power, S. 397–425; sowie S. Woodby/A. B. Evans, Jr. (Hg.), Restructuring Soviet Ideology, Boulder 1990. Nach Schätzungen von US-Analysten lagen die Kosten für das sowjetische Imperium bis zum Jahr 1980, einschließlich der Zuschüsse an europäische kommunistische Staaten und Klientelstaaten in der Dritten Welt, bei 35 bis 46 Milliarden Dollar jährlich. Siehe C. Wolf et al., The Costs of Soviet Empire, Santa Monica 1985, S. 19.

38 Siehe R. E. Kanet/A. V. Kozhemiakin/S. M. Birgerson, The Third World in Russian Foreign Policy, in: Kanet/Kozhemiakin (Hg.), The Foreign Policy of the Russian Federation, London 1997, insb. S. 161–163.

trafen, fortan für wichtiger als Klasseninteressen.[39] Sie kamen zu dem Schluss, dass die Sowjetunion ihre Wirtschaft und damit ihre Gesellschaft nur wieder beleben könne, wenn sie auf den Versuch verzichtete, ein alternatives internationales System aufzubauen und sich stattdessen dem bestehenden kapitalistischen internationalen System anschlösse. Damit war ein gänzlich neuer Ansatz in den Beziehungen zur übrigen Welt gefordert, insbesondere zu den Vereinigten Staaten und dem Westen.

Das »neue Denken« stellte folglich eine grundsätzlich neue Sichtweise auf die Welt dar: Es verlangte das Ende der Konfrontation, wie sie die sowjetischen Beziehungen zum Westen seit der Revolution 1917 geprägt hatte,[40] und führte zu der Verpflichtung, die Sowjetunion in kapitalistische Staatengemeinschaft einzubinden. Gorbatschows Bemühen um die innenpolitische und wirtschaftliche Reform ist am Ende bekanntlich gescheitert und hat, wenn auch ungewollt, zum inneren wie äußeren Zusammenbruch des sowjetischen Imperiums beigetragen. Für die vielen Entwicklungsländer, die mittlerweile militärisch, politisch und ökonomisch auf die Unterstützung aus Moskau angewiesen waren, hatte das sehr unterschiedliche Folgen – sie reichten von der Verwüstung in einem Land wie Afghanistan bis zu einem gewissen Grad an Stabilität und Entwicklung für einige ehemalige Klientelstaaten in Afrika.

Die Hinterlassenschaften des Kalten Krieges in den Entwicklungsländern

Der Kalte Krieg, dessen Ursprünge im Konflikt der Supermächte um die Zukunft Ostmitteleuropas lagen, ging 1989 zu Ende, als die Sowjetführung die Länder der Region de facto in die Unabhängigkeit entließ. Zu-

---

39 Die sowjetische Entwicklungspolitik während der Gorbatschow-Jahre hatte drei Stadien: Von 1985 bis Anfang 1988 veränderte sich die tatsächliche Politik trotz der neuen Rhetorik kaum. In Afghanistan verstärkte das sowjetische Militär seine Bemühungen um einen militärischen Sieg sogar noch. Während der zweiten Phase 1988 bis etwa Mitte 1990 veränderte sich die Politik der Sowjets sichtbar. Sie starteten viele plötzliche Initiativen von Kambodscha bis Nicaragua und entzogen langjährigen Klientelstaaten in der Dritten Welt und auch in Europa allmählich die Unterstützung. Siehe R. E. Kanet/G. T. Katner, From New Thinking to the Fragmentation of Consensus in Soviet Foreign Policy: The USSR and the Developing World, in: R. E. Kanet/D. Nutter Miner/T. J. Resler (Hg.), Soviet Foreign Policy in Transition, Cambridge 1992, insb. S. 126–136.
40 Siehe insb. J. T. Checkel, Ideas and International Political Change, New Haven 1997; sowie S. E. Mendelson, Changing Course, Princeton 1998.

vor hatten die Sowjets ihre Truppen aus Afghanistan abgezogen, ihre Unterstützung für Länder wie Angola und Äthiopien reduziert und die jeweilige Staatsführung – von Kambodscha über Äthiopien, Angola bis Nicaragua – darin bestärkt, bestehende Konflikte mit Aufständischen durch auszuhandelnde Vereinbarungen zu regeln.[41] Nach dreieinhalb Jahrzehnten einer ständig zunehmenden Einmischung in die Angelegenheiten der Entwicklungsländer nahmen die Sowjets ihr Engagement zurück und beugten sich den Vereinigten Staaten in der gesamten Region, die seit Stalins Tod als wichtigster Schauplatz der Rivalität zwischen dem Sowjetblock und dem kapitalistischen Westen gedient hatte. Am deutlichsten zeigte sich dieser Politikwechsel im Golfkrieg 1990/91, als die UdSSR ihren jahrelangen Verbündeten Irak fallen ließen und die Amerikaner in ihrem Krieg gegen Saddam Husseins Truppen in Kuwait unterstützten.[42]

Als mehr oder weniger unmittelbare Folge des sowjetischen Politikwechsels kam es in der Dritten Welt zu Verhandlungslösungen einiger alter, häufig mit direkter oder indirekter sowjetischer Beteiligung geführter Regionalkonflikte. Ehemalige sowjetische Klientelstaaten fanden sich von der erheblichen wirtschaftlichen und militärischen Unterstützung abgeschnitten, die sie zuvor sowohl von Moskau als auch von anderen Mitgliedsstaaten des Warschauer Pakts erhalten hatten. Hinzu kam, dass in der Folge auch Washington seine Hilfszusagen und sein Engagement in Regionen reduzierte, die als Lieferanten von Energie oder anderen Rohstoffen nicht von Bedeutung waren. Wichtig war zudem die Tatsache, dass die beiden Supermächte und ihre Verbündeten die ge-

---

41 »Die Sowjets spielten bei der Aushandlung von Vereinbarungen im Bürgerkrieg in Namibia und Angola hinter den Kulissen eine wichtige Rolle, und sie zogen ihre bedingungslose Unterstützung für das marxistische Regime in Äthiopien zurück, als es sich weigerte, eine Vereinbarung mit seinen Gegnern auszuarbeiten. Gleichzeitig wirkte die Sowjetunion entscheidend bei den Verhandlungen mit, die das von den Vereinten Nationen ausgehandelte Friedensabkommen für Kambodscha erbrachten. Der sowjetische Rückzug aus Angola begann Anfang 1991, und im darauf folgenden Sommer war nur noch eine vernachlässigbare Anzahl sowjetischer Militärs im Land.« Kanet/Kozhemiakin/Birgerson, The Third World in Russian Foreign Policy, S. 162. Die sowjetische Unterstützung für die beiden übrigen kommunistischen Entwicklungsländer Kuba und Vietnam war zu dieser Zeit ebenfalls praktisch eingestellt. Siehe J. L. Rodriguez, Kuba–SSSR/SNG: ekonomicheskie otnosheniia v 1990–1992 g., in: *Latinskaia Amerika*, Nr. 12 (1993), S. 34; M. Hiebert, Hammer Blow for Hanoi, in: *Far Eastern Economic Review*, 4. 7. 1990, S. 45.

42 Siehe G. E. Fuller, Moscow and the Gulf War, in: *Foreign Affairs*, Bd. 70, Nr. 3 (1991), S. 55–76.

samte Zeit des Kalten Krieges über eine massive militärische Aufrüstung ihrer Klientelstaaten betrieben hatten – wodurch sich in vielen Ländern und Regionen das politische Gleichgewicht verschoben hatte, auch über den De-facto-Abzug der Supermächte hinaus.

Obwohl sich die Supermächte aus vielen Ländern der Dritten Welt, in denen sie über 30 Jahre lang erbittert um Einfluss gekämpft hatten, zurückgezogen haben, existieren die Hinterlassenschaften dieses Wettstreits fort. Die wichtigste liegt in der gestiegenen Bedeutung, die dem Militär im politischen System der Entwicklungsländer heute zukommt, sowie allgemein in der Militarisierung der Politik und der politischen Auseinandersetzung. Während des Kalten Kriegs konnten sich lokale Kräfte, die sich mit den jeweiligen Machtblöcken assoziiert hatten, Zugang zu externen Ressourcen verschaffen. Diejenigen, die sich entweder dem sozialistischen Lager oder der freien Welt verschrieben, profitierten von ergiebigen Quellen, bekamen militärische Ausbildung und Ausrüstung von Moskau, Washington und – in geringerem Ausmaß – auch von Peking. Dies stärkte die Stellung des Militärs in vielen Entwicklungsländern enorm und setzte die Prioritäten statt auf Bildung, Gesundheit und sonstige ökonomische Infrastrukturbereiche auf die Militär- und Sicherheitsausgaben, mit allen dazugehörigen langfristigen Schäden für die wirtschaftliche und politische Entwicklung solcher Staaten.

Zudem trug die ständige Weiterentwicklung der Waffentechnologie während des Kalten Kriegs dazu bei, dass die Anzahl der Opfer in den entsprechenden Lokal- und Regionalkonflikten zunahm, was man in lang andauernden Regionalkonflikten, wie etwa denjenigen zwischen Indien und Pakistan oder zwischen Israel und seinen arabischen Nachbarn, am deutlichsten sehen kann. Somalia und Afghanistan sind als wohl schlimmste Beispiele dafür zu nennen, wie die Konfrontation der Supermächte zur Verwüstung ehemaliger Klientelstaaten beigetragen hat – einer Verwüstung, zu der es allein durch die Militarisierung lokaler Auseinandersetzungen und die Verfügbarkeit großer Waffenbestände kam. Der Aufstieg zu regionaler militärischer Bedeutung von Saddam Hussein in Irak wäre ein weiteres Beispiel für die unbeabsichtigten Nebenfolgen der globalen Konkurrenz zwischen der Sowjetunion und den Vereinigten Staaten, nachdem sich eine der beteiligten Supermächte dazu entschlossen hatte, die anfallenden Kosten schließlich für kontraproduktiv zu halten.

Aus dem Englischen von Barbara Bauer

Fallstudien

Jon V. Kofas
Die amerikanische Außenpolitik und der griechische Bürgerkrieg 1946–1949

Kein Abschnitt der jüngeren griechischen Geschichte wurde so intensiv erforscht und analysiert wie die tragische Periode des Bürgerkriegs von 1946 bis 1949. Und das zu Recht, denkt man an die Auswirkungen, die dieser Bürgerkrieg und die Truman-Doktrin für die Entwicklungen auf nationaler, regionaler und internationaler Ebene in der zweiten Hälfte des 20. Jahrhunderts hatten. Dieser Bürgerkrieg war für Griechenland zwar nicht die epochale Katastrophe, die der spanische Bürgerkrieg für Spanien bedeutete, doch er hat die fragile Nachkriegsordnung des Landes geprägt und tiefe Narben in der griechischen Gesellschaft hinterlassen. Die USA wiederum haben damals, die Auslandshilfe als eine Art modernes Trojanisches Pferd nutzend, Großbritannien als dominierende Macht nicht nur in Griechenland, sondern in der gesamten Nahostregion abgelöst, und zwar spätestens mit dem Sturz des iranischen Präsidenten Mohammed Mossadegh im Juni 1953, an dem die CIA kräftig mitgewirkt hat. Zwei Jahre später wurde der Bagdad-Pakt unterzeichnet, der die Stellung der USA im Nahen Osten vollends konsolidierte.[1]

Isoliert betrachtet scheint die Intervention der USA in Griechenland eine Reaktion auf ein spezifisches Problem unter singulären Umständen, so wie es die Truman-Regierung damals darstellte, zu sein. Der in den USA herrschenden Ideologie, der politischen Ökonomie und Sozialstruktur entsprechend war die Strategie Washingtons gegenüber Griechenland am Ende der 1940er Jahre in die allgemeine US-Außenpolitik eingebettet. Insofern besagt diese Strategie mindestens ebenso viel über die Geschichte und die Institutionen der USA wie über die spezifischen

---

1 Zum griechischen Bürgerkrieg und zur anglo-amerikanischen Außenpolitik liegen unübersehbar viele Artikel, Bücher, Memoiren, Oral History- und archivalische Dokumente vor. Siehe vor allem: Howard Jones, A New Kind of War, America's Global Strategy and the Truman Doctrine in Greece, New York 1989; Lawrence Wittner, American Intervention in Greece 1943–1949, New York 1982; Spyros Theodopoulos, Ap' to Dogma Truman sto Dogma Junta, Athen 1976; Tassos Vournas, Istoria tis Neoteris kai Synchronis Elladas, 6 Bände, Athen 1999; F. N. Grigoriadis, Istoria tou Emphiliou Polemou 1945–1949, Athen 1963.

Ereignisse, die das US-Engagement in Griechenland auslösten. Die Truman-Doktrin wich keineswegs von der historischen Norm ab, sie setzte vielmehr eine alte Tradition fort, die ihre Wurzeln in der »Manifest Destiny«-Ideologie des 19. Jahrhunderts[2] und im Drang nach globalen Märkten und Rohstoffvorkommen wie auch in einem allgemeinen Weltmachtstreben hatte. Präsident Harry S. Truman hat das Eingreifen in Griechenland denn auch mit dem Argument gerechtfertigt, dass die USA keine strategische Alternative zu einer militärischen Lösung hätten und sich angesichts einer Notlage zu einer defensiven Reaktion gezwungen sähen, um die westliche Zivilisation zu retten.[3]

Griechenland war das Versuchsfeld, auf dem die neue militärisch dominierte Eindämmungspolitik erprobt wurde, aus der sich 1950 im Dokument Nr. 68 des National Security Council (NSC) eine kohärente Doktrin entwickelte, die danach in wechselnden Formen zur Anwendung kam. Insofern diese US-Außenpolitik das strukturelle Ungleichgewicht des globalen kapitalistischen Systems – auf gesellschaftlicher wie geographischer Ebene – aufrechterhalten wollte, beruhte sie auf dem traditionellen Imperialismus europäischer Prägung.

Historische Vorläufer: Der griechische Unabhängigkeitskampf und die Großmächte

Wie alle Bürgerkriege kann man auch den griechischen erst richtig verstehen, wenn man ihn im Kontext seiner jeweiligen Geschichte, in diesem Fall dem Unabhängigkeitskrieg der Griechen in den 1820er Jahren, betrachtet.

Damals verwandelte sich eine Provinz des Osmanischen Reiches aufgrund der Intervention ausländischer Mächte und der darauf folgenden Abhängigkeit und Unterentwicklung in einen Satellitenstaat des Westens. Großbritannien wurde als dominierende Imperialmacht auch zum Hauptschutzpatron Griechenlands – eine Rolle, die London von der Regierung des ersten, aus dem Hause Wittelsbach stammenden Königs

---

2 Der Ausdruck wurde 1845 von John O'Sullivan, Herausgeber der Zeitschrift *United States Magazine and Democratic Review*, geprägt, um die Eroberung und Erschließung der westlichen und südlichen Teile der heutigen USA als Vollzug der göttlichen Vorhersehung zu rechtfertigen.
3 Siehe Henry Butterfield Ryan, Jr., The American Intellectual Tradition Reflected in the Truman Doctrine, in: *The American Scholar*, Vol. 42 (1973), S. 294–307.

Otto (1832–1862) an bis zum Zweiten Weltkrieg wahrgenommen hat. Der rasche Niedergang des Osmanischen Reiches seit dem Vertrag von Küçük Kainarci (1774) erlaubte dem Königreich Griechenland, sich im Lauf des 19. Jahrhunderts weiter nach Norden auszudehnen. Nach dem Kleinasienkrieg, in dem Mustafa Kemal (später »Atatürk« genannt) 1922 die griechische Armee besiegte, verfiel Griechenland in einen politischen Lähmungszustand, der diverse Fraktionen des Offizierskorps auf die Idee brachte, zwischen 1922 und 1928 insgesamt elf Putsche und Gegenputsche zu unternehmen. Die verzweifelte ökonomische Lage, die sich in den 1930er Jahren durch die Auswirkungen der Weltwirtschaftskrise verschärfte, spitzte die soziale Polarisierung weiter zu. Das schwächte die Position der Zivilregierung des liberalen, bei der politischen Rechten verhassten Ministerpräsidenten Eleftherios Venizelos, die auf seinen Sturz hinarbeitete.[4]

Zwischen 1933 und 1936 beschädigte der Bruch zwischen dem republikanischen Venizelos-Lager und den Monarchisten, die dem exilierten König Georg II. treu geblieben waren, das parlamentarische System, das in den Augen des Militärs und der Rechten angesichts sozialer Unruhen die linken Kräfte begünstigte. Zivile und militärische griechische Monarchisten blickten fasziniert auf die starken nationalen Regierungen des faschistischen Italiens und des nationalsozialistischen Deutschlands und stützten zusammen mit der kapitalistischen Klasse das autoritäre Regime des profaschistischen Generals Ioannis Metaxas, der 1936 die Macht ergriffen hatte. Wie seine Nachbarn auf dem nördlichen Balkan geriet Griechenland unter die Kontrolle eines diktatorischen Regimes, das freundschaftliche Beziehungen sowohl zu Großbritannien wie zu Deutschland pflegte. Dieser Metaxas-Generation entstammten viele der militärischen und politischen Führungskräfte, auf die die Briten und US-Amerikaner in der Nachkriegsära zurückgriffen. Etliche von ihnen hatten während der Okkupation mit den deutschen und italienischen Besatzern kollaboriert.[5]

Im Zweiten Weltkrieg hatten in Griechenland 550 000 Menschen den Tod gefunden, 25 Prozent der Bevölkerung waren obdachlos geworden,

---

4   Dazu Theodor A. Couloumbis u.a., Foreign Interference in Greek Politics, New York 1976; A. D. Lignadis, I Xeniki Exartisis kata die Diadromin tou Ellinikou Kratous 1821–1945, Athen 1975. Über die historischen Vorläufer der Diktatur siehe Jon V. Kofas, Authoritarianism in Greece. The Metaxas Regime, New York 1983, S. vii–ix.
5   Siehe Kofas, Authoritarianism in Greece, S. 1–41; Spyros Linardatos, I Tetarti Avgoustou, Athen 1975.

und die materiellen Verluste beliefen sich auf über 7 Milliarden Dollar. Griechenland war nach 1945 eines der ärmsten Länder der Welt. Die führende Kraft des Widerstands, die linke Nationale Befreiungsfront (EAM) strebte mit ihrem bewaffneten Arm, der Nationalen Volksbefreiungsarmee (ELAS), eine bestimmende Rolle in der Nachkriegsregierung an. Winston Churchill, der ein probritisches Regime durchsetzen wollte, bestand auf der Restauration der griechischen Monarchie; was faktisch auf ein Veto gegen eine denkbare Koalitionsregierung hinauslief, die für politische Harmonie gesorgt hätte. Eine Koalition hätte wohl auch den Aufstand abgewendet, den die Linke im Dezember 1944 in den Straßen Athens begonnen hatte. Ohne die politischen, ökonomischen und sozialen Auswirkungen einer ausländischen Intervention zu bedenken, ließ London seine in Griechenland stationierten Truppen eingreifen, um die linken Rebellen niederwerfen zu helfen. Auf diese britische Intervention folgte das Abkommen von Varkiza im Februar 1945, das zu einem Waffenstillstand führte und einen politischen Öffnungsprozess vorsah, zu dem es jedoch nicht kam.[6]

Auf das Varkiza-Abkommen folgten Repressionen diverser provisorischer Regierungen gegen die Linke und ihre Sympathisanten und ein rascher Verfall der bereits siechen Volkswirtschaft, Ergebnis wilder Goldspekulationen, maßloser Wuchergeschäfte und allgegenwärtiger Korruption. Von alldem profitierten ein paar hundert etablierte Athener Familien, die sich um die Zerstörung des Landes nicht weiter scherten. Die Griechenland-Experten im Londoner Außenministerium wollten durch eine Wiederankurbelung der griechischen Volkswirtschaft für die nötigen Staatseinnahmen sorgen, die Athen in die Lage versetzen würden, eine griechische Armee und die dringlichsten öffentlichen Dienste neu aufzubauen sowie die Zahlungen an die Besitzer griechischer Staatsobligationen wieder aufzunehmen. London konnte jedoch nicht die notwendigen Finanzhilfen aufbringen, um die griechische Wirtschaft auf das Vorkriegsniveau zu bringen. Bereits im April 1945 begannen britische und griechische Regierungsvertreter, mit der Truman-Regierung über die Art und Höhe eines finanziellen Beitrags der USA zu verhandeln. 1945 gab die griechische Regierung den Abschluss einer Kreditvereinbarung mit der Export-Import-Bank (Eximbank) bekannt. Mit diesem Eximbank-Abkommen war Griechenland nicht mehr von England, sondern von den USA abhängig – ein deutliches Signal für die neue Be-

---

6 Bernard Kayser, Geographie Humaine de la Grèce, Paris 1968, S. 36; Verité sur la Grèce, Belgrad 1945; Nikos Psyroukis, Istoria Synchronis Elladas, Athen 1976, Bd. I, S. 230–245.

deutung, die das Land für Washington in geopolitischer Hinsicht gewonnen hatte.[7]

Nikos Zachariadis, der Führer der griechischen Kommunistischen Partei (KKE), war anfangs, bevor das Regime gegen die Linke vorzugehen begann, für eine Zusammenarbeit mit dem Westen durchaus offen, machte sich jedoch ein falsches Bild von der Entschlossenheit der USA, Griechenland als Satellitenstaat zu gewinnen, aber auch von Stalins Pragmatismus, für den die Konsolidierung des sowjetischen Blocks in Osteuropa Vorrang hatte, weshalb er keinen Ost-West-Konflikt riskieren wollte. Die Sowjetunion verweigerte eine Unterstützung der KKE in einem Kampf gegen die griechische Regierung, die sie schließlich offiziell anerkannte. Dass die Sache der griechischen Aufständischen zum Scheitern verurteilt war, hatte mehrere Gründe: Die politischen Fehler von Zachariadis – inklusive seiner unpopulären Entscheidung, ein »vereinigtes Mazedonien« als Teil einer Balkanföderation zu befürworten –, die Vereinbarung, die Stalin mit Churchill über die Zukunft Osteuropas getroffen hatte,[8] die Entschlossenheit Churchills, koste es, was es wolle, die griechische Monarchie zu restaurieren, und schließlich das Zerwürfnis zwischen Stalin und Tito im Jahre 1948. Andererseits wäre es wohl gar nicht erst zu dem Bürgerkrieg gekommen, wenn es nicht den »Weißen Terror« gegeben hätte, der vom Frühjahr 1945 bis zum Frühjahr 1946 gegen Linke und Liberale wütete. Die KKE kontrollierte gut 70 Prozent der Gewerkschaften und hatte starken Rückhalt unter den Kleinbauern, in deren Augen es hauptsächlich die KKE gewesen war, die den Widerstand gegen die Besatzungsmacht getragen hatte, wohingegen der König und die bürgerlichen Politiker außer Landes gegangen waren. Und der Westen machte sich auch dadurch nicht beliebter, dass die Athener Regierungen, die er unterstützte, die Wiederaufbaumittel als politisches und finanzielles Instrument missbrauchten, mit dem sie ihrer Klientel und der Athener Elite unter die Arme griffen, während das Volk überwiegend in Armut und Elend lebte.[9]

---

7 Jon V. Kofas, Intervention and Underdevelopment: Greece During the Cold War, College Park 1989, S. 51–55. Siehe auch Athanasios Lykogiannis, Britain and the Greek Economic Crisis, 1944–1947, Columbia 2002, S. 80–139.

8 Gemeint ist die berühmte Formel, die Churchill am 9. Oktober 1944 bei der Konferenz von Moskau auf ein Papier schrieb und von Stalin abnicken ließ. Für die westlichen Alliierten und die Sowjetunion war damit ihr jeweiliger Einfluss in Rumänien, Bulgarien, Jugoslawien und Griechenland prozentual festgelegt; in Griechenland gestand Stalin dem Westen 90 Prozent Einfluss zu.

9 G. D. Katsoulis, Istoria tou Kommunistikou Kommatos Elladas, Athen 1980, Bd. VI, S. 110–120; Pavlos Nepheloudis, Stis Piges tis Kakodai-monias: Ta

Wie ein Untersuchungsbericht für das britische Parlament damals feststellte, wurde die Linke zur Mobilisierung ihrer Kräfte und zum bewaffneten Widerstand provoziert:

»Griechenland ist dabei, sich rapide in einen faschistischen Staat zu verwandeln. Hinter der demokratischen Fassade führen die extremen Rechten einen einseitigen Bürgerkrieg gegen alle demokratischen Kräfte, die es wagen, der Regierung zu widersprechen. Tausende sind Opfer von Mord, illegalen Festnahmen, gewalttätigen Angriffen und vom Terrorismus. [...] Wenn jemand den Mut hat, gegen diesen Zustand zu protestieren, wird er unverzüglich zusammengeschlagen und verhaftet, oft ohne Haftbefehl und ohne Anklage und manchmal auch auf Grund von aufgebauschten Anschuldigungen.«[10]

Die meisten von Politikern in London wie Washington inspirierten politischen und wissenschaftlichen Analysen nahmen die Nachkriegssituation in Griechenland durch das Prisma des Ost-West-Konflikts wahr. Doch ist diese Optik falsch. Die Tragödie eines Bürgerkriegs, in dem sich Verwandte und Nachbarn als Feinde gegenüberstanden, fiel in eine Zeit, in der jeder ums Überleben zu kämpfen hatte und die Zukunft des Landes insgesamt höchst düster aussah.[11] Griechenland war ein kleines, bäuerlich geprägtes Land, in dessen Dörfern jeder jeden kannte und in dem die Stadtbewohner wussten, wie ihre Nachbarn politisch dachten. Auf die prowestliche Regierung des liberalen Ministerpräsidenten Themistokles Soufoulos (November 1945 bis März 1946) folgten Regierungen, die gegen die ökonomische und finanzielle Krise und die soziale und politische Polarisierung des Landes nichts auszurichten vermochten. Während es im Frühjahr 1946 nur ein paar hundert Rebellen gegeben hatte, waren es am Ende desselben Jahres an die 10000. Die führenden Politiker des nichtkommunistischen Lagers – wie Konstantinos Tsaldaris, Giorgos Papandreou, Sophokles Venizelos, Panayiotis Kanellopoulos, Konstantinos Karamanlis und Dimitrios Maximos – wussten allerdings genau, dass ihre politische Zukunft gänzlich auf ihrer Loyalität zu den Regierungen in London und Washington beruhte. Als keineswegs hilfreich erwies sich die Haltung des Athener US-Botschafters

---

Vathitera aitia tis diaspasis tou KKE, Athen 1974, S. 251–304; Christophe Chiclet, The Greek Civil War 1946–1949, in: Marion Sarafis/M. Eve (Hg.), Background to Contemporary Greece, London 1990, S. 201–203.

10 Zitiert in: Geoffrey Chandler, The Divided Land. An Anglo-Greek Tragedy, London 1959, S. 142f.

11 Siehe dazu C. M. Woodhouse, The Struggle for Greece, 1941–1949, London 1976; Edgar Balance, The Greek Civil War, New York 1966; George D. Kousoulas, Revolution and Defeat: the Story of the Greek Communist Party, Oxford 1964; W. H. McNeill, Greece. American Aid in Action, New York 1959.

Lincoln McVeagh, der nicht nur die Rolle Großbritanniens in Griechenland, sondern auch die der UN-Hilfsorganisation United Nations Relief and Rehabilitation Administration (UNRRA) in Frage stellte. Der britische Premierminister Clement Attlee und sein Außenminister Ernest Bevin verfolgten ihrerseits in enger Absprache mit den USA dieselbe imperialistische Politik gegenüber Griechenland wie ihr konservativer Vorgänger Churchill. Viele Menschen im Westen waren tief schockiert über den Aufstand der griechischen Bauern und Arbeiter, die in der Weltwirtschaftskrise unter einer profaschistischen Diktatur unendliche Demütigungen erlitten und anschließend die Besetzung durch das nationalsozialistische Deutschland und die Intervention Englands und der USA zu ertragen hatten.[12]

Angesichts der monumentalen finanziellen, ökonomischen, sozialen und militärischen Herausforderungen schlug das Bemühen Großbritanniens, den Einfluss in der Region zu wahren, fehl. Da die Athener Regierung nicht in der Lage war, ohne fremde Hilfe an der Macht zu bleiben, und die Truman-Regierung eine direkte Rolle im östlichen Mittelmeer anstrebte, war der britische Auszug aus Griechenland unvermeidlich. Die griechischen Eliten realisierten, dass der US-amerikanische Machtanspruch ihnen die Möglichkeit eröffnete, ihre privilegierte Stellung in der Gesellschaft abzusichern. Die Politiker des konservativen Lagers und der bürgerlichen Mitte, die monarchistischen Militärs und die etwa 3000 mächtigen Athener Familien stellten sich deshalb – wie auch die vorwiegend im Ausland operierenden griechischen Reederdynastien – hinter die USA.[13]

Einige Wochen nachdem Präsident Truman am 12. März 1947 seine Doktrin verkündet hatte,[14] schrieb der für die Reform der Wirtschaft

---

12 Psyroukis, Istoria Synchronis Elladas, Bd. 1, S. 280–290; Dominique Eudes, The Kapetanios, New York 1977, S. 250–255; G. M. Alexander, Prelude to the Truman Doctrine, New York 1982, S. 140–150.

13 Siehe Keith Hutchison, The Decline and Fall of British Capitalism, Hamden, Conn., 1966, S. 293–300; Joseph Martin Jones, The Fifteen Weeks, New York 1964, S. 78–83.

14 Als entscheidendes Ziel der USA nannte die Doktrin »das Zerschlagen der sowjetischen Bemühungen, die politische Unabhängigkeit und territoriale Integrität Griechenlands zu zerstören«. Die wichtigste Passage in Trumans Rede lautete: »Die Vereinigten Staaten sollten deshalb von ihrer politischen, wirtschaftlichen und, falls nötig, militärischen Macht vollen Gebrauch machen, um auf effektivste Weise zu verhindern, dass Griechenland unter die Herrschaft der Sowjetunion gerät – sei es durch einen bewaffneten Angrifff von außen oder durch sowjetisch dominierte kommunistische Bewegungen innerhalb

und des Finanzwesens zuständige probritische Präsident der griechischen Zentralbank, Kyriakos Varvaresos:

»Die gewissenlose Elite hat, nachdem sie während der Okkupation mit dem Feind [Deutschland, J. K.] kollaboriert hatte, den nach der Befreiung herrschenden Mangel an Waren ausgenutzt, um noch mehr Reichtümer anzuhäufen.«

Varvaresos' Befund wurde durch eine britische Wirtschaftsdelegation bestätigt, die darauf verwies, dass die Elite einen üppigen Lebensstil pflegte, so gut wie keine Steuern zahlte und sich überhaupt nicht um das Elend von 7,5 Millionen Menschen scherte, die in bitterer Armut lebten und unter einem repressiven Regime litten.[15]

Nach der Wahl des rechtsgerichteten Ministerpräsidenten Tsaldaris im März 1946 bedeutete die Aussicht auf die Wiedereinsetzung von König Georg II., dass Griechenland in ein neues autoritäres Regime nach Art der Metaxas-Diktatur zurückfallen könnte, die ebendieser König in den 1930er Jahren unterstützt hatte. Die Abneigung gegen ein Regime à la Metaxas, die Angst vor dem Verlangen der KKE, einer künftigen Regierung anzugehören, und die vage stalinistische Bedrohung, die von der Konsolidierung der kommunistischen Macht in Osteuropa ausging, gaben der einheimischen Elite die Chance, den Einzug des US-amerikanischen Trojanischen Pferdes in Griechenland zu fordern. Ohne die Entschlossenheit der einheimischen Eliten, ihre Machtpositionen der Vorkriegsgesellschaft zurückzuerobern, hätten die USA sich nicht, oder jedenfalls nicht so erfolgreich, über den Willen der Mehrheit hinwegsetzen können.[16]

Der globale Kontext und die innenpolitische Dynamik der US-Außenpolitik am Ende der 1940er Jahre

Die Tragödie des griechischen Bürgerkriegs und die Intervention der USA vollzogen sich nicht nur im Rahmen des Ost-West-Konflikts, sondern in einem globalen Kontext, der sowohl die Nachkriegspolitik der USA als auch die Außenpolitik bestimmte, die Europa, der sowjetische Block und die Dritte Welt gegenüber den USA und untereinander betrieben. Man

---

Griechenlands – und zwar so lange, wie die rechtmäßig gewählte Regierung Griechenlands ihre Entschlossenheit, sich einer solchen kommunistischen Aggression zu widersetzen, unter Beweis stellt.«

15 Kofas, Intervention and Underdevelopment, S. 24 f.
16 Theodopoulos, Ap' to Dogma Truman sto Dogma Junta, S. 44–50; Giorgos Papandreou, Politica Keimena (Politische Texte), Athen 1950, Bd. II, S. 150–165.

muss die Truman-Doktrin vor dem Hintergrund der sich gerade heraus-
bildenden internationalen und von den USA dominierten Institutionen
sehen. Der Internationale Währungsfonds (IWF), die Weltbank, das Allgemeine Zoll- und Handelsabkommen (GATT), der Internationale Verband Freier Gewerkschaften (IFCTU) und andere Organisationen waren
dazu ausersehen, das globale kapitalistische System zu steuern.[17]

Nachdem die USA mit Ende des Zweiten Weltkriegs in militärischer,
ökonomischer, industrieller und technologischer Hinsicht eine beispiellose Machtposition erlangt hatten, war es nun ihr Ehrgeiz, die globalen
Kräfteverhältnisse zu regulieren, sich Absatzmärkte und Rohstoffvorkommen – vor allem strategische Rohölreserven – zu sichern und den
Gang der Weltwirtschaft zum größtmöglichen eigenen Nutzen zu bestimmen. Nationale und internationale Institutionen, Vehikel multilateraler Integration, erwiesen sich dabei als ebenso bedeutsam wie die bilateralen Beziehungen. Griechenland diente nicht nur als Testfeld für
einige dieser Instrumente imperialer Politik, es bot Präsident Truman zudem auch die Chance, eine Doktrin zu verkünden, die für die ganze Welt
Geltung haben sollte.[18]

Gegen Ende der 1940er Jahre stand die Truman-Regierung vor einer
ganzen Reihe von Problemen und Konflikten. Die antikolonialen Bewegungen in Afrika und Asien waren von linken Ideen geprägt, die Revolution in China unaufhaltsam, die Differenzen mit Moskau hinsichtlich
des Schicksals Osteuropas irreparabel und der Internationale Gewerk-
schaftsverband WFTU politisch gespalten. Vor allem aber stand man vor
der Aufgabe, ein weltweites Netz von Militärbündnissen zu schaffen, auf
das sich die westliche Supermacht stützen konnte. Ein halbes Jahr nach
der Truman-Doktrin wurde der Rio-Pakt unterzeichnet, der 1948 zur
Gründung der Organisation Amerikanischer Staaten (OAS) führte, aber
auch zu einer engeren militärischen und ökonomischen Integration Lateinamerikas unter der Vormundschaft der USA. Die globale Integration
verlangte eine große Vision und eine langfristige Strategie, die schon in
der Amtszeit Präsident Roosevelts von Leo Pasvolsky (Sonderberater im
Außenministerium) und Harry Dexter White (Vize-Finanzminister) vorbereitet worden war. Die Truman-Doktrin war – wie bereits der Mar-

---

17 F. L. Block, The Origins of International Economic Disorder, Berkeley, CA,
   1977, S. 79–82; Harry Magdoff, Imperialism: From the Colonial Age to the
   Present – Essays, New York 1978, S. 67–100.
18 T. G. Patterson, Soviet-American Confrontation, Baltimore 1973, S. 155–158;
   Rogelio Frigerio, La integracion regional instrumento del monopolio, Buenes
   Aires 1993, S. 25–30.

shall-Plan – eine schlichte Weiterentwicklung des Pasvolsky-White-Plans für eine weltweite Integration.[19]

Die USA hatten das östliche Mittelmeer bereits seit der Wilson-Ära als Operationsgebiet für ihre Kriegsmarine im Auge; und seit US-Ölfirmen in die Anrainerstaaten des Persischen Golfes investieren wollten, kam das aktuelle Interesse an den nahöstlichen Ölfeldern hinzu. Unmittelbar nach 1945 mussten sich die türkische und die iranische Regierung mit der linken und nationalistischen Opposition im eigenen Land auseinander setzen, obwohl in beiden muslimischen Ländern die politische und soziale Kluft keinesfalls so tief und bedrohlich war wie in Griechenland. Doch alle drei Länder, der Iran, Griechenland und die Türkei, waren für die USA – in unterschiedlichem Maße – geopolitisch und wirtschaftlich ähnlich wichtig, wie sie es für das britische Empire waren.[20]

Der zentrale Grundsatz, der die Außenpolitik der USA damals bestimmte, war die unerbittliche Opposition gegen nationalistische und sozialrevolutionäre Bewegungen und Regime, die das kapitalistische Weltsystem bedrohten. Aber auch ideologische Erwägungen und die militärische Macht der Sowjetunion waren für die Intervention Trumans in Griechenland wahrscheinlich ein sehr wichtiges Motiv. Mit dem Eingreifen in Griechenland konnte man den globalen Führungsanspruch und die Entschlossenheit, ihn mit militärischen Mitteln durchzusetzen, demonstrieren.

Henry A. Wallace, US-Vizepräsident in Roosevelts zweiter Amtszeit und bis 1946 Handelsminister der Regierung Truman, war für eine Politik der friedlichen Koexistenz eingetreten, die weit weniger finanzielle Ressourcen von der zivilen Wirtschaft in den Verteidigungssektor umlenken würde. Er war ein erbitterter Gegner der Truman-Doktrin und der Konfrontationspolitik gegenüber der UdSSR. Dieses Koexistenz-Programm von Wallace, das noch auf der Linie der keynesianischen New-Deal-Politik der Ära Roosevelt lag und vom linken Flügel der Demokraten unterstützt wurde, war gegen Ende der 1940er Jahre jedoch anachronistisch geworden, jedenfalls in den Augen der Finanzeliten und der opportunistischen Karrieristen, die sich jetzt als Kalte Krieger profi-

---

19 Siehe John V. Kofas, Foreign Debt and Underdevelopment: U.S.-Peru Economic Relations, Lanham, MD, 1996, S. 16–18 und 27–33; Joyce und Gabriel Kolko, The Limits of Power, New York 1972, S. 450 f.; Irving M. Wall, L'influence américaine sur la politique française, Paris 1989, S. 100–170; Federico Romero, Gli, Stati Uniti e il sindicalismo europeo, Rom 1989, S. 144–151.

20 Siehe Louis Cassimatis, American Influence in Greece 1917–1929, Kent, Ohio, 1988; K. Svolopoulos, I Elliniki Exoteriki Politiki 1945–1981, Athen 2001, Bd. II, S. 21–24.

lierten. Die »Falken« der Demokratischen Partei, auf die sich Truman
stützte, und die Mehrheit der Republikaner, die eine isolationistische
Außenpolitik ablehnten, betrieben eine Art keynesianischen Militaris-
mus – mit massiv aufgestockten staatlichen Rüstungsausgaben –, der zur
gemeinsamen Plattform einer Nachkriegsaußenpolitik wurde, die den
USA eine glanzvolle Weltmachtrolle in allen ihren Erscheinungsformen
zu garantieren versprach.[21]

Die erfolgreiche Umsetzung des Bretton-Woods-Systems[22] setzte eine
relative Stabilität der prowestlichen Staaten voraus. Diese Anforderung
überlagerte das Recht der einzelnen Länder, ihre Geschicke selbst zu bestimmen. Die US-amerikanische Einmischung in die Innenpolitik und die
Politik der Arbeiterbewegungen war in Frankreich und Italien, wo es
starke kommunistische Parteien und dynamische linke Gewerkschaften
gab, ebenso intensiv wie in Griechenland; dasselbe gilt für Deutschland.
Und ähnlich wie die griechischen glaubten auch die französischen und
italienischen Politiker, zu deren Gunsten die USA nationale Wahlen beeinflussten, ihre Länder könnten dank der Hegemonie der USA in ihrer
Region an Einfluss gewinnen.[23]

Die Außenpolitik der Truman-Ära spiegelte das innen-, wirtschafts-
und sozialpolitische Programm der Regierung wider. Truman nutzte die
Außenpolitik und die von den USA dominierten internationalen Organisationen, um *neue* innen- und außenpolitische Akzente zu setzen sowie die Institutionen der westlich orientierten Länder als Hebel zur
Durchsetzung einer gemeinsamen Kalte-Kriegs-Strategie zu nutzen. Ungefähr zeitgleich mit der Truman-Doktrin wurde der Taft Hatley Act
verabschiedet, der den Präsidenten ermächtigte, in Konflikte zwischen
Gewerkschaften und Unternehmern einzugreifen und die Gewerkschaften zwang, sich gegenüber der Regierung zur Bekämpfung kommunistischer Tendenzen zu verpflichten. Die nationale Seeleute-Gewerkschaft
befürchtete damals, die Regierung plane, in Zusammenarbeit mit den
Großunternehmen die demokratischen Institutionen in anderen Län-

---

21 Siehe R. J. Walton, Henry Wallace, Harry Truman and the Cold War, New
   York 1976, S. 72–137.
22 Auf der Konferenz von Bretton Woods (New Hampshire) wurde im Juli 1944
   der Beschluss gefasst, die beiden wichtigsten internationalen Finanzinstitutionen
   zu gründen: den International Monetary Fund (IMF) und die International Bank
   for Reconstruction and Development (IBRD), die spätere World Bank.
23 Siehe A. Albonico u.a., La Dimensione atlantica e le relazioni internazionali
   nel dopoguerra 1947–1949, Milano 1988; Allesandro Broggi, A Question of
   Self Esteem. The United States and the Cold War Choices in France and Italy
   1944–1956, Westport, CT, 2002.

dern zu untergraben und zugleich die Rechte der Arbeiter in den USA und der ganzen Welt zu beschneiden. Um ihren politischen Einfluss zu wahren, führten die US-Gewerkschaftsdachverbände AFL und CIO – insbesondere nach der Verkündung des Marshall-Plans am 5. Juni 1947 – einen Bruch innerhalb des Weltgewerkschaftsverbandes WFTU und dessen Ablegerorganisationen in Lateinamerika, Asien und Europa herbei. Der breite außenpolitische Konsens der Truman-Ära, der bis zum Ende des Kalten Krieges erhalten blieb, zeigte sich auch darin, dass der AFL/CIO die US-Außenpolitik gegenüber Europa, Japan und den Ländern der Dritten Welt unterstützte, in denen Arbeiterorganisationen durch autoritäre Regime unterdrückt wurden. Nicht nur die politische Elite und die Wall Street, sondern eine weit größere Koalition unter Einschluss der Gewerkschaften und der Intellektuellen unterstützte also den Kalten Krieg und damit auch proamerikanische Regime, die sich nicht viel um die Menschenrechte scherten – wie etwa das Regime in Griechenland.[24]

Die Containment-Politik, die amerikanische Ausnahmestellung und die Schaffung von militaristischen Satellitenstaaten

Nachdem die US-Regierung Griechenland, die Türkei und den Iran zu wichtigen Frontstaaten erklärt hatte, die gegenüber dem sowjetischen Block eine strategische Pufferzone in der weiteren Nahostregion bildeten, stand sie vor einer strategischen Entscheidung größerer Dimension: Sie musste ihre nationalen Sicherheitsinteressen auf eine Weise definieren, die der neuen Machtbalance auf regionaler und weltpolitischer Ebene gerecht wurde. Obwohl sich die USA als atlantische wie als pazifische Macht sahen, waren ihre nationalen Sicherheitsinteressen bis zur Truman-Doktrin auf den amerikanischen Doppelkontinent, die Philippinen und die Pazifikinsel Guam beschränkt. Nach 1947 wurde diese US-Sicherheitszone bzw. Einflusssphäre auf die gesamte nichtkommunistische Welt ausgedehnt. Zu den Mitteln, mit denen man diese erweiterte Einflusssphäre verteidigen wollte, gehörte jetzt auch der erweiterte Einsatz diplomatischer Druckmittel zur Sicherung des Status quo, wobei es keine Rolle spielte, ob eine aufständische Bewegung gerechtfertigt war, weil sie mehr soziale Gerechtigkeit durchsetzen und die materiellen

---

24 Siehe Jon V. Kofas, U.S. Foreign Policy and the World Federation of Trade Unions, in: *Diplomatic History*, Vol. 26, No. 1 (2002), S. 46–48; F. R. Dulles/M. Dubofsky, Labor in America, Arlington Heights, Ill., 1984, S. 343–349.

wie politischen Verhältnisse für Arbeiter und Bauern verbessern wollte.[25]

Am 12. März 1947 erklärte Truman in einer gemeinsamen Sitzung beider Häuser des Kongresses, die politische Lage in der Ägäisregion sei höchst bedrohlich, die USA müssten daher endlich ein Machtwort sprechen und eine Containment-Doktrin aufstellen. Im Vorgriff auf die Domino-Theorie, die in den 1950er und 1960er Jahren so populär werden sollte, schlug die Truman-Regierung einen messianischen Ton an, der nicht nur bei den meisten US-Bürgern eine emotionale Saite berührte, sondern auch bei den vielen Menschen in aller Welt, die den USA aufrichtig dankbar waren. Ein neues Armageddon schien die Zivilisation zu bedrohen. Diese Vorstellung wirkte vor allem deshalb so überzeugend, weil die Erinnerung an den Krieg noch frisch in den Köpfen war und Washington jetzt die Sowjetunion als den bösen totalitären Staat präsentierte, der seinen Einfluss mittels willfähriger Helfer auf die ganze Welt auszudehnen strebte.[26]

Im Fall Griechenland ließ die Truman-Regierung nicht nur ihre eigene Tradition der historischen Revolution gegen die Kolonialherrschaft außer Acht, sondern auch die weitsichtige Warnung Herbert Hoovers (US-Präsident von 1929–1933) vor einer Außenpolitik, die das Schicksal anderer Staaten zu bestimmen beansprucht. Truman berief sich bei seinem Interventionsbeschluss auf eine »unmittelbar drohende Gefahr«, um zu rechtfertigen, dass er die UN nicht eingeschaltet hatte. Dabei hatte der US-Botschafter bei den Vereinten Nationen das State Department gebeten, den Bericht der UN-Kommission abzuwarten, die in Griechenland die Wurzeln und den Charakter des Konflikts untersuchen sollte, und damit ein multilaterales Vorgehen zu ermöglichen, das der Position Washingtons eine größere völkerrechtliche Legitimität verschafft hätte. Aber Truman lehnte den Ratschlag seines eigenen UN-Botschafters ab. Angesichts der Tatsache, dass die USA genügend Partner hatten, um ein Votum in der UN durchzusetzen, waren viele politische Beobachter über den Entschluss zu einer unilateralen Aktion konsterniert.[27]

---

25 Siehe Richard J. Barnet, Intervention and Revolution, New York 1968, S. 105–108.
26 Siehe Bruce A. Kuniholm, The Origins of the Cold War in the Near East: Great Power Conflict and Diplomacy in Iran, Turkey and Greece, Princeton 1980, S. 247 f.; Kofas, Intervention and Underdevelopment, S. 82–84.
27 Siehe dazu Wittner, American Intervention in Greece, S. 80–90; Henry Berger, A Conservative Critique of Containment: Senator Taft on the Early Cold War Program, in: David Horowitz (Hg.), Containment and Revolution, Boston 1967, S. 125–127.

Den über die US-freundliche Mehrheit innerhalb der UN informierten Beobachtern erschien Trumans Unilateralismus als zu riskant. Doch der Präsident sah die Aufgabe der amerikanischen Weltpolitik darin, mit allen erforderlichen Mitteln dafür zu sorgen, dass Revolutionen jedweder Art eingedämmt und strategisch wichtige Länder in den Westen integriert würden.

Indem die Truman-Regierung die unmittelbare Gefahr für die nationalen Sicherheitsinteressen der USA derart dramatisierte und zu einer weltweiten Bedrohung stilisierte, schuf sie einen grundsätzlichen Präzedenzfall für eine Politik der Intervention und Aufstandsbekämpfung, die bis zum heutigen Tag verfolgt wird. So gesehen war Trumans Außenpolitik dem Status einer Supermacht, den die USA nach 1945 erlangt haben, voll und ganz angemessen.[28]

Am 31. Mai 1947 unterzeichnete die Athener Mitte-Rechts-Regierung unter Ministerpräsident Dimitrios Maximos das Abkommen über die Griechenland-Hilfe. Damit unterstand das Land fortan der Kontrolle von Dwight Griswold, dem Chef der amerikanischen Hilfsmission American Mission for Aid to Greece (AMAG). Erwartungsgemäß wurden die Truman-Doktrin und die AMAG von den griechischen Monarchisten, den Konservativen und den Parteien der rechten Mitte unterstützt, während die Politiker und die Zeitungen der linken Mitte warnend vermerkten, damit werde die Souveränität des Landes eingeschränkt, wenn nicht sogar einer ausländischen Macht überantwortet. Die Reaktion der Linken reichte von einer kategorischen Verurteilung des US-Imperialismus bis zur mahnenden Aufforderung an die ganze Welt, die Truman-Doktrin nicht zu unterstützen, da sie überall eine Bedrohung für kleinere Länder darstelle. In den Staaten Westeuropas waren die politischen Kräfte über diverse Fragen zutiefst zerstritten, etwa über die Unterstützung der USA für das Franco-Regime in Spanien oder über die Versuche Washingtons, eine Konkurrenzorganisation zum Weltgewerkschaftsverband WFTU aufzubauen. Entsprechend hing die Reaktion auf die Truman-Doktrin jeweils von der politischen Orientierung ab, wie auch von der unmittelbaren Dringlichkeit der US-Hilfe, nach der die politischen und wirtschaftlichen Eliten in den einzelnen Ländern verlangten.[29]

---

28 Jon V. Kofas, Under the Eagle's Claw: Exceptionalism in Postwar U.S.-Greek Relations, Westport, CT, 2003, S. 244 f.

29 Kofas, Intervention and Underdevelopment, S. 85–95; Philip Taft, Defending Freedom: American Labor and Foreign Affairs, Los Angeles 1973, S. 75–90; Annie Lacroix-Riz, Le choix de Marianne: les relations franco-américaines 1944–1954, Paris 1985, S. 107–162.

Aber es blieb nicht bei der Marshall-Plan-Hilfe und der forcierten Integration Griechenlands in die westliche Wirtschaftsordnung. Die USA unterstützten den Rechten nahe stehende Reederkönige wie Aristoteles Onassis und griechische Großunternehmer wie Bodosakis-Athanasiadis. Zudem stellte die US-Gewerkschaft AFL mit Hilfe der IFCTU eine neue griechische Gewerkschaftsbewegung auf die Beine, die zu einem Anhängsel des Staates wurde. Ähnliche Hilfe leisteten die USA bei der Reorganisation der griechischen Streitkräfte, der Polizei und der Geheimdienste. Auf diese Weise entstand ein Militärstaat, der den geopolitischen Interessen Washingtons dienen sollte.

Die USA exportierten ein Wertesystem, das mittels eines propagandistischen Dauerfeuers politisch konformes Verhalten gewährleisten sollte – demzufolge galt der Kommunismus als eine reale und unmittelbare Gefahr, bedrohlicher als Armut und Krankheit, soziale Ungleichheit und Diskriminierung der Frauen, bedrohlicher als die politische Repression und der Emigrationsdruck, der viele Griechen zwang auszuwandern.[30]

Im Dezember 1946 verfügten die Aufständischen über eine Streitmacht von etwa 10000 Guerillakämpfern. Sie standen einer 160000 Mann starken griechischen Armee gegenüber, die von Militärberatern der USA und Großbritanniens unterstützt wurde. Die Aufständischen hatten ihren stärksten Rückhalt in Mazedonien, in Thrakien und im Epirus. In diesen nördlichen Provinzen waren die progressiven Kräfte traditionell immer stärker gewesen als etwa auf dem Peloponnes. Vor allem die Nähe zu den kommunistischen Ländern, die als Nachschubbasis und Rückzugsgebiet dienten, erklärt, warum der Norden zum idealen Schauplatz für die Operationen der KKE wurde. Die Truman-Regierung wollte Tito mit enormem Druck dazu bewegen, seine Unterstützung für die KKE und deren praktisch aussichtslosen Kampf einzustellen, wobei die »Demokratische Armee« jedoch weiter von Albanien und Bulgarien unterstützt wurde.

Der Kreml wiederum nahm die Truman-Doktrin zum Anlass, kommunistische Parteien in aller Welt zu mobilisieren, ihre Machtpositionen in Osteuropa zu konsolidieren und ihren Einfluss innerhalb des Gewerkschaftsverbands WFTU, den die USA zu spalten versuchten, weiter auszubauen. Während die sowjetische Regierung die griechischen Kommunisten vor der UN verteidigte und aus Protest gegen die US-Politik ihre diplomatischen Beziehungen zu Athen abbrach, verwiesen Andrei

---

30 Siehe Adamantia Polis, U.S. Intervention in Greek Trade Unions 1947–1950, in: John O. Iatrides (Hg.), Greece in the 1940s: A Nation in Crisis, London 1981; Chrystos Jecchines, Trade Unionism in Greece, Chicago 1967, S. 129–135.

Schdanow wie Wjatscheslaw Molotow, Stalins engste außenpolitische Berater im Politbüro, die KKE-Führer gleichzeitig darauf, dass die UdSSR offiziell Griechenland als Teil der westlichen Einflusssphäre anerkannt hatte. Ohne politisches Kapital in die griechische Sache zu investieren, benutzte der Kreml sowohl Zachariades als auch den bulgarischen Präsidenten Georgi Dimitrow als Gegengewicht gegen Tito, der seinerseits den griechischen Bürgerkrieg zu innerjugoslawischen wie zu außenpolitischen Zwecken nutzte. Die meisten der etwa 70 000 in Griechenland lebenden Slawomazedonier, die in der Volksbefreiungsfront (NOF) organisiert waren und die KKE unterstützten, waren für eine unabhängige sozialistische Republik Mazedonien, was wiederum Zachariades zwang, die Bulgaren als Gegengewicht gegen die Anhänger eines unabhängigen Mazedoniens innerhalb der NOF zu benutzen. Die Differenzen, die die KKE-Führung sowohl mit der Mehrheit ihrer eigenen Rebellenbewegung als auch mit den kommunistischen Parteien Westeuropas hatte, wurden auf dem 11. Kongress der KPF in Straßburg sichtbar. Zugleich wurde sie mit ihrem internationalistischen Bekenntnis für die Nationalisten aller Schattierungen zunehmend irrelevant.[31]

George F. Kennan, der herausragende außenpolitische Kopf der Truman-Regierung, favorisierte eine breit aufgefächerte Containment-Strategie gegenüber der Sowjetunion, wobei die Methoden von militärischer Gegengewalt bis zu ökonomischer Unterstützung reichen sollten. Angesichts der sowjetisch-amerikanischen Konfrontation in Deutschland, in Osteuropa, im Iran und in geringerem Maße auch in Ostasien, erschien Kennans Containment-Konzept, dessen Anwendungsbereich sich von Griechenland und Nahost über den ganzen Globus erstrecken sollte, als eine logische Abwehrstrategie. Dabei kann man den ehrlichen Willen Kennans und der Truman-Regierung, den neu entstandenen und offenbar bedrohlichen sowjetischen Block »einzudämmen«, ganz sicher nicht in Zweifel ziehen. Allerdings ist fraglich, wie stark das Interesse Washingtons auf eine amerikazentrierte Weltordnung zielte und inwieweit die Existenz der UdSSR den imperialen Zielen Washingtons hinderlich oder eher förderlich war.[32]

---

31 Siehe Ole L. Smith, The Greek Communist Party 1945–1949, in: David H. Close (Hg.), The Greek Civil War, 1943–1950: Studys of Polarization, London/New York 1993; Katsoulis, Istoria tou Kommunistikou Kommatos Elladas, Bd. VI, S. 172–178; William McCagg, Stalin Embattled, Detroit 1978, S. 240–272; A. Z. Rubenstein, The Foreign Policy of the Soviet Union, New York 1960, S. 236–240; Chiclet, The Greek Civil War, S. 215–220.

32 Kennan entwickelte sein Containment-Konzept in dem im Juli 1947 unter dem Pseudonym »X« verfassten Aufsatz: The Sources of Soviet Conduct, in: *For-*

Am Weihnachtstag des Jahres 1947 begann die »Demokratische Armee« einen massiven Angriff nahe der albanischen Grenze. Beide Seiten erlitten schwere Verluste, insgesamt gab es 800 Tote. Die US-Militärberater glaubten jedoch fest an einen schnellen Sieg. Mittlerweile hatte die Athener Regierung 70 führende Linke aus dem Großraum Athen verhaftet und in ein Konzentrationslager auf der Insel Makronissos geschickt, darunter General Stefanos Sarafis, den Ex-Oberbefehlshaber der ELAS (der Widerstandsbewegung gegen die deutsche Okkupation). Die Polizei beschlagnahmte den gesamten Besitz der KKE, nachdem Ministerpräsident Sophoulis die Kommunistische Partei verboten und die Verfolgung der politischen Linken legalisiert hatte. Obwohl die Kämpfe im Frühjahr 1948 an einem toten Punkt angelangt schienen, verhängte die Regierung Ende 1948 über das ganze Land den Belagerungszustand. Nach wiederholten Provokationen gegen Jugoslawien, Albanien und Bulgarien, die den Aufständischen Waffen und Rückzugsräume boten, und nachdem die auf Washington gestützte Regierung eine Verhandlungslösung abgelehnt hatte, begann im Sommer die große Offensive der griechischen Armee im Grammos-Gebirge. 40 000 Soldaten rückten gegen 12 000 Aufständische vor, von denen 80 Prozent im Alter zwischen 15 und 25 Jahren und 25 Prozent Frauen waren. Allein in Thrakien und Mazedonien lebten Ende 1947 bereits 350 000 Menschen als Flüchtlinge, bis Mitte 1948 stieg diese Zahl auf 700 000, 9 Prozent der Gesamtbevölkerung. Um den Vergeltungsaktionen der Regierungstruppen zu entkommen, flohen zehntausende griechische Kommunisten in die Länder Osteuropas, vor allem nach Beginn der Großoffensive der Regierungstruppen im Januar 1949, mit der diese die Aufständischen über die Grenze hinweg in die kommunistischen Balkanstaaten verjagte. Im Sommer 1949 waren die Rebellen endgültig besiegt.[33]

General van Fleet, dessen Offiziere die griechische Armee berieten und anleiteten, erklärte, in Griechenland gehe es nicht nur darum, durch einen Sieg über die KKE den Kommunismus einzudämmen, sondern eine Art Garnisonsstaat zu etablieren:

»Die geopolitische und die militärstrategische Stellung Griechenlands sind seit der Bekanntgabe der Truman-Doktrin unverändert geblieben. Allerdings scheint die strategische Kontrolle des Mittelmeerraums durch die USA seither stärker gewor-

---

eign Affairs, Vol. 25, S. 566–582; siehe auch Jerry Sanders Peddlers of Crisis: The Comittee on the Present Danger and the Politics of Containment, Boston 1982, S. 11.

33 Siehe Chiclet, The Greek Civil War, S. 213–216; Katsoulis, Istoria tou Kommunistikou Kommatos Elladas, Bd. VI, S. 190–200.

den zu sein. Griechenland bietet einen wichtigen Stützpunkt für strategische Geheimdienstaufgaben. Die USA haben sich hier auf Dauer eingerichtet. Griechenland eignet sich als Nebenkriegsschauplatz zur Ablenkung der Sowjets im Falle eines Krieges. [...] Die Griechen werden kämpfen, sind eine gute Investition.«[34]

Im Oktober 1949 – während in China die kommunistischen Truppen Mao Zedongs endgültig über die Nationalisten von Chiang Kaishek triumphierten – unterzeichneten die griechischen Kommunisten ihre Kapitulation, wenngleich die Feindseligkeiten noch bis August 1950 anhielten. Der Bürgerkrieg hat insgesamt 50 000 Menschen das Leben gekostet, mindestens 500 000 wurden aus ihren Häusern vertrieben.

Nachdem sich die Wolken des Bürgerkriegs verzogen hatten, wurden die Menschen in Griechenland aufgrund ihrer mutmaßlichen ideologisch-politischen Haltung diskriminiert. Tausende wurden, bis in die Jahre, als die KKE schon längst verboten war, auch auf Anweisung von US-Beratern, verhaftet und ins Gefängnis geworfen, einige auch hingerichtet. Da die griechischen Streitkräfte und Geheimdienste den USA im Kampf gegen den sowjetischen Block zur Seite standen, wurde das ganze Land zum Garnisonsstaat im Dienste des großen Patrons in Washington. Dass die USA ihre eigene Souveränität wie ihren Augapfel hüteten, zugleich aber schwachen Ländern wie Griechenland keinerlei Souveränität zubilligten, konnte den Kritikern des US-amerikanischen *exceptionalism*, des machtpolitischen Anspruchs auf einen Sonderstatus, natürlich nicht entgehen. Wenn den USA, so diese Kritiker, am Aufbau der Demokratie in anderen Ländern so viel lag, warum unterstützten sie dann rechtsextreme Politiker nicht nur in Griechenland, sondern auch Antonio Salazar in Portugal, Francisco Franco in Spanien, etliche Diktatoren in der Dritten Welt und das Apartheidregime in Südafrika?[35]

Als Zeichen des Danks für Trumans Beistand im Bürgerkrieg ließ die rechte griechische Regierung im Zentrum von Athen eine Bronzestatue des US-Präsidenten errichten. Bei den im Oktober 1961 abgehaltenen Wahlen half die CIA, der konservativen Partei ERE eine weitere Amts-

---

34 Zitiert in: Kofas, Authoritarianism in Greece, S. 117.
35 Siehe Kofas, Under the Eagle's Claw, S. 8–10; M. T. Klare/C. Arnson, Exporting Repression: U.S. Support for Authoritarianism in Latin America, in: R. Fagen (Hg.), Capitalism and the State in U.S.-Latin American Relations, Stanford, Cal., S. 140f.; B. N. Liedtke, Espana y Estados Uni-dos, in: S. Balfour/P. Preston (Hg.), Espana y las Grandes Potencias en el Siglo XX., Barcelona 2002; Luc Crollen, Portugal, the United States and NATO, Louvain 1973.

zeit zu sichern.[36] Im selben Jahr kam der außenpolitische Ausschuss des US-Senats zu dem Schluss, dass im Gefolge der Truman-Doktrin gewisse Hilfsgelder für Griechenland auf Anordnung der USA für militärische Zwecke abgezweigt wurden, was nicht den Bedürfnissen der breiten Bevölkerung entsprochen habe. Doch neben den hohen Militärausgaben – nicht zur Verteidigung des Landes, sondern zur Abschreckung des sowjetischen Blocks, der keinerlei Angriffsabsichten gegenüber Griechenland hatte – brachte die US-Intervention noch eine weitere bittere Spätfolge hervor: die Militärdiktatur. Denn die USA hatten die Obristen, die am 21. April 1967 die Macht an sich rissen, seit dem Ende des Bürgerkriegs ausgebildet und unterstützt. Die Junta etablierte in Griechenland eine Diktatur, die sieben Jahre andauerte und von den Regierungen der Präsidenten Johnson (bis 1968) und Nixon (bis 1974) diplomatisch, finanziell und auch militärisch unterstützt wurde. Nach der Freigabe vormals geheimer britischer und US-amerikanischer Akten kann das Ausmaß des US-Anteils an der griechischen Diktatur heute nicht mehr geleugnet werden.[37]

Wie in der Historiographie des spanischen Bürgerkriegs sind auch in der Literatur über den griechischen Bürgerkrieg zwei strikt getrennte ideologische Lager zu unterscheiden, wiewohl einige liberale Forscher behaupten, ihre Darstellung sei frei von jeder ideologischen Perspektive und verzichte auf jegliche Polarisierung, die für die linke Literatur so bezeichnend sei. Die Apologeten der Truman-Doktrin, von Trumans Außenminister Dean Acheson bis zu liberalen Historikern der 1990er Jahre, sehen in der Intervention der USA – nicht nur in Griechenland, sondern in der ganzen Welt – eine Strategie, die im Interesse des höheren Gutes der westlichen Zivilisation nötig war, einen Akt der Verteidigung gegen kommunistisch inspirierte Revolutionen, denen sich die von den USA unterstützten Kräfte entgegenstellten, die nur für die Freiheit kämpften – von Griechenland bis Vietnam. Die Apologeten des Kalten Krieges begrüßen – ohne sich für die Ursachen dieser Aufstände noch zu interessieren –, dass die Dominoeffekte von Europa bis Lateinamerika

---

36 Die rechte Sammlungspartei ERE (Ethniki Rizosapastiki Enosis oder National-Radikale Union) stellte seit 1956 dank eines die Rechte begünstigenden Wahlrechts die Mehrheit im Parlament und die Regierung unter Konstantinos Karamanlis. Diese Mehrheit schien bei den Wahlen vom 29. Oktober 1961 durch die wachsende Stärke der Zentrumsunion des liberalen Giorgos Papandreou gefährdet, doch mit Hilfe erwiesener Wahlmanipulationen (die maßgeblich von dem Geheimdienstchef und späteren Militärdiktator Papadopoulos inszeniert wurden) konnte die ERE ihre Mehrheit sogar noch ausbauen.
37 Siehe Kofas, Under the Eagle's Claw, S. 47–50 und 87–90.

und Südostasien gestoppt wurden, und feiern den Sieg der Pax Americana über die Diktatoren im Kreml und deren Satelliten.[38]
Um das von den USA installierte Regime vor Kritik zu schützen – wohlgemerkt ein Regime, das den Lebensstandard der allermeisten Griechen nicht verbessern konnte, zugleich aber der Schutzmacht USA Militärbasen zur Verfügung stellte und auch sonst in jeder Hinsicht entgegenkam –, machen die Apologeten der Athener Regierung in der Regel geltend, dass es Griechenlands nördlichen Balkannachbarn unter ihren stalinistischen Regime sehr viel schlimmer ergangen sei. Das gelte vor allem für das langfristige Schicksal dieser Länder, wie man ja an der Auflösung des sowjetischen Blocks sehen könne. Kurzum, die bipolare Struktur der Weltpolitik habe das Schicksal von Klientelstaaten wie Griechenland eben bestimmt. Und deshalb sei es unsinnig, sich den Kopf über die Frage der Souveränität zu zerbrechen oder über das potenzielle Recht der Griechen, ihre Geschicke selbst zu bestimmen. Der alles überragende Imperativ der Integration in den westlichen Block mache eine derartige Kritik hinfällig. Hätten die Griechen für die letzten 60 Jahre etwa mit den Bulgaren oder den Rumänen tauschen wollen? Wohl kaum, und deshalb sei die Truman-Doktrin voll gerechtfertigt. Über Sieger und Verlierer entscheide eben die Geschichte, und die habe die Verantwortlichen für den »Weißen Terror« der 1940er Jahre längst freigesprochen, ebenso wie die Obristen, die 20 Jahre danach den Glanz dieser Ära wieder aufpolieren wollten.

Fazit: Das imperiale Vermächtnis und die Anfänge des Kalten Krieges

Nahezu 60 Jahre sind vergangen, seit Truman Amerikas Trojanisches Pferd nach Athen entsandte und das kleine Land an der Ägäis auf das Niveau eines Garnisonsstaates herunterbrachte, der diese subalterne Rolle erst im Juli 1974 wieder ablegen konnte. Nach dem missglückten Putsch in Zypern fiel die von den USA unterstützte Junta in sich zusammen, und Griechenland zog sich unter der neuen Regierung Karamanlis aus Protest gegen die Politik Washingtons aus der militärischen Struktur

---

38 Siehe Dean Acheson, Present at the Creation: My Years in the State Department, New York 1969, S. 329–402; Charles E. Bohlen, Witness to History, 1929–1969, New York 1973, S. 234–240. Über den spanischen Bürgerkrieg siehe Joan Maria Thomas, La Falange de Franco, Barcelona 2001; José Antonio Urgoitia Badiola, Cronica de la Guerra Civil de 1936–1939, Sendoa 2001.

der NATO zurück. Bis 1974 bestimmten die USA die Höhe der Verteidigungsausgaben Griechenlands, war der griechische Geheimdienst KYP
ein Anhängsel der CIA, waren neben konventionellen auch US-amerikanische Atomwaffen auf griechischem Boden stationiert und blieben die
militärischen und politischen Eliten dem großen Verbündeten in Washington verpflichtet. Selbst zu Beginn des 21. Jahrhunderts beherbergte
Griechenland – als Mitglied der Europäischen Union und der WWU –
nach wie vor US-Militärbasen und die größte CIA-Filiale außerhalb der
Zentrale in Langley. Und wie die meisten Staaten der Welt schätzt Griechenland seine Chancen, auf internationaler Ebene gegen die USA aufzutreten, angesichts der drohenden wirtschaftlichen, finanziellen und
politischen Konsequenzen als gering ein.[39]

Die Intervention in Griechenland lehrte die USA, welche operativen
Kräfte zur Aufstandsbekämpfung notwendig sind, wie sich eine Krisen-
atmosphäre erzeugen lässt, die die nationale und internationale öffentliche Meinung mobilisiert, und welche Institutionen zu schaffen sind,
um die globale Vorherrschaft der USA dauerhaft absichern zu können.
Diese imperiale Politik und die eindeutige Führungsrolle – als global dominierende Wirtschaftsmacht wie als Organisator eines globalen Netzwerks von Militärstützpunkten – führten dazu, dass der Staatsapparat in
den USA seit der Ära Truman deutlich gestärkt wurde. Ganz anders erging es Klientelstaaten wie Griechenland, Portugal, den Philippinen und
anderen Ländern, die politisch, militärisch und ökonomisch von der Supermacht USA weitgehend abhängig blieben: Sie mussten ihre Politik
schlicht nach den Ratschlägen aus Washington gestalten.[40]

In den ersten Jahren des Kalten Krieges ging man davon aus, dass ein
Land lediglich die Wahl habe, sich in den sowjetischen Block oder in ein
von den USA geführtes globales Bündnissystem integrieren zu lassen.
Neutral zu bleiben galt und gilt immer noch als ebenso unmoralisch wie
sich gegen eine Pax Americana zu wenden. Hatte Griechenland seinerzeit lediglich die Wahl, ein Garnisonsstaat im Dienste Washingtons oder
Moskaus zu werden? Eine positive Antwort auf diese Frage, wie sie von
den Apologeten des Kalten Kriegs zu erwarten ist, impliziert zugleich,
dass die Souveränität von kleineren bzw. schwächeren Staaten in den
Verfügungsbereich der Großmächte fällt, die demzufolge das Recht –
nach Auffassung mehrerer US-Präsidenten sogar den göttlichen Auf-

---

39 Siehe Kofas, Under the Eagle's Claw, S. 139–148.
40 Siehe Samir Amin, Accumulation on a World Scale: A Critique of the Theory
of Underdevelopment, New York 1974, Vol. II, S. 464 f.; Teresa Hayter, Aid As
Imperialism, New York 1971, S. 130–149.

trag – hätten, schwächeren Staaten ihre Pläne und Absichten aufzuzwingen. Für die Verfechter einer globalen Integration unter der Ägide der USA ist das Problem demnach nicht der Kommunismus an sich, sondern jedweder Typ sozialer oder nationalistisch inspirierter Revolution, nicht nur im griechischen Bürgerkrieg, sondern auch in Maos China, in Ho Chi Minhs Vietnam, in Fidel Castros Kuba, in Sukarnos Indonesien und in Salvador Allendes Chile.[41]

In Klientenstaaten wie Griechenland fallen für die politischen, militärischen und ökonomischen Eliten zwar handfeste Gratifikationen ab, doch der wichtigste Nutzen besteht in der globalen Integration und der Konzentration von Kapital bei den großen multinationalen Unternehmen. Während des Kalten Krieges hat sich der Lebensstandard in Griechenland nicht verbessert, was vornehmlich daher rührt, dass die USA der Athener Regierung eines der in Relation zum Bruttoinlandsprodukt weltweit höchsten Verteidigungsbudgets aufzwangen. Die US-Intervention brachte auch keine Fortschritte auf dem Gebiet der Wissenschaft, der Technologie, der Industrie oder der Umwelt. In permanenter Abhängigkeit von seiner Schutzmacht blieb das Land ökonomisch weit hinter Westeuropa zurück, dessen Entwicklungsmodell es eigentlich nacheifern wollte. Stattdessen exportierte Griechenland von 1950 bis 1975 in dieses Westeuropa eine Million Menschen. Die nationale Sicherheit wurde zum Vorwand, fundamentale Menschenrechte zu verweigern und die Nation verarmen zu lassen.

Wenngleich den USA in der Weltpolitik eine wesentliche, ihrer Macht entsprechende Rolle zukommt, verweisen die Missachtung des Völkerrechts und der internationalen Institutionen, die zu respektieren sie von anderen Ländern erwarten, deutlich auf den imperialen Gestus. Beschönigende Rationalisierungen können die Konsequenzen, die Washingtons Außenpolitik für Griechenland, Südostasien, Lateinamerika, Afrika oder für den Nahen Osten gehabt hat, weder rechtfertigen noch verschleiern. Für die USA und die Verfechter ihrer imperialen Expansion galten die damals für ihre legitimen Rechte eintretenden griechischen Aufständischen als kommunistische Rebellen, so wie die Palästinenser heute pauschalisierend als Terroristen bezeichnet werden. Doch eine konzertierte Kampagne, die unter Regie der Supermacht der freien Welt und ihrer kommerziellen Medienunternehmen alle Kräfte denunziert, die für Selbstbestimmung kämpfen, kann die strukturellen Ursachen, die politischen und klassenmäßigen Konflikten zugrunde liegen, nicht hinreichend erklären. Und ganz sicher ist damit auch keine unilaterale mi-

---

41 Katsoulis, Istoria tou Kommunistikou Kommatos Elladas, S. 139–148.

litärische Intervention zu rechtfertigen, es sei denn, man will zulassen, dass ein einziges Land dieser Erde die globale Machtbalance und das Schicksal von 96 Prozent der Weltbevölkerung bestimmt. Indem sie sich auf die moralischen Sündenfälle des jeweils aktuellen Feindes fixieren, übersehen die Verfechter einer Pax Americana geflissentlich die lange und gut dokumentierte Geschichte von Menschenrechtsverletzungen, die im Lauf des 20. Jahrhunderts von autoritären, auf Washington gestützten Regime begangen wurden.[42]

Von der Truman-Doktrin bis zur jüngsten Bush-Doktrin haben sich unilaterales Vorgehen und militärische Lösungen als Methoden der Integration durchgesetzt, auf Kosten eines multilateralen politischen Vorgehens und des Prinzips der Selbstbestimmung. Das liegt vor allem an der Regierung in Washington, die mit Unterstützung der Finanzeliten und regierungskonformer Institutionen im eigenen Lande und in der ganzen Welt über massive symbolische Botschaften ihren hegemonialen Anspruch verbreitet – und es schafft, unter ihren Verbündeten den außenpolitischen Konsens zu wahren.

Aus dem Englischen von Niels Kadritzke

---

42 Siehe Melvin Gurtov, The United States against the Third World: Anti-Nationalism and Intervention, New York 1974, S. 201–209.

Dierk Walter
Kolonialkrieg, Globalstrategie und Kalter Krieg.
Die *Emergencies*[1] in Malaya und Kenia 1948–1960

Rückblickend erscheint es schwer vorstellbar, dass die britische Öffentlichkeit der 1950er Jahre ernsthaft erwartet haben sollte, das Empire werde die Unabhängigkeit Indiens lange überdauern. Der Subkontinent war das größte und bevölkerungsreichste Gebiet, über das Whitehall je geherrscht hatte, zudem war er das Zentrum und die beinahe alleinige Existenzberechtigung des Imperiums im Osten und die Rekrutierungsbasis einer gigantischen Kolonialarmee zur Verteidigung der Außengrenzen des Empire weit über Südasien hinaus. Nach seinem Verlust erschienen die britischen Besitzungen in der Region einem zeitgenössischen Bild zufolge wie die Speichen eines Rades, von dem die Nabe fehlte. Die präzedenzlose Herrschaftsrückübertragung an indigene Eliten ermutigte zudem andere koloniale Unabhängigkeitsbewegungen. Im Nachhinein erscheint daher die Unabhängigkeit Indiens (und Pakistans) nur als der erste Schritt des unvermeidlichen Prozesses einer umfassenden Dekolonisation. Für die Zeitgenossen war das aber keineswegs ausgemacht.

Britischer Imperialismus im Wandel

Großbritanniens politische und militärische Eliten erwarteten im Gegenteil, dass die künftige Lebensdauer des Empire zumindest in Jahrzehnten zu messen sein würde, galten doch die indigenen Untertanenvölker als politisch und moralisch zur Selbstherrschaft noch außerstande. Auf der Agenda britischer Kolonialpolitik um 1950 stand nicht die Vorbereitung der Kolonisierten auf die Unabhängigkeit, sondern vielmehr die Wiederaufrichtung und der Ausbau des imperialen Systems. Wirtschaftlich und administrativ wurden die Kolonien nach 1945 intensiver und mit höherem Finanzaufwand erschlossen als je zuvor. Es war unübersehbar, dass die Kolonialherren sich demonstrativ aufs Bleiben einstellten.

---

1 So der offizielle britische Sprachgebrauch; wörtlich etwa »Ausnahmezustand«. Vgl. die Erläuterungen im Abschnitt »Strukturen und Folgen«, S. 125–135.

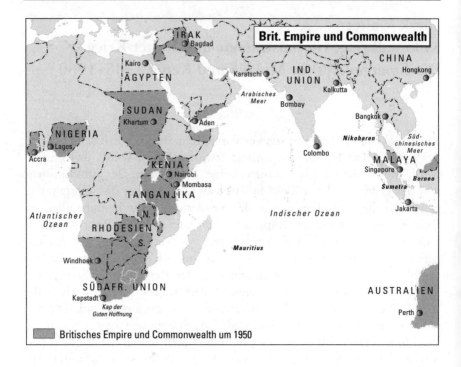

Britisches Empire und Commonwealth um 1950

Hinter diesem Selbstbehauptungswillen des Empire stand eine wirkungsmächtige Kollektivmentalität der britischen Eliten: die feste Überzeugung, dass Großbritannien aufgrund seiner Geschichte und Tradition die Weltmachtrolle vorherbestimmt war. Diese Rolle hatte in der Eigensicht keine aggressive Konnotation der Art, die etwa der sowjetischen Weltrevolutionierungsmission zugeschrieben wurde. Vielmehr wurde sie verstanden einerseits als Fürsorgepflicht für die noch unselbständigen Nationen an der Peripherie, andererseits als Verpflichtung gegenüber der ganzen Welt, für Freiheit, Stabilität und letztlich Frieden einzutreten. Das Konzept der »White Men's Burden« hatte seine Magie noch nicht verloren.[2]

---

2   Vgl etwa Bernard Porter, The Lion's Share. A Short History of British Imperialism, 3. Aufl. Harlow (Essex) 1996, S. 316–321; Ronald Hyam, Bureaucracy and ›Trusteeship‹ in the Colonial Empire, in: The Oxford History of the British Empire, Bd. 4: The Twentieth Century, Oxford 1999, S. 255–279, bes. S. 265–278. Eine offizielle Perspektive zum britischen Imperialismus nach 1945 bietet Full Circle. The Memoirs of the Rt. Hon. Sir Anthony Eden K.G., P.C., M.C., London 1960, S. 381–383.

In letzter Instanz war dieses Verständnis der Weltmachtrolle auf ein Kolonialreich nicht angewiesen. Die Verteidigung von Frieden und Stabilität in der Welt bedurfte in erster Linie politischer und militärischer Kapazitäten sowie starker Bündnispartner – Armee, Marine, Atombomber und die Vereinigten Staaten von Amerika. Die verbleibenden Überseebesitzungen waren primär Vehikel globaler Machtprojektion und Unterpfand für Großbritanniens Verpflichtung zur Verteidigung des Empire-Commonwealth und der freien Welt. Indien, ja flächige Territorialherrschaft überhaupt, war aus dieser Sicht erübrigbar, zumal im Bündnis mit den USA. Globale Interventionsfähigkeit, gestützt auf Langstreckenbomber und Seeherrschaft, brauchte wenig mehr als strategisch situierte überseeische Stützpunkte, um Whitehall die Wahrnehmung seiner Mitverantwortung für die Welt zu ermöglichen – und damit die Weltmachtrolle dauerhaft zu sichern.[3]

Dieses gewandelte Verständnis der imperialen Rolle hatte drei klare Folgen für den britischen Umgang mit kolonialen Unabhängigkeitsbewegungen ab den späten 1940er Jahren. Erstens, Unabhängigkeit kam nur in Frage, wenn es offenbar unmöglich wurde, Kolonialherrschaft durch vermehrte politische Partizipation der Beherrschten aufrechtzuerhalten. Zweitens, Unabhängigkeit durfte nicht bedeuten, dass die neue Nation unter kommunistischen Einfluss geriet. Idealerweise sollte eine ehemalige Kolonie ein unabhängiges Mitglied des Commonwealth werden, mit einem stabilen und ansatzweise pluralistischen politischen System, einem Wirtschafts- und Gesellschaftsmodell grob westlichen Zuschnitts und einem Militärbündnis mit der ehemaligen Kolonialmacht. Drittens, die Insel- und Hafenkolonien, die das strategische Stützpunktsystem bildeten, waren für die weltweite Machtprojektion unverzichtbar. Unabhängigkeitsbestrebungen ihrer in der Regel ohnehin kleinen indigenen Bevölkerung waren zu ignorieren.

So völlig rational und einfach war die Geschichte natürlich nicht. Unter den politischen und militärischen Dienern des Empire wie in den konservativen Eliten des Mutterlandes gab es sehr wohl eine instinktive,

---

3 Als Einführung zur britischen Auffassung der eigenen Rolle östlich von Suez nach 1945 v. a. Phillip Darby, British Defence Policy East of Suez 1947–1968, London 1973; David Sanders, Losing an Empire, Finding a Role. An Introduction to British Foreign Policy since 1945, New York 1989. Speziell zum Nahen/Mittleren Osten auch Wm. Roger Louis, The British Empire in the Middle East 1945–1951. Arab Nationalism, the United States, and Postwar Imperialism, Oxford 1984, S. 15–35; John Kent, The Egyptian Base and the Defence of the Middle East, 1945–54, in: *Journal of Imperial and Commonwealth History* 21 (1993), S. 45–65.

emotionale Anhänglichkeit an das Empire, eine sture Überzeugung, dass das Niederholen der Unionsflagge über Hong Kong, Singapur oder Aden eine um jeden Preis zu vermeidende nationale Demütigung wäre. Diese Mentalität war mitverantwortlich für die praktisch automatische erste Reaktion der Kolonialverwaltungen vor Ort angesichts von Widerstand gegen die Kolonialmacht, den Ruf nach Truppen statt nach politischen Lösungen. Ganz allgemein war sie jedenfalls ein stets präsentes retardierendes Element im Dekolonisationsprozess.

Auch bedeutete die Existenz eines gewandelten imperialen Weltbildes, das auch eine Weltmachtrolle ohne (Flächen-)Kolonien für vorstellbar hielt, nicht etwa, dass der Dekolonisationsprozess unter Planung und Kontrolle Whitehalls abgelaufen wäre. Es ist im Gegenteil offensichtlich, dass Großbritanniens Außen- und Kolonialpolitik lediglich auf Ereignisse reagierte, auf die sie keinen Einfluss hatte. Ablauf und Geschwindigkeit der Dekolonisation wurden an der Peripherie entschieden, nicht in London.[4] Aber die britische Reaktion wurde von einer kurzen Liste ultimativer Prioritäten bestimmt, die bis in die 1960er Jahre gültig blieb. Wenn eine Besitzung nicht gehalten werden konnte, so gab es doch eine Wahl, an *wen* die Macht übertragen wurde. Soziale, politische, ethnische Trennlinien, die es in jeder Kolonie und jeder Unabhängigkeitsbewegung gab, ermöglichten durch geschickte Auswahl der Kollaborationselite und deren Unterstützung im allfälligen bewaffneten Konflikt stets eine Politik des »Teile und bestimme, wer herrschen soll«.[5]

Ohne diese letzten Prioritäten sind die Kolonialkriege, die zur Unabhängigkeit Malayas und Kenias führten, kaum zu verstehen. Oberflächlich sieht es nämlich so aus, als habe London in beiden Fällen den Krieg gewonnen, nur um den Frieden zu verlieren, insofern als beide Kolonien in beziehungsweise nach einem für Großbritannien siegreichen Kolonialkrieg unabhängig wurden. In beiden Fällen aber war der politische Sieg wichtiger als der militärische. Kenia und Malaya nach der Unabhängigkeit kamen dem Dekolonisationsideal denkbar nahe – politisch und sozial konservative Staaten, die nicht dem Kommunismus anheim fielen, sondern der westlichen Welt verbunden blieben.

---

4 John Darwin, British Decolonization since 1945: A Pattern or a Puzzle?, in: *Journal of Imperial and Commonwealth History* 12 (1984), S. 187–209.

5 Zur britischen Dekolonisation v.a. Tony Smith, The Pattern of Imperialism. The United States, Great Britain, and the late-industrializing world since 1815, Cambridge 1981; auch Porter, The Lion's Share, S. 322–347; Sanders, Losing an Empire; Frank Furedi, Creating a Breathing Space. The Political Management Of Colonial Emergencies, in: *Journal of Imperial and Commonwealth History* 21 (1993), S. 89–106.

Globalstrategie und der Kampf gegen den Kommunismus

War das Kolonialreich für den Weltmachtstatus erübrigbar, so galt dies nicht für militärische Mittel. Großbritannien verstand sich, zusammen mit den USA, als Vormacht der freien Welt. Eine Kette von Bündnissystemen vom Nordatlantik bis zum Südpazifik demonstrierte die Verpflichtung, Frieden und Stabilität in diesen Regionen aufrechtzuerhalten – eine Verpflichtung, die aber ohne ein entsprechendes Militärpotenzial letztlich wenig glaubwürdig war. In einem europäischen oder Weltkrieg war natürlich die erste Abschreckungs- und letzte Verteidigungswaffe die eigene Atombombe – im Verständnis aller britischen Nachkriegsregierungen die Eintrittskarte zum exklusiven Club der Weltmächte. Dem anfänglichen Enthusiasmus über die universelle Verwendbarkeit der neuen Superwaffe zum Trotz war allerdings der militärischen Führung des Vereinigten Königreich klar, dass die Verteidigung der Kolonien und Bündnispartner östlich von Suez nur mit Bodentruppen möglich war. Dies wiederum erforderte ein Netz von Stützpunkten als Basis für see- und luftgestützte Truppenverlegung und zur Offenhaltung der Kommunikationswege.[6]

Für die britischen Streitkräfte war daher die Verteidigung der freien Welt am Rande des Indischen Ozeans ein höchst konventionelles globalstrategisches Problem – der Rückzug aus dem Empire, als aus Kolonien Alliierte wurden, änderte an den militärischen Aufgaben und Verpflichtungen praktisch nichts. Und bald nach 1945 brachte der beginnende Kalte Krieg eine neue, drängende Rechtfertigung für die britische Truppenpräsenz.

Wie in Europa hatte auch in Asien die kommunistische Bedrohung zwei Gesichter. Das eine war konventionell-militärisch – ein offener Angriff der Sowjetunion oder Rotchinas gegen den Westen oder einen seiner Bündnispartner. Die Antwort darauf war militärisch erfreulich einfach. Beide Gegner waren, so zumindest die Annahme britischer Regierungen in den 1950er Jahren, der Abschreckung durch Kernwaffen zumindest grundsätzlich zugänglich. In jedem Falle aber konnte man einer konventionellen militärischen Bedrohung mit ebenso konventio-

---

6 Zur britischen Verteidigungspolitik nach 1945 und zur Atombombe John Baylis, Ambiguity and Deterrence. British Nuclear Strategy 1945–1964, Oxford 1995; Ian Clark/Nicholas J. Wheeler, The British Origins of Nuclear Strategy 1945–1955, Oxford 1989; William P. Snyder, The Politics of British Defense Policy, 1945–1962, Columbus, OH 1964; Andrew J. Pierre, Nuclear Politics. The British Experience with an Independent Nuclear Force 1939–1970, London 1972.

nellen Mitteln begegnen, und hier änderte die Struktur des Kalten Krieges an der strategischen Situation östlich von Suez in den 1950er Jahren bemerkenswert wenig. Im Falle eines heißen Krieges würden britische und verbündete Land-, See- und Luftstreitkräfte die Indikregion[7] so weit vorn wie möglich verteidigen, die Seewege offen halten und von Stützpunkten im Nahen/Mittleren Osten und in Ostafrika Luftangriffe gegen den weichen Unterleib der Sowjetunion vortragen, mit dem Ziel, ihren Kriegswillen zu brechen und ihr den Zugriff auf die rohstofffreien Regionen an ihrer Südgrenze zu verweigern. Gleichzeitig würde dadurch die eigene Rohstoffzufuhr des Westens aus der Region – Erdöl aus Arabien, Zinn und Gummi aus Malaya usw. – gesichert.

Das andere Gesicht der kommunistischen Bedrohung hieß Subversion, und wie in Europa galt es als das gefährlichere. Ein militärischer Angriff konnte nur von gegnerischem Territorium ausgehen und setzte Vorbereitungen voraus, die nicht geheim zu halten waren. Ein kommunistischer Aufstand hingegen konnte jederzeit und überall ausbrechen. Als Ideologie für die Unterdrückten der Welt galt der Kommunismus außerdem zu Recht als besonders attraktiv für koloniale Unabhängigkeitsbewegungen. Die gleiche soziale und ethnische Fragmentierung, die innere Konfliktlinien in überseeischen Besitzungen für die Aufrechterhaltung oder geordnete Abwicklung britischer Herrschaft so wertvoll machte, schien Kolonien zugleich extrem anfällig für kommunistischen Einfluss zu machen. Im Zeitalter massiver Repression gegen scheinbare kommunistische Tendenzen in den Kernstaaten der westlichen Welt brauchte es wenig Phantasie, um Moskau (oder Peking) als Drahtzieher hinter jeder Widerstandsbewegung in der Dritten Welt zu sehen.

Dennoch war es mitunter angezeigt, zumindest nach außen angebliche oder tatsächliche kommunistische Einflüsse in kolonialen Krisen herunterzuspielen. In einem kolonialen Kontext war es nicht ungefährlich, Insurgenten durch die Identifikation mit dem zweitmächtigsten Militärblock der Welt aufzuwerten – erhöhte öffentliche Aufmerksamkeit und zusätzliche Legitimität für die Aufständischen, deren Ermutigung durch Präzedenzfälle anderer erfolgreicher kommunistischer Unabhängigkeitsbewegungen oder durch die Hoffnung auf eine Intervention Moskaus oder Pekings zu ihren Gunsten waren nur die wichtigsten unerwünschten Konsequenzen einer solchen Etikettierung. Eine kriminelle Vereini-

---

7 Ich verwende diesen analog zu »Pazifikregion« gebildeten Begriff, um die grundsätzliche politische und strategische Einheit der Länder am Rande des Indischen Ozeans deutlich zu machen, der sich im Englischen treffend über »Indian Ocean Rim« ausdrücken lässt.

gung war militärisch und politisch ein wesentlich bequemerer Gegner als eine Insurgentenbewegung, die moralischen Anspruch auf Anerkennung und Unterstützung durch den gegnerischen Block erheben konnte.

Machte es daher Sinn für Kolonialregierungen gegenüber dem Mutterland und für Großbritannien gegenüber seinen Verbündeten, insbesondere den USA, intern herauszustreichen, dass ein spezifischer kolonialer Konflikt in der Tat eine genuine Front des Kalten Krieges war, so konnte es im Gegenzug ebenso sinnvoll sein, öffentlich genau das Gegenteil zu behaupten. Aus diesem Grund wurde einerseits, trotz der hohen Bedeutung, die Kenia in der Globalstrategie des Kalten Krieges zugeschrieben wurde, Mau Mau konsequent als isolierte, von irrationalen Motiven getriebene, tribale Widerstandsbewegung porträtiert; aus demselben Grund wurden andererseits die Insurgenten in Malaya – die unbestreitbar Kommunisten waren – stur als »Communist Terrorists« (CT) beschrieben, um der Weltöffentlichkeit klar zu machen, dass es ihrem Kampf an jedweder Legitimität mangele.[8]

Beide Gesichter der kommunistischen Bedrohung machten es aber für Großbritannien möglich, die strategischen Konzepte für die Verteidigung des Ostens mit nur minimalen Veränderungen in die Zukunft fortzuschreiben. Die Geographie der Region hatte sich ja nicht verändert. Die Stützpunkte entlang der Seewege nach Asien – Simonstown in Südafrika, Aden, Singapur, Hong Kong – waren immer noch die Eckpfeiler des Systems. Die Schlagader der Seeherrschaft, der Suezkanal, hatte so wenig an Bedeutung verloren wie die Straßen von Hormuz und Malakka. Das Öl der Golfstaaten war immer noch unverzichtbar und das Überleben des Sterlingblocks ohne die Dollareinkünfte der boomenden Wirtschaft Malayas undenkbar. Ob der Feind das Zarenreich, Japan, China oder die Sowjetunion war, ob Großbritannien seinen Kolonialbesitz oder nur seine informelle Einflusssphäre verteidigte, die strategische Situation war eine Folge der Geographie der Region und seit 1869 praktisch unverändert.

Wenn überhaupt, dann hatten der Kalte Krieg und die moderne Waffentechnik zusätzliche Gründe für eine anhaltende Präsenz östlich von Suez geschaffen. Mit Langstreckenatombombern war eine vitale Bedrohung der Sowjetunion von Basen im Nahen/Mittleren Osten aus möglich, Basen, die einen Großkrieg in Europa überleben konnten und damit

---

8   A. J. Stockwell, »A widespread and long-concocted plot to overthrow government in Malaya?«. The Origins of the Malayan Emergency, in: *Journal of Imperial and Commonwealth History* 21 (1993), S. 66–88; Susan L. Carruthers, Winning Hearts and Minds. British Governments, the Media and Colonial Counter-insurgency 1944–1960, London 1995, bes. S. 75–87.

eine garantierte Zweitschlagskapazität sicherten. Lufttransport machte wenigstens in der Theorie Pläne einer luftbeweglichen strategischen Reserve für Krisen im südasiatisch-ostafrikanischen Raum plausibel.

Auch war ein Aufstand immer noch ein Aufstand, ob kommunistisch, national, oder tribal motiviert, und die Methoden der Aufstandsbekämpfung waren immer noch die seit Jahrhunderten im Empire erprobten. Einige Faktoren waren neu hinzugekommen. Die Völker der Dritten Welt waren sich nun der Existenz einer Weltöffentlichkeit bewusst, die Kolonialherrschaft nicht mehr automatisch guthieß. Die Blockkonfrontation verlieh Widerstandsbewegungen eine Art automatischer Legitimität im gegnerischen Lager. Unter diesen Umständen mussten nicht mehr nur militärische, sondern auch politische Antworten auf Insurrektionen gefunden werden. Die Herausbildung von Konzepten wie *Counterinsurgency* und »winning the hearts and minds« begann. Gerade in den Augen ihrer Hauptprotagonisten jedoch waren diese Konzepte nur neue Mittel zum alten Ziel: Schlussendlich ging es in kolonialen Krisen um die Wiederherstellung von Recht und Ordnung.[9]

Aus all diesen Gründen bestand die britische Perspektive, zumal die militärisch-strategische, auf die südasiatisch-ostafrikanische Region nach dem Verlust Indiens im Wesentlichen darin, sich auf eine längere Zukunft von fortdauernder Präsenz und *business as usual* einzurichten. Erst die 1960er Jahre erwiesen, dass die schrumpfende Wirtschaftskraft des Mutterlandes den Unterhalt hinreichender militärischer Kräfte zur Untermauerung des Weltmachtanspruchs nicht mehr zuließ. 1971 räumten die britischen Streitkräfte schließlich die verbleibenden Stützpunkte östlich von Suez für immer. In den 1950er Jahren aber hielten sowohl Großbritannien als auch seine Verbündeten den Weltmachtanspruch durchaus für legitim und glaubwürdig. Rational wäre vielleicht schon damals der Entschluss möglich gewesen, sich aus dem Osten zurückzuziehen und Großbritannien am Rhein statt am Himalaya zu verteidigen; dem standen all die mentalen Faktoren entgegen, die eingangs beschrieben wurden. War aber erst einmal klar, dass Großbritannien eine auf den Indikraum gestützte Großmacht bleiben würde, war die Beibehaltung der erprobten Mittel und Wege die logische Konsequenz.

---

9 Zu Theorie und Praxis der britischen *Counterinsurgency* Thomas Mockaitis, British Counterinsurgency, 1919–60, London 1990; Ian F. Beckett, Modern Insurgencies and Counter-Insurgencies. Guerillas and their Opponents since 1750, London 2001; Tim Jones, Postwar Counterinsurgency and the SAS 1945–1952. A Special Type of Warfare, London 2001; Tony Geraghty, Who Dares Wins. The Story of the SAS 1950–1982, Glasgow 1981.

Die *Emergency* in Malaya 1948–1960[10]

Wie manch andere Kolonie am Rande des Indischen Ozeans war Malaya ursprünglich ein strategischer Außenposten. Es sicherte die Straße von Malakka und die zentrale Flottenbasis Singapur, das Gibraltar des Ostens. Von Singapur aus schützte die Royal Navy nicht nur die lebenswichtigen Seewege nach Fernost, sondern auch die Küsten Malayas gegen Überfälle von See; Malaya war im Gegenzug das Glacis Singapurs gegen Angriffe vom asiatischen Festland aus. Zwar erlagen beide Kolonien im Dezember 1941 recht schnell der japanischen Invasion, aber Indien fiel nicht, und das hieß ja, dass der Außenposten seinen Sinn erfüllt hatte. Die langfristige Folge des Falls von Singapur wurde erst Jahre später deutlich: der unwiederbringliche Prestigeverlust für das britische Empire, das unter dem Angriff einer nichteuropäischen Macht so sang- und klanglos eingeknickt war. In den Augen vieler asiatischer Völker war damit der Vormachtanspruch der Briten untergraben. Der indigene Nationalismus erfuhr einen Aufschwung, der die zweite Ausbauwelle des Empire nach dem Zweiten Weltkrieg mühelos überdauerte.[11]

Nach der japanischen Kapitulation im August 1945 hatten die britische Armee und Verwaltung zunächst keine wesentlichen Schwierigkeiten, die Herrschaft in Malaya wieder aufzurichten. Die traditionellen Herrscher der Einzelstaaten kollaborierten mit den Briten ebensogut wie vorher mit den Japanern, eine malayische Nationalbewegung gab es noch nicht, und die ethnisch vornehmlich chinesischen Kommunisten hatten gegen die japanische Besatzung gekämpft und waren daher Verbündete. Als bestorganisierte politische Kraft erwarteten die Kommunisten daher auch zu Recht eine wichtige politische Rolle in Nachkriegsmalaya. Kooperation stand auf der Tagesordnung, und Pläne für eine bewaffnete Machtübernahme verschwanden vorerst in der Schublade.[12]

---

10 Die besten Gesamtgeschichten der *Emergency* in Malaya sind Anthony Short, The Communist Insurrection in Malaya, 1948–1960, London 1975, und Richard Stubbs, Hearts and Minds in Guerrilla Warfare. The Malayan Emergency 1948–1960, Oxford 1989. Der folgende Abschnitt basiert wesentlich auf beiden.

11 A. J. Stockwell, Imperialism and Nationalism in South-East Asia, in: Oxford History, Bd. 4, S. 465–489, bes. S. 473–479.

12 Stein Tønnesson, Filling the Power Vacuum. 1945 in French Indochina, the Netherlands East Indies and British Malaya, in: Hans Antlöv/Stein Tønnesson (Hg.), Imperial Policy and South-East Asian Nationalism, 1930–1957, Richmond (Surrey) 1995, S. 110–143.

Die ethnisch chinesische Basis der kommunistischen Bewegung war kein Zufall. Ethnische Konfliktlinien spielten in Malaya nach 1945 eine wesentliche Rolle, unter anderem für das Schicksal des britischen Versuches im Jahr 1946, die elf (ohne Singapur) politischen Einheiten der Halbinsel in einen Bundesstaat (Union) mit gleichem Staatsbürgerrecht ohne Rassenschranken aufgehen zu lassen. Der drohende Souveränitätsverlust der Sultane, noch mehr aber die massenhafte Gewährung der Staatsbürgerrechte an Chinesen rief erbitterten Widerstand unter Traditionalisten und Nationalisten hervor, und die malaiischen Herrscher brachten die Union zu Fall. Die Folge waren tiefere Gräben zwischen Chinesen und Malaien[13] und ein gesteigertes malaiisches Nationalbewusstsein, das in der Gründung einer neuen nationalistischen malaiischen Partei, der United Malays National Organization (UMNO), gipfelte. Verschärfend kam hinzu, dass die Briten zwei Jahre brauchten, bis am 1. Februar 1948 ein Nachfolger des gescheiterten Bundesstaates, die wesentlich weniger zentralistische Malayische Föderation aus der Taufe gehoben wurde, die mehr Macht für die Sultane und strikte Beschränkungen für die Einbürgerung von Chinesen brachte und daher als malaiischer Sieg gelten konnte.

Chinesen waren auch häufig erfolgreicher in Wirtschaft und Handel als die landbesitzenden malaiischen Eliten, so dass die ethnische Konfliktlinie durch Sozialneid vertieft wurde. Spannungen zwischen Malaien und Chinesen nahmen zu und entluden sich zunehmend in gewalttätigen Übergriffen. Auch die Wirtschaftspolitik der Briten, die vor allem darauf zielte, schnell wieder finanzielle Gewinne zu erwirtschaften, schürte die Krise. Da die Hälfte der Weltzinnproduktion und ein Drittel der Weltgummiproduktion aus Malaya kamen, war es eigentlich nicht schwer, die Kriegsfolgen zu überwinden und die Wirtschaft wieder anzukurbeln. Aufgrund der einseitigen Prioritätensetzung der Verwaltung aber brachten die Jahre 1946 bis 1948 Produktionssteigerungen und Deviseneinkünfte für Großbritannien, aber niedrige Löhne und hohe Preise für die Malayen. Als Folge der Verfassungsentwicklung, ländlicher Alltagsgewalt und verzögerter wirtschaftlicher Erholung war Malaya 1948 somit von tief greifenden sozialen, politischen und ethnischen Verwerfungen sowie einem massiven Vertrauensverlust der neuen (alten) Herrscher in

---

13 Im Englischen kennzeichnet »Malay« (Substantiv und Adjektiv) die ethnische Zugehörigkeit, »Malayan« (dito) die staatliche (also unter Einschluss der anderen Ethnien). Im Deutschen kann dieser Unterschied (wie hier getan) durch »Malaie/malaiisch« (ethnisch) und »Malaye/malayisch« (staatlich) wiedergegeben werden.

der Bevölkerung geprägt. In der Rückschau erscheint es so, als ob für einen Bürgerkrieg nur der Funke am Pulverfass fehlte.[14]

Er kam in Form einer Machtverschiebung in der Kommunistischen Partei (Malayan Communist Party, MCP) zugunsten des radikalen Elements, die zusammentraf mit der Nachricht, dass im Februar 1948 die Kominternkonferenz in Kalkutta den bewaffneten Kampf gegen den Imperialismus befürwortet hatte. Im Mai beschloss die MCP-Führung den offenen Aufstand, hatte allerdings große Schwierigkeiten, die landesweit ausbrechende wilde Gewaltsamkeit bewaffneter Banden unter Kontrolle zu behalten, zumal die Regierung postwendend im Juni den Ausnahmezustand erklärte und praktisch die gesamte kommunistische Führungselite verhaftete. Dann aber gewannen die Insurgenten als Folge der brutalen Repressionspolitik der Regierung wieder an Boden. Bis 1951 wurde die *Emergency* im Wesentlichen als Polizeiaktion mit Armeeunterstützung betrieben: Für die Polizei waren die Gegner Kriminelle, für die Armee Feinde. Misshandlungen, Folter, sogar Tötungen von Verdächtigen waren an der Tagesordnung. Wer vor der Polizei flüchtete, galt als mutmaßlicher Aufständischer. Angesichts der ethnischen Zusammensetzung der MCP gerieten beinahe alle Chinesen unter Verdacht, zumindest mit dem Aufstand zu sympathisieren. Für einige Zeit sah es so aus, als habe die Regierung den ländlichen Chinesen den Krieg erklärt. Kollektivstrafen und die hoffnungslose Wirtschaftslage unterhöhlten die Position der Regierung und verschafften den Insurgenten Zulauf.

Allerdings hatte die MCP einige entscheidende strukturelle Schwächen. Aufgrund der japanischen und dann der britischen Repressionsmaßnahmen war der größte Teil der erfahrenen Führer bereits vor der *Emergency* ausgeschaltet worden. Unterschiedslos angewandte terroristische Gewalt der Insurgenten verprellte die unentschiedene Landbevölkerung ebenso sehr wie die Repressionskampagne der Regierung. Vor allem aber gelang es der ethnisch chinesischen MCP – trotz des programmatischen Namens ihres bewaffneten Arms, der Malayan Races Liberation Army (MRLA) – nie, eine transethnische Unterstützungsbasis zu rekrutieren. In einem Land mit einem so ausgeprägten malaiisch-chinesischen Antagonismus war dieses Versagen zwar vorhersagbar, aber fatal.

---

14 Stubbs, Hearts and Minds, S. 10–48; zur dörflichen Alltagsgewalt auch Anders Tandrup, World War and Village War. Changing Patterns of Rural Conflict in Southeast Asia, 1945–1955, in: Antlöv/Tønnesson, Imperial Policy, S. 170–190.

Es war daher nicht überraschend, dass der Krieg politisch durch eine strategische Allianz der Briten mit moderaten malaiischen Nationalisten gewonnen wurde. Zusätzlich unternahm die Regierung große Anstrengungen, den früheren Fehler, zugunsten der Malaien alle anderen Ethnien vor den Kopf zu stoßen, nicht zu wiederholen. Schon 1949 wurde die Malayan Chinese Association (MCA) ins Leben gerufen, eine Partei, die politisch gemäßigte Chinesen für eine politische Lösung gewinnen sollte. Als Juniorpartner in einem Bündnis mit der ebenfalls gemäßigten UMNO spielte sie bald eine zentrale Rolle in der malayischen Politik. Auch wurde in den frühen 1950er Jahren die Einbürgerung von Chinesen erleichtert. All dies lief auf eine malaiisch dominierte Nation mit eingeschränkter Partizipation anderer Ethnien hinaus – ein Kompromiss zwischen dem Bundesstaat von 1946 und der Föderation von 1948.

Der Preis, den die Briten für die Unterstützung der gemäßigten politischen Kräfte (Chinesen wie Malaien) zahlten, war die Unabhängigkeit. Malaya war kein unverzichtbarer Militärstützpunkt wie Singapur, und der Schutz der Zinn- und Gummiproduktion machte Kolonialherrschaft nicht zwingend nötig. Gleichzeitig jedoch war Malaya strategisch so wichtig für die Verteidigung der freien Welt in der Indikregion, dass es auf keinen Fall dem Kommunismus anheim fallen durfte. Die britische Herrschaft gegen den Willen der Malayen um den Preis eines langwierigen Bürgerkrieges aufrechterhalten zu wollen, konnte im Falle des Scheiterns aber genau diese Folge haben. In jedem Falle hätte die Verweigerung der Unabhängigkeit dem Gegner eine Trumpfkarte zugespielt. Nur das Versprechen der Unabhängigkeit konnte Malaya für die westliche Welt sichern – das Paradox eines Dekolonisationskrieges in einer bipolaren Welt.[15]

Die Erkenntnis, dass der Konflikt in Malaya nur politisch zu gewinnen war, brauchte allerdings ihre Zeit. Erst 1951/52 begann London zunehmend direkten Einfluss in Richtung eines auch politischen Zugangs auszuüben. Im Rahmen eines *Counterinsurgency*-Programmes – der Begriff wurde für die Doktrin eines integrierten militärisch-politischen Zuganges neu geprägt – wurden sukzessive Maßnahmen eingeführt, die die Basis der MRLA in der Zivilbevölkerung untergraben sollten. Militärisch hieß das einheitliches Kommando, zuverlässigere und zielgerichtete Nachrichtenbeschaffung und eine Taktik kleiner Stoßtrupps gegen identifizierte Ziele statt dem meist ergebnislosen Durchkämmen größerer

---

15 A. J. Stockwell, Insurgency and Decolonisation During the Malayan Emergency, in: *Journal of Commonwealth & Comparative Politics* 25 (1987), S. 71–81.

Flächen auf Verdacht. Militärische wie politische Bedeutung hatte die Umsiedlung der Zivilbevölkerung von den Dschungelrändern in so genannte neue Dörfer, wo sie strikter Kontrolle unterworfen wurden, um Kontakt mit den Insurgenten im Dschungel zu unterbinden. Da die Zwangsmigration bei den Betroffenen meist unbeliebt war, bedurfte es zusätzlicher Maßnahmen zur Verbesserung der Lebensbedingungen, um ihr Vertrauen in die Regierung zu stärken. Der Koreakrieg erwies sich hier unverdient als größter Glücksfall für die Briten während der ganzen *Emergency*. Der explodierende Zinn- und Gummibedarf der Kriegswirtschaft verbesserte die Wirtschaftslage in Malaya so massiv, dass der resultierende Anstieg des allgemeinen Lebensstandards den Rückhalt der Regierung in der Bevölkerung stärkte. Zudem wurde durch wachsende Staatseinnahmen die Zuweisung umfangreicherer finanzieller Mittel für die *Counterinsurgency* möglich.

Politisch effektiv war auch die Einteilung des Landes in unterschiedlich behandelte Zonen. Wo die Bevölkerung die Insurgenten zu unterstützen schien, wurden die unter der *Emergency* möglichen Beschränkungen in vollem Umfang aufrechterhalten, während sie in Gegenden wegfielen, wo die Zivilbevölkerung mit der Regierung zusammenarbeitete und terroristische »Vorfälle« selten waren. Auf diese Weise machte die Regierung den Fortschritt der *Counterinsurgency*-Kampagne sichtbar und schuf Anreize zur Kooperation. Flankierend wurden Propaganda und psychologische Kriegführung eingesetzt. Amnestieangebote führten wiederholt zur massenhaften Kapitulation von Aufständischen.[16]

Die wichtigste politische Maßnahme aber war die Entscheidung, Malaya auf den Weg zur Unabhängigkeit zu bringen. Die politische Partizipation der Bevölkerung wurde durch die Gründung von UMNO und MCA und durch die Aufnahme gewählter Vertreter in die Staatsparla-

---

16 Die *Counterinsurgency*-Kampagne in Malaya ist sehr gut erforscht. Siehe u.a. John Coates, Surpressing Insurgency. An Analysis of the Malayan Emergency, 1948–1954, Boulder, CO, 1992; Mockaitis, British Counterinsurgency, S. 112–124; Raffi Gregorian, »Jungle Bashing« in Malaya. Towards a Formal Tactical Doctrine, in: *Small Wars and Insurgencies* 5 (1994), S. 338–359; Jones, Postwar Counterinsurgency, S. 80–137. Zeitgenössische Darstellungen u.a. Richard Clutterbuck, The Long Long War. The Emergency in Malaya, London 1966; Robert Thompson, Defeating Communist Insurgency. Experiences from Malaya and Vietnam, London 1966; ders., Make for the Hills. Memories of Far Eastern Wars, London 1989. Zur Amnestiepolitik Kumar Ramakrishna, Content, Credibility and Context. Propaganda Governments Surrender Policy and the Malayan Communist Terrorist Mass Surrenders of 1958, in: *Intelligence and National Security* 14 (1999), S. 242–266.

mente ausgebaut. Der Weg der Kooperation war mitunter steinig; die Regierung erwartete von ihren indigenen Partnern Unterstützung bei der Niederschlagung des Aufstandes als *quid pro quo* für politische Partizipation. UMNO und MCA hingegen realisierten, dass es einer erkennbaren Bereitschaft der Briten bedurfte, sie in die Verantwortung einzubeziehen, um in der Bevölkerung Unterstützung zu rekrutieren. Auf Dauer allerdings sorgte die Dynamik des politischen Prozesses dafür, dass die beiden Parteien zu effektiven Mittlern zwischen Briten und Malayen wurden. Sie setzten den Briten gerade genug Widerstand entgegen, um in den Augen der Wählerschaft glaubwürdige Vorkämpfer für Freiheit und Unabhängigkeit zu bleiben, aber kooperierten ansonsten so weitgehend, dass Whitehall sich keine Sorgen über die Zukunft zu machen brauchte. In den nationalen Wahlen von 1955 trug das Bündnis von UMNO und MCA einen triumphalen Sieg davon.[17]

Malaya wurde schließlich 1957 unabhängig, drei Jahre vor dem offiziellen Ende der *Emergency* und Jahrzehnte früher als ursprünglich vorgesehen. Der britische Einfluss im Dekolonisationsprozess beschränkte sich weitgehend darauf, den Kommunisten die Macht zu verweigern; ansonsten kontrollierten die lokalen Akteure spätestens seit 1955 Verlauf und Geschwindigkeit.[18] Das britische Kriegsziel aber war erreicht – der kommunistische Aufstand war niedergeschlagen und Malaya auf den Weg zu einem politischen System im weitesten Sinne westlichen Zuschnitts gebracht. Der neue Staat (wie auch Malaysia, in dem er 1961 aufging) blieb ein Teil des britischen Bündnissystems und damit nach wie vor ein Stützpfeiler der Verteidigung der Indikregion. Großbritannien half beim Aufbau von eigenen Streitkräften, eine britische Brigade blieb in Malaya stationiert, und auf Jahre hinaus hatten britische Offiziere hohe Kommandos in der malayischen Armee inne.[19]

Die *Emergency* in Kenia 1952–1960

Wie Malaya war auch Kenia ursprünglich im strategischen Kontext der weiträumigen Verteidigung Britisch-Indiens erworben worden. Abgesehen von ganz vagen britischen Interessen an der Küste war der einzige

---

17 Die beste Einführung zum politischen Kontext ist Stubbs, Hearts and Minds, Kap. 7.
18 Karl Hack, Screwing Down the People. The Malayan Emergency, Decolonisation and Ethnicity, in: Antlöv/Tønnesson, Imperial Policy, S. 83–109.
19 Thompson, Make for the Hills, S. 109–115.

Sinn des Ende der 1890er Jahre gegründeten Protektorates die Sicherung des Zugangs zu Uganda und den Quellen des Nils, deren Kontrolle als unverzichtbar für die Sicherheit Ägyptens und des Suezkanals galt.[20] Damit endeten aber die Ähnlichkeiten. Anders als Malaya war Kenia im Zweiten Weltkrieg nicht besetzt worden. Im Gegenteil wurde die Agrarproduktion in den 1940er Jahren massiv erhöht und trug in hohem Maße zu den Kriegsanstrengungen bei. Anders als in Malaya gab es in Kenia unter der indigenen Bevölkerung keine zahlenmäßig dominante Gruppe mit einem quasi automatischen Führungsanspruch und keine starke Nationalbewegung; im Gegenteil war das Land ein multiethnischer Flickenteppich. Anders als Malaya kannte Kenia zwar politische Bewegungen, die sich meist innerhalb einer einzelnen Ethnie herausbildeten, aber kein entwickeltes Parteiensystem; vor allem aber existierte hier keine erwähnenswerte kommunistische Bewegung. Dagegen gab es in Kenia europäische Siedler. Sie waren die Ursache für den Mau Mau-Aufstand und auch der Grund, warum, anders als in Malaya, Dekolonisation lange als undenkbar galt.

Zwar waren die Siedler demographisch nur eine winzige Minderheit, die dicht konzentriert in den so genannten *White Highlands* der Zentralprovinz und des *Rift Valley* lebte. Sie waren jedoch wohlhabend, einflussreich und entstammten der Oberschicht, und obwohl ihre Besitzungen nur einen kleinen Teil der Gesamtfläche Kenias ausmachten, kontrollierten sie den größten Teil des fruchtbaren Bodens der Kolonie. Die Afrikaner hingegen, speziell die Kikuyu, die dem Hochland am nächsten lebten, waren in oft slumartigen Reservaten zusammengepfercht. Dass die Siedler offenbar außerstande waren, ihre riesigen Güter (im Extremfall bis zu 40 000 Hektar) sinnvoll zu bewirtschaften, ließ ihren exklusiven Anspruch auf das Hochland als besonders irritierend erscheinen. Speziell nach 1945 verkörperten sie den Idealtypus des hässlichen landgierigen Imperialisten, lästig für die Kolonialregierung und regelrecht peinlich für London.

Dennoch waren sie schwer zu übergehen. Kenias Siedler hatten zwar nie die Selbstregierung erreicht wie die Rhodesiens, aber sie dominierten die Gesellschaft der Kolonie so sehr, dass die Regierung in Nairobi sie kaum ignorieren konnte. Ein Versuch, die Siedlerdominanz durch eine Union mit Uganda und Tanganyika auszuhebeln, war gescheitert. Die Gentlemen-Siedler hatten auch einflussreiche Freunde in London, nicht zuletzt weil das archetypische Bild einer kleinen Gemeinschaft von Wei-

---

20 Ronald Robinson/John Gallagher/Alice Denny, Africa and the Victorians, The Official Mind of Imperialism, London 1961.

ßen, die die Fahne europäischer Werte in einem Meer heidnischer Rückständigkeit hochhielten, stets vermochte, die beinahe reflexhafte Unterstützung konservativer Eliten im Mutterland abzurufen. Die Siedler einfach der afrikanischen Mehrheitsherrschaft auszuliefern, war noch in den 1950er Jahren undenkbar. Und dann gab der Kalte Krieg der Kolonie eine neue Existenzberechtigung.

Der Verlust Indiens verringerte zwar nicht die britischen militärischen Verpflichtungen in der Indikregion, bedeutete aber den Wegfall einer gigantischen Kolonialarmee samt Reservepotenzial und günstig gelegenem Stationierungsraum. Afrika schien nun die Lösung für all diese Probleme zu sein. Pläne für eine afrikanische Kolonialarmee, die im gesamten Empire-Commonwealth eingesetzt werden sollte, wurden aus verschiedenen Gründen nicht verwirklicht.[21] Es blieb jedoch die Notwendigkeit für eine sichere Basis in der Indikregion, die sich für die Stationierung und Ausbildung der geplanten mobilen strategischen Reserve eignete, zumal Palästina und die Suezkanalzone nicht mehr in Frage kamen.

Kenia stand ganz oben auf einer kurzen Liste möglicher Stationierungsorte. Eine starke britische Militärpräsenz würde die Siedler schützen und Londons Entschlossenheit unterstreichen, das Land nicht aufzugeben. Solchermaßen gestärkt, würde Kenia für neue Siedler und Kapitalinvestitionen attraktiver werden, und das wiederum würde langfristig die Militärbasis sichern und die britische Herrschaft stabilisieren. Strategisch lag Kenia für Militäreinsätze in der Indikregion zwar weniger zentral als Indien, aber das ließ sich durch Lufttransport lösen. Eine Marinebasis in Mombasa konnte die Seewege zumindest im westlichen Indischen Ozean sichern. Vor allem aber konnten Flugplätze in Kenia die Luftverbindungen nach dem Osten herstellen und als strategische Basen für Angriffe auf die Südflanke des Warschauer Paktes fungieren.[22]

Solche Vorstellungen erhoben Kenia zu einem permanenten Außenposten des Westens in der Indikregion. Damit war aber keineswegs impliziert, die weiße Minderheitsherrschaft aufrechtzuerhalten. Die offizielle Vision des Kolonialamts sah vielmehr ein rassenübergreifendes Gemeinwesen vor, in das die europäischen Siedler den »Stahlrahmen« von Stabilität, Erziehung und Wohlstand einbrächten, während die Afri-

---

21 David Killingray, The Idea of a British Imperial African Army, in: *Journal of African History* 20 (1979), S. 421–436.
22 Hilda Nissimi, Illusions of World Power in Kenya. Strategy, Decolonization, and the British Base, 1946–1961, in: *International History Review* 23 (2001), S. 824–846; generell Darby, Defence Policy, Kap. 1–3.

kaner auf volle politische Partizipation vorbereitet würden – mittelfristig. Die afrikanischen Eliten Kenias hatten allerdings andere Pläne. Dennoch war der Mau Mau-Aufstand im Kern kein Herrschaftskonflikt, sondern ein sozialer. Da europäische Farmer ihre gewaltigen Landreserven vor allem in den Anfängen der Kolonie Kenia kaum je tatsächlich bewirtschaften konnten, hatten sie Afrikanern erlaubt, gegen Arbeitsleistungen oder Naturalien einen Teil ihres Landes zu bebauen. Angesichts des Landmangels in den Reservaten war dieses Verfahren für einen großen Teil der afrikanischen Landbevölkerung, speziell für die Kikuyu, die entscheidende Subsistenzgrundlage. Die zunehmende Intensivierung, Kapitalisierung und Rentabilität der europäischen Landwirtschaft allerdings machte das Modell in späteren Jahrzehnten zunehmend unattraktiv für die Landeigner. Mit Unterstützung der Regierung begannen sie, Druck auf die geduldeten Landbesetzer (*Squatter*) auszuüben, um sie zur Annahme von unterbezahlter Lohnarbeit und/oder zur Rückkehr in die Reservate zu zwingen.

Eine auf kommunaler Zwangsarbeit basierende Melioriationskampagne der Regierung für afrikanisches Land, die gleichzeitig Afrikaner daran hinderte, mit europäischen Farmern auf dem freien Markt zu konkurrieren, verstärkte nach 1945 die Unzufriedenheit unter der afrikanischen Landbevölkerung, erneut speziell unter den Kikuyu. Ein Unruheherd waren auch die Slums von Nairobi. In unmittelbarer Nähe sowohl zum Hochland als auch zu den Reservaten, dazu praktisch unregierbar, wurden sie später zum Kommunikationszentrum des Aufstandes.

In dieser sozial brisanten Situation versäumte es die Regierung, politischen Rückhalt in der afrikanischen Bevölkerung zu rekrutieren. Die vor allem in der Kenya African Union (KAU) organisierten protokapitalistischen Eliten wären durchaus zur Kooperation bereit gewesen. Aber die einem sozialromantisch-ländlichen Kolonialismuskonzept verpflichtete Regierung misstraute ihnen und der KAU, zu deren Führern der spätere Präsident Kenias, Jomo Kenyatta, zählte. Sie stützte sich vor allem auf die »traditionellen« Häuptlinge (*Chiefs*), die ihre Machtstellung von den progressiven Eliten bedroht sahen. Es ergab sich ein komplexes Konfliktmuster. Die *Chiefs* verloren durch ihre Unterstützung der Meliorationskampagne in afrikanischen Augen ihre Glaubwürdigkeit und damit ihre Nützlichkeit für die Regierung, die es zugleich versäumte, über den gemäßigten Flügel der KAU Einfluss auf die afrikanische Politik zu nehmen. So verzichtete sie auf jede Chance, die berechtigten Anliegen der aufstiegsorientierten Eliten wie auch der landlosen Kikuyu aufzugreifen, die radikalen afrikanischen Politiker zu isolieren und die Unentschlossenen auf ihre Seite zu ziehen. Als Folge radikalisierte sich die afrikanische Politik, vor allem unter den Kikuyu. Gewalttätige Übergriffe gegen Besitz, dann auch gegen afrikanische *Chiefs* und europäische Siedler nahmen ab 1949 sprunghaft zu.

1952 wurde klar, dass die Regierung die Kontrolle über das Land verlor. In den Wäldern am Mount Kenya und in den Aberdares entstand ein Kern von Guerillakämpfern, die zum Rückgrat einer landesweiten bewaffneten Widerstands- und Terrorkampagne unter dem ominösen Namen »Mau Mau« wurden. Den Siedlern gelang es leicht, die ohnehin jeder politischen Aktivität von Afrikanern misstrauende Regierung davon zu überzeugen, dass die KAU nur eine Tarnorganisation des bewaffneten Widerstands war und Kenyatta (der in Wahrheit alles tat, um die Radikalen unter Kontrolle zu behalten, ohne dabei seine eigene Position zu kompromittieren) der Drahtzieher sei. Unter dem Druck der Siedler griff die Regierung nun zu einer instinktiven defensiven Überreaktion, einem Rundumschlag nicht nur gegen die Aufständischen, sondern gegen jedwede indigene politische Aktivität. Im Oktober 1952 wurde mit Genehmigung des Kolonialamts der Ausnahmezustand erklärt. Alle politischen Organisationen der Kikuyu wurden strikter Kontrolle unterworfen, und KAU-Funktionäre wurden verhaftet, um so Mau Mau zu »enthaupten«. Das kontraproduktive Ergebnis dieser Maßnahmen war, dass alle mäßigenden politischen Faktoren in der afrikanischen Politik wegfielen.

Die latente Furcht der Siedler vor der indigenen Bevölkerung führte nun, unter den Vorzeichen des Ausnahmezustandes, zur massenhaften Vertreibung der verbleibenden Afrikaner aus dem Hochland in die Reservate und stärkte so das radikale Potenzial. Während Mau Mau unter direkter Gewaltandrohung Anhänger rekrutierte, bot die Regierung keine ernsthafte Alternative an. Vielmehr schien sie mit der Unterstützung der Siedler und der Unterdrückung des politischen Lebens der Kikuyu alles zu tun, um immer mehr Afrikaner in den offenen Widerstand zu treiben.[23]

Gleichzeitig zerstörten der Ausnahmezustand und die Vertreibung der *Squatter* aus dem Hochland zu einem guten Teil das Untergrundnetz-

---

23 Die beste Interpretation der sozialen Ursachen von Mau Mau ist von David Throup, Economic & Social Origins of Mau Mau 1945–53, London 1988. Auch Tabitha Kanogo, Squatters and the Roots of Mau Mau 1905–63, London 1987, zur Squatterproblematik. Frank Furedi, The Mau Mau War in Perspective, London 1989, ist für die unmittelbare Vorgeschichte der Ausrufung der *Emergency* unverzichtbar. Nützlich ferner auch Wunyabari O. Maloba, Mau Mau and Kenya. An Analysis of a Peasant Revolt, Bloomington, IN, 1998.

werk, mit dem Mau Mau Hochland, Reservate und die Slums von Nairobi überzogen hatte. Auf diese Weise verwandelte die *Emergency* einen versteckten Widersacher in einen offenen Feind mit einer identifizierbaren geographischen Basis – den Reservaten und, anfänglich, Nairobi – und machte so eine militärische Lösung praktikabel. Entsprechend glaubte die Regierung zunächst, den Aufstand schnell niederschlagen zu können: 12 000 schlecht bewaffnete Insurgenten, isoliert auf einem Berg mitten in Kenia, konnten doch wohl kein ernsthaftes Problem für eine Armee sein, die gerade den Zweiten Weltkrieg gewonnen hatte.

Dennoch stärkte die brutale Vorgehensweise von Regierung, Sicherheitskräften und Siedlern auch hier anfangs die Opposition. Wie in Malaya jeder (ländliche) Chinese, so war in Kenia zunächst jeder Kikuyu zumindest der Unterstützung für Mau Mau verdächtig, und wie in Malaya führte oft schon ein Verdacht zu Verhaftung, Folter und sogar Mord – der Kampf gegen den Aufstand sah wie ein Krieg gegen die Kikuyu aus. Mau Mau wuchs schnell. 1953 entstand aus isolierten Widerstandsnestern eine regelrechte Guerillaarmee, die zur Offensive überging. London musste die Truppen in Kenia wiederholt verstärken; am Ende auf 42 000 Mann. Zwar stand nie außer Frage, dass die Regierung den bewaffneten Kampf letztlich gewinnen würde, aber durch ihre Weigerung, die Niederlage zu akzeptieren, schienen die Insurgenten den politischen Sieg davonzutragen.

Ab 1954 gingen die Briten zur Gegenoffensive über. Wie in Malaya (die dort gemachten Erfahrungen wurden weitgehend auf Kenia übertragen) erwiesen sich zielgerichtetere Nachrichtenbeschaffung, einheitliches Kommando und unkonventionelle Taktik als ausschlaggebend für den militärischen Erfolg. Wie in Malaya ging die Armee gezielt dazu über, den Insurgenten den Rückhalt im Lande zu entziehen. In einer Großoperation wurde im Frühjahr 1954 die Mau Mau-Organisation in den Slums von Nairobi, der Knotenpunkt des Netzwerks, zerschlagen. Dann marschierte die Armee in die Reservate der Zentralprovinz ein und unterband die Nachschub- und Kommunikationswege, durch die der passive Flügel von Mau Mau die Guerilleros in den Wäldern unterstützte. Wie in Malaya wurde ein Umsiedlungsschema umgesetzt: Loyale Afrikaner wurden unter dem Schutz der Regierung in »neuen Dörfern« konzentriert, während Dorfgemeinschaften, die die Insurgenten zu unterstützen schienen, Kollektivstrafen unterworfen wurden. Ende 1954 war die Aufstandsbewegung auf die Waldgebiete selbst reduziert. Die Ausschaltung des harten Kerns der Insurgenten erwies sich als unerwartet schwierig, war aber nur eine Frage der Zeit. Im November 1956 war der Mau Mau-Aufstand praktisch niedergeschlagen, wenn auch die *Emergency* erst im Januar 1960 offiziell für beendet erklärt wurde.[24]

Wie in Malaya war aber auch in Kenia der militärische Sieg undenkbar ohne flankierende politische Maßnahmen. Ausschlaggebend war die Entschlossenheit der Regierung, Mau Mau keinen glaubwürdigen Vertretungsanspruch für einen legitimen kenianischen Nationalismus zuzugestehen. Es war unter diesem Aspekt ein Glücksfall, dass sich Mau Mau praktisch ausschließlich aus Kikuyu rekrutierte, eine strukturelle Schwäche ähnlich der der ethnisch chinesischen MCP. Da die Kikuyu den europäischen Siedlungszentren am nächsten lebten, waren sie von der Landknappheit am meisten betroffen, das Hauptziel der *Squatter*-Vertreibung, und die Ethnie, die die Mehrheit der aufstrebenden Eliten und der gemäßigten Politiker stellte; sie waren, kurz gesagt, die natürlichen Kandidaten für den Führungsanspruch in einer kenianischen Nationalbewegung – und die größte Bedrohung der weißen Vorherrschaft. Aus all diesen Gründen misstrauten ihnen auch so ziemlich alle anderen indigenen ethnischen Gruppen. Es war daher nicht schwer, Mau Mau als tribale Bewegung hinzustellen, die in keiner Weise für Kenia insgesamt stand. Diese ethnische Isolierung von Mau Mau wurde zu einem Hauptziel der Regierungspropaganda, und entsprechend gelang es Mau Mau (wie der MCP) nie, eine wirksame transethnische Unterstützungsbasis zu rekrutieren.

Spät wurde der Regierung (wieder wie in Malaya) schließlich doch noch klar, dass sie afrikanische Verbündete brauchte. Vorgeschichte und Verlauf der *Emergency* hatten mit brutaler Deutlichkeit gezeigt, dass die europäischen Siedler und ihre wirtschaftlichen und politischen Privilegien das größte Hindernis auf dem Wege zu sozialem Frieden und gemäßigter politischer Entwicklung in Kenia waren. Nach den jüngsten Erfahrungen war das Kolonialamt nun endlich bereit, sie notfalls einer politischen Lösung zu opfern. 1955 wurde afrikanische politische Aktivität wieder zugelassen, um eine gemäßigte politische Elite zu schaffen. Mit der Kenya African National Union (KANU) und der Kenya African Democratic Union (KADU) entstanden mit Rückendeckung der Kolonialregierung zwei neue Parteien. Zunächst auf regionale Organisationen

---

24 Zur *Counterinsurgency*-Kampagne in Kenia Anthony Clayton, Counterinsurgency in Kenya 1952'60 (sic), Nairobi 1976; Robert B. Edgerton, Mau Mau. An African Crucible, New York 1989; Maloba, Mau Mau, Kap. 4–6; Frank Furedi, Kenya. Decolonization through counterinsurgency, in: A. Gorst/ L. Johnman/W. Scott Lucas (Hg.), Contemporary British History, 1931–1961. Politics and the Limits of Policy, London 1991, S. 141–168; Randall W. Heather, Intelligence and Counter-Insurgency in Kenya, 1952–56, in: *Intelligence and National Security* 5 (1990), S. 57–83.

beschränkt, um eine neue landesweite Nationalbewegung zu verhindern, hatten sie am Ende der *Emergency* doch einen legitimen Anspruch errungen, ganz Kenia zu repräsentieren, und durch Jahre der Kooperation die Briten von ihrer Regierungsfähigkeit überzeugt. Gleichzeitig wurden die Beschränkungen, denen afrikanische Wirtschaftstätigkeit und afrikanischer Landbesitz unterworfen waren, selbst im Hochland so weit gelockert, dass eine kapitalistische Elite entstehen konnte, die eine gemäßigte Politik unterstützte.

Als Kenia 1963 unabhängig wurde, stand außer Frage, dass das neue Land ein enger Freund und Verbündeter Großbritanniens bleiben würde. Die *Emergency* hatte die Herausforderung durch den militanten Flügel der landlosen Kikuyu beseitigt und die Siedler diskreditiert – die beiden größten Hindernisse für einen friedlichen Übergang zur nachkolonialen Herrschaft. Zwar spielte, anders als in Malaya, das Versprechen der Unabhängigkeit für die Niederschlagung des Aufstandes keine besondere Rolle, aber die Niederschlagung des Aufstandes hatte die Unabhängigkeit nicht nur als möglich, sondern auch als unvermeidlich erscheinen lassen. Wie in Malaya hatte jedenfalls auch in Kenia die *Emergency* den Weg für eine kontrollierte Herrschaftsübergabe geebnet.[25]

Gouverneur Evelyn Barings Mantra »Kenya can't go independent because it is a fortress colony« (so noch 1959)[26] war damit nicht ganz hinfällig. Nur erschien angesichts der »winds of change« der frühen 1960er Jahre die Ausnutzung der günstigen geostrategischen Lage Kenias nicht länger eine Frage formeller Herrschaft. Großbritannien behielt einige seiner Stützpunkte, und bis zum heutigen Tag hat die britische Armee eine permanente Ausbildungseinrichtung in Kenia.[27]

Strukturen und Folgen

Es ist nun möglich, im direkten Vergleich den Charakter und die Struktur, die Kosten und Folgen dieser beiden Kolonialkriege zu bestimmen. Dabei geht es neben der Einordnung in die Logiken britischer Globalstrategie und des Kalten Krieges vor allem um die betroffenen Kolonien und die Rolle und Handlungsspielräume der lokalen Akteure.

---

25 Zur politischen Entwicklung Kenias nach der *Emergency* herausragend Furedi, Mau Mau, Kap. 5–6.
26 Zit. n. Darby, Defence Policy, S. 206.
27 Nissimi, Illusions, S. 845; vgl. die offizielle Website der britischen Armee, v a. http://www.army.mod.uk/aroundtheworld/ken/index.htm (22. 9. 2004).

Kosten und Konsequenzen

Formal gab es weder in Kenia noch in Malaya einen Krieg. Der Begriff *Emergency* wurde eigens geprägt um, erstens, erhöhte öffentliche Aufmerksamkeit im In- und Ausland zu vermeiden, materielle oder moralische Unterstützung für die Insurgenten zu unterbinden und dem Eindruck vorzubeugen, die Situation sei außer Kontrolle; zweitens, um dem Gegner den Kombattantenstatus und damit das *ius in bello* abzusprechen; drittens, aus dem banalen Grunde, Schadensersatzansprüche von der Regierung auf die Versicherungsgesellschaften abzuwälzen.[28] Diese pragmatische Weigerung, einen Krieg einen Krieg zu nennen, war im Kalten Krieg, speziell in kolonialen Konflikten, alles andere als unüblich – auch Vietnam war ja kein Krieg.

Für alle praktischen Zwecke waren natürlich beide *Emergencies* Kriege. 42 000 Mann wurden gegen Mau Mau eingesetzt und auf dem Höhepunkt rund 120 000 gegen die MLRA (Polizei und Armee, ohne Heimwehren).[29] Beide Zahlen schließen einen signifikanten Anteil von Wehrpflichtigen aus dem Mutterland ein. Finanzielle und menschliche Kosten des Krieges waren in beiden Fällen hoch. Kenia soll den britischen Steuerzahler £ 55 Mill. (ca. DM 650 Mill. in damaliger Währung) gekostet haben, Malaya M$ 487 Mill. (ca. £ 56 Mill. oder DM 660 Mill.).[30] Die Verluste der Mau Mau-Insurgenten betrugen nach offiziellen Angaben 11 503 Tote, die der Sicherheitskräfte 590, davon 524 Afrikaner. Rund 2000 Afrikaner wurden zivile Opfer des Mau Mau-Terrors, aber nur 32 Europäer (der Propagandaeffekt der Morde an Weißen stand in keinem Verhältnis zu ihrer relativ geringen Zahl). In Malaya waren die Verluste der Insurgenten 13 191, einschließlich 2980 Überläufer. Die Sicherheitskräfte verloren 4436 Mann; dazu kamen 4668 zivile Opfer.[31] Diese Op-

---

28 Carruthers, Winning Hearts and Minds, S. 77.
29 Thompson, Defeating Communist Insurgency, S. 48.
30 Das Pfund Sterling war 1959 DM 11,76 wert (Statistisches Bundesamt (Hg.), Statistisches Jahrbuch für die Bundesrepublik Deutschland 1960, Stuttgart 1960, S. 385). Der Malayische Dollar (M$) war auf £ 0/2/4d. oder 28d. fixiert (http://www.globalfindata.com/frameset.php3?location=/gh/195.html, 20. 9. 2004), also dezimal £ 0,11 wert. Die inländische Kaufkraft der DM war um 1960 grob dreimal höher als heute (Statistisches Bundesamt [Hg.], Statistisches Jahrbuch 2003. Für die Bundesrepublik Deutschland, Wiesbaden 2003, S. 636), so dass die Kosten für beide *Emergencies* für Großbritannien nach heutigem Geld auf je auf ca. € 1 Milliarde kämen.
31 Clayton, Counterinsurgency in Kenya, S. 61; Beckett, Modern Insurgencies, S. 103, 128; Heather, Intelligence and Counter-Insurgency, S. 58.

ferzahlen sprechen jeder legalistischen Einordnung der beiden Konflikte als lediglich lang gezogene Polizeiaktionen Hohn.

Beide Konflikte brachten Elend und Entbehrung auch für die, die nicht direkt zu den Opfern zählten. Über eine halbe Million Menschen wurden in Malaya in über 500 »neue Dörfer« zwangsumgesiedelt; in Kenia war es eine Million in 854 Dörfer.[32] Die daraus resultierende Zerrüttung sozialer und wirtschaftlicher Beziehungen muss einschneidend gewesen sein. Auch die Umwelt blieb nicht verschont. Die Urwälder Kenias, die den Insurgenten Zuflucht und Deckung boten, wurden zunächst ergebnislos mit schwerer Flak beschossen, dann von der britischen Luftwaffe mit Millionen von Bomben beworfen und schließlich streckenweise von Hand abgeholzt.[33] Die großflächige Naturvernichtung allerdings, die in Vietnam durch Flächenbombardements und chemische Entlaubung betrieben wurde, blieb in Kenia und Malaya aus.

Wie die oben zitierten Verlustziffern plausibel machen, war die *Emergency* in Malaya durchaus keine einseitige Angelegenheit. Zieht man die freiwilligen Kapitulationen ab, so waren die Verluste für beide Seiten, Zivilisten eingeschlossen, durchaus ähnlich, und selbst die Gesamtausfälle der Insurgenten waren nur etwa dreimal so hoch wie die der Sicherheitskräfte. In Kenia sah das ganz anders aus. Die Verluste der Aufständischen waren 28-mal so hoch wie die der Regierungstruppen, und immer noch 6,5-mal so hoch wie alle Verluste der Gegenseite, also Sicherheitskräfte und zivile Opfer zusammengenommen. Da nur eine Minderheit der Mau Mau-Kämpfer überhaupt bewaffnet war, und davon nur 10 bis 15 Prozent mit modernen Waffen, ist diese Asymmetrie der Verluste kaum überraschend. Aber das ist nicht die ganze Wahrheit. Die *Emergency* in Kenia war von einer exzessiven Brutalität geprägt, die in Malaya keine Parallele hatte.

Das war weniger eine Folge der Gewaltexzesse gegen jeden auch nur ansatzweise Verdächtigen, der sich die Sicherheitskräfte anfangs schuldig machten – das gab es auch in Malaya. Was Kenia einzigartig machte, war die rassistisch geprägte Alltagsgewalt, die nur mit der Anwesenheit europäischer Siedler adäquat erklärt werden kann. Europäische Minderheiten, die über demographisch weit überlegene indigene Bevölkerungen

32 Stubbs, Hearts and Minds, S. 262; John Newsinger, Minimum Force, British Counter-Insurgency and the Mau Mau Rebellion, in: *Small Wars and Insurgencies* 3 (1992), S. 47–57, bes. S. 49.
33 Newsinger, Minimum Force, S. 49; Frank Kitson, Bunch of Five, London 1977, S. 52–55.

herrschen, entwickeln in aller Regel jenen speziellen, aus Furcht ent-
springenden Rassismus, der sich in hysterischen Phantasien von Hinter-
hältigkeit, Hexerei, Verschwörung, sexuellen Übergriffen und Perversionen aller Art seitens der indigenen Population niederschlägt und der
immer wieder in Anfällen beinahe unprovozierter brutaler Gewalt ausbricht, die in anderen kolonialen Gesellschaften in dieser Form äußerst
selten sind. Diese Siedlergewalt ist so alltäglich, dass sogar Kapitalver-
brechen an farbigen Opfern ungestraft bleiben können.[34]

Für Kenias europäische Siedler war Mau Mau die Verwirklichung ihrer schlimmsten Albträume: Ihre afrikanischen Diener und *Squatter* erhoben sich gegen ihre Herren, hielten konspirative Treffen mit ominösen
Eideszeremonien ab, ergingen sich in atavistischen Ritualen mit sexuellen Perversionen, terrorisierten die weiße Gesellschaft mit Vergewalti-
gung, Mord und Verstümmelung. Die Europäer Kenias waren weder die
erste noch die letzte Siedlergesellschaft, die in einer solchen Situation die
indigene Bevölkerung schlechterdings zum Freiwild erklärte. Individuelle und organisierte Siedlergewalt gegen Kikuyu – egal ob Mau Mau
oder Loyalisten – war für einen signifikanten Anteil der Verluste und für
den Großteil exzessiver Gewalt verantwortlich, die die *Emergency* in Kenia zu einem der blutigsten Kolonialkriege machte, die Großbritannien
je geführt hat. Siedler veranstalteten Treibjagden auf Mau Mau-Ver-
dächtige und erschossen, lynchten, folterten oder verstümmelten unterschiedslos jeden Kikuyu, der ihnen in die Hände fiel. Die aus Siedlern rekrutierten Armee- und Polizeieinheiten (Kenya Regiment und Kenya
Police Reserve) waren berüchtigt für ihre brutale Vorgehensweise gegenüber Verdächtigen. Genozidale Phantasien waren unter den Siedlern
ebenfalls nicht ungewöhnlich. Das traurige Motto der Indianerkriege
fand sein Echo in Kenia als »The only good Kyuke [Kikuyu] is a dead
Kyuke«.[35]

Mit der Siedlergewalt allein lassen sich die immensen humanen Kosten
des Krieges allerdings nicht erklären. Auch die reguläre Armee fand sich
oft gewalttätiger Übergriffe gegen Insurgenten oder Verdächtige beschuldigt, und die Regierung selbst bekämpfte Mau Mau mit einer Brutalität,
die man normalerweise nicht mit Kolonialkriegen des 20. Jahrhunderts
verbindet. Todesurteile für vergleichsweise geringe Vergehen waren an

---

34 Zu den Grundlagen des Siedlerrassismus Dane Kennedy, Islands of White.
   Settler Society and Culture in Kenya and Southern Rhodesia, 1890–1939,
   Durham, NC, 1987, Kap. 7–8.
35 Die exzessive Brutalität der Siedlerreaktion auf Mau Mau ist zentral für Edgerton, Mau Mau, bes. Kap. 5. Zitat: S. 143.

der Tagesordnung. Über 1000 Gefangene wurden während der *Emergency* gehängt.[36] Schließlich war der Krieg auch deswegen so blutig, weil er unter der indigenen Bevölkerung selbst ausgetragen wurde. Alte soziale und politische Konfliktlinien zwischen rivalisierenden Gruppierungen, die sich schon vor der *Emergency* in alltäglicher Gewalt geäußert hatten, explodierten nun in einem regelrechten Bürgerkrieg unter den Kikuyu, für den der Kampf gegen die Weißen nur mehr ein Vorwand war.[37]

Konfliktmuster

Die *Emergencies* in Kenia und Malaya waren nur an der Oberfläche klassische Kolonialkriege, in denen eine Kolonialmacht um die Etablierung oder Aufrechterhaltung ihrer Herrschaft über indigene politische Entitäten kämpfte. Die Realität war viel komplexer. Beide Konflikte waren gleichzeitig Bürgerkriege – geführt im einen Fall um die Vorherrschaft unter den Kikuyu und in der afrikanischen Politik Kenias, im anderen Fall um die Macht in Malaya und den Führungsanspruch unter den malayischen Chinesen. Bei der *Emergency* in Kenia ging es ferner auch um die Stellung der weißen Siedler in Politik und Wirtschaft des Landes. Die Mau Mau-Insurgenten kämpften weniger gegen die Regierung als gegen den exklusiven Anspruch der Siedler auf den fruchtbaren Boden des Hochlands.[38]

In beiden Konflikten spielte Kollaboration mit der Kolonialregierung eine wesentliche Rolle. Zieht man allerdings ihre Natur als Bürgerkriege zwischen den Beherrschten in Betracht, ergibt sich eine völlig andere Perspektive auf das Phänomen Kollaboration. Den betreffenden Gruppierungen gelang es mittels strategischer Bündnisse, die scheidende Kolonialmacht im Bürgerkrieg zwischen den Beherrschten praktisch auf ihrer Seite kämpfen zu lassen. Entsprechend waren es denn auch meist diese Gruppen, die am Ende vom Ausgang des Krieges profitierten.

Aber Kenia und Malaya, und damit auch die Kriege, die um sie geführt wurden, hatten politische und militärische Bedeutung weit über die Bedingungen vor Ort hinaus. Beide Besitzungen waren strategische Außenposten des Empire zur weiträumigen Verteidigung Indiens, und Globalstrategie war der wichtigste Grund für ihre anhaltende Bedeutung für Großbritannien nach 1945. Der Verlust Indiens 1947 machte sie paradoxerweise noch wichtiger. Malaya und Singapur bewachten immer

---

36 Newsinger, Minimum Force, bes. S. 54.
37 Throup, Economic & Social Origins, S. 250.
38 Furedi, Mau Mau War, und Throup, Economic & Social Origins.

noch die Seewege nach Fernost, und Kenia sollte Indien als strategische
Basis für Luftwaffe, Marine und die neu zu schaffende mobile Reserve
ablösen. Der Umstand, dass die militärischen Gegner in einem globalen
Konflikt mit hoher Sicherheit die UdSSR und die VR China sein würden,
machte das Festhalten an den Stützpunkten noch nicht zu einem Element
des Kalten Krieges – vielmehr ging es um traditionelle Geostrategie großen Stiles. Malaya und Kenia hätten nichts von ihrer strategischen Bedeutung eingebüßt, wenn ein Zar in Moskau regiert hätte oder die Kuo-
mintang in Peking, und die Welt multi- statt bipolar gewesen wäre.

Es ist nicht einmal wahrscheinlich, dass die Basen aufgegeben worden
wären, wenn die Sowjetunion und die VR China nicht als militärische
Bedrohung rezipiert worden wären. Für die Zeitgenossen existierte die
Verpflichtung auf die Verteidigung von Frieden und Stabilität in der Indikregion lange vor und unabhängig von der kommunistischen Bedrohung. Regionale Instabilität, wirtschaftliche Interessen und der Wille,
eine Weltmacht zu bleiben, waren Gründe genug, die Fortschreibung der
britischen Präsenz östlich von Suez nicht in Frage zu stellen. Der Kalte
Krieg war allerdings eine willkommene Möglichkeit, diese fortdauernde
Präsenz gegenüber inneren und äußeren Kritikern zu rechtfertigen. Speziell machte es die kommunistische Bedrohung aus dem Norden wesentlich einfacher, die USA zur Anerkennung der Legitimität britischer Herrschaft und britischen Einflusses in der Indikregion zu bewegen. Und das
war nicht immer nur ein Vorwand; Außenminister Anthony Eden beispielsweise war ernsthaft besorgt über die Gefahr eines kommunistischen Vordringens von Vietnam nach Malaya.[39]

Für die Konflikte in Malaya und Kenia war das aber nur der Hintergrund. In keinem der beiden Fälle gab es ja einen offenen Angriff seitens
einer kommunistischen Macht. Der Kalte Krieg hatte dennoch Einfluss
auf die beiden *Emergencies* – direkt in der Form tatsächlicher oder angeblicher kommunistischer Subversion; indirekt über das Stabilitäts-
und das Glaubwürdigkeits-Paradigma.

Zweifellos hatte Mau Mau überhaupt keinen kommunistischen Hintergrund. Die MCP hingegen war natürlich eine kommunistische Partei.
Jenseits einer realen oder nur vermeintlichen Ermutigung des bewaffneten Aufstandes durch die Komintern im Frühjahr 1948 ist es aber kaum
praktikabel, eine der beiden kommunistischen Weltmächte als Drahtzieher hinter der Insurrektion sehen zu wollen. Die geographische Situation
Malayas – einer Halbinsel mit nur schmaler Verbindung zum Festland –
verhinderte angesichts der Seeherrschaft der Royal Navy jede wirksame

---

39 Eden, Full Circle, S. 87, 123–124.

Unterstützung der MRLA selbst durch China, von der Sowjetunion zu schweigen. Die Insurgenten waren praktisch von der Welt isoliert, und dass sie Kommunisten waren, war unter diesen Umständen für die militärische Situation belanglos.[40]

Wahrnehmung und Fakt fielen natürlich im Kalten Krieg in diesen Dingen weit auseinander. Bekanntlich stand in den 1950er Jahren in der westlichen Welt innere Opposition stets unter dem Generalverdacht kommunistischer Umtriebe, und die wiederum wurden umstandslos mit Fernsteuerung durch Moskau gleichgesetzt. Mau Mau als Teil einer kommunistischen Weltverschwörung zu zeichnen, war recht schwierig, obwohl manchen Zeitgenossen als Beweis genügte, dass Kenyatta schon einmal in Moskau gewesen war. Das unwahrscheinliche Konstrukt fand wenig Anhänger in Großbritannien und Kenia, hatte aber einige Popularität in den USA und in Südafrika, wo der African National Congress (ANC) ebenfalls als kommunistische Bewegung galt und die weiße Minderheitsgesellschaft in Kenia Parallelen zu ihrer eigenen, als prekär empfundenen Situation sah. London und Nairobi hingegen zogen es vor, Mau Mau als atavistische, tribale Bewegung zu zeichnen, die keinen nationalen Vertretungsanspruch für die Afrikaner Kenias beanspruchen könne und erhöhter Aufmerksamkeit einer dem Kolonialismus nicht mehr günstig gestimmten Weltöffentlichkeit nicht wert sei.

In Malaya lagen die Dinge anders. Da die Insurgenten Kommunisten waren, bedurfte es keiner Beweise, um einen von Moskau gelenkten Coup plausibel erscheinen zu lassen (es gab auch keine). Gleichwohl zögerte London, mit dem Finger auf Moskau oder Peking zu zeigen. Ein Grund war, dass die Insurgenten Chinesen waren. Großbritannien stand 1949 kurz davor, die VR China anzuerkennen, und für die Annäherung war es wenig hilfreich, China öffentlich die Schuld am Aufstand in Malaya zuzuschieben. Zudem hätte man den Eindruck erweckt, dass die MRLA in China einen starken Verbündeten habe. Dies wiederum hätte die Insurgenten gestärkt und ihre Unterstützung durch unentschiedene malayische Chinesen wahrscheinlicher gemacht. Wie in Kenia fanden es daher die Kolonialregierung und London letztlich hilfreicher, die Rebellion als außenpolitisch isoliert hinzustellen.

Natürlich war dieser Kurs nicht in jedem Kontext hilfreich. Während die offizielle Propaganda die MRLA als isolierte kriminelle Bande hinzustellen versuchte, übertrieb die malayische Regierung gegenüber Whitehall die kommunistische Natur des Aufstandes, um so Mittelzu-

---

40 Thompson, Defeating Communist Insurgency, S. 19; Beckett, Modern Insurgencies, S. 98.

weisungen für die Niederschlagung zu erreichen. London selbst wiederum war aus bündnispolitischen Gründen sehr daran gelegen, den USA klar zu machen, dass der Kampf gegen die »kommunistischen Terroristen« Malayas eine genuine Front des Kalten Krieges sei.[41]

Die Paradigmen, die für Großbritannien beide Konflikte letztlich zu einem Problem des Kalten Krieges machten – die Sorge um Stabilität in der Region und Glaubwürdigkeit in der Welt –, standen beide nicht notwendig in direkter Beziehung zu einer wahren oder vermeintlichen kommunistischen Unterwanderung. Zwar war die axiomatische Befürchtung weit verbreitet, länger dauernde politische Instabilität oder wirtschaftliche Schwäche würden eine überseeische Besitzung anfällig für kommunistische Expansion oder Subversion machen, so dass Stabilität und Prosperität die Schlüssel zur Eindämmung des Weltkommunismus seien. Wie die Globalstrategie im Allgemeinen war aber das Stabilitätsproblem im Besonderen letztlich nicht auf *kommunistische* Bedrohungen beschränkt. Anhaltende Instabilität in einem Dritte-Welt-Land konnte Großbritannien, der Hegemonialmacht der Indikregion, in jedem Falle nicht gleichgültig sein. Unruhen im Persischen Golf etwa konnten die Ölversorgung des Westens unabhängig von ihrer tieferen Ursache gefährden. Die kommunistische Gefahr wurde lediglich als akuter eingestuft, da eine kommunistische Machtübernahme in einem Dritte-Welt-Land im Nullsummenspiel des Kalten Krieges als Niederlage galt.

Glaubwürdigkeit war ein komplexeres Problem. In einem spezifischen Konflikt musste die Kolonialregierung stark genug erscheinen, um glaubwürdig zu machen, dass sie Kollaborateure schützen könne; um Unentschlossenen die Unterstützung der Regierung attraktiv und vergleichsweise risikolos erscheinen zu lassen; und um den Insurgenten klar zu machen, dass sie nicht nachgeben würde. Diese Stärke aber konnte gleichzeitig leicht als Wille zur unbefristeten Aufrechterhaltung der Kolonialherrschaft missverstanden werden, und so nicht nur die vor den Kopf stoßen, die man doch gewinnen wollte (die unentschlossene Bevölkerungsmehrheit), sondern auch Großbritannien bei seinen Verbündeten in Misskredit bringen, vor allem bei den ehemaligen Kolonien. Eine allzu harte Linie in einem kolonialen Konflikt mochte auch negative Auswirkungen auf andere Kolonien haben. Die größte Gefahr war aber, dass Verweigerung der Unabhängigkeit eine Kolonie dem gegnerischen Block in die Arme treiben könne.

---

41 Carruthers, Hearts and Minds, S. 75–87, 144–150; Stockwell, ›A widespread and long-concocted plot …‹; Thompson, Defeating Communist Insurgency, als typische zeitgenössische Perspektive.

Dies war die tiefere Logik der oberflächlich paradoxen Entscheidung, einen Kolonialkrieg *für* die Dekolonisation zu führen. In den *Emergencies* bewies Großbritannien, dass es ein glaubwürdiger Verteidiger der Freiheit der westlichen Welt war, dass es ein Land nicht in Anarchie und letztlich Moskau in den Schoss fallen lassen würde. Gleichzeitig aber war Großbritannien gezwungen, auch als glaubwürdiger Förderer kolonialer Entwicklung und Selbstregierung zu erscheinen. Aus diesem Grunde übernahm London die Regie, sobald klar wurde, dass die *Emergencies* nicht schnell und problemlos beizulegen waren, und setzte politische Ziele, die letztlich auf einen friedlichen Übergang zur Unabhängigkeit hinausliefen.[42]

Es ist unwahrscheinlich, dass in einer Welt ohne zwei kommunistische Weltmächte Großbritannien seine Kolonien viel länger hätte halten können. Der Nationalismus in den Kolonien erzwang die Dekolonisation, nicht der Kalte Krieg und der Kommunismus. Es ist ebenso unwahrscheinlich, dass ohne die ideologische Front des Kalten Krieges die Unabhängigkeit früher gekommen wäre. Eine sozial und politisch für London akzeptable postkoloniale Ordnung wäre auch in einer multipolaren Welt die Vorbedingung für die Dekolonisation gewesen. Denkbar ist hingegen, dass ohne den Kalten Krieg die britische Öffentlichkeit ein fortdauerndes Engagement in der Dritten Welt weniger lang unterstützt hätte, und dass auch die USA und die öffentliche Meinung der westlichen Welt den Fortbestand kolonialer Herrschaft nicht so leicht bis in die 1960er Jahre toleriert hätten. Die bipolare Welt stellte zweifellos willkommene Rechtfertigungsmuster für die Niederschlagung kolonialer Konflikte zur Verfügung, die es andernfalls nicht gegeben hätte. Fest steht aber auch, dass die Furcht vor einer kommunistischen Machtübernahme die Dekolonisation wenigstens in Malaya entscheidend beschleunigt hat.

Handlungsspielräume lokaler Akteure

Die koloniale Situation – die Herrschaft eines entfernten Hegemons über multiethnische Gesellschaften vermittels lokaler abhängiger Regierungen – resultiert in äußerst komplexen Interaktionen, die offen und wandelbar sind. Sie bieten geschickten lokalen Akteuren eine Vielzahl von

---

42 Zu Stabilität, Glaubwürdigkeit und der britischen Rolle in Asien Anita Inder Singh, The Limits of British Influence. South Asia and the Anglo-American Relationship, 1947–56, London 1993, v.a. S. 46–52; Sanders, Losing an Empire, bes. S. 71–123; Darby, British Defence Policy; Ramakrishna, Content, Credibility and Context; Furedi, Breathing Space.

Möglichkeiten, ihre Position durch temporäre strategische Bündnisse zu stärken. Die Realisierung dieser Optionen ist allerdings in der Regel auf den »starken« Akteur, die Kolonialmacht, zentriert und von dessen strategischen Entscheidungen abhängig. Ein Bündnis der metropolitanen Regierung mit einem glaubwürdigen lokalen Akteur hatte daher selbst in der Dekolonisationsära erheblich bessere Erfolgschancen als eines lokaler Akteure gegen die Regierung.[43] In den *Emergencies* hing daher vieles vom mit Abstand mächtigsten Akteur ab – dem Vereinigten Königreich.

Verständlicherweise hatte die Kolonialregierung im Konfliktfall eine Tendenz, sich auf diejenigen lokalen Eliten zu stützen, die am loyalsten schienen. Loyal hieß aber nicht notwendig nützlich. Im polarisierten Klima eines ausbrechenden Bürgerkrieges erschienen Kollaborateure selbst der unentschiedenen Bevölkerungsmehrheit (von der radikalen Opposition zu schweigen) leicht als bloße Stiefellecker der Regierung. So verloren etwa die *Chiefs* in Kenia durch ihre Unterstützung der unpopulären Meliorationen jeden Einfluss auf die militanten Kikuyu, die dann zum Kern der Mau Mau-Bewegung wurden. Nützlich waren demgegenüber Mittler, die prinzipiell kooperativ waren, aber dennoch überzeugend glaubhaft machten (und gelegentlich unter Beweis stellten), dass sie die Interessen der Mehrheitsbevölkerung vertraten. Die Kolonialregierung neigte jedoch dazu, genau solchen Akteuren zu misstrauen, da sie sie bestenfalls für wankelmütig und schlimmstenfalls für verkappte Radikale hielt.

So trug die Regierung von Kenia dazu bei, die landlosen Kikuyu zu radikalisieren, indem sie der gemäßigten Führung der KAU ihr Vertrauen verweigerte und sie dadurch als Mittler nach außen unglaubwürdig machte. Gleichzeitig beschuldigte sie die KAU, die Militanten nicht im Zaum zu halten. Ähnlich erging es der MCA in Malaya: Die Regierung bezweifelte lange sowohl ihre Vertrauenswürdigkeit (da sie sich aus Chinesen rekrutierte und damit verdächtig war, mit der MCP zu sympathisieren) als auch ihre Nützlichkeit (da sie offenbar keinen wesentlichen Einfluss auf die ländliche chinesische Bevölkerung gewinnen konnte).

---

43 Zur Struktur der imperialen Beziehung und zur Rolle lokaler Akteure generell v. a. Johan Galtung, A Structural Theory of Imperialism, in: *Journal of Peace Research* 8 (1971), S. 81–117; Ronald Robinson, The Excentric Idea of Imperialism, with our without Empire, in: Wolfgang J. Mommsen/Jürgen Osterhammel (Hg.), Imperialism and After. Continuities and Discontinuities, London 1986, S. 267–289; ders., Non-European foundations of European imperialism: sketch for a theory of collaboration, in: Roger Owen/Bob Sutcliffe, Studys in the theory of imperialism, London 1972, S. 118–140. Zu lokalen Akteuren speziell in der britischen Dekolonisation Smith, Pattern of Imperialism, 110–137.

Die Briten wünschten sich offenbar Mittler, die es in komplexen multiethnischen Gesellschaften so einfach nicht geben konnte – loyal bis zur Subordination, aber gleichzeitig fähig, die Unentschlossenen zu integrieren und die Radikalen zu mäßigen.

Indem sie zumindest zu Anfang einer *Emergency* erst einmal die gesamte indigene Bevölkerung potenziell als feindlich einstuften, beschränkten die Briten ihre eigenen Optionen, aber auch den Handlungsspielraum lokaler Akteure. Entsprechend waren die ersten Phasen beider *Emergencies* tatsächlich weitgehend eindimensionale Konflikte, Kolonialmacht gegen Kolonisierte. Unter diesen Umständen dominierte das militärische Moment, und die politische Bühne war zunächst für alle Akteure geschlossen. Erst in einer zweiten Phase wurden politische Perspektiven wieder zum Tragen gebracht, und sofort eröffneten sich Handlungsspielräume für indigene Politiker, die ihre Nützlichkeit als Mittler erkannten und zu ihren eigenen Gunsten zu instrumentalisieren verstanden. Auf diese Weise gelang es geschickten indigenen Akteuren mitunter, die Kolonialmacht praktisch vor ihren eigenen Karren zu spannen und im Bürgerkrieg unter der lokalen Bevölkerung für ihre eigenen Zwecke kämpfen zu lassen. So zementierte die gemäßigte Kikuyu-Elite ihre Führungsposition in einem sozial und politisch konservativen Nachkriegskenia, nachdem die Briten in der *Emergency* die radikale Opposition ausgeschaltet hatten. So erkämpften die Briten letztlich dem Bündnis von UMNO und MCA die Herrschaft im unabhängigen Malaya auf Kosten der Kommunisten und sicherten damit auch die Position der Sultane. War international gesehen Großbritannien der Sieger in den *Emergencies*, so hatten bestimmte konservative Eliten ihre eigene Machtposition vor Ort gesichert und zählten damit ebenfalls zu den Siegern.

Verlierer waren jedenfalls die weißen Siedler Kenias. Mit Beginn der *Emergency* schrumpften ihre Handlungsspielräume ins Nichts. An der Kolonialregierung verloren sie ihren letzten und einzigen möglichen Verbündeten. Durch ihre sozialen und politischen Privilegien waren sie der Hauptgrund für Mau Mau und das Haupthindernis für eine politische Lösung. Sie standen daher mit dem Rücken zur Wand, hatten keinerlei Spielraum für Verhandlungen, also gab es auch keine Verhandlungen mit ihnen.

Die Kolonialregierungen vor Ort hatten vielfältige Optionen, wenn auch ihr Handlungsspielraum schrumpfte, sobald London die Regie in den *Emergencies* übernahm. Da sie aber kraft ihres Wissensvorsprunges gegenüber der Regierung im Mutterland immer noch die Interpretationsmacht hinsichtlich der Ereignisse vor Ort innehatten, behielten sie einen erheblichen Einfluss auf den Ausgang des Konfliktes.

Hinsichtlich des »starken« Akteurs, Whitehall, bleibt es am Ende doch offensichtlich, dass zwar die globalen politischen Vorgaben den Rahmen für den Verlauf sowohl der *Emergencies* als auch der Dekolonisation setzten, aber letztlich die Entscheidungen über das Wie und Wann von denjenigen lokalen Akteuren getroffen wurden, die den Briten als die nützlichsten erschienen. Man mag eine gewisse Ironie darin sehen, dass die *Emergency* in Malaya 1948 vom britischen Hohen Kommissar erklärt, aber 1960 vom Premierminister von Malaya aufgehoben wurde.

Bruce E. Bechtol, Jr.
Paradigmenwandel des Kalten Krieges.
Der Koreakrieg 1950–1953

Die koreanische Halbinsel ist eine der letzten Bastionen des Kalten Krieges. Nirgendwo auf der Welt befinden sich mehr Waffen als in der entmilitarisierten Zone, welche die koreanische Nation künstlich teilt.[1] Dennoch hat es die Forschung versäumt, sich eingehend mit der Tatsache auseinander zu setzen, dass der Koreakrieg vor über fünfzig Jahren viele Realitäten und Paradigmen des Kalten Krieges verändert hat – und zwar nachhaltig bis in die 1990er Jahre.

Von besonderem Interesse ist die Frage, wie mehrere Akteure des Kalten Krieges (insbesondere Nord- und Süd-Korea, die UdSSR, die Volksrepublik China und die USA) in einen Konflikt hineingezogen wurden, der sich schließlich über drei Jahre hinziehen sollte. Im Blickpunkt stehen die Versuche der beiden koreanischen Staaten, die militärische Unterstützung der jeweils hinter ihnen stehenden Supermacht (UdSSR oder USA) zu gewinnen, um einen Krieg zur Wiedervereinigung der koreanischen Halbinsel führen zu können. Bei diesen Bemühungen Pjöngjangs und Seouls errang Nord-Korea einen bedeutenden militärischen Vorsprung, da die USA aus Angst, Seoul könne einen Angriff auf Nord-Korea unternehmen, die südkoreanische Militärmacht in Schranken zu halten versuchte.[2] Diese Politik der USA, den neuen Verbündeten nur halbherzig zu unterstützen, erwies sich letztlich als Fehler: Das militärisch unterlegene Seoul konnte sein Territorium nicht alleine verteidigen, so dass die USA nach der Invasion durch die Nordkoreaner direkt in den Krieg eingreifen mussten.

Untersucht werden sollen hier zudem weitere wichtige Faktoren des Koreakrieges: So beeinflussten die chinesische Entscheidung, in den Konflikt einzugreifen, und der Einfluss der Nordkoreaner und der Sowjets auf Peking stark den Verlauf des Kalten Krieges in den 1950er Jahren und später. Auch veränderte der Koreakrieg die Einstellung der amerikanischen Regierung zu ihrer eigenen Militärmacht. Die USA starteten

---

1 Christopher Torchia, Mine Clearing Under Way, *Portsmouth Herald,* 20. 10. 2003, URL: http://www.seacoastonline.com/2000news/10_20_w2.htm.
2 The Korean War, 1950–53, *Country Reference.Com,* Juni 1990, URL: http://reference.allrefer.com/country-guide-study/south-korea/south-korea26.html.

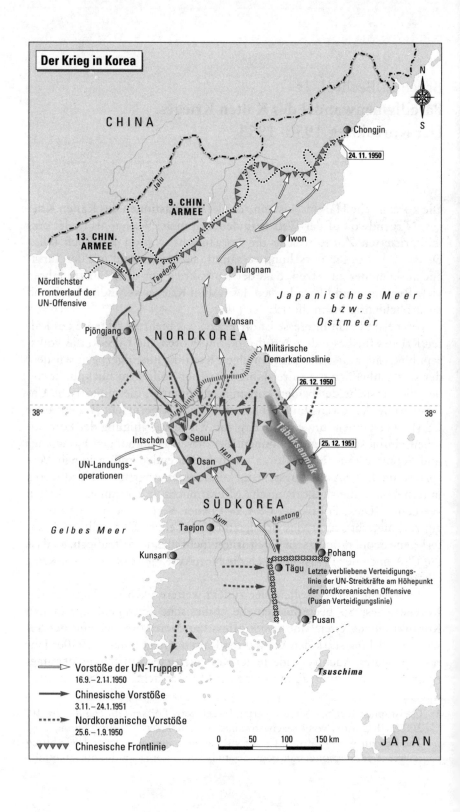

Der Krieg in Korea

CHINA

Chongjin
24. 11. 1950

9. CHIN. ARMEE

13. CHIN. ARMEE

Jalu

Iwon

Taedong

Hungnam

Nördlichster Frontverlauf der UN-Offensive

Japanisches Meer bzw. Ostmeer

Wonsan

Pjöngjang

NORDKOREA

Militärische Demarkationslinie

26. 12. 1950

38°

38°

Intschon

Seoul

Tȧbȧksanmȧk

25. 12. 1951

UN-Landungs-operationen

Osan

Han

SÜDKOREA

Gelbes Meer

Taejon

Kum

Nantong

Pohang

Kunsan

Tägu

Letzte verbliebene Verteidigungs-linie der UN-Streitkräfte am Höhepunkt der nordkoreanischen Offensive (Pusan Verteidigungslinie)

Pusan

Tsuschima

N
S

⟹ Vorstöße der UN-Truppen
16.9.–2.11.1950

⟶ Chinesische Vorstöße
3.11.–24.1.1951

┅► Nordkoreanische Vorstöße
25.6.–1.9.1950

▼▼▼▼▼ Chinesische Frontlinie

0   50   100   150 km

JAPAN

zu dieser Zeit (1950–1953) ein umfangreiches Einberufungsprogramm, stationierten aber mehr Soldaten zur Abwehr der sowjetischen Bedrohung in Europa als sie auf der koreanischen Halbinsel gegen die Chinesen und Nordkoreaner ins Gefecht schickten.[3] Als unmittelbare Folge des Krieges bauten sie ihre konventionelle Armee aus und unterhielten so die größte Streitmacht in ihrer Geschichte in Friedenszeiten. Zudem stellte der Koreakrieg einen Präzedenzfall für die »begrenzten Kriege« dar, die Amerika im Kalten Krieg im Zug seiner Politik der Eindämmung bei gleichzeitiger Vermeidung einer direkten militärischen Konfrontation mit der UdSSR führen sollte.

Ab 1950 sahen die Vereinigten Staaten die Notwendigkeit, in Europa *und* in Asien eine starke Militärmacht zu unterhalten: Der Konflikt auf der koreanischen Halbinsel veränderte so für fast 40 Jahre die Paradigmen und politischen Leitlinien, die Washingtons Handeln im Kalten Krieg bestimmten.[4] Zudem leistete er jenem Denken Vorschub, das zum amerikanischen Engagement im Vietnamkrieg führte: Befürchtungen der US-Regierung, sie könne »das Gesicht verlieren«, wenn sie einem Vormarsch des Kommunismus in Asien nichts entgegensetze – Befürchtungen, die mit zu der heute bekannten »Dominotheorie« beigetragen haben dürften.

Mit einer Betrachtung der Akteure, die den Koreakrieg auslösten und an ihm teilnahmen, und einer Analyse der daraus resultierenden Veränderungen der politischen Leitlinien und Paradigmen hoffe ich nachzuweisen, dass dieser Krieg das erste und vielleicht auch bedeutendste Ereignis in der Frühzeit des Kalten Krieges war – und mithin der erste »heiße Krieg im Kalten Krieg«, in dem das Leben Tausender Amerikaner geopfert wurde.

Nordkoreas Suche nach Unterstützung

Die Nord- wie die Südkoreaner verweisen auf die künstliche Teilung ihrer Halbinsel 1945 durch die Vereinigten Staaten und die Sowjetunion. Ähnlich wie Deutschland zur selben Zeit wurde das koreanische Territorium in zwei (hier ungefähr gleich große) Teile geteilt. Hinter der Tei-

---

3 David T. Fautua, The Long Pull Army: NSC 68, the Korean War, and the Creation of the Cold War U.S. Army, in: *Journal of Military History* 61 Heft 1, (Januar 1997), URL: http://www.mtholyoke.edu/acad/intrel/longpull.htm.

4 Ben Wattenberg, The First Measured Century, *PBS.COM*, 31. 8. 2000, URL: http://www.pbs.org/fmc/book/11government5.htm.

lung steckte die Überlegung Washingtons, die Sowjetunion werde das gesamte Territorium beanspruchen und ihrer Einflusssphäre einverleiben,
wenn ihr die USA nicht die nördliche Hälfte überlassen würden. Diese
Einschätzung mag richtig gewesen sein. Inzwischen deutet einiges darauf
hin, dass die Sowjetunion diesem Handel in der Hoffnung zustimmte,
dass sie im besetzten Japan ein ähnliches Gewicht erhalten würde.[5]

Zur Zeit der koreanischen Teilung waren beide Regierungen auf der
Halbinsel instabil und hingen wirtschaftlich, politisch und militärisch
fast vollständig von ihrer jeweiligen Schutzmacht ab. In ihrem vehemen-
ten Patriotismus strebten beide Seiten der willkürlich geteilten Nation
letztlich die Wiedervereinigung der Halbinsel an, die notfalls auch mit
Gewalt durchgesetzt werden sollte. In Pjöngjang verhalfen die Sowjets
einem begeisterten ehemaligen Guerillakämpfer an die Macht, dem jungen und damals im Westen fast unbekannten Führer Kim Il Sung. Kim
hatte (ab 1935) in verschiedenen Guerillagruppen gegen die Japaner gekämpft und stieg 1941, als seine Gruppe durch ein japanisches Expedi-
tionskorps aus China vertrieben wurde, zum Kommandeur einer Einheit
auf. Seine Streitkräfte wurden nach ihrer Flucht in die Sowjetunion bei
Chabarowsk durch sowjetische Militärs ausgebildet, um gegebenenfalls
bei Gefechten im Fernen Osten eingesetzt zu werden. 1945 kehrte Kim
triumphal nach Korea zurück und wurde zum Führer des neu gegründeten Provisorischen Volkskomitees auserkoren. Aus dem erbitterten
Machtkampf, der unter den zurückgekehrten revolutionären Gruppen
ausbrach, ging Kim mit seinen Partisanen als Sieger hervor. Er übernahm
die Führung der Kommunistischen Partei Koreas und wurde 1948 zum
Ministerpräsidenten der Demokratischen Volksrepublik Korea (DVRK)
»gewählt«.[6]

Kaum hatte Kim seine Macht in Nord-Korea gefestigt, bemühte er sich
um die militärische Unterstützung der Sowjets, um einen Feldzug zur
Wiedervereinigung Koreas zu führen. Ab Ende 1948 baute er eine Armee
auf, die offensive Operationen durchführen konnte. Bis 1949 entstand so
(ausschließlich dank sowjetischer Ausrüstung und Ausbildung) eine ein-
drucksvolle Streitmacht mit mehreren Infanteriedivisionen, einer Artille-
riedivision und einer Fliegerdivision. Bis Ende des Jahres gewannen die
nordkoreanischen Streitkräfte bedeutend an Schlagkraft und Stärke (inzwischen 188 000 Mann). Der Staat verfügte nunmehr über eine robuste

---

5 James T. Matray, Captive of the Cold War: The Decision to Divide Korea at the
   38th Parallel, in: *Pacific Historical Review* 50 (Mai 1981), Heft 2, S. 145–168.
6 Asia Biography: Kim Il-sung, in: *The Encyclopedia of Asian History, the Asia
   Society, 1988,* URL: http://www.asiasource.org/society/kimilsung.cfm.

Luftwaffe (mit Jägern und Bombern), verstärkt durch zwei Divisionen, die zuvor an der Seite der chinesischen kommunistischen Streitkräfte (inzwischen Sieger über die nationalistischen Kräfte in China) gekämpft hatten. Unterstützt wurden die Nordkoreaner auf sämtlichen Ebenen durch sowjetische Berater, die sie in russischer Militärdoktrin, Taktik und Planung ausbildeten. Der engere Kreis der militärischen und politischen Führung der koreanischen Volksarmee rekrutierte sich aus den Partisanenabteilungen, die gegen die Japaner gekämpft hatten. Ihre Vertreter besetzten die Führungspositionen im Ministerium für nationale Verteidigung und die entscheidenden Kommandoposten im Militär.[7]

Mit zunehmender Stärke und Einsatzbereitschaft der Streitkräfte intensivierte Kim seine Bemühungen, das Einverständnis der UdSSR für einen Krieg zur Vereinigung der Halbinsel zu gewinnen. Tatsächlich belegt 1993 verfügbar gewordenes Material aus russischen Archiven, dass Kim Stalin in nicht weniger als 48 Telegrammen um die Genehmigung zu einer Invasion des Südens sowie um Unterstützung bei deren Planung und Durchführung ersuchte.[8]

Zudem wandte sich Kim an den damaligen sowjetischen Botschafter in Nord-Korea und an den Botschafter der neu gebildeten Regierung der Volksrepublik China (VR China). Über beide drängte er weiterhin auf die Zustimmung Stalins und Mao Zedongs, Korea mit militärischen Mitteln zu vereinigen. Im März und April 1950 besuchte er schließlich Moskau und Peking. Bei beiden Visiten zeigte er sich davon überzeugt, dass die USA auf einen Kriegseintritt zugunsten von Syngman Rhees Regierung im Süden verzichten würden, und sicherte sich so die Unterstützung von Moskau und Peking. Ihre Ziele plante die nordkoreanische Regierung in drei Phasen zu erreichen: erstens durch die Konzentration von Truppen am 38. Breitengrad; zweitens durch einen Appell an den Süden, einer friedlichen Vereinigung zuzustimmen; und drittens durch den Beginn der Kriegshandlungen, wenn der Süden den Vorschlag zu einer friedlichen Vereinigung ablehnen würde.[9]

---

7 N. L. Volkovskiy, The War in Korea 1950–1953, in: *Military Historical Library*, OOO Izdatel'stvo Poligon (Sankt Petersburg 2000), URL: http://www.korean-war.com/Russia/KoreaPoligon29-55.html.

8 Kathryn Weathersby, New Findings on the Korean War, übersetzt und kommentiert v. Kathryn Weathersby, in: *Cold War International History Project Virtual Archive*, 1993, URL: http://wwwics.si.edu/index.cfm.

9 Memorandum on the Korean War, 1950–53, and the Armistice Negotiations, *State Archival Service of the Russian Government*, Correspondence (9. 8. 1966), übersetzt v. Kathryn Weathersby (Januar 1993), URL: http://wwics.si.edu/index.cfm.

Nach Kims Besuchen in Moskau und Peking im Frühjahr 1950 ließ Stalin sämtliche Bitten um die Lieferung von Waffen und Ausrüstung, die der Bildung einer Verstärkung der koreanischen Volksarmee (KVA) dienen sollten, rasch erfüllen. Die chinesische Führung schickte Nord-Korea eine Division, die in der chinesischen Armee im Kampf gegen die Nationalisten gedient hatte. Zudem versprach sie Lebensmittelhilfen und verlegte eine Armee »für den Fall, dass die Japaner auf der Seite Süd-Koreas intervenieren« würden, näher an Korea heran. Ende Mai 1950 verkündeten der Generalstab der KVA und ihre Militärberater, alles sei für die anstehende Truppenkonzentration am 38. Breitengrad bereit. Kim Il Sung legte den Beginn der Militäroperationen auf Juni 1950 fest. Nach den Plänen der KVA-Führung und der sowjetischen Militärberater sollten die Truppen 15 bis 20 Kilometer pro Tag vorrücken und die Kampfhandlungen in 22 bis 27 Tagen abgeschlossen sein.[10]

Die Rolle der Sowjetunion im Koreakrieg

Im Jahr 1950 betrachteten die USA und ihre wichtigsten Verbündeten die Invasion Süd-Koreas durch Nord-Korea als eine rein sowjetische Operation, bei der die Nordkoreaner lediglich als »Stellvertretertruppen« dienten. Tatsächlich hieß es in einem Memorandum des Außenministeriums: »Auch wurde überlegt, was zu tun sei, falls die Sowjetunion weitere Schritte unternehmen würde. Er [Präsident Truman] verwies auf ein Papier, das er an das Verteidigungsministerium geleitet hatte, bezüglich der Vorkehrungen, mit denen Gefechte in Korea unter Beteiligung sowjetischer Streitkräfte vermieden werden sollten.«[11] Bis Mitte der 1990er Jahre, bevor die sowjetischen und chinesischen Archive für Historiker öffentlich zugänglich wurden, teilten zahlreiche Historiker die Einschätzung einer sowjetisch gesteuerten Aggression.[12] In Wirklichkeit ließen sich die Sowjets zur Unterstützung eines Krieges hinreißen, der

---

10 Ebenda.
11 Phillip C. Jessup, Memorandum of Conversation, dated June 28, 1950, recounting a National Security Council Meeting at the White House Cabinet Room, Participants: President Harry S. Truman, the NSC, and top State Department Officials; Discussion Topic: the Soviet Union's potential responses to the U.S. defense of South Korea, in: *The Truman Presidential Library and Museum*, URL: http://www.trumanlibrary.org/whistlestop/study_collections/korea/large/week1/kw_34_1.html.
12 Siehe hierzu Bruce Cummings, *The Origins of the Korean War*, 2 Bde., Princeton 1990, Bd. 1, S. 25–160.

keinem ihrer Ziele diente und der schließlich dafür sorgte, dass sie in Europa (das für sie höhere Priorität hatte) mit einer größeren Anzahl von US-Soldaten konfrontiert wurden, als dies ohne den Koreakrieg der Fall gewesen wäre. Gleichwohl steht zweifellos fest, dass Nord-Korea den Vereinigungskrieg auf der Halbinsel ohne die massive sowjetische Unterstützung nicht hätte in Angriff nehmen können.

Tatsächlich hat sich inzwischen herausgestellt, dass Stalin zwar der Finanzierung, Ausbildung und Ausrüstung einer gewaltigen und (besonders auf der Führungsebene) kampferprobten nordkoreanischen Streitmacht zustimmte, den Angriff auf den Süden aber aus Angst vor einem Kriegseintritt der Amerikaner nur widerwillig unterstützte. Nach Nikita Chruschtschows Memoiren erteilte Stalin Kim Il Sung die Genehmigung zum Angriff auf den Süden erst, nachdem dieser ihn davon überzeugt hatte, dass die Streitkräfte der DVRK im Süden als »Befreier« begrüßt würden.[13] Auch glaubte Stalin bis 1950, dass er erstens Nord-Korea als Verhandlungsmasse in der Sicherheitsstruktur in Ostasien nutzen könne und zweitens vordringlich verhindern müsse, dass das Land zum Ausgangspunkt einer künftigen Aggression gegen die UdSSR würde. Daraus ergibt sich, dass Stalin ursprünglich ganz andere Ziele verfolgte als einen groß angelegten Krieg. Bei diesen geopolitischen Zielen hatte Nord-Korea nachrangige Priorität gegenüber der sowjetischen Machtentfaltung in Osteuropa.[14]

Die genaue Reichweite des sowjetischen Einflusses auf Nord-Korea ist sehr schwierig abzuschätzen. Immerhin deuten Hinweise, die 1994 und 1995 durch die Tagebücher des sowjetischen Generals Terenty Fomitsch Schtykow zum Vorschein kamen, einerseits auf Schwierigkeiten der Sowjets hin, die Nordkoreaner von Anfang an (ab 1946) zu einer vollständigen Kooperation zu bewegen. Die Tagebücher belegen andererseits einen gewaltigen Einfluss der Sowjets auf die Politik Nordkoreas. Tatsächlich gibt es Hinweise darauf, dass die nordkoreanischen Führer zumindest anfangs ganz unter der Vormundschaft der sowjetischen Besatzungsarmee standen. Wenn es allerdings darum ging, die innenpolitischen Abläufe in Nordkorea zu kontrollieren, stieß Moskau fast von Anfang an auf Schwierigkeiten. King Il Sung verfügte im Kreis seiner Kollegen in der Parteiführung über eine ausgezeichnete Verhandlungs-

---

13 Nikita Chruschtschow, *Chruschtschow erinnert sich*, Reinbek 1971, S. 372–378.
14 James I. Matray, Korea's Partition: Soviet-American Pursuit of Reunification, 1945–1948, in: *Peace Forum* 6, URL: http://www.mtholyoke.edu/acad/intrel/korpart.htm.

position, die auf seinem Ansehen als Partisan im Kampf gegen die Japaner beruhte. Dadurch genoss er innerhalb seiner Machtbasis tendenziell mehr Unterstützung als durch seinen Rückhalt in der Sowjetarmee.[15] Tatsächlich konnte Kim 1950, als die faktische Besatzungsarmee aus Nordkorea abgezogen war, mit Stalin, Mao und den Botschaftern ihrer jeweiligen Länder direkt verhandeln.

Warum nun stimmte Stalin der groß angelegten Invasion des Südens durch Kims Truppen zu, obwohl er doch die Entschlossenheit der USA keineswegs auf die Probe stellen und einen militärischen Konflikt vermeiden wollte? Zum einen erlag er der permanenten Kriegsrhetorik der Regierung aus Seoul. Kim Il Sung verstand es, Stalins Ängste zu schüren, indem die sowjetischen Vertreter im Außenministerium mit einer nicht abreißenden Flut von Berichten offizieller Vertreter Süd-Koreas konfrontiert, in denen diese ihre »Bereitschaft und Entschlossenheit« erklärten, das Land mit militärischer Gewalt wiederzuvereinen.[16] Obwohl sich leicht hätte zeigen lassen, dass die Südkoreaner zu einer entsprechenden Militäroperation gar nicht in der Lage waren, beeinflussten ihre Drohungen offenbar Stalins Entscheidung.

Zum anderen befürchtete Stalin wahrscheinlich, China könne die Sowjetunion im Falle von Passivität als einen unsicheren Verbündeten ansehen, der die kommunistischen Ziele in Fernost nur halbherzig unterstütze. Mao hatte China (mit Ausnahme Taiwans) 1949 schließlich unter kommunistischer Herrschaft vereinigt.[17] So gerieten die Sowjets möglicherweise in eine »Glaubwürdigkeitsfalle«, die sie zwang, einen unerwünschten Krieg auszufechten, um das Vertrauen ihrer ostasiatischen Verbündeten zu behalten.

---

15 Hyun-su Jeon/Gyoo Kahng, The Shtykov Diaries: New Evidence on Soviet Policy in Korea, in: Cold War International History Project Virtual Archive, 1995, URL: http://wwics.si.edu/index.cfm.

16 The Syngman Rhee Era, 1946–60, Historical Reference.Com, 1990, URL: http://reference.allrefer.com/country-guide-study/south-korea/south-korea27.html; Report to Ministry of Information, in: TASS, 31. 10. 1949, ins Englische übersetzt v. Kathryn Weathersby: AVP RF, Fond Archiwno-sprawotschnaia biblioteka, Opis 18, Delo 6, Papka.

17 Kathryn Weathersby, Working Paper #8: Soviet Aims in Korea and the Origins of the Korean War, 1945–50: New Evidence from Russian Archives, in: Cold War International History Project Virtual Archive, URL: http://wwics.si.edu/index.cfm.

Chinas Rolle im Koreakrieg

Nach einhelliger Ansicht sämtlicher Historiker, die sich (auf beiden
Seiten) mit dem Koreakrieg auseinander gesetzt haben, bildete Chinas
Kriegseintritt nach der Landung in Inchon und dem sich daraus ergeben-
den Zusammenbruch der KVA bis zur Waffenstillstandserklärung 1953
das bedeutendste Ereignis dieses Konfliktes.[18] Wie erst in jüngster Zeit
zutage trat, war Peking in diesen Krieg nur mit äußerstem Zögern eingetreten.

Noch am 3. Oktober 1950, wenige Wochen bevor die chinesischen
Truppen den Yalu überquerten und so in den Koreakrieg eintraten, legte
Mao in einem Telegramm an Stalin insbesondere die Gründe für seine
zögerliche Haltung dar, seine Truppen direkt in diesen Konflikt eingreifen zu lassen. Zunächst habe er nur wenige Divisionen anzubieten, die
zudem dürftig ausgebildet und ausgerüstet seien. Zudem äußerte er die
Besorgnis, ein chinesischer Kriegseintritt werde einen direkten Konflikt
mit den USA auslösen, in den dann auch die Sowjetunion hineingezogen
werden könne. Auch ging Mao davon aus, dass »Korea nach einer vor-
übergehenden Niederlage die Form der Auseinandersetzung wechseln
und zum Partisanenkrieg übergehen« werde.[19]

Warum aber entschieden sich die Chinesen letztlich doch für eine umfassende Beteiligung (wobei sich Maos erste Wahl für das Oberkommando der »Freiwilligen«, Marschall Lin Biao, krank meldete und zur
Behandlung nach Moskau flog).[20]

Ausschlaggebend waren dabei offenbar politische und ideologische
Gründe, die für das Überleben des kommunistischen Regimes in China als
entscheidend angesehen wurden. Die Führung in Peking war davon überzeugt, dass man gegen Truppen kämpfen würde, die ein von den USA geführtes weltweites reaktionäres Lager vertraten. Und dessen Ziel sei die
Vernichtung des neuen kommunistischen Regimes in China. Zudem
glaubte Mao, sein Land müsse dem bedrohten Nord-Korea zu Hilfe eilen,
wenn es nicht riskieren wolle, im Fall der Gefahr seinerseits von der

---

18 Anniversary of Chinese Peoples Volunteers Entry into Korean Front Observed,
   in: *KCNA*, 25. 10. 2003, URL: http://www.globalsecurity.org/wmd/library/
   news/dprk/2003/10/dprk-031027-kcna05.htm.
19 Ciphered telegram from [Soviet Ambassador to China N.V.] Roschchin in Beijing to Filippov [Stalin], 3 October 1950, conveying 2 October 1950 message
   from Mao to Stalin, URL: http://nationalhistoryday.org/03_educators/2001-
   2003curbook/new_page_41.htm.
20 Paul Noll, Marshall Lin Biao, in: *Chinese Leaders of Korean War* (Januar
   2006), URL: http://www.paulnoll.com/Korea/War/Marshal-Lin-Biao.html.

UdSSR im Stich gelassen zu werden. Schließlich unterschätzte Mao die Kampfkraft der US-geführten Truppen und meinte, er könne mit dem Einsatz einer gewaltigen Anzahl von Soldaten einen raschen Sieg erringen.[21]

Kaum waren die Chinesen in den Krieg eingetreten, verkomplizierten sich ihre Beziehungen zu den Nordkoreanern. Mehrfach mischten sie sich in die inneren Angelegenheiten der DVRK ein. Häufig suchten sie die Annäherung an die Kommandeure der KVA, während sie sich von Kim Il Sung distanzierten, den viele chinesische Kommandeure für einen ungeeigneten Militärführer hielten.[22] Festgehalten werden kann zudem, dass die Chinesen sich auch von den sowjetischen Beratern distanzierten, worauf sich als Endergebnis in den nordkoreanischen Streitkräften wie auch in der kommunistischen Partei Nord-Koreas eine »prochinesische« und eine »prosowjetische« Fraktion bildeten. Nach dem Koreakrieg und der Festigung seiner Macht sollte Kim Il Sung das Land von beiden Fraktionen säubern.[23]

Letztlich sollten sich die Chinesen als eine größere Bedrohung für die Stabilität von Kims Regierung erweisen als die Sowjets, was zweifellos kulturelle wie auch historische Gründe hatte. Dennoch gelang es den Nordkoreanern während des Krieges, bei ihren Entscheidungen Unabhängigkeit zu wahren und die Chinesen dahingehend zu manipulieren, dass sie fast alle ihrer außenpolitischen und militärischen Ziele unterstützten – obwohl die nordkoreanische Armee im Kampfeinsatz praktisch weggefegt worden war und fast das ganze Jahr 1951 neu ausgebildet und ausgerüstet werden musste. Als Kim während des Kalten Krieges seine Macht nach innen und außen konsolidierte und die Kriegsgefahr in der Friedensphase von der Mitte bis zum Ende der 1950er Jahre schwand, zog China sämtliche Truppen aus Nord-Korea ab. 1958 verließen 800 000 »Freiwillige« der VR China das Land – als die letzten ausländischen Truppen, die jemals auf nordkoreanischem Boden stationiert gewesen waren.[24] In krassem Gegensatz dazu sind im Rahmen des Bünd-

---

21 Michael M. Sheng, China's Decision to Enter the Korean War: Reappraisal and New Documentation, in: *Korea and World Affairs* XIX (Sommer 1995), Heft 2, URL: http://kimsoft.com/korea/cn-korea.htm.

22 Kathryn Weathersby, Bulletin 3, from the Russian Archives Pact, in: *Cold War International History Project Virtual Archive* (1994), URL: http://wwics.si.edu/index.cfm.

23 Andrei N. Lankov, Kim Il-sung's Campaign against the Soviet Faction in late 1955 and the Birth of Chuje, in: *Korean Studies* 23 (1999), S. 42–45.

24 Kim Yongchan, North Korea's Military Downsizing and its Problems, in: *Peace Korea* (2002), URL: http://www.peacekorea.org/eng/forum/002.html.

nisses mit den USA bis heute 37000 amerikanische Soldaten in Süd-Korea stationiert.[25] Auf die Rolle Süd-Koreas während der Ereignisse, die zum Krieg führten, und auf seine Rolle als Kriegsteilnehmer und auf der internationalen Bühne im Kalten Krieg soll als Nächstes eingegangen werden.

Die Beziehungen zwischen Süd-Korea und den USA

Während die Sowjets nach der Aufteilung der koreanischen Halbinsel 1945 für die Regierung in Pjöngjang eintraten, stellten sich die USA sich auf die Seite der Regierung in Seoul. Da in Korea nach der japanischen Besatzung die politischen Strukturen zerstört waren, setzten die Amerikaner in Seoul zunächst eine Regierung unter Leitung eines ehemaligen Führers der koreanischen »Exilregierung« ein. Syngman Rhee hatte ganz zu Anfang 1945 und bis zu seiner »Wahl« 1948, die nur für die Bezirke südlich des 38. Breitengrades erfolgte, mit einer Vielzahl von Problemen zu kämpfen. Seine Machtbasis war nur schwach ausgebildet. In der Armee, wo mangelnde Loyalität herrschte, kam es ständig zu Meutereien. Und die Regierung wurde von dauernden Machtkämpfen erschüttert.[26]

Die US-Militärbehörden waren personell zunächst relativ schwach besetzt (bei den außenpolitischen und militärischen Beratern hatte Europa noch immer Priorität). Zudem waren nur wenige Vertreter vor Ort mit den kulturellen Gegebenheiten Koreas vertraut. Und diese gingen – was wohl am schlimmsten war – davon aus, dass ihnen zur Errichtung eines funktionierenden Regierungsapparats im Süden nur »wenig Zeit« zur Verfügung stehe. So gelangte die Macht bei der Übergabe an Südkoreaner vornehmlich in die Hände erzkonservativer Politiker und reicher Großgrundbesitzer. Die US-Militärbehörden, die es eilig hatten, die Verantwortlichkeiten den Koreanern zu übertragen (und das Land möglichst schnell wieder zu verlassen), wandten sich zwischen 1945 und 1948 an Vertreter aus dem Militär und der Polizei, die während der Besatzung (1910–1945) mit den Japanern kollaboriert und im Zweiten Weltkrieg für sie gekämpft hatten.[27] Das Regime und sämtliche Ebenen

---

25 South Korea: US Troops Must Stay, in: *BBC News*, 25. 6. 2000, URL: http://news.bbc.co.uk/1/hi/world/asia-pacific/804510.stm.

26 CNN: Cold War Special, Syngman Rhee, South Korean President, *CNN.Com*, 2000, URL: http://www.cnn.com/SPECIALS/cold.war/kbank/profiles/rhee/.

27 Mark L. Clifford, Troubled Tiger: Businessmen, Bureaucrats and Generals in South Korea, New York 1994, S. 28f., URL: http://www.pennfamily.org/ KSS-USA/clifford.html.

der Führung hatten deswegen in der südkoreanischen Bevölkerung ein Glaubwürdigkeitsproblem. Unter der Bevölkerung Nord- wie Süd-Koreas herrschte als Folge der brutalen Besatzung allgemein eine vehemente Abneigung gegen die Japaner vor, und diejenigen, die in dieser Zeit Schlüsselpositionen in der Regierung der japanischen Besatzungsmacht innegehabt hatten, galten schlicht als die Lakaien Tokios. Auch wenn es für die amerikanische Regierung wohl kurzfristig die einfachste Lösung gewesen war, die Macht an Beteiligte des einstigen japanischen Regierungsapparates zu übergeben, so sorgte diese Politik in der Zeit von 1945 bis 1948 für eine tiefgreifende Unzufriedenheit, die sich in Unruhen im Militär sowie in Aufständen und Demonstrationen äußerte.

Kaum hatte Syngman Rhee seine Macht als Chef der südkoreanischen Regierung gefestigt, bemühte er sich bei den USA – wie Kim Il Sung bei der Sowjetunion – wiederholt um eine umfassende Unterstützung bei der Ausbildung und Ausrüstung seiner Truppen. Anders als die Sowjets reagierten die Amerikaner allerdings nicht auf die Appelle, den Aufbau einer Streitmacht mit einem Angriffspotenzial zu unterstützen. Mit seiner ständigen Rhetorik einer gewaltsamen Vereinigung der Halbinsel erschreckte Rhee offenbar die hochrangigen Regierungsvertreter in Washington, die damals bestrebt waren, Militärhilfen an ausländische Nationen möglichst weit herunterzufahren. So sprachen sich 1947 die vereinten Stabschefs der US-Streitkräfte denn auch für einen raschen Rückzug der amerikanischen Truppen noch im kommenden Jahr aus. Als ein größerer Aufstand gegen Syngman Rhees Regierung ausbrach, wurde der Abzug auf 1949 verschoben. Dennoch hielt die US-Regierung daran fest, den Südkoreanern nur so viel Militärhilfe zu gewähren, wie zur Vorbeugung gegen innere Unruhen und zur Abschreckung eines Angriffs durch Nord-Korea notwendig war. Die Truman-Administration verweigerte etwa die Lieferung von Panzern, schwerer Artillerie und Kampfflugzeugen – während im Gegensatz dazu das Militär Nord-Koreas zur gleichen Zeit mit solchen Waffen ausgerüstet wurde.[28]

Zusätzlich belastet wurden die Beziehungen zu Truman und den führenden amerikanischen Militärs und Diplomaten durch Rhees sture und eigenwillige Persönlichkeit. General William Dean, später einer der bedeutendsten US-Kommandeure im Koreakrieg, beschrieb Rhee als den »widerspenstigsten Mann«, den er je gekannt habe. Er sei »nur mit Ge-

---

28 James I. Matray, Revisiting Korea: Exposing Myths of the Forgotten War, in: *Prologue* 34 (Sommer 2002), Heft 2, URL: http://www.archives.gov/publications/prologue/summer_2002_korean_myths_1.html.

walt in die Schranken zu weisen«.[29] Eine ebenso große Rolle wie die Persönlichkeit Rhees spielte bei den gespannten Beziehungen zwischen Washington und Seoul in den Jahren vor und während des Koreakrieges eine mangelhafte Vertrautheit mit den dortigen kulturellen Verhältnissen. So merkte der altgediente Beamte U. Alexis Johnson (der von 1945 bis 1951 im Büro für nordostasiatische Angelegenheiten im Außenministerium diente) an: »Das heißt, es gab kaum Literatur, gab kaum einen Austausch, und es wurde wenig veröffentlicht. Ich konnte über Korea als Einziges sagen, dass ich gewaltig überrascht war.«[30]

So befand sich das Regime in Seoul beim Ausbruch der Kampfhandlungen in zwei zentralen Aspekten eindeutig in einer prekäreren Lage als die Regierung in Pjöngjang: Erstens übte Rhee über seine Bevölkerung und sein Militär eine weitaus weniger gefestigte Macht und Kontrolle aus als Kim Il Sung. Und zweitens waren Rhees Beziehungen zu den USA weitaus gespannter als die von Kim zur Sowjetunion. Obwohl Nord-Korea nicht an der Spitze der Prioritätenliste der sowjetischen Außenpolitik stand, erhielt Kim Il Sung praktisch alle »Instrumente« und die benötigte Unterstützung, um in seinem neuen Nationalstaat die innere Ordnung aufrechtzuerhalten und Offensivstreitkräfte zur Vereinigung der koreanischen Halbinsel aufzubauen. Das mangelnde Vertrauen zwischen den Regierungen in Seoul und Washington, die relativ geringe Unterstützung Washingtons mit Blick auf die Ausbildung und Ausrüstung des südkoreanischen Militärs sowie eine US-Politik, bei der die Schlüsselpositionen des Staates mit Figuren besetzt wurden, die wegen ihrer Kollaboration mit den verhassten japanischen Besatzern kein Vertrauen genossen, verhinderten letztlich, dass auf dem südlichen Territorium der koreanischen Halbinsel ebenfalls ein starker Nationalstaat entstand. Süd-Korea war schlecht auf den Krieg vorbereitet. Weil er aber den Kalten Krieg anheizte, verstärkte sich das Engagement der USA zunehmend.

---

29 William Dean, Major General Dean's Assessment of Rhee, 23 October 1953, in: *The Papers of Dwight D. Eisenhower, The Dwight D. Eisenhower Presidential Library*, URL: http://www.dwightdeisenhower.com/koreanwar.
30 Richard D. McKinzie, Oral History Interview with U. Alexis Johnson, in: *The Truman Presidential Museum and Library*, 19. 6. 1975, URL: http://www. trumanlibrary.org/oralhist/johnsona.htm.

Washingtons Eintritt in den Krieg

Wie erörtert, wurde Nord-Koreas Einmarsch in den Süden in Washington fälschlicherweise als eine reine Umsetzung von Stalins Politik durch die Nordkoreaner interpretiert. Präsident Trumans Entscheidung, in den Krieg einzutreten, wurde von der Befürchtung diktiert, diese Invasion werde sich als Auftakt zu einer weltweiten sowjetischen Aggression erweisen, von der insbesondere Europa und der Mittlere Osten betroffen sein würden. Am 26. Juni 1950 sagte er: »Korea ist das Griechenland des Fernen Ostens. Wenn wir jetzt ausreichend Härte zeigen, wenn wir ihnen trotzen wie vor drei Jahren in Griechenland, übernehmen sie keine weiteren Schritte. Aber wenn wir untätig zuschauen, marschieren sie in den Iran ein und bringen den gesamten Mittleren Osten unter ihre Kontrolle. Nicht auszudenken, was sie tun werden, wenn wir jetzt nicht kämpfen.«[31]

Wie aus den oben angeführten Unterlagen hervorgeht – und zahlreiche andere Dokumente aus den Präsidentenbibliotheken Trumans und Eisenhowers bestätigen dies –, befürchteten die USA für den Fall, dass sie Süd-Korea nicht zu Hilfe eilen würden, ein Glaubwürdigkeitsproblem gegenüber der Sowjetunion. Da Truman die Invasion offenbar als Testfall für die Entschlossenheit Washingtons im Kampf gegen den Kommunismus ansah, musste er die schwache Regierung und das schwache Militär in Süd-Korea jetzt zwangsläufig mit voller Kraft unterstützen. Der Vorsitzende der vereinten Stabschefs Omar Bradley meinte, die Lage in Korea biete eine gute Gelegenheit, eine Grenzlinie zu ziehen.[32] Im Denken der damaligen Machthaber in Washington war der Eintritt in den Koreakrieg weniger wegen der Bedrohung Süd-Koreas im Fernen Osten wichtig; vielmehr fürchteten sie die weltweiten Auswirkungen, sollten es die Vereinigten Staaten unterlassen, den Kommunismus in einer Region zu bekämpfen, in der sie ein proamerikanisches Regime eingesetzt hatten.

Die Rolle Süd-Koreas, das für den Kampf gegen den Norden die Unterstützung der Vereinten Nationen (UN) und der Amerikaner gewann,

---

31 George M. Elsey, President Truman's Conversation with George M. Elsey: June 26, 1950, in: *The Truman Presidential Library and Museum*, URL: http://www.trumanlibrary.org/study_collections/korea/large/week1/.

32 Phillip C. Jessup, Memorandum of Conversation, dated June 25, 1950, United States Department of State, in: *The Truman Presidential Museum and Library*, URL: http://www.trumanlibrary.org/whistlestop/study_collections/korea/large/week1/kw_4_1.htm.

muss so vor dem Hintergrund der damaligen weltpolitischen Verhältnisse erörtert werden. Rhee bemühte sich bei den USA intensiv um Unterstützung für seine sich rasch auflösende Armee und um die sofortige Entsendung von Bodentruppen. Aber wie erwähnt, dürften Rhees Bitten bei der Entscheidung der USA, in den Krieg einzutreten, nur eine untergeordnete Rolle gespielt haben. So wurde die südkoreanische Regierung in die Diskussion um entsprechende Schritte denn auch kaum eingebunden, als Truman am 26. Juni 1950 den UN-Sicherheitsrat zum Eingreifen in den Konflikt drängte.[33]

Der Eindruck, dass es sich bei der Invasion um eine offene sowjetische Aggression handele, wurde durch den fünf Monate zuvor erfolgten Auszug der Sowjets aus dem UN-Sicherheitsrat verstärkt. Anlass war die »China-Frage« gewesen, als die Vereinten Nationen an der Anerkennung der Regierung in Taiwan festhielten, obwohl Mao inzwischen das gesamte Festland Chinas kontrollierte, und damit die Sowjets verärgerten.[34] Obwohl Süd-Korea erneut in den Prozess kaum einbezogen wurde (das UN-Kommando ging an einen US-General), sollte es von einer sofortigen Unterstützung durch die Vereinten Nationen und – noch bedeutender – durch die USA profitieren. Zu diesem kritischen Augenblick war für Rhee nicht mehr daran zu denken, seine Macht vollständig zu konsolidieren oder eine Armee so gut auszubilden und auszurüsten, dass sie den zahlenmäßig haushoch überlegenen und hervorragend ausgebildeten Truppen Nord-Koreas nennenswert Widerstand hätte leisten können.

Dass der Eintritt in den Koreakrieg zur Aufrechterhaltung der Glaubwürdigkeit absolut notwendig sei, war nicht nur die Sichtweise der Machthaber in Washington. Tatsächlich wurde sie von den meisten US-Verbündeten in Westeuropa geteilt. Dokumente, die Gespräche zwischen europäischen und amerikanischen Diplomaten wiedergeben, belegen eine sehr reale Besorgnis um die eigene Glaubwürdigkeit: So teilte der norwegische Botschafter dem US-Außenminister Acheson am 30. Juni 1950 mit, »dass die Gefahren einer Untätigkeit weitaus größer seien als

---

33 Harry S. Truman, Statement, dated June 26, 1950, Announcing that it will be the Policy of the United States to Support the Effort of the UN Security Council to Put an End to the North Korean Invasion of South Korea, Papers of Harry S. Truman: President's Secretary's Files, in: *The Truman Presidential Museum and Library*, URL: http://www.trumanlibrary.org/whistlestop/study_ collections/korea/large/week1/kw_11_1.html.

34 Dean Acheson, Present at the Creation. My Years at the State Department, New York 1969, S. 355–358, URL: http://www.mtholyoke.edu/acad/intrel/ acheson4.htm.

die Gefahren, uns dem Problem in Korea zu stellen«.[35] Noch konkreter in ihrer Besorgnis äußerte sich die französische Regierung, die das Vorgehen im Koreakrieg (wie die politischen Entscheidungsträger in Washington Wochen zuvor) in eine viel umfassendere geopolitische Überlegung einbettete. Laut Acheson war »das neue französische Kabinett darüber besorgt, welche Auswirkung unsere Militäroperationen in Korea auf die europäische Wiederbewaffnung haben würde. Ich versicherte ihm, dass es uns angesichts der Lage in Korea umso wichtiger erschien, die Bewaffnung der Nationen des Nordatlantikpakts energisch und rasch voranzutreiben [...]«.[36] Allein die Tatsache, dass sich die USA – und ihre wichtigsten Verbündeten in den Vereinten Nationen – für den Beginn eines groß angelegten Engagements auf der koreanischen Halbinsel entschieden hatten, bedeutete mit Blick auf die Strategien im Kalten Krieg einen Paradigmenwechsel, und zwar nicht nur in den Augen der USA, sondern auch in der Wahrnehmung der US-Verbündeten in Europa. Wie oben dargelegt, teilte auch China die Einschätzung, dass dieser Krieg, der in einem kleinen Land mit einem Staatsgebiet von relativ geringer strategischer Bedeutung ausgefochten wurde, auf die eigene Außenpolitik und die nationale Sicherheit gewaltige Auswirkungen hatte. Diese sollten im Verlauf des Krieges sehr deutlich zutage treten – insbesondere mit Blick auf die Militäretats und Truppenstationierungen der Vereinigten Staaten.

Die Auswirkungen des Koreakrieges auf die US-Außenpolitik

Der Koreakrieg hatte auf die US-Außenpolitik unmittelbare und nachhaltige Folgen. (So blieben die Pläne und Strategien mit Blick auf die internationalen Beziehungen unter den wechselnden Regierungen der Republikaner und Demokraten bis zur faktischen Beendigung des Kalten Krieges in den Jahren 1989 bis 1991 im Wesentlichen unangetastet.) Am

---

35 Dean Acheson, Memorandum of Conversation, dated June 30, 1950, with Norway's Ambassador: Papers of Dean Acheson, in: *The Truman Presidential Museum and Library*, URL: http://www.trumanlibrary.org/whistlestop/study_collections/korea/large/week1/kw_64_1.html.

36 Dean Acheson, Memorandum of Conversation, dated July 17, 1950, describing discussion of Korean developments as they affect the international situation, between the Ambassador of France and the Secretary of State: Papers of Dean Acheson, in: *The Truman Presidential Museum and Library*, URL: http://www.trumanlibrary.org/whistlestop/study_collections/korea/large/week2/kw_106_1.html.

24. Juli 1950, knapp einen Monat nach dem Einmarsch der Nordkoreaner in Süd-Korea, forderte Präsident Truman vom Kongress eine Aufstockung des Verteidigungsbudgets um fast 10,5 Milliarden Dollar.[37] Bis zum Ende des Koreakrieges verdreifachten die USA ihre Truppenstärke und vervierfachten die Höhe ihres Militärhaushaltes. Zudem gab die eminent wichtige »Lehre« dieser Invasion den Anstoß für eine politische Strategie, nach der Washington wegen des neuen Paradigmas der »begrenzten Kriege« im Kalten Krieg rasch weltweit einsatzbereite Truppen stationieren müsse.[38] Schließlich sollten die US-Verteidigungsbudgets die der unmittelbaren Nachkriegszeit für die nächsten fünfzig Jahre bei weitem übersteigen.

Aber der Koreakrieg wirkte sich nicht nur auf das Denken im Kalten Krieg und auf die Militäretats aus. Auch die Personalstärken des US-Militärs sollten nie wieder auf die besonders niedrigen Stände während der Nachkriegsära von 1945 bis 1950 zurückgehen[39] – eine bedeutende Wende in der Geschichte der USA. Es sei darauf hingewiesen, dass Washington seine Kräfte zuvor nur angesichts eines drohenden Militärkonfliktes mobilisiert hatte. Ab 1950 setzten die USA nun ihre Militärmacht als Partner bei der Gestaltung der Auslandsbeziehungen ein.[40] Während der bedeutenden Vergrößerung der Armee (und der Mobilisierung mehrerer Divisionen der Nationalgarde) im Zeitraum von 1950 bis 1953 wurden mehr Soldaten in Europa stationiert, als auf der koreanischen Halbinsel im Kampfeinsatz waren. Zudem erhielten die Truppen, die mit der 7. Armee auf den europäischen Schauplatz verlegt wurden, eine intensivere Ausbildung und leisteten längere Dienstzeiten ab als die auf der koreanischen Halbinsel stationierten Soldaten der 8. Armee, die aktuell für Kampfhandlungen bestimmt waren.[41]

---

37 President's Official Request for Supplemental Appropriation to the Defense Budget, Papers of Harry S. Truman: White House Central Files-Official File, (Presseerklärung vom 24. Juli 1950), in: *The Truman Presidential Museum and Library*, URL: http://www.trumanlibrary.com/whistlestop/study_collections/korea/large/sec3/kw121_1.htm.

38 Major B. K. Murray, The National Guard: Balanced and Flexible or Excess Baggage, in: *Command and Staff College Paper* (1993), URL: http://www.globalsecurity.org/military/library/report/1993/MBK.htm.

39 United States Department of Defense Personnel Statistics, *Office of the Secretary of Defense* (31. 10. 2000), URL: http://web1.whs.osd.mil/mmid/military/miltop.htm.

40 Walter G. Hermes, The Army and the New Look, in: *American Military History*, 1989, S. 572–579, URL: http://www.shsu.edu/~his_ncp/AMH-26.html.

41 Fautua, URL: http://www.mtholyoke.edu/acad/intrel/longpull.htm.

All diese politischen und militärischen Aktivitäten spiegelten die Haltung wider, wonach die »wirkliche Bedeutung« des Koreakrieges darin
bestehe, dass die USA (und ihre europäischen Verbündeten) ihre Aufrüstung vorantreiben müssten: Was in Ostasien geschehen sei, könne sich in
Westeuropa wiederholen. Der Koreakrieg war das Lehrstück für den
Glauben, dass der Kommunismus an vielen Brennpunkten auf der ganzen Welt bekämpft werden müsse – unabhängig davon, ob strategische
US-Interessen direkt bedroht waren oder nicht.

War der Koreakrieg ein »totaler Krieg«?

Die Anwendbarkeit des Begriffs »totaler Krieg« hängt vom Standpunkt
des Betrachters ab. So dürften die Vietnamesen den Vietnamkrieg wegen seiner wirtschaftlichen, politischen und sozialen Folgen wohl als
einen »totalen Krieg« gesehen haben (während ihn die meisten Amerikaner so sicher nicht wahrnahmen). Der Koreakrieg galt – aus den genannten Gründen – bei der koreanischen und zumindest auch einem
Teil der chinesischen Bevölkerung als ein »totaler Krieg«. Dagegen betrachteten die USA den Konflikt nur als ein wichtiges Ereignis im Kalten Krieg, da sie in der Zeit von 1950 bis 1953, wie erwähnt, faktisch
mehr Soldaten in Europa stationierten, als sie nach Korea ins Gefecht
schickten. Die US-Regierung (und die öffentliche Meinung in den USA)
sahen diesen Konflikt nur als Teil eines weitaus größeren Bildes – dem
des Kalten Krieges – an. Tatsächlich machte weder die US-Wirtschaft
für den Krieg mobil, noch wurden – wie während des Zweiten Weltkrieges (der wohl als der letzte »totale Krieg« mit US-Beteiligung gelten
kann) – in großem Stil Kampagnen für Kriegsanleihen gestartet. Dennoch trug gerade das US-Engagement im Krieg dazu bei, dass dieser
Konflikt von Koreanern und Chinesen als ein totaler Krieg wahrgenommen wurde.

In jüngerer Zeit setzte sich eine große Anzahl der auf den Krieg spe-
zialisierten koreanischen Historiker eingehend mit dem Thema des Flächenbombardements auseinander. Fakt ist, dass die US-Streitkräfte und
insbesondere die US-Luftwaffe die Halbinsel während des Koreakrieges
in großem Maßstab mit Bombenteppichen überzogen. Diese Angriffe
trugen tatsächlich am stärksten zu den gewaltigen Opferzahlen unter der
nordkoreanischen Zivilbevölkerung bei. Die Gründe für die Bombardierung ziviler Ziele in Nord-Korea waren leicht zu durchschauen. Um die
Kampfbereitschaft in der Industrie in Nord-Korea zu brechen, so die
Festlegung des Hauptquartiers des strategischen Luftkommandos, müss-

ten Ziele in den größeren Städten entlang der Nordostküste und in der Hauptstadt Pjöngjang zerstört werden.[42]

Die Strategie, die Moral des Feindes durch eine Bombardierung von Zielen der Industrie und Wirtschaft zu brechen, war von der Luftwaffe bereits praktiziert und im Zweiten Weltkrieg gegen Deutsche und Japaner ausgiebig erprobt worden.[43] Im Gegensatz zu diesen beiden Ländern war Nord-Korea allerdings kein hochindustrialisierter Staat. Aus einem Mangel an strategisch bedeutsamen Zielen wichen die Angreifer deshalb auf die Taktik aus, sämtliche größeren Städte Nord-Koreas mit Flächenbombardements zu überziehen. Die Angriffe waren so verheerend, dass sich sogar Winston Churchill (der mit Blick auf den Einsatz von Bomben noch nie zimperlich gewesen war) gegen den Einsatz von Napalm in Korea ausgesprochen hat. Der legendäre US-Luftwaffengeneral Curtis LeMay fasste es so zusammen: »Wir haben fast jede Stadt in Nord- wie Süd-Korea niedergebrannt. Wir haben über eine Million koreanischer Zivilisten getötet und mehrere Millionen aus ihren Häusern vertrieben.«[44] Im Fadenkreuz der Angriffe lagen nicht nur die großen Zentren und Städte, sondern auch Wasserkraftwerke, Staudämme und andere Ziele, die leicht aus der Luft zu treffen waren.[45] Nach vielen Schätzungen kamen bis zum Ende des Krieges drei (von neun) Millionen Nordkoreanern ums Leben. Ungefähr fünf Dutzend Städte (für damalige Verhältnisse jede Ansiedlung, die größer als ein Dorf war) wurden – mit Flächenbombardements als üblicher Methode – vollständig zerstört. Dabei ist anzumerken, dass Napalm im Koreakrieg, lange bevor es in Vietnam alltäglich werden sollte, ausgiebig zum Einsatz kam.[46]

Der Konflikt in Korea war nicht nur für den Norden des Landes ein totaler Krieg. Auch Süd-Korea verzeichnete extrem hohe Opferzahlen, insbesondere in der Zeit unmittelbar nach dem Einmarsch der Ko-

---

42 Steadfast and Courageous: FEAF Bomber Command and the Air War in Korea, Washington 2000, S. 7.

43 United States Army Air Forces in World War II, in: *Spartacus Educational* (9. 10. 2002), URL: http://www.spartacus.schoolnet.co.uk/2WWusaaf.htm.

44 Joseph M. Stromberg, Strategies of Annihilation: Total War in U.S. History, *Lew Rockwell.Com*, 25. 10. 2001, URL: http://www.lewrockwell.com/stromberg/stromberg22.html.

45 A. Timothy Warnock, The USAF in Korea: A Chronology 1950–1953, Washington 2000, S. 65.

46 S. Brian Willson, Korea, Like Vietnam: A War Originated and Maintained by Deceit, *Brian Willson.Com*, Dezember 1999, URL: http://www.brianwillson.com/awolkorea.html.

reanischen Volksarmee. Bei ihrem Vormarsch nach Süden ließen die Truppen eine Schneise von Tod und Verwüstung zurück. Ein noch immer schockierendes Beispiel ist die systematische Ermordung von Tausenden von Zivilisten im September 1950 in Taejon. Die meisten wurden aneinander gebunden und mit gefesselten Händen in riesigen Massengräbern verscharrt.[47]

Für die Südkoreaner blieb die Lage auch noch in den Monaten nach dem erzwungenen Abzug der Nordkoreaner dramatisch. Wegen der häufigen Schwierigkeiten der US-Truppen, zwischen den nach Süden strebenden Flüchtlingen und den zurückgebliebenen Guerillakämpfern zu unterscheiden, töteten Soldaten der UNO oder der USA bei mehreren Zwischenfällen unbewaffnete und unbeteiligte südkoreanische Zivilisten (oder nordkoreanische Flüchtlinge). Dies war zum Teil zurückzuführen auf das Vorgehen der nordkoreanischen Invasoren: Sie mischten sich unter zivile Flüchtlinge, um überraschend auf US-Soldaten das Feuer zu eröffnen. Diese Taktik sorgte unter den Truppen verständlicherweise für besondere Nervosität.[48] Der bekannteste Zwischenfall dieser Art war das Massaker von No Gun Ri, bei dem unbewaffnete südkoreanische Zivilisten durch fahrlässiges Verhalten US-amerikanischer Truppen umkamen.[49]

Für beide Bevölkerungsteile Koreas handelte es sich also zweifellos um einen totalen Krieg. Nicht nur wurden sämtliche Städte auf der Halbinsel vollständig zerstört, sondern auch die gesamte landwirtschaftliche Produktion im Süden und die industrielle Fertigung im Norden kamen für die Dauer der Kampfhandlung zum Erliegen. Der daraus resultierende Hunger und die Entbehrungen begleiteten weite Teile der Bevölkerung für volle drei Jahre: Weder die Vereinigten Staaten noch die Sowjetunion waren damals in der Lage, die massiven Probleme bei der Ernährung und Versorgung der Menschen in Nord- und Süd-Korea zu lösen.[50]

---

47 Roy E. Appleman, *South to the Naktong, North to the Yalu*, Washington 1961, S. 587f., URL: http://www.korteng.com/Appleman/Chapter28.htm.

48 South Korea to Investigate Civilian Deaths During the Korean War, in: *Stars and Stripes* (3. 9. 2004), URL: http://www.military.com/NewContent/0,13190,SS_090304_Korea,00.html.

49 Report of the No Gun-ri Review, *Department of the Army* (Januar 2001), URL: http://www.army.mil/nogunri/Chapter5.pdf.

50 Phil de Haan, 50 Years and Counting: The Impact of the Korean War on the People of the Peninsula, in: *Calvin News* (Mai 2002), URL: http://www.calvin.edu/news/releases/2001_02/korea.htm.

Der Einfluss der Atombombe auf den Koreakrieg

Der Koreakrieg war der letzte Konflikt, in dem die Vereinigten Staaten den Einsatz von Atomwaffen in Erwägung zogen. Die nukleare Option sollte bei den politischen Entscheidungsträgern und Militärstrategen der USA nur wenige Jahre später in Vietnam keine Rolle mehr spielen.[51] Im Koreakrieg jedoch schlug im Juli 1950 General MacArthur den Einsatz von Atombomben vor, »um das Schlachtfeld zu isolieren«.[52] Im selben Monat beorderte Präsident Truman zehn Bomber von Typ B-29 in den Pazifik, die mit Nuklearwaffen bestückt werden konnten, und »warnte China, dass die USA alle notwendigen Schritte unternehmen würden, um eine chinesische Intervention zu stoppen«. Dabei werde »der Einsatz von Atomwaffen aktiv in Betracht gezogen«.[53] Tatsächlich deutete Truman auf einer Pressekonferenz am 30. November 1950 nach dem Kriegseintritt der Chinesen in mehreren Bemerkungen an, dass die USA den Einsatz von Nuklearwaffen gegen China nicht ausschlossen.[54] Nach eigenem Bekunden hatte Truman seine Worte auf der Pressekonferenz ohne Sorgfalt gewählt und versicherte Amerikas Verbündeten im Commonwealth, die USA verfolgten keine solche Absicht.[55] Truman vermied vor dem Hintergrund des Kalten Krieges einen Nukleareinsatz in einem »peripheren Krieg« und vertagte eine Entscheidung in der Sache. General Hoyt Vandenberg, der Stabschef der Luftwaffe, befürchtete eine Beeinträchtigung von Amerikas Fähigkeiten, sich der russischen Bedrohung zu stellen, sollten amerikanische Bomben in Fernost im Einsatz verbraucht werden. Truman selbst befürchtete offenbar, die nordkoreanische Aggression sei nur der erste Schritt einer Serie von Angriffen, die in einem Weltkrieg gipfeln könnten, und versuchte ein solches Szenario (das durch den Einsatz von Atomwaffen natürlich zusätzliche Brisanz gewonnen hätte) zu vermeiden. Schließlich fehlte mit Blick auf den Ein-

---

51 Dennis M. Simon, The War in Vietnam: 1965–1968, *Southern Methodist University Department of Political Science,* August 2002, URL: http://faculty. smu.edu/dsimon/Change-Viet2.html.

52 Dongxiao Yue, Korean War FAQ, in: *Chinese Military Forum* (1998), URL: http://www.centurychina.com/history/faq7.shtml.

53 China's Nuclear Weapons Development, Modernization and Testing, in: *The Nuclear Threat Initiative,* The Monterey Center for Nonproliferation Studies (26. 9. 2003), URL: http://www.nti.org/db/china/wnwmdat.htm.

54 Graeme S. Mount/Andre Laferriere, The Diplomacy of War: The Case of Korea, Montreal 2004, S. 81 f.

55 Harry S. Truman, Memoiren, Bd. II: Jahre der Bewährung und des Hoffens (1946–1953), Stuttgart 1956, S. 452 ff.

satz von Atomwaffen ein allgemeiner Konsens der US-Verbündeten (insbesondere der Commonwealth-Staaten Australien, Kanada, Neuseeland und Großbritannien).[56]

Erneut ins Gespräch kam der Einsatz von Atomwaffen während des Koreakrieges 1953 mit Eisenhowers Einzug ins Präsidentenamt. Eisenhower hatte bereits als designierter Präsident Ende 1952 seine Bereitschaft angedeutet, den Einsatz von Atomwaffen gegen China zu genehmigen, sollten die Gespräche um einen Waffenstillstand weiterhin nicht vorankommen.[57] Tatsächlich hatte er (auf einer Sitzung des Nationalen Sicherheitsrats im Februar 1953) – wie MacArthur fast drei Jahre vor ihm – den taktischen Einsatz von Kernwaffen gegen die Region Kaesong in Nord-Korea ins Gespräch gebracht, die »als Ziel für diesen Typ Waffe gut tauge«. Der US-Außenminister ließ daraufhin Zhou Enlai über Indiens Premierminister Nehru eine Botschaft zukommen, wonach die USA mit der Bombardierung der Regionen nördlich des Grenzflusses Yalu beginnen würden, sollte nicht rasch Frieden geschlossen werden. Die USA hätten kürzlich »atomare Granaten getestet«.[58] Kurz nach Eisenhowers Amtseinführung wurde der Koreakrieg schließlich beendet. Der Präsident selbst – wie auch sein Außenminister John Foster Dulles – sollen davon überzeugt gewesen sein, dass die kaum verhüllten Drohungen mit einem Atomschlag gegen chinesische »Quellen der Macht« die Kommunisten dazu gebracht hätten, die Klauseln, die sie während der zweijährigen Verhandlungen zurückgewiesen hatten, plötzlich zu akzeptieren.[59]

Die Frage der Kriegsgefangenen und das Ende des Koreakrieges

Während die Drohung mit einem Atomschlag ein Hauptfaktor bei der Beendigung des Koreakrieges gewesen sein dürfte, zogen sich die Verhandlungen in Panmunjom vor allem wegen der Frage der Kriegsgefangenen im Gewahrsam der UN-Truppen in Süd-Korea von 1951 bis Ende 1953 in die Länge. Mehrere tausend Chinesen und Nordkoreaner weigerten sich, in ihre Heimatländer zurückzukehren. Dagegen wollten nur

---

56 Charles D. Bright, The Jet Makers: The Aerospace Industry from 1945 to 1972, Kansas 1978, Kapitel III, URL: http://www.generalatomic.com/jetmakers/chapter3.html.

57 China's Nuclear Weapons Development, Modernization and Testing, URL: http://www.nti.org/db/china/wnwmdat.htm.

58 Dongxiao Yue, URL: http://www.centurychina.com/history/faq7.shtml.

59 Bright, Jet Makers, URL: http://www.generalatomic.com/jetmakers/chapter3.html.

22 amerikanische Kriegsgefangene der Chinesen beim Kriegsgegner bleiben – für die Regierungen in Pjöngjang und in Peking ein inakzeptabler Zustand. Zudem widersetzte sich Syngman Rhee im Süden einer Beendigung des Krieges, solange kein vollständiger Sieg errungen würde.[60] Schließlich stimmten China und Nord-Korea (wahrscheinlich angesichts der Drohung mit der Atombombe) einem einfachen Kompromiss zu, wonach die Gefangenen noch 90 Tage lang in den Händen der UN-Truppen bleiben würden. In diesem Zeitraum sollten ihre jeweiligen Herkunftsländer versuchen, sie zur Rückkehr zu bewegen. Anschließend stand ihnen eine Ausreise nach Taiwan oder Süd-Korea frei. Eine entsprechende Regelung galt auch für die Gefangenen aus den UN-Kontingenten in den Händen der Chinesen und Nordkoreaner.[61] Mit diesem Kompromiss endete der Krieg. Dass der sture Syngman Rhee noch vor Abschluss der Gespräche 25 131 nordkoreanische Gefangene auf freien Fuß gesetzt hatte, konnte den Waffenstillstand verzögern, aber nicht verhindern, da sich Eisenhower in seinem und im Namen der kriegführenden UN-Nationen von diesem Schritt distanziert hatte.[62]

Schlussfolgerung

Kim Il Sung und den Nordkoreanern war es mit durchschlagendem Erfolg gelungen, Stalin und die Sowjets umfassend zu manipulieren mit dem Ergebnis, dass sie die nötige Unterstützung erhielten, um die innere Sicherheit aufrechtzuerhalten, die eigene Macht abzusichern und eine gewaltige offensive Streitmacht mit der Fähigkeit aufzubauen, die koreanische Halbinsel mit militärischen Mitteln zu vereinen. Nach den angeführten Fakten spielten die Sowjets aus mehreren gewichtigen Gründen mit: Erstens: Sie versprachen sich für die Zukunft Einfluss auf die inneren Angelegenheiten Japans. Zweitens: Angesichts der Stationierung von US-Truppen nahe der Demarkationslinie sahen sie es als ein wichtiges Ziel an, Nord-Korea in ihrer »Einflusssphäre« zu halten. Drittens: Nach der Machtübernahme der Kommunisten in China 1949 erschien ihnen eine Unterstützung Nord-Koreas unerlässlich, um Mao gegenüber glaubwürdig zu bleiben und seine Regierung in ihrer Einflusssphäre zu halten. Und schließlich konnte Kim die Sowjets davon überzeugen, dass er einen Krieg

---

60 Rosemary Foot, A Substitute for Victory: The Politics of Peacemaking and the Korean Armistice Talks, Ithaca 1990, S. 93–164.
61 Mount/Laferriere, Diplomacy of War, S. 143–147.
62 Foot, Sulotitute, S. 184.

zur Vereinigung der koreanischen Halbinsel rasch und erfolgreich durchführen könne. Sie ließen sich davon überzeugen, dass die Vereinigten Staaten auf einen Kriegseintritt an der Seite von Rhees Regierung verzichten würden – eine grobe Fehleinschätzung Kims und Stalins, wie sich herausstellen sollte.

Als sich das Kriegsglück gegen die Nordkoreaner wandte, gelang es Kim, zur Rettung seiner Armee die chinesischen Streitkräfte zu mobilisieren. Auch Mao war in eine »Glaubwürdigkeitsfalle« geraten: Nach seiner Überzeugung musste er dem »amerikanischen Imperialismus« auf der koreanischen Halbinsel Einhalt gebieten, da China sonst als Nächstes bedroht sein könne. Dass die Vereinigten Staaten und die meisten anderen UN-Staaten Chiang Kai-sheks nationalistisches Regime in Taiwan weiterhin als legitime Regierung Chinas betrachtete, trug zu dieser Überzeugung zweifellos bei. Als eine Art historisches Paradox machte gerade die Verärgerung der Sowjets in dieser politischen Frage, die zu ihrem Auszug aus dem UN-Sicherheitsrat führte, den Weg frei für die Unterstützung der Südkoreaner durch den Sicherheitsrat mit einem Einsatz von UN-Truppen (die von den Amerikanern dominiert waren und von ihnen kommandiert wurden).

In krassem Gegensatz zu Nord-Koreas Erfolgen gegenüber der Sowjetunion und China war der Umgang von Syngman Rhees Regierung mit Washington in besonderer Weise von Niederlagen geprägt. Die erwähnten Schwierigkeiten, die Rhee mit dem Außenministerium und den Beratern der USA hatte, können hier nicht hoch genug bewertet werden. Zudem hatten Rhee und seine Regierung gegenüber der eigenen Bevölkerung ein Glaubwürdigkeitsproblem. Indem er und seine amerikanischen Berater Schlüsselpositionen von Staat und Regierung mit Figuren besetzten, die bereits unter den verhassten japanischen Besatzern gedient hatten, legten sie das Fundament für ein gewaltiges Unruhepotential, das bis in die Zeit des Krieges und in die Jahre danach bestehen bleiben sollte. Auch dies stand in äußerstem Gegensatz zum Regime im Norden. Auch wenn Kim alles andere als der Führer einer frei gewählten und demokratischen Regierung war, so waren die entscheidenden Positionen in der Regierung und im Militär mit Veteranen des Kampfes gegen die Japaner besetzt, und dies verschaffte dem Regime bei der nordkoreanischen Bevölkerung ein hohes Maß an Glaubwürdigkeit. Rhees Regierung im Süden war dagegen bei vielen verhasst. Auch ist abschließend darauf hinzuweisen, dass, anders als Kim, der seine Macht konsolidiert und eine gewaltige, schlagkräftige und gut ausgebildete Armee aufgebaut hatte, Rhee 1950, bei Beginn der groß angelegten Militäroperationen, fast keine seiner innenpolitischen, außenpolitischen und militärischen Ziele erreicht hatte. Deswegen und wegen seiner schwierigen Beziehungen zu den USA befand er sich gegenüber dem Gegner im Norden ernsthaft im Nachteil.

Letztlich erreichten Nord- und Südkorea beide von ihren jeweiligen Schutzmächten die notwendige wirtschaftliche und militärische Unterstützung, auch wenn die USA Seoul diese Hilfe erst nach Ausbruch des Krieges gewährten. Nach dessen Ende konnten beide Regime ihre Macht erfolgreich konsolidieren und kontrollierten die Innen- und Außenpolitik ihres jeweiligen Landes. Bis 1958 wurden sämtliche chinesischen Truppen (die Sowjets hatten diesen Schritt mit ihren Soldaten bereits vor 1950 vollzogen) aus Nord-Korea abgezogen. Und auch wenn in Süd-Korea bis heute US-Soldaten stationiert sind, so halten sich diese (faktisch seit Kriegsende) aus der Politik Süd-Koreas vollkommen heraus.[63]

Im Ergebnis brachte das Kriegsende den Erhalt des Status quo. Trotz der verheerenden dreijährigen Kampfhandlungen blieb der Verlauf der schwer bewaffneten Grenze zwischen den beiden Koreas gegenüber der Zeit zuvor fast gänzlich unverändert. Trotz der variierenden Zahlenangaben stimmen die meisten Historiker darin überein, dass alle Seiten erschreckend hohe Verluste hinnehmen mussten: 900000 Chinesen, je über eine Million Nord- und Südkoreaner und 54000 US-Amerikaner kamen in den Kämpfen um.[64]

Angesichts der beschriebenen Ausgangslage scheint der Krieg unvermeidlich gewesen zu sein. Die Regime in Pjöngjang wie in Seoul strebten beide die Vereinigung der koreanischen Halbinsel an und teilten die Auffassung, dass dieses Ziel nur mit gewaltsamen Mitteln zu erreichen sei. Der Koreakrieg bildet eines der bedeutendsten Beispiele für die zahlreichen »Stellvertreterkriege«, in die sich die USA und die Sowjetunion in ihrem ideologischen Kampf in dem fast noch 50 Jahre dauernden Kalten Krieg immer wieder hineinziehen ließen. Weil hinter Pjöngjang wie hinter Seoul Schutzmächte standen, die aus einer Veränderung des Status quo keine ausreichenden Vorteile ziehen konnten, ist die koreanische Halbinsel bis auf den heutigen Tag geteilt geblieben.

Für die Halbinsel hat dies – gelinde gesagt – dramatische Auswirkungen. Nord-Korea ist inzwischen (seit dem Zusammenbruch der Sowjetunion) weltweit fast vollständig isoliert. Seine Bevölkerung lebt in

---

63 Mark E. Manyin, South Korean Politics and Rising Anti-Americanism: Implications for U.S. Policy Toward North Korea, *Congressional Research Service*, 6. 5. 2003, URL: http://fpc.state.gov/documents/organization/27530.pdf.
64 The Korean War: Armed Conflict Data, *OnWar.Com*, 16. 12. 2000, URL: http://www.onwar.com/aced/data/kilo/korean1950.htm.

erbärmlichen Verhältnissen. Und sein Regime hängt einem kommunistischen Ideal nach, von dem sich fast alle Nationen der Erde erklärtermaßen verabschiedet haben. Im krassen Gegensatz dazu ist Süd-Korea jetzt eine lebendige Demokratie mit dem zwölftgrößten Bruttoinlandsprodukt der Welt. Nach den Prognosen von Wirtschaftswissenschaftlern in Süd-Korea und anderswo könnte die Halbinsel bei einer eventuellen Wiedervereinigung zur siebt- oder achtgrößten Wirtschaftsmacht der Erde aufsteigen.[65] Gleichwohl ist die Koreafrage noch immer ungelöst. Beide Koreas sind hochgerüstet. Sie trainieren und rüsten ihre jeweiligen Truppen für einen möglichen nächsten Krieg, von dem keiner hofft, dass er wirklich ausbricht. Das geteilte Korea ist noch immer eines der wenigen Relikte der vielen »heißen Kriege im Kalten Krieg«, die sich zwischen dem Ende des Zweiten Weltkrieges und dem Zusammenbruch der Sowjetunion ereignet haben.

Aus dem Englischen von Enrico Heinemann

---

65 Unified Korea Expected to Become Seventh Largest Economy, *Korea Herald*,
   10. 1. 2004, URL: http://kn.koreaherald.co.kr/SITE/data/html_dir/2001/11/
   07/20111070011.asp.

Bernd Greiner
Die Blutpumpe.
Zur Strategie und Praxis des Abnutzungskrieges in Vietnam 1965–1973

Es war der längste heiße Krieg im Kalten Krieg. Und es ist ein Krieg, der bis heute den schauerlichsten Rekord in der Geschichte hält: Zu keiner anderen Zeit und an keinem anderen Ort wurden derart viele Vernichtungsmittel eingesetzt wie in Vietnam. In den Jahren 1966 bis 1968 klinkten Kampfflugzeuge der USA und ihrer Verbündeten 2 865 808 Tonnen Bomben über Vietnam, Laos und Kambodscha aus – das waren gut 800 000 Tonnen mehr als auf allen Schauplätzen des gesamten Zweiten Weltkrieges zusammen. Bereits nach zwei Jahren Luftkrieg – zwischen August 1964 und Dezember 1966 – waren 860 000 Tonnen Bomben allein auf den Norden des Landes niedergegangen. Bis 1975 verfeuerten die US-Streitkräfte sieben Millionen Tonnen Bomben und Artilleriegranaten in Nord- und Südvietnam. Auch diese Zahl liegt weit über der von den USA im Laufe des Zweiten Weltkrieges aufgewendeten Feuerkraft. Ein Land, das mit 330 000 Quadratkilometern Fläche etwas kleiner ist als Deutschland, blieb am Ende des Krieges mit 26 Millionen Bombenkratern zurück.[1]

»There was more of it in Vietnam« oder: Vietnam hatte von allem etwas mehr. Dieses unter amerikanischen Soldaten geflügelte Wort beschreibt nicht allein die Dimension des Luftkrieges. Es verweist zugleich darauf, dass der Krieg in Südostasien eine merkwürdige Mixtur aller bewaffneten Auseinandersetzungen war, wie wir sie seit der frühen Neuzeit kennen. Die Kämpfe im Dschungel und in den Reisfeldern trugen Züge der bereits im 16. Jahrhundert an der Peripherie des imperialen Systems geführten Kolonialkriege – ausgefochten an ständig wechselnden, unsichtbaren Fronten und oft über einen unerwartet langen Zeitraum. Zugleich findet man in Vietnam die Geschichte des Guerillakrieges gespiegelt. Anzutreffen ist dessen ursprüngliche Inszenierung aus der Mitte des 18. Jahrhunderts, als sich die Truppen der britischen Krone versprengter Freischärler bedienten, um Nachschublinien oder Forts des französi-

---

1 Guenter Lewy, America in Vietnam, Oxford 1978, S. 99; Ronald H. Spector, After Tet. The Bloodiest Year in Vietnam, New York 1993, S. 11; David L. Anderson (Hg.), Facing My Lai. Moving Beyond the Massacre, Lawrence, Ks. 1998, S. 220; James S. Olson, The Vietnam War. Handbook of the Literature and Research, London 1993, S. 103.

schen bzw. indianischen Feindes auszuschalten. Dieses Zusammenspiel von »Regulären« und »Irregulären« entwickelten die nordvietnamesische Armee und der Vietcong mit zunehmender Kriegsdauer zur Perfektion. Andererseits trat der Vietcong auch in der seit dem spanischen Untergrundkampf gegen Napoleon bekannten Rolle auf – als Guerilla auf eigene Rechnung, mit unkonventioneller Strategie und ohne den Rückhalt einer geordneten staatlichen Streitmacht. Jenseits dessen scheinen Parallelen zum Stellungskrieg des Ersten Weltkrieges auf, wenn man an die monatelange Belagerung von Khe Sanh oder die Schlacht am »Ap Bia Mountain« im A Shau-Tal denkt, wo sich im Mai 1969 amerikanische und nordvietnamesische Truppen ein sinnloses Gemetzel um eine strategisch wertlose Bergkuppe lieferten. »Hamburger Hill« nannten GIs fortan diesen Einsatz – eine zumindest unbewusste Anspielung auf den »Fleischwolf« vor Verdun. Nicht zuletzt wurde der Krieg in Vietnam über weite Strecken als »totaler Krieg« geführt. Und zwar in dem Sinne, dass die Unterschiede zwischen Kombattanten und Nicht-Kombattanten teilweise mit Vorsatz nicht respektiert, teilweise im Gefolge der kriegerischen Dynamik verwischt wurden.

Dementsprechend hoch war der Preis des Krieges. »There was more of it in Vietnam« deutet an, dass jeder Versuch, sich ein konkretes Bild zu machen, zum Scheitern verurteilt ist – insbesondere, wenn es um die Zahl der getöteten Zivilisten geht. Das Grauen tritt nur in Umrissen und in jenen Statistiken hervor, die mehr verschleiern als enthüllen. Eine übliche Schätzmethode – von der Zahl der in Krankenhäusern Behandelten auf die wahrscheinliche Menge an Toten zu schließen – erweist sich in diesem Fall als weltfremd. Viele der mit großflächigem Bombardement eingedeckten oder in andere Kampfzonen hineingezogenen Ortschaften lagen nicht im Einzugsbereich medizinischer Versorgung. In diesen Weilern und Dörfern grassierte ein namenloser Tod – von den ungezählten Siedlungen nicht zu reden, die auf keiner Landkarte verzeichnet waren und buchstäblich spurlos vom Erdboden getilgt wurden. Gegen eine Verwendung von Krankenhausstatistiken spricht des Weiteren der immer wieder geschilderte Alltag in den Spitälern. Schlecht ausgerüstet, personell chronisch unterversorgt und mit der Bändigung eines uferlosen Chaos konfrontiert, waren sie alles andere als ein Ort für zuverlässige Buchführung. Überdies bleibt zu bedenken, dass mindestens ein Drittel der als getötet verbuchten feindlichen Soldaten tatsächlich Zivilisten waren, die man in den Einsatzberichten zwecks Aufbesserung der Erfolgsbilanz zu Bewaffneten umdeklariert hatte.

Wenn wir den niedrigsten Schätzungen Glauben schenken, kamen zwischen 1965 und Ende 1974 an die 627 000 Zivilisten in Nord- und

Südvietnam infolge von Kriegshandlungen beider Seiten ums Leben – weit über 80 Prozent von ihnen lebten im Süden des Landes. Die nord-vietnamesische Armee und der Vietcong verloren – abzüglich der in der Gefallenenstatistik fälschlicherweise aufgeführten Zivilisten – 444000 Mann, die USA knapp über 56000 und ihre Alliierten knapp 226000, so dass von ungefähr 726000 getöteten Soldaten auszugehen ist. Zusammen-genommen beliefe sich die Zahl aller Kriegstoten demnach auf 1353000. Andere Autoren halten diese Angaben für weit untertrieben. Sie sprechen von einer Million gefallener vietnamesischer Soldaten und über zwei Mil-lionen getöteten und über vier Millionen verwundeten Vietnamesen – in einem Land mit damals zwischen 60 und 70 Millionen Einwohnern. Sich auf die eine oder andere Zahl festzulegen ist müßig. Die Wahrheit liegt ir-gendwo dazwischen. Und in jedem Fall war der Anteil von Zivilisten un-ter den Kriegsopfern exorbitant – im mindesten Fall ist von 46 Prozent auszugehen, schlimmstenfalls von 66 Prozent. Jeder hier anzunehmende Mittelwert übertrifft die für den Zweiten Weltkrieg vermutete Zahl von 42 Prozent zivilen Opfern. Folglich entrichtete Vietnam neben Korea auch den höchsten Blutzoll aller heißen Kriege im Kalten Krieg.[2]

Die Dynamik eines asymmetrischen Krieges

Woher rührt diese überschießende Gewalt? Welche Bedingungen mussten zusammenkommen, um eine derartige Entwicklung anzustoßen? Und wie wirkten die unterschiedlichen Faktoren aufeinander ein? Zur Annä-herung an diese Fragen empfiehlt es sich, auf die seit Mitte der 1970er Jahre geführte Diskussion über »asymmetrische Kriege« zurückzugrei-fen – über jene Kriege, in denen Konfliktparteien mit qualitativ anderer Ausrüstung, mit unterschiedlich geschulten Kämpfern und einem im Grundsatz verschiedenen Verständnis von Krieg aufeinander treffen. Ge-meint ist also die Konfrontation zwischen auf den ersten Blick starken und schwachen Gegnern. Und gemeint ist vor allem die Pointe, die bei einer historischen Betrachtung ein um das andere Mal zu konstatieren ist: Materielle Überlegenheit ist in solchen Kriegen nicht zwingend von Vor-

---

2 Die konservativen Schätzungen gehen zurück auf Lewy, America in Vietnam, S. 442 f., 448–453. Lewy arbeitet mit den problematischen Krankenhausstatis-tiken. Andere Daten finden sich bei Anderson, Facing, S. 220; Spector, After Tet, S. 207; Olson, Handbook, S. 112; und Spencer C. Tucker (Hg.), The En-cyclopedia of the Vietnam War. A Political, Social and Military History, Ox-ford etc. 1998, S. 64, 140.

teil. Sie gerät eher zum Fluch. Egal, ob man auf Beispiele aus der Antike, dem Mittelalter, der frühen Neuzeit oder der Moderne zurückgreift – in asymmetrischer Konstellation geführte Kriege folgen einer eigenen Logik. Sie unterliegen nicht dem Diktat der Ökonomie oder Technologie, setzen das mathematische Kalkül mit Masse und Effizienz außer Kraft. Entscheidend ist vielmehr der Umgang mit der Ressource Zeit – und dass beide Seiten diese Ressource auf gegensätzliche Weise nutzen. Der vermeintlich Schwache hat kein Interesse an einer schnellen Beendigung des Krieges. Im Gegenteil. Die Zeit ist sein stärkster Verbündeter. Solange der Schwache nicht verliert, hat er gewonnen. Der vorgeblich Starke hingegen ist zum Sieg verdammt, um nicht zu verlieren. Je länger der Krieg dauert, desto schlechter steht es um seine Gewinnchancen und desto anfälliger wird seine Position. In einem solchen Kriegsmilieu aber gedeiht eine Bereitschaft zu exzessiver Gewalt. Mittels ihrer kann der Schwache eine Entscheidung hinauszögern – also Zeit gewinnen. Und der Starke verspricht sich davon, eine Entscheidung zu erzwingen – also verlorene Zeit wettzumachen. In anderen Worten: Zwischen Asymmetrie und entgrenzter Gewalt besteht ein unmittelbarer Zusammenhang.[3]

Hinsichtlich der Kriegsmittel und Bewaffnung hätte das materielle Gefälle im Vietnamkrieg kaum größer sein können. Die USA stellten eine voll motorisierte Armee ins Feld, während die Guerilla oft mit Hilfe von Fahrrädern ihr Kriegsgerät durch das Dickicht des Ho Chi Minh-Pfades wuchtete. Der Luftraum gehörte amerikanischen Helikoptern, Jagdbombern und atomwaffenfähigen B-52, vor den Küsten ankerten US-Flugzeugträger – Waffensysteme, denen mit Kalaschnikows, überalterter Flak oder Patrouillenbooten nicht beizukommen war. Beispiele dieser Art können beliebig viele zitiert werden. Sie illustrieren stets den gleichen Sachverhalt: Dass die schwache Seite nur überlebt, wenn sie sich nicht auf die Art der Kriegführung einlässt, auf die der Starke vorbereitet ist und die er am besten beherrscht. Unter asymmetrischen Bedingungen die offene Feldschlacht zu wagen oder in einen Wettlauf um gleichartiges Kriegsmaterial einzutreten, wäre für den Schwachen das sichere Ende. Er kann noch nicht einmal damit rechnen, eine zweite Chance zu bekommen.[4]

3 Zur Debatte über asymmetrische Kriege vgl. Andrew Mack, »Why Big Nations Lose Small Wars: The Politics of Asymmetric Conflict«, in: *World Politics*, Nr. 2, 1975, S. 175–200; Christopher Daase, Kleine Kriege – Große Wirkung. Wie unkonventionelle Kriegführung die internationale Politik verändert, Baden-Baden 1999.

4 Vgl. Dierk Walter, Symmetry and Asymmetry in Colonial Warfare ca. 1500–2000. The Uses of a Concept, Norwegian Institute for Defence Studies (IFS), Info 3/05, Oslo 2005.

Der Guerilla bleibt einzig ein Ausweg: Die Nutzung unsichtbarer und indirekter Ressourcen. Sie bedarf der breiten Unterstützung durch Nicht-Kombattanten, sie muss mit der Bevölkerung verschmelzen, ihren Schutz in Anspruch nehmen. Wie der Fisch im Wasser zu schwimmen, um die berühmte Formulierung Maos aufzugreifen, setzt voraus, ein Ohr für die Nöte, Ängste und Wünsche der Unterprivilegierten zu haben und als Vertreter ihrer Interessen anerkannt zu werden. Aber dieser Anerkennung kann sich die Guerilla zu keinem Zeitpunkt gewiss sein, handelt es sich doch um eine »geliehene Stärke«. Denn auf eigenem Territorium einen an Feuerkraft ungleich überlegenen Gegner zu bekämpfen, heißt unmäßige Zerstörungen in Kauf zu nehmen. Ein Krieg, der in den Alltag eines jeden hineinragt, kann ein Kollektiv bekanntlich zusammenschweißen. Ebenso gut – und auch dafür gibt es zig Beispiele – können derartige Erfahrungen in Revolten münden. Und zwar umso eher, je länger der Krieg dauert. Im einen wie im anderen Fall gilt: Der Erfolg des Schwachen hängt von einer dauerhaft hohen Opfer- und Leidensbereitschaft des zivilen Umfelds ab. Wo deren Grenze erreicht ist und Zumutungen in Resignation, Aufmüpfigkeit oder gar offene Opposition umschlagen, ist nicht vorhersehbar. In diesem unkalkulierbaren Hintergrundrisiko aber keimt für den Schwachen die Versuchung zur Repression, wenn nicht zum Terror. Über die Wahl der Mittel entscheidet die Situation. Der Zweck hingegen ist beim Preis der Selbstaufgabe nicht hinterfragbar. Nur mit einer stabilen Mobilisierung der Nicht-Kombattanten lassen sich die materiellen Defizite der Waffentragenden in Grenzen halten oder im besten Falle ausgleichen. Der Preis dieses Ausgleichs ist folglich eine Ausweitung der Kampfzone auf das Zivil – ideell wie materiell.

Dass der Vietcong über weite Strecken des Krieges und vielerorts als »Volksvertretung« anerkannt wurde, ist nicht zu bezweifeln. In den nördlichen Provinzen Quang Ngai, Quang Tin und Quang Nam beispielsweise kontrollierten Anfang der 1960er Jahre 30 000 politische und militärische Kader das flache Land. Der Einfluss der Saigoner Regierung war, wenn überhaupt, auf wenige Städte begrenzt. Überall sonst lagen die öffentliche Verwaltung, das Schul- und Gesundheitswesen wie die Verteilung wirtschaftlichen Überschusses in kommunistischer Hand. »Der Vietcong ist hier nichts eigenes«, heißt es in einem Anfang 1967 verfassten Bericht der Army zur Lage in Quang Ngai. »Der Vietcong ist das Volk.«[5] In diesen Regionen wuchs eine Generation heran, die nie etwas anderes erfahren hatte. Für sie waren Boden-

---

5 Lagebericht der US Army, zit. n. Neil Sheehan, Die Große Lüge. John Paul Vann und Amerika in Vietnam, Wien/Zürich 1992, S. 687.

reform und soziale Sicherheit keine Versprechen für die Zukunft, sondern gelebte Erfahrung. Zumindest aber teilten sie die seit dem 19. Jahrhundert virulente und seit den 1930er Jahren militante Ablehnung von Fremdherrschaft oder äußerer Einmischung. Diese gegen Japaner, Franzosen wie Amerikaner gleichermaßen tief verwurzelte Opposition blieb die wichtigste Ressource der Vietcong – und von einer »emotionalen Produktivkraft« des Krieges zu sprechen, scheint durchaus angebracht. Andererseits gab es wichtige Bereiche des gesellschaftlichen Lebens auch jenseits der Städte, die kommunistischer Einflussnahme verschlossen blieben. Die ständige Präsenz von Steuereintreibern war bei ohnehin mit kargen Erträgen wirtschaftenden Bauern nicht unbedingt eine Empfehlung. Bis zum empirisch bis dato ausstehenden Gegenbeweis kann auch davon ausgegangen werden, dass ein erheblicher Teil der Landbevölkerung von Politik nichts wissen wollte und ihre tradierte Lebensform über alle Ideologie stellte. Erst recht im weltanschaulichen Feindverdacht standen Katholiken und Buddhisten, die nicht nur zahlenmäßig ins Gewicht fielen, sondern auch deutungsmächtige intellektuelle oder publizistische Eliten hervorbrachten und mit ihnen ein im Grundsatz anderes Verständnis von Volksvertretung teilten.[6]

Diese real oder imaginiert »Unzuverlässigen« spürten die Ausweitung der Kampfzone buchstäblich am eigenen Leib. Wenn Aufforderungen zur Selbstkritik oder Umerziehungsprogramme nichts fruchteten, scheuten die auf einzelne Dörfer angesetzten »Propagandateams« der Vietcong nicht davor zurück, Widerspenstige zu Kriegsdienst oder Zwangsarbeit zu nötigen oder vor einem »Volksgericht« aburteilen und anschließend öffentlich hinrichten zu lassen. Über zivile Funktionsträger

---

6 Zur politischen und sozialen Akzeptanz des Vietcong vgl. u.v.a. Jonathan Schell, The Real War: The Classic Reporting on the Vietnam War, New York 1987. Schells Beobachtungen wurden auch von vielen Analysten des Pentagon geteilt. Vgl. Headquarters Pacific Air Force, Directorate, Contemporary Historical Examination of Current Operations, Project Report: Air Support in Quang Ngai Province, Secret, 25. 2. 1970, S. 3 f., in: National Archives (NA), Record Group (RG) 319, Records of the Army Staff (AS), Records of the Peers Inquiry (PI), Records Created After the Completion of the Peers Inquiry, 1969–1975 (AC), Box 27, Folder: RVN Trip Report Information – Folder #3; Debriefing Report, Major General Charles M. Gettys, Commanding General, Americal Division, 19. 5. 1969, S. 1 f., in: NA, RG 319, AS, PI, AC, Box 5, Folder: Background Americal Division; Peers Inquiry, Final Report, Edited Version, 1970–1975 (PI – FR), Chapter 3, S. 3, in: NA, RG 319, AS, PI, PI – FR, Vol. I, Box 1.

des Feindes – Dorfvorsteher, Beamte, Polizisten, Sozialarbeiter, Gefäng-
niswärter, Lehrer, Journalisten – führte ein auf 25 000 Mann geschätzter
»Sicherheitsdienst« regelrecht Buch. So entstanden Ziellisten für Mord-
und Entführungskommandos, denen eine schwer zu schätzende Zahl
von Menschen zum Opfer fiel. Wahrscheinlich wurden zwischen 1957
und 1972 ca. 37 000 Personen ermordet und an die 58 000 entführt –
eine hohe Zahl bis heute unbekannter Schicksale nicht mitgerechnet.
»Der Kampf«, so ein vom 25. 2. 1968 datiertes Dossier, »muss wagemu-
tig und gewaltsam sein. Auf keinen Fall dürfen wir uns mit juristischen
Petitionen oder Appellen aufhalten.«[7] Wie es scheint, standen nur
20 Prozent der Opfer in Diensten der Regierung oder des Polizeiappara-
tes. Eine wenig erstaunliche Tatsache, war doch die Parole, »Agenten der
Marionettenregierung vollständig zu vernichten«,[8] offen für einen aus
dem Ruder laufenden Terror. »Wir griffen an zu vielen Fronten gleichzeitig an«, räumte General Giap im Nachhinein ein, »und weil wir uns
von Feinden umstellt glaubten, gingen wir zum Terror über. Dieses Mittels bedienten wir uns viel zu oft. [...] Schlimmer noch, die Folter wurde
allmählich als normal angesehen.«[9] Als im Februar 1968 12 000 Soldaten der nordvietnamesischen Armee und der Vietcong die Stadt Hue
26 Tage lang besetzt hielten, wurden knapp 3000 auf »schwarzen Lis-
ten« vermerkte Zivilisten massakriert und noch einmal so viele ver-
schleppt – »Hooligan Lakeien« in der Diktion von Radio Hanoi.[10] Auch
gibt es gute Gründe für die Annahme, dass Flüchtlingslager oder der
»Feindkollaboration« verdächtige Dörfer wiederholt beschossen wurden. Ob zur Bestrafung oder um des Nachweises willen, dass Amerikaner und Südvietnamesen ihrem Schutzanspruch nicht nachkommen

---

7 Das Dossier vom 25. 2. 1968 (»Plan for Political Struggle from February to
April 1968«) wurde von US-Truppen im Süden (IV Corps Tactical Zone) er-
beutet, in: NA, RG 127, Records of the United States Marine Corps (USMC),
Headquarters Marine Corps History and Museum Division (HMC-HD),
Background and Draft Materials for »US Marines in Vietnam: The Defining
Year 1968« (BM-68), Box 5, Folder: Enemy Plans 29 May 68.

8 Die Aufforderung zur vollständigen Liquidierung aller »Agenten« findet sich
in einem erbeuteten, vom 5. 2. 1968 datierten Dokument des »Current Affairs
Party Committee«, in: NA, RG 127, USMC, HMC-HD, BM-68, Box 10, Folder: PRP Assessment of Tet 68. Vgl. ebd., Box 10, Folder: Strategy – 12/67
(Pike Assessment: December 1967).

9 General Vo Nguyen Giap, zit. n. Schell, Real War, S. 17.

10 Radio Hanoi, zit. n. Office Chief of Staff Army, Office Memorandum: Hue
Massacres, 31. 12. 1969, S. 3, in: NA, RG 319, AS, PI, AC, Box 12, Folder:
Hue File (1 of 2).

konnten, sei dahingestellt. Hunderte, wenn nicht tausende zahlten dafür mit ihrem Leben.[11] Auch der Starke neigt dazu, den Krieg auf das Zivil auszudehnen. Die Geschichte europäischer Kolonialkriege seit dem späten 19. Jahrhundert in Asien und Afrika und nicht zuletzt der um die Jahrhundertwende geführte amerikanisch-philippinische Krieg bilden ein immer wiederkehrendes Muster ab. Sobald der Feind von der Bevölkerung unterstützt wird und bei ihr Deckung findet, rücken die »weichen Ziele« ins Visier. Die Guerilla an der verwundbarsten Stelle zu treffen hieß, Rückzugsräume zu versperren und Quellen materieller Reproduktion zum Versiegen zu bringen. Mal wurden tausende großräumig zwangsumgesiedelt und in »Wehrdörfer« verbracht, die von Stacheldraht umgeben und von Milizen abgeriegelt eine Kommunikation mit den Aufständischen verhindern sollten. Mal wurde Vieh beschlagnahmt oder die Ernte vernichtet, mal verwandelte man ganze Landstriche samt ihrer Siedlungen in tote Zonen – auch als Zeichen und Drohung an die Bewohner. Wer den Feind unterstützte, sollte wissen, dass er damit sein eigenes Leben aufs Spiel setzte und es mit einer Streitmacht zu tun bekam, die vor nichts zurückschreckte. In einer so definierten Strategie hatte auch vorsätzlicher Mord bis hin zum Massaker seinen Platz. Und sie wurde im Zweifel in ein buchstäblich entgrenztes Handeln übersetzt, das kein Objekt des natürlichen und gesellschaftlichen Umfeldes ausschloss. Zweifellos handelte es sich um Kriege abseits aller Regeln und jenseits des Kriegsrechts. Aber weil die Senkung der Hemmschwellen als unumgänglich und mithin legitim angesehen wurde, hatte auch das *ius in bello* sein Recht verwirkt.[12]

---

11 Vgl. Douglas Valentine, The Phoenix Program, New York 1990, S. 43, 59; Lewy, America in Vietnam, S. 88, 109, 272–275. Ähnliche Angaben zu Ermordeten und Entführten finden sich in US-Militärakten: vgl. Army Report: Law of Southeast Asia Rules of Engagement, Law of War, ohne Datum, Annex B, S. 6–9, in: NA, RG 319, AS, Office of the Deputy Chief of Staff for Personnel (ODCS-PER), Records of the Vietnam War Crimes Working Group (VWCWG), Central File (CF), Box 4. Zu den Angriffen auf Flüchtlingslager und Dörfer vgl. Lewy, America in Vietnam, S. 245, 276. Vgl. NA, RG 319, AS, ODCS-PER, VWCWG, CF, Box 4, Folder: Army Report – Law of Southeast Asia Rules of Engagement, Law of War, ohne Datum, S. 96 und Annex B, S. 5.
12 Vgl. Ian F. W. Beckett, Modern Insurgencies and Counter-Insurgencies: Guerillas and their Opponents since 1750, London 2001; Lawrence James, The Savage Wars: British Campaigns in Africa, 1870–1920, New York 1985; Bruce Vandervort, Wars of Imperial Conquest in Africa 1830–1914, Bloomington, Ind. 1998; Frank Schumacher/Thoralf Klein (Hg.), Kolonialkriege. Studien zur militärgeschichtlichen Gewalt im Zeichen des Imperialismus, Hamburg 2006; Walter, Symmetry and Asymmetry.

Die amerikanische Kriegführung in Vietnam fügte sich nahtlos in diese Kontinuität. Auf fremdem Terrain und vor einer undurchdringlichen Kulisse aus Wäldern, Bergen und Sümpfen begegnete man einer als nicht minder bedrohlich wahrgenommenen Bevölkerung. Bauern, die ihren Beschützern keine Blumen streuten, die weder vor Hinterhalten warnten noch über den Verbleib von Sprengfallen Auskunft gaben, junge Männer wie alte Frauen, von denen man argwöhnte, dass sie nach ihrem Tagwerk auf den Feldern nachts zu Guerillas wurden. Wo die Grenze zwischen Realität und Phantasma zu ziehen ist, spielt dabei keine Rolle. Entscheidend war der Feindverdacht und die aus seinem Geist geborenen militärischen Mittel. Auch wenn man von den Opfern des Bombenkrieges absieht, bietet das Schicksal der Zivilbevölkerung ein Bild des Schreckens. Zehn Millionen wurden durch die Umsiedlungspolitik zur Flucht gezwungen; wie viele durch den Einsatz von Agent Orange und anderer Herbizide auf Jahre ihre Ernte verloren oder durch den Verzehr vergifteter Lebensmittel nebst der eigenen auch die Gesundheit ihrer Nachkommen schädigten, ist nicht bekannt; tausende starben bei Feuerüberfällen auf ihre Dörfer; die Zahl der Massaker geht in die dutzende; und ein unter dem Namen »Phoenix« bekanntes Programm zur Ausschaltung der Führungskader des Vietcong kostete von Mitte 1968 bis Mitte 1971 zwischen 20 000 und 40 000 das Leben – in neun von zehn Fällen war die Identität der Ermordeten unbekannt und man heftete ihnen erst im Nachhinein das Etikett »Funktionsträger« an. Mag im historischen Vergleich auch vieles vertraut klingen – neu war die Radikalität, mit der man sich der bekannten Rezepte bediente: »There was more of it in Vietnam«.

Auf diese Ereignisse wird im Einzelnen zurückzukommen sein. Hier genügt der Hinweis auf die sie begründende Dynamik: So unterschiedlich ihre Interessen und Motive auch immer sein mögen, in asymmetrischen Kriegen bedienen sich die Kontrahenten letztlich symmetrischer Mittel. Nämlich eines vorsätzlichen, kalkulierten Terrors gegen Unbewaffnete und ihre Lebenswelt. Eine unabwendbare Notwendigkeit sei damit nicht unterstellt. Aber dass es sich um regelmäßig wiederkehrende Prozesse handelt, ist ausweislich einer Jahrhunderte umspannenden Bilanz nicht zu bestreiten. Die Guerilla mit ihren eigenen Waffen schlagen zu wollen, läuft am Ende also nicht allein auf eine Ausweitung der Kampfzone hinaus. Der Krieg gegen »weiche Ziele« impliziert zugleich eine Brutalisierung der Kriegführung – solange der Starke kein anderes Mittel sieht, seiner Schwäche Herr zu werden, und sobald der Schwache zu der Überzeugung kommt, seine prekäre Machtbasis nur auf diese Weise stärken zu können.

Aus Sicht der Vietcong versprach eine Entgrenzung des Kampfes auch aus anderen Gründen kriegswichtige Dividenden. Je mehr Angst und Schrecken verbreitet werden, so das Kalkül, desto rascher sind die moralischen Ressourcen des Gegners verbraucht. Eines Gegners, über den der oberste Militär Hanois, General Giap, sagte, dass er weder »die psychologischen noch die politischen Mittel für einen in die Länge gezogenen Krieg besitzt«.[13] Sätze wie diese wurden im Wissen um einen kaum aufzuwiegenden Vorteil der Guerilla formuliert: Die überlegene Kenntnis des geographischen Raums machte es ihr möglich, wie ein Phantom zu agieren. Die Stoßtruppen verschwanden ebenso schnell wie sie aufgetaucht waren, an Orten und zu Zeitpunkten ihrer Wahl – unsichtbar, unberechenbar und folglich mit der Definitionsmacht über das Geschehen. Allerdings war es mit Angriffen auf »weiche Ziele« wie Nachschub- und Kommunikationswege, Waffendepots oder Truppenunterkünfte nicht getan. Wichtiger war die Auflösung der Fronten. Der Feind durfte sich nirgendwo sicher fühlen, keine Rückzugsräume haben, keine Etappe, in der er sich sammeln und neu formieren konnte. »Wenn man die Ausgangslage von Freund und Feind in Rechnung stellt, so muss davon ausgegangen werden, dass durch unsere verwegenen und überraschenden Attacken der starke Feind schwach wird und unsere kleine Streitmacht deutlich an Größe gewinnt.«[14] Deshalb musste jedes Reisfeld, jeder Deich, Baum oder Strauch als tödliche Gefahr wahrgenommen werden, deshalb wurde ein dicht geknüpftes Netz aus Millionen von Sprengfallen über das gesamte Land gelegt – in der Erwartung, den in Kampfzonen üblichen Stress für den Feind zu einem Schritt auf Tritt dauerhaften Begleiter zu machen.

So klingt die Logik des Terrors, einer Politik, die auf Dauer der dramatischen Effekte zur Durchsetzung ihrer Absichten bedarf. Nadelstiche allein reichten zur Erschütterung von Psyche und Moral feindlicher Truppen nicht aus. Vielmehr sollten die GIs eine doppelte Botschaft empfangen: dass ihre überlegene Bewaffnung im Dschungel nutzlos war

---

13 General Giap, zit. n. Bernard B. Fall, Street Without Joy, Harrisburg 1961, S. 34. Giaps auf die französische Armee gemünzte Bemerkung galt aus seiner Sicht für die US-Streitkräfte nicht minder.

14 Aus einem am 9. September 1968 von US-Truppen erbeuteten Dokument der nordvietnamesischen Armee (»Unit 500, Number: 154/L.12«, S. 31), in: NA, RG 127, USMC, HMC-HD, BM-68, Box 5, Folder: PLAF/PAVN Assessment of Strategy 1965–68. Zur Tradition dieser Strategie vgl. Fall, Street Without Joy, S. 15, 65, 130. Grundsätzlich zu diesem Zusammenhang vgl. Herfried Münkler, Guerillakrieg und Terrorismus, in: Neue Politische Literatur, 25, 1980, S. 299–326.

und – wichtiger noch – dass sie nicht damit rechnen konnten, gefangen genommen zu werden, sondern einem Feind gegenüberstanden, der keine Gefangenen machte. Dergleichen hatten bereits die Vietminh in den 1950er Jahren den Franzosen signalisiert. Und die einschlägigen Berichte aus den 1960er Jahren sind zu zahlreich, als dass man sie übergehen könnte. In Hinterhalten gestellte und von ihren Einheiten getrennte Amerikaner wurden gefoltert und verstümmelt, die entstellten Körper an prominenter Stelle zur Schau gestellt – gehäutet, aufgeschlitzt, mit abgetrennten Gliedmaßen oder Geschlechtsteilen. Dass der Führung der US-Streitkräfte an einer Verbreitung derartiger Nachrichten nicht gelegen war, hatte einen guten Grund. Denn jenseits der Truppenmoral zielte dergleichen Terror auch auf die Heimatfront – in der Hoffnung, eine Schwachstelle zu treffen, die seit den 1990er Jahren »Mogadischu-Effekt« genannt wird. Gemeint ist das Spiel mit den moralischen Ressourcen der amerikanischen Zivilgesellschaft, mit ihrem Widerwillen, in kleinen Kriegen große Opfer zu bringen, und mit ihrer Neigung, eher für Rückzug zu plädieren, als sich vor den Augen der Weltöffentlichkeit in der Rolle des Hilflosen gedemütigt zu sehen. In diesem Sinne kann Terror zu einem Kommunikationsmittel werden, dessen Effizienz mit Divisionen kaum aufzuwiegen ist. Zwar wäre es übertrieben, die Kriegsstrategie der Guerilla auf dieses Kalkül zu reduzieren. Aber die Strategie der psychologischen Abnutzung außer Acht zu lassen hieße, einen wesentlichen Teil des asymmetrischen Krieges in Vietnam zu übersehen.[15]

Beim Angriff auf moralische Schwachstellen des Starken zahlt sich in der Regel jedes Mittel aus. Ob diese Schlussfolgerung aus einer Betrachtung von Kolonialkriegen im Allgemeinen oder den Erfahrungen im Krieg gegen die Franzosen gewonnen wurde, sei dahingestellt. In jedem Fall schien es der Guerilla in Vietnam legitim, das Zivil unmittelbar in die militärische Schusslinie zu ziehen – sei es als Schutzschild, sei es zur Provokation eines seiner Ziele unsicheren und ohnehin über die Maßen gereizten Feindes. Wer sich mit dem Kriegsgeschehen seit den 1950er Jahren befasst, wird immer wieder auf einschlägige Beispiele stoßen. Bernard B. Fall hat am Beispiel des an der Küste zur südchinesischen See verlaufenden »Highway One« geschildert, wie die Vietminh dutzende kleiner Dörfer mit Gräben und unterirdischen Stollen zu einem Festungssystem ausbauten, 30 Kilometer in der Länge und hunderte von Metern in die Tiefe eines schwer überschaubaren Raumes reichend. Die zivile Lebenswelt war damit als Kampflinie definiert. Und Nicht-Kom-

---

15 Zum Umgang der Vietminh mit französischen Gefangenen vgl. Fall, Street Without Joy, S. 71, 100, 219.

battanten wurden nur dann nicht in Mitleidenschaft gezogen, wenn der Feind zwischen ihren Schutzbunkern und einer rein militärischen Anlage zu unterscheiden wusste. Die Guerilla nahm billigend in Kauf, dass dieser Unterschied nicht gemacht wurde, riskierte wissentlich, wenn nicht vorsätzlich Leib und Leben Unbeteiligter. Diese Praxis bestätigt Worte, mit denen ein politischer Funktionär in einer Expertise der amerikanischen Armee zitiert wird: »Die Partei hat sich von jeher von dem Prinzip leiten lassen, dass es besser ist, zehn Unschuldige zu töten als einen Feind entkommen zu lassen.«[16]

Diese Pointe unterstrich auch der Vietcong in den 1960er Jahren. Immer wieder schickte man Truppen in Siedlungen, die in der Nähe viel befahrener Militärrouten lagen, und eröffnete von dort das Feuer auf US-Konvois – trotz oder wegen der Erfahrung, dass die Attackierten zu einem Terror eigner Art neigten und auch leichten Beschuss mit einem großkalibrigen Einsatz ihrer Luftwaffe beantworteten. Oder man besetzte Dörfer mit dem Vorsatz, amerikanische Truppen zur Erstürmung dieser »weichen Ziele« zu reizen. Welchen Preis die Zivilisten zahlten, blieb nebensächlich. Entscheidend war der vom Feind zu entrichtende Preis, die Tatsache, dass er seinen Anspruch, eine moralisch überlegene Sache zu vertreten, Schritt für Schritt ruinierte – bloßgestellt in den Augen derer, die zu beschützen er nach Vietnam gekommen war und nicht zuletzt diskreditiert in den Augen der Weltöffentlichkeit. Ein auf diese Weise radikalisierter Psychokrieg gehörte zu den effektivsten Waffen der Guerilla.[17]

Glaubwürdigkeit und Legitimation aber sind auf Seiten des Starken ein knappes Gut. Und mit ihnen wird sein Kriegskalkül im Kern berührt: Es geht um den Faktor Zeit. Lange vor den USA hatten an der Peripherie Krieg führende Kolonialmächte immer wieder die Erfahrung machen müssen, dass Parlamente mit dem Mittel der Budgetkürzung versuchten, unpopulär gewordene Kriege zu einem vorzeitigen Ende zu bringen. Damit hatte die britische Krone während des amerikanischen Unabhängigkeitskrieges zu kämpfen, damit musste sich die französische Truppenführung im Vietnam der 1950er Jahre auseinander setzen. Da es für den Starken in solchen Kriegen nie um die nationale Existenz

---

16 Hoang Phan An, zit. n. NA, RG 319, AS, ODCS-PER, VWCWG, CF, Box 4, Folder: Army Report – Law of Southeast Asia Rules of Engagement, Law of War, ohne Datum, Annex B, S. 4.

17 Vgl. Fall, Street Without Joy, S. 16, 113f., 146f., 151, 162; Lewy, America in Vietnam, S. 59, 71f., 102; Neill Sheehan, Not a Dove, But No Longer a Hawk, in: *New York Times Magazine*, 9. 10. 1966, S. 137.

ging, waren hohe Investitionen ohne erkennbaren Gewinn auf Dauer nicht zu vertreten. »Get out or win«, lautete folglich die Parole konservativer Opponenten in den USA der späten 1960er Jahre. Unter solchen Bedingungen ist für Kriegsherren die Versuchung groß, die Flucht nach vorne anzutreten. In anderen Worten: Je größer der moralische und politische Druck, desto stärker ausgeprägt scheint die Neigung, die Entscheidung mit einem Parforceritt herbeizuführen. Eine Erhöhung der Truppenstärken scheidet aus Kosten- und Akzeptanzgründen aus. Im Grunde ist der Wettlauf gegen die Zeit, wenn überhaupt, nur mit einer Maximierung des materiellen Einsatzes zu gewinnen. Die Wahlmöglichkeiten sind mit zwei Schlagworten definiert: »Spend shells, not men« und »set-piece battle« – Erhöhung der Feuerkraft das eine, das Stellen des Gegners in einer konventionellen Groß- und Entscheidungsschlacht das andere.

Freilich konnte die kommunistische Seite mit einer Mobilisierung von Ressourcen kontern, die das Bild des Schwachen endgültig zur untauglichen Metapher machen. Die USA hatten es mit einer zu exorbitanten Opfern fähigen Streitmacht zu tun. Deren Stärke belief sich zur Jahreswende 1967/68, also auf dem Höhepunkt des Krieges, auf ca. 200000 Kampftruppen, verteilt zur einen Hälfte auf Einheiten mindestens in Kompaniestärke, zur anderen auf Kleingruppen wie Platoons, die im Unterschied zu den größeren Verbänden nur lokal operierten. Rechnet man die Versorgungs- und Verwaltungseinheiten hinzu, ist von 240000 Mann maximaler Truppenpräsenz auszugehen. In der Zeit von 1964 bis 1975 ließen aber ungefähr 444000 Soldaten des Vietcong und der Nationalen Volksarmee Nordvietnams ihr Leben auf den Schlachtfeldern.[18] In anderen Worten: Die kommunistische Seite verlor zweimal eine komplette Streitmacht. Hätte die US Army denselben Blutzoll entrichtet, wären statt 50000 Gefallener eine Million amerikanischer Soldaten nicht

---

18 MACV Briefing on Enemy Order of Battle, November 1967, in: NA, RG 127, USMC, HMC-HD, BM-68, Box 5, Folder: MACV Order of Battle Briefing und Folder: Order of Battle – Statistics of Forces, Dec. 67–Jan. 68. In diesen Zahlen sind die so genannten »Selbstverteidigungskräfte« nicht berücksichtigt. Zu ihnen gehörten alle, die in irgendeiner Weise unterstützende Dienste für die regulären Truppen und die mit Kampfeinsätzen betrauten Guerillas leisteten – Informanten, Kuriere, Steuereintreiber, Sprengstoffexperten. Um wie viele Personen es sich dabei handelte, ist nicht bekannt. Schätzungen schwanken zwischen hunderttausenden und 1,5 Millionen. Da sie mehrheitlich nicht oder allenfalls leicht bewaffnet waren und ihren festen Wohnsitz nicht verließen, wurden sie von amerikanischen Analysten auch nicht den feindlichen Streitkräften zugeordnet.

nach Hause zurückgekehrt. Dass eine Kriegspartei einen derartigen Preis entrichten will und kann, ist historisch selten, wenn nicht einmalig. Dazu mussten offenbar mehrere Faktoren zusammenkommen: ein unbändiger Wille, das Joch von Fremdbestimmung und Kolonialismus abzuwerfen, die Motivation durch Erfolge im Kampf gegen Japaner und Franzosen und eine kaum zu überbietende Skrupellosigkeit der politischen und militärischen Führung. »Jede Minute«, so General Vo Nguyen Giap, »sterben in der ganzen Welt hunderttausende von Menschen. Das Leben oder der Tod von Tausenden, selbst wenn sie Landsleute sind, bedeutet in Wirklichkeit sehr wenig.«[19]

Den Ausschlag gab allerdings eine weltpolitische Besonderheit – der Solidarisierungseffekt des Kalten Krieges. Die Guerilla in Südvietnam war nämlich zu keinem Zeitpunkt auf sich allein gestellt, sondern konnte sich auf massive materielle und personelle Unterstützung aus Nordvietnam verlassen. Von den über 100000 in Großverbänden kämpfenden Soldaten kamen Ende 1967 mehr als die Hälfte aus dem Norden, gut ausgebildete Militärs in der Tradition einer Streitmacht, die unter dem Namen Vietminh in den frühen 1950er Jahren die Franzosen zum Teil in offener Feldschlacht gestellt und besiegt hatte. General Giap, bereits zu dieser Zeit Oberkommandierender, verstand den Kleinkrieg deshalb nur als Auftakt. »Wenn wir die dritte Phase erreicht haben werden, [...] wird der Bewegungskrieg unser hauptsächliches Mittel sein, [...] und der Guerillakrieg wird ins zweite Glied rücken.«[20] Die Mittel kamen seit 1952 auch aus der Sowjetunion und der Volksrepublik China – beide stellten Ausbilder und Berater ab, lieferten in wachsendem Umfang schweres Gerät wie Lastwagen, Artillerie- und Flakgeschütze und griffen Nordvietnam mit erheblichen Geldern wirtschaftlich unter die Arme. Selbstlos war diese Hilfe nicht. Und schon gar nicht ging es allein um die Würde und Unabhängigkeit einer ehemaligen Kolonie. Moskau und Peking wollten in Vietnam die Kraft und Behauptungsfähigkeit des sozialistischen Modells bestätigt sehen. Eine Niederlage der USA wurde in diesem Sinne als Fanal verstanden, als Botschaft an Aufständische weit jenseits der Grenzen Vietnams. Wer aber einen Krieg um Symbole führt und diesen als weltumspannenden Kampf um letzte Werte definiert, ist der verlässlichste aller Partner. Und wird erpressbar obendrein: Denn aus der selbst gestellten Solidaritätsfalle gibt es nur um den Preis erheb-

---

19 General Giap, zit. n. NA, RG 319, AS, ODCS-PER, VWCWG, CF, Box 4, Folder: Army Report – Law of Southeast Asia Rules of Engagement, Law of War, ohne Datum, Annex B, S. 4.
20 General Giap, zit. n. Fall, Street Without Joy, S. 35.

lichen Imageverlusts ein Entrinnen. Gerade diese politische Anfälligkeit seiner Verbündeten machte Nordvietnam stark.[21]

Damit ist zugleich die größte Schwäche des vermeintlich Starken benannt. In Nordvietnam einzumarschieren und das militärische Kraftzentrum der Guerilla auszuschalten, kam für die USA nicht in Frage. Zu groß war das Eskalationsrisiko eines grenznah zur VR China geführten Krieges, zu wenig durchschaubar das Interesse der dritten Atommacht Sowjetunion. Unter den gegebenen Bedingungen, zumal angesichts der schnell verrinnenden Ressourcen Legitimation und Zeit, schrumpfte das Spektrum militärischer Möglichkeiten auf eine Option: Neben den Nachschublinien für Menschen und Material vor allem die Wirtschaftszentren und die Infrastruktur des Nordens anzugreifen, mithin einen ausgedehnten Bombenkrieg zu führen. Lyndon B. Johnson und Richard Nixon schlugen diesen Weg bekanntlich ein – und kopierten den Terror der Guerilla. Wiewohl mit ungleich massiveren Mitteln betrieben, fußte auch diese Strategie auf der gleichen gedanklichen Voraussetzung: Den Feind mittels der Verbreitung von Angst und Schrecken und hauptsächlich dadurch in die Knie zu zwingen, dass man als unberechenbarer Akteur auftritt. Nicht zufällig begegnet uns in den einschlägigen Einsatzplanungen für die US-Luftwaffe die Handschrift und Sprache von Folterern. Darin ist die Rede von »Daumenschrauben«, die es anzuziehen gilt, von »Schmerzgrenzen«, die man herausfinden und überschreiten muss, von »Heiß-und-kalt-Behandlungen« und immer wieder vom »breaking point«, der Soll-Bruchstelle im Gefüge der feindlichen Gesellschaftsordnung, die zu knacken ein rasches Ende des Krieges versprach.[22] In der Sache war der gezielte Angriff gegen zivile Zentren gemeint und mithin eine Anleihe bei der Strategie des totalen Krieges. Wer seinen Schwächen mit diesen Mitteln begegnen will, treibt die Logik des asymmetrischen Krieges auf die Spitze. Und schließt den Kreis einer auf wechselseitige Brutalisierung angelegten Dynamik.

---

21 MACV Briefing on Enemy Order of Battle, November 1967, in: NA, RG 127, USMC, HMC-HD, BM-68, Box 5, Folder: MACV Order of Battle Briefing. Zu den Kampferfahrungen der Vietminh vgl. Fall, Street Without Joy, S. 33f., 37f., 46f., 54, 70, 186f., 234f. Zur Rolle der UdSSR und der VR China vgl. Ilya V. Gaiduk, The Soviet Union and the Vietnam War, Chicago 1996; Quing Zhai, China and the Vietnam Wars, London 2000.

22 Der Jargon der Luftkriegsplaner ist den »Pentagon-Papieren« entnommen. Vgl. Daniel Ellsberg, Secrets. A Memoir of Vietnam and the Pentagon Papers, New York 2002, S. 364.

Politische Weichenstellungen

Warum tappten die politischen und militärischen Entscheidungsträger der USA in diese Falle? Warum riskierten sie einen Krieg, der nur im Fiasko enden konnte und mit ungezählten Leben bezahlt werden musste? Welches Verständnis von Politik, welches Weltbild ging in diese Entscheidungen ein? Und vor allem: Woher rührt ihr stures Beharrungsvermögen – der Unwille zur Kurskorrektur und am Ende die Unfähigkeit, aufhören zu können?

Warnungen gab es zuhauf. Meinungsführer im Kongress wie Mike Mansfield, Richard Russell oder J. William Fulbright sprachen sich frühzeitig gegen den Krieg bzw. für einen zeitigen Rückzug aus. Verbündete wie Charles de Gaulle und neutrale Vermittler wie der UNO-Generalsekretär U Thant griffen ihre Stichworte auf und forderten ein »Neutralitätsmodell« für Vietnam. Von der CIA und anderen Geheimdiensten gingen auffällig viele skeptische bis ablehnende Memoranden ein. McGeorge Bundy, nationaler Sicherheitsberater unter Kennedy und Johnson, kommentierte im Juni 1965 die Forderung nach einer Aufstockung der Truppenzahl mit den Worten: »Dieses Programm ist so überstürzt, dass man schon von Torheit sprechen muss.«[23] Edward Landsdale, der Jahre zuvor die Aufstandsbekämpfung auf den Philippinen erfolgreich koordiniert hatte, schrieb Ende 1964 in *Foreign Affairs*, dass revolutionärer Elan immer und überall schierer Feuerkraft überlegen ist.[24] Sein militärischer Meisterschüler in Vietnam, John Paul Vann, prognostizierte das Scheitern einer überforderten US Army. Entweder die Südvietnamesen führten ihren Krieg selbst oder »wir [werden] am Ende auf alles schießen – auf Männer, Frauen, Kinder und Büffel«.[25] Ähnlich äußerte sich Clark Clifford, bevor er Robert McNamara im Amt des Verteidigungsministers nachfolgte: »In dieser Region kann ich für unsere Nation nichts anderes erkennen als eine Katastrophe.«[26] Wie die Kritiker auch immer hießen, ihren verlässlichsten und scharfzüngigsten Fürsprecher hatten sie in George F. Ball, Staatssekretär im Außenministerium. Ball war schon unter John F. Kennedy als Kassandra verschrien. Lyndon B. Johnson muss seine Vorhaltungen auswendig gekannt haben, so oft bekam er sie zu hören: »Niemand kann Ihnen versichern, dass wir den Vietcong schlagen oder zu unseren

---

23 McGeorge Bundy, zit. n. Ellsberg, Secrets, S. 82.
24 Zu Edward Landsdale vgl. Ellsberg, Secrets, S. 99, 138.
25 John Paul Vann, zit. n. Sheehan, Große Lüge, S. 387; vgl. S. 528.
26 Clark Clifford, zit. n. Ellsberg, Secrets, S. 83.

Bedingungen an den Konferenztisch zwingen können – egal, wie viele hunderttausende weißer amerikanischer Truppen wir entsenden. Kein Mensch hat bisher glaubhaft machen können, dass weiße Bodentruppen egal welcher Größe imstande sind, einen Guerillakrieg zu gewinnen.«[27]

Man könnte mühelos einen Dokumentenband mit diesen oder ähnlichen Aussagen füllen. Sie laufen auf den gleichen Befund hinaus: Von Harry Truman bis Richard Nixon waren alle Präsidenten mit nachhaltiger Kritik aus dem inneren Kreis der Macht konfrontiert, formuliert von Männern, die sie politisch schätzten und auf deren Urteil sie großen Wert legten. Je länger der Krieg dauerte, desto lauter wurden die Einreden und desto mehr Skeptiker aus der zweiten und dritten Reihe meldeten sich zu Wort. Daniel Ellsberg geht gar davon aus, dass die Bereitschaft zu einem vollständigen Rückzug Ende 1967 in Kreisen konservativer Offiziere größer war als in der Öffentlichkeit. Wie auch immer: Die Mahnungen wurden registriert. Jeder Präsident räumte auf seine Weise ein, dass die Hoffnungen auf einen Krieg kurzer Dauer illusionär waren, dass die Risiken eines Scheiterns in Vietnam deutlich größer waren als die Aussicht auf Erfolg und die Kosten den Ertrag bei weitem zu übersteigen drohten – außenpolitisch wie militärisch und in der Innenpolitik erst recht. In anderen Worten: dass die Regierungsübernahme durch die Kommunisten oder eine Koalitionsregierung mit kommunistischer Beteiligung zwar hinausgezögert, aber letztendlich nicht verhindert werden konnte. Truman und Eisenhower sahen das Scheitern der Franzosen in ihrer abtrünnigen Kolonie voraus – und finanzierten am Ende ungefähr 80 Prozent der französischen Kriegskosten. John F. Kennedy verglich seine Situation mit der eines Alkoholikers: »Das ist doch wie mit einem Drink. Die Wirkung lässt nach, und schon will man

---

27 George F. Ball, zit. n. Ellsberg, Secrets, S. 82. Vgl. Barbara Tuchman, Die Torheit der Regierenden. Von Troja bis Vietnam, Frankfurt am Main 1989 (1984), S. 385; Steven Head, The Other War: Counterinsurgency in Vietnam, in: Olson, Handbook, S. 125–143; Larry Berman, Planning a Tragedy: The Americanization of the War in Vietnam, New York 1982; Lloyd C. Gardner, Pay Any Price. Lyndon Johnson and the Wars for Vietnam, Chicago 1995; David Kaiser, American Tragedy. Kennedy, Johnson, and the Origins of the Vietnam War, Cambridge, Mass. 2000; Fredrik Logevall, Choosing War. The Lost Chance for Peace and the Escalation of War in Vietnam, Berkeley etc. 1999; Howard Jones, Death of a Generation. How the Assassinations of Diem and JFK Prolonged the Vietnam War, Oxford 2003; George Ball, The Past Has Another Pattern. Memoirs, New York 1982; David L. Di Leo, George Ball, Vietnam, and the Rethinking of Containment, Chapel Hill 1991.

nachgießen.«[28] Dennoch gab er 10 000 neuen Militärberatern den Marschbefehl und stieß damit das Tor zur Entsendung von Bodentruppen weit auf – eine Verhaltensweise, die Lyndon B. Johnson zur zweiten Natur wurde. Richard Nixon schließlich war sich, wie er im Rückblick mehrfach bestätigte, im Klaren, dass er Anfang 1969 den Krieg hätte beenden müssen und können. Seine Antwort: »Wir mussten die Sache durchstehen.«[29]

Die Geschichte amerikanischer Kriegsherren in Vietnam ist mithin die Geschichte von Männern, die sich selbst und ihrer Umwelt wider aller Evidenz einredeten, eine Lösung parat zu haben. Es geht um Politiker, denen es nicht an der Einsicht in das Offenkundige fehlte, wohl aber am Willen, die nahe liegenden Schlüsse zu ziehen. Das viel bemühte Bild vom »Hineinschlittern« in den Krieg und von unwissenden, falsch informierten oder willentlich hinters Licht geführten Präsidenten bedarf also der Korrektur. Ebenso das Bild des Präsidenten, der den nächsten Schritt nur in der Erwartung eines dann endgültigen Durchbruchs geht. Von Truman bis Nixon hatten sich zwar alle in ein »quagmire«, einen Sumpf und Morast, hineinbegeben – aber ihre Entscheidungen waren nicht tragischen Missverständnissen geschuldet, beruhten nicht auf einer naiven Neigung zu Optimismus und wurden schon gar nicht von intriganten Einflüsterern bei Hofe eingefädelt. Von einem Umherirren im »Nebel des Krieges«, wie Robert McNamara rückblickend behauptet, ist wenig zu sehen.[30] Vielmehr dominierte ein von düsteren Erwartungen patinierter Realismus. Unwissenheit war, wie Barbara Tuchman bereits vor der Öffnung einschlägiger Archive zu Recht vermutete, kein ausschlaggebender Faktor. Im Gegenteil: Es fällt schwer, Daniel Ellsbergs These zu bestreiten, dass die Dinge auch dann ihren bekannten Lauf genommen hätten, wenn noch mehr pessimistische Prognosen und noch mehr ungeschminkte Lagebeurteilungen eingebracht worden wären. Die Alternativen lagen vor, die Entscheidungsträger wussten um sie und hätten sich mit der Rückendeckung eines erheblichen Teils der politischen Elite dafür aussprechen können.

---

28 John F. Kennedy, zit. n. Arthur M. Schlesinger, Jr., A Thousand Days: John F. Kennedy in the White House, Boston 1965, S. 547; vgl. Jones, Death of a Generation, S. 232, 361, 267.

29 Richard Nixon am 15. 2. 1973, zit. n. The White House, Memorandum of Conversation, Secret, 15. 2. 1973, S. 2, in: NA, Nixon Presidential Materials Project (NPMP), National Security Council Files (NSC), Presidential / HAK MemCons, Box 1026, Folder: MemCons – Jan./March 1973, Presidential / HAK. Vgl. Ellsberg, Secrets, S. 216.

30 Robert S. McNamara, James G. Blight, Robert K. Brigham, Argument Without End. In Search of Answers to the Vietnam Tragedy, New York 1999.

Den Vietnamkrieg aus amerikanischer Sicht zu begreifen, heißt also zu verstehen, weshalb fünf Präsidenten 25 Jahre lang ein und denselben Satz zum Programm erhoben: »Wir mussten die Sache durchstehen.«[31]

Das Bemühen um eine Erklärung setzt gemeinhin bei den weltanschaulichen Zwillingen des Kalten Krieges an. Gemeint sind die Dominotheorie und das Bild eines monolithischen Kommunismus. Weil Letzterem eine schier unerschütterliche Kohärenz zugeschrieben wurde, schien es auch plausibel, den »Verlust« eines strategischen Bausteins als nicht mehr aufhaltbare Entwicklung zu deuten, die im schlimmsten Fall auf einen Kampf um die Freiheit an Kaliforniens Küste zusteuerte. Seit der chinesischen Revolution im Jahr 1949 besetzten derlei Szenarien, zumal die Vorstellung von einem dem Untergang geweihten Asien, die politische Phantasie – quer durch alle politischen Lager und unter Eliten ebenso wie bei gemeinen Wahlbürgern. Welchen Furor die extreme Rechte entfachen konnte, wenn sie sich die Rhetorik der »lebenswichtigen Regionen« zu Eigen machte, war seit den späten 1940er Jahren bekannt. Die damalige Debatte über den »Verlust Chinas« hatte nicht allein Senator McCarthy groß gemacht, sondern allen Präsidenten eine deutliche Warnung mit auf den Weg gegeben. Wer sich dem Vorwurf aussetzte, »weich« gegen die Kommunisten zu sein, lief Gefahr, die Unterstützung der konservativen Führung des Kongresses und damit die für Gesetzgebungsverfahren erforderlichen Mehrheiten zu verlieren. Entsprechend irritiert und auf merkwürdige Weise verunsichert zeigte sich die politische Klasse – als müsste sie jeden Augenblick gewärtig sein, von populistischen Machenschaften überrannt zu werden. Von einer heimlichen Dominanz der McCarthy-Rechten über den politischen Diskurs zu sprechen, scheint nicht übertrieben. In jedem Fall haben wir es mit einer die Epoche des Kalten Krieges in Amerika prägenden Konstante zu tun.

Die politischen Weichenstellungen für den Abnutzungskrieg in Vietnam werden des Weiteren als Ausdruck jener Veränderungen diskutiert, denen das politische System der Vereinigten Staaten im Nachgang zum Zweiten Weltkrieg unterworfen war. Seit Arthur Schlesingers sprichwörtlich gewordenem Buchtitel über die »Imperiale Präsidentschaft« geht es um eine kritische Prüfung exekutiver Befugnisse – von einer Verschiebung des politischen »Gravitationszentrums« zugunsten militärischer und geheimdienstlicher Bürokratien ist die Rede und mitunter gar von einer »Diktatur« nationaler Sicherheitseliten. Vor allem aber

---

31 Ellsberg, Secrets, S. 192; vgl. S. 188f., 190f., 274f.; Tuchmann, Torheit, S. 290;
   Die »quagmire«-These geht hauptsächlich auf die Arbeiten von Arthur Schlesinger, Jr. und David Halberstam zurück.

kommt die Ausweitung, wenn nicht Überdehnung präsidialer Kompetenzen zur Sprache. Mit dem »National Security Act« von 1947 wurde die bis dato sorgsam austarierte Architektur der Macht dauerhaft zu Gunsten der Exekutive und zu Lasten von Legislative und Judikative verschoben. Freilich beschreibt die Neujustierung des ordnungspolitischen Rahmens nur eine Seite des Problems. Hinzu kommt die normative Prämisse des »National Security Act« – eine auf das rein Militärische verengte Wahrnehmung nationaler Sicherheit. Im Begriff der »permanent preparedness« sind die Weiterungen dieser Maxime aufgehoben. Der Ausnahmezustand gilt nicht als Ausnahme von der Regel, sondern reguliert das Politische. Vor dem Hintergrund der totalitären Herausforderung konnte diese Faustformel wie ein ungeschriebener Verfassungszusatz gelesen werden. Dem Primat des Militärischen gerecht zu werden, definierte fortan das »Ethos der Exekutive« und das Selbstbild der Amtsinhaber im Weißen Haus. Insofern geht »Imperiale Präsidentschaft« auch mit dem Anspruch einher, im Namen der »nationalen Sicherheit« die Usancen parlamentarischer Kontrolle und politischer Rechenschaftslegung zeitweise außer Kraft setzen zu dürfen oder zu müssen. Akteure, die sich diese Logik zu Eigen machen, neigen – so Schlesingers Pointe – zur Selbstermächtigung. Selbstimmunisierung gegenüber kritischer Einrede wäre eine gleichermaßen zutreffende Beschreibung. Beides unterstellt eine Beschädigung jener Mechanismen, die in demokratischen Verfassungen zum Zweck der Selbstkorrektur vorgesehen sind.[32]

In der Tat treffen die Hinweise auf »Dominotheorie«, »monolithischen Kommunismus«, »Imperiale Präsidentschaft« und »Verwaltung des Ausnahmezustands« ins Zentrum der politischen Entscheidungsfindung über Vietnam. Harry Truman glaubte, er wäre zum politischen Selbstmörder geworden, hätte er über Ho Chi Minhs Kontakte nach Moskau hinweggesehen und dem 1946 vorgetragenen Ersuchen aus Hanoi um Wirtschaftshilfe stattgegeben. Als kleineres Übel ließ man sich, wie Außenminister Dean Acheson meinte, von den Franzosen die Parteinahme für eine aussichtslose Intervention abpressen – als Gegenleistung für Frankreichs Hilfe wider die kommunistische Dampfwalze in Europa.[33] Auch John F. Kennedy hatte die Republikaner im Verdacht, jederzeit eine neue »loss of China«-Debatte anzetteln und ihn mit dem

---

32 Vgl. Arthur M. Schlesinger, Jr., The Imperial Presidency, Boston 1973; Bernd Greiner, Zwischen »Totalem Krieg« und »Kleinen Kriegen«. Überlegungen zum historischen Ort des Kalten Krieges, in: Mittelweg 36, 2, 2003, S. 3–20.
33 Zu Harry Truman und Dean Acheson vgl. Tuchman, Torheit, S. 302f., 318.

Vorwurf des »Appeasement« zu Fall bringen zu wollen, erst recht nachdem Nikita Chruschtschow nationale Befreiungskriege als Vehikel zur
Ausbreitung des Kommunismus bezeichnet und vollmundig seine Unterstützung dieser »gerechten Kriege« avisiert hatte. Kennedy konterte mit
dem eingängigen Bild von Vietnam als »Eckpfeiler der freien Welt in
Südostasien«, als »Schlussstein des Bogens« oder wahlweise »Bruch-
stelle des Deiches«.[34] Lyndon B. Johnson drückte sich wie gewohnt drastisch aus: Der Verlust Chinas und der Aufstieg McCarthys seien »Hüh-
nerdreck, verglichen mit dem, was geschehen würde, wenn wir Vietnam
verlören«.[35] Selbst Richard Nixon wurde von den populistischen Geis-
tern, die er in den 1950er Jahren noch selbst gehätschelt hatte, eingeholt.
Im Wahlkampf des Jahres 1972 begegnete ihm mit George Wallace ein
Wiedergänger Joseph McCarthys, der dessen Parole vom »Siegfrieden«
in Korea auf Vietnam münzte und eine Vorwahl nach der anderen gewann, ehe ihn die Kugeln eines Attentäters an den Rollstuhl fesselten.
Nicht zuletzt deshalb war für Nixon Gesetz, was General Maxwell Taylor seinen Vorgängern gepredigt hatte: »Sollten wir Vietnam mit einge-
klemmtem Schwanz verlassen, wären die Folgen dieser Niederlage im
übrigen Asien, in Afrika und Lateinamerika verheerend.«[36]

Schließlich und endlich drehte sich Vietnam auch um die Dilemmata
nationaler Sicherheitspolitik. Die USA hatten seit Eisenhowers »New
Look« eine Militärmacht aufgebaut, die zum Krieg nicht taugte. Atomwaffen waren im Sinne der Abschreckung politische Waffen. Sollte dieser politische Zweck verfehlt werden, war die Vernichtung des Gegners
ebenso garantiert wie die eigene Auslöschung. Aus diesem Grund ver-
warfen John F. Kennedy und Robert McNamara die Option nuklearer
Ersteinsätze – gegen teilweise erhebliche Widerstände militärischer Eliten. Wenn er deren Einwände auch nicht gelten ließ, so war sich Kennedy mit der militärischen Führung doch in einem einig: Wenn die
stärkste aller Waffen nicht zur Lähmung militärischer Stärke führen
sollte, mussten schwächere Mittel zum Zuge kommen. Die Entwertung
des »großen Krieges« zog also eine Aufwertung »kleiner Kriege« nach

---

34 John F. Kennedy, zit. n. Tuchman, Torheit, S. 353. Zu Kennedys Ängsten vgl.
    Jones, Death of a Generation, S. 12, 238, 352; zu Chruschtschow vgl. Alexan-
    der Fursenko/Timothy Naftali, One Hell of a Gamble. Khrushchev, Castro,
    and Kennedy, 1958–1964, New York 1997, S. 73.
35 Lyndon B. Johnson, zit. n. Tuchman, Torheit, S. 398.
36 Maxwell Taylor, zit. n. Gabriel Kolko, Anatomy of a War. Vietnam, the United
    States, and the Modern Historical Experience, New York 1985, S. 113. Zum
    Einfluss der »Vietnam-Lobby« vgl. Joseph G. Morgan, The Vietnam Lobby.
    The American Friends of Vietnam 1955–1975, Chapel Hill 1997.

sich. So erklärt sich der in den frühen 1960er Jahren betriebene Kult um Aufstandsbekämpfung und »special forces«. Bereits Mitte Mai 1961 fassten Kennedys Berater die bis dato geführten Diskussionen in einem National Security Action Memorandum zusammen. Kennedy billigte die als NSAM Nr. 52 klassifizierte Vorlage und wies auf diesem Weg Verteidigungsminister Robert McNamara an, die personellen und materiellen Kapazitäten der Anti-Guerilla-Truppen deutlich aufzustocken. »Wir sehen uns weltweit einer monolithischen und rücksichtslosen Verschwörung gegenüber«, erklärte der Präsident damals in einer öffentlichen Rede, »einer Verschwörung, die sich hauptsächlich verdeckter Mittel zur Ausweitung ihrer Einflusszone bedient – der Infiltration statt der Invasion, der Subversion statt der Wahlen, der Einschüchterung auf Kosten der freien Wahlmöglichkeit, der in finsterer Nacht kämpfenden Guerillas statt der im Tageslicht kämpfenden Armeen. Es ist ein System, das riesige menschliche und materielle Ressourcen in den Aufbau einer vielgliedrigen und hocheffizienten Maschinerie investiert hat. [...] Wir werden aus dieser Lektion auf unsere Art einen Vorteil ziehen. Wir werden darangehen, alle uns zur Verfügung stehenden Mittel zu prüfen und sie einer neuen Verwendung zuzuführen [...]. Es ist unsere Absicht, die Anstrengungen für einen Kampf zu intensivieren, der in vielerlei Hinsicht schwieriger ist als ein normaler Krieg.«[37] Und aus diesem Grund avancierte Vietnam zum Laboratorium des »Krieges der Zukunft«. »Wir haben ein Problem damit«, meinte Kennedy, »unsere Macht überzeugend zur Geltung zu bringen, und Vietnam scheint die richtige Gelegenheit.«[38] Vietnam wurde zum Ort symbolischer Selbstvergewisserung und zum Mittel, den Atommächten Sowjetunion und Volksrepublik China eine unmissverständliche Botschaft auf den Weg zu geben: Amerika versteht sich darauf, Grenzen zu respektieren und zugleich seinem Militär neue Räume zu erschließen.[39]

Von John F. Kennedy wird behauptet, dass er trotz allem in Sachen Vietnam Zweifel hegte und die Militärberater bis Ende 1963 abziehen

37 John F. Kennedy, zit. n. James William Gibson, The Perfect War: The War We Couldn't Lose and How We Did, New York 1988, S. 76.

38 John F. Kennedy, zit. n. Jones, Death of a Generation, S. 120. Vgl. S. 14, 39 f., 67, 117, 173 f., 355.

39 Das damals nachdrücklichste Plädoyer für »kleine Kriege« hielt Henry Kissinger Ende der 1950er Jahre in seinem Buch Nuclear Weapons and Foreign Policy, New York 1957. Vgl. Maxwell Taylor, The Uncertain Trumpet, New York 1960. Zum Kult um den Anti-Guerilla-Krieg vgl. Lewy, America in Vietnam, S. 85; Bernd Greiner, »First To Go, Last to Know«. Der Dschungelkrieger in Vietnam, in: Geschichte und Gesellschaft, 29, 2003, S. 239–261.

wollte. Andererseits scheint er diese Option an die Bedingung eines raschen Sieges über die Guerilla geknüpft zu haben.[40] Wie es schließlich gekommen wäre, hätte Kennedy das Attentat überlebt, ist und bleibt eine nicht zu beantwortende Frage. Sein Nachfolger Lyndon B. Johnson jedenfalls konnte oder wollte dergleichen noch nicht einmal denken. Weit davon entfernt, das militärisch verengte Credo nationaler Sicherheit in Frage zu stellen, agierte er zugleich wie ein von den Sicherheitseliten Getriebener. »Lasst mich nur die Wahl gewinnen, und dann könnt ihr euren Krieg haben.«[41] Bekanntlich konnte sich Johnson, wie auch Richard Nixon nach ihm, über Jahre behaupten – obwohl kein Licht am Ende des Tunnels zu sehen war, obwohl er den Kongress ein um das andere Mal hinterging, obwohl er die Öffentlichkeit über Umfang und Auftrag der Truppen täuschte. Beider Regierungszeiten nehmen sich wie ein empirischer Beleg für die These der Selbstermächtigung und des Verlusts von »cheques and balances« aus. Nicht zuletzt im Licht jenes Eingeständnisses, das Robert Komer stellvertretend für viele seiner Kollegen zu Papier brachte, die ihren Einsichten keine Taten folgen ließen: »Wenn der Präsident der Vereinigten Staaten etwas von dir will, dann sagst du eben nicht nein. Wenn er sagt, dass du derjenige bist, der den Job machen muss, derjenige, den er haben will, dann musst du es machen, egal, wie hoffnungslos es ist.«[42]

Vor diesem Hintergrund attestiert Barbara Tuchman eine »kognitive Dissonanz« und intellektuelle Selbstblockade. »Wenn feste Überzeugungen […] widerlegt werden, dann kommt es nicht zu einer Ablehnung jener Überzeugungen, sondern zu ihrer Erstarrung, verbunden mit dem Versuch, alle Gegenbeweise wegzuerklären.«[43] Inwieweit diese Beobachtung verallgemeinerbar ist, sei dahingestellt. Auf die amerikanische Vietnampolitik jedenfalls trifft sie zu. Denn schließlich war noch ein weiterer Faktor im Spiel, der wie ein Katalysator auf die Neigung zum Handeln wider besseres Wissen wirkte. Die Rede ist von einem in den Annalen aller Großmächte verbuchten Handlungsmotiv: Glaubwürdigkeit.

---

40 Zur ambivalenten Haltung Kennedys vgl. Jones, Death of a Generation, S. 45–50, 55, 59, 63, 112, 120f., 145, 159, 189f., 233f., 243f., 314f., 318–321, 338, 348, 355f., 377f., 426; John M. Newman, JFK and Vietnam: Deception, Intrigue, and the Struggle for Power, New York 1992.

41 Lyndon B. Johnson, zit. n. Jones, Death of a Generation, S. 449; vgl. ebd., S. 444f., 446f.

42 Robert Komer, Leiter des »Civil Operations and Revolutionary Development Support«-Programms (CORDS) in Vietnam, zit. n. Ellsberg, Secrets, S. 178. Ähnlich wie Komer äußerten sich zahlreiche andere Mitarbeiter des Pentagon. Vgl. ebd., S. 53, 56, 60.

43 Tuchman, Torheit, S. 435.

Erstens schlüpften alle amerikanischen Präsidenten seit dem Zweiten Weltkrieg in die Rolle imperialer oder hegemonialer Machtverweser. Wie diese definierten sie »Glaubwürdigkeit« als die wichtigste psychologische Ressource der Macht – Wort zu halten, das Gesicht nicht zu verlieren und vor allen Dingen gegenüber Freund wie Feind gleichermaßen unmissverständlich aufzutreten. Weltmacht konnte demnach auf Dauer nur sein, wer nicht im Verdacht stand, beim Einsatz seiner Instrumente – der politischen, wirtschaftlichen, psychologischen wie militärischen – zu zögern. »Credibility« fußt also auf einer ebenso einfachen wie weit reichenden Prämisse: Machtmittel werden erst zu Insignien der Macht, wenn sie mit einem kontinuierlich demonstrierten Willen zu ihrer Wahrung und Mehrung einhergehen. Diesbezüglich aber kultivierte Amerikas politische Klasse eine Art Minderwertigkeitskomplex. Ungezählte Diskurse sind mit der Befürchtung unterlegt, als Neuankömmling im Club der Großen nicht ernst genommen zu werden. Amerika, so der Tenor, hatte noch nicht hinreichend Chancen zum Beweis seiner Glaubwürdigkeit und sieht sich daher einer renitenten Skepsis der internationalen Umwelt ausgesetzt – zumal die nach dem Ersten Weltkrieg offenbarte Sprunghaftigkeit als Beleg einer tief verwurzelten und daher kaum zu korrigierenden Tradition gedeutet werden konnte. Ein in dieser Weise verunsichertes Selbstbild ist mit der allseits bekannten Inszenierung von Allmacht durchaus vereinbar. Sie bedingen und bestärken sich gegenseitig. Auf diesem Nährboden gedeiht eine von Panik durchwirkte Dominotheorie ebenso gut wie die Versuchung, bei jeder sich bietenden Gelegenheit die realen oder phantasierten Zweifel Dritter dementieren zu müssen. In diesem Sinne deutete Lyndon B. Johnson den tragischen Tod seines Vorgängers als hinreichende Begründung für den Krieg in Vietnam. »Die [Chinesen] denken, wir hätten jetzt unseren Biss verloren, dass wir feige sind und nicht meinen, was wir sagen. […] Die [Russen] werden sich jetzt fragen, wie weit sie gehen können. […] Ich will um Himmels willen, dass sie [die amerikanischen Generäle] ihren Hintern hochkriegen, dass sie in diesen Dschungel gehen und ein paar Kommunisten kräftig versohlen.«[44]

Der geographische Ort Vietnam war demgegenüber irrelevant, ein Stück Land ohne nennenswerte Rohstoffe, als Markt randständig und ohne Gewicht als geostrategisches Pfund. Richard Nixon: »Vietnam als solches war nicht bedeutend. Was am Beispiel Vietnam zählte, war, dass Freunden und Verbündeten demonstrativ amerikanische Unterstützung und unseren Feinden amerikanische Willensstärke vor Augen geführt

---

44 Lyndon B. Johnson, zit. n. Jones, Death of a Generation, S. 445.

wurde.«[45] Es ging also um die Symbolik der Tat – neben der Schlüsselregion Europa auch in Asien mit einer Entschiedenheit aufzutreten, die Freund wie Feind dasselbe signalisierte: dass die USA zu ihren Verpflichtungen standen und erst recht niemanden im Stich ließen, der wie Südvietnam in Turbulenzen geriet. Und dass auch in schwierigen Zeiten der Isolationismus keine Versuchung mehr darstellte. Noch einmal Nixon: »Wir werden diesen Krieg nicht verlieren – ›wir‹, die Vereinigten Staaten. [...] Ich kann unter keinen Umständen umhin, [...] die ganze Macht dieses Amtes [...] dafür einzusetzen, eine Niederlage der Vereinigten Staaten zu verhindern. Ich sag es ganz offen und auf den Punkt genau: Südvietnam wird vielleicht verlieren, aber die Vereinigten Staaten können nicht verlieren.«[46] Wer aus einer jungen Weltmacht einen »erwachsenen« Souverän machen wollte, musste diesen vermeintlichen Lektionen der Geschichte Tribut zollen.

Zweitens kam einer so definierten Glaubwürdigkeit unter den Bedingungen des Kalten Krieges eine über die Maßen proportionierte Bedeutung zu. »Wenn du auch ein wenig Schwäche zeigst, und wenn diese Hurensöhne [die Russen] glauben, du wärst schwach, dann sind sie wie Straßenköter – bleibst du stehen, beißen sie dich tot, rennst du weg, reißen sie dir den Arsch auf.«[47] Mitunter hatte es gar den Anschein, so Barbara Tuchman, als kämpfte Amerika einzig und allein für seine Glaubwürdigkeit. Im Kalten Krieg im Allgemeinen wie in Vietnam im Besonderen ging es nämlich, wie der amerikanische Journalist und Politikberater Leslie Gelb zu Recht anmerkt, nicht um einen militärischen Sieg im klassischen Sinn der Eroberung, Behauptung und Beherrschung neuen Terrains. Vielmehr handelte es sich um einen psychologischen Abnutzungskrieg mit dem Ziel, Wille und Kraft der anderen Seite im besten Falle aufzuzehren, im mindesten Fall durch dauernden Verschleiß zu bändigen.[48] Eine Invasion Nordvietnams stand folglich nie ernsthaft zur Debatte. Aber der Norden musste unter allen Umständen und vor aller

---

45 Richard Nixon am 15. 2. 1973, zit. n. The White House, Memorandum of Conversation, Secret, 15. 2. 1973, S. 2, in: NA, NPMP, NSC, Presidential / HAK MemCons, Box 1026, Folder: MemCons – Jan./March 1973, Presidential / HAK.

46 Richard Nixon am 4. 5. 1972, zit. n. Jeffrey Kimball, The Vietnam War Files. Uncovering the Secret History of Nixon-Era Strategy, Lawrence, Ks 2004, S. 219/20.

47 Lyndon B. Johnson, zit. n. Foreign Relations of the United States (FRUS), 1964–68, Bd. XV, S. 402.

48 Barbara Tuchman, Torheit, S. 365; Leslie H. Gelb, Vietnam: Nobody Wrote the Last Act, in: The Washington Post, 20. 6. 1971.

Augen mit dem Versuch scheitern, im Süden des Landes einen Guerillakrieg anzuheizen und zu gewinnen. Diesen Status als Garantiemacht
wider Subversion und Aufstand wollten sich die USA verbriefen lassen –
in Gestalt eines Abkommens für Vietnam, in dem die Gegenseite einen
politischen Machtverzicht unterschrieb. Glaubwürdig war in dieser
Sicht der Dinge, wer mit einem längeren Atem und einem größeren Steh-
vermögen ausgestattet den »breaking point« des Feindes knackte. Genauer gesagt, jenen Punkt erreichte, an dem der Feind die Unzulänglichkeit seiner militärischen Mittel erkannte und auch politisch die Waffen
streckte. Im Rennen um diesen »Kipp-Punkt« gegenüber einem Land wie
Vietnam den Kürzeren zu ziehen, hätte in amerikanischer Perspektive
alle Koordinaten ihrer Weltmachtpolitik, erst recht des Kalten Krieges,
auf den Kopf gestellt. Es konnte nicht sein, was nicht sein durfte. »Ich
weigere mich einfach anzuerkennen«, so Henry Kissinger im Sommer
1969, »dass eine kleine, viertklassige Macht wie Nordvietnam keinen
›breaking point‹ hat.«[49]

Wenn Barbara Tuchman davon spricht, dass das Streben nach Glaubwürdigkeit im Kalten Krieg bis zur Selbsthypnose aufgebläht wurde,[50]
umschreibt sie ein drittes Charakteristikum amerikanischer Vietnampolitik: Wie eine auf Glaubwürdigkeit fixierte Politik sich sukzessive
ihrer Optionen beraubt und am Ende in einer selbst gestellten »Glaubwürdigkeitsfalle« landet. Seit Truman erhöhte jeder Präsident den Einsatz in Vietnam und damit auch den Druck, den gesetzten Zielen gerecht
zu werden. Die Grenzlinie von Selbstverpflichtung zur Selbstfesselung
wurde an dem Tag überschritten, als zum ersten Mal das Wort »vital« –
»lebenswichtig« – fiel. Mit diesem Wort veränderten sich die Maßstäbe,
an denen Politik gemessen wird, grundlegend. Wer symbolisches Kapital
und Prestige in diesem Umfang investiert, muss um den Preis politischer
Bonität willen sein Versprechen einlösen. Er ist zum Erfolg verdammt
und hat fortan »die Sache durchzustehen« – Entscheidungen wider besseres Wissen und Ignorieren der Realität inklusive. In diesem Sinne trifft
der viel belächelte Satz, Berlin werde in Saigon verteidigt, den Kern der
Sache. Wie Leslie Gelb schreibt: »Worte machten aus Vietnam ein Vor-
zeigeobjekt – ein asiatisches Berlin.«[51]

Die damit einhergehende Verengung des intellektuellen und politischen Horizonts setzte in den 1950er Jahren ein. John F. Kennedy erlag

---

49 Henry Kissinger, zit. n. Larry Berman, No Peace, No Honor. Nixon, Kissinger,
    and Betrayal in Vietnam, New York 2001, S. 55.
50 Tuchman, Torheit, S. 312.
51 Gelb, Last Act.

ihr auf seine Weise – zögernd, mit sich hadernd und schließlich in der Illusion befangen, einen Ausweg auf dem Umweg einer Eskalation finden zu können. Seine diesbezüglichen Entscheidungen sind hinreichend dargelegt und kommentiert worden. Sie reichen von der Aufstockung der Militärberater auf 11000 Mann über geheime Kommandooperationen im Norden bis zum Einsatz von Entlaubungsmitteln und Napalm. Folgenreicher als alles andere war freilich die indirekte Unterstützung des Putsches gegen Diktator Diem Anfang November 1963. Damit ergriff Washington nicht nur Partei in den Ränkespielen der Saigoner Innenpolitik. Fortan hing die Wahrung des amerikanischen Prestiges auch vom Erfolg oder Misserfolg einer Clique zerstrittener Obristen ab. Deren Inkompetenz auszubügeln, war nur um den Preis eines erhöhten Engagements der USA möglich. Eben weil Kennedy die meisten Brücken hinter sich abgebrochen hatte, hegten sein Bruder Robert sowie die Berater Theodore Sorensen und William Bundy erhebliche Zweifel an der Möglichkeit einer Deeskalation. Die Pointe: Die neuen Machthaber wussten um diese Selbstfesselung ihres Partners und spielten ihre Karten bis zur Ratifizierung des Waffenstillstandsabkommens im Januar 1973 auf erpresserische Weise aus. »In einem Abhängigkeitsverhältnis«, bemerkt Barbara Tuchman, »vermag der Schützling seinen Beschützer stets zu kontrollieren, indem er damit droht, zusammenzubrechen.«[52] Auch das Bild vom Schwanz, der mit dem Hund wedelt, bietet sich an.

Zu Zeiten von Lyndon B. Johnson und Richard Nixon war die »Glaubwürdigkeitsfalle« endgültig zugeschnappt. Die monotone Rhetorik dieser Jahre kündet davon: Rückzug steht für Niederlage, Niederlage für Demütigung, Demütigung für nationale Katastrophe und mithin für das Ende der amerikanischen Weltmacht. Das politische Vokabular war auf den Fundus einer planierten Semantik geschrumpft und klang wie eine verhakte Schallplatte: »In Vietnam geht es zu 70 Prozent darum, nicht gedemütigt zu werden« – der stellvertretende Verteidigungsminister John McNaughton im März 1965.[53] »Amerika gewinnt die Kriege, die es anfängt. Behalten Sie das immer im Auge« – Lyndon B. Johnson

---

52 Tuchman, Torheit, S. 352. Zu Kennedys Vietnampolitik vgl. Jones, Death of a Generation, S. 27, 52, 74f., 79, 89, 138, 146, 197, 201, 220. Zu den Hintergründen und Weiterungen des Putsches gegen Diem vgl. ebd., S. 277f., 310–315, 343–370, 386f., 390–406, 422f., 428, 439f., 454f. Zur Kritik von Robert Kennedy, Theodore Sorensen und William Bundy vgl. ebd., S. 452. Vgl. Richard H. Shultz Jr., The Secret War Against Hanoi. Kennedy's and Johnson's Use of Spies, Saboteurs, and Covert Warriors in North Vietnam, New York 1999; Bernd Greiner, Der »Alice in Wonderland«-Präsident, in: *Damals*, 11, 2003, S. 74–79.
53 John Mc Naughton, zit. n. Kimball, War Files, S. 43.

im Jahr 1967.[54] »Es geht [...] um das Überleben der USA als Weltmacht. [...] Im Falle einer Niederlage in Vietnam wird das amerikanische Volk sich nie wieder an anderen Orten behaupten« – Richard Nixon im Herbst 1969.[55] Und: »Die Art, wie wir diesen Krieg beenden, ist entscheidend für Amerikas Position in der Welt und für den Zusammenhalt unserer Gesellschaft« – Henry Kissinger im Herbst 1969 sowie bei ungezählten anderen Gelegenheiten.[56]

Je länger der Krieg dauerte und je mehr sich die Aussichten auf einen Erfolg eintrübten, desto stärker trat eine vierte Dimension von »Glaubwürdigkeitspolitik« hervor: die persönliche Glaubwürdigkeit der Kriegsherren im Weißen Haus. Dass sie auf keinen Fall der erste Präsident sein wollten, der einen Krieg verliert, gaben Johnson und Nixon wiederholt zu verstehen. Und zwar in einer Weise, die vermuten ließ, dass sie ihr eigenes Ansehen mit dem Nimbus der USA als glaubwürdiger Weltmacht auf eine Stufe stellten. Zweifellos spielen Idiosynkrasien dabei eine wichtige Rolle – das Ensemble persönlicher Eigenheiten, Vorlieben und Neigungen. Jenseits der individuellen Charakteristika scheint zugleich eine allen Akteuren gemeinsame Erfahrung zu Buche zu schlagen: die weltanschauliche Prägung der »GI-Generation«. Jener Generation also, die den Zweiten Weltkrieg als Amerikas »finest hour« erlebt hatte und die Erfolgsgeschichte jener Jahre als nationale Meistererzählung fortschreiben wollte. Vor dieser Herausforderung nicht zu bestehen hieß, den Auftrag ihres Amtes zu verwirken – ein Versagen, das umso weniger entschuldbar war, als die »Imperiale Präsidentschaft« ihnen historisch beispiellose Mittel und Möglichkeiten an die Hand gegeben hatte. Hier liegt der Kern der viel zitierten »victory culture« oder der für die 1960er Jahre typischen Inszenierung von Männlichkeit und Härte. Und im Grunde geht es um ein heroisches Verständnis von Politik, um die Unterstellung, dass die Zukunft des eigenen Landes von zweierlei abhängt: von der periodischen Bestätigung des Behauptungswillens in Krisen und Kriegen auf der einen Seite und von Politikern andererseits, die als Charismatiker des Ausnahmezustandes diesem Willen ein Profil geben. In anderen Worten: Amerikanische Präsidenten führten in und mit Vietnam auch einen persönlichen kalten Krieg.[57]

---

54 Lyndon B. Johnson, zit. n. dem Dokumentarfilm von Erroll Morris, In the Fog of War – Robert S. McNamara and Vietnam, 2004.
55 Richard Nixon am 17. 10. 1969, zit. n. Kimball, War Files, S. 45.
56 Henry Kissinger am 18. 9. 1971, zit. n. Kimball, War Files, S. 45.
57 Zu Johnsons Obsession mit dem eigenen Bild in der Geschichte vgl. Tuchman, Torheit, S. 388, 398; Ellsberg, Secrets, S. 49, 197 f.; Jones, Death of a Genera-

Gerade für Richard Nixon war der Vietnamkrieg Chiffre und Prüfstein seines individuellen Wirkens und Lebens. Kennedy und Johnson waren an Vietnam gescheitert, er, der Außenseiter aus dem ländlichen Kalifornien, würde dem Land Stolz und Würde zurückgeben. Und sich im wahren Leben verdienen, worüber JFK nur in Büchern räsoniert hatte: ein »profile in courage« und das unsterbliche Renommee eines Präsidenten »voller Charakter und mit einem Kern aus Stahl«.[58] Die Atmosphäre im Weißen Haus der späten 1960er und frühen 1970er Jahre ist der Nachwelt auf tausenden von Tonbandmitschnitten erhalten geblieben. Sie zeugen davon, wie sich Nixon regelmäßig in eine kaum gezügelte Erregung hineinsteigert, brüllt, auf den Tisch schlägt, flucht, dass selbst Kesselflicker erröten würden, Landkarten mit Bombenzielen imaginiert. »Also, also, also fickt die Wichser.«[59] – »Macht euch keine Sorgen. Wir werden nicht mit einem Wimmern da rausgehen. Wir werden ihnen verdammt noch mal alles um die Ohren pusten.«[60] Zweifel und Unsicherheit belegt er mit einem Bann ritueller Selbstbeschwörung: »Zur Hölle damit! Wir werden gewinnen. Wir müssen es. Ich muss es. Wir haben einige Karten in der Hinterhand [...] und wir werden sie verdammt hart ausspielen.«[61] So hart, wie es keiner vor ihm wagte und getragen von dem Wissen, der »schweigenden Mehrheit« ihre Sehnsucht nach Stärke, ihren Wunsch nach Siegen erfüllen zu können. »Ich bin der einzige Mann in diesem Land«, sagte er zu dem Berater »Bob« Haldeman, »der dies zuwege bringen kann.«[62]

Die Investition »persönlichen Kapitals« hatte für Nixon einen Namen: »Ich nenne es die Madman-Theorie«, erklärte er seinem Berater Halde-

---

tion, S. 443; Gardner, Any Price, S. 513ff. Zu Nixon vgl. Berman, No Peace, S. 56, 80; Kimball, War Files, S. 27f., 133f., 148f., 168, 174, 187, 197, 221f. Zur »GI-Generation« vgl. Kaiser, American Tragedy; und Tom Engelhardt, The End of Victory Culture. Cold War America and the Disillusioning of a Generation, New York 1995.

58 Zu Nixons Räsonieren über ein »profile in courage« vgl. Harry Robbins Haldeman, Tagebucheintrag vom 27. 1. 1973; und ders., »Vietnam White Paper«, undatiert, zit. n. Berman, No Peace, S. 236, 238.

59 Richard Nixon am 19. 3. 1971 zu Henry Kissinger, zit. n. Kimball, War Files, S. 146.

60 Richard Nixon am 27. 4. 1971 zu Henry Kissinger, zit. n. Kimball, War Files, S. 159.

61 Richard Nixon am 23. 6. 1971 zu Henry Kissinger, zit. n. Kimball, War Files, S. 167.

62 Richard Nixon zu Harry Robbins Haldeman, zit. n. ders., The Ends of Power, New York 1978, S. 82. Vgl. Kimball, War Files, S. 90, 124, 140, 149, 162–165, 169, 226f.

man und begründete ausführlich, wie man mit der Suggestion von Wahnsinn politische Gewinne einfahren kann. »Die Nordvietnamesen sollen glauben, dass ich für eine Beendigung des Krieges schlicht alles tun würde. Wir spielen ihnen einfach die Information zu, dass dieser Nixon vom Kommunismus besessen ist, dass man ihn nicht bändigen kann, wenn er wütend wird, und dass er obendrein auch noch den Finger auf dem Atomknopf hat. Ho Chi Minh höchstpersönlich wird innerhalb von zwei Tagen in Paris sein und um Frieden betteln.«[63] Immer wieder erläuterte Nixon den Sinn eines politischen Spiels mit der Irrationalität. In seinen Augen wies es einen Ausweg aus dem politischen Dilemma des Atomzeitalters: Ein Staat, der aus Angst vor atomarer Selbstvernichtung darauf verzichtet, bei der Verfolgung seiner Interessen Drohkulissen aufzubauen, verdammt sich langfristig zur politischen Ohnmacht. Handlungsfähig bleibt er nur, wenn Dritte sich zu keiner Zeit seiner Zurückhaltung und Rationalität sicher sein können. Wer im Ruf steht, im Zweifel jedes Augenmaß zu verlieren und exzessive Risiken einzugehen, wird ernst genommen. In anderen Worten: Er schreckt nicht länger sich selbst ab, sondern findet zum Kern des Politischen zurück – andere abzuschrecken. Dass Unkalkulierbarkeit und die Angst vor irrationalen Entschlüssen tatsächlich Gewinn abwerfen, illustrierte Nixon mit Anekdoten aus dem Koreakrieg. Eisenhower habe nur mit der Drohung, andernfalls den Norden mit Atomwaffen anzugreifen, einen Waffenstillstand erzwingen können. Ob diese Behauptung zutrifft oder – wie es eher scheint – aus der Luft gegriffen ist, spielt in diesem Zusammenhang keine Rolle. Entscheidend ist das Selbstbild eines Präsidenten, der aus dem Kult des Irrsinns politischen Mehrwert schlagen will und sich für berufen hält, einer machtvergessenen Gesellschaft den Nutzen dieser Strategie wieder in Erinnerung zu rufen.[64]

Spätestens mit Nixon werden die Konsequenzen einer auf die Demonstration von Glaubwürdigkeit fixierten Politik deutlich: Man lan-

---

63 Richard Nixon, zit. n. Haldeman, Ends of Power, S. 96. Vgl. Scott D. Sagan, Jeremi Suri, The Madman Nuclear Alert: Secrecy, Signaling, and Safety in October 1969, in: *International Security*, 27, 4, Spring 2003, S. 150–183; William Burr/Jeffrey Kimball, Nixon's Nuclear Ploy, in: *The Bulletin of the Atomic Scientists*, January–February 2003, S. 28–37, 72–73; Daniel Ellsberg, Secrets, S. 344; Kimball, War Files, S. 15–19, 54–59, 60f., 64, 175, 206.
64 Zu Nixons Interpretation der Eisenhower'schen Koreapolitik vgl. The White House, Memorandum of Conversation, Secret, 15. 2. 1973, S. 2, in: NA, NPMP, NSC, Presidential / HAK MemCons, Box 1026, Folder: MemCons – Jan./March 1973, Presidential / HAK. Die diesbezüglichen Diskussionen mit Henry Kissinger sind dokumentiert bei Kimball, War Files, S. 63, 117, 183f.; und Berman, No Peace, S. 49.

dete in der Falle des Nicht-aufhören-Könnens. Nixon wusste, dass die Chancen für eine in seinem Sinne befriedigende Lösung von Tag zu Tag geringer wurden. Die Wahl 1968 hatte er nur mit dem Versprechen eines zügigen Rückzugs der Bodentruppen gewinnen können. Und im Herbst 1970 musste er bei den Pariser Verhandlungen den Verbleib nordvietnamesischer Truppen im Süden als Basis eines Waffenstillstandes akzeptieren. Damit war das jahrelang als unverhandelbar bezeichnete Prinzip des beiderseitigen Truppenrückzugs außer Kraft gesetzt. Dass die südvietnamesische Armee dennoch die Stellung würde halten können, war illusorisch. Von ihrem als »Härtetest« gedachten Einsatz in Laos zwischen Dezember 1970 und März 1971 war noch nicht einmal die Hälfte ihrer 16 000 Elitesoldaten zurückgekehrt. Aber mittels der »Madman«-Politik war Nixon entschlossen, für die Saigoner Regierung noch eine Übergangszeit herbeizubomben – ein »decent interval«. Wenn ihr Sturz auch unvermeidlich war, so sollte er doch nicht unmittelbar nach dem Abzug aller US-Truppen ins Werk gesetzt werden können, sondern frühestens nach der Wahl im November 1972, im besten Fall erst nach dem Ende seiner zweiten Amtszeit im Januar 1977. Nur mit einem um Jahre in die Länge gezogenen Krieg schien der Eindruck zu vermeiden, dass die USA einen Verbündeten im Stich gelassen hatten und die Hauptverantwortlichen für dessen Niedergang waren. Und nur auf diesem Weg schien das persönliche Prestige des Präsidenten als geschickter Krisenmanager und großer Kriegsherr garantiert.[65]

Den Preis zahlten die Zivilisten in Nordvietnam. Sie waren die Leidtragenden eines Krieges, der nach Abzug der Bodentruppen nur noch mit der Luftwaffe zu führen war. Dem nicht besiegbaren Feind noch für einige Jahre schmerzhafte Wunden zu schlagen und ihm den höchsten Preis für seinen verzögerten Triumph abzuverlangen – so lautete Nixons auf den Tonbändern der Jahre 1971 und 1972 dokumentierte Strategie. »Wir werden die Deiche zerstören und die Kraftwerke, wir werden Haiphong ausradieren«, so ein mit den Fäusten auf den Tisch trommelnder Nixon am 2. Juni 1971.[66] »Wir werden dieses gottverdammte Land dem Erdboden gleichmachen! [...] Das ist keine leere Drohung. [...] Jetzt haben wir verdammt noch mal nichts mehr zu verlieren. Nichts mehr zu verlieren. [...] Wir werden sie mit Schlägen eindecken, wir werden ihnen

---

65 Vgl. Kimball, War Files, S. 27 f., 133 f., 148 f., 168, 174, 187, 197, 221 f.; Berman, No Peace, S. 80; Bernd Greiner, »Nicht aufhören können. Richard Nixons Vietnampolitik als Paradigma des Kalten Kriegs«, in: *Mittelweg 36*, 6, 2005, S. 29 – 48.
66 Richard Nixon am 2. 6. 1971, zit. n. Kimball, War Files, S. 163.

alle Kraft aus dem Leib bomben.«[67] Henry Kissinger hörte es gerne. »Mr. President, ich werde Sie aus ganzem Herzen unterstützen, und ich glaube, dass Sie das Richtige tun.«[68] »Operation Linebacker« hieß der Großangriff, der ab dem 8. Mai 1972 gegen industrielle Zentren und militärische Infrastruktur im Norden geflogen wurde. Welche Zerstörungen angerichtet wurden, ist schwer zu beurteilen. Mit einer Dauer von sechs Monaten und einer Bombenlast von 155000 Tonnen war es in jedem Fall einer der massivsten Angriffe in der Geschichte des Luftkrieges. Und ab dem 14. Dezember 1972 schlug noch einmal die Stunde des »madman« – weil Nixon gegenüber der Saigoner Regierung die Glaubwürdigkeit amerikanischer Beistandsgarantien über den Tag des Rückzugs amerikanischer Bodentruppen demonstrieren wollte. Im Zuge von »Operation Linebacker II«, besser bekannt als das »Weihnachtsbombardement«, wurden knapp 3500 Einsätze mit der expliziten Absicht geflogen, die Zivilbevölkerung in Hanoi und Haiphong zu demoralisieren. Nur 12 Prozent der Angriffe galten militärischen Zielen. Dass in Hanoi nicht mehr als 2200 Menschen starben und knapp 1600 verwundet wurden, war den umfangreichen Evakuierungen nach »Linebacker I« im Frühjahr 1972 zu verdanken.[69]

Militärische Weichenstellungen

Nixons Bombenterror ist ein Spiegelbild der in Vietnam durchweg angewandten Militärstrategie. Man könnte auch von einer Art »Tonnenideologie« sprechen und mithin von einem Denken, das optimalen Erfolg und maximalen Einsatz von Feuerkraft in eins setzt. »Die Lösung in Vietnam sind mehr Bomben, mehr Granaten, mehr Napalm […] bis die andere Seite zusammenbricht und aufgibt. […] Wir werden sie zu Brei zerstampfen.«[70] Dergleichen Aussagen – in diesem Fall von William DePuy, Operationschef des Oberkommandierenden der US-Streitkräfte in Vietnam – sind Legion. Man kann sie als konsequente und auf die Spitze getriebene Fortsetzung jener »Abnutzungsstrategie« deuten, die bei

67 Richard Nixon am 2. 6. 1971, zit. n. Kimball, War Files, S. 165; vgl. ebd., S. 151, 169.
68 Henry Kissinger am 23. 6. 1971, zit. n. Berman, No Peace, S. 58.
69 Zu den Hintergründen des »Weihnachtsbombardements« vgl. Berman, No Peace, S. 174 f., 187, 196–206, 212, 215, 218 f.; Kimball, War Files, S. 262, 272–279.
70 William DePuy, zit. n. Michael Bilton, Kevin Sim, Four Hours in My Lai, New York 1992, S. 33; und Sheehan, Große Lüge, S. 569.

amerikanischen Militärs seit dem Unabhängigkeitskrieg populär war. Auch wäre es legitim, von einem Verlust des »institutionellen Gedächtnisses« zu sprechen – denn die Erfahrungen, die in diversen Guerillakriegen vom »French and Indian War« Mitte des 18. Jahrhunderts bis hin zur Aufstandsbekämpfung im Lateinamerika der 1930er Jahre gesammelt worden waren, schienen spurlos getilgt. In jedem Fall aber handelt es sich um die Übertragung eines Prinzips Totaler Kriege auf den Schauplatz eines »kleinen Krieges«: »Shock and Awe«. Womit der Vorsatz gemeint ist, einen Gegner durch die Kombination unberechenbaren Handelns und unvorgesehener Zerstörungsmittel in die Knie zu zwingen.[71]

Die in Vietnam praktizierte Abnutzungsstrategie ist unter dem Namen »Search and Destroy« bekannt geworden. Eine auf den ersten Blick wenig überraschende Umschreibung, denn von Streitkräften wird überall und zu jeder Zeit ebendies erwartet – den Feind aufzuspüren und aufzureiben. Wie bereits dargelegt, ist in asymmetrischen Kriegen damit auch die Zerstörung der vom Feind genutzten Rückzugsräume und der militärisch nutzbaren Infrastruktur gemeint – vom Ausheben seiner Nachschublager über die Vernichtung der Ernte bis hin zum großflächigen Umsiedeln der Bevölkerung. Auf die besondere Konstellation in Vietnam aber reagierten die amerikanischen Kriegsplaner mit einer spezifischen Weiterung. Weil US-Bodentruppen aus politischen Gründen nicht in Nordvietnam einmarschieren konnten, galt es, so viele Soldaten des Nordens wie möglich in den Süden zu locken und dort zu vernichten. Und zwar so lange, bis die Waffenbrüder der Guerilla ausgeblutet waren. Im Unterschied zu den Abnutzungskriegen der Vergangenheit ging es nicht um das Erobern, Verteidigen und Halten strategisch wichtigen Terrains. Vielmehr verlegte man sich auf das Modell der »Vakuumfalle«: Ein Gebiet wird besetzt, geräumt, abermals besetzt und erneut von eigenen Truppen entleert – immer und immer wieder und stets in der Hoffnung, dass der Feind mit frischen Truppen nachrückt und diese im massiven Feuer amerikanischer Einheiten fallen. Seit Mitte 1966 wurden mehr als 90 Prozent der mit Kampfaufträgen ausgestatteten Bataillone für »Search and Destroy«-Einsätze verwendet. Im Grunde war ihr ständiges »Durchkämmen« ein und derselben Territorien, das Ködern, Zuschlagen und sofortige Abrücken eine Kopie der vom Vietcong gepflegten »Hit and Run«-Taktik. Im Pentagon wählte man das noch bessere

---

71 Vgl. Spector, S. 220. Zu den Charakteristika »totaler Kriegführung« vgl. Roger Chickering/Bernd Greiner/Stig Förster (Hg.), A World at Total War. Global Conflict and the Politics of Destruction, 1937–1945, Cambridge 2005, bes. S. 1–19, 375–385.

Bild vom »meat grinder«, des Fleischwolfs also. »Wir werden sie einfach
so lange ausbluten«, meinte der von 1965 bis Frühjahr 1968 das Oberkommando in Vietnam führende William Westmoreland, »bis die Führer
in Hanoi eines Tages realisieren, dass sie mit diesem Aderlass ihr Land
für Generationen an den Rand des Untergangs gebracht haben. Dann
werden sie neu über ihre Position nachdenken müssen.«[72] In anderen
Worten: »Search and Destroy« handelte vom Kampf gegen die Gebur-
tenrate einer Nation.

Konsequenterweise wurde die Zahl der feindlichen Toten zum haupt-
sächlichen Maßstab militärischen Erfolgs. Was interessierte, waren nicht
Geländegewinne, nicht die Behauptung strategisch wichtiger Bastionen
oder Siedlungsräume, nicht der Wert erbeuteten Materials oder die Zahl
der Gefangenen. Was zählte, war die Totenstatistik – der »Body Count«.
Noch 1967 war die Truppenführung der Meinung, alsbald den »cross-
over point« erreicht zu haben, jenen Punkt also, jenseits dessen Nordvietnam nicht mehr in der Lage wäre, seine Verluste mit neu rekrutierten
Soldaten auszugleichen. Welche Erwartungen auch immer in dieses Kalkül eingingen, es war weltfremd. Oder allenfalls unter der Voraussetzung zu realisieren, Jahr für Jahr 250000 vietnamesische Kämpfer zu
töten und zu diesem Zweck die Zahl der in Indochina eingesetzten US-
Truppen mindestens auf das Doppelte, nämlich eine Million, aufzustocken. Dennoch rückte man nicht vom Abnutzungskrieg ab. Im Gegenteil. Dessen Planer verordneten den Einsatz von noch mehr Material und
noch mehr Feuerkraft. Teilweise, indem US-Verbände als Köder zur Provokation von Angriffen ausgeschickt wurden, die man umstandslos mit
dem großkalibrigen Einsatz von Kampfflugzeugen und Artillerie beantwortete. Teilweise, indem man den Druck auf jede einzelne Einheit massiv erhöhte, ihre »Tötungsquote« zu verbessern – und selbstredend in
Kauf zu nehmen, dass im Süden des Landes ausgerechnet jene zu Opfern
wurden, die zu beschützen man gekommen war: die Bauern in den dicht
besiedelten Regionen zwischen der Demarkationslinie am 17. Breitengrad und dem Mekongdelta.[73]

---

72 William Westmoreland während einer Pressekonferenz am 14. 4. 1967, zit. n.
   Lewy, America in Vietnam, S. 73; vgl. Sheehan, Große Lüge, S. 642; Anderson,
   Facing, S. 132. Zum Anteil von »Search and Destroy« an allen Kampfeinsät-
   zen vgl. Lewy, America in Vietnam, S. 63; und Marc Leepson, Webster's New
   World Dictionary of the Vietnam War, New York 1999, S. 363.
73 Zum »cross-over point« vgl. Lewy, America in Vietnam, S. 68, 74; zur weltfrem-
   den Erwartungshaltung der »Attrition«-Strategen vgl. Tuchman, Torheit, S. 415;
   Larry Berman, Lyndon Johnson's War: The Road to Stalemate in Vietnam, New
   York 1989; Andrew F. Krepinevich, The Army and Vietnam, Baltimore 1986.

Die Alternative zur »Blutpumpe« wurde bereits zu Beginn des Krieges diskutiert. Sie basierte auf der Überlegung, dass der Starke in einer asymmetrischen Konstellation seine Schwächen nicht durch den Einsatz überlegener Kriegstechnologie kompensieren kann. Ein Verzicht auf militärische Intervention war damit keineswegs gemeint. Die Guerilla einzudämmen und vor aller Augen ihre Chancenlosigkeit zu beweisen, galt als unverzichtbare Bedingung. Entscheidend war freilich die Selbstbeschränkung in der Wahl der Gewaltmittel. Wer die Lebenswelt der Bauern zur Kampfzone erklärte, so die Argumentation, hatte seine Aussicht auf Erfolg von Anfang an verwirkt. Stattdessen wurde ein Katalog von »civic action«-Maßnahmen vorgeschlagen: Wirtschaftshilfe, Ausbau der materiellen und sozialen Infrastruktur und, nicht zuletzt, eine Bodenreform, die den ausgebeuteten Bauern eine langfristige Perspektive bieten und sie gegen die Verheißungen der Sozialrevolutionäre immunisieren sollte. Was immer im Detail vorgeschlagen wurde, lief auf eine radikale Neudefinition des militärischen Auftrags hinaus. Amerikanische Soldaten in Vietnam mussten zugleich Entwicklungshelfer in Uniform sein – »Pazifizierungsarbeiter«, die mit der lokalen Bevölkerung lebten und sich jenseits ihres Schutzauftrages auch an der Realisierung der Reformprojekte beteiligten. Vor allem aber war eines gefordert: die Bereitschaft, eine auf kurzfristige Erfolge fixierte Offensivstrategie zugunsten einer Defensive des langem Atems aufzugeben – Zeit zu investieren und sich viel Zeit zu lassen.

In diesem Sinne argumentierten Mitarbeiter des Außenministeriums, der »Agency for International Development«, des Geheimdienstes CIA und führende Generäle des Marinekorps wie Victor Krulak, Wallace Greene, Jr., Lewis W. Walt und Admiral Ulysses Grant Sharp, der langjährige Kommandeur der Marines. Ob man deshalb die Führungsriege der Marines wie der Vietnam-Korrespondent der *New York Times*, Neil Sheehan, als »Schule von Pazifizierungsstrategen« bezeichnen sollte, sei dahingestellt – zumal im Lichte der leidenschaftlichen Fürsprache Sharps für einen ausgedehnten Bombenkrieg gegen Nordvietnam. Festzuhalten bleibt allerdings, dass sie bemüht waren, ihre Vorstellungen in der Praxis zu realisieren – in Gestalt der »Combined Action Platoons« (CAP). Im August 1965 erstmals aufgestellt, sollten sie zum Vorbild kombinierter »Pazifizierungseinheiten« werden. Ein im Schnitt 53 Mann starkes CAP bestand zu einem Drittel aus US-Marines und zu zwei Dritteln aus Soldaten der lokal rekrutierten »Popular Forces«. Dauerhaft in einem Dorf stationiert, gehörte die alltägliche Unterstützung der Bewohner ebenso zu ihrem Auftrag wie das Ausspionieren feindlicher Stellungen und die Anlage weiträumiger »Sicherungsperimeter«, um den Aktionsradius des Feindes zu beschneiden. Kurz: um den »Fisch« Guerilla physisch vom »Wasser« seines sozialen Umfeldes fern zu halten. Überdies sollte mit den CAP ein symbolträchtiges Signal gesetzt werden – an die Adresse der südvietnamesischen Kameraden, die von den Amerikanern zwar ausgebildet, bei den gemeinsamen Einsätzen aber nicht von ihnen kommandiert wurden, ferner an die Adresse der Bauern, die damit rechnen konnten, dass US-Marines tatsächlich ihr Leben für sie aufs Spiel setzten.[74]

Gegen das Modell der »Combined Action Platoons« lassen sich allerlei kritische Einwände vortragen: dass die Erfahrungen der in den 1950er Jahren erfolgreichen Aufstandsbekämpfung auf den Philippinen zum Maßstab genommen wurden, ohne die gänzlich anderen Voraussetzungen in Vietnam zu bedenken. Dass man auch in diesem Fall der vielfach blamierten Vorstellung anhing, soziale Prozesse von oben herab steuern und mit westlichen Modernisierungsvorstellungen die Kraft eines indigenen Nationalismus aushebeln zu können. Oder dass man selbst wie der »Fisch im Wasser« schwimmen wollte und damit einer naiven Kopie kommunistischer Strategien das Wort redete. Für unseren Zusammenhang ist hingegen anderes von Belang: zum einen, dass die Untauglichkeit der Abnutzungsstrategie zur Sprache gebracht wurde. Zum anderen, dass die einschlägige Kritik an der Theorie und Praxis von »Search and Destroy« nicht von außen an die politischen und militärischen Eliten herangetragen wurde. Sie kam aus dem inneren Kreis der Entscheidungsträger. Und sie wurde von Personen vorgetragen, die den Krieg in Vietnam im Prinzip nicht ablehnten, sondern auf eine prinzipiell andere Art und Weise führen wollten. Unter diesem Gesichtspunkt sind die immanenten Schwächen des Gegenentwurfs von zweitrangiger Bedeutung. Entscheidend ist, wie mit den Einwänden umgegangen wurde.

Die administrative und politische Gegenwehr hätte rabiater kaum sein können. Von George S. Patton III, dem kommandierenden General des 11th Armored Cavalry Regiment, ist die Anweisung an seinen Stab

---

74 Sheehan, Große Lüge, S. 631. Vgl. S. 83, 114–120, 149f.; Tuchman, Torheit, S. 432; Olson, Handbook, S. 115, 128, 133; Lewy, America in Vietnam, S. 116; Spector, S. 282. Zu den »Combined Action Platoons« vgl. Michael E. Peterson, The Combined Action Platoons: The U.S. Marines' Other War in Vietnam, Westport 1989; Larry E. Cable, Conflict of Myths: The Development of American Counterinsurgency Doctrine and the Vietnam War, New York 1986. Zur Aufgabenverteilung in den CAP vgl. MACV, Handbook for Military Support of Pacification, February 1968, S. 53f., in: NA, RG 319, AS, PI-FR, Vol. III, Exhibits, Book 4: Miscellaneous Documents, Box 54.

überliefert, dass »ein Verhältnis von zehn Prozent Pazifizierung und 90 Prozent Töten genau das Richtige ist«.[75] Er spiegelte damit die Meinung der meisten in Vietnam eingesetzten Offiziere. Andere wählten – selbst an die Adresse von Vorgesetzten – noch drastischere Worte: »Ich will lieber zur Hölle fahren, als meine Zustimmung dafür zu geben, dass die Armee der Vereinigten Staaten, ihre Institutionen, ihre Doktrin und ihre Tradition kaputtgemacht werden, nur um diesen lausigen Krieg zu gewinnen.«[76] An einer sachlichen Begründung war den Kritikern der »Pazifizierung« kaum gelegen. Dementsprechend sollte auch nicht von einer Diskussion gesprochen werden, sondern eher von einem Stakkato emotional eingefärbter Verdikte. Vermutlich verbarg sich dahinter eine Ahnung um die politische Brisanz des Themas. Die Alternative ernst zu nehmen hätte nämlich bedeutet, die Regierung in Saigon von einem wirtschaftlichen Reformkurs zu überzeugen und obendrein die Umstrukturierung einer ineffizienten, wenn nicht korrupten südvietnamesischen Armee zu verlangen. Auch mögen institutionelle Erwägungen eine Rolle gespielt haben – zum Beispiel die Vorstellung, auf diese Weise Soldaten auszubilden, die zur Erfüllung ihres Auftrags ein hohes Maß an Autonomie beanspruchten und kaum in das Gefüge tradierter Hierarchien einzugliedern waren. So weit wollte William Westmoreland erst gar nicht gehen. Er machte rein operative Gründe geltend und gab seinen Offizieren eine deutliche Botschaft auf den Weg: Wer sich für die »Combined Action Platoons« einsetzte, stellte einen raschen und mit weniger Aufwand zu erzielenden Sieg in Frage. Und brauchte fortan keinen Gedanken mehr auf eine Karriere in den US-Streitkräften zu verschwenden.[77]

Die Politik der »Aufstandsbekämpfung«, »Pazifizierung« oder »Counterinsurgency« war am Ende, bevor sie überhaupt begonnen hatte. Bis Ende 1967 hatte man gerade einmal 79 »Combined Action Platoons« auf die Beine gestellt. Allesamt dem 1. Corps unterstellt und gut 4000 Mann stark, operierten sie zwischen den Provinzen Quang Tri und Quang Ngai in einem Terrain, das mit 17 000 Guerillas und 34 000 Soldaten der nordvietnamesischen Armee zu den Hochburgen des Feindes zählte. Aber nicht allein das Zahlenverhältnis sprach gegen eine erfolg-

---

75 George S. Patton III, zit. n. Department of the Army, Office of the Secretary of the Army, Memorandum for the Record, 27. 4. 1971, S. 2, in: NA, RG 319, AS, ODCS-PER, VWCWG, CF, Box 5, Folder: Memorandums for Record – Summaries of Congressional Hearings on War Crimes, April 1971.
76 Ein namentlich nicht identifizierter höherer Offizier, zit. n. Lewy, America in Vietnam, S. 138.
77 Lewy, America in Vietnam, S. 138.

reiche Bewältigung ihres Auftrages. Statt der Elite der Truppe waren nur diejenigen den CAP zugewiesen worden, für die man bei den Marines keine anderweitige Verwendung hatte. »Wir waren alles andere als die kampferprobten Botschafter in Grün, von denen in Büchern und offiziellen Berichten die Rede ist«, gab einer der Beteiligten zu verstehen. »Ich bin der Meinung, dass wir ohnehin nicht eine ausreichende Zahl von Marines mit der Intelligenz, dem Einfühlungsvermögen und der Toleranz hätten finden können, die nötig gewesen wäre, um das Programm der gemeinsamen Einsätze zu einem durchschlagenden Erfolg zu machen.«[78] Ein Blick in die Kriegskasse bestätigt diesen Befund. Im Haushaltsjahr 1968 wurden 14 Milliarden Dollar für Einsätze im Rahmen des Abnutzungskrieges aufgewendet. 850 Millionen Dollar standen für zivile Hilfsprojekte einschließlich der »Pazifizierungsprogramme« zur Verfügung. Die Folgen dieser Politik wurden wiederum zu einem Argument gegen die »Combined Action Platoons« umgemünzt – namentlich die Tatsache, dass die Verluste dieser schlecht ausgebildeten und unzureichend besetzten Einheiten weit über dem Durchschnitt des übrigen Marine Corps lagen.[79]

Zwar gehörte der Begriff »Pazifizierung« weiterhin zum politischen Vokabular der Zeit. Die sich seiner bedienten, betrieben aber nichts weiter als Etikettenschwindel. Als Lyndon B. Johnson im Sommer 1966 mit Robert Komer einen »Sonderassistenten für Pazifizierung« berief und ihm wenige Monate später die Leitung einer neuen Abteilung unter dem Namen »Civil Operations and Revolutionary Development Support« (CORDS) übertrug, hatte er sich für einen Mann entschieden, der seinen Auftrag hauptsächlich unter militärischen Gesichtspunkten definierte. »Wir zermalmen den Feind einfach durch unser Gewicht und unsere Masse.«[80] Dass solche und andere ähnliche Bemerkungen keine leeren Worte waren, demonstrierte Komer im Rahmen der Operation »Phoenix«. »Phoenix« gilt zu Recht als das anschaulichste Beispiel, wie das

---

78 Ein namentlich nicht identifizierter Angehöriger eines »Combined Action Platoon«, zit. n. Spector, After Tet, S. 195.

79 Zu den Angaben über die finanziellen Aufwendungen, die Mannschaftsstärke und die Verlustraten der CAP vgl. ebd., S. 188, 192 f.; Lewy, America in Vietnam, S. 89, 116; MACV, Handbook for Military Support of Pacification, February 1968, S. 52–54, in: NA, RG 319, AS, PI-FR, Vol. III, Exhibits, Book 4: Miscellaneous Documents, Box 54. Grundlegend zu diesem Thema ist die Studie von Douglas S. Blaufarb, The Counter-Insurgency Era: U.S. Doctrine and Performance 1950 to the Present, New York 1977.

80 Robert Komer, zit. n. Sheehan, Große Lüge, S. 666. Vgl. Tuchman, Torheit, S. 360.

Modell der Pazifizierung seiner politischen und sozialen Ansätze entledigt wurde und in eine von Repression, Folter und Mord geprägte Politik mündete.

Insbesondere illustriert die »Operation Phoenix« eine wichtige Ursache für den militärisch verengten Horizont der entscheidungsbefugten Eliten. Ihnen galten aufständische Bewegungen nämlich weniger als Träger eines nationalen oder sozialen Gedankens, sondern in erster Linie als Verschwörungen einer radikalen Minderheit an der Grenzlinie zwischen Politik und Kriminalität. Man könnte auch von einer anders akzentuierten Lesart des »monolithischen Kommunismus« sprechen. »Die Infrastruktur des Vietcong«, heißt es in einem Ende Dezember 1969 verfassten Memorandum des US-Oberkommandos in Vietnam, »ist [...] zu verstehen als die geheime, hinter den Kriegsanstrengungen stehende ›Mafia‹ in der südvietnamesischen Gesellschaft.«[81] Diese auf 75000 Mann geschätzte »Mafia« zu »enthaupten«, gehörte seit den frühen 1960er Jahren zu den Aufgaben diverser »Counter Terror Teams« der südvietnamesischen Armee und Geheimpolizei. Angeleitet von Mitarbeitern der CIA, verteilten sich ca. 3500 Mann auf Kleingruppen, zogen Todesschwadronen gleich durch Dörfer, verhafteten, entführten und ermordeten zivile Funktionsträger des Vietcong – oder besser gesagt: wen sie dafür hielten. Ihre Devise: »Wirb sie an. Kannst du sie nicht zu Überläufern machen, nimm sie gefangen. Wenn du sie nicht gefangen nehmen kannst, töte sie.«[82] Zwar stellte sich alsbald heraus, dass die Razzien mit einer Bekämpfung des Vietcong nicht das Mindeste zu tun hatten: Die Einsätze richteten sich in aller Regel nicht gegen namentlich identifizierte Gruppen oder Personen, die weitaus meisten Verdächtigen – schätzungsweise über 80 Prozent – wurden zum Zweck der Erpressung von Lösegeld verhaftet und innerhalb von sechs Monaten wieder freigelassen. Außer Angst und Schrecken zu verbreiten und einige Frei-

---

81 MACV, Memorandum: Phung Hoang (Phoenix) Program, 24. 12. 1969, S. 1, 3, in: NA, RG 338, Records of US Army Commands (AC), Headquarters Detachment, 22d US Army Prisoner of War/Civilian Internee Information Center – Unclassified Records (HD22-UR), Box 43, Folder: S11-02 Vietnam. Phung Hoang (Phoenix) Program (1969); vgl. Republic of Vietnam, Central Pacification and Development Council, Guidelines: Pacification Campaign 1969, 15 December 1968, in: NA, RG 472, Records of the United States Army Vietnam (USAV), II Field Force Vietnam (II FFV), Assistant Chief of Staff for Operations, Plans Division, Security-Classified General Records (CSO-CGR), Box 5, Folder: Pacification Files 1969.

82 Ein namentlich nicht identifizierter Angehöriger eines »Counter Terror Teams«, zit. n. Valentine, Phoenix, S. 109.

beuter in den Reihen südvietnamesischer Provinzfürsten zu bereichern, hatte »Phoenix« nichts bewirkt. Trotzdem ließen amerikanische Militärs und Geheimdienste den »Gegenterror« gewähren. Wenn es schon nicht gelang, die »Mafia« dingfest zu machen, so klammerte man sich an die Hoffnung, den Verhafteten wenigstens militärisch relevante Informationen abpressen zu können.[83]

Nicht zuletzt aus diesem Grund wurde das »Phoenix«-Programm im Jahr 1968 forciert. Seit dem 1. Juli dieses Jahres formell der südvietnamesischen Regierung übertragen, drängten William Colby (CIA) und Robert Komer (CORDS) auf Weisung des Weißen Hauses darauf, monatlich 3000 Mitglieder der »Vietcong Infrastructure« zu »neutralisieren«.[84] Jahre später berichteten Aufklärungsoffiziere, die zu dieser Zeit bei der 11. Brigade der »Americal Division« Dienst taten, über ihre einschlägigen Erfahrungen. »Wir hatten überhaupt keine Möglichkeit, unsere Informanten zu überprüfen oder herauszufinden, was sie bewog, amerikanischen Einheiten Informationen zukommen zu lassen. [...] Sie hätten ebenso gut Provokateure sein können oder Opportunisten, die noch eine Rechnung offen hatten. [...] Im Endeffekt warfen wir ein riesiges Schleppnetz in unserem Einsatzgebiet aus, und wer immer sich darin verdächtig machte, wurde als Vietcong Infrastructure eingestuft – ob es dafür Beweise gab oder nicht.«[85] Damit aber hatten Terror und Willkür noch kein Bewenden. Die auf diesem Wege erpressten Informationen wurden vielfach an militärische Leitstellen weitergegeben und dort in die Einsatzplanungen von Artillerieeinheiten und Jagdgeschwadern der Luftwaffe eingespeist. »Ich konnte eine Meldung an die 1. Marinedivision durchgeben und innerhalb einer Stunde einen B-52-Einsatz gegen ein Terrain von einem Quadratkilometer Ausdehnung haben. Und wir haben

---

83 Vgl. Valentine, Phoenix, S. 44 f., 61 f., 107 f., 115, 119, 126, 151, 154, 170 f. 214, 221 f., 230, 359, 365 f., 381; Lewy, America in Vietnam, S. 281 f., 291; Head, »The Other War«, S. 129 f. Zum militärisch-operativen Interesse an »Phoenix« vgl. »Operation Dragnet«, in: *Newsweek*, 24. 7. 1967, S. 25; NA, RG 338, AC, HD22-UR, Box 50, Folder: S11-04: »Operation Dragnet« Newsweek Article (1967); Bilton, Sim, My Lai, S. 88 f.; Valentine, Phoenix, S. 91, 138, 141, 145, 151, 161, 203 f., 206 f., 211, 284 f.
84 Sheehan, Große Lüge, S. 731 ff.
85 Michael Uhl, Aussage vor dem Subcommittee on Foreign Operations and Government Informations, US House of Representatives, Committee on Government Operation, 2. 8. 1971, S. 1101, 1104, in: NA, RG 319, AS, ODCS-PER, VWCWG, CF, Box 4, Folder: House Hearings: Currency Exchange in Southeast Asia, 2 August 1971 (Includes War Crimes Allegations); zur gleich lautenden Aussage von Kenneth B. Osborn, vgl. ebd., S. 1111, 1119.

das tatsächlich getan.«[86] Mit B-52-Bombern gegen vermutete Verstecke von Vietcong-Funktionären – auch so sahen die Ergebnisse des politisch vermittelten Drucks aus, den Abnutzungskrieg auf schnellstem Wege zum Erfolg zu bringen. Ob »Phoenix« deshalb gleich für Dutzende von My Lais verantwortlich ist, wie der Historiker Douglas Valentine behauptet, sei dahingestellt. In jedem Fall aber besteht Grund zu der Annahme, dass die zwischen 20000 und 40000 schwankende Zahl der im Rahmen von »Phoenix« Getöteten eine allzu konservative Schätzung ist.[87]

»Indem wir stur darauf gesetzt haben, eine Vernichtung der feindlichen Truppen zustande zu bringen«, hieß es in einem »Strategic Objectives Plan« des US-Oberkommandos vom Frühjahr 1969, »haben wir das Dringendste versäumt: für eine immer größere Zahl von Menschen Schritt für Schritt tatsächliche Sicherheit zu schaffen.«[88] Dieses wie ein Vielzahl weiterer Memoranden lassen keinen Zweifel daran: Der militärischen Führung war bewusst, dass man einen Krieg gegen die Bevölkerung führte und folglich auf eine politische Niederlage zusteuerte. Umso rätselhafter erscheint der Unwille oder die Unfähigkeit zu einem Kurswechsel. Warum standen die Kritiker von Anfang an auf verlorenem Posten? Wieso kamen die Initiativen zu einer »politischen Pazifizierung« über kümmerliche Ansätze nie hinaus? Und weshalb wurde keine ernsthafte Debatte über »exit options« geführt – über Modalitäten eines geordneten und zeitigen Rückzugs? Woher also rührt die Bewegungsunfähigkeit, die doktrinäre und operative Verbohrtheit des amerikanischen Militärapparates?[89]

In der seit den frühen 1970er Jahren geführten Debatte über diese Fragen kommen drei Aspekte zur Sprache, die für sich genommen und erst

86 Michael Uhl, Aussage vor dem Subcommittee on Foreign Operations and Government Informations, US House of Representatives, Committee on Government Operation, 2. 8. 1971, S. 1176, in: NA, RG 319, AS, ODCS-PER, VWCWG, CF, Box 4, Folder: House Hearings: Currency Exchange in Southeast Asia, 2 August 1971 (Includes War Crimes Allegations).
87 Vgl. Valentine, Phoenix, S. 399, 171, 188f., 257, 381f., 420. Zu den geschätzten Todeszahlen vgl. James F. Dunnigan/Albert A. Nofi, Dirty Little Secrets of the Vietnam War, New York 1999, S. 196; Tucker, Encyclopedia, S. 67; Lewy, America in Vietnam, S. 281f.; Gibson, Perfect War, S. 302f.
88 MACV, Strategic Objectives Plan, Frühjahr 1969, zit. n. Lewy, America in Vietnam, S. 78.
89 Die Unfähigkeit zum Kurswechsel wird ebenfalls thematisiert von Arnold R. Isaacs, Without Honor: Defeat in Vietnam and Cambodia, Baltimore 1983; und von Paul Joseph, Cracks in the Empire: State Politics in the Vietnam War, New York 1987.

recht infolge ihrer dynamisierenden Wechselwirkung Aufmerksamkeit verdienen. Es geht um den Hinweis, dass Erfolge in der Vergangenheit zum Fluch für eine zukunftsfähige Innovationsbereitschaft werden können. Sodann scheint die massive Aufrüstung zur Zeit des Kalten Krieges unerwartete Kollateralschäden im eigenen Haus bewirkt zu haben – indem sie ausgerechnet den traditionellen Kern der Streitkräfte, die Armee, in eine Krise stürzte. Und drittens ist zu fragen, ob ein Gutteil der Malaise nicht auf das Konto der politischen Führung geht – genauer von vier Administrationen, die sich in ihren selbst gestellten Fallen verrannt hatten und in der Folge auch nicht mehr in der Lage waren, als zivile Kontrolleure oder Korrektoren des Militärischen aufzutreten.

Wenn es eine Konstante in der Geschichte moderner, um nicht zu sagen aller Armeen zu jeder Zeit gibt, dann folgende: Kriege der Zukunft werden mit Schlachtplänen aus der Vergangenheit entworfen, zumal wenn man mit denselben gute Erfahrungen gemacht hatte. Und zu der Maxime, einen Waffengang so schnell wie möglich und mit möglichst geringen Verlusten auf der eigenen Seite zu beenden, gibt es keine Alternative. Vielleicht ist die Fixierung auf »Feuerkraft« und »Abnutzung« bei den US-Streitkräften traditionell besonders ausgeprägt. Die Art und Weise, wie in den 1920er und 1930er Jahren intern über den Ersten Weltkrieg diskutiert wurde, legt diesen Schluss jedenfalls nahe: Demokratien, hieß es damals, vertragen keine langen Kriege, die Opferbereitschaft ist rasch verbraucht und allenfalls wieder aufzurichten, sobald der Krieg auf eigenes Terrain übergreift – ein Szenario, das den Vereinigten Staaten bekanntlich erspart blieb. In anderen Worten: Wer mit der knappen Ressource Zeit fahrlässig umgeht, besiegt sich selbst. Nach dem Zweiten Weltkrieg verwandelte sich diese Lektion in einen doktrinären »Traditionalismus«. Und Andrew Krepinevich spricht wie andere Militärhistoriker von einem »ehernen Konzept«, in Stein gemeißelt wie die Zehn Gebote.[90]

»Wir können nicht verlieren«: Hinter diesem Mantra der 1950er und 1960er Jahre steht die Überzeugung der unfehlbaren Wirkung und universellen Anwendbarkeit der im Zweiten Weltkrieg praktizierten Abnut-

---

90 Vgl. Krepinevich, Army and Vietnam; Russell F. Weigley, The American Way of War: A History of United States Military Strategy and Policy, New York 1973; Bernd Greiner, »Die Beschäftigung mit der fernen Vergangenheit ist nutzlos«: Der »Totale Krieg« im Spiegel amerikanischer Militärzeitschriften, in: Stig Förster (Hg.), An der Schwelle zum Totalen Krieg. Die militärische Debatte über den Krieg der Zukunft 1919–1939, Paderborn u.a. 2002, S. 443–467.

zungsstrategie. Neil Sheehan und Loren Baritz sprechen von der »Krankheit der Sieger« und meinen eine von Macht und Erfolg genährte Überheblichkeit an oder jenseits der Grenze zur Selbstverblendung.[91] Und Barbara Tuchman fühlte sich an die »Unverwundbarkeitsillusion der Päpste« erinnert.[92] Wie immer man die zweifellos vorhandene Faszination überlegener Technologie, das Wissen um einen schier unerschöpflichen Reichtum, um Erfolg und Macht deuten mag – schlechte Ratgeber für eine erneuerte Militärstrategie jenseits des Gewohnten waren sie allemal. Dass auch ein minderwertig bewaffneter, an den Boden gefesselter, ohne Luftwaffe operierender Feind erfolgreich sein kann, wurde als vorübergehende Irritation gewertet. Und mit der üblichen Antwort bedacht: »More of the same«. Ein Colonel der »Americal Division« umriss die in Vietnam dominante Haltung wie folgt: »Man kämpft auf die Weise, die im Zweiten Weltkrieg und in Korea gelernt wurde. Man bekämpft den Feind offensiv, indem alle zur Verfügung stehenden Waffen klug eingesetzt werden.«[93] Die in den 1960er Jahren von der zivilen Spitze des Pentagon unter Robert McNamara formulierten Ideen zu »kleinen Kriegen« waren nicht geeignet, diesen verengten Horizont aufzubrechen. Im Gegenteil: Sein Insistieren auf dem »Body Count« samt der Vorstellung eines mathematisch berechenbaren »Bruchpunktes« des Feindes präsentierten den üblichen Machbarkeitswahn in der unüblichen Form einer betriebswirtschaftlichen Statistik.

Die »institutionelle Krise« der US Army verfestigte das Dogma des Abnutzungskrieges auf ihre Weise. Von einer zufrieden stellenden Bestandsaufnahme dieser Krise sind wir noch weit entfernt. Aber mit Dennis Showalter lassen sich der Ausgangspunkt und die wichtigsten Charakteristika markieren. »Seit sie 1940 moderne Gestalt angenommen hat, funktionierte die amerikanische Armee unter Notfallbedingungen. Und auf ihrer institutionellen Uhr war es immer fünf vor zwölf.«[94] Dass

---

91 Neil Sheehan, Große Lüge, S. 19, 289f., 694; Loren Baritz, Backfire. A History of How American Culture Led Us into Vietnam and Made Us Fight the Way We Did, Baltimore 1985 (1998), S. 17–55, 233–282.

92 Tuchman, Torheit, S. 396.

93 Colonel Frank Barker, zit. n. Bilton, Sim, My Lai, S. 192. Ob und wie die innerhalb der Armee in den 1950er Jahren erstellten Experten über Partisanen- und Antiguerillakrieg zur Zeit des Zweiten Weltkrieges rezipiert wurden, ist eine noch offene Frage an die Militärgeschichtsschreibung.

94 Dennis Showalter, The War That Was Never Fought: The U.S. Army, the Bundeswehr, and the NATO Central Front, unveröffentlichtes Manuskript, 2004, S. 16. Zur institutionellen Krise vgl. auch Sheehan, Große Lüge, S. 66; Olson, Handbook, S. 95–124.

der zu Beginn des Zweiten Weltkrieges vorhandene Torso binnen weniger Monate kriegstauglich und ab 1943 gar an zwei Fronten einsetzbar war, gehört zu den erstaunlichsten Leistungen der Militärgeschichte. Ironischerweise führte ihr größter Erfolg die Army erneut in schweres Wetter. Denn der Triumph des Jahres 1945 fiel ausgerechnet dem schärfsten Rivalen im Kampf um finanzielle Ressourcen zu: Die Luftwaffe war das Symbol für nukleare Übermacht, auf ihre Wünsche und Bedürfnisse wurde die von Eisenhower treffend »New Look« genannte Strategie der Zukunft zugeschnitten. Am Hungertuch nagte die Army deshalb nicht. Aber bei der Mittelvergabe stand sie in der zweiten Reihe. Sollte die Abschreckung versagen und eine »massive Vergeltung« zum Zuge kommen, galten Langstreckenbomber und Interkontinentalraketen als Garanten des Überlebens. Im Ernstfall war die Armee nicht viel mehr als eine aus der Tiefe der Etappe nachrückende Putztruppe. Und seit John F. Kennedy im Weißen Haus saß, musste man obendrein auch noch um die Verwendung in »kleinen Kriegen« bangen. Die Aufwertung der »Special Forces« und anderer Spezialkräfte für Aufstandsbekämpfung wurden von vielen innerhalb der Army wie eine Kriegserklärung aufgenommen. Auf dem Spiel standen demnach das Prestige als Institution und das Selbstbild ihrer Angehörigen.

Auch und gerade in diesem Sinne war die »institutionelle Uhr« auf fünf vor zwölf gestellt. Im Prinzip ist es nicht ausgeschlossen, dass dergleichen Druck zum Anlass einer programmatischen Runderneuerung genommen wird. Die US Army freilich zollte ihrem Traditionalismus Tribut und erklärte die Revitalisierung des Alten zum Weg aus der Legitimationskrise. Dass sie die treibende Kraft hinter dem Entschluss zum Krieg gewesen wäre, ist damit nicht gesagt. Wohl aber nutzte sie das berühmte Kennedy-Wort für ihre Zwecke: »Vietnam ist der Ort.« Es war der Ort des Beweises, dass eine auf maximale Feuerkraft fixierte Strategie auch in »kleinen Kriegen« unentbehrlich war – wartete doch unmittelbar hinter der Demarkationslinie eine reguläre Armee vermeintlich auf den Befehl zum konventionellen Großangriff auf den Süden. Vietnam war der Ort, wo man den alten Rivalen wie einst im Zweiten Weltkrieg und in Korea zur Kooperation nötigen konnte. Denn auch die Luftwaffe hatte ein Interesse an der Erprobung ihrer neuen Technologie, vorweg der für einen »großen Krieg« entwickelten Kampfjets, die in Südostasien über 90 Prozent aller Einsätze flogen. Und Vietnam war der Ort, um einer Generation konventionell ausgebildeter Offiziere die Gelegenheit zur Bewährung und letzten Endes zum professionellen Aufstieg zu geben. Aus ihren Reihen kam der massive Widerstand gegen eine alternative »Pazifizierungsstrategie«, sie neigten dazu, Kommandeure zu maßregeln, die am Dogma des Abnutzungskrieges zweifelten. Selten lagen individuelle Karriereinteressen und die Aussicht auf ein institutionelles »comeback« derart eng beieinander. Und beide zusammen neutralisierten alle am Einsatzort gesammelten Erfahrungen über die Untauglichkeit von »firepower« und »attrition«.[95]

Folglich hätte der Impuls zur Korrektur des doktrinären Traditionalismus von der politischen Führung kommen müssen. An der notwendigen Einsicht fehlte es nicht. Aber alle Administrationen konterten mit dem Hinweis auf den politischen Kalender: Für Experimente fehlte es an der Zeit. Und wer Zeitaufwendiges vorschlug – wie die Vertreter der Pazifizierungsstrategie –, wurde rigoros abgewiesen. So erging es dem Chef des Marine Corps, als er mit Robert McNamara diskutierte, so erging es ungezählten anderen. Dem Verteidigungsminister reichten zwei Wörter, um jede Diskussion im Keim zu ersticken: »Zu langsam«.[96] Überraschend ist dieses Verdikt nicht. Gerade im Kalten Krieg galt Zeit als symbolisches Kapital und prekär knappe Ressource. Im Großen auf Dauer gestellt, duldete die Blockkonfrontation nichts weniger als den Eindruck der Unentschlossenheit im Kleinen. Sich auf ein jahrelang unentschiedenes Ringen mit einem Schwachen einzulassen, hätte den Nimbus des Starken nachhaltig beschädigt. Und wer wie die politische Klasse der USA mit einer Vielzahl kleiner Kriege in der Zukunft rechnete, tat gut daran, die Geduld im Inneren nicht über die Maßen zu strapazieren. Oder musste, in den Worten McNamaras, »die Fähigkeit entwickeln, einen begrenzten Krieg zu führen, [...] ohne den Zorn der Öffentlichkeit zu erregen. [...] Denn wahrscheinlich ist dies die Art von Krieg, mit der wir es in den nächsten fünfzig Jahren zu tun haben werden.« Mithin gab es eine außen- wie innenpolitisch definierte Prämie für die Beschleunigung des Krieges. Sprich: zu dessen Intensivierung.[97]

---

95 Ausführlich dazu vgl. Cable, Conflict of Myths; sowie Lewy, America in Vietnam, S. 98, 119; Sheehan, Große Lüge, S. 122; Spector, After Tet, S. 220. Unter diesem Druck wandelte sich selbst ein entschiedener Advokat der Pazifizierungsstrategie wie John Paul Vann am Ende zu einem Anhänger des mit B-52 geführten Bombenkrieges. Wie sein Biograph Neil Sheehan schreibt, fand Vann einen beinahe erotischen Gefallen daran, die B-52-Einsätze dirigieren zu können: Sheehan, Große Lüge, S. 784.

96 Zu McNamaras Kritik an den Pazifizierungsvorschlägen des Marine Corps vgl. Sheehan, Große Lüge, S. 635; McNamara, zit. n. Tuchman, Torheit, S. 408.

97 In den Primärquellen ist dieses McNamara-Zitat nicht überliefert. Aber neben Tuchman, Torheit, S. 408, bürgen weitere Autoren für die Authentizität; vgl. Douglas Rosenberg, Arms and the American Way, in: Bruce M. Russett, Alfred

Die Geschichte der Kriegspräsidenten kann daher als vergebliches Rennen gegen die Zeit beschrieben werden. Einerseits ließen sie nichts unversucht, Zeit zu gewinnen – durch die ständig wiederkehrenden Wahlversprechen, den Krieg nicht weiter zu eskalieren oder in Kürze zu beenden. Oder durch eine vorübergehende Beruhigung der Heimatfront mittels Zugeständnissen an die mittelständische Hauptklientel: Dafür steht Johnsons Weigerung, die Reserve einzuberufen, das sture Beharren auf einer nur einjährigen Dienstzeit der nach Vietnam Abkommandierten und nicht zuletzt der Entschluss, Studenten mit großzügigen Freistellungen vom Kriegsdienst entgegenzukommen. Andererseits wurde die so gewonnene Zeit im Handumdrehen wieder verspielt. Denn die Wahlversprechen entpuppten sich im Lichte der realen Politik binnen kurzem als Täuschung, Lüge und Betrug – in Johnsons Fall im Frühjahr 1965, als er wenige Monate nach dem Urnengang die ersten Bodentruppen nach Vietnam schickte, in Nixons Fall, als er Wochen nach dem Einzug ins Weiße Haus den Bombenkrieg auf Kambodscha ausweitete. Lügen aber machen politisch verwundbar. Selbst wenn sie keine Skandale nach sich ziehen, nagen sie hintergründig am Vertrauen in die Wetterfestigkeit des eingeschlagenen Kurses. Und verleiten deshalb zu einem forcierten, auf eine vorzeitige Entscheidung fixierten Fahrplan. Eben weil ihnen die Zeit davonzulaufen schien, mischten sich die Präsidenten regelmäßig in die Umsetzung der Militärstrategie ein – Johnson, weil er der Meinung war, durch eine abgestufte Eskalation des Bombenkrieges im Norden schneller zum Ziel zu kommen, Nixon, weil er den gleichen Zweck mittels eines scheinbar aus dem Ruder laufenden Bombenterrors erreichen wollte. Die Kriegsherren im Weißen Haus taten vieles zum Ärger ihrer autonomiebewussten Militärs. Nur eines unterließen sie: das Veto gegen die Abnutzungsstrategie. Offenbar war die Hoffnung auf eine Wiederholung vergangener Triumphe stärker als alle Evidenzen der Gegenwart.[98]

Die prägnanteste Umschreibung für den Widerwillen gegen eine Kurskorrektur in Vietnam stammt von den Politikwissenschaftlern Leslie Gelb und Richard K. Betts: »The System Worked«. Nicht so sehr Fehlperzeptionen und ihre kumulative Dynamisierung sind das Problem, sondern das Zusammenspiel von historischen Erfahrungen, hegemonia-

---

Stepan, Military Force and American Society, New York 1973, S. 170; Harry G. Summers, On Strategy: A Critical Analysis of the Vietnam War, Presidio, Calif. 1982, S. 18.

98 Ausführlich zum Zusammenhang von politischer Lüge, Legitimationskrise und Eskalation des Krieges vgl. Ellsberg, Secrets.

len Selbstbildern, persönlichen Idiosynkrasien und bürokratischen Interessen. Nicht die Abweichung von der Regel definierte die Vietnampolitik, sondern das Einhalten eingeübter Spielregeln in einer Situation, für deren Bewältigung man keine Übung hatte. Durch die Pole »Glaubwürdigkeit« auf der politischen Seite und »Abnutzung« auf der militärischen Seite definiert, konnte sich eine Programmatik behaupten, die zum einen auf einen Krieg langer Dauer ausgelegt war. Und die zum anderen gegenüber einem Denken in »exit options« resistent war.[99]

»In the Line of Fire« – Das Zivil im Abnutzungskrieg

Der Krieg in Vietnam hatte zu verschiedenen Zeiten und an unterschiedlichen Orten ein jeweils eigenes Gesicht. Im Zentralen Hochland stellte sich das Geschehen anders dar als im Mekongdelta, die Kämpfe in den südlich des 17. Breitengrades gelegenen Provinzen zwischen Quang Tri und Quang Ngai tobten heftiger als in der Landesmitte zwischen Kontum und Lam Dong, seit Januar 1968 wurden auch die Städte mehr in Mitleidenschaft gezogen, während parallel zum Häuserkampf die Anzahl der Feldschlachten im offenen Gelände zunahm. Und je nach Waffengattung oder Stationierungsort erlebten die Soldaten diesen Krieg in unterschiedlicher Weise. Viele gehörten zu Einheiten, die schier endlos und ohne Feindkontakt patrouillierten, andere lagen wochen- oder monatelang unter Feuer. Und die große Mehrheit der Truppe – Angehörige der Versorgungs-, Verwaltungs- und Logistikverbände – kannten den »shooting war« nur aus der Ferne. Ähnlich erging es den Vietnamesen. Ob ein Bauer seine Felder im Gebiet der I Corps Tactical Zone oder der III Corps Tactical Zone bestellte, definierte oft den Unterschied ums Ganze. Ersterer war fortwährend amerikanischen Flugzeugen und Infanterieeinsätzen nebst den Drangsalierungen durch den Vietcong ausgesetzt, Letztere erlebten zumindest phasenweise ruhigere Zeiten. Gab es im Zentralen Hochland noch Rückzugsgebiete, konnte davon im »Eisernen Dreieck« nordwestlich von Saigon und jenseits der kambodschanischen Grenze angesichts eines fast ununterbrochenen Luftkrieges nicht die Rede sein.

Trotz und jenseits derlei Differenzen trägt dieser Krieg eine charakteristische Signatur. Gemeint ist eine kumulative Radikalisierung kriegerischer Gewalt und vornehmlich die Ausweitung der Kampfzone auf das

---

99 Leslie H. Gelb/Richard K. Betts, The Irony of Vietnam: The System Worked,
Washington, D.C. 1979.

Zivil. Diesen Prozess an typischen Einzelfällen nachzuzeichnen, bleibt
einer eigenständigen Betrachtung vorbehalten. Umgekehrt lässt sich aus
dem Studium der Details eine Typologie von Grenzüberschreitungen her-
ausarbeiten – am Beispiel des »overkill« bei Kampfeinsätzen und der
»politischen Säuberung« ländlicher Siedlungsräume. Den Preis zahlten
in beiden Fällen vorwiegend Unbeteiligte.

»Wenn ihr auf solche Taktiken zurückgreifen müsst, dann werden wir
den Krieg verlieren.« Mit diesen Worten eines südvietnamesischen Ver-
trauten schloss der amerikanische Diplomat Charles Sweet einen gehar-
nischten Brief an Botschafter Bunker.[100] Anlass der Beschwerde war ein
Großeinsatz der Dritten Brigade der 9. US-Infanteriedivision, die im Mai
1968 zusammen mit südvietnamesischen Soldaten der »5th Ranger
Group« im Umfeld der Hauptstadt Saigon operierte. Südlich des Kinh
Doi-Kanals und im Gebiet um Phu Tho Hoa ging es darum, einer gut
3000 Mann starken Truppe des Vietcong und der nordvietnamesischen
Armee den Zugang zum östlichen Weichbild Saigons zu versperren. Als
die Kämpfe nach sechs Tagen abgeflaut waren, lagen auf einem Gebiet
von 470 000 Quadratmetern mehr als 10 000 Häuser in Trümmern.
500 Zivilisten waren ums Leben gekommen, tausende hatten schwere
Verletzungen davongetragen. Eine durch Sweets Eingabe auf den Weg
gebrachte Untersuchung seitens des US-Oberkommandos bestätigte, dass
die Bewohner von Phu Tho Hoa allen Grund zur Erbitterung hatten. Die
Verwüstungen gingen in erster Linie auf das Konto amerikanischer
Truppen, die mit einem exzessiven Einsatz von Feuerkraft gekämpft und
zumal den Hubschrauberverbänden keinerlei Beschränkungen auferlegt
hatten. »Die Befehlshaber der Bodentruppen«, so hieß es weiter, »gehen
mit Helikoptern um, als wären es normale Gewehre. Dementsprechend
gibt es so gut wie keine Kontrolle und Überwachung, [...] aber eine Tendenz, den Overkill zu akzeptieren.«[101]

Berichte über unkontrolliertes oder »unobserved fire« gehören zum
gängigen Repertoire der Vietnamkämpfer, vom einfachen Soldaten bis
zum Vier-Sterne-General. »Im Delta waren die Dörfer sehr klein, wie
Erdhügel in einem Sumpf. Einige hatten noch nicht einmal einen Namen.

100 Charles Sweet an Edward Landsdale, 12. 5. 1968, Visit to Districts 6 and 8,
    in: NA, RG 472, MACV, Military Assistance Command Inspector General
    (MACIG), Investigations Division (ID), Reports of Investigation (RI), Box 5,
    Folder: MIV-16-68 Damage in Saigon, Part 1 of 4.
101 MACIG, Report of Investigation Concerning Destruction Resulting from the
    VC Offensive of 5–13 May 1968, in: NA, RG 472, MACV, MACIG, ID, RI,
    Box 5, Folder: MIV-16-68 Damage in Saigon, Part 1 of 4.

[...] Unsere Luftwaffe hatte eigens Beobachter abgestellt, die nach Mündungsfeuer Ausschau hielten. Sobald sie etwas Verdächtiges auf diesen Punkten sahen, wurde das betreffende Dorf ausradiert. So einfach war das.«[102] Offensichtlich machte man sich in Vietnam eine bereits während des Koreakrieges eingeübte Praxis zur Gewohnheit:»Close air support« hieß, bei geringfügigen Anlässen Luft- und Artillerieunterstützung anzufordern und selbst den Beschuss durch Heckenschützen mit dem Einsatz von Kampfbombern zu beantworten. Auch sind Fälle aktenkundig, in denen Kommandeure eine Feindberührung nur vortäuschten und auf diesem Wege für die Zerstörung ganzer Ortschaften aus der Luft sorgten.[103] »Das ist unser ›Search and Destroy‹. Wenn es da draußen keinen Feind gab, dann besorgten wir uns eben einen Feind«[104] – sei es aus Rache, Frustration oder purer Gier nach reputationsdienlichen Kampfstatistiken. Was auch immer der Anlass gewesen sein mag: Angesichts der Vielzahl individueller Erzählungen wie offizieller Dossiers seitens der Armee scheint es nicht übertrieben, von einem auf allen Schauplätzen in Vietnam feststellbaren Muster amerikanischer Kriegführung zu sprechen.[105]

Bodengestützte Waffen trugen das ihre zum »Overkill« bei – in Gestalt des »Reconnaissance by Fire«, des »Harassment-and-Interdiction-Fire« sowie der »Pre-Assault Strikes«. In allen Fällen ging es darum, einen unsichtbaren Feind durch großflächigen Beschuss aus der Deckung zu zwingen, den Vietcong in Bewegung zu halten oder eine undurchdringliche »Feuerwand« zwischen die eigenen und die feindlichen Truppen zu legen. Von Tränengas über kleinkalibrige »Miniguns« mit 4000 Schuss pro Minute bis zu 8-Zoll-Granaten, die in einem Radius von 75 Metern alles Leben auslöschten, kamen dabei unterschiedliche Waffen zum Einsatz, je nachdem, ob auf Verdacht beschossen oder eine

---

102 Ein Hauptmann der US-Luftwaffe, zit. n. Valentine, Phoenix, S. 216.
103 Vgl. NA, RG 319, AS, ODCS-PER, VWCWG, War Crimes Allegations Case Files (CaFi), Box 12, Notley Allegation (CCI), Part 1 of 2, Case 85; United States Congress, Congressional Record, 7. 4. 1971, Veterans' Testimony on Vietnam, Extension of Remarks, S. E 2885.
104 Ein namentlich nicht identifizierter Infanterist, zit. n. Michael Baker, Nam. The Vietnam War in the Words of the Men and Women Who Fought There, New York 2001, S. 212; vgl. S. 277.
105 Vgl. B. F. Cooling (Hg.), Close Air Support, Washington, D.C. 1990; Sheehan, Große Lüge, S. 116; Showalter, The War That Was Never Fought, S. 17; Schell, Real War, S. 220, 313, 318–322, 351, 359–362, 366. Zu internen Untersuchungen seitens der US Army vgl. NA, RG 319, AS, ODCS-PER, VWCWG, CaFi, Box 10, Dell Allegation, Part 1 of 6, Case 70.

vorab identifizierte Stellung des Feindes ins Visier genommen wurde. Die Einsatzleiter waren gehalten, Zivilisten vorab zum Verlassen der entsprechenden Gebiete aufzufordern – es sei denn, die operative Lage und das Gebot der Schnelligkeit sprachen dagegen. In diesen Fällen war es erlaubt, selbst im unmittelbaren Umfeld von Siedlungen überraschend und mit größtmöglicher materieller Übermacht zuzuschlagen. Und zwar »unter Absehung humanitärer Erwägungen«, wie es im »After Action«-Report eines einschlägigen Einsatzes hieß.[106] Keine Region war vor dergleichen Einsätzen sicher. Und überall mussten die Bauern gewärtig sein, es mit Einsatzleitern zu tun zu haben, die keinen Gedanken an ihr Leben verschwendeten. »Dann sitzen sie eben in der Scheiße. Sie wissen doch, dass wir uns in dieser Gegend aufhalten, sie können uns hören, und sie sollten in ihren Bunkern sein. Um meiner Männer willen gehe ich jedenfalls keine unnötigen Risiken ein.«[107]

Der Stabschef der Armee, Harold K. Johnson, zeigte sich am Ende einer 1967 unternommenen Inspektionsreise entsetzt über diese Praktiken. Seiner Beobachtung nach hatten über 90 Prozent des Artilleriebeschusses mit tatsächlichen Kampfhandlungen am Boden nichts zu tun. Vielmehr wurde in neun von zehn Fällen auf vermeintliche, also nicht positiv identifizierte Ziele geschossen oder unbestimmte Terrains prophylaktisch unter Feuer gelegt[108] – so etwa in der Provinz Quang Ngai, wo 52 000 nahe Duc Pho lebende Menschen im Sommer 1967 Nacht für Nacht mit »Harassment-and-Interdiction-Fire« leben mussten.[109] Eine in der Folge vom Verteidigungsministerium durchgeführte Studie bestätigte Johnsons Vermutung und kam für die Luftwaffe zu einem noch schlechteren Befund: Nur vier Prozent ihrer Gefechtsflüge galten der Unterstützung von Truppen, die akut in Kämpfe verstrickt waren. In anderen Worten: Die Regel waren so genannte »unobserved missions«, der Einsatz von Granaten und Bomben gegen unspezifische Objekte und mit nicht abschätzbaren Wirkungen. In den meisten Fällen hatte man der Zielauswahl veraltete Informationen zugrunde gelegt oder in Ermangelung verwertbaren Wissens feindliche Truppenbewegungen schlicht nach

---

106 Headquarters, 3d Brigade, 1st Air Cavalry Division, Combat Operations After Action Report, Masher/Whitewing, Binh Dinh Province, 10. 3. 1966, S. 11, in: NA, RG 319, AS, ODCS-PER, VWCWG, CaFi, Box 4, Applegate Allegation, Case 22. Mit dieser Art Kriegführung wurde die Provinz Binh Dinh bis Ende 1967 überzogen; vgl. Lewy, America in Vietnam, S. 58, 71.
107 Ein namentlich nicht identifizierter Lieutenant, zit. n. Ellsberg, Secrets, S. 165. Vgl. Schell, Real War, S. 220, 236, 114.
108 Spector, After Tet, S. 197/198; Schell, Real War, S. 68.
109 Vgl. Schell, Real War, S. 214.

Kartenlage taxiert.[110] »In den letzten zehn Jahren«, schrieb John Paul Vann im Rückblick auf seine Dienstzeit bei der Armee und bei CORDS, »bin ich durch hunderte von Siedlungen gekommen, die [...] mehrheitlich durch schweren Beschuss der eigenen Truppen zerstört wurden. [...] Es war alles andere als ungewöhnlich, in ein zerstörtes Dorf zu kommen und keinerlei Hinweise auf feindliche Opfer zu finden. Ich erinnere mich, dass im Mai 1969 in einem in der Provinz Chau Doc gelegenen Dorf 900 Häuser von der Luftwaffe niedergebrannt wurden, ohne dass wir einen einzigen getöteten Feind vorfanden.«[111]

Wenn überhaupt, wurden die im zivilen Umfeld angerichteten Schäden in »friendly fire«-Statistiken oder »accident case files« vermerkt. Mehr als die sprichwörtliche Spitze des Eisberges ist diesen Akten freilich nicht zu entnehmen. Zum einen wurden sie erst seit Januar 1968 geführt. Zum anderen ist davon auszugehen, dass eine nicht zu ermittelnde Zahl Geschädigter keine Beschwerde einreichte. Definitiv bekannt wurden im letzten Quartal 1968 und in den ersten drei Monaten des Jahres 1969 jeweils an die hundert Zwischenfälle mit durchschnittlich 500 Opfern. Demnach müsste auf ein Jahr gerechnet von ungefähr 400 »Zwischenfällen« mit insgesamt 2000 Toten und Verwundeten auszugehen sein – allerdings enthalten diese Daten keinerlei Angaben über die Verwüstungen durch das »friendly fire« der Luftwaffe.[112] Aufschlussreicher als derlei Zahlenspiele sind daher die in militärischen Führungsstäben zirkulierenden Memoranden, in denen über eine inakzeptable Häufung von Fällen Klage geführt wird. So heißt es in einem undatierten, wahrscheinlich Ende 1969 verfassten und an den stellvertretenden Stabschef der »US Army Vietnam« adressierten Bericht: »Wenn Zivilisten [...] durch den Einsatz von Gewehr- oder Maschinengewehrfeuer getötet oder verletzt werden bzw. durch Panzerbeschuss, Granaten, Artilleriegeschosse, Minen oder anderes zu Schaden kommen, so werden solche Vorfälle nicht automatisch untersucht. Auch wird nicht geprüft, ob die

---

110 Vgl. Schell, Real War, S. 274, 301, 349; Ellsberg, Secrets, S. 135 ff.
111 John Paul Vann, zit. n. Lewy, America in Vietnam, S. 104.
112 Army Chief of Staff, G 3, 20. 5. 1969, Artillery, Mortar, Army Aviation Accidents and Incidents, in: NA, RG 472, USAV, Deputy Chief of Staff for Operations (DCSO), Plans and Security Operations and Training Division (PSOT), Army Operations Center (AOC), Accident Case Files, Box 1, Folder: Accident Case Files October 1968. Vgl. ebd., Box 1, Folder: Accident Case Files September 1968; Box 2, Folder: Reports of Investigations (General) 1969; NA, RG 472, USAV, II FFV, Assistant Chief of Staff for Operations (S 3), Reports of Artillery Accidents and Incidents, Box 1, 2, 3, 4, Folders: Volume August 1966–May 1968.

Richtlinien für den Kampfeinsatz oder andere Regularien eingehalten wurden. Daraus ergibt sich, dass ein Vorfall wie jener, der sich mutmaßlich in My Lai zugetragen hat, tatsächlich geschehen könnte, ohne dass darüber etwas an irgendeiner Stelle innerhalb des Systems der Armee in einem Bericht vermerkt würde. Es scheint also, als hätten wir es mit einem schwer wiegenden Problem zu tun, aber da wir nicht auf einschlägige Daten zurückgreifen können, kann niemand sagen, wie gravierend es ist.«[113] Folglich sind die Untersuchungen zu »friendly fire«-Schäden von sehr begrenztem Wert. Sie unter quantifizierenden Gesichtspunkten zu lesen ist sinnlos. Wohl aber geben sie Auskunft über die Hintergründe des fehlgeleiteten Feuers und insbesondere über das Verhalten der beteiligten Truppen wie ihrer Offiziere. Zweifellos waren in dem einen oder anderen Fall tragische Verwicklungen im Spiel – von defekter Munition bis hin zu alltäglichen Fehlern bei der Übertragung oder Auswertung von Daten. Auch lag die Ausführung und Kontrolle von Einsätzen bisweilen in der Hand unqualifizierten Personals – die Rede ist von Vorgesetzten, die von der Zerstörungskraft der ihnen anvertrauten Waffen wie von den Richtlinien zu ihrer Handhabung keine Ahnung hatten, oder aber von GIs, die weder Karten lesen noch die Flugbahnen von Geschossen berechnen konnten.[114] Und schließlich wurden die Verfahren zur Freigabe von Artilleriefeuer mitunter vorsätzlich ignoriert. Letzteres gilt nicht zuletzt für südvietnamesische Provinzverwalter, die auf dem Papier die einschlägigen Einsätze der US Army und Luftwaffe genehmigen mussten – und dabei dem Schutz von Zivilisten weniger Bedeutung beimaßen als dem Ziel, die Bauern aus ihrer Unterstützung für die Guerilla herauszubomben.[115] So unterschiedlich die

---

113 Lieutenant Colonel Douglas A. Huff, Change to USARV Regulations Pertaining to Investigations of Friendly Fire Incidents, undatiertes Memorandum, in: NA, RG 472, USAV, DCSO, PSOT, AOC, Accident Case Files, Box 2, Folder: Reports of Investigations (General) 1969. Zur internen Kritik dieser Praxis vgl. Schreiben an die Kommandierenden Generale der II Field Force, 20. 8. 1966, in: NA, RG 472, USAV, II FFV, S 3, Reports of Artillery Accidents and Incidents, Box 1, Folder: Volume August 1966; Lieutenant General Jonathan O. Seaman, Errors in Artillery and Mortar Fires, 21. 3. 1967, in: ebd., Box 2, Folder: Volume IV, March 1967.

114 Zu Missverständnissen, Ausbildungsmängeln und Verletzung der Vorschriften vgl.: NA, RG 472, USAV, DCSO, PSOT, AOC, Accident Case Files, Box 1, Folder: Accident Case Files October 1968; Box 2, Folder: Reports of Investigations (General) 1969.

115 Die Kritik an südvietnamesischen Provinzverwaltern taucht in der Literatur wie in internen Memoranden der US Army immer wieder auf; hier wurde sie formuliert in Anlehnung an Sheehan, Große Lüge, S. 117f.; NA, RG 472, USAV, DCSO, PSOT, AOC, Accident Case Files, Box 1, Folder: Accident Case

Anlässe im Einzelnen gewesen sein mögen, stets tritt ein hintergründiges Gemeinsames hervor: das Desinteresse und die Gleichgültigkeit der unmittelbar zuständigen Truppenführer. Auf die Maximen der Abnutzungsstrategie eingeschworen, nahmen sie die Opfer des »friendly fire« wie einen bedauerlichen und gleichwohl unvermeidlichen Kollateralschaden wahr.[116]

Die Lizenz zum großflächigen Zerstören und Vernichten galt ohne Einschränkung in den so genannten »Free Fire Zones«. Von südvietnamesischen Stellen – entweder der regional zuständigen Zivilverwaltung oder dem Befehlshaber eines Armeekorps bzw. einer Division – festgelegt, konnten sich die US-Streitkräfte dort ohne Rücksicht auf andernorts formal geltende Bestimmungen bewegen. Weder waren sie zur Rücksprache mit ihrem Verbündeten gehalten, noch mussten sie sich in der Wahl ihrer Waffen oder ihrer Ziele zurückhalten. De facto wurden »Free Fire Zones« wie rechtsfreie Räume behandelt. »Bevor wir ein solches Gebiet betraten, wurde uns Soldaten gesagt, dass die Zivilisten evakuiert wären und alle, die sich dort noch aufhielten, Vietcong und folglich Freiwild seien.«[117] Kaum eine Erinnerung an den Krieg, in der solche oder ähnliche Äußerungen fehlten. Sie verweisen gleichzeitig darauf, dass seinen Anspruch auf Schutz verwirkt hatte, wer sich nicht evakuieren lassen wollte. Denn in den »Free Fire Zones« war der Unterschied zwischen Kombattant und Nicht-Kombattant a priori aufgehoben. »Wenn diese Leute dort bleiben und die Kommunisten unterstützen wollen«, so ein Berater der 25. Infanteriedivision, »dann müssen sie sich auf Bomben gefasst machen.«[118] Folglich wurden auch besiedelte Gebiete als »Free Fire Zones« ausgewiesen – der Verdacht auf aktive oder passive Unterstützung der Vietcong war Begründung genug. James A. May, ame-

---

Files October 1968; NA, RG 472, USAV, II FFV, S 3, Reports of Artillery Accidents and Incidents, Box 1, Folder: Volume August 1966; Box 2, Folder: Volume IV, March 1967; Box 3, Folder: Volume XIV, November 1967.

116 Zur Indifferenz gegenüber »friendly fire«-Zwischenfällen vgl. NA, RG 472, USAV, DCSO, PSOT, AOC, Accident Case Files, Box 1, Folder: Accident Case Files September 1968 und Accident Case Files October 1968.

117 Elliott L. Meyrowitz, Brief an General Creighton Abrams, 8. 11. 1972, in: NA, RG 319, AS, ODCS-PER, VWCWG, CaFi, Box 18, Folder: Meyrowitz Allegation, Case 210, 2; vgl. ebd., Box 16, Folder: Torres Allegation, Case 161; Box 6, Folder: Senning-Wilson Allegation.

118 Ein Berater der 25. Infanteriedivision, zit. n. Sheehan, Große Lüge, S. 543; ähnliche Äußerungen finden sich auch im internen Schriftverkehr der Army: vgl. NA, RG 472, USAV, II FFV, S 3, Reports of Artillery Accidents and Incidents, Box 3, Folder: Volume XV October–December 1967 und Box 4, Folder: March 1968.

rikanischer »Senior Adviser« in der Provinz Quang Ngai: »Die Vietcong nutzen Dörfer als Schutzschild, wie ein Gangster eine Geisel. Wenn man daher hinter ihnen her ist, ist es unvermeidlich, dass auch die Dörfer das ihre abkriegen. [...] Man kann sie nur stellen, wenn auch die Dörfer platt gemacht werden, in denen sie sich aufhalten.«[119]

In anderen Worten: Die von offizieller Seite standardisierte Rede über die »Free Fire Zones« als evakuiertem Gebiet ist eine Schutzbehauptung.[120] Und lässt überdies eine Sicht des Krieges erkennen, die mit dem bäuerlichen Alltag in Vietnam nichts zu tun hatte. Dörfer waren in den Augen ihrer Bewohner weit mehr als Orte des Wohnens oder der materiellen Reproduktion. Sie wurden wie Heiligtümer verehrt: die Natur ringsum als Heimstatt angebeteter Geister, die Grabstätten der Vorfahren als Symbole des Todes und der Wiedergeburt. Diese Orte zu verlassen, kam nur im äußersten Notfall in Frage. Viele, die dem Druck des US-Militärs nachgegeben und sich in Flüchtlingslager oder befestigte Wehrdörfer hatten umsiedeln lassen, nutzten daher jede Gelegenheit zur Rückkehr – auch, weil die Aufnahmelager heillos überfüllt waren oder anderweitig unwürdige Bedingungen boten. Gegen Tradition und individuelle Würde setzten amerikanische Truppen Lautsprecherwagen und Millionen aus der Luft abgeworfener Flugblätter – in der Erwartung, Analphabeten könnten die Warnungen verstehen oder Bauern, die mit dem Rhythmus der Natur lebten, würden sich an Ausgangssperren halten, die den Tag in freie und verbotene Zeitzonen unterteilten. Im Wesentlichen erfüllten diese Flugblätter aber nur einen Zweck: den eigenen Soldaten das Gefühl zu geben, sie hätten im Zweifel doch die Richtigen getroffen. »Liebe Bürger. [...] Die US Marines werden nicht zögern, jede Siedlung oder jedes Dorf sofort zu zerstören, das dem Vietcong Si-

---

119 James A. May, zit. n. Schell, Real War, S. 386; vgl. ebd., S. 271, 286, 302, 350. Zur Praxis, auch besiedelte Gebiete als »Free Fire Zones« auszuweisen, vgl. Headquarters, III Marine Amphibious Force, Standing Operating Procedure for Ground and Air Operations (SOP), 10. 11. 1967, Section 4, S. 4, in: NA, RG 319, AS, PI-AC, Box 8, Folder: Conduct of the War, MACV Directives, ROE – Chron. File #3; NA, RG 472, USAV, II FFV, S 3, Reports of Artillery Accidents and Incidents, Box 2, Folder: Volume V, April 1967; Box 2, Folder: Volume VI, May 1967; Box 3, Folder: Vol. VIII, July 1967; Box 3, Folder: Volume IX, August 1967; Box 3, Folder: Volume XV, October–December 1967. Vgl. Lewy, America in Vietnam, S. 106; Solis, S. 8, 30.
120 Zur offiziellen Lesart der »Free Fire Zones« vgl. William C. Westmoreland, A Soldier Reports, New York 1976, S. 152: Demnach war es das Ziel, »die Menschen zu evakuieren und das Dorf zu zerstören. Unter dieser Voraussetzung könnten Einsätze ohne Furcht vor zivilen Opfern durchgeführt werden.«

cherheit bietet. [...] Ihr habt die Wahl. [...] Achtung, Dorfbewohner: [...]
Ihr könnt eure Häuser schützen, wenn ihr mit der Regierung Südvietnams und den alliierten Truppen kooperiert.«[121]
Am Ende kam es, wie es kommen musste. Sobald ein Kommandeur
der Meinung war, der Erfolg des Einsatzes könnte durch vorzeitige Warnungen an die Bewohner gefährdet sein, wurden noch nicht einmal Flugblätter abgeworfen. Sobald Bodentruppen in »militärischen Sperrgebieten« verdächtige Beobachtungen machten, schossen sie umstandslos auf
alles, was sich bewegte – ohne Sichtkontakt, ohne Identifizierung und
ohne Rücksicht auf die Folgen. Wie viele Menschen bei dergleichen Einsätzen ihr Leben ließen, entzieht sich unserer Kenntnis. Aktenkundig sind
aber zahlreiche, in ihren Erzählmustern identische Berichte von Soldaten, in denen stets von Dutzenden Opfern die Rede ist[122] – sowie interne
Untersuchungen, die sich nur in der Offenheit ihrer Sprache unterschieden. Zum Beschuss eines Dorfes, in dessen Verlauf 21 Bewohner getötet
und weitere 21 verwundet worden waren, hieß es: »Der stellvertretende
Senior Advisor [...] ist mit dem Leiter der Provinz einer Meinung, dass
regierungsfreundliche Bürger in der fraglichen Region nichts verloren
hatten. Hielten sie sich dennoch dort auf, dann zahlten sie dem Vietcong
entweder Steuern oder halfen ihm, Amerikaner zu töten.«[123] Und ein
Einsatz von A-Kompanie, 2. Bataillon, 60. Infanterieregiment, 25. Infanteriedivision – in dessen Verlauf zehn Nahrungsmittel sammelnde
Bauern in einer »off limits area« an der Grenze zu Kambodscha in einem
Hinterhalt starben – wurde mit den Worten kommentiert: »Der Zwischenfall erfüllt die Kriterien eines ›Unfalls unter Feuer‹, [...] wie er im
Verlauf militärischer Operationen [...] in Sperrgebieten vorkommt.«[124]

---

121 Über der Provinz Quang Ngai abgeworfene Flugblätter, zit. n. Schell, Real
    War, S. 206/207. Zwischen Mai und August 1967 wurden z.B. im Rahmen
    der »Operation Malheur« 23 Millionen Flugblätter über der Provinz Quang
    Ngai abgeworfen: Lewy, America in Vietnam, S. 69.
122 Vgl. NA, RG 319, AS, ODCS-PER, VWCWG, CaFi, Box 13, Folder: Record
    Allegation (Congressional Inquiries and Background Information) Case 90;
    Box 13, Folder: New York Times Allegation (Part 1 of 2) Case 92 und Folder:
    New York Times Allegation (Correspondence, Congressional Inquiries and
    Background Information) Case 92; Lewy, America in Vietnam, S. 102; Schell,
    Real War, S. 157, 212 f., 235, 272, 284, 337 f., 342 f., Spector, After Tet,
    S. 198.
123 Report of Facts Concerning Artillery Firing Vicinity Grid XT 1674, 23. 1.
    1968, in: NA, RG 472, USAV, II FFV, S 3, Reports of Artillery Accidents and
    Incidents, Box 4, Folder: January 1968.
124 Report of Investigation – Firing Incident Involving Vietnamese Nationals Dur-
    ing Combat Operations by Elements of Company A, 2d Battalion, 60th Infan-

Jenseits des Overkill mittels überlegener Waffentechnik hatte die Strategie des Abnutzens und Verschleißens feindlicher Ressourcen noch eine zweite Seite: die »politische Säuberung« oder das »antimaoistische Prinzip«. Um dem »Fisch Guerilla« das »Wasser im Hinterland« abzugraben, verlegte man sich darauf, das Hinterland unbrauchbar zu machen. Offiziell wurde diese Politik nie deklariert oder in Form militärischer Direktiven festgehalten. Faktisch aber verfolgte man drei Ziele mit rigoroser Entschlossenheit: Bewohner umsiedeln, Dörfer niederbrennen und Ernte vernichten. Mit der Schaffung »toter Zonen« schien gewährleistet, dass die Bauern nicht wieder in feindlich kontrolliertes Gebiet zurückkehrten, sondern unter Aufsicht der Saigoner Regierung ein neues Leben begannen. Und vielleicht ließ sich mittels dauerhafter Familientrennung auch die Kampfmoral der Guerilla untergraben, wie bisweilen von US-Militärs zu hören war. Folglich empfanden viele Einheiten ihre Politik der verbrannten Erde als »standing operating procedure« – als ohne weitere Nachfrage zu erledigenden Job.[125]

Die US-Streitkräfte setzten damit ein von Diktator Diem in den späten 1950er Jahren initiiertes Projekt fort. »Agrovilles« oder »Strategic Hamlets« hießen die knapp 3000 befestigten Orte, in die innerhalb weniger Jahre mehr als vier Millionen Menschen zwangsumgesiedelt wurden.[126] Selbst diese Zahlen verblassen hinter der Radikalität des amerikanischen Vorgehens. Nach dem Abtransport der Bewohner, teilte ein Verantwortlicher dem Journalisten Jonathan Schell mit, »werden wir alles zerstören [...] und zu einem plattgewalzten Gebiet machen. Der Vietcong wird sich dort nicht mehr verstecken können.«[127] Gemeint war die »Operation Cedar Falls« im »Eisernen Dreieck« 50 Kilometer nördlich von Saigon. Was Schell dort im Januar 1967 im Dorf Ben Suc beobachtete, war ty-

try Regiment, 25th Infantry Division, 5. 9. 1970, in: NA, RG 472, MACV, MA-CIG, ID, Miscellaneous Reports of Investigations, Box 9, Folder: ROI – Firing Incident Involving Vietnamese Nationals during CBT OPS by Elements of Co A, 2nd BN, 60th Inf, 1 of 2. Es ging um einen Ende August 1970 in der Provinz Binh Long, Chon Thanh District, III Corps Tactical Zone, geführten Einsatz.

125 Vgl. Schell, Real War, S. 158, 375–384; Lewy, America in Vietnam, S. 259; Wallace Terry, Bloods. An Oral History of the Vietnam War by Black Veterans, New York 1985, S. 24, 94; Witness Statement Richard T. Altenburger, 31. 12. 1970, in: NA, RG 472, MACV, Delta Regional Assistance Command (DRAC), IG, Box 2, Folder: Preliminary Investigation Re: Col. Franklin, Vol. IV, Pt. 1 of 3.

126 Vgl. Valentine, Phoenix, S. 36, 50; Sheehan, Große Lüge, S. 294, 315.

127 Ein Mitarbeiter der Agency for International Development, zit. n. Schell, Real War, S. 136; vgl. ebd., S. 122–159, 187f., 262, 356.

pisch für den gesamten Einsatz: Zuerst rückten Pioniere mit Bulldozern
ein, rissen die Häuser nieder und steckten sie in Brand. Anschließend pul-
verisierte die Luftwaffe den Schutt mit schweren Bomben, in der Hoffnung, auf diese Weise die unter der Erde vermuteten Tunnelanlagen der
Guerilla zum Einsturz zu bringen. »Cedar Falls« hatte zig Vorgänger und
Nachfolger – etwa »Operation Masher/Whitewing« oder »Russell Beach/
Bold Mariner«, um nur die bekanntesten zu nennen. Letztere fand von
Januar bis Juli 1969 in der Provinz Quang Ngai statt, einer Gegend, in
der US-Truppen samt ihrer Alliierten bis Ende 1967 bereits 70 Prozent
der Dörfer und aller bewohnten Häuser zerstört hatten.[128]
Eine Bestandsaufnahme der im gesamten Land angerichteten Schäden
steht noch immer aus. Hier und da genannte Einzeldaten vermitteln jedoch eine Ahnung der Dimension. So hätte man mit der infolge des Einsatzes von Vernichtungsmitteln unbrauchbaren Ernte jährlich 600 000
Menschen ernähren können.[129] Und Millionen entbehrten in dieser Zeit
das Notwendigste, vorab die vorsätzlich Entwurzelten, Vertriebenen
und Deportierten, die euphemistisch »Flüchtlinge« genannt wurden.
Zwischen 1964 und 1969 verbrachten 3,5 Millionen Südvietnamesen
ihr Leben ganz oder teilweise auf der Flucht – 20 Prozent der Bevölkerung. In der Provinz Quang Ngai lag dieser Anteil phasenweise bei über
40 Prozent. Wie viele wann in ihre Heimat zurückkehrten, ist unklar.
Fest steht nur, dass die meisten länger als zwei Jahre in Lagern ausharren
mussten – hinter Stacheldraht in provisorischen Hütten, unter unsäg-
lichen hygienischen Bedingungen, ohne adäquate Nahrung und Beklei-
dung. Diese wie andere Beispiele illustrieren am Ende den stets gleichen
Befund: In den besonders umkämpften Gebieten des Zentralen Hochlan-
des oder der nördlichen Provinzen Südvietnams lief die Kriegspolitik der
USA auf einen Ruin des bäuerlichen Lebens hinaus.[130] Dass man

---

128 Zur Operation »Masher/Whitewing« vgl. NA, RG 319, AS, ODCS-PER,
   VWCWG, CaFi, Box 4, Folder: Applegate Allegation, Case 22; Sheehan,
   Große Lüge, S. 583. Zu »Russell Beach/Bold Mariner« vgl. NA, RG 319, AS,
   PI-AC, Box 29, Folder: Sensitive Material – My Lai – Folder #6; Lewy, America in Vietnam, S. 141. Zu den Zerstörungen in der Provinz Quang Ngai von
   1965–67 vgl. Schell, Real War, S. 198.
129 United States Congress, Congressional Record, 6. 4. 1971, Veterans' Testimony on Vietnam, Extension of Remarks, S. E 2838. Dergleichen Zahlen
   sind nur als Schätzwerte zu verstehen. Gleiches gilt für die offiziellen Angaben über die Menge der eingesetzten Entlaubungsmittel.
130 Vgl. Theodore Draper, Abuse of Power, New York 1967; George McT. Kahin/
   John W. Lewis, The United States in Vietnam, New York 1969; Lewy, America
   in Vietnam, S. 59, 65, 70, 108, 111; Spector, After Tet, S. 207, 210; Schell,

seitens der US Army ein Gespür für die menschlichen Kosten dieses Krieges entwickelt hätte, ist nicht zu erkennen. Im Gegenteil: Hohe Flüchtlingszahlen wurden als erfolgreiche Schwächung der Vietcong interpretiert.[131] Und überdies ging man davon aus, dass Vietnamesen wie alle Asiaten kein Verhältnis zu Zeit und Ort hatten, folglich überall leben konnten. »Diese mit Stroh gedeckten Häuser können doch sowieso wieder über Nacht aufgebaut werden.«[132] Ein Satz, der von unterschiedlichen Korrespondenten in unterschiedlichen Medien immer wieder zitiert wurde, und zugleich ein Beleg für die hausgemachte Malaise: Das amerikanische Militär dramatisierte die Probleme, die zu lösen man vorgeblich ins Land gekommen war.

Der selbst verschuldete Zulauf zur Guerilla und die vermeintliche »Undankbarkeit« der Bevölkerung rief ein weiteres Element der »antimaoistischen Strategie« auf den Plan: die Jagd auf Verdächtige und das systematische und großflächige »Durchkämmen« von Einsatzorten. Kriegsgefangene, das heißt mobile Kämpfer der Guerilla, wurden dabei nur selten gestellt. In erster Linie ging es darum, tatsächliche oder vermeintliche Unterstützer der Vietcong ausfindig zu machen, die Verdächtigen zu verhören oder festzusetzen. Abhängig von der Größe des Einsatzgebietes und der zur Verfügung stehenden Truppen, fielen die Razzien unterschiedlich aus: Mal wurden nur Personen in Gewahrsam genommen, die Waffen mit sich führten oder in anderer Weise verdächtig erschienen; mal wurden alle, deren man habhaft werden konnte, zum Verhör in so genannte »interrogation center« gebracht – auch Frauen, Alte und Kinder. Ein beteiligter US-Offizier: »Wir wissen doch, dass sie allesamt Charlies [Armeeslang für Vietcong] sind – vielleicht Saboteure, Kollaborateure oder sonst noch was. […] Diese hier gehören zum Kern der Guerilla. Man braucht sie nur anzusehen.«[133] Im Prinzip konnte jeder Kommandeur nach eigenem Belieben verfahren. Und auf Begründungen der »Untersuchungshaft« kam es nicht

---

Real War, S. 133–59, 198, 215, 246–249, 254–258, 368, 375–393; Orville Schell, Cage for the Innocents, in: The Atlantic, Januar 1968, S. 32; Sheehan, Große Lüge, S. 620; United States Congress, Congressional Record, 6. 4. 1971, Veterans' Testimony on Vietnam, Extension of Remarks, S. E 2895.

131 Vgl. Headquarters, III Marine Amphibious Force, Overall Status of the Pacification Effort, 14. 7. 1968, in: NA, RG 319, AS, PI, Administrative and Background Materials Files – Open Inventory, 1967–1970 (OI), Box 4, Folder: MACV Reports (2).

132 James A. May, Senior Adviser in der Provinz Quang Ngai, zit. n. Schell, Real War, S. 386.

133 Ein namentlich nicht identifizierter Offizier, zit. n. Schell, Cage for the Innocents, S. 29–35, hier S. 29.

an; sie waren beliebig austauschbar. »In Duc Pho«, berichtete ein zur
»Americal Division« gehörender Militärpolizist, »konnte wir im Umfeld
des Hauptquartiers der 11. Brigade willkürlich jeden vietnamesischen Zivilisten verhaften und einsperren lassen.«[134] Auch sind Reportagen von
Journalisten überliefert, denen zufolge Verdächtige in Handschellen und
über den Kopf gestülpten Säcken in Transportflugzeuge gepfercht und in
das nächstgelegene Lager ausgeflogen wurden. Die Einschüchterung der
Zurückgebliebenen war offenbar genauso wichtig wie die Erwartung, von
den Verhafteten verwertbare Informationen zu bekommen.[135]

Statistiken der US Army zufolge nahmen die Alliierten von Anfang
1966 bis Ende Oktober 1970 ca. 220 000 Personen in Gewahrsam – für
knapp die Hälfte dieser Arretierten zeichneten amerikanische Truppen
verantwortlich. Hinzu kommt eine unbekannte Anzahl von Personen,
die von der Polizei und den Geheimdiensten Saigons aufgespürt worden
waren – vermutlich Zehntausende, wenn nicht mehr. Die Überprüfung
aller oblag in der Regel südvietnamesischen Behörden. Nach welchen
Kriterien sie urteilten bzw. verurteilten, ist heute so obskur wie damals.
Und ob die den Amerikanern mitgeteilten Daten der Realität entspre-
chen, erscheint nicht minder fraglich. Diese Einschränkungen vor-
ausgesetzt, ergibt sich für die 220 000 offiziell Verhafteten folgendes
Bild: Circa 13 Prozent wurden als Kriegsgefangene eingestuft und in eigens dafür eingerichtete Lager überstellt. An die 25 Prozent teilte man
der Gruppe der »Civilian Defendants« zu – angeblich handelte es sich
um Spione, Saboteure, Kollaborateure oder Terroristen. Um die 60 Prozent oder 132 000 galten als »Innocent Civilians« – unbelastete Zivilisten, die zumeist nach kurzer Überprüfung entlassen wurden.[136]

---

134 Michael Uhl, Aussage vor dem Subcommittee on Foreign Operations and Government Informations, US House of Representatives, Committee on Government Operation, 2. 8. 1971, S. 1103; vgl. S. 1155, 1172, in: NA, RG 319, AS,
ODCS-PER, VWCWG, CF, Box 4, Folder: House Hearings: Currency Exchange in Southeast Asia, 2 August 1971 (Includes War Crimes Allegations).
135 Vgl. Schell, Cage for the Innocents; Schell, Real War, S. 241 ff.
136 94 000 Personen wurden in diesem Zeitraum von US-Soldaten verhaftet,
126 000 von Truppen aus Südvietnam, Australien, Neuseeland, Südkorea
und Thailand. Zu diesen Angaben und der Unterteilung der Häftlingskatego-
rien vgl. NA, RG 338, MACV-AC, HD22-Confidential Records (HD22-CR),
Box 32, Folder: Confidential 511-05 Vietnam. Office of the Provost Marshal
General (1970); Folder: Confidential 511-05 Vietnam. Office of the Provost
Marshall General (1968); NA, RG 338, MACV-AC, HD22-UR, Box 23, Folder: SS11-02 Vietnam EPW/CI/D Gen Info Files (1973). Südvietnam hatte damals ca. 17,5 Millionen Einwohner.

Was es mit den rund 56 000 »Civilian Defendants« im Einzelnen auf sich hatte, ist kaum zu sagen. »Es ist eine bequeme Kennzeichnung für jeden, von dem sich die Verhörteams kein genaues Bild machen können«, schrieb Orville Schell vor dem Hintergrund wochenlanger Recherchen in der Provinz Quang Ngai.[137] Eine Beteiligung an kriegerischen Aktionen konnte ihnen mehrheitlich nicht nachgewiesen werden. Demzufolge wurden sie nicht wie Kriegsgefangene, sondern wie gewöhnliche Kriminelle behandelt – wobei unklar ist, welcher Vergehen sie sich angeblich schuldig gemacht hatten. Vorstellbar ist aber auch, dass unter den »Civilian Defendants« eine Reihe feindlicher Soldaten waren – Gefangene, denen man nicht den besonderen, in den Genfer Konventionen vorgeschriebenen Schutz von »POW« angedeihen lassen wollte. Ob aus Rache, ob zur Abschreckung oder aus anderen Gründen, sei dahingestellt. Jedenfalls meldeten hochrangige US-Militärs wiederholt Bedenken gegen die Inhaftierungspolitik der Südvietnamesen an und sprachen von einem Bruch des internationalen Kriegsrechts.[138] Das US-Oberkommando zeigte sich indes betont desinteressiert. Aus der kriegsrechtlich festgelegten Pflicht, weiterhin Verantwortung für die einer anderen Macht überstellten Gefangenen zu tragen, leitete man kein Recht zur Kritik oder Korrektur Saigoner Praktiken ab. Mit dem Ergebnis, dass »Civilian Defendants« unbesehen in den Gefängnissen einer Diktatur landeten. Genauer gesagt: in Folterkellern.[139]

Die Rede ist von vier nationalen und 37 südvietnamesischen Provinzgefängnissen. Dass dort 200 000 Personen eingesessen hätten, war eine von Hanoi lancierte Lüge.[140] Realistischer scheinen amerikanische Schätzungen, die für den Sommer 1970 von 41 000 Häftlingen ausgingen – gewöhnliche Kriminelle wie »Civilian Defendants«. Die Zustände in den Gefängnissen wurden einer breiten Öffentlichkeit erstmals be-

---

137 Schell, Cage for the Innocents, S. 29.
138 Vgl. J. William Doolittle, General Counsel, Memorandum for Major General Thomas N. Wilson, Deputy Director of Plans, DCS/P&O, 5. 12. 1967, in: NA, RG 319, AS, PI-AC, Box 5, Folder: Background Info. Zur Diskussion dieser Intervention vgl. ebd.
139 Vgl. U.S. Assistance to the Vietnam Corrections System, in: NA, RG 338, MACV-AC, HD22-UR, Box 43, Folder: S11-02 Vietnam. Misc. Correspondence VN (1966); Saigon: »Tiger Cage« Case Poses Bigger Problem, in: *The Sunday Star* (Washington, D.C.), 12. 7. 1970. Auch die Tatsache, dass die Vietcong zwischen 1967 und 1970 insgesamt 70 Befreiungsaktionen gegen Zivilgefängnisse durchführten, lässt auf die dortige Inhaftierung von Kriegsgefangenen schließen.
140 Vgl. Lewy, America in Vietnam, S. 294 ff.

kannt, als zwei Abgeordnete des amerikanischen Repräsentantenhauses einen Bericht vorlegten. Sie hatten die mit 10 000 Insassen größte Anstalt Con Son besucht und festgestellt, dass ein Viertel der Inhaftierten ohne Verfahren und Urteil festgehalten wurde – zum Teil in »Tigerkäfigen« auf engstem Raum angekettet, bewegungsunfähig und versorgt mit von Sand und Steinen versetzten Reisgerichten oder getrocknetem Fisch, der normalerweise als Pflanzendünger verwendet wurde.[141] Gerüchte über Folterungen hatte es von Anfang an gegeben, nicht zuletzt wegen der offiziell für die Umerziehung der Gefangenen ausgegebenen Maximen: »Zeigt ihnen ihre Fehler«, oder: »Führt sie auf den richtigen Pfad zurück.«[142] Zwar hatte das Internationale Rote Kreuz im Unterschied zu den Kriegsgefangenenlagern keine Möglichkeit zu einer Inspektion. Aber sein Befund, dass in »POW-Camps« von Südvietnamesen systematisch und kontinuierlich gefoltert wurde, lässt auf vergleichbare, wenn nicht schlimmere Zustände in den Zivilgefängnissen schließen.[143]

Und noch ein Weiteres stellten die Vertreter des Roten Kreuzes fest: Folter gehörte auch zu den Praktiken der amerikanischen Armee. 1968 und 1969 hatte man 60-mal in US-geführten »detainee facilities« und »collecting points« vorgesprochen – Durchgangs- und Sammellager, in denen Verdächtige vor ihrer endgültigen Überstellung an südvietnamesische Autoritäten verhört wurden. Das Resümee: In allen Lagern wurden Zivilisten wie Kriegsgefangene misshandelt, konnten Wunden diagnostiziert werden, die von Schlägen, Verbrennungen und Elektroschocks herrührten.[144] Nachdem zurückgekehrte Veteranen wiederholt ähnliche Vorwürfe publik gemacht hatten, erhärtete sich der Folterverdacht ge-

---

141 NA, RG 338, MACV-AC, HD22-CR, Box 28, Folder: Confidential 511-04 Vietnam. Reports on Con Son (1970); Box 32, Folder: Confidential 511-05 Vietnam. Office of the Provost Marshal Gen. (1970). Vgl. U.S. Assistance to the Vietnam Corrections System, in: NA, RG 338, MACV-AC, HD22-UR, Box 43, Folder: S11-02 Vietnam. Misc. Correspondence VN (1966); Schell, Cage for the Innocents.

142 Vgl. Anm. 138; Thieu's Political Prisoners, in: *Newsweek*, 18. 12. 1972.

143 Zur Inspektion des Kriegsgefangenenlagers Phu Quoc durch das Rote Kreuz vgl. NA, RG 338, MACV-AC, HD22-CR, Box 27, Folder: Confidential 511-04 Vietnam. ICRC Visit to Phu Quoc Camp (1970–1971) und Folder: Confidential 511-04 Vietnam. ICRC Visit to Phu Quoc Island (1970); Folder: Confidential 511-04 Vietnam. ICRC Visit to Phu Quoc Island (1971); Box 28, Folder: Confidential 511-04 Vietnam. Conditions at Phu Quoc PW Camp (1970, 72).

144 NA, RG 338, MACV-AC, HD22-CR, Box 26, Folder: Confidential 511-04 Vietnam. ICRC Visits to PW Installations (1968–69); NA, RG 338, MACV-AC, HD22-UR, Box 23, Folder: SS11-02 Vietnam. EPW/CI/D Gen Info Files (1973).

gen zahlreiche Einheiten. Beschuldigt wurden insbesondere die 173. (selbständige) Luftlandebrigade, 101. Luftlandedivision, die 9., 23. und 25. Infanteriedivision, die 1. und 3. Marineinfanteriedivision, das 11. Panzeraufklärungsregiment und andere Truppen der 1. Panzerdivision sowie verschiedene Abteilungen der Special Forces. Damit war, wie ein Blick auf die Stationierungskarte zeigt, keine Region Südvietnams ausgenommen. Und zugleich deckten die Anschuldigungen einen Zeitraum von mehreren Jahren ab. Die Rede war von Elektro- und Wasserfolter, sexueller Demütigung, Schlägen, Verstümmelung und davon, dass Verdächtige mit Würgeschlangen in einen Raum gesperrt, mit Moskitos anziehender Flüssigkeit besprüht, dehydriert oder in enge Stacheldrahtkäfige gesperrt wurden. Nicht zu vergessen der notorische »half chopper ride«: Demnach wurden Verdächtige zum Reden gebracht, indem man aus ihrer Mitte willkürlich einen oder mehrere herausgriff und mitten im Flug aus dem Hubschrauber stürzte.[145]

Die Anschuldigungen gegen die 173. (selbständige) Luftlandebrigade wurden mit dem vergleichsweise größten Aufwand und Nachdruck untersucht, nicht zuletzt, weil ein hochrangiger Offizier, Lieutenant Colonel Anthony B. Herbert, im September 1970 an die Öffentlichkeit gegangen war.[146] Nach 16 Monaten und weltweit mit 333 Zeugen geführten

---

145 Vgl. NA, RG 338, MACV-AC, HD22-CR, Box 26, Folder: Confidential 511-04 Vietnam. ICRC Visits to PW Installations (1968–69); HD22-UR, Box 4, Folder: S11-01 Vietnam. Report of Detainee Incident 1967; RG 319, AS, PI-AC, Box 53, Folder: War Crimes Allegations – 124: De John Incident; RG 319, AS, ODCS-PER, VWCWG, CF, Box 1, Folder: War Crimes Allegations Talking Papers – September 1971; Box 5, Folder: Memorandums for Record – Summaries of Congressional Hearings on War Crimes, April 1971; Box 5, Folder: Congressional Correspondence – War Crimes Allegations, 1971–1972; Box 5, Folder: Public Correspondence – White House, A–L: War Crimes and other Topics, 1971; RG 319, AS, ODCS-PER, VWCWG, CaFi, Box 3, Folder: War Crimes Allegations Index (For Allegations Other Than My Lai); Box 6, Folder: Rottman-Uhl Allegation; Box 7, Folder: Barbour-Drolshagen-Morton Allegation (CCI), Case 55,1; Box 9, Folder: Rottmann Allegation (CCI), Case 63; Box 11, Folder: Hale Allegation, Case 71; Folder: Lloyd Allegation (VVAW-WSI), Case 81; Box 15, Folder: Somers Incident, Case 144; RG 472, MACV, DRAC, IG, Box 3, Folder: Preliminary Investigation Re: Col. Franklin Vol. IV (Pt. 3 of 3); United States Congress, Congressional Record, Veterans' Testimony on Vietnam, Extensions of Remarks, 7. 4. 1971, S. E 2837, 2867ff., 2874–2878; Robert A. Gross, Lieutenant Calley's Army, in: Esquire, October 1971, S. 154ff.

146 NA, RG 319, AS, ODCS-PER, VWCWG, CaFi, Box 8, Folder: Herbert Allegation, Part 1 of 2, 2 of 2, Case 58.

Interviews war die Anklage in allen wesentlichen Punkten bestätigt: Auf dem Gelände der »Landing Zone English« in der Provinz Binh Dinh wurden Männer wie Frauen regelmäßig von südvietnamesischen und amerikanischen Verhörspezialisten mit Wasserfolter und Elektroschocks gequält, auf US-Seite waren mindestens 23 Militärpolizisten der 173. Luftlandebrigade beteiligt, die gewalttätigen Verhöre wurden von GIs wiederholt besucht und als »Unterhaltungsprogramm« weiterempfohlen. Und, so der Kommandeur der Brigade in einem Telegramm an die Oberbefehlshaber der US-Streitkräfte im Pazifik und in Vietnam: »Mehrere amerikanische Soldaten wurden dabei beobachtet, wie sie bei einer dieser ›Sitzungen‹ Marihuana rauchten.«[147]

Diese und vergleichbare Vorfälle waren der militärischen Führung lange vor dem Untersuchungsbericht zur 173. Luftlandebrigade bekannt. Im Büro des Stabschefs der Armee zirkulierten Anfang 1968 mehrere Memoranden, die auf den »Imageschaden« für die Streitkräfte Bezug nahmen. »Die überzeugend vorgetragenen Anschuldigungen zeigen eine grausame, durchdachte und kalkulierte Folter zur Erpressung von Informationen und machen die Erklärungen des Präsidenten über unseren Umgang mit Gefangenen zu scheinheiligen Argumenten.«[148] Der Stabschef, Harold K. Johnson, merkte seinerseits an, dass Gefangene in Händen der Vietcong scheinbar besser behandelt würden als von amerikanischen Truppen.[149] Und im Juni 1968 wies der stellvertretende Kommandeur der US Army, Vietnam, Lieutenant General Bruce Palmer, den Stabschef darauf hin, dass die meisten Vergehen unmittelbar nach der

---

147 Commanding General, US Army Vietnam, Long Binh, to CINUSARPAC, COMUSMACV, 8. 10. 1968, Info: CG 173d Abn Bde, Confidential, in: RG 338, MACV-AC, HD22-CR, Box 29, Folder: Confidential 511-04 Vietnam. Treatment of EPW/D and Reports of Maltreatment Allegations (1968). Vgl. NA, RG 319, AS, ODCS-PER, VWCWG, CaFi, Box 15, Folder: Swain Allegation, Case 143; Box 15, Folder: Kneer Incident, Case 148; RG 472, MACV, DRAC, IG, Box 1, Folder: Preliminary Investigation Re: Col. Franklin Vol. I (Pt. 1 of 3, 1971); Box 3, Folder: Preliminary Investigation Re: Col. Franklin Vol. IV (Pt.3 of 3, 1971); Nick Turse, The Vietnam War Crimes You Never Heard Of, 22. 1. 2004, http://hnn.us/articles/1802.html.

148 Lieutenant General Connor, Deputy Chief of Staff for Personnel, Capture Point Handling of PW, undatiertes Memorandum, in: NA, RG 338, MACV-AC, HD22-CR, Box 29, Folder: Confidential 511-04 Vietnam. Treatment of EPW/D and Reports of Maltreatment Allegations (1968).

149 Harold K. Johnson to CGUSARV Long Binh, Repeated War Crimes at Capture Point, 24. 1. 1968, in: NA, RG 338, MACV-AC, HD22-CR, Box 29, Folder: Confidential 511-04 Vietnam. Treatment of EPW/D and Reports of Maltreatment Allegations (1968).

Festnahme oder während der Evakuierung begangen wurden – und zwar mit Wissen und Billigung von Offizieren, denen offensichtlich daran gelegen war, auf dem schnellsten Weg an andernfalls wertlose Hinweise über Stärke und Aufenthaltsorte des Feindes heranzukommen.[150] Zugleich war man sich darüber im Klaren, dass Folter unterschiedslos gegen Soldaten wie auch gegen Zivilisten angewandt wurde, die man der Kollaboration bezichtigte. Vor dem Hintergrund einschlägiger Vorwürfe gegen Soldaten der »1st Special Forces, 5th Special Force Group (Airborne)« stellte Brigadier General Edward Bautz im Sommer 1971 in einem »Fact Sheet« fest: Folter wurde als militärische Notwendigkeit angesehen und gehörte überall zur Alltagsroutine in Vietnam. »Es scheint, dass es deutlich zu viele gibt, die in den Regeln zum Umgang mit Gefangenen nichts weiter als Geschwätz zur Beruhigung alter Frauen sehen.« Zweitens zeigten die Verantwortlichen im vorliegenden Fall wie anderweitig kein Interesse an einer Aufklärung, sondern schickten die Opfer hastig in ihre Dörfer zurück – in der Erwartung, mit Geld und anderen Geschenken Schweigen erkaufen zu können. Drittens, so Bautz, war vielen Offizieren nicht an einer Durchsetzung des Kriegsrechts, sondern nur am Schein korrekten Verhaltens gelegen. »Wie ständen wir da, wenn die heute vorliegenden Fakten weltweit bekannt würden?«[151]

»Es ist doch egal, was du mit denen machst. [...] Keiner hier sieht die Vietnamesen als Menschen.« Und: »Wir kommen einfach nicht dahinter, was die denken. Als wir hierher kamen, landeten wir auf einem anderen Planeten. In Deutschland und Japan, da gab es ein gewisses Verständnis, aber selbst wenn ein Vietnamese perfektes Englisch spricht, weiß ich ver-

---

150 Lieutenant General Bruce Palmer Jr., Brief an General Harold K. Johnson, 15. 6. 1968, in: NA, RG 319, AS, PI-FR, Vol. III, Exhibits, Box 55, Book 5; Information Officer, Provost Marshal, Treatment of Captured Enemy Personnel, 11. 6. 1968, in: NA, RG 472, Records of the United States Forces in Southeast Asia (USFSEA), USAV, Provost Marshal Section (PM), Administrative Office, Security Classified General Records (AO-CGR), Box 2, Folder: Correspondence File – Outgoing April–June 1968. Vgl. NA, RG 319, AS, PI-FR, Vol. II, Box 21, Book 13: Summary of Testimony. Witness: John L. Pittman S. 3 (Sum App T-191).

151 Brigadier General Edward Bautz Jr. to Deputy Chief of Staff for Personnel, Fact Sheet: Torture of PW by U.S. Officers, in: NA, RG 319, AS, PI-AC, Box 53, Folder: War Crimes Allegations – 124: De John Incident. Der Adressat dieses Schreibens, der Deputy Chief of Staff for Personnel, war im Generalstab für das Thema Kriegsgefangene zuständig. Zum Foltervorwurf gegen Co A, Detachment B-36, 1st Special Forces, 5th Special Force Group (Airborne) vgl. NA, RG 338, MACV-AC, HD22-CR, Box 26, Folder: Confidential 511-04 Vietnam. ICRC Visits to PW Installations (1968–69).

dammt noch mal nicht, worüber er redet.«[152] Diese Bemerkungen zweier GIs aus Texas und Kalifornien hätten viele ihrer Kameraden unterschrieben, teilten sie doch das Misstrauen gegen Vietnamesen an sich und in erster Linie gegen jene, mit denen sie es bei Kampfeinsätzen zu tun bekamen. In der Praxis des »Durchkämmens« verdächtiger Regionen zeigte sich, dass die rigoros markierte Barriere zwischen »wir« und »sie« zugleich Trennlinien anderer Art verflüssigen kann – nämlich die Grenzen zwischen Gewaltbereitschaft und praktizierter Gewalt, zwischen Kriegsgräueln und Kriegsverbrechen.

So gehört neben der Folter auch das wahllose »Zielschießen« auf Zivilisten zum Gesicht dieses Krieges. Bei internen Untersuchungen der Armee stellte sich heraus, dass zwischen Januar und Oktober 1969 in einem einzigen Distrikt der Provinz Binh Long, nämlich Chon Thanh, 14 Fälle nachweisbar waren, in denen Hubschrauberstaffeln der 1. Luftlandedivision, der 1. Infanteriedivision sowie der 12. Heeresfliegerbrigade Waldarbeiter, im Feld arbeitende Bauern und ganze Dörfer unter Beschuss nahmen und dabei an die 30 Menschen töteten. Die Besatzungen hatten sich die Feuererlaubnis mittels vorsätzlicher Täuschung der Einsatzzentralen erschlichen.[153] Genauso verhielten sich Piloten der D Troop, 1. Squadron, 1. Cavalry Regiment Anfang Juli 1969: Als sie im Tiefflug über ein dicht besiedeltes Gebiet zwei Bauern ausmachten, die verängstigt Deckung suchten, meldeten sie feindlichen Dauerbeschuss – wissend, dass in Notfällen ohne weitere Prüfung Vergeltungsmaßnahmen genehmigt wurden. Beim anschließenden Angriff auf das Dorf Phuvinh starben 10 Bewohner, 15 weitere wurden verwundet. Der Hergang konnte rekonstruiert werden, weil ein in der Nähe befindliches »Combined Action Platoon« zum Ort des Geschehens kommandiert worden war und die Behauptungen dementierte. Weder waren feindliche Munition noch die Überreste eines vermeintlich gesprengten Waffenlagers auffindbar. Die Täter unterschrieben schließlich ein Protokoll, das sich in drei Worten zusammenfassen lässt: Bei Anfangsverdacht Mord.[154]

---

152 Zwei namentlich nicht identifizierte GIs, zit.n. Schell, Real War, S. 230.
153 NA, RG 472, USAV, II FFV, S3, CGR, Box 1, Folder: Accident/Incident Report 69; RG 472, USFSEA, USAV, IG, Investigation and Complaint Division (ICD), Reports of Investigation Case Files (RICF), Box 14, Folder: Case #69-65.
154 NA, RG 319, AS, PI-AC, Box 20, Folder: Other Than Son My. Ky Trong Incident: Subject/Suspects: Bell, Barnhart, Herron, Applegath. Die beste journalistische Recherche stammt von Seymour M. Hersh, The Reprimand, in: The New Yorker, 9. 10. 1971.

»Darüber hinaus hat es den Anschein«, heißt es im abschließenden Bericht, »dass es sich hier nicht um einen Einzelfall handelt, sondern dass diese jungen Männer sich ein eigenes Verständnis der für ihre Einheit geltenden Vorschriften für Kampfeinsätze zurechtgelegt hatten.«[155] Ein auch nur einigermaßen realistisches Bild aus den Akten rekonstruieren zu wollen ist unmöglich. Aber die unverblümte Reaktion auf journalistische Nachfragen erstaunt. »Der Kerl hatte halt einen wirklich stolzen Gang, bewegte sich so federnd wie ein Soldat, nicht so schlurfend, wie die Bauern das machen.«[156] Auffällig ist auch, wie oft offizielle Recherchen in die Wege geleitet wurden.[157] Und dass es für den Terror aus der Luft einen eigenen Slang gab: »Joy rides«, »Eichhörnchenjagd«, »Jäger- und Killerteams« oder »people snatcher operations«[158] – letzteres steht als Synonym für die Lizenz zur Menschenjagd und auch für die weit verbreitete Praxis, vom Hubschrauber aus Bauern mit dem Lasso einzufangen und so lange mit ihnen herumzufliegen, bis sie den Halt verloren und in die Tiefe stürzten oder ihr Genick gebrochen war. »Das wird öfter gemacht, als man sich vorstellen kann«, behauptete der für die Aufdeckung des My Lai-Massakers verantwortliche Journalist Seymour Hersh im Juli 1971 während eines Fernsehinterviews. »Der klassische Killer in Vietnam sitzt an Bord eines Hubschraubers, fliegt durch die Gegend und schießt auf alles und jeden. [...] Ich übertreibe nicht. [...] Was die Zahlen betrifft, so haben Hubschrauberbesatzungen bestimmt mehr Massaker begangen als Leute wie Calley.«[159] Dergleichen ist kaum zu verifizieren und schwer zu dementieren. Nicht zuletzt, weil kein Journalist außer Hersh über belastende Anfangsrecherchen hinaus-

---

155 Headquarters, 198th Infantry Brigade, Americal Division, Report of Investigation, 9. 7. 1969, Annex to Investigation Officer's Report, S. 8, in: NA, RG 319, AS, PI-AC, Box 20, Folder: Other Than Son My. Ky Trong Incident: Subject/Suspects: Bell, Barnhart, Herron, Applegath.
156 Ein namentlich nicht identifizierter Pilot, zit. n. Schell, Real War, S. 293.
157 Vgl. u.v.a. NA, RG 319, AS, PI-AC, Box 54, Folder: War Crimes Allegations – 219: Brooks Incident; RG 319, AS, ODCS-PER, VWCWG, CF, Box 4, Folder: Helicopter Incident. CID Reports – Testimony #1, Case 8 (2); Box 5, Folder: Memorandums for Record – Summaries of Congressional Hearings on War Crimes, April 1971; Box 13, Folder: Jackson Allegation; RG 472, MACV, MACIG, ID, IR, Box 12, Folder: Hai Dong (Part 1 of 2). Teilweise sind einschlägige Akten seit Anfang 2000 wieder klassifiziert: vgl. RG 472, USFSEA, USAV, IG, ICD, RICF, Box 33, Folder: Case #71-6.
158 Vgl. Schell, Real War, S. 233/234, 303, 321, 329/330.
159 Seymour Hersh, zit. n. dem Transkript der Fernsehsendung »Firing Line«, WETA-TV, 7. 7. 1971, S. 9; vgl. S. 26, in: NA, RG 319, AS, PI-AC, Box 38, Folder: Son My Chron. File #20 (1 of 2).

gekommen ist – trotz gravierender, selbst den Mord an Hunderten anzeigender Indizien.[160]

Das »Zielschießen« auf Zivilisten in »No Fire Zones« oder »Controlled Fire Zones« war auch unter Infanteristen eine weit verbreitete Praxis. Ob in Interviews, Memoiren oder öffentlichen Stellungnahmen, stets ist davon die Rede, dass Bauern im Feld, Fischer, Händler mit ihren Dschunken und Sampans auf Flüssen, Brennholz sammelnde Frauen oder Kinder, die auf Abfallhalden in der Nähe von Militärstützpunkten nach Verwertbarem suchten, mit gezieltem Feuer terrorisiert wurden. »Wenn wir eine Schwangere erschießen, verbuchen wir sie als zwei tote Vietcong – einen Soldaten und einen Kadetten.«[161] Einige bezeichneten sogar die »mad minutes« als »standard operation procedure« – als gehörte es zum militärischen Alltag, zwecks Überprüfung der Waffen wahllos in die Gegend zu schießen. »Eine verrückte Minute heißt, dass sich die gesamte Kompanie in einer Reihe aufstellt und ›Machine Gun Murphy‹ spielt. Du durchlöcherst einfach die Landschaft – üblicherweise nach sechs Uhr abends, weil man dann die Leuchtspuren der Munition besser sieht.«[162] Viele dieser Berichte gehen auf Kleingruppen wie Platoons oder Squads zurück, die lange Zeit auf sich allein gestellt und fernab größerer Verbände patrouillierten. Noch häufiger aber findet sich der Hinweis, dass dergleichen Verhalten bei Razzien in Dörfern an der Tagesordnung war. Wer aus Angst vor den einrückenden Truppen flüchtete, hatte sein Leben verwirkt. »Auf der Flucht erschossen«, lautete die Standardformulierung in den Einsatzberichten. Nicht minder groß war das Risiko für jene, die Zu-

---

160 Vgl. Joseph S. Lelyveld, Most Helicopter Pilots are Eager for Duty in Vietnam, in: *New York Times*, 26. 4. 1971. In dieser Reportage spricht ein Pilot über die Erschießung von ca. 40 unbewaffneten Bauern, ein anderer von einem Massaker an ca. 350 Bauern, verübt von sechs Cobra-Kampfhubschraubern. Auch in einer weiteren Zeugenaussage ist von einem von Helikopterverbänden verübten Mord an 100 bis 300 Montagnards die Rede: vgl. NA, RG 319, AS, ODCS-PER, VWCWG, CaFi, Box 7, Folder: Murphy-Patton-Uhl Allegation (National Citizens' Commission), Case 52; RG 472, USFSEA, USAV, IG, ICD, RICF, Box 22, Case #70-18: Alleged Killing of 100 Innocent Montagnards.
161 Ein von Jonathan Schell interviewter Lieutenant, zit. n. Schell, Real War, S. 327.
162 Aussage eines Soldaten der 9. Infanteriedivision anlässlich der »Winter Soldier Investigation« in Detroit, 31. 1.–1. 2. 1971, zit. n. United States Congress, Congressional Record, Veterans' Testimony on Vietnam, Extensions of Remarks, 7. 4. 1971, S. E 2919; vgl. S. E 2881. Vgl. NA, RG 472, MACV, DRAC, IG, Box 2, Folder: Preliminary Investigation Re: Col. Franklin Vol. III (Part 1 of 4) 1971.

flucht in unterirdischen Bunkern suchten. Weil Schutzräume auf den ersten Blick nicht von Tunnelanlagen des Feindes zu unterscheiden waren, gingen viele GIs kein Risiko ein und sprengten das Verdächtige unbesehen in die Luft. Und selbst die stoisch in ihren Häusern ausharrenden Bewohner konnten sich nicht sicher sein. Ob aus Angst, Mordlust oder infolge tragischen Versehens – viele starben im Kugelhagel der ins Innere eindringenden Soldaten. »Sie sind allesamt Vietcong oder helfen ihm zumindest – wo liegt der Unterschied? Du kannst sie nicht auf deine Seite ziehen, sondern nur töten. Mach dir wegen der toten Kinder keine schlaflosen Nächte. Das sind doch nur nachwachsende Kommunisten. [...] Wir haben Krieg und müssen die Kommies mit allem stoppen, was wir haben.«[163] Diese 1967 publizierte Erinnerung kommt dem prekären Kern der Razzien am nächsten: Sie waren massaketrächtige Situationen.

Das Gemetzel von My Lai und My Khe, wo am 16. März 1968 Truppen der »Americal Division« im Rahmen einer »Search and Destroy«-Operation knapp 500 Zivilisten niedermachten, ist der einzige einer größeren Einheit – in diesem Fall einer Kompanie – zugeschriebene Massenmord.[164] Wahrscheinlich war es auch das größte von Infanteristen in Vietnam begangene Massaker – aber mit Sicherheit nicht das einzige. Ein über fünf Marines – Soldaten des 1. Bataillons vom 7. Regiment der 1. Marinedivision – zu Gericht sitzendes Militärtribunal sah es also erwiesen an, dass die Angeklagten während einer Patrouille südwestlich von Da Dang im Februar 1970 in ein Dorf eindrangen und 16 Frauen und Kinder ermordeten. Vietcong hatten sich in der Siedlung nicht aufgehalten, noch waren die Marines in der engeren Umgebung auf Widerstand gestoßen.[165] Mehrere Angehörige der Kompanie E, 4. Bataillon, 21. Infanterieregiment, 11. Infanteriebrigade der 23. Infanteriedivision (»Americal«) behaupteten Ende April 1971 vor einem Ausschuss des Repräsentantenhauses, dass ihr Platoon im April 1969 30 Bewohner des Dorfes Truong Khanh 2 in der Provinz Quang Ngai ermordete. Die »Criminal Investigation Division« der Armee stellte ihre Untersuchungen aber alsbald ein – wegen widersprüchlicher Zeugenaussagen, weil die meisten Beweismittel durch die am Ende des Einsatzes zur Hilfe ge-

---

163 Donald Duncan, The New Legions, New York 1967, S. 169. Vgl. Schell, Cage for the Innocents, S. 32 f.; Terry, Bloods, S. 2, 91 f.; Gary D. Solis, Son Thang. An American War Crime, Annapolis 1997, S. 33, 82 f.; NA, RG 472, MACV, MACIG, ID, Box 14, Folder: MIV-30-68 Harbor Patrol.
164 Vgl. Bernd Greiner, »A Licence to Kill«. Annäherungen an die Kriegsverbrechen von My Lai, in: *Mittelweg 36*, 6, 1998, S. 4–25.
165 Solis, Son Thang, S. 45 ff.

rufene Luftwaffe vernichtet worden waren und nicht zuletzt angesichts eines mangelnden Echos der Anschuldigungen in der Presse.[166] Aus ähnlichen Gründen wurden auch keine Ermittlungen zu zwei weiteren Aussagen von GIs eingeleitet, denen zufolge in der Nähe des Dorfes Duc Pho im Zentralen Hochland 14 Bauern und 25 Bewohner des Weilers Chau Truc in der Provinz Binh Dinh von Patrouillen erschossen wurden.[167] Präzisere Angaben sind den Akten nicht zu entnehmen. Gravierende Zweifel an der Vollständigkeit sind angebracht, weil viele Zeugen aus Rücksicht auf ihre Kameraden präzise Angaben zu Zeit und Ort der von ihnen zur Sprache gebrachten Verbrechen verweigerten.

Keinerlei Nachforschungen wurden zu verschiedenen, seitens des Vietcong und der nordvietnamesischen Regierung erhobenen Vorwürfen angestellt. Größtenteils im Umfeld des Prozesses gegen die My Lai-Angeklagten zur Sprache gebracht, handelten sie von Einsätzen amerikanischer Bodentruppen in den Provinzen Quang Ngai und Quang Nam zwischen November 1968 und November 1969. Demnach sollen im Verlauf von etwa einem Dutzend Massakern an die 3000 Zivilisten ums Leben gekommen sein, die meisten von ihnen im Zuge der Umsiedlungsaktion »Russell Beach/Bold Mariner« in den ersten Monaten des Jahres 1969.[168] Auch in diesen Fällen gilt: Die Pauschalität der Beschuldigungen und die Tatsache, dass so genannte »Informationsbüros« der kommunistischen Seite für ihre Verbreitung gesorgt hatten, ist für sich genommen noch keine Beleg für wahrheitswidrige Propaganda. Amerikanische Stellen hätten es in der Hand gehabt, den Gegenbeweis zu führen – zumal es Aussagen von GIs gab, die zumindest den Anfangsverdacht hinsichtlich

---

166 NA, RG 319, AS, ODCS-PER, VWCWG, CaFi, Box 12, Folders: Notley Allegation (CCI), Part 1 of 2, Case 85; Part 2 of 2, Case 85; Notley Allegation (Talking Papers), Case 85. Vgl. *Washington Post*, 10. 5. 1971: Viet Women Say GIs Kill 60 Villagers; Gross, Lieutenant Calley's Army. Dieselbe Einheit wurde noch weiterer Kriegsverbrechen beschuldigt: vgl. NA, RG 319, AS, ODCS-PER, VWCWG, CaFi, Box 11, Folder: Brenman-Beitzel Allegation (VVAW), Case 80.

167 Vgl. NA, RG 319, AS, ODCS-PER, VWCWG, CaFi, Box 4, Folder: Bentley Allegation – Case 12 (1); RG 472, MACV, DRAC, IG, Box 3, Folder: Preliminary Investigation Re: Col. Franklin Vol. IV (Pt. 2 of 3).

168 Vgl. NA, RG 319, AS, ODCS-PER, VWCWG, CaFi, Box 1, Folder: Enemy Allegations; Box 16, Folder: Miss Lien Allegation, Case 164; RG 319, AS, PI-AC, Box 29, Folder: Sensitive Material – My Lai – Folder #6; RG 472, MACV, MACIG, ID, Box 57, Folder: Report of Inquiry Concerning Allegation that ROK Marines Massacred Civilians in November 1969 / Series 1; RG 472, USAV, II FFV, S3, Daily Journal, Box 15, Folder: 1–7 Feb 1969.

eines Massenmords im Flüchtlingslager Van Thanh nährten.[169] Die zuständigen Ermittler hielten sich zurück, weil ihnen in der ohnehin aufgebrachten Stimmung während des My Lai-Prozesses an einer weiteren Thematisierung von Kriegsgräueln nicht gelegen war.[170]

Selbstverständlich hat Jonathan Schell Recht, wenn er vor unzulässigen Verallgemeinerungen warnt und auf die ungenannten Beispiele all jener verweist, die auch unter Stress den Respekt vor dem Leben anderer bewahrten. Als Exkulpation soll dieser Hinweis aber nicht verstanden werden, vielmehr als Aufforderung, den Ursachen für die überschießende Gewalt nachzuspüren.[171] Kein Krieg in der Geschichte ist frei von diesem »Überschuss« – zumal in einem kolonialen oder postkolonialen Umfeld, wenn auf dem Boden einer fremden, peripheren Kultur gekämpft wird und die Kontrahenten sich in einer asymmetrischen Konstellation gegenüberstehen. Und doch musste Weiteres hinzukommen, um den Vietnamkrieg zum blutigsten heißen Krieg nach 1945 zu machen: Erstens die aus dem Geist des Kalten Krieges geborene Weigerung Washingtons, die Konsequenzen aus der Einsicht in das Unerreichbare zu ziehen. Und zweitens die Festlegung auf eine Kriegsstrategie, die auf eine Selbstbrutalisierung der Streitkräfte und eine Einladung zum Kriegsverbrechen hinauslaufen musste. »Sieg war gleichbedeutend mit einem hohen Body-Count, eine niedrige Tötungsrate stand für Niederlage, der Krieg wurde zu einer arithmetischen Angelegenheit. Der Druck auf die Kommandeure [...] war enorm, und sie gaben ihn an ihre Soldaten weiter. Im Endeffekt wurden Zivilisten als Vietcong gezählt. ›Wer tot ist und ein Vietnamese, ist ein Vietcong‹, hieß die Faustregel des Dschungels.«[172] Der Schriftsteller Philip Caputo, als Marine in Vietnam eingesetzt, will die von seinen Kameraden praktizierte Verachtung billigen Lebens damit nicht entschuldigen. Er sagt das Gleiche wie Jonathan Schell,

---

169 Vgl. Memorandum for Secretary of the General Staff: Incident Report, 28. 1. 1970, in: NA, RG 319, AS, PI-AC, Box 33, Folder: Son My Chron. File #6 (2 of 2); RG 319, AS, ODCS-PER, VWCWG, CaFi, Box 5, Folder: Blauveldt Allegation.
170 Vgl. NA, RG 319, AS, PI-AC, Box 29, Folder: Sensitive Material – My Lai – Folder #6; RG 472, MACV, DRAC, IG, Box 2, Folder: Preliminary Investigation Re: Col. Franklin Vol. III (Pt. 2 of 4) 1971; RG 472, USFSEA, USAV, IG, ICD, RICF, Box 22, Folder: Case #70-18 Alleged Killing of 100 Innocent Montagnards.
171 Schell, Real War, S. 192.
172 Philip Caputo, A Rumor of War, New York 1996 (1977), Einleitung, S. xix/xx. Vgl. David Halberstam, in: Anderson, Facing, S. 124, 132; Schell, Real War, S. 240, 326, 365 ff.

nur in umgekehrter Reihenfolge. Und wie jene Soldaten, die in ihr Tagebuch schrieben: »Zu Hause würden sie kein Wort glauben.«[173] So gesehen, hat der Journalist Peter Arnett im Zitat eines Majors die treffendste
Beschreibung gefunden: »Wir mussten diese Stadt zerstören, um sie zu
retten.«[174]

173 Schell, Real War, S. 231.
174 Ein namentlich nicht identifizierter Major, zit. n. Sheehan, Große Lüge,
    S. 718.

Amit Das Gupta
Südasien und der Wettbewerb der Supermächte 1954–1972

Der indische Subkontinent war zwischen dem Abzug Großbritanniens 1947 und der Unabhängigkeit Bangladeschs 1971 der Schauplatz fünf bilateraler Konflikte: des indo-pakistanischen Kaschmirkrieges der Jahre 1947 bis 1949, der indischen Besetzung der portugiesischen Kolonie Goa 1961, des indisch-chinesischen Grenzkrieges 1962, des Zweiten Kaschmirkrieges 1965 und des Bangladeschkrieges 1971. In alle war die Indische Union verwickelt. Der Goakonflikt besaß anachronistische Züge und darf daher als Sonderfall gewertet werden, alle anderen wurden mit der klaren Absicht vom Zaune gebrochen, den Gegner dauerhaft zu schwächen. Und keiner von ihnen war ein »Stellvertreter-Krieg«, weil sie ganz überwiegend regionale Ursachen hatten und – mit einem kleinen Fragezeichen bezüglich der Auseinandersetzung von 1971 – gegen den Willen der Supermächte geführt wurden. Der indisch-pakistanische Konflikt beispielsweise begann, bevor die USA oder die Sowjetunion in Südasien überhaupt eine Rolle spielten, und hat den Kalten Krieg überdauert. Letzteres gilt auch für den indo-chinesischen Konflikt. Die Besetzung Goas schließlich schloss schlicht den Prozess der Dekolonisierung des Subkontinents ab, weshalb die Bemühungen Portugals scheiterten, den Disput in den Kontext des Kalten Krieges einzubeziehen.

Und dennoch beeinflussten die Supermächte die südasiatischen Konflikte direkt oder indirekt. Ihre Präsenz und ihre Einflussnahme veränderten die Machtbalance im Ringen zwischen Neu Delhi und Islamabad und später im indisch-pakistanisch-chinesischen Dreieck erheblich. Alle drei Regionalmächte versuchten, die Unterstützung zumindest einer Supermacht zu gewinnen, um ihren jeweiligen Stand in der Region zu verbessern. Diese Bemühungen beeinflussten die jeweilige Außenpolitik ebenso wie die Kriegführung. Die USA und die Sowjetunion versuchten im Gegenzug – in der Regel mit wenig Erfolg – Kriege zu verhindern oder zumindest zu begrenzen. Die drei Auseinandersetzungen, die im Mittelpunkt dieser Studie stehen, minderten den Einfluss der USA erheblich, deren Bemühungen um Mäßigung im Vorfeld ebenso wenig fruchteten wie die nachfolgenden Versuche, einen dauerhaften Frieden zu vermitteln. Nur 1965 konnte Washington nach Ausbruch der Kämpfe den Gang der militärischen Ereignisse in seinem Sinne beeinflussen, und das

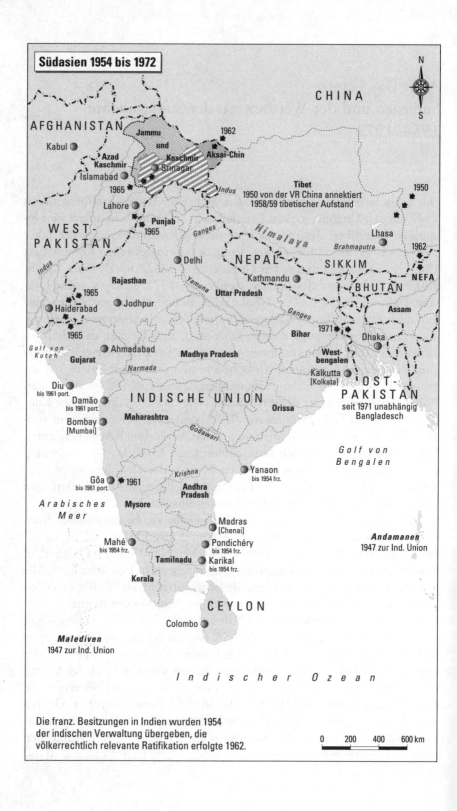

Südasien 1954 bis 1972

CHINA

AFGHANISTAN
Kabul
Jammu
und
Kaschmir
1962
Azad
Kaschmir
Aksai-Chin
Islamabad
Srinagar
1965
Indus
Lahore

Tibet
1950 von der VR China annektiert
1958/59 tibetischer Aufstand
1950

WEST-
PAKISTAN
Punjab
1965
Ganges
Himalaya
Lhasa
Brahmaputra
1962

Indus
Delhi
NEPAL
SIKKIM
NEFA

Rajasthan
Kathmandu
BHUTAN

1965
Yamuna
Uttar Pradesh
Assam

Jodhpur
Ganges

Haiderabad
Bihar
1971
Dhaka

1965
Ahmadabad
Madhya Pradesh
West-
bengalen

Golf von
Kutch
Gujarat
Narmada
Kalkutta
[Kolkata]
OST-

Diu
bis 1961 port.
INDISCHE UNION
Orissa
PAKISTAN
seit 1971 unabhängig
Bangladesch

Damão
bis 1961 port.
Maharashtra

Bombay
[Mumbai]
Godawari

Golf von
Bengalen

Gôa
bis 1961 port.
1961
Krishna
Andhra
Pradesh
Yanaon
bis 1954 frz.

Arabisches
Meer
Mysore

Andamanen
1947 zur Ind. Union

Mahé
bis 1954 frz.
Madras
[Chenai]

Pondichéry
bis 1954 frz.

Tamilnadu
Karikal
bis 1954 frz.

Kerala

CEYLON
Colombo

Malediven
1947 zur Ind. Union

Indischer Ozean

Die franz. Besitzungen in Indien wurden 1954
der indischen Verwaltung übergeben, die
völkerrechtlich relevante Ratifikation erfolgte 1962.

0   200   400   600 km

auch nur, weil Moskau weitgehend am selben Strang zog. Die Sowjetunion dagegen, die sich 1962 nach dem chinesischen Sieg in einer vergleichbaren Lage befunden hatte, konnte sich nach dem Zweiten Kaschmirkrieg als Friedensmakler präsentieren. 1971 durfte sie sich sogar zu den Gewinnern des Bangladeschkrieges zählen, weil sie Indien nach einigem Zögern die politische Unterstützung gewährt hatte, die es ihm ermöglichte, die gewaltsam ausgetragenen innerpakistanischen Wirren mit einem zwischenstaatlichen Krieg zu beenden. Dies war allerdings der einzige Fall, in dem sich einer der Kontrahenten der Unterstützung einer Supermacht sicher sein konnte.

Obwohl diese Kriege Jahrzehnte zurückliegen, ist eine Reihe wichtiger Fragen nach wie vor ungeklärt. Viele der seinerzeit Beteiligten haben ihre Sicht der Dinge in der Presse oder in Memoiren vermittelt.[1] Regierungsdokumente hingegen haben in großem Umfang nur die USA offen gelegt.[2] Die pakistanischen und chinesischen Archive werden wohl noch lange verschlossen bleiben, für die indischen und russischen gilt faktisch bislang dasselbe. Sollte sich das eines Tages ändern, könnten durchaus größere Korrekturen vonnöten sein.

Der Lauf der Ereignisse

Als die USA sich 1954 endgültig in Südasien etablierten, hatte sich die indisch-pakistanische Feindschaft insbesondere in Folge des ersten Kaschmirkrieges bereits verfestigt. Außenminister John Foster Dulles wollte die kommunistischen Mächte mit der Errichtung eines Riegels an ihrem Südrand umschließen, dem so genannten Northern Tier. Zu diesem Zwecke ging Washington eine Reihe von bilateralen Bündnissen ein.[3] Indien jedoch lehnte die amerikanische Offerte ab, weil es so kurz nach Gewinn der Unabhängigkeit seine Entscheidungsfreiheit in den auswärtigen Angelegenheiten in Gefahr sah und konsequenterweise eine ungebundene

---

1 Vgl. u. a. Yezdezard Dinshaw Gundevia, Outside the archives, Hyderabad 1984; Henry Kissinger, Memoiren 1968–1973, München 1979; Triloki Nath Kaul, A diplomat's diary (1947–1999). The tantalising triangle – China, India and the USA, New Delhi 2000; John Kenneth Galbraith, Tagebuch eines Botschafters. Ein persönlicher Bericht über die Jahre mit Kennedy, München 1970.

2 Siehe zuletzt Foreign Relations of the United States, Nixon-Ford Administrations, Bd. XI, South Asia Crisis, 1971.

3 Shirin Tahir-Kheli, The United States and Pakistan. The evolution of an influence relationship, New York 1982, S. 2.

Außenpolitik verfolgte. Damit besaß der »Northern Tier« eine große Lücke, und um diese wenigstens am Rand einzufassen, unterzeichneten die USA am 19. Mai 1954 ein beiderseitiges Verteidigungshilfeabkommen mit Pakistan,[4] das diesem bis 1965 militärische Ausrüstung im Wert von 1,5 Mrd. US-$[5] sowie die Mitgliedschaft in SEATO und Bagdad-Pakt bescherte. Indiens Premierminister Jawaharlal Nehru beklagte heftig, dass diese Einmischung einen Ausgleich zwischen den feindlichen Nachbarn erschwere. Nikita Chruschtschow und Michail Bulganin hatten daher bei einem Staatsbesuch in Indien 1955 leichtes Spiel: Sie boten nicht nur den Gebrauch des Vetorechtes im Sicherheitsrat der Vereinten Nationen an, falls dort wieder einmal die Kaschmirfrage auf der Tagesordnung stehen sollte. Sie unterstützten auch die indischen Ansprüche auf Goa[6] und offerierten sogar moderne Kampfjets.[7] Ob Letzteres zu diesem Zeitpunkt ernst gemeint war, ist fraglich, da bis zur ersten Lieferung noch acht Jahre ins Land gehen sollten. Auf jeden Fall erweckte es den Anschein, als ob Indiens Streitkräfte in Zukunft nicht mehr ausschließlich von Waffenexporten aus dem Westen abhängig sein würden.

Mit der NSA-Spionagebasis in Badaber und der Ausweitung der Waffenlieferungen wurde ab 1959 die amerikanisch-pakistanische Zusammenarbeit im Bereich der Außen- und der Sicherheitspolitik vertieft. Als es jedoch darum ging, im Rahmen zweier Konsortien Gelder für die wirtschaftliche Entwicklung der südasiatischen Rivalen aufzubringen, verhielten sich die USA weitgehend unparteiisch.[8] Die Beziehungen zwischen Neu Delhi und Peking wiederum hatten sich mittlerweile dramatisch verschlechtert, nachdem die Volksrepublik unbemerkt eine Straße durch von Indien beanspruchtes Gebiet gebaut hatte. Nachdem indische Patrouillen mehrfach beschossen worden waren, informierte Nehru die Öffentlichkeit, deren heftige Reaktion kaum noch Spielräume für Verhandlungen ließ.[9] In Indien keimten jedoch Hoffnungen auf ein Macht-

---

4 Zu den Hintergründen vgl. Dennis Kux, The United States and Pakistan 1947–2000. Disenchanted allies, Washington 2001, S. 54–64.

5 G.W. Choudhury, India, Pakistan, Bangladesh and the major powers. Politics of a divided subcontinent, New York 1975, S. 122.

6 Ebenda, S. 20f.

7 Robert J. McMahon, The Cold War at the periphery. The United States, India and Pakistan, New York 1994, S. 219.

8 John White, Pledged to development. A study of international consortia and the strategy of aid, London 1967.

9 Doris Simon, Die Entwicklung des Grenzkonfliktes zwischen Indien und China bis zur militärischen Auseinandersetzung im Oktober 1962, Regensburg 1979.

wort der Sowjets,[10] die sich zum ersten Mal überhaupt in einem Streitfall zwischen einem sozialistischen und einem anderen Land strikt neutral gaben.[11] Mao erhöhte seine territorialen Forderungen jedoch fortwährend und brachte damit auch Chruschtschow in eine zunehmend unangenehme Lage.

Bevor sich China die strittigen Gebiete mit einem Großangriff der Volksbefreiungsarmee im Oktober 1962 endgültig einverleibte, hatten sich die Gräben zwischen den USA und Pakistan einerseits sowie der Sowjetunion und Indien andererseits durch die gewaltsame Besetzung Goas im Dezember 1961 vertieft. Indiens Armee stieß dort kaum auf militärischen Widerstand. Die politische Führung aber, die seit der Unabhängigkeit Gewaltlosigkeit in den internationalen Beziehungen gepredigt hatte, verlor den Nimbus der Erben Mahatma Gandhis.[12] Dennoch sprangen die USA und Großbritannien Indien ein knappes Jahr danach sofort zur Seite, als es von China angegriffen wurde. Denn dieser Krieg passte in die Schablonen des Kalten Krieges – hier Volksrepublik, dort Demokratie. Wie wenig das den Realitäten entsprach, zeigte die sowjetische Parteinahme für Indien bald nach Einstellung der Kämpfe. Letzteres galt von nun an nicht mehr als »non-aligned«, also außenpolitisch ungebunden, sondern als »double aligned«.[13]

Dass Indien nun Waffen auch von den USA erhielt, verstand Pakistan als entscheidende Kehrtwende in der Südasienpolitik des bislang wichtigsten Verbündeten, obwohl diese Lieferungen lediglich 75 Mio. US-$ wert waren.[14] Kennedy hatte während des kurzen Grenzkrieges persönlich interveniert, um eine weitere Schwächung Indiens durch einen pakistanischen Angriff im Westen zu verhindern. Substanzielle Zugeständnisse in Kaschmir sollten Neu Delhi nicht mit Gewalt, sondern mit diplomatischem Druck abgerungen werden. Dieses Versprechen konnte der amerikanische Präsident jedoch nicht einlösen, gerade weil sich Nehru nach der Niederlage im Felde eine zweite am grünen Tisch nicht leisten konnte. Islamabad schloss daraus, dass der Westen Pakistans For-

---

10 Dennis Kux, Estranged democracies. India and the United States. 1941–1991, New Delhi 1994, S. 163–164.

11 Hemen Ray, Sino-Soviet conflict over India. An Analysis of the causes of conflict between Moscow and Beijing over India since 1949, New Delhi 1986, S. 45; S. Nihal Singh, The Yogi and the Bear. A study of Indo-Soviet relations, New Delhi 1986, S. 25.

12 Sarvepalli Gopal, Nehru. A biography, New Delhi 1984, Bd. III, S. 190–203.

13 William J. Barnds, India, Pakistan and the Great Powers, London 1972, S. 182.

14 Ganguly, Conflict, S. 122.

derungen niemals ernsthaft unterstützen würde. Es machte den Feind des Feindes zum Freund und avancierte zum engsten Verbündeten Chinas, mit dem man schon zuvor gute Beziehungen gepflegt hatte. Angesichts einer massiven indischen Aufrüstung und der Rückendeckung aus Peking[15] sah Ayub Khan die letzte Gelegenheit, die Kaschmirfrage gewaltsam zu lösen.[16] Nehrus Nachfolger Lal Bahadur Shastri galt zudem als schwacher Premierminister. Um die Kampfkraft der indischen Armee und die Haltung der politischen Führung zu testen, zettelte Pakistan im April 1965 zunächst einen begrenzten Konflikt um die Salzsümpfe des Rann von Kutch an, dessen Ergebnisse die Erwartungen zu bestätigen schienen. Im August fasste Islamabad das eigentliche Ziel Kaschmir ins Auge und bemühte sich darum, im indischen Teil einen Aufstand anzufachen, der ein Eingreifen im Namen des Selbstbestimmungsrechtes gerechtfertigt hätte. Obwohl die Kaschmiris sich nicht erhoben, folgte ein offener Angriff, der allerdings scheiterte.[17] Beim Waffenstillstand am 23. September 1965 hatte Indien die besseren militärischen Positionen inne und durfte als politischer Sieger gelten.

Angesichts des Scherbenhaufens ihrer Südasienpolitik und des Engagements in Vietnam überließen die USA den Subkontinent nun weitgehend anderen. Sie verhängten ein Waffenembargo und kürzten die Entwicklungskredite. China wiederum hatte sich als Papiertiger erwiesen, der zwar mit einem militärischen Eingreifen zugunsten Pakistans drohte, dann aber klein beigeben musste, als Sowjets und Amerikaner für diesen Fall ihrerseits offen einen Gegenschlag ankündigten. Somit hatte der Kreml freie Bahn und vermittelte die Friedenskonferenz von Taschkent im Januar 1966. Die dort verabschiedete Erklärung stellte zwar lediglich den Status quo ante wieder her. Das kam jedoch einer herben Niederlage für Ayub Khan gleich, der während des Krieges und danach zu Hause hohe Erwartungen erweckt hatte. Zur Unzufriedenheit über den misslungenen Krieg gesellte sich die wachsende Unruhe im bengalischen Ostpakistan, das sich vom dominierenden Westflügel ausgebeutet fühlte.[18] Nach der Machtübernahme durch General Yahya Khan 1969 fanden 1971 die ersten landesweiten Wahlen seit der Unabhängigkeit statt. Klarer Sieger wurde die ostpakistanische Awami-League unter Sheikh Mujibur Rahman. Damit stand der Westen des Landes vor der Wahl, sich entweder von Bengalen regieren zu lassen oder aber ihnen weitgehende

---

15 Ebenda, S. 189f.
16 Ebenda, S. 31.
17 Ebenda, S. 40.
18 Craig Baxter, Bangladesh. From a nation to a state, Boulder 1997, S. 62–70.

Autonomie oder sogar die Unabhängigkeit zu gewähren. Beides war für das Militär oder Zulfikar Ali Bhutto, den Wahlsieger im Westen, unvorstellbar. Im März 1971 riss die (west)pakistanische Armee im Ostflügel gewaltsam die Macht an sich.[19] Ihre brutalen Massaker an einer wehrlosen Zivilbevölkerung lösten einen internationalen Proteststurm aus, die Weltbank und westeuropäische Länder stellten ihre Finanzhilfen für Pakistan ein.[20] Die USA jedoch schwiegen beharrlich, weil sie Yahya Khans Hilfe bei der geheimen Annäherung an China in Anspruch nahmen.[21] Damit geriet Indien in eine höchst unerquickliche Lage: Ohne Druck der USA war eine Lösung der inneren Krise Pakistans nicht möglich, was Neu Delhi vor die nahezu aussichtslose Aufgabe stellte, die ca. 10 Mio. Flüchtlinge aus dem Nachbarland, die sich in den bettelarmen indischen Bundesstaat West-Bengalen gerettet hatten, langfristig zu versorgen oder gar zu integrieren. Um sich vom chinesischen Druck im Norden zu befreien, unterzeichnete Premierministerin Indira Gandhi im August einen Vertrag über Freundschaft und Zusammenarbeit mit der Sowjetunion. Als sich die Lage in Ostpakistan weiter zuspitzte, wurden zunächst bengalische Widerstandsgruppen ausgebildet, dann aktiv unterstützt. Nach letzten diplomatischen Bemühungen Indira Gandhis[22] marschierte im Dezember schließlich die indische Armee in Ostpakistan ein, siegte innerhalb weniger Wochen und erklärte umgehend einen einseitigen Waffenstillstand, um nicht noch mehr internationale Kritik zu provozieren. Außerdem hatte Nixon die 7. US-Flotte in den Golf von Bengalen entsandt, um den Zerfall Pakistans zu verhindern und zugleich in Richtung Peking zu signalisieren, dass auf die USA Verlass war. Diese hatten Indien damit erstmals offen militärisch gedroht, was möglicherweise die Entscheidung zum Bau der Atombombe beschleunigte.[23]

---

19 Robert Jackson, South Asian crisis. India – Pakistan – Bangla Desh, London 1975, S. 33–35.
20 Ebenda, S. 63.
21 Van Hollen verweist darauf, dass man sich stattdessen auch Rumäniens hätte bedienen können; ders., The tilt policy revisited: Nixon-Kissinger geopolitics and South Asia, in: *Asian Survey*, April 1980, Volume XX, Nr. 4, S. 342 f.
22 Ganguly, Conflict, S. 62–66.
23 Diese These vertritt van Hollen, Tilt, S. 359 f.; George Perkovich lehnt den Zusammenhang dagegen ab, ders., India's nuclear bomb. The impact on global proliferation, New Delhi 1999, S. 165 f.

Regionale Faktoren, Strukturen, Mechanismen und Beziehungen

Der indisch-pakistanische Konflikt

Vom fundamentalen Gegensatz der Systeme im Kalten Krieg war auf dem Subkontinent wenig wiederzufinden. Indien und Pakistan schufen jeweils »mixed economies« mit einer zentralen Wirtschaftsplanung, staatlicher Kontrolle über Schlüsselindustrien und einer freien Privatwirtschaft in anderen Sektoren. Beide verfassten sich 1947 als parlamentarische Demokratien. Die in Pakistan scheiterte schnell und wurde von gemäßigten Militärdiktaturen abgelöst, die im In- und Ausland bald als die einzige angemessene Regierungsform galten. Zur Staatsideologie wurde diese jedoch nicht erhoben, im Gegenteil beteuerte jeder Machthaber, so schnell wie möglich zur Demokratie zurückkehren zu wollen. Der Gegensatz zwischen den feudalen Strukturen in Pakistan und Indiens demokratischen Überzeugungen spielte im Konflikt der feindlichen Zwillinge kaum eine Rolle.

In dessen Zentrum standen vielmehr die unvereinbaren Staatsideologien, die 1947 zur Teilung geführt hatten.[24] Die Muslim-League Mohammed Ali Jinnahs verfocht die Zwei-Nationen-Theorie, nach der Hindus und Moslems des Subkontinents – ungeachtet aller Gemeinsamkeiten – wegen ihrer Religionen unterschiedliche Nationen bildeten. Darauf gründete die Forderung nach einem Staat für alle Moslems, in dem diese nicht von der Hindu-Mehrheit überstimmt werden konnten. Dieser Staat sollte alle diejenigen Gebiete Britisch-Indiens umfassen, in denen Moslems die Mehrheit bildeten. Dieses Konzept wurde von der Kongresspartei abgelehnt, die angesichts der einzigartigen Mischung von Religionen, Sprachen und Volksgruppen des Subkontinents eine säkulare Ordnung als die einzige Möglichkeit für ein friedliches Zusammenleben propagierte. Da die beiden Parteien sich nicht einigen konnten, griff die Muslim League schließlich zur Gewalt und erzwang damit die Teilung. Sie konnte sich des Wohlwollens Großbritanniens sicher sein, das sich einen Rest an Einfluss sichern wollte, um seine Stellung in Asien insgesamt nicht zu gefährden.[25] Dass die Eliten der künftigen Indischen Union dies unterstützen würden, war auszuschließen, hatten diese dem Kolonialismus doch weltweit den Kampf angesagt.

---

24 Ganguly, Conflict, S. 4–8. Vgl. auch Singh, Yogi, S. 21.
25 Prem Shankar Jha, Kashmir 1947. Rival versions of history, New Delhi 1996, S. 92 ff.; J.N. Dixit, India-Pakistan in war & peace, New Delhi 2002, S. 110 f.

Die neuen Regierungen in Karatschi und Neu Delhi erwarteten, dass das Staatskonzept des jeweiligen Nachbarn scheitern würde. Und beide bemühten sich gelegentlich auch aktiv darum, da dies die Überlegenheit der eigenen Staatsidee »bewiesen« hätte.[26] Pakistan war so darauf fixiert, dass es als ein »Nicht-Indien« beschrieben wurde.[27] Der indische Bürgerkrieg des Jahres zwischen dem Direct-Action-Day am 16. August 1946 und der Unabhängigkeit am 15. August 1947 wurde damit quasi auf zwischenstaatlicher Ebene fortgesetzt. Der frühere Fürstenstaat Jammu und Kaschmir geriet darin zum Zankapfel, wobei er bis zur Unabhängigkeit Bangladeschs 1971 eher ein Symptom, danach den Hauptgrund des Streits darstellte. Der Teilungsplan von 1947 war auch deswegen so problematisch, weil nur ein Teil des Subkontinents von der Kolonialmacht direkt verwaltet wurde, während der Rest in der Hand indischer Fürsten geblieben war, die der britischen Krone die Zuständigkeit für ihre auswärtigen Beziehungen und die Verteidigung abgetreten hatten, ansonsten aber relativ autonom schalten und walten durften. Die Gebiete unter direkter britischer Herrschaft sollten nun gemäß der religiösen Mehrheit an einen der Nachfolgestaaten fallen, die Fürsten dagegen durften nach eigenem Gutdünken für Indien oder Pakistan optieren. Eine Rückkehr zur Unabhängigkeit wurde faktisch ausgeschlossen, obwohl sie mit dem britischen Abzug theoretisch wieder souveräne Herrscher wurden.[28] Da fast alle ihre Territorien Enklaven waren, wurden sie freiwillig oder gezwungenermaßen in das umgebende Staatswesen integriert.

Die Ausnahme bildete Jammu und Kaschmir, das nicht nur an Indien und Pakistan grenzte, sondern auch an Afghanistan und Tibet. Zudem handelte es sich um einen der größten Fürstenstaaten, der schließlich noch an einer der klassischen Einfallstraßen in den Subkontinent lag. Dort herrschte Maharaja Hari Singh, ein Hindu. Die Moslems stellten die religiöse Mehrheit im Gesamtstaat, insbesondere aber in seinem Herzstück, dem Kaschmirtal. Der dünn besiedelte östliche Landesteil Ladakh dagegen war buddhistisch geprägt, das südliche Jammu hinduistisch. Hari Singh war ein Autokrat, gegen den sich schon länger eine Op-

---

26 Boris Wilke, Krieg auf dem indischen Subkontinent. Strukturgeschichtliche Ursachen gewaltsamer Konflikte in Indien, Pakistan und Bangladesh seit 1947, Hamburg 1997, S. 65.

27 Thomas Perry Thornton, Pakistan: Fifty years of insecurity, in: Selig S. Harrison u.a. (Hg.), India & Pakistan, Cambridge 1999, S. 171.

28 Alastair Lamb, Kashmir. A disputed legacy 1846–1990, Hertingfordbury 1991, S. 5.

position gebildet hatte, die die Einführung der Demokratie forderte. Ihr charismatischer Führer Sheikh Abdullah verlangte den Beitritt zur Indischen Union, während der Maharaja auf Zeit spielte, um sich die Unabhängigkeit zu sichern. Trotz eines Stillhalteabkommens mit ihm versuchte Pakistan im Oktober 1947, den Beitritt militärisch zu erzwingen. Von Hari Singh gerufen, griff postwendend die indische Armee ein, der Maharaja musste im Gegenzug den Beitritt zu Indien erklären. Premierminister Nehru versprach zudem, so bald wie möglich eine Volksabstimmung über die Zukunft Kaschmirs abzuhalten.

Die Kämpfe endeten im Januar 1949 mit einem Waffenstillstand. Indien hatte die wichtigsten Teile des Fürstenstaates besetzt und Pakistan vor dem Sicherheitsrat der Vereinten Nationen der völkerrechtswidrigen Aggression bezichtigt. Die Sowjetunion enthielt sich der Stimme, Großbritannien und mit ihm die USA gaben sich neutral und behandelten beide Konfliktparteien gleich, statt wie von Indien gefordert Täter und Opfer klar zu unterscheiden. Neu Delhi verstand das als eindeutige Parteinahme: Gerechtigkeit wurde offenbar hintangestellt, wenn es um Großmachtinteressen in Asien ging.[29] Kaschmir wurde zum Lackmustest für den Kampf von Säkularismus gegen Zwei-Nationen-Theorie: Indien wollte seine Fähigkeit demonstrieren, ein mehrheitlich moslemisches Gebiet zu integrieren, Pakistan musste beweisen, dass Moslems in einem islamischen Land besser gestellt waren als in einem säkularen.

Der Kaschmirkonflikt hat zwei weitere Dimensionen: Die Landwirtschaft beider Rivalen ist auf das Wasser der sechs Flüsse angewiesen, die durch Kaschmir fließen. Denn der Punjab, die Kornkammer Britisch-Indiens mit dem größten Bewässerungssystem der Welt,[30] war 1947 geteilt worden. Nach dem Sieg im Ersten Kaschmirkrieg konnte Indien Pakistan buchstäblich das Wasser abdrehen und drohte auch mehrfach damit. Eine dauerhafte Lösung kam erst auf Initiative des Westens zustande, der 1960 über ein Konsortium mehr als 600 Mio. US-$ zum Bau von Dämmen und Kanälen zur Verfügung stellte, so dass jeder der Rivalen das Wasser von jeweils drei Flüssen nutzen konnte. Drittens schließlich spielte die strategische Lage Kaschmirs eine Rolle, durch das zwei der wenigen Routen über den Himalaja führen. Pakistan erhielt nur durch seine Eroberungen eine Landverbindung mit China, die politisch bedeut-

---

29 Kux, Estranged democracies, S. 60f.
30 Vgl. Charles H. Heimsath und Surjit Mansingh, A diplomatic history of modern India, Bombay 1971, S. 133–138; s.a. Jorge Scholz, Bilaterale Konflikte um Wasser zwischen Indien und Pakistan, in: Thomas Hoffmann (Hg.), Wasser in Asien. Elementare Konflikte, Osnabrück 1997, S. 247–252.

sam wurde, als die beiden Länder in den sechziger Jahren immer näher zusammenrückten. Einer der vielen Gründe für das Scheitern der Kaschmirgespräche 1963 war die Unterzeichnung eines pakistanisch-chinesischen Grenzabkommens, das Peking mehrere hundert Quadratkilometer umstrittenes Gebiet zugestand.[31] Wäre dagegen ganz Kaschmir an Indien gefallen, hätte dieses eine gemeinsame Grenze mit Afghanistan besessen, die eine Straßenverbindung zwischen Pakistans Hauptgegnern ermöglicht hätte.

Der indisch-chinesische Konflikt

Im indisch-chinesischen Konflikt sind regionale und globale Aspekte eine untrennbare und schwer zu gewichtende Mischung eingegangen. Der Streit dreht sich zum einen um die gemeinsame Grenze im Himalaja. 1914 hatten die Briten in Simla mit einer chinesischen Delegation eine Regelung vereinbart, die jedoch von keiner Regierung in Peking anerkannt wurde.[32] Bis zur Besetzung Tibets 1950/51 hatte die Diskussion über die kaum bekannte oder besiedelte, unwirtliche und von niemandem kontrollierte Grenzregion bestenfalls akademischen Charakter. Angesichts der fortgesetzten Unruhen in Tibet strebte die Volksrepublik nun aber eine effektive Kontrolle an. Indien bereitete zunächst keinerlei Probleme, sondern verzichtete auf seine aus britischen Zeiten datierenden Rechte in Tibet und unterzeichnete im April 1954 einen Freundschaftsvertrag. Dieser schloss die Panch Shila ein, Nehrus fünf Grundsätze für eine friedliche Koexistenz. Dennoch liefen sich die folgenden Gespräche über den genauen Grenzverlauf fest, da beide Seiten fragwürdige Ansprüche erhoben.[33] Die Atmosphäre veränderte sich mit dem tibetischen Aufstand 1959 und dem Bau der Aksai-Chin-Straße erheblich. Letztere verband Tibet mit der zweiten Unruheprovinz Sinkiang und galt militärisch als unverzichtbar. Ihr Bau durch unbestritten chinesisches

---

31 Kux, Disenchanted allies, S. 136f.
32 Zur Diskussion über das Simla-Abkommen vgl. u.a. D. K. Banerjee, Sino-Indian border dispute, New Delhi 1985; Frederic A. Greenhut, The Tibetan Frontiers Question from Curzon to the Colombo Conference, New Delhi 1982; Alastair Lamb, The Sino-Indian border in Ladakh, Columbia 1975; ders., Kashmir. A Disputed Legacy. 1846–1990, Hertingfordbury 1991; Xuecheng Liu, The Sino-Indian border dispute and Sino-Indian Relations, Boston 1994. Parshotam Mehra, An ›agreed‹ frontier. Ladakh and India's Northernmost borders, Bombay 1992.
33 Zur indischen Position vgl. u.a. John Lall, Aksaichin and Sino-Indian conflict. New Delhi 1988, zur chinesischen Liu, Border dispute

Gebiet war an den topographischen Gegebenheiten gescheitert, so dass man sie ohne Rücksicht auf den politischen Schaden durch von Indien beanspruchtes Terrain geführt hatte. Neu Delhi erfuhr erst nach ihrer Fertigstellung davon und hatte nun guten Grund zu glauben, Peking habe die Gespräche nur geführt, um im Stillen vollendete Tatsachen zu schaffen. Nachdem Indien dem Dalai Lama 1959 Asyl gewährt hatte, ging China wiederum davon aus, dass es die tibetische Revolte unterstützte.[34] Die Volksbefreiungsarmee beschoss deshalb die nun erstmals in die Aksai-Chin-Region entsandten indischen Patrouillen. Zugleich erhob Peking immer überzogenere territoriale Forderungen, die nur noch den einen Schluss zuließen, dass es statt eines Kompromisses eine einseitige, notfalls gewaltsame Regelung anstrebte. Begleitet wurde all dies von einer Propagandaschlacht. Die indische Öffentlichkeit hatte zuvor stets die Freundschaft der beiden größten Mächte in Asien gefeiert. Das Bekanntwerden der chinesischen Forderungen löste einen Aufschrei der Empörung aus und machte Indiens Ansprüche zu einer Frage der nationalen Ehre. Als Ministerpräsident Chou En-lai 1960 in Geheimverhandlungen die Anerkennung der ebenfalls in Simla »vereinbarten« MacMahon-Linie im östlichen Grenzabschnitt im Gegenzug für einen indischen Verzicht auf Aksai Chin anbot,[35] lehnte Nehru ab. Da Peking 1962 genau diese »Lösung« erzwang, wird die Haltung des Premierministers bis heute hinterfragt.[36]

Indien ging es allerdings weniger um ein Stück wüstes Hochgebirgsland oder gar strategische Positionen, da sich bis dahin niemand Gedanken über einen militärischen Konflikt mit China gemacht hatte. Vielmehr stand Nehrus Führungsrolle bei den Blockfreien auf dem Spiel, die untrennbar mit der Frage verknüpft war, ob das sozialistische oder das demokratische Modell Vorbildcharakter für Entwicklungsländer haben sollte.[37] Und dieser Wettbewerb drehte sich nicht nur um Wirtschaftssysteme, sondern auch um Macht und Einfluss. Einiges war in den beiden bevölkerungsreichsten Ländern der Erde durchaus vergleichbar, wie zum Beispiel die staatlichen Investitionen in die Schwerindustrie, die eine forcierte, sich stark selbst tragende Industrialisierung auslösen sollten, sowie das Augenmerk auf Erziehung und Bildung. Beide stolperten Ende der fünfziger Jahre in Wirtschaftskrisen: Indien konnte seine Schulden

---

34 Gopal, Nehru, Bd. III, S. 88–91.
35 Singh, Yogi, S. 26.
36 C.V. Ranganathan, China, in: J.N. Dixit (Hg.), External affairs. Cross-border Relations, New Delhi 2003, S. 140.
37 Kaul, Diary, S. 70.

nicht mehr zurückzahlen, weil es zu viel in Infrastruktur und Schwerindustrie investiert hatte, die kurzfristig keine Gewinne abwarfen.[38] Maos »Großer Sprung vorwärts« war eine Katastrophe für sein Land. Andererseits entwickelte sich Indien zur stabilsten Demokratie der Dritten Welt, ließ der Privatwirtschaft Freiräume und gab trotz der fortdauernden Spannungen mit Pakistan bis 1958 relativ wenig für sein Militär aus. In China dagegen etablierte sich eine Diktatur, die in militärische Schlagkraft investierte.

Bei der Konferenz von 29 afrikanischen und asiatischen Staaten in Bandung 1954 war die indisch-chinesische Rivalität erstmals sichtbar zutage getreten. Nehru galt dort als der einflussreichste Politiker, Experten sahen in Chou En-lai aber schon seinen wichtigsten Konkurrenten. Dass diese Einschätzung zutraf, belegten die pakistanischen Bemühungen um engere Kontakte zu China während der Konferenz.[39] Die Politik Pekings entsprach der eines klassischen Herausforderers beim Kampf um die Dominanz in einem System mehrerer Staaten. Indien dagegen bemühte sich zunächst, den heraufziehenden Konflikt mit den Panch Shila und der Unterstützung der Forderung nach internationaler Anerkennung der Volksrepublik in freundlicher Umarmung zu ersticken. Nach dem Scheitern dieser Politik nahm Neu Delhi den Kampf um die Macht in Asien auf, setzte aber vornehmlich auf die Durchsetzungskraft von »Soft Power« – diplomatische Initiativen und ökonomischer Fortschritt. Nehru schreckte vor den enormen Kosten einer Aufrüstung im Himalaja zurück und fürchtete zudem, dass gerade diese den nördlichen Nachbarn provozieren könnte.[40]

Angesichts wachsender Spannungen zwischen zwei seiner wichtigsten Partner entschied sich Moskau zur Stützung Indiens, dem nicht nur Kredite gewährt, sondern auch das moderne Kampfflugzeug MiG 21 angeboten wurde, das China verweigert worden war. Der sowjetisch-chinesische Disput über die Entspannungspolitik und die Stellung innerhalb des Ostblocks wie in Asien fand im August 1960 seinen vorläufigen Höhepunkt, als der Kreml die Zusammenarbeit endgültig einstellte.[41] Er hat

---

38 Petra Glietsch, Der Einfluß der Weltbank auf die wirtschaftliche Entwicklung Indiens, Frankfurt am Main 1993, S. 150 f.

39 Hasan-Askari Rizvi, Pakistan and the geostrategic environment. A study of foreign policy, New York 1993, S. 140.

40 Raju G.C. Thomas, The defence of India. A budgetary perspective of strategy and politics, Meerut 1978, S. 8.

41 Zur Entwicklung des sowjetisch-chinesischen Schismas vgl. Wladislaw Subok und Konstantin Pleschakow, Der Kreml im Kalten Krieg. Von 1945 bis zur Kubakrise, Hildesheim 1997, S. 296–330.

weitergreifende Ursachen und war nicht zuletzt Folge des Ungleichgewichts zwischen einer Supermacht und einem Alliierten, der selbst den Status einer Großmacht anstrebte. Der indisch-chinesische Konflikt aber wurde in gewisser Hinsicht zu seinem Brennpunkt und verschärfte ihn zugleich weiter.[42] Pekings Angriff 1962 sollte nicht nur Indien, sondern auch seinen sowjetischen Mentor demütigen.

China zwang Indien dazu, seine Politik an Kategorien der Abschreckung und der militärischen Konfrontation anzupassen, und erreichte damit gleichzeitig, dass sich seine wirtschaftliche Entwicklung verlangsamte. Seit den Grenzzwischenfällen 1958 hatte Neu Delhi die Größe seiner Armee ungeachtet der Finanzkrise bis 1962 verdoppelt.[43] Nach der Niederlage wuchs das Verteidigungsbudget noch schneller. Indien hatte bis dahin durchschnittlich 1,9 Prozent seines Bruttosozialprodukts dafür ausgegeben, 1963 sprangen die Kosten auf 4,5 Prozent und blieben bis 1972 durchschnittlich bei 3,6 Prozent.[44] Hinzu kamen noch die Kosten für das Nuklearprogramm, das infolge der Zündung der ersten chinesischen Bombe 1964 anlief.[45] China konnte sich also die Einverleibung der umstrittenen Gebiete wie auch eine wirtschaftliche Schwächung Indiens auf der Habenseite notieren. Den Vorteil gegenüber den Sowjets hatte es allerdings in einer Ausnahmesituation erzielt – Moskau waren genau in diesem Moment wegen der Kubakrise die Hände gebunden –, die sich nicht wiederholen sollte. Vielmehr demonstrierte der Kreml ab 1965 in Südasien seine klare Überlegenheit.

Der indisch-portugiesische Konflikt

Bereits 1510 hatte Portugal als erste europäische Macht Stützpunkte auf dem Subkontinent in Besitz genommen. Mit Goa, Diu und Daman besaß es beim Abzug der Briten 1947 wie Frankreich noch kleine, verstreute Enklaven. Paris unterstellte die seinen schnell indischer Verwaltung, auch wenn die Ratifikation der Übergabe noch bis 1962 auf sich warten ließ.[46] Das Salazar-Regime in Lissabon machte dagegen keinerlei Anstalten, seine Besitzungen aufzugeben, die es als Teil des Mutterlandes an-

---

42 Singh, Yogi, S. 37.
43 K. Subrahmanyam, Nehru and defence policy, in: M.V. Kamath (Hg.), Nehru revisited, Mumbai 2003, S. 83f.
44 Vgl. Tabelle 1 in Thomas, Defence, S. 6.
45 Eine Kostenkalkulation ab 1969 versucht R.L.M. Patil, India – Nuclear weapons and international politics, Delhi 1969, S. 29–32.
46 Heimsath, Diplomatic history, S. 322–324.

sah. Da die dortige Bevölkerung von niedrigen Steuern und ausgedehntem Schmuggel profitierte, hatte sie ebenfalls wenig Interesse am Beitritt zu Indien.[47] Dieser wurde für Nehru aber mehr und mehr zu einer Frage des Prestiges. Es schien, als prangere der Premierminister in anderen Teilen der Welt den Kolonialismus heftig an, ohne aber die Probleme vor seiner eigenen Haustür ernsthaft anzugehen.[48] Verhandlungen mit Lissabon scheiterten ebenso wie Versuche einer gewaltlosen Übernahme. Und Washington wie London hatten kein Interesse daran, den NATO-Partner Portugal wegen einer so zweitrangigen Angelegenheit unter Druck zu setzen.[49] Je länger sich der Goadisput hinzog und je bedrohlicher China wurde, desto mehr fühlten sich Nehru und insbesondere sein Verteidigungsminister Krishna Menon unter Zugzwang. Gut 14 Jahre nach der Unabhängigkeit wurden die portugiesischen Territorien gewaltsam der Union eingegliedert.

Supermachtinteressen in Südasien

Die konzeptlosen USA

Angesichts der Spannungen auf dem Subkontinent stießen auswärtige Mächte auf einige Schwierigkeiten, wenn sie eigene Interessen durchzusetzen versuchten. Will man eine Bilanz der hier betrachteten 18 Jahre ziehen, bleibt jedoch festzuhalten, dass die USA trotz erheblich größerem materiellen Einsatz deutlich schlechter abschnitten als die Sowjetunion.[50] Zu Beginn der 1970er Jahre waren sie überall auf dem Subkontinent verhasst, während sich die Beziehungen der Sowjets zu Indien und seinem neuen Klientelstaat Bangladesh besser denn je darstellten. Der Hauptgrund für das amerikanische Scheitern waren mangelnde Bereitschaft wie Unfähigkeit, die Interessen und Motive ihrer südasiatischen Gegenüber zu verstehen. Vier aufeinander folgende Regierungen nahmen den Subkontinent fast ausschließlich aus der Perspektive ihrer eigenen Machtinteressen wahr.[51] Für John Foster Dulles bildete die Türkei das Bindeglied

---

47 Victor Willi, Indien heute. Politische Erörterungen – Soziale und wirtschaftliche Aspekte – Profile indischer Städte – Macht und Ohnmacht der Religionen – in angewandt wertsoziologischer Sicht, Zürich 1964, S. 70.
48 Gopal, Nehru, Bd. III, S. 194.
49 Ebenda, S. 193.
50 Peter J.S. Duncan, The Soviet Union and India, London 1989, S. 71–73.
51 Surjit Mansingh, India's search for power. Indira Gandhi's foreign policy 1966–1982, New Delhi 1984, S. 75.

zwischen NATO und Bagdad-Pakt, Pakistan schloss ansatzweise die Lücke zwischen Letzterem und der SEATO. Eigentlich war Indien die erste Wahl gewesen, hatte sich jedoch verweigert, weil es die Schaffung militärischer Blöcke ablehnte. Pakistan dagegen war selbst verzweifelt auf der Suche nach einem starken Beschützer[52] und diente Washington nun im wahrsten Sinne des Wortes als Lückenbüßer. Denn mit seinen zwei Flügeln, oft als die Ohren am Kopf des indischen Elefanten beschrieben, bildete es nicht einmal geographisch einen adäquaten Ersatz.

Eigentlich verfolgten die USA hehre Ziele: Sie wollten Frieden schaffen, die wirtschaftliche Entwicklung fördern und den Subkontinent vor dem Kommunismus bewahren. Ob diese Ziele je hätten erreicht werden können, ist eine schwierige Frage. Auf jeden Fall war die Allianz des Jahres 1954 ein Schritt in die falsche Richtung. Durfte sich erstens zu diesem Zeitpunkt überhaupt ein südasiatischer Staat vom Kommunismus bedroht fühlen, so war das nach der chinesischen Besetzung Tibets Indien. Pakistan dagegen verschwendete keinen Gedanken an Gefahren aus dem Norden, sondern war regelrecht besessen vom Antagonismus zu Indien. Zweitens unterschätzte Washington die Folgen der Allianz für seine Beziehungen mit Indien, die sich nie wieder vollständig erholen sollten. Und schließlich veränderten die USA nachhaltig die Machtverhältnisse in Südasien, indem sie dafür sorgten, dass Pakistan dank umfangreicher Waffenlieferungen militärisch ein echter Herausforderer für das fünfmal größere Indien wurde. Alle drei Fehleinschätzungen brachten Nachteile für die amerikanische Politik mit sich. Pakistan fühlte sich ermuntert, seine Ansprüche gegenüber Indien aufrechtzuerhalten, und sorgte damit weiter für die Spannungen, die Moskau die Türen in Neu Delhi und Peking die in Islamabad öffneten. Statt eine antikommunistische Front in Südasien zu schaffen, fungierten die USA faktisch als Steigbügelhalter der kommunistischen Vormächte.[53] Dabei hatte Nehru durchaus eine starke Abneigung gegen Kommunisten – seine intellektuellen Sympathien für den Sozialismus werden meist überschätzt.[54] Indien nahm die sowjetischen Offerten 1955 gerne an, Chruschtschow und Bulganin wurden jedoch nicht nur intern mit Abscheu und Verachtung wahrgenommen.[55] Die Pakistanis wiederum pflegten die antikommunis-

---

52 Kux, Disenchanted allies, S. 57.
53 Bhabani Sen Gupta, The Soviet Union and South Asia, in: Roger E. Kanet (Hg.), The Soviet Union and the developing nations, Baltimore/London 1974, S. 126.
54 Gopal, Nehru, Bd. I, S. 24.
55 Vizepräsident Radhakrishnan nannte sie gegenüber dem deutschen Botschafter Ernst Wilhelm Meyer wörtlich »these awful people«, zitiert in einem ver-

tische Rhetorik, zeigten jedoch keinerlei Bedenken, China zu ihrem engsten Verbündeten zu machen. Wären die Sowjets Ende der 1960er Jahre entgegenkommender gewesen, wäre eine Hinwendung nach Moskau durchaus möglich gewesen.

Soweit es Außenminister Dulles betraf, hatte die Allianz mit Pakistan entgegen aller öffentlichen Bekundungen auch eine anti-indische Stoßrichtung.[56] Die Regierung Eisenhower war alles andere als begeistert darüber, dass Indien eine ungebundene Außenpolitik praktizierte und sich als Vermittler in Korea[57] und Indochina[58] profilierte. Pakistan berief sich vor 1965 wiederholt auf mündliche Zusagen höchster Stellen in Washington, man werde das Land im Falle eines indischen Angriffs nicht allein lassen, auch wenn die Verträge Beistandsklauseln nur für den Fall eines Konflikts mit einer kommunistischen Macht beinhalteten.[59] Zugleich gab es jedoch ein stillschweigendes Bündnis zwischen den USA und Indien, das zum Beispiel im Aid India Consortium sichtbar wurde. Schon lange vor dem Grenzkrieg des Jahres 1962 spekulierte die Presse sogar über eine stille Militärallianz gegen die Volksrepublik. Denn die stärkste Demokratie der Welt konnte gar nicht anders, als die größte dabei zu unterstützen, die Überlegenheit einer Entwicklung auf demokratischer Grundlage zu belegen. So gesehen war es widersinnig, 1954 den damals einzigen Gegner Indiens aufzurüsten, da dies Neu Delhi zu höheren Ausgaben für das Militär zwang. Eisenhower nannte denn auch gegen Ende seiner zweiten Amtszeit, als Entwicklungspolitik zu einer der Prioritäten erklärt worden war, die Allianz mit Pakistan einen fundamentalen Fehler.[60] Mit der Schaffung der Konsortien gelang immerhin eine Besserung des Verhältnisses zu Indien.

Die USA schätzten aber auch das Goaproblem falsch ein. Mit ihrer antikolonialistischen Tradition und ihrer klaren Haltung in der Suezkrise 1956 hatten sie einiges Ansehen in Neu Delhi erworben.[61] Und so-

---

traulichen Runderlass des Staatssekretärs des Auswärtigen Amtes vom 16. Januar 1956, Az. StS-80/56. Politisches Archiv des Auswärtigen Amtes, Bestand Büro Staatssekretär, Bd. 338.

56 Dulles hatte bereits 1946 erstmals starke Antipathien gegenüber Indien und eine persönlich Abneigung gegenüber Nehru gezeigt. Vgl. Kux, Estranged democracies, S. 51 und S. 109f.

57 Ebenda, S. 100–105.

58 Heimsath, Diplomatic history, S. 243f.

59 Ganguly, Conflict, S. 12f. Van Hollen, Tilt, S. 352f., schreibt von »a dual perception, tacitly accepted by both side«.

60 »Perhaps the worst kind of a plan and decision we could have made«. Vgl. Kux, Estranged democracies, S. 154.

61 Ebenda, S. 139.

wohl Eisenhower[62] als auch Kennedy[63] sympathisierten durchaus mit Indien, die explizite Unterstützung der portugiesischen Ansprüche durch Dulles im Dezember 1955[64] blieb eine Ausnahme. Die US-Regierung setzte Salazar jedoch nie hinreichend unter Druck, weil sie unterschätzte, wie sehr Nehru im Laufe der Jahre unter Zugzwang geriet. Als dieser Goa besetzen ließ, verlor er jedoch nicht nur die Aura eines Weltpolitikers, der höchsten moralischen Ansprüchen genügte. Kennedy kürzte auch umgehend die Finanzhilfen,[65] wobei er sich weniger an der fragwürdigen Rechtfertigung des Premierministers störte, sondern ihn dafür bestrafte, dass er den Präsidenten nicht zuvor vertraulich informiert hatte.[66] Indien seinerseits warf den USA Doppelmoral vor: Erneut habe die Logik des Kalten Krieges Vorrang gegenüber einer Frage der »Gerechtigkeit« erhalten.

Ein knappes Jahr später kam Pakistan bezüglich der USA zum selben Schluss. Nach dem chinesischen Angriff lieferte Kennedy Indien Waffen, ohne Ayub Khan vorher zu konsultieren, wie das stets versprochen worden war. Die Empörung wäre noch größer gewesen, hätte Islamabad von den streng geheimen Überlegungen gewusst, die Washington im Vorjahr angestellt hatte. Das State Department war im Bilde darüber, dass China eine Atombombe entwickelte, und wollte die politischen Folgen begrenzen. Es regte deshalb an, Indien zum Bau der ersten asiatischen Bombe zu überreden und ihm bei der Durchführung tatkräftig unter die Arme zu greifen. Gesetzliche Hürden und Pakistans vorhersehbare Reaktion galten als lösbare Probleme. Der Plan wurde erst aufgegeben, als man begriff, dass der Atomwaffengegner Nehru das Angebot mit Sicherheit nicht nur zurückweisen, sondern voraussichtlich heftig und womöglich sogar in aller Öffentlichkeit anprangern würde.[67] Selbst die begrenzte Hilfe Ende 1962 ließ sich nur mit der Logik des Kalten Krieges rechtfertigen. Im Sinne der bisherigen Südasienpolitik hätte man einen Weg finden müssen, Pakistan in irgendeiner Weise mit einzubeziehen. Und Letz-

---

62 Gopal, Nehru, Bd. III, S. 41.
63 Kux, Estranged democracies, S. 197f.
64 Rajendra K. Jain, US-South Asian Relations 1947–1982, New Delhi 1983, Bd. 1, Dokument 211.
65 Brief von Präsident John F. Kennedy an Premierminister Jawaharlal Nehru vom 18. Januar 1962. Foreign Relations of the United States, 1961–63, South Asia, Bd. XIX, Dokument 95.
66 Harish Kapur, India's foreign policy 1947–92. Shadows and substance, New Delhi 1994, S. 131f.
67 Pradful Bidwai und Achin Vanaik, South Asia on a short fuse. Nuclear politics and the future of global disarmament, New Delhi 2001, S. 64–67.

teres durfte sich 1965 noch heftiger vor den Kopf gestoßen fühlen, als Lyndon B. Johnson Präsident Ayub Khans geplanten Besuch in Washington absagte, weil der Pakistani – wie so viele andere – das Engagement der USA in Vietnam öffentlich kritisiert hatte. Aus Gründen der Gleichberechtigung wurde im selben Atemzug auch Indiens Premier Lal Bahadur Shastri ausgeladen. Mit diesem demonstrativen Akt verpasste Johnson die letzte Gelegenheit, die wachsenden Spannungen zu entschärfen. Am Ende des zweiten Kaschmirkrieges vermittelte folgerichtig der sowjetische Ministerpräsident Kossygin.

Auch die Regierung Nixon nahm sich nicht die Zeit, die Vorgänge in Südasien nüchtern zu analysieren. Ihre neue Dreiecksdiplomatie setzte auf gute Beziehungen zur Volksrepublik China, der man bislang die Anerkennung verweigert hatte. Damit näherten sich die beiden mächtigsten Gegner der Sowjetunion einander an, was die Stellung Letzterer enorm schwächte. Da Washington sich zur Herstellung geheimer Kontakte nach Peking Pakistans bediente, glaubte man im Weißen Haus, dass Moskau im Gegenzug die Unruhen in dessen Ostflügel verursachte, die zum Zerfall des Moslemstaates und damit zu einem Machtverlust von USA und China führen sollten.[68] In Wirklichkeit hatten die pakistanischen Probleme ihre Wurzeln in der Innenpolitik des Landes und dessen Zerfall keinen Einfluss auf die Dreiecksdiplomatie. Den Chinesen war beides bewusst, so dass sie Kissingers recht unverhohlene Bitte um ein militärisches Eingreifen ablehnten.[69] Das Weiße Haus dagegen hätte sich sogar auf einen dritten Weltkrieg eingelassen, hätte die Sowjetunion im Gegenzug die Volksrepublik angegriffen.[70] Letztlich halfen die USA mit ihrer Politik weder Pakistan, noch beeindruckten sie die Chinesen oder die Sowjets. Das Verhältnis zu den siegreichen Indern war jedoch auf einem Tiefpunkt angelangt.[71]

In der Summe bleibt festzuhalten, dass verschiedene US-Regierungen grundlegende Fehler begingen. Vor allem unterschätzten sie angesichts der globalen Auseinandersetzung der Blöcke die Bedeutung der Konflikte in der Region. Im Grunde genommen hätte nur dann eine antikommunistische Front auf dem Subkontinent geschaffen werden können, wenn zuvor eine Lösung für den indisch-pakistanischen Konflikt gefunden worden wäre. Wenn die USA ihn überhaupt beeinflussten, dann im negativen Sinne. Eine klare Linie verfolgten sie in ihrer Südasienpolitik

---

68 Kissinger, Memoiren, S. 952 f.
69 Kux, Disenchanted allies, S. 202.
70 Kissinger, Memoiren, S. 964.
71 Van Hollen, Tilt, S. 359.

nicht, weshalb weder Pakistan noch Indien sie langfristig als zuverlässigen Partner sahen.

Die beständige Sowjetunion

Die Sowjetunion versuchte sich gar nicht erst an einem vergleichbaren Balanceakt. Schon mit ihrem ersten Auftreten in Südasien 1955 bezog ihre Führung klar Stellung zugunsten Indiens, schließlich hatte ihr erst der indisch-pakistanische Konflikt Tür und Tor geöffnet. Ungeachtet leichter Schwankungen stand sie in den folgenden Jahrzehnten daher zum einen zu der einmal eingegangenen Verpflichtung. Zum anderen hatte Moskau bis zu Beginn der 60er Jahre überhaupt nicht die Absicht, den Kaschmirstreit zu lösen, da Indien dann nicht mehr auf den Kreml angewiesen gewesen wäre. Selbst als sich in späteren Jahren die Möglichkeit bot, bei guten Beziehungen zu Indien auch die zu Pakistan oder China zu verbessern, waren die Sowjets nie bereit, ihre Position in Neu Delhi zu riskieren.[72]

Mit ihrem ersten Zug antworteten sie auf das amerikanische Engagement in Pakistan, handelten also gemäß der Logik des Kalten Krieges. Chruschtschow wollte den Kampf um die Weltherrschaft gewinnen, indem er den sowjetischen Einfluss auch auf die ungebundenen Länder der Dritten Welt ausdehnte.[73] Indiens schiere Größe und Führungsrolle, sein Dauerkonflikt mit Pakistan, seine gespannten Beziehungen zu den USA und sein relativ aufgeschlossener Premierminister boten beste Voraussetzungen für eine langfristige Zusammenarbeit. Es ist bemerkenswert, dass die USA militärische Verbündete suchten, während die Sowjetunion anfangs mit der Pflege politischer, wirtschaftlicher und kultureller Kontakte ganz andere Bande knüpfte. In der amerikanischen Strategie spielte Südasien bestenfalls eine Nebenrolle. Für die Sowjets wurde es zum Eckpfeiler sowohl ihrer Dritte-Welt- als auch ihrer China-Politik. Dies liefert eine gewisse Erklärung für die höchst unterschiedlichen Verhaltensmuster von USA und Sowjetunion.

Anders als Washington[74] behandelte Moskau darüber hinaus Neu Delhi von Anfang an als Partner. Beide waren sich einig, dass Indien sowohl die Vormacht auf dem Subkontinent als auch eine Großmacht in Asien werden sollte. Denn für die Sowjetunion erleichterte ein starker Partner die Eindämmung Chinas, minderte den Einfluss der USA und eröffnete

---

72 Ganguly, Conflict, S. 59.
73 Subok/Pleschakow, Kreml, S. 264.
74 Mansingh, Power, S. 71.

Möglichkeiten bei den Blockfreien. Demgemäß schlug Chruschtschow 1958 die Teilnahme Indiens an einer Konferenz über den Mittleren Osten vor. Dadurch fühlten sich nicht nur Briten und Amerikaner, sondern vor allem die ihrerseits nicht berücksichtigten Chinesen provoziert – möglicherweise einer der Gründe für Verschärfung der Spannungen an der Himalajagrenze.[75] Dieser Vorschlag mochte ein sowjetischer Versuchsballon gewesen sein. 1962 traf der Kreml jedoch eine weit reichende Entscheidung, als er den Indern 45 moderne MiG 21-Kampfjets mitsamt der Lizenzen verkaufte.[76] Neu Delhi hatte zuvor erfolglos die Produktion eines eigenen Überschalljägers betrieben.[77] Die Westmächte wiederum lehnten den Verkauf des »Starfighter« ab und boten nur ältere Modelle ohne die Lizenzen an. Dank des Kremls konnte Indien weitgehend unabhängig moderne Jets herstellen, auch wenn die Sowjetunion angesichts der fortdauernden Notwendigkeit von erheblichen eigenen Zulieferungen bis Mitte der 70er Jahre[78] nie vollständig die Kontrolle über die Produktion verlor.

Moskau erwarb sich sogar die Freundschaft Indiens. Und obwohl die sowjetische Zurückhaltung während des Grenzkrieges 1962 und der Flirt mit Pakistan zwischen 1966 und 1969 in Neu Delhi durchaus sauer aufstießen, blieben die Beziehungen letztlich gut. Denn die Inder fühlten sich den Sowjets enger verbunden als den Amerikanern, da die Sowjetunion auch eine asiatische Macht war und die dortigen Lebensstandards eher den indischen glichen.[79] Der Kreml erwies sich aber auch als wesentlich geschickter beim Knüpfen kultureller Bande und bot Indien zudem wirtschaftliche Chancen.[80] Und er versuchte nie, sich in die Innenpolitik einzumischen oder gar der Communist Party of India (PI) an die Macht zu verhelfen.[81] Selbst als diese 1957 die Regierung im Bundesstaat Kerala bildete – nach dem weltweit ersten Sieg einer kommunisti-

---

75 Singh, Yogi, S. 36.
76 Kux, Estranged democracies, S. 229–231.
77 Amit Das Gupta, Handel, Hilfe, Hallstein-Doktrin, Husum 2004, S. 309 f.; Raju G.C. Thomas, Indian security policy, Princeton 1986, S. 259 f.
78 Thomas, Defence, S. 180. Ulrich Albrecht u.a. (Hg.), Rüstung und Unterentwicklung. Iran, Indien, Griechenland/Türkei. Die verschärfte Militarisierung, Hamburg 1976, S. 121.
79 Laut Meinungsumfragen des Indian Institute of Public Opinion, erwähnt in einem Bericht des deutschen Botschafters in Neu Delhi, Dietrich von Mirbach, datiert auf den 30. November 1965, Nr. 2087/65. Politisches Archiv des Auswärtigen Amtes, B 57, Bd. 148.
80 Duncan, Soviet Union, London 1989, S. 69–75.
81 Das Gupta, Handel, S. 105.

schen Partei bei freien Wahlen –, versicherten die Sowjets Nehru, dass sie die CPI nicht beraten würden.[82] Dass die sowjetische Südasienpolitik nicht ideologisch bestimmt war, zeigte sich insbesondere im indisch-chinesischen Konflikt. Schon im eskalierenden Streit zwischen Moskau und Peking stand die Rivalität zwischen zwei Großmächten im Vordergrund. Selbstverständlich wäre dem Kreml eine friedliche Lösung im Himalaja am liebsten gewesen, da er sich dann nicht zugunsten der zweitgrößten sozialistischen oder der größten blockfreien Macht hätte festlegen müssen. Als sich dies aber nicht mehr vermeiden ließ, rechtfertigte er seine proindische Haltung zwar ideologisch korrekt mit der Notwendigkeit der friedlichen Koexistenz, betrieb jedoch faktisch eine Politik der militärischen Eindämmung der Volksrepublik, die sich kaum von den amerikanischen Bemühungen unterschied.

Im Falle anderer Konflikte auf dem Subkontinent hatte die Sowjetunion keinerlei Mühe, Realpolitik und Ideologie auf einen Nenner zu bringen. Die Abneigung gegen Pakistans Forderungen nach Kaschmir im Namen der Religion bzw. der Selbstbestimmung war schon deshalb nachzuvollziehen, weil die Anerkennung dieser Prinzipien die sowjetische Herrschaft im eigenen Imperium in Gefahr gebracht hätte. Portugal als Kolonialmacht, Diktatur und NATO-Mitglied konnte ebenfalls keine Sympathien in Moskau erwarten, das sich mit seiner Haltung zudem Ansehen als Gegner des Kolonialismus erwarb. Während der Bangladeschkrise schließlich wurde Westpakistan beschuldigt, im Osten eine Art Kolonialherrschaft etabliert zu haben. Und dieses Mal konnten sich die Sowjets sogar zugute halten, im Gegensatz zu den USA die Bengalen im Kampf um Selbstbestimmung unterstützt zu haben.

Ein weiterer auffälliger Unterschied zwischen den beiden Supermächten bestand darin, dass sich die Sowjetunion der Grenzen ihrer Macht durchaus bewusst war. Zwischen 1962 und 1969 versuchten Washington wie Moskau, China mit einer geschlossenen südasiatischen Front einzudämmen, wobei das größte Problem nunmehr in der Einbeziehung Pakistans bestand. Die USA gaben ihre Bemühungen nach den ergebnislosen Kaschmirgesprächen 1963 und dem neuerlichen Krieg 1965 auf. Beginnend mit den Friedensgesprächen in Taschkent, versuchten die Sowjets eine ähnliche Gratwanderung zwischen den südasiatischen Rivalen, begriffen aber viel schneller, dass sie nur einen der Kontrahenten auf ihre Seite ziehen können würden.[83] Und sie waren klug genug, nicht vorschnell einen Vertrag zu unterzeichnen. Erst als die Lage in Pakistan

---

82 Gopal, Nehru, Bd. III, S. 55.
83 Choudhury, India, S. 54–59.

eskalierte und die Dreiecksdiplomatie bekannt geworden war, die Neu Delhi und Moskau als Einkreisungstaktik verstanden,[84] ging der Kreml im Sommer 1970 einen Freundschaftsvertrag mit Indien ein. Offensichtlich drängte die Sowjetunion sogar auf eine friedliche Lösung.[85] Insgesamt gelang es Moskau sehr viel besser als Washington, eine Balance zwischen regionaler und globaler Strategie herzustellen. Seine Südasienpolitik war weniger ambitiös und komplex, da sie nur auf einen Partner setzte, und erwies sich gerade deshalb als wesentlich tauglicher.

Die stille amerikanisch-sowjetische Zusammenarbeit

Die Supermächte verfolgten unterschiedliche Ziele und Strategien in Südasien. So bemühten sich die USA um eine Lösung des Kaschmirkonflikts, während die Sowjetunion von ihm profitierte. Und selbstverständlich wollten beide den Einfluss des Rivalen so klein wie möglich halten. Dennoch ergaben sich von Anfang an interessante Parallelen in der jeweiligen Indienpolitik. Beide Mächte unternahmen viel zur Stabilisierung und Entwicklung des Landes und nahmen dabei die »mixed economy« hin: Die USA wünschten eine freie Marktwirtschaft, förderten teils aber auch Staatsindustrien. Die Sowjets halfen den Indern bei der zentralen Wirtschaftsplanung, gestatteten aber auch Exporte von Konsumgütern in den Ostblock, an denen indische Privatunternehmen verdienten. Sie zählten nicht zum Kreis der Geberländer, die sich im Aid India Consortium zusammengetan hatten. Ihre Finanzhilfen wurden jedoch in die Berechnungen des Konsortiums bald mit großer Selbstverständlichkeit fest einkalkuliert, da Letztere auf Indiens Bedarf basierten, den der Ostblock nun einmal zu einem kleinen Teil abdeckte. Schließlich nahmen beide Supermächte die blockfreie Außenpolitik Indiens nicht nur hin, sondern zeigten sich im Laufe der Jahre sogar erleichtert, dass der südasiatische Riese mit seinen gigantischen Wirtschafts- und Sicherheitsproblemen nicht vollwertiger Teil des jeweiligen Lagers geworden war. Denn das hätte zu sehr viel umfassenderen Stützungsmaßnahmen verpflichtet.[86]

Diese partielle Übereinstimmung in der Südasienpolitik ist insbesondere deshalb bemerkenswert, weil sie mit einem Anwachsen der Spannungen auf globaler Ebene einherging. Während vom Berlin-Ultimatum

---

84 Ganguly, Conflict, S. 66; Jackson, Crisis, S. 71.
85 Van Hollen, Tilt, S. 346–348.
86 Der erste derartige Kommentar stammt aus dem Munde Eisenhowers vom Januar 1957. Kux, Estranged democracies, S. 154.

über die Kubakrise eine neue amerikanisch-sowjetische Eiszeit herrschte, war man sich bezüglich der Notwendigkeit finanzieller Hilfe an Indien, der Eindämmung Chinas wie auch des Goadisputs stillschweigend
einig. Das Problem China war ein entscheidender Faktor für die Wieder-
annäherung der Supermächte, die nun begriffen, dass ein gemeinsames
Interesse darin bestand, andere an der Entwicklung von Atomwaffen zu
hindern. Genau deshalb konnte Washington 1965 Südasien besten Ge-
wissens Moskau überlassen: Man wusste sich im Hauptziel einig, nämlich der Herbeiführung eines Ausgleichs zwischen Indien und Pakistan,
um China einzudämmen.[87] Beide lieferten Neu Delhi ab 1962 Waffen,
wobei sie auf der einen Seite zwar Rivalen waren, sich die jeweiligen
Waffentypen auf der anderen Seite aber häufig bewusst ergänzten. Die
Wege trennten sich erst wieder mit dem Beginn der Dreiecksdiplomatie.

Freiräume und Abhängigkeiten, Stärken und Schwächen

Militärisch, wirtschaftlich und politisch waren China, Indien oder Pakistan erheblich schwächer als die Supermächte. Und Washington legte
Wert darauf, dass die aufstrebenden Großmächte Indien und China diesen Abstand nicht verkleinerten. Moskau verhielt sich seit Ende der 50er
Jahre gegenüber Peking ähnlich. Ohnehin war die Volksrepublik der einzige ernsthafte Herausforderer der Supermächte, während Indien es vorerst bei rhetorischen Ansprüchen beließ. Neu Delhi und Peking unterstützten jedoch beide den Kampf gegen den Kolonialismus, der sich auch
gegen die Supermächte richtete. Und beide forderten Gehör für Asien in
der Weltpolitik. Dies erklärt, weshalb sich Indien bis 1962 um eine Zusammenarbeit mit China bemühte und sogar danach noch seine Bemühungen um internationale Anerkennung unterstützte. Mao aber war zu
dem Schluss gekommen, dass seinen Ambitionen eher Erfolg beschieden
sein würde, wenn er Indien abschüttelte. Die Dreiecksdiplomatie gab
ihm bald Recht. Indien dagegen benötigte Jahrzehnte, bis es als Großmacht ernst genommen wurde.

Washington und Moskau waren lange geradezu besessen von der chinesischen Herausforderung. Deshalb unterstützten die Sowjets Indien
auf dem Weg zur dominierenden Regionalmacht und zum Herausforderer der Volksrepublik. Washington dachte mit seinen Überlegungen zu
einer indischen Atombombe in dieselbe Richtung, schreckte letztlich
aber wegen Indiens Haltung zu den militärischen Blöcken und dem Viet-

---

87 Dies deutet auch Surjit Mansing an, ders., India's search, S. 78.

namkrieg zurück. Pakistan dagegen verschwendete keine Gedanken an einen eigenen Großmachtstatus. Deshalb hatten seine Regierungen auch nie Probleme mit einer engen Zusammenarbeit mit einer stärkeren Macht. China und Indien waren darauf ebenfalls angewiesen, vergaßen aber nie, auch Gleichberechtigung einzufordern, was häufig die Kooperation erschwerte.

Die Supermächte versuchten, mittels Waffenlieferungen, Krediten und politischen Angeboten Einfluss in Südasien zu gewinnen. Die dadurch entstandenen Abhängigkeiten lassen sich am besten anhand der militärischen Fähigkeiten der Empfänger veranschaulichen.[88] Den USA gelang es zum Beispiel, die Schlagkraft Indiens und Pakistans zu begrenzen. Die pakistanische Armee besaß bis 1965 fast ausschließlich amerikanische Waffen. Andere westliche Waffenexporteure mussten sich stets an die amerikanischen Vorgaben halten. Drohte den USA die Kontrolle zu entgleiten, düpierten sie notfalls auch NATO-Partner: So schenkte Washington Islamabad Anfang 1965 Kampfjets, um ein deutsches Angebot zu durchkreuzen.[89] Ayub Khans außenpolitischer Schwenk hin zu China und später der Sowjetunion bereitete Washington auch deshalb Kopfschmerzen, weil die Waffenlieferungen der sozialistischen Vormächte die absolute Kontrolle Amerikas über die pakistanischen Arsenale beendete. Die war Islamabad nach dem Kaschmirkrieg 1965 deutlich geworden, als die USA nicht einmal mehr Ersatzteile lieferten.[90] Und sie ist die Erklärung sowohl für die begeisterte Annahme der reichlich begrenzten sowjetischen Waffenofferten als auch die ungetrübte Freundschaft zu Peking, obwohl dieses weder 1965 noch 1971 militärisch intervenierte.

Die Sowjetunion[91] und China unterliefen die amerikanische Rüstungsexportpolitik bewusst. Die von Pakistan erstmals 1966 öffentlich vorgeführten chinesischen Panzer und Jets[92] sollten es dem Land ermöglichen, sich von den USA zu lösen. Und natürlich wollte Peking, dass der südasiatische Partner auch nach der Niederlage von 1965 eine Bedrohung für den gemeinsamen Feind Indien blieb. 1971 zeigte sich allerdings, dass die Lieferungen militärisch kaum einen Effekt erzielt hatten. Die 1963 angelaufenen sowjetischen Exporte hingegen trugen entscheidend

---

88 Grundsätzliche Überlegungen zur Schaffung von Abhängigkeiten durch Waffenlieferungen stellt u.a. Aftab Alam an. US Military Aid to Pakistan & India's Security, New Delhi 2001, S. 15–18.

89 Das Gupta, Handel, S. 323.

90 Kux, Disenchanted allies, S. 169–173.

91 Singh, Yogi, S. 29.

92 Das Gupta, Handel, S. 442.

dazu bei, dass die indische Armee die pakistanische 1965 aufhalten und 1971 besiegen konnte. Wie verunsichert die USA in den frühen 1960er Jahren waren, zeigen nicht nur die Überlegungen zum Bau der indischen Atombombe, sondern auch die Lieferung des »Starfighter«, damals modernster Jet der NATO, an Pakistan.[93]

Wegen des Einflusses der Supermächte dauerte keiner der südasiatischen Kriege nach 1949 länger als vier Wochen, obwohl alle Kontrahenten große Armeen unterhielten. Die Vorräte an schweren Waffen und Treibstoff beider Seiten waren 1965 so gering, dass die Kampfhandlungen bald zum Erliegen kamen. 1962 erlaubten Topographie und Klima der Volksbefreiungsarmee ebenfalls nur eine begrenzte Kriegführung. Und alle drei Kontrahenten mussten im Falle längerer Kämpfe nicht nur mit Waffen- und Ölembargos rechnen, sondern auch mit starkem Druck bis hin zu militärischen Interventionen der Supermächte. Bezeichnenderweise forderte Neu Delhi während des Krieges mit China Moskau auf, der Volksrepublik keinen Treibstoff mehr zu liefern. Daraus ergaben sich fast zwangsläufig in allen militärischen Konflikten Blitzkriegsstrategien. Siege hatten nur Bestand, wenn innerhalb kürzester Zeit Fakten geschaffen wurden, wie das mit der indischen Niederlage 1962 oder der pakistanischen Kapitulation 1971 gelang. Und die Veränderungen durften nicht zu umfangreich sein: Eine dauerhafte chinesische Besetzung Assams, die Zerstörung Westpakistans und vermutlich auch größere territoriale Verschiebungen in Kaschmir hätten aller Voraussicht nach eine entscheidende Intervention der Supermächte ausgelöst. Das bedeutete zugleich, dass ein Patt wie das am Ende des Zweiten Kaschmirkrieges 1965 faktisch einer Niederlage gleichkam.

Natürlich strebten die Mächte der Region danach, ihre militärischen Kapazitäten auszubauen, was Pakistan dadurch zu erreichen versuchte, dass es die Waffenlieferanten gegeneinander ausspielte. Islamabad glich in den 1960er Jahren einem Waffenbasar, auf dem die Großmächte sich bemühten, Ayub Khan mit Waffenofferten in ihr jeweiliges Lager zu ziehen. Pakistans Präsident hatte nach 1962 zum Beispiel durchsetzen können, dass die USA im Gegenzug zu ihren Lieferungen an Indien die an sein Land quantitativ und qualitativ ausweiteten. Gleichzeitig erwarb er die ersten chinesischen Waffen. Zwischen 1966 und 1969 waren die Wettbewerber Sowjets und Chinesen.

Die Volksrepublik musste sich dagegen nach dem Bruch mit Moskau auf ihre eigenen Kräfte besinnen und demonstrierte ihre Fähigkeit 1964 mit der Zündung der ersten Atombombe. Dies wiederum zwang Indien

---

93 Kux, Disenchanted allies, S. 111f.

nachzuziehen. Die Supermächte hätten die indische Bombe zumindest verzögern können, wären sie Neu Delhis Wunsch nach einem gemeinsamen nuklearen Schutzschild gegen China nachgekommen.[94] Da alle Anläufe dazu scheiterten, traf Indira Gandhi die Entscheidung zur ersten indischen Nuklearexplosion irgendwann zwischen dem Sommer 1971 und dem September 1972.[95] Pakistan hatte sich angesichts der Niederlage 1971 schon im Januar 1972 für ein eigenes Bombenprogramm entschieden.[96] Diese Kettenreaktion folgte einerseits der Logik der Abschreckung in Südasien. Peking und Neu Delhi hielten die Bombe andererseits auch wegen ihrer Ansprüche auf Mitsprache in der Weltpolitik für unverzichtbar. Aus genau diesem Grund versuchten Sowjets und Amerikaner die Programme zu verhindern. Alle drei Bomben wären ohne technische Kenntnisse aus den Labors der USA und der Sowjetunion nicht zu realisieren gewesen. Weder strenge Exportkontrollen noch politischer Druck in Form des Nichtweiterverbreitungsabkommens konnten ihre Weitergabe verhindern.[97]

Nicht nur die Nuklearprogramme verschlangen enorme Summen, Indien gab auch für seine konventionellen Waffen viel aus: Um die Abhängigkeit von einzelnen Lieferländern zu begrenzen, kaufte es von mehreren, musste dafür aber damit leben, dass die Systeme teils nicht kompatibel waren. Mit großem finanziellen Aufwand wurden zudem Waffen in Lizenz gefertigt: Die Herstellung des britischen Jägers »Gnat« in Indien beispielsweise kostete 90 Prozent mehr als der Import fertiger Flugzeuge. Die Kenntnisse in Sachen moderner Waffentechnologie waren relativ fortgeschritten, reichten jedoch nicht aus, um mehr als 50 Prozent der MiG 21 oder des Panzers »Vijanta« selbst zu produzieren.[98] Immerhin legte Nehru so aber den Grundstein für eine weitgehend autonome Waffenproduktion.[99] Pakistan dagegen war sogar bei leichten Infanteriewaffen zu nicht mehr in der Lage, als die komplett gelieferten Teile zu Hause zusammenzubauen.[100]

Kredite erschienen als ein weiteres probates Mittel, Einfluss auf die Politik schwächerer Staaten zu nehmen. Letztlich erreichte man damit jedoch weniger als mit den Waffenexporten. Die Volksrepublik beispiels-

---

94 Perkovich, Nuclear, S. 86–88.
95 Ebenda, S. 171.
96 Ebenda, S. 165.
97 Ebenda, S. 125–145.
98 Albrecht, Rüstung, S. 121.
99 Singh, Yogi, S. 40.
100 Notiz von Referat III A 4 des Auswärtigen Amtes, zuständig für die Genehmigung von Rüstungsexporten, vom 8. August 1967. Politisches Archiv des Auswärtigen Amtes, B 57, Bd. 751.

weise bezahlte einen hohen Preis für die wirtschaftliche Eigenständig-
keit, überlebte aber. Ihre Strategie ähnelte der der indischen Führung:
Beide Länder wollten schnell eine weitgehende Autarkie erreichen, um
von Importen und Gläubigern unabhängig zu werden. Und Indien gelang es, trotz des Drucks der westlichen Gläubiger im Konsortium weitgehend seine eigenen Entwicklungskonzepte durchzusetzen. Die Geber
konnten Neu Delhi nicht zu einer Kürzung der Militärausgaben bewegen, manchmal ließ es sich nicht einmal vermeiden, dass sie mit ihren
Krediten militärische Prestigeprojekte finanzierten.[101] Denn die indische
Regierung wusste nur zu gut, dass der Westen im eigenen Interesse ein
Scheitern ihres Entwicklungsmodells niemals zulassen durfte und wies
jeden unbequemen »Ratschlag« als Einmischung in innere Angelegenheiten zurück. Als Indira Gandhi aus einer Position der Schwäche heraus
1966 in eine Abwertung der Rupie und eine Importliberalisierung ein-
willigte, durfte man sich in seiner bisherigen Haltung bestätigt fühlen:
Da die Gläubiger nicht willens waren, die Maßnahmen finanziell hinreichend zu stützen, zeitigten diese nachteilige Effekte.[102]

Pakistan hatte zwar auch in diesem Bereich die geringsten Spielräume,
erzielte aber den größten Vorteil. Nach der Schaffung des Aid India Consortium hatte Ayub Khan darüber geklagt, vergessen worden zu sein.
Dabei erhielt Pakistan im Verhältnis zu Indien pro Kopf doppelt so viel
Geld,[103] eine Belohnung für den außenpolitischen Kurs. Da es seine Industrialisierung quasi erst mit der Schaffung des Pakistankonsortiums
begann und seine Wirtschaft vergleichsweise schwach war, musste es eng
mit den Gläubigern zusammenarbeiten.[104] Die finanzielle Abhängigkeit
insbesondere von den USA sorgte dafür, dass die Beziehungen zu China
noch nicht allzu sehr vertieft wurden. Auf der anderen Seite konnte
Eisenhower Islamabad nicht zur Kürzung seiner exorbitanten Militärausgaben[105] bewegen. Denn die CIA, bestens bekannt mit dem neuen

---

101 Das Gupta, Handel, S. 309f.
102 Glietsch, Einfluss, S. 93–95; Marcel Bearth, Weizen, Waffen und Kredite für
    den Indischen Subkontinent. Die amerikanische Südasienpolitik unter Präsi-
    dent Johnson im Dilemma zwischen Indien und Pakistan, 1963–1969, Stutt-
    gart 1990, S. 147–149.
103 John White, Pledged to development. A study of international consortia and
    the strategy of aid, London 1967, S. 58.
104 Ebenda, S. 58–63.
105 Pakistan verwendete bis 1972 stets mindestens die Hälfte aller staatlichen Aus-
    gaben für das Militär. Zwischen 1961 und 1972 bewegten sich diese zwischen
    3,1 und 7,2 % des Bruttosozialprodukts. Devidas B. Lohalekar, US Arms to Pa-
    kistan. A study in alliance relationship, New Delhi 1991, Tabelle 2, S. 85.

starken Mann Pakistans, Ayub Khan, ließ sich gerne davon überzeugen, dass ihre neue Basis eine heikle Angelegenheit war und die indische Bedrohung zunehmend wuchs. Ayub konnte auch auf die Unterstützung des Pentagon bauen, da die Spitzen beider Armeen in den vier Jahren Allianz beste Kontakte aufgebaut hatten.[106] Dennoch darf es erstaunen, dass Pakistan erst ab Mitte der 1960er Jahre auf größere wirtschaftliche Unabhängigkeit mittels einer forcierten Industrialisierung setzte, als es die Supermächte und China von der Notwendigkeit eines eigenen Stahlwerks zu überzeugen versuchte.

Auch die Art, Kriege zu führen und zu rechtfertigen, war teils durch Abhängigkeiten bestimmt. Pakistan erhob seine Ansprüche auf ganz Kaschmir geschickt im Namen des Rechts auf Selbstbestimmung der Moslemmehrheit. Dies war im Kalten Krieg für den Westen eines der zentralen Schlagwörter, hätten freie Wahlen doch das Ende der Herrschaft der Sowjets im formellen wie im informellen Imperium bedeutet. Im Falle Kaschmir waren Zweifel jedoch durchaus angebracht, da dort nie freie Wahlen abgehalten worden waren. Die Mehrzahl der Experten prognostizierte ein Votum für Indien – was wirtschaftliche Vorteile mit sich gebracht hätte – oder für eine Autonomie bzw. die Unabhängigkeit.[107] Je nach aktueller Lage schwankte die Stimmung zwischen diesen beiden Alternativen. Pakistan dagegen durfte bis 1972 kein Ergebnis zu seinen Gunsten erwarten. Obwohl seine Vorwürfe an die Adresse Indiens, dieses verhindere eine Volksabstimmung, im Westen einiges Gehör fanden, hatte Islamabad selbst nie Interesse an ihrer Durchführung.

Die Kluft zwischen Rhetorik und Realität zeigte sich insbesondere im zweiten Kaschmirkrieg: Pakistan schmuggelte Bewaffnete über die Waffenstillstandslinie, die einen Befreiungskrieg initiieren sollten. Dieser hätte den perfekten Vorwand für ein Eingreifen regulärer Truppen geliefert, die dann ein unterdrücktes Volk im Kampf um seine Selbstbestimmung unterstützt hätten.[108] Entgegen den Erwartungen meldeten die Kaschmiris die Eindringlinge jedoch den Behörden. Ayubs zweiter Trumpf erwies als noch schwächer: Er wollte den Angriff auf Kaschmir begrenzen, wo die Geographie Pakistan bevorteilte, um Indien keine Argumente für einen Gegenschlag über die internationale Grenze im Punjab zu liefern. Diese Strategie zahlte sich bei Teilen der westlichen Presse aus, nicht jedoch in Washington, wo niemand glaubte, dass Pakistan nur

---

106 Kux, Disenchanted allies, S. 93–97.
107 Lamb, Kashmir, S. 166; Dietmar Rothermund, Krisenherd Kaschmir. Der Konflikt der Atommächte Indien und Pakistan, München 2002, S. 131–135.
108 Ganguly, Conflict, S. 40; Kux, Disenchanted allies, S. 158.

mit dem Ziel kämpfte, den Kaschmiris eine Abstimmung zu ermöglichen.[109]

1971 erging es Indien ähnlich. Dabei hatte Indira Gandhis Argumentation, man interveniere, um die massiven Menschenrechtsverletzungen in Ostpakistan zu beenden, die zahlreiche unabhängige Beobachter gemeldet hatten, durchaus mehr Substanz. Zudem hatte Indien neun lange Monate zehn Millionen Flüchtlinge ernährt, bevor es zu den Waffen griff. Andererseits war bekannt geworden, dass es ab einem gewissen Zeitpunkt in die Kämpfe in Ostpakistan eingegriffen hatte, indem es die bengalischen Mukti Bahini ausbildete[110] und ihnen schließlich sogar Artillerieunterstützung gewährte.[111] Indira Gandhi strebte damit zweifellos ausschließlich eine Unabhängigkeit Bangladeschs an, fand infolge der Intervention bei den Vereinten Nationen aber nur noch bei den Staaten des Warschauer Paktes Unterstützung. Beide Kriege wurden also im Namen des Selbstbestimmungsrechtes begonnen, beide Male zahlte sich das kurzfristig nicht aus. 1965 handelte es sich um einen reinen Vorwand, 1971 standen die amerikanischen Interessen quer zu den indischen. Immerhin fand Gandhi gewisses Verständnis bei den Staaten der Europäischen Gemeinschaft.[112]

Die regionalen Mächte mussten also innerhalb des Rahmens agieren, den ihnen die Supermächte vorgaben, hinzu kam eine gewisse Abhängigkeit von deren Waffenlieferungen und Krediten. Der Einfluss, den die USA und die Sowjetunion mittels Verträgen, Allianzen oder ihrem Vetorecht gewannen, ist sehr viel schwerer einzuschätzen. Letzteres beispielsweise spielte nur für Indien eine Rolle. Als Demokratie, die darüber hinaus für Gewaltlosigkeit in den zwischenstaatlichen Beziehungen sowie die Beendigung des Kolonialismus eintrat, musste es die Haltung der Weltöffentlichkeit weit mehr berücksichtigen als seine Rivalen, die in der Regel von Diktatoren geführt wurden. Es entbehrt dabei nicht einer gewissen Ironie, dass ausgerechnet das sowjetische Veto Indien vor dem Gesichtsverlust in den Kaschmirdebatten bei den Vereinten Nationen bewahrte. Und die Dankbarkeit Neu Delhis war groß: Während es Nehru gegenüber Frankreich und Großbritannien 1956 wegen ihres Suezaben-

---

109 Kux, Disenchanted allies, S. 161 f.
110 Talukder Maniruzzaman, The Bangladesh revolution and its aftermath, Dhaka 1982, S. 112–116.
111 Ganguly, Conflict, S. 67.
112 Politisches Archiv des Auswärtigen Amtes, B 57, Bd. 691. Kabinettvorlage von Referat I B 5 für Bundesaußenminister Walter Scheel vom 10. Februar 1972 mit dem Titel »Lage auf dem indischen Subkontinent.«

teuers nicht an harten Worten fehlen ließ, dauerte es einige Zeit, bis er die Sowjetunion für ihre Intervention in Ungarn wenigstens vorsichtig kritisierte.[113] Bei der Niederschlagung des Prager Frühlings 1968 enthielt sich seine Tochter Indira Gandhi bei der Abstimmung über eine UN-Resolution, die den Warschauer Pakt dafür verurteilte, allerdings ohne damit in Moskau große Pluspunkte zu erzielen.[114] Pakistan dagegen musste trotz zweier Angriffe auf Kaschmir niemals eine Verurteilung durch den Sicherheitsrat befürchten, weil die Westmächte den Ansprüchen im Namen des Selbstbestimmungsrechtes kaum offen die Unterstützung verweigern konnten. Keine Rolle spielte es, dass Indien die juristischen Argumente auf seiner Seite hatte. Lediglich während der Bangladeschkrise profitierte Pakistan einmal vom Vetorecht der USA, als es für die Massaker an Zivilisten angeprangert wurde.

Ob die USA oder aber Pakistan größere Vorteile aus ihrer Allianz zogen, wird kontrovers debattiert. Wohl erhielt der kleinere Partner Waffen in einem solchen Umfang, dass er sich Indien 1965 überlegen glaubte. Andererseits konnte man 1965 wie 1971 bestenfalls von einer begrenzten Unterstützung durch Washington sprechen, obwohl Islamabad Indien der Aggression bezichtigte und damit die USA gemäß einer Reihe geheimer Zusagen zum Eingreifen verpflichtet gewesen wären. Hätte das Weiße Haus es gewollt, hätte es sich der pakistanischen Sicht der Dinge angeschlossen. Die Regierungen Johnson und Nixon wussten jedoch nicht nur zu gut, dass beide Male eher Pakistan die Schuld am Kriegsausbruch traf, sondern hatten auch keinerlei Interesse an Kriegen in Südasien: Der erste Konflikt schadete den entwicklungspolitischen Bemühungen, der zweite störte die Dreiecksdiplomatie. »The most allied ally« unterlag also zweimal alleine. Darüber hinaus intervenierten die USA gelegentlich heftig in Pakistans innere Angelegenheiten. Kennedy zwang Ayub Khan 1962 zum Verzicht auf einen Angriff auf Indien. Die Entlassung von Außenminister Zulfikar Ali Bhutto 1966, der als der Spiritus Rector der Annäherung an China galt, war nicht nur die Folge seines Zerwürfnisses mit dem pakistanischen Präsidenten, sondern auch ein Bauernopfer, um Lyndon B. Johnson zur Wiederaufnahme der Wirtschaftshilfe zu bewegen.[115]

Die USA dagegen profitierten gleich zweimal erheblich vom Bündnis: Sie konnten zum einen ein Jahrzehnt lang die NSA-Basis in Badaber mit-

---

113 J.A. Naik, Russia's policy towards India. From Stalin to Yeltsin, New Delhi 1995, S. 85–89.
114 Ebenda, S. 126.
115 Kux, Disenchanted allies, S. 171.

samt dem nahe gelegenen Flughafen Peschawar nutzen. Zum anderen durften sie sich Pakistans bedienen, als Henry Kissinger zu seiner ersten geheimen Mission nach Peking aufbrach. Die Flüge des Spionageflugzeugs U2, das in Peschawar startete, brachten Pakistan die erste echte Kriegsdrohung einer kommunistischen Macht ein, als nämlich Chruschtschow für den Fall der Fortsetzung mit einem Nuklearschlag drohte.[116] Andererseits bot die Basis eine exzellente Möglichkeit, die USA fortgesetzt unter Druck zu setzen. Mit dem absehbaren Auslaufen des Pachtvertrages 1968 und seiner letztlichen Kündigung schlug Pakistan gleich doppelten Gewinn daraus. Johnson versprach für die Verlängerung die Lieferung von 200 Kampfpanzern vom Typ »Patton«, von denen Ende 1968 über die Türkei immerhin die Hälfte geliefert wurde.[117] Als Ayub den Vertrag dann schließlich doch auslaufen ließ, honorierte das die Sowjetunion mit einer Ausweitung ihrer Waffenlieferungen. Wie immer man Vor- und Nachteile aufwiegt: Washington war ein schlechtes Geschäft eingegangen. Die Summen für Pakistans wirtschaftliche Entwicklung und sein Militär waren zwar keine allzu großen Posten im amerikanischen Budget. Ins Gewicht fiel aber, dass Pakistan die Allianz offiziell nicht kündigte, sich jedoch der Sowjetunion und insbesondere China zuwandte. Das provozierte und gab ein schlechtes Beispiel für andere ab. Der größte Nachteil der Allianz war jedoch, dass sie die USA zu einer Gratwanderung zwischen Indien und Pakistan zwang, obwohl sie deren Konflikt immer nur als Ärgernis sahen, das ihren globalen Zielen im Wege stand.

Ob Islamabad und Peking je formell einen Bündnisvertrag unterzeichneten, ist nicht bekannt. Aus Sicht Pakistans war die Volksrepublik seit 1962 jedoch ein wichtiger Partner, seit 1965 der engste Verbündete. Beide profitierten davon, dass Indien mit einem Zweifrontenkrieg rechnen musste. Während die Chinesen sich jedoch nach dem Grenzkrieg mit dem Status quo begnügen konnten und es deshalb bei Provokationen und Ultimaten beließen, kämpfte der Habenichts Pakistan 1965 um Kaschmir und 1971 um seine Existenz, beide Male vergeblich. Islamabad war nicht mehr als ein nützliches Werkzeug der chinesischen Indienpolitik. Zugleich hielt es als Symbol dafür her, dass Peking international nicht völlig isoliert war. Weder Ayub noch Yahya Khan erkannten, dass Chinas politisches Interesse an beiden Kriegen ebenso begrenzt war wie seine Macht.

---

116 Ebenda, S. 112f.
117 Foreign Relations of the United States, Bd. XXV, Dokument 526, Fußnote 5, Report from US-Ambassador to Pakistan Oehlert from December 12 1968.

Auch ohne Allianz entwickelte sich zwischen Neu Delhi und Moskau nach 1962 eine enge Partnerschaft. Indien war der Sowjetunion wegen der Waffenlieferungen und der Anwendung des Vetorechts zu seinen Gunsten zu Dank verpflichtet, was es dem Kreml mehrfach erlaubte, die indischen Interessen zu übergehen. Einige der sowjetischen Hilfszusagen waren reine Propaganda und wurden nie umgesetzt, manche der Entwicklungsprojekte hatten kaum einen messbaren ökonomischen Effekt. Das gerne vorgezeigte Stahlwerk Bhilai zum Beispiel wurde zwar zügig errichtet und lief reibungslos,[118] war im Gegensatz zu britischen und deutschen Konkurrenzprojekten jedoch ein veralteter Typ mit begrenzter Produktpalette.[119] Indien wurde unmittelbar vor dem Grenzkrieg mit China sogar regelrecht im Stich gelassen, als Moskau den Export der MiG 21 mitsamt Pilotentraining stoppte. Auch die sowjetische Annäherung an Pakistan in den Jahren 1966 bis 1969 sorgte in Neu Delhi für Bauchschmerzen. Andererseits zahlte sich Indiens Geduld aus, als Moskau während des Kaschmirkrieges 1965 weiter Waffen lieferte[120] und ihm angesichts der chinesischen und amerikanischen Drohungen 1971 die nötige politische Rückendeckung verschaffte. Die Sowjetunion profitierte allerdings auch reichlich von der Zusammenarbeit: Sie ermöglichte Zugang zu den Blockfreien und schuf ein Gegengewicht gegen den Einfluss der USA und Chinas nicht nur in Südasien. In der Summe besaß der Kreml sicherlich die größeren Freiheiten. Er war sich allerdings auch seiner Grenzen bewusst.

Das unausgesprochene Bündnis zwischen den USA und Indien schließlich brachte Letzterem einiges an Finanzhilfen aus dem Westen ein. Zudem hielt Kennedy Ayub 1962 davon ab, Indiens Niederlage gegen China auszunutzen. Die USA andererseits waren 1971 nicht in der Lage, die indische Intervention zu verhindern, obwohl Kissinger offen mit einem Eingreifen Pekings drohte.[121] Alle indischen Regierungen kritisierten die amerikanische Asienpolitik massiv, und unter dem Druck der Öffentlichkeit zog selbst der angeschlagene Nehru 1963 die Zusage zurück, einen Sender der »Voice of America« zuzulassen.[122] Lediglich im Geheimen gab es Ende der 60er Jahre eine kurzfristige Zusammenarbeit, als

---

118 Santosh Mehrotra, India and the Soviet Union: trade and technology transfer, New Delhi 1990, S. 109 f.
119 Hans Edgar Jahn, Vom Bosporus nach Hawaii. 14 Stationen einer Weltreise. 14 Herausforderungen des Weißen Mannes, München 1962, S. 105.
120 Tahir-Kheli, Influence, S. 22.
121 Ganguly, Conflict, S. 65.
122 Kux, Estranged democracies, S. 215.

man gemeinsam einige Radaranlagen in höchsten Lagen des Himalaja installierte, mit denen die US-Geheimdienste die Fortschritte des chinesischen Raketenprogramms überwachten.[123] Immerhin durfte sich Washington zugute halten, dass Indien auch dank seiner Unterstützung bewies, dass sich arme Länder mit demokratischen Methoden wirtschaftlich entwickeln konnten.

Schluss

Eine Bilanz der Erfolge der USA und der Sowjetunion in Südasien muss recht unterschiedlich ausfallen. Beide versuchten, mittels Waffenexporten, Finanzhilfen sowie politischer Zusammenarbeit bzw. Druck Einfluss auf die Staaten der Region zu gewinnen. 1972 waren die USA unverändert ein wichtiger Financier des Subkontinents. In fast jeder anderen Hinsicht hatten sie ihren Einfluss in Pakistan und Indien zugleich verloren. Wohl veränderten Nixon und Kissinger mit ihrer Dreiecksdiplomatie die Kräfteverhältnisse in der Welt und Südasien war dabei ein Faktor – sicher aber kein entscheidender. Der Sowjetunion dagegen war es gelungen, dauerhaft gute Beziehungen zur regionalen Vormacht Indien aufzubauen, auch wenn dies teils auf Kosten des Verhältnisses zu China ging. Dabei zahlte sich aus, dass der Kreml eine konsistente und beständige Südasienpolitik verfolgte, während die der USA politische Grundkonstanten in der Region ignorierte. Als noch schlimmer erwies sich, dass die Dreiecksdiplomatie auch in sich widersprüchlich und inkonsequent blieb. Für die Mächte der Region erwies sich Realpolitik langfristig ebenfalls als das bessere Konzept. Pakistan war nie bereit, seine eigenen Möglichkeiten oder die Interessen seiner Partner realistisch einzuschätzen.[124] Indien hatte sich gegenüber China anfangs ähnlich verhalten, 1962 allerdings seine Lehren aus den Ereignissen gezogen. Peking betrieb ohnehin klassische Machtpolitik, während ideologische Grundsätze letztlich kaum eine Rolle spielten. Auch in Südasien stellten sich außenpolitischer Erfolge dann ein, wenn es gelang, regionale und globale Interessen auf einen Nenner zu bringen.

---

123 M.S. Kohli und Kenneth Conboy, Spies in the Himalayas. Secret missions and perilous climbs, New Delhi 2002.
124 Ganguly, Conflict, S. 7.

Elaine Windrich
Der Kalte Krieg in Südafrika.
Von Luanda nach Pretoria 1961–1989

Der Kalte Krieg erreichte Afrika mehr als ein Jahrzehnt später als Europa, Asien, den Mittleren Osten und Lateinamerika. Dies gilt vor allem für das südliche Afrika – eine Region, die noch von Kolonialherrschaft und von weißen Siedlern dominiert wurde, so etwa in den portugiesischen Kolonien Angola und Moçambique, in der »selbstverwalteten Kolonie« Südrhodesien, in der Republik Südafrika und in Namibia, einem UN-Treuhandgebiet, das entgegen den Bestimmungen dieses Mandats von der südafrikanischen Regierung in Pretoria als fünfte Provinz (Südwestafrika) annektiert worden war. Weil diese weißen Minderheitenregime sich verbissen den »winds of change« widersetzten (trotz der Warnung des britischen Premierministers Harold Macmillan, dass diese Winde aus dem Norden die Festungen im Süden hinwegfegen würden), lancierten afrikanische Führer nationale Befreiungskriege und behaupteten, den Willen der Bevölkerungsmehrheit ihres jeweiligen Landes zu vertreten. Dass diese Kriege in den meisten Fällen jahrzehntelang andauerten, lag zunächst am anhaltenden Widerstand der weißen Minderheiten- oder Kolonialregime. Das Regime Südafrikas betrieb sogar eine Politik der Destabilisierung der neuen unabhängigen Nachbarstaaten, um der Möglichkeit entgegenzuwirken, dass diese Länder zu Vorbildern für erfolgreich von einer schwarzen Mehrheit regierten Staaten werden konnten. Pretoria wollte darüber hinaus verhindern, dass solche Länder Rückzugsmöglichkeiten, Material und militärische Stützpunkte für die nationalen Befreiungskriege der Region bieten konnten, die noch nicht entschieden waren – jene in Namibia und in Südafrika selbst.

Zwar kam der Kalte Krieg erst spät nach Afrika, doch weil die Supermächte sich in die bereits bestehenden Konflikte einmischten, trug er schon bald zur Eskalation der Gewalt bei. Die Kontrahenten wurden militärisch ausgebildet und erhielten hoch entwickelte Waffen; hinzu kamen in vielen Fällen diplomatische und materielle Unterstützung. Von dieser Freigebigkeit profitierten sowohl die portugiesischen Kolonialisten als NATO-Verbündete mit einem von den Amerikanern begehrten Stützpunkt auf den Azoren, als auch die vom sowjetischen Block und China belieferten Guerillakräfte. Somit wurde in Afrika aus dem Kalten Krieg ein »heißer Krieg«, und es vergeht seit 1960 kein Tag, an dem

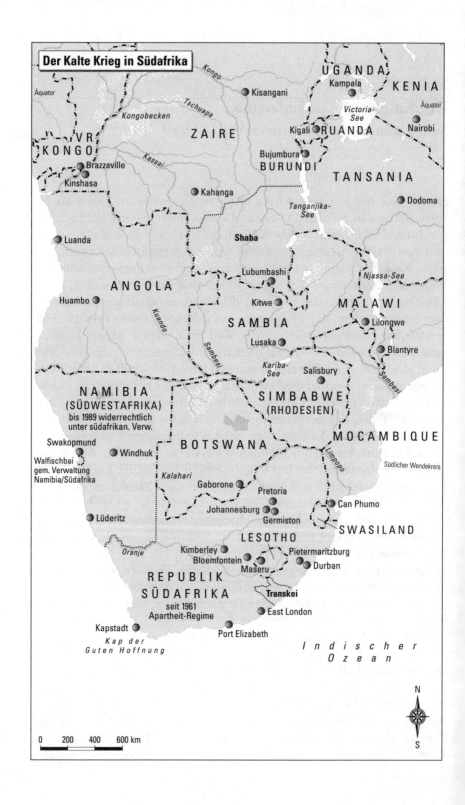

Der Kalte Krieg in Südafrika

Äquator

Kongo

Tschuapa

Kisangani

UGANDA

Kampala

KENIA

Victoria-See

Äquator

Nairobi

Kongobecken

ZAIRE

Kigali RUANDA

VR
KONGO

Kassai

Bujumbura

BURUNDI

Brazzaville

Kinshasa

TANSANIA

Kahanga

Dodoma

Luanda

Shaba

Tanganjika-See

Lubumbashi

Njassa-See

ANGOLA

Kitwe

MALAWI

Huambo

Kuando

SAMBIA

Lilongwe

Lusaka

Blantyre

Sambesi

Kariba-See

Salisbury

Sambesi

NAMIBIA
(SÜDWESTAFRIKA)
bis 1989 widerrechtlich
unter südafrikan. Verw.

SIMBABWE
(RHODESIEN)

MOÇAMBIQUE

Swakopmund

BOTSWANA

Limpopo

Südlicher Wendekreis

Walfischbai
gem. Verwaltung
Namibia/Südafrika

Windhuk

Kalahari

Gaborone

Pretoria

Can Phumo

Johannesburg

Germiston

SWASILAND

Lüderitz

Oranje

LESOTHO

Kimberley

Pietermaritzburg

Bloemfontein

Maseru

Durban

REPUBLIK
SÜDAFRIKA
seit 1961
Apartheit-Regime

Transkei

East London

Kapstadt

Kap der
Guten Hoffnung

Port Elizabeth

Indischer
Ozean

N

S

0   200   400   600 km

nicht irgendwo auf dem Kontinent gekämpft wird.[1] Angesichts dieser Konflikte, die unzähligen Afrikanern das Leben gekostet haben, war der für die Nordatlantikregion als »langer Frieden«[2] charakterisierte Kalte Krieg in Afrika eher ein »grausamer Frieden«,[3] der von weit verbreiteter Gewalt und ständigen Kampfhandlungen gekennzeichnet war.

Selbstverständlich können nicht alle afrikanischen Konflikte dem Kalten Krieg zugerechnet werden, auch wenn viele Konfliktparteien als Folge der Waffenlieferungen – die dazu dienen sollten, Freunde zu gewinnen und Verbündete zu beeinflussen – in diese Auseinandersetzungen hineingezogen wurden. Die Mehrzahl der afrikanischen Kriege war das Ergebnis von Grenzstreitigkeiten, regionalen Rivalitäten oder ethnischen Konflikten, in denen sich die Supermächte gemäß ihrer selbst wahrgenommenen Interessen einmischten; manchmal geschah dies nur aufgrund der Strategie, die Gegenseite möglichst aus der Region herauszuhalten. Insbesondere im südlichen Afrika wurde jedoch der Kalte Krieg unentwirrbar mit den antikolonialen Kämpfen gegen die Herrschaft der weißen Minderheit verknüpft. Wie nationale afrikanische Führer – ob Nelson Mandela, Samora Machel und Agostinho Neto oder Robert Mugabe, Joshua Nkomo und Sam Nujoma – bereits damals feststellten, wurde Krieg erst dann eine notwendige Option, als ihnen sämtliche friedliche Mittel der Veränderung versagt blieben. Der Kalte Krieg war somit zwar nicht die Ursache dieser antikolonialen Kriege, doch die Interventionen auf der einen oder anderen Seite bedeuteten, dass die Kämpfe eskalierten und verlängert wurden, zuungunsten der Menschen in der Region, die große persönliche und materielle Entbehrungen erleiden mussten. Zudem hat der Kalte Krieg im südlichen Afrika letztlich »die Dekolonisierung von Angola, Mozambique, Namibia und Simbabwe nachhaltig behindert«.[4]

Eine bedeutende Rolle für den Kalten Krieg im südlichen Afrika spielte die Propaganda. Der Krieg der Worte wurde im Süden Afrikas schärfer ausgetragen als in anderen Teilen des Kontinents. Die Propaganda des Kalten Krieges war eine globale Erscheinung. Im südlichen Afrika hatte sie jedoch einen spezifischen Akteur: das Apartheidregime. Wie der

---

1 Jeremy Harding, The Fate of Africa, New York 1993, S. 13.
2 So der Titel eines Buchs von John Lewis Gaddis, The Long Peace. Inquiries into the History of the Cold War, New York 1987.
3 Fred Inglis, The Cruel Peace: Everyday Life and the Cold War, New York 1991.
4 Fred Marte, Political Cycles in International Relations. The Cold War and Africa, 1943–1990, Amsterdam 1994, S. 364.

»Muldergate«-Skandal des Jahres 1978 zeigte, verfügte die so genannte »Informationsabteilung« der Regierung in Pretoria über einen unbegrenzten Zugang zu finanziellen Mitteln, mit denen sie in Übersee und insbesondere in den USA, Großbritannien und Westeuropa die öffentliche Meinung zu beeinflussen und Freunde und Unterstützer für die eigene Sache zu gewinnen suchte. Auch nachdem der verantwortliche Minister nach »finanziellen Unregelmäßigkeiten« entlassen worden war,[5] setzte man den Propagandafeldzug fort, nun behutsamer. Man verzichtete darauf, den Ehefrauen einflussreicher US-Abgeordneter Pelzmäntel anzubieten. Auch wurde nun der inhaltliche Schwerpunkt verlagert; statt die nicht zu rechtfertigende Apartheidpolitik zu verteidigen, wurde ein »totaler Angriff« auf Südafrika als Teil einer weltweiten kommunistischen Verschwörung konstruiert. In den USA fand diese Version großen Anklang. Ein weiterer Hauptakteur im Propagandakrieg war der angolanische Guerillaführer Jonas Savimbi, der von der Reagan-Regierung als »Freiheitskämpfer« im antikommunistischen Feldzug rekrutiert wurde und dessen Partei, die UNITA (União Nacional para a Independência Total de Angola / Nationale Union für die vollständige Unabhängigkeit Angolas) erstmals in den 1970er Jahren von US-Außenminister Henry Kissinger Unterstützung erhielt und später zum größten Empfänger von amerikanischer Militärhilfe unter sämtlichen rechtsgerichteten Rebellenbewegungen in der Dritten Welt wurde. Da Südafrika zu den wichtigsten Unterstützern von Savimbi zählte, spielte die UNITA eine prominente Rolle in der von Pretoria geführten Kampagne zur Beeinflussung der öffentlichen Meinung in Afrika und in anderen Erdteilen.[6]

Der Weg nach Luanda

Wann und wo der Kalte Krieg in Afrika ausbrach, ist eine umstrittene Frage. Für das südliche Afrika wurden als Beginn meist die frühen 1960er Jahre angegeben – nämlich die Aufstände in Luanda und im nördlichen Angola. In dieser Zeit beginnt die Blockausrichtung von Staaten und Bewegungen entlang der Bruchlinien des Kalten Krieges – die USA unterstützten die von Holden Roberto angeführte FNLA (Frente Nacional de Libertação de Angola / Nationale Front für die Befreiung Angolas). Die FNLA setzte sich überwiegend aus Angehörigen der Bakongo-Völker zu-

---

5 Siehe M. Rees/C. Day, Muldergate, Johannesburg 1980.
6 Siehe Elaine Windrich, South Africa's Propaganda War, in: *Africa Today* 35 (Winter 1989), Heft 1, S. 51–60.

sammen und war vor allem in Zaire verankert, wo sie durch ethnische und familiäre Beziehungen mit dem kongolesischen Präsidenten Mobutu verbunden war (der seinerseits während des Bürgerkriegs dort nach einer US-Intervention an die Macht gekommen war). Zeitgleich wurde die vom Mediziner und Lyriker Agostinho Neto angeführte MPLA (Movimento Popular de Libertação de Angola / Volksbewegung für die Befreiung Angolas) als Hauptgegenspieler der FNLA und einzige Kraft mit landesweiter Unterstützung und einer linksorientierten Agenda zum Empfänger sowjetischer (und auch kubanischer) Hilfe, einschließlich Militärgüter und -ausbildung. Etwas später, nämlich Mitte der 1960er Jahre, kam die UNITA als dritter Kontrahent hinzu, nachdem Savimbi der FNLA als »Stammespartei« den Rücken gekehrt hatte, um fortan im zentralen Hochland als Anführer seines eigenen Volkes, der dort ansässigen Ovimbundu, weiterzukämpfen. Da die UNITA eine maoistische Ideologie vertrat (und die Sowjeunion bereits die MPLA förderte), erhielt sie in der Anfangsphase hauptsächlich von China Unterstützung, auch hier inklusive Waffen und militärischer Ausbildung.

Angesichts dieser Konstellation kam der Bürgerkrieg wenig überraschend, als Angolas portugiesische Kolonialherren 1975 ihren Abschied ankündigten. Gleichwohl handelte es sich nicht um einen Bürgerkrieg im üblichen Sinne. Denn jede der verfeindeten Parteien in diesem Konflikt wurde von einem der Kontrahenten im Kalten Krieg bewaffnet und unterstützt. Zu diesen Mächten zählte auch Südafrika, dessen SADF (South African Defence Force, die damalige Bezeichnung der Streitkräfte der Republik Südafrika) zunächst FNLA- und UNITA-Einheiten trainierte und dann in Angola einmarschierte mit der Absicht, mit ihren Stellvertretertruppen das durch die abziehenden Portugiesen entstandene Machtvakuum auszufüllen. Als jedoch die von Südafrika angeführte Invasion im Begriff war, Luanda einzunehmen, noch bevor am 11. November 1975 die Unabhängigkeit Angolas ausgerufen werden konnte, stieß sie auf einige hundert kubanische Soldaten, die zuvor die MPLA ausgebildet hatten und nun versuchten, den Angriff abzuwehren. Bald erhielten die Kubaner Verstärkung von mehreren tausend Landsleuten, die auf dem See- und Luftweg Angola erreichten. Die nötigen Transporte wurden größtenteils von der Sowjetunion durchgeführt, die von den Kubanern um Unterstützung gebeten worden war.

Von der legendären Verteidigung Luandas, der Einsetzung einer MPLA-Regierung am Tag der Unabhängigkeit und vom beschämenden Rückzug der SADF aus Angola ist vielfach berichtet worden. Wie jedoch diese Ereignisse vom Kalten Krieg geprägt wurden und wie die Protagonisten sie instrumentalisierten, um ihre eigene Rolle im Konflikt zu rechtfertigen, wird im Folgenden beleuchtet. Im Propagandakrieg um Angola erlitten die USA eine schwere Schlappe, als publik wurde, dass die Vereinigten Staaten die geheime Invasion Angolas durch das Apartheidregime unterstützt hatten. Die Lage verschärfte sich, als sich der südafrikanische Premierminister öffentlich darüber beschwerte, dass die Amerikaner sein Land zunächst ermuntert hätten, in Angola einzugreifen, dann jedoch die Südafrikaner im Stich gelassen hätten, nachdem eine Rüge des US-Kongresses und die internationale Verurteilung der amerikanischen Zusammenarbeit mit dem geächteten Regime zum Abbruch der Geheimmission geführt hatten. Kissinger bemühte sich, den durch die fehlgeschlagene Operation entstandenen Schaden zu begrenzen, berief sich aber dabei auf das Prinzip des Kalten Krieges. Es sei legitim, so sein Argument, einer Seite in einem solchen Konflikt zu helfen, wenn die Gegenseite von der Sowjetunion Unterstützung bekäme; dabei gab er allerdings zu, selbst kaum Unterschiede zwischen den angolanischen Widersachern erkennen zu können.[7]

Nur wenige ließen sich von solchen Ausflüchten überzeugen, insbesondere nachdem der Leiter der CIA-Operation in Angola, John Stockwell, den Dienst quittierte und eine detaillierte, nicht autorisierte Darstellung des gesamten Debakels veröffentlichte, die auch die Rekrutierung krimineller ausländischer Söldner enthüllte.[8] So wurde der Angolakonflikt weiterhin kontrovers unter Akademikern und Journalisten, Politikern und Experten debattiert. In den US-Medien wurde zum Beispiel das Ergebnis überwiegend als verpfuschte Operation bewertet, die zum »Verlust« von Angola an die Kommunisten und zur Entfremdung der Weltgemeinschaft von den USA geführt habe, da insbesondere die Mehrzahl der afrikanischen Staaten die USA nunmehr als Verbündete der Apartheid betrachtete. Zugleich kritisierten die Medien die Sowjetunion, weil sie in einem Konflikt interveniert hatte, der fernab von ihrem europäischen Einflussbereich ausgetragen wurde. Man warf ihr vor, kubanische »Stellvertreter« oder »Söldner« eingesetzt zu haben. Den Russen wurde vorgehalten, sie wollten Militärbasen in Angola aufbauen, um damit den Zugang des Westens zur so genannten »Kaproute« Richtung Osten und den strategisch wichtigen Rohstoffvorkommen im südlichen Afrika zu blockieren.[9]

---

7   Gerald Bender, Kissinger in Angola: Anatomy of a Failure, in: Rene Lemarchand (Hg.), American Policy in Southern Africa, Washington, D.C., 1978, S. 75.
8   Siehe John Stockwell, In Search of Enemies. A CIA Story, New York 1978.
9   Zu den Pressestimmen siehe Editorials on File, Bd. VI, Nr. 23–24 (Dezember 1975) und Bd. VII, Nr. 5 (März 1976).

Während die Medien bald das Interesse am Thema verloren, insbesondere nachdem eine unabhängige angolanische Regierung von der Organisation der Afrikanischen Einheit (OAU) und von der UNO (nicht jedoch von den USA und Südafrika) anerkannt wurde, debattierten Wissenschaftler weiter über den Angolakonflikt. Die meisten von ihnen bedauerten ebenso wie die Journalisten den »Verlust« Angolas an das kommunistische Lager, wenngleich kaum jemand die südafrikanische Alternative favorisierte oder eine Neuauflage des Krieges befürwortete. Stattdessen warf man der »Gegenseite« vor, sie habe sich von außen eingemischt. Gemäß der Logik des Kalten Krieges bedeutete dies, dass die amerikanische Intervention als legitime und vermeintlich provozierte Antwort auf die sowjetisch-kubanische »Invasion« Angolas bewertet wurde. Dies wiederum bedeutete, dass Südafrika, als Agent der Vereinigten Staaten, gänzlich aus der Gleichung verschwand.

Die Kritiker dieser Interpretation dürfen heute, 25 Jahre später, mit Genugtuung feststellen, dass nun zugänglich gewordene Archivquellen aus Kuba, Russland und Portugal belegen, dass die kubanischen Truppen von Präsident Fidel Castro entsandt wurden, um eine südafrikanische Invasion abzuwehren, die bereits im Gang war, als die Kubaner am Vorabend des Abzugs der Portugiesen in Angola ankamen. Die Kubaner agierten keineswegs als »Marionetten« oder »Stellvertreter« der Sowjetunion, sondern waren selbst die Initiatoren der Intervention in Angola; sie betrachteten ihre Mission als »einen Akt der internationalen Solidarität« und als Fortsetzung ihrer seit den 1960er Jahren bestehenden Unterstützung der MPLA. Sie waren es, die die Sowjetunion – die Angst hatte, die aktuelle sowjetisch-amerikanische Entspannungspolitik zu gefährden – dazu überredet hatten, schweres Transportgerät, Panzer und Waffen bereitzustellen, die den Sieg der MPLA und Kubaner herbeiführten.[10] Trotz dieser Erkenntnisse, die eine ganze Generation von historischen Darstellungen über Angola, die vom Kalten Krieg geprägt waren, widerlegten (ebenso wie die von Südafrika, der UNITA und ihren Fürsprechern verbreitete Propaganda[11]), blieben viele andere Aspekte des Kalten Krieges in jenem Land umstritten, nicht zuletzt deshalb, weil der

---

10 Piero Gleijeses, Conflicting Missions: Havana, Washington and Africa, 1959–1976, Chapel Hill 2002, S. 231–372 und seinen Beitrag in diesem Band. Siehe auch Cold War International History Project Bulletin (Winter 1996/97), Heft 8–9, S. 5–37.

11 Darunter zum Beispiel das lobhudelnde Werk von Fred Bridgland, Jonas Savimbi. A Key to Africa, Edinburgh 1986, und Martin James, A Political History of the Civil War in Angola, New Brunswick, NJ, 1992, das eine UNITA-freundliche Position vertritt.

Konflikt in den 1980er Jahren im Rahmen des antikommunistischen Feldzuges der Reagan-Regierung in der Dritten Welt mit neuer Schärfe wieder aufflammte.

Der Kampf um Simbabwe

Bestürzt über den peinlichen Ruckzug aus Angola und bestrebt, die Gewichte im Kalten Krieg zu ihren Gunsten zu verschieben, eröffneten die USA nur zwei Monate nach dem Debakel eine neue Initiative. Sie sollte die Botschaft vermitteln, Amerika stehe keineswegs auf der Seite des weißen Minderheitenregimes in Pretoria, sondern vielmehr auf der Seite der von Schwarzen regierten afrikanischen Länder. In einer völligen Umkehrung seiner früheren Politik auf Grundlage der Prämisse: »Im südlichen Afrika sind die Weißen für immer da«,[12] verkündete Außenminister Kissinger nun in Lusaka, die USA seien Verfechter einer afrikanischen Mehrheitsregierung in Rhodesien, wo ein anderer Befreiungskrieg entflammt war. Er selbst werde die »Frontstaaten« Sambia und Tansania und die Regierungen von Südafrika und Rhodesien in diplomatischer Mission konsultieren, um die Umsetzung eines (von den Briten bereits entworfenen) anglo-amerikanischen Plans für die Unabhängigkeit Rhodesiens unter einer afrikanischen Mehrheitsregierung voranzutreiben. Kissinger hatte die Lektion aus dem Angolakonflikt gelernt und warnte nun alle externen Mächte davor, sich in die internen Angelegenheiten Afrikas einzumischen. Ferner bestätigte er die amerikanische Unterstützung des Lusaka-Manifests zur Befreiung des südlichen Afrika aus dem Jahr 1969.[13] Obwohl er keine der »üblichen Verdächtigen« nannte, war es offensichtlich, dass seine Warnung den etwa 12 000 Kubanern galt, die in Angola geblieben waren, um die SADF-Angriffe abzuwehren und um – Ironie der Geschichte – die dortigen amerikanischen Ölanlagen zu schützen, die für die angolanische Wirtschaft von entscheidender Bedeutung waren.

Allerdings war es so gut wie ausgeschlossen, dass die Kubaner – ob mit oder ohne Unterstützung der Sowjetunion – nach Rhodesien weiterziehen würden, denn die Verteidigung Angolas war eine längerfristige Mission, die den kleinen, weit entfernt liegenden Inselstaat ohnehin bis

---

12 M. A. El-Khawas/B. Cohen (Hg.), National Security Memorandum 39: The Kissinger Study of Africa, Westport, CT, 1976.

13 Abgedruckt in: Henry Kissinger, American Foreign Policy, New York 1977, Kapitel 15.

an die Grenzen seiner Kapazitäten brachte. Hinzu kam, dass Kuba keine historischen Verbindungen zu den Befreiungsbewegungen in Rhodesien hatte (wie jene, die es mit der MPLA verbanden) und bei der Ausbildung von dessen Guerillaarmeen keine Rolle gespielt hatte. Dies hinderte das Regime von Ian Smith in Rhodesien nicht daran, die vermeintliche kommunistische Bedrohung zu propagieren. Rhodesien sollte eine »selbstverwaltete« britische Kolonie mit einer eigenen Armee und Luftwaffe und Tausenden von Söldnern (darunter auch Einheiten der SADF) bleiben, um die Vorherrschaft der Weißen gegen die Kräfte der Patriotischen Front zu verteidigen. Diese Patriotische Front war eine auf Zeit geschlossene Allianz zwischen Robert Mugabes ZANU (Zimbabwe African National Union) und Joshua Nkomos ZAPU (Zimbabwe African People's Union). In Ian Smiths Propagandakrieg wurden die afrikanischen Nationalparteien, die weiße Minderheitenregierungen herausforderten, wie die SWAPO in Namibia oder die ANC in Südafrika, als »kommunistische Terroristen« dargestellt.[14]

Die von Kissinger in Lusaka verkündete Kehrtwende in der US-Politik enthielt ein Versprechen: Der Westen werde niemals einem Regime zu Hilfe eilen, das deshalb unter UN-Sanktionen stand, weil es unrechtmäßig die eigene Unabhängigkeit erklärt hatte, um den rassistischen Status quo zu erhalten. Allerdings würde man ebenso wenig intervenieren, um ein solches Regime zu entfernen oder die Guerillas mit den notwendigen Mitteln ausstatten, um selbst diese Aufgabe zu erledigen. Bereits 1965 hatte sich die britische Regierung diesem Grundsatz folgend geweigert, auf die unilaterale Unabhängigkeitserklärung des Smith-Regimes in Rhodesien mit einer Intervention zu antworten. Stattdessen hatte Großbritannien darauf gesetzt, dass die UN-Sanktionen (die von Südafrika und Portugal verletzt wurden) den Sturz der Rebellen herbeiführen würden. Da sich der Westen also weigerte, Waffen für einen nationalen Befreiungskrieg zu liefern, wandten sich die Afrikaner auf der Suche nach Militärhilfe an den Ostblock. Und da nach dem Bruch zwischen der ZAPU und der ZANU in den frühen 1960er Jahren sich nun zwei rivalisierende Guerillalager gegenüberstanden, gab es zwei rivalisierende kommunistische Unterstützer: Die Sowjetunion war zusammen mit der DDR die Hauptlieferantin der ZAPU, während China (später gefolgt von Nord-Korea und Rumänien) die Hauptquelle der Militärhilfe für die ZANU war. Obwohl beide afrikanischen Seiten ihr Engagement für den »Marxismus« verkündeten (im Falle der ZANU in

---

14 Siehe das gut illustrierte Buch von Julie Frederikse, None But Ourselves. Masses versus Media in the Making of Zimbabwe, Johannesburg 1982.

einer maoistischen Version), wertet man diese Bekenntnisse im Allgemeinen eher als Zugeständnis an die jeweiligen Gönner denn als Blau-
pause für die Zukunft Simbabwes.[15]

Die diplomatische Initiative der USA kam verspätet und scheiterte,
wie alle Versuche, eine diplomatische Lösung herbeizuführen, zuvor bereits gescheitert waren, und zwar vornehmlich aus demselben Grund –
wegen des Widerstands von Ian Smith und seiner Rhodesian Front gegen
eine afrikanische Mehrheitsregierung.[16] »Nicht, solange ich lebe«, hieß
Smiths Devise. Kissinger wollte dies nicht wahrhaben. Er war davon
überzeugt, dass seine diplomatischen Fähigkeiten auch dort Erfolge zeitigen würden, wo bereits vier britische Regierungen gescheitert waren.
So oder so brauchte der Außenminister einen schnellen »Sieg« in Rhodesien, als Ausgleich für seine »Niederlage« in Angola und als diplomatischen Coup zum Ende seiner Amtszeit.

Es folgten beinahe sechs Monate der »Pendeldiplomatie«, in denen
Kissinger einerseits mit dem sambischen Präsidenten Kenneth Kaunda
und seinem tansanischen Amtskollegen Julius Nyerere beriet und andererseits mit Ian Smith und dem südafrikanischen Präsidenten John Vorster verhandelte. Kaunda und Nyerere sollten ZAPU und ZAWU für eine
gemeinsame Lösung gewinnen, während Vorster das Smith-Regime im
amerikanischen Sinn beeinflussen sollte. Schließlich ging jedoch das
ganze Unternehmen in einem Morast von Missverständnissen unter. Kissinger hatte zwar Smiths Einverständnis erhalten, eine afrikanische
Mehrheitsregierung zu akzeptieren und innerhalb von zwei Jahren zu
verwirklichen. Im Gegenzug musste Kissinger jedoch eine Ergänzung des
ursprünglichen britischen Plans zubilligen: Nun sollte der Übergang zur
schwarzen Mehrheitsregierung von den Weißen kontrolliert werden.
Diese Änderung war für die anderen Verhandlungspartner völlig inakzeptabel, und so scheiterte ein weiterer Versuch, den Rhodesienkonflikt
auf dem Verhandlungsweg zu lösen; das Smith-Regime blieb an der
Macht. Für die Patriotische Front bedeutete dies nicht nur die Fortsetzung des bewaffneten Kampfes, sondern auch eine noch stärkere Abhängigkeit von ihren Unterstützern – den Staaten des sowjetischen Blocks
und China –, ein für Kissinger unerfreuliches Ergebnis.[17] Der Krieg dau-

---

15 Zur Sowjetunion und Simbabwe siehe Keith Sommerville, Southern Africa and
    the Soviet Union, London 1993, S. 124–166.
16 Für Einzelheiten zu diesen Verhandlungen siehe Elaine Windrich, Britain and
    the Politics of Rhodesian Independence, London 1978.
17 Zur Mission Kissingers siehe Elaine Windrich, Rhodesia. The Road from

erte infolgedessen weitere drei Jahre; in dieser Zeit waren die »Front-staaten« und die Guerillastützpunkte in diesen Ländern das Ziel von Luftangriffen der rhodesischen Sicherheitskräfte. Die Gesamtzahl der Toten in diesem Konflikt betrug etwa 40 000.

Guerilla des Kalten Krieges

Nach 1980 hörte man in Simbabwe oft die Bemerkung, es sei für das Land ein großes Glück gewesen (und ein Ergebnis des vom Common-wealth ausgeübten Drucks auf die Thatcher-Regierung, sich für ein Ende des Krieges einzusetzen), vor der Präsidentschaft Ronald Reagans die Unabhängigkeit erlangt zu haben. Anderenfalls, so hieß es, wäre Sim-babwe möglicherweise ein Opfer des antikommunistischen Feldzuges der Reagan-Regierung geworden, der sich gegen die von der Sowjet-union und China unterstützten linken Bewegungen richtete. Wie auch immer: Tatsächlich wurden die Angolaner die eigentlichen Opfer dieser Kampagne; kaum hatte das Land die erste Bedrohung seiner Unabhän-gigkeit durch auswärtige Kräfte überlebt, schon musste es einer zweiten, ungleich gefährlicheren Intervention begegnen. Schon bald nachdem die MPLA-Regierung von der Weltgemeinschaft akzeptiert (nicht jedoch von den USA und Südafrika anerkannt) worden war und damit begon-nen hatte, das von einem 20-jährigen Krieg zerstörte Land wiederaufzu-bauen, wurde Angola zur Hauptzielscheibe der südafrikanischen Politik der Destabilisierung der von Schwarzen regierten Nachbarländer. Die SADF griff von jenseits der Grenze wiederholt an, zerstörte militärische und zivile Infrastruktur und besetzte sogar angolanisches Gebiet. Ap-pelle der MPLA-Regierung an die UNO, die Angriffe zu verurteilen, ver-hallten ohne Wirkung, weil die USA die Verabschiedung entsprechender Resolutionen durch Veto oder Enthaltung verhinderten. Die Kalten Krieger der Reagan-Administration verteidigten sich mit dem Hinweis auf die kubanische Präsenz in Angola, obwohl die kubanischen Truppen im Land geblieben waren, um Südafrika von weiteren Angriffen abzu-halten. Ferner kritisierten die USA diese Resolutionen als »unausgewo-gen«, da Angola angeblich eine südafrikanische Intervention provoziert hätte, indem es Südafrikas Feinden – den Guerillakämpfern der SWAPO (South West African People's Organization) und des ANC (African Na-tional Congress) – Zuflucht böte. Damit wurde die Wiederaufnahme des

Luanda to Geneva, in: *The World Today and Europa Archiv*, März 1977, S. 101–111.

Kalten Krieges in Angola noch stärker als zuvor mit den Kämpfen zur Befreiung Namibias und zur Beendigung des Apartheidregimes in Südafrika verschränkt.[18]

Es gab jedoch Grenzen, die Südafrika bei seinem so genannten Grenzkrieg mit Angola nicht überschreiten durfte, wenn es einer erneuten Konfrontation mit den Kubanern und Russen aus dem Weg gehen wollte. Außerdem musste die Regierungspartei darauf bedacht sein, nicht die Wut ihrer weißen Wählerschaft, deren wehrpflichtige Söhne in den Kampfhandlungen starben, zu provozieren. Südafrika baute daher eine Stellvertreterarmee auf, eine Armee aus Schwarzafrikanern als Kanonenfutter für die Überfälle auf Angola. Dadurch vermittelte man der Welt den Eindruck, der Konflikt sei alles andere als ein Rassenkrieg. Bis dahin hatte sich die SADF lediglich auf ein kleines Kontingent angolanischer Soldaten gestützt, die von der besiegten FNLA rekrutiert worden waren. Doch nun musste Südafrika auch dafür sorgen, eine hinreichend große angolanische Kraft aufzubauen, die in der Lage sein würde, anstelle der MPLA die Regierungsgeschäfte in Angola zu führen. Um diese Aufgaben zu erfüllen, hatte Südafrika (nun unter der Führung des kriegstreiberischen ehemaligen Verteidigungsministers Pieter Botha, des Architekten der früheren Invasion Angolas) Jonas Savimbi rekrutiert, zusammen mit seinen verbliebenen Guerilakämpfern, die den Rückzug, ihren »langen Marsch«, aus ihrem Hauptstützpunkt im zentralen Hochland Angolas überlebt hatten. Diese Truppe von UNITA-Kämpfern, die den ihnen nachsetzenden Kräften der MPLA und der Kubaner entkommen waren, sollte jetzt die Südostecke Angolas besetzen und dort ein Hauptquartier mit dem Namen »Jamba« errichten, das von einem SADF-Stützpunkt auf der anderen Seite der Grenze in Namibia geschützt werden sollte. Südafrika wollte dort auch einen geheimen Rundfunksender für die UNITA einrichten (VRSC / The Voice of the Resistance of the Black Cockerel), der die MPLA dämonisieren und so Rekruten für die eigene Sache gewinnen sollte. Mit von der SADF bereitgestellten Transportmitteln sollten ferner Vertreter der westlichen Medien nach Jamba gebracht werden, um von dort aus die Botschaften vom Vorposten im Kalten Krieg in alle Welt zu verkünden.[19]

---

18 Zu dieser Verschränkung siehe Chester Crocker, High Noon. Making Peace in a Rough Neighborhood, New York 1992.
19 Zur VRBC siehe Elaine Windrich, The Laboratory of Hate. Clandestine Radio in the Angolan War, in: *International Journal of Cultural Studies*, Bd. 3 (Juni 2000), Heft 2, S. 206–218.

Das südafrikanische Regime, dessen Ressourcen nicht ausreichten, um ein derart ambitioniertes Projekt allein durchzuführen, profitierte von der Übereinstimmung der eigenen politischen Ziele mit der Agenda der Reagan-Regierung für das südliche Afrika. Die vom stellvertretenden Außenminister für afrikanische Angelegenheiten Chester Crocker (ein konservativer Afrikanist, der den Posten rekordverdächtige acht Jahre bekleidete) entworfene Politik trug den unpassenden Namen »konstruktives Engagement« und sollte Südafrika von der Notwendigkeit überzeugen, gemeinsam mit den USA ein UN-Mandat für ein unabhängiges Namibia herbeizuführen, die Kubaner aus Angola zu vertreiben und die sowjetische Unterstützung der SWAPO zu unterminieren. Ein wichtiger Baustein dieser politischen Agenda war Savimbi, der Guerillakämpfer des Kalten Krieges,[20] der von der Reagan-Regierung und von rechtsgerichteten Lobbygruppen in Amerika als eine »demokratische« Alternative zur »kommunistischen« Regierung Angolas präsentiert wurde. Um der ihm zugedachten Rolle gerecht zu werden, hatte sich Savimbi von PR-Spezialisten beraten lassen; er präsentierte sich nun nicht mehr als maoistischer Guerillakämpfer, der mit den portugiesischen Kolonialherren kollaboriert hatte, sondern als antikommunistischer »Freiheitskämpfer«, der sich für freie und faire Wahlen in Angola einsetzte; diese Wahlen würden ihn angeblich an die Macht führen. Zunächst benötigten seine UNITA-Truppen im Kampf gegen die von Kuba und der Sowjetunion bewaffneten MPLA-Kräfte allerdings ein Arsenal an hochmodernen Waffen; dafür würden die Reagan- und Bush-Regierungen im Laufe der Jahre mehr als 400 Millionen US-Dollar ausgeben.[21]

Es dauerte weitere acht Jahre, bis die Agenda umgesetzt wurde; unterdessen hatte diese Politik bis Ende der 1980er Jahre mindestens einer Million Angolaner das Leben gekostet und etwa 30 Milliarden US-Dollar an materiellen Verlusten verschlungen. Obwohl Namibia schließlich unabhängig wurde, hätte dies auch ein Jahrzehnt früher (und ohne den Verlust von Zehntausenden von Menschenleben) geschehen können, wenn Crocker die Unabhängigkeit nicht an den Abzug der kubanischen Truppen aus Angola geknüpft hätte.[22] Auch der Rückzug der Kubaner hätte erheblich früher stattgefunden, wenn die SADF und die UNITA ihr

---

20 Diese Bezeichnung stammt aus Elaine Windrich, Jonas Savimbi, the US Media and the Angolan War, Westport, CT, 1992.
21 Diese Phase wird behandelt in: George Wright, The Destruction of a Nation. United States Policy toward Angola since 1945, London 1997.
22 Zu dieser Interpretation der Ereignisse siehe Lionel Cliffe u. a., The Transition to Independence in Namibia, Boulder, CO, 1994, S. 43–64.

militärisches Vorgehen gegen Angola aufgegeben hätten. Dies wurde
deutlich, als die SADF 1988 beim entscheidenden Kampf um Cuito Cu-
anvale den Rückzug antrat und die Kubaner daraufhin ihre Bereitschaft
zum Abzug aus Angola signalisierten, für den Fall, dass die Südafrikaner
zuerst das Land verließen. Die anderen vom Kalten Krieg bestimmten
Ziele im Angolakonflikt blieben weitgehend unerfüllt, auch wenn Crocker behauptete – wie Kissinger zehn Jahre zuvor –, er habe im letzten
Jahr seiner Amtszeit einen diplomatischen Coup gelandet. Tatsächlich
war jedoch die MPLA weiterhin in Luanda an der Macht, und Savimbi,
nun ohne seine SADF-Beschützer, saß immer noch in Jamba, mitten im
Busch.

Die USA (nun von George Bush senior regiert) unternahmen noch
1992 gemeinsam mit Südafrika einen letzten Versuch, das Machtgefüge
in Angola zu ihren Gunsten zu verändern; diesmal versuchten sie, den
Wahlausgang zu beeinflussen, in dem sie finanziell, materiell und mit
den Mitteln der Public Relations die UNITA großzügig unterstützten.
Doch auch diese Bemühungen scheiterten. Savimbi verlor die Präsidentschaftswahlen gegen den MPLA-Führer Eduardo dos Santos, der knapp
zehn Prozent mehr Stimmen erhielt. Auch die UNITA-Partei unterlag der
MPLA bei den Parlamentswahlen mit einem Abstand von etwa 20 Prozent der Wählerstimmen. Der von den USA und Südafrika geförderte
»Freiheitskämpfer« weigerte sich, seine Niederlage zu akzeptieren, obwohl die UNO und unabhängige internationale Beobachter die Wahlen
als fair bezeichnet hatten. Savimbi stürzte das Land in einen erneuten
Krieg, der ein weiteres Jahrzehnt dauerte, bis er im Februar 2002 mit der
Waffe in der Hand fiel.[23]

Apartheid und der Kalte Krieg

Schauplatz der letzten Phase des Kalten Krieges war die Republik Südafrika, wo das Regime lange Zeit sowohl die Unabhängigkeit Namibias
als auch die Abschaffung der von der Weltgemeinschaft als »Verbrechen
gegen die Menschheit« verurteilten Apartheid verweigerte. Unter den Bedingungen des Kalten Krieges konnte das südafrikanische Regime seinen
Widerstand gegen grundlegende Veränderungen oder zumindest Reformen über längere Zeit aufrechterhalten. Betrachtet man 1948 (mit der

---

23 Siehe Margaret Anstee, Orphan of the Cold War: The Inside Story of the Collapse of the Angolan Peace Process, 1992–93, New York 1996. Die Autorin
leitete als UN-Sonderbeauftragte für Angola die UNAVEM-II-Mission.

sowjetischen Blockade West-Berlins) als Beginn des Kalten Krieges, so markiert dieses Jahr auch die Geburtsstunde der Apartheid in Südafrika: Nach dem Wahlsieg der National Party wurde damit begonnen, die institutionalisierte Rassentrennung auf jeder gesellschaftlichen Ebene zu realisieren. Und das 1989 mit dem Fall der Berliner Mauer eingeläutete Ende des Kalten Krieges fällt ebenfalls mit dem Untergang der Apartheid zusammen, denn in diesem Jahr wurden in Südafrika die Regierungsgeschäfte von einer neuen Führung übernommen, die sich zur Abschaffung der Rassentrennung verpflichtet hatte.

Über ein halbes Jahrhundert lang hatte sich die Apartheid jedoch hartnäckig behauptet, zunächst weil es der weißen Führung gelungen war, der Welt einzureden, dies sei eine innere Angelegenheit, in die sich andere souveräne Staaten nicht einzumischen hätten – eine Verteidigungsstrategie, die im Übrigen auch von Ostblockstaaten genutzt wurde, um dem Vorwurf der Menschenrechtsverletzungen in ihren Ländern zu begegnen. Eine zweite Verteidigungslinie trug den Stempel des Kalten Krieges und sollte die erste überleben; sie behauptete, Südafrika sei »ein Bollwerk gegen den Kommunismus« (nachdem das Land die eigene kommunistische Partei, die SAGP, 1950 verboten hatte) und habe sich der Strategie der vollständigen Ausrottung des Kommunismus auf dem afrikanischen Kontinent verschrieben. Damit das Apartheidregime dieser Verpflichtung nachkommen könne, sei es unerlässlich, an der Heimatfront den Status quo zu erhalten, denn nur wenn Südafrika stabil bleibe (und von Sanktionen verschont werde), könne sich das Regime erfolgreich gegen einer Übernahme durch die von der Sowjetunion unterstützten schwarz-nationalen Kräfte wehren.

Diese bereits erwähnte südafrikanische Propaganda war deshalb so erfolgreich, weil sie vor allem in den USA offene Türen einrannte, wo zeitgleich die vom Senator Joseph McCarthy (dessen Name zum Inbegriff des Fanatismus wurde) vorangetriebene antikommunistische Kampagne initiiert wurde. Obwohl jedoch andere westliche Länder erheblich skeptischer auf die Behauptung einer vermeintlichen kommunistischen Bedrohung reagierten, erlagen sie dennoch dem südafrikanischen Appell, Stabilität und den Status quo zu sichern, wenngleich aus anderen Beweggründen. Für diese Länder, und insbesondere für Großbritannien als ehemalige Kolonialmacht in Südafrika, ging es letztlich um wirtschaftliche Interessen, also um Investitionen, Märkte, Rohstoffquellen und sichere Handels- und Transportwege. Um diese Interessen zu schützen, war man durchaus bereit, die von afrikanischen Staaten oder anderen Ländern der Dritten Welt vorgeschlagenen UN-Resolutionen, die Sanktionen gegen Südafrika forderten, mit einem Veto zu Fall zu bringen.

Der Kalte Krieg lieferte dem Apartheidregime darüber hinaus einen
Vorwand für Angriffe gegen die Staaten in der Region, die von einer
schwarzen Mehrheit regiert wurden; man warf diesen Ländern vor, sie
würden militärische Stützpunkte für die Feinde Südafrikas unterhalten.
Seit der Invasion Angolas im Jahr 1975 hatte die SADF entweder direkt
in diesen Ländern interveniert oder Stellvertreterarmeen zu diesem
Zweck ausgebildet und eingesetzt. Angola war am stärksten betroffen
von dieser Kampagne der regionalen »Destabilisierung«, nachdem das
Land zuvor bereits ein Jahrzehnt lang unter der südafrikanischen Invasion und Besatzung gelitten hatte. Moçambique erlebte jedoch ein ähnliches Schicksal; zehn Jahre lang wurde dieser Nachbarstaat von der
SADF und der RENAMO (Resistência Nacional de Moçambique) – eine
von Rhodesien ausgebildete und später von Südafrika bewaffnete Stellvertreterarmee – angegriffen und besetzt gehalten.[24] Obwohl die von der
FRELIMO (Frente de Libertaçao de Moçambique) angeführte Regierung den Stützpunkt des ANC in Moçambique geschlossen hatte, setzte
die RENAMO ihren Zerstörungsfeldzug mit südafrikanischer Unterstützung fort. Den Erfolg eines von einer schwarzen Mehrheit regierten
Nachbarstaats konnte Südafrika nicht zulassen, stellte dies doch eine
Herausforderung für das Apartheidregime und ein revolutionäres Vorbild für die schwarzafrikanischen Gegner dieses Systems dar.[25]

Moçambiques »heißer Krieg« hatte wenig mit dem Kalten Krieg zu
tun, dafür jedoch umso mehr mit dem Erhalt des rassistischen Regimes in
Südafrika. In dieses Bild passt auch, dass die USA nie offiziell zugunsten
der RENAMO-Rebellen eingriffen, selbst nicht während der Reagan-Regierung, als Präsident Samora Machel im Weißen Haus empfangen
wurde. Stattdessen überließ man es den rechtsgerichteten Unterstützern
Südafrikas, Söldner und Missionare zu rekrutieren, die sich auf die Seite
der Rebellen schlugen. Desungeachtet kostete die südafrikanische Einmischung mindestens einer Million Menschen das Leben, denn Südafrika
finanzierte besonders die Teile der RENAMO, die für extrem brutale Tötungen und Verstümmelungen sowie für die mutwillige Zerstörung von
Eigentum und Ressourcen verantwortlich gemacht wurden.[26] Als in Mo-

---

24 Für die Ergebnisse von Feldforschungen zur RENAMO siehe William Minter,
   Apartheid's Contras. Roots of War in Angola and Mozambique, London
   1994.
25 Joseph Hanlon betont diesen Aspekt in seinem Buch Apartheid's Second Front:
   South Africa's War against Its Neighbors, Harmondsworth 1986, S. 70.
26 Dokumentiert werden diese Gewalt und die Todesfälle im Gersony Bericht, der
   vom Außenministerium der USA in Auftrag gegeben wurde und auf Interviews

çambique schließlich Frieden einkehrte, war dies das Ergebnis der Vermittlungsbemühungen der katholischen Kirche und der Intervention einer UN-Friedensmission, Entwicklungen, die nicht mehr durch den Kalten Krieg oder den Widerstand Südafrikas aufzuhalten waren.

Obwohl man es Südafrika gestattet hatte, seine Nachbarn ungestraft zu attackieren und den einheimischen Widerstand – der nach dem Verbot des ANC von der UDF (United Democratic Front) angeführt wurde – brutal zu unterdrücken, konnte sich das Regime nicht völlig ungehindert der Weltgemeinschaft widersetzen. Erstes Anzeichen dafür, dass eine Grenze erreicht worden war, war die Verabschiedung von wirtschaftlichen Sanktionen gegen Südafrika durch eine Zweidrittelmehrheit des US-Kongresses, ein Abstimmungsergebnis, das das zu erwartende Veto von Präsident Reagan im Vorfeld aushebelte.[27] Diese Maßnahme beinhaltete eine implizite Verurteilung der polizeistaatlichen Brutalität in Südafrika – das Misshandeln, Foltern, Töten und Einsperren von Oppositionellen. Diese Brutalität war inzwischen zu einem alltäglich zu beobachtenden Spektakel der Gewalt geworden, der auf den Bildschirmen in aller Welt verbreitet wurde, zumindest bis die südafrikanische Regierungszensur dies unterband.

Der Apartheidstaat zahlte einen hohen Preis für diese Unterdrückungspolitik. Die amerikanischen Sanktionen und der Abzug von westlichen Investitionen und Bankkrediten lösten einen wirtschaftlichen Supergau aus, der Südafrikas Image als afrikanische »Oase der Stabilität« ernsthaft unterminierte. Als Südafrikas wirtschaftliche und intellektuelle Elite geheime Zusammenkünfte mit dem ANC abhielt, um eine neue Verfassung für ihr Land zu diskutieren, wurden die ersten Risse im Lager der Apartheid erkennbar. Parallel zu diesen Begegnungen fanden ebenfalls geheim gehaltene Treffen zwischen dem inhaftierten Nelson Mandela und den als aufgeschlossener geltenden Regierungsministern statt, bei denen Möglichkeiten eines friedlichen Wechsels erörtert wurden. Diese ersten Sondierungen ebneten den Weg zu offiziellen Verhandlungen zwischen dem ANC und der Regierung, die 1989 beginnen konnten, nachdem Frederick de Klerk Pieter Botha als Präsident abgelöst hatte.[28]

---

mit moçambiquanischen Flüchtlingen und Opfern basiert: Gersony Report, Washington, D.C., Bureau of Refugee Afairs, Department of State 1988.

27 Siehe Stephen Weissman, A Culture of Deference. Congress's Failure of Leadership in Foreign Policy, New York 1995, für die Darstellung dieser Ereignisse durch einen beteiligten Politiker.

28 Diese Veränderungen sind das Thema des Buchs von Allister Spark, Tomorrow is Another Country. The Inside Story of South Africa's Road to Change, New York 1995.

Zeitgleich mit diesen Initiativen fanden unter Gorbatschow Veränderungen in der Sowjetunion statt, die auch die Entwicklungen in Südafrika beeinflussten, zumal sich Gorbatschow für die friedliche Lösung von Konflikten in der Dritten Welt engagierte.[29] Für Südafrika bedeutete dieses Engagement das Ende des bewaffneten Kampfes, von machtpolitischen Auseinandersetzungen in der Region und von Pretorias Politik des »totalen Angriffs«. Das Ende des Kalten Krieges war somit auch das Ende der innenpolitischen Repressionen und der außenpolitischen Aggressionen, die ein halbes Jahrhundert lang das Apartheidsystem erhalten und den Kampf für die Befreiung der schwarzen Bevölkerung im südlichen Afrika erschwert hatten.

Aus dem Englischen von Paula Bradish

---

29 Zur sich verändernden Rolle der Sowjetunion in der Zeit von 1960 bis 1990 siehe z.B. Zaki Laïdi, The Super-Powers and Africa. The Constraints of Rivalry, Chicago 1990.

David N. Gibbs
Die Hintergründe der sowjetischen Invasion in Afghanistan 1979[1]

Der sowjetische Einmarsch nach Afghanistan im Dezember 1979 bedeutete zweifellos einen Wendepunkt in der Geschichte des Kalten Krieges. Auch global betrachtet erweist sich die Invasion in Afghanistan als Schlüsselereignis: Sie diskreditierte die sowjetische Politik und den Kommunismus insgesamt in den Augen der Weltöffentlichkeit. Seit 1945 hatte die Sowjetunion keine militärische Operation dieser Größenordnung mehr durchgeführt. Die Afghanistan-Krise löste ein Umdenken in der Außenpolitik der USA aus, eine Abkehr von der Entspannungspolitik der 1970er Jahre: Danach setzte man stärker auf militärische Optionen in der Politik. Für die Central Intelligence Agency (CIA) war die Aufrüstung der antisowjetischen Mudschaheddin-Guerilla das größte Einzelprojekt ihrer Geschichte. Afghanistan wurde zum wichtigsten Anwendungsfall der »Reagan-Doktrin« der weltweiten Zurückdrängung prosowjetischer Regime und zum entscheidenden Schauplatz der Konfrontation der Supermächte in der »Endphase« des Kalten Krieges. Heute, ein Vierteljahrhundert danach, können wir die Gründe für diese Invasion angemessen untersuchen, weil uns neues Material aus den Archiven der USA, der Sowjetunion und der Ostblock-Staaten zugänglich geworden ist, das Einsichten in die Entscheidungsprozesse der sowjetischen Führung erlaubt.

Man muss zunächst daran erinnern, dass die Invasion in den ersten Kommentaren, und noch lange Zeit später, als bedeutender strategischer Vorstoß der Sowjetunion und als Rückschlag für den Westen und seine Verbündeten gewertet wurde. Rosanne Klass gab 1988 in *Foreign Affairs* eine recht typische Einschätzung:

»Am 27. April 1978 gelang der Sowjetunion, was Russland zwei Jahrhunderte vergeblich versucht hatte: sich in Afghanistan festzusetzen. Ihre Verbündeten in der afghanischen Luftwaffe und den Panzertruppen hatten durch einen blutigen Staatsstreich, inszeniert von der sowjetischen Botschaft, die Kontrolle über das Land erlangt. Die Regierungsmacht war den afghanischen Kommunisten (Demo-

1 Ich danke Bruce Kuniholm, Robert J. McMahon und Sean Duffy für Anmerkungen und Kritik, die sich als sehr hilfreich erwiesen haben, auch wenn wir in manchen Punkten verschiedener Meinung waren.

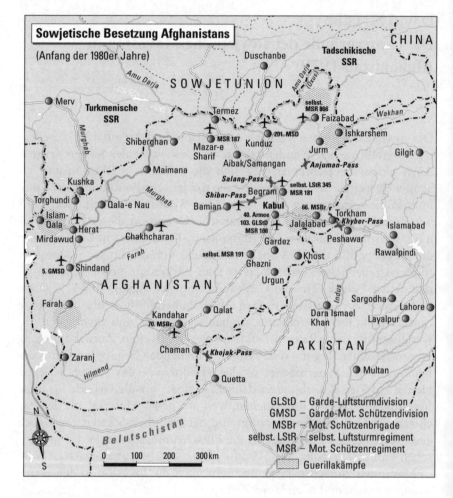

Sowjetische Besetzung Afghanistans

(Anfang der 1980er Jahre)

CHINA

Duschanbe

Tadschikische SSR

Amu Darja (Oxus)

SOWJETUNION

Merz

Turkmenische SSR

Termez

selbst. MSR 866

Faizabad

Wakhan

201. MSD

Ishkarshem

MSR 187

Kunduz

Shiberghan

Mazar-e Sharif

Jurm

Gilgit

Aibak/Samangan

Anjuman-Pass

Maimana

Salang-Pass

selbst. LStR 345

Kushka

Shibar-Pass

Begram

MSR 181

Torghundi

Qala-e Nau

Bamian

Kabul

66. MSBr

Islam-Qala

40. Armee

103. GLStD

MSR 108

Jalalabad

Torkham

Khyber-Pass

Islamabad

Herat

Chakhcharan

Gardez

Peshawar

Mirdawud

Farah

Peshawar

Rawalpindi

5. GMSD

Shindand

selbst. MSR 191

Ghazni

Khost

AFGHANISTAN

Urgun

Indus

Sargodha

Lahore

Farah

Qalat

Dara Ismael Khan

Layalpur

Kandahar

70. MSBr

PAKISTAN

Chaman

Khojak-Pass

Zaranj

Hilmend

Quetta

Multan

GLStD – Garde-Luftsturmdivision

GMSD – Garde-Mot. Schützendivision

MSBr – Mot. Schützenbrigade

selbst. LStR – selbst. Luftsturmregiment

MSR – Mot. Schützenregiment

Belutschistan

0   100   200   300 km

N S

Guerillakämpfe

kratische Volkspartei Afghanistans) übertragen worden. Als dieses Regime zu
stürzen drohte, marschierte die Sowjetarmee vom 24. bis 27. Dezember 1979 ein,
und die Sowjetunion richtete sich auf einen langjährigen Unterwerfungskrieg ein –
eine Fortsetzung der jahrhundertelangen Bemühungen um die Eroberung Zentral-
asiens.«[2]

Das sind klare Positionen. Erstens: Mit der Intervention von 1979 wurde
ein von der Sowjetunion (und Russland) seit langem verfolgter Plan zur
Eroberung Afghanistans verwirklicht. Zweitens: Noch vor der Invasion
lenkten Vertreter der Sowjetmacht den kommunistischen Staatsstreich

---

2 Rosanne Klass, Afghanistan: The Accords, in: *Foreign Affairs*, 66, 1988,
   Heft 5, S. 925 f.

von 1978. Drittens: Die Demokratische Volkspartei Afghanistans (DVPA) diente den Zielen der sowjetischen Außenpolitik und schuf Voraussetzungen für die spätere Besetzung des Landes. Viertens: Die Invasion hatte offensiven Charakter, sie sollte die Macht der Sowjetunion in der Region erweitern und festigen. Und fünftens: Diese Invasion stellte eine ernste Bedrohung der Sicherheit des Westens dar.

Die meisten Experten teilten diese Grundannahmen. Dass die Invasion eine Gefahr für die Region und vor allem für die Sicherheit am Persischen Golf bedeute, wurde in zahlreichen Publikationen hervorgehoben, insbesondere von den Analytikern der damals sehr einflussreichen Lobby um das »Committee on the Present Danger«.[3] Präsident Jimmy Carter trug ebenfalls zu dieser Panikmache bei: Seine Carter-Doktrin von Januar 1980 drohte der Sowjetunion mit Krieg, sollte sie die Golfregion angreifen. In seinen Memoiren erklärt Carter: »Es war eindeutig, welche ernste Bedrohung eine sowjetische Invasion für die gesamte Region darstellte. Mit einer erfolgreichen Eroberung Afghanistans wären die Sowjets tief in das Gebiet zwischen Iran und Pakistan vorgedrungen und hätte die Ölstaaten am Persischen Golf und die Wasserwege bedrohen können, auf denen ein erheblicher Anteil der Welt-Ölversorgung abgewickelt wurde.«[4] Auch in vielen wissenschaftlichen Arbeiten hielt man damals die Invasion für eine Bedrohung – diese Haltung findet sich sogar noch in neueren Beiträgen zum Thema.[5]

Zum Zeitpunkt des Einmarschs und noch lange Zeit später zweifelte also kaum jemand daran, dass die Sowjets damit die Sicherheit des Westens bedrohten. Zu den wenigen, die es anders sahen, gehörte George F. Kennan. Kurz nach der Invasion meldete er in einem Zeitungsartikel Zweifel an den offiziellen Positionen an. Er verwies darauf, dass Afghanistan zu den »Grenzstaaten der Sowjetunion« gehöre und die Motive der Führung vor allem mit der Sorge um die Folgen politischer Instabilität in Afghanistan für die Sicherheit der Sowjetunion zu tun hätten. Kennan vertrat explizit die Auffassung, der Einmarsch nach Afghanistan

---

3 Siehe etwa Norman Podhoretz, The Present Danger, New York 1980.

4 Jimmy Carter, Keeping Faith: Memoirs of a President, New York 1982, S. 471 f. Ähnlich alarmistische Haltungen zitiert Gabrielle Grasseli, British and American Responses to the Soviet Invasion of Afghanistan, Aldershot 1996, S. 122 f.

5 So behaupteten Magnus und Naby, mit der Invasion seien von Anfang an offensive Absichten verfolgt worden, und sie unterstellen, die DVPA sei in der Zeit vor der Invasion ein Instrument der sowjetischen Politik gewesen; vgl. Ralph H. Magnus/Eden Naby, Afghanistan: Mullah, Marx and Mujahid, Boulder, CO, 1998, S. 115.

sei »eher defensiven als offensiven sowjetischen Erwägungen« geschuldet.[6] Damals stand er mit dieser Kritik am weit verbreiteten Alarmismus praktisch allein. Im Folgenden soll gezeigt werden, dass er Recht hatte: In jüngster Zeit freigegebene Dokumente stützen nicht die offiziellen Positionen der Regierung Carter und des Committee on the Present Danger, sondern Kennans Einschätzung der Invasion als vorwiegend defensive Operation.

Die Vorgeschichte der Invasion

Im Verlauf des 20. Jahrhunderts ist Afghanistan die meiste Zeit geographisch und politisch isoliert gewesen. Das Land spielte kaum eine Rolle in der internationalen Politik, seine sehr gering entwickelten staatlichen Strukturen trugen zu dieser Marginalisierung bei. Formal bestand ein zentralistisches Regierungssystem im Rahmen der Monarchie, doch davon war in der Praxis wenig zu spüren: In diesem Land mit seiner geringen und weit verstreut lebenden Bevölkerung musste Politik dezentral angelegt sein. Es gab nur wenige Städte, die Mehrheit der Afghanen lebte in kleinen Dörfern, in Regionen, die durch Wüsten oder Gebirgsketten getrennt sind – schon die geographische Beschaffenheit machte einen nationalen Zusammenschluss sehr schwierig. Das Land besitzt keinen Zugang zum Meer und nur wenige schiffbare Flüsse. Während seiner gesamten Geschichte blieb Afghanistan äußerst isoliert, und es war stets eines der ärmsten Länder der Welt.

Auch in den Jahren des Kalten Krieges spielte Afghanistan nur eine unbedeutende Rolle. Lange Zeit galt das Land als wenig bedeutsam für die Sicherheit der USA und des Westens: Es lag weder am Indischen Ozean noch am Persischen Golf, und angesichts der unwegsamen Gebiete und der mangelnden Infrastruktur schien es kaum von strategischem Interesse zu sein. Bis 1978 findet sich in den Regierungsarchiven kein Hinweis darauf, dass die USA dem Land besondere Aufmerksamkeit geschenkt hätten. So ist auch in den ausführlichen Memoiren der Präsidenten Richard Nixon und Gerald Ford von Afghanistan nicht die Rede.[7]

---

6 George F. Kennan, George F. Kennan on Washington's Reaction to the Afghan Crisis: »Was this Really Mature Statesmanship?«, *New York Times*, 1. 2. 1980.
7 Richard M. Nixon, Memoiren, Köln 1978; Gerald R. Ford, A Time to Heal, New York 1979.

In einer Hinsicht allerdings kam Afghanistan Bedeutung zu: Es grenzte an die Sowjetunion. In der sowjetischen Staatsführung gab es stets gewisse Bedenken, die USA könnten dort Militärstützpunkte errichten. Es kam hinzu, dass die Bevölkerungsgruppen im Norden, vor allem die Tadschiken und Usbeken, auch in der UdSSR vertreten waren – diese ethnischen Beziehungen hätten für subversive Aktionen gegen die Sowjetmacht genutzt werden können. Den US-Regierungen waren solche Sicherheitsbedenken der Sowjetunion bekannt, und es stand außer Frage, dass Afghanistan zur sowjetischen Einflusssphäre gehörte. 1954 erklärte der damalige CIA-Direktor Allen Dulles: »Das Verhältnis der Sowjets zu Afghanistan ähnelte dem der USA zu Guatemala.«[8] Besser wäre der Vergleich mit Mexiko gewesen, einem Nachbarland, dem die USA besondere sicherheitspolitische Aufmerksamkeit zuwenden.

Die Sowjetunion zog aus diesem besonderen Nachbarschaftsverhältnis die Konsequenz, enge Beziehungen zu Afghanistan zu knüpfen: Ab 1954 war sie der bedeutendste Geber von Wirtschafts- und Militärhilfe, viele afghanische Offiziere erhielten ihre Ausbildung an sowjetischen Militärakademien. Damals wurde Afghanistan häufig das »Finnland der Dritten Welt« genannt – ein Land, dessen außenpolitischer Spielraum durch die geographische Nähe zur UdSSR eingeschränkt war. Afghanistan konnte sich der wirtschaftlichen und militärischen Abhängigkeit von seinem übermächtigen Nachbarn kaum entziehen, doch es gab keine Anzeichen für sowjetische Einmischung in die afghanische Innenpolitik.

Aus den Aktivitäten der Sowjetunion kann man schließen, dass in den 1950er Jahren traditionelle »realpolitische« Erwägungen im Vordergrund standen: Es ging um die Sicherung der Grenzen, nicht um die Verbreitung des Kommunismus in diesem südlichen Nachbarland. Die Haltung der afghanischen Seite schien ebenfalls eindeutig: In einem Dokument des US-Außenministeriums von 1958 wird ein afghanischer Regierungsvertreter mit der Aussage zitiert, es sei »unvorstellbar«, dass »der Kommunismus sich gegen die Traditionen, die Religion und Formen der Herrschaft in seinem Land durchsetzen könne. [Der afghanische Beamte] versicherte seinen amerikanischen Freunden, die sowje-

---

8 U.S. National Security Council, Memorandum of Discussion at the 228th Meeting of the National Security Council on December 9, 1954, in: Foreign Relations of the United States, 1952–1954, Bd. 11, Washington, D.C., 1986, S. 1149. Das Zitat aus dem Dokument gibt einen Redebeitrag von Außenminister Dulles wieder.

tischen Techniker in Afghanistan seien noch nie in zweifelhafte Aktivitäten verstrickt gewesen, und seine Regierung werde dies auch nicht dulden.«[9] 1962 erklärte der afghanische Ministerpräsident, das Verhalten der sowjetischen Entwicklungshelfer sei »über jeden Zweifel erhaben«.[10]

Amerikanische Regierungsvertreter warnten immer wieder davor, dass die Sowjetunion durch ihre Entwicklungshilfe die Souveränität Afghanistans beschneiden und ihren Einfluss im Land für aggressive Ziele nutzen könne.[11] Doch diese Einwände waren Routine und wurden nicht allzu überzeugt vorgetragen. Eigentlich hatte man sich längst mit der Idee angefreundet, Afghanistan der sowjetischen Einflusssphäre zuzurechnen.[12] Tatsächlich blieb die amerikanische Entwicklungshilfe bis Ende der 1960er Jahre stets unter der sowjetischen, und man neigte der afghanischen Sichtweise zu, dass es nur um Entwicklungspolitik gehe. In einem Dokument von 1962 heißt es: »Der US-Geheimdienst hat keinen Fall politischer Subversion durch die Sowjets festgestellt.«[13] Marshall Goldman schrieb 1967: »Die sowjetische Entwicklungshilfe in Afghanistan ist außerordentlich erfolgreich gewesen [...] Selbst amerikanische Regierungsvertreter finden kaum Kritikpunkte.«[14]

Zu dieser Zeit besaß Afghanistan offenbar geringe strategische Bedeutung für die USA. Das Land schien zu unterentwickelt und zu weit abgelegen vom Persischen Golf und anderen strategisch wichtigen Regionen zu sein. Für den Fall, dass die Sowjetunion irgendwann Afghanistan besetzen könnte, empfahl der Nationale Sicherheitsrat 1954 lediglich eine

---

9 Zit. n. U.S. Department of State, Memorandum of Conversation, June 25, 1958, in: Foreign Relations of the United States, 1958–1960, Bd. 15, Washington, D.C., 1992, S. 228.

10 Wiedergegeben in einem Telegramm der US-Botschaft in Afghanistan an das Außenministerium, vom 3. März 1962, in: Foreign Relations of the United States, 1961–1963, Bd. 14, Washington, D.C. (Government Printing Office), 1996, S. 216.

11 Vgl. etwa Central Intelligence Agency, National Intelligence Estimate: Outlook for Afghanistan, September 22, 1958. In: Foreign Relations of the United States, 1958–1960, Bd. 15, Washington, D.C., 1992, S. 91.

12 Telegramm der US-Botschaft in Kabul an den Außenminister, am 3. März 1962, in: Declassified Documents Microfiche Series, Retrospective Collection, 318B. Siehe auch National Security Council, US-Policy toward Afghanistan, undatiert (vermutlich 1956), in: Declassified Documents Microfiche Series, Retrospective Collection, 1980, 28B.

13 Elements of U.S. Policy toward Afghanistan, 27. März, 1962, in: Declassified Documents Microfiche Series, 1978, 65B.

14 Marshall I. Goldman, Soviet Foreign Aid, New York 1967, S. 122f.

Reihe politischer Optionen. Von einer militärischen Antwort war nicht die Rede.[15]

Insgesamt findet sich in den Dokumenten aus den frühen 1960er Jahren kein Hinweis, dass Afghanistan als ein Land von strategischer Bedeutung galt. Daran dürfte sich bis Anfang der 1970er Jahre nichts geändert haben, auch wenn hier die Quellenlage schlechter ist, weil weniger Geheimdokumente über die späteren Jahre der amerikanisch-afghanischen Beziehungen freigegeben wurden. 1973 führte der von Mohammed Daud geführte Putsch zum Sturz des afghanischen Königshauses, aber trotz des drastischen innenpolitischen Wandels änderte sich in der Außenpolitik wenig. Kurz nach dem Staatsstreich lieferte die CIA die folgende Einschätzung: »Die Machtergreifung durch Daud dürfte die sowjetische Position in Kabul nur unwesentlich gestärkt haben. Es gibt Gerüchte, die Sowjets hätten von seinen Plänen zum Sturz des Königs gewusst [...] Aber nichts weist darauf hin, dass sie den Putsch angestiftet oder aktiv daran beteiligt waren.«[16] Afghanistan blieb eine entlegener Landstrich ohne geostrategische Bedeutung. Ein Artikel im *Wall Street Journal* kam 1973 zu dem Schluss: »Manche Erdöl-Experten scheinen den sowjetischen Einfluss im Binnenstaat Afghanistan für fast so gefährlich zu halten wie einen Zugriff der Sowjets auf den Persischen Golf. [...] Doch bei näherer Betrachtung erscheint Afghanistan weniger als politischer Dreh- und Angelpunkt, strategische Schlüsselposition oder zentraler Dominostein, sondern nur als eine gewaltige Wüstenregion. [...] Man kann es keinem Besucher dieses Landes verübeln, wenn er sich fragt, was die Russen, oder wen auch immer, ausgerechnet an Afghanistan interessieren sollte.«[17]

1974 erfuhr Afghanistan neue internationale Aufmerksamkeit. Der Schah von Persien hatte, mit Rückendeckung aus Washington, die weit reichende politische Entscheidung getroffen, Afghanistan dem sowjetischen Einfluss zu entziehen. Eine Doppelstrategie sollte zum Erfolg führen. Zunächst machten sich Iran, Pakistan und die USA gemeinsam

---

15 U.S. National Security Council, Memorandum by the Executive Secretary Lay to the National Security Council, December 14, 1954, in: Foreign Relations of the United States, 1952–1954, Bd. 11, Washington, D.C., 1986, S. 1152.

16 Central Intelligence Agency, Biographical Sketch of Mohammad Daud, August 13, 1973, Declassified Documents Online. Henry Kissinger äußerte später den Verdacht, die Sowjets könnten an dem Putsch von 1973 beteiligt gewesen sein, führte aber keine Belege an. Siehe Henry Kissinger, Years of Upheaval, Boston 1982, S. 675.

17 Peter Kann, Do the Russians Covet Afghanistan? If so, It is Hard to Figure Why, *Wall Street Journal*, 27. 12. 1973.

daran, die Opposition gegen das Regime von Mohammed Daud zu stärken – mit dem Effekt, dass islamische Extremisten eine Reihe von Aufständen und Putschversuchen inszenierten.[18] Der Westen hoffte, Daud
auf diese Weise in die Enge zu treiben und zur Abkehr von den Sowjets
und einer Annäherung an den Iran zu zwingen. Dann suchte der Schah
das Gespräch mit Daud und schlug ihm einen Handel vor: Sollte Afghanistan seine prosowjetische Orientierung in der Außenpolitik aufgeben
und sich im Kalten Krieg dem westlichen Lager annähern, dann wäre der
Iran bereit, weit größere Beträge für Entwicklungshilfe aufzubringen als
die Sowjetunion. Daud akzeptierte dieses Angebot und trat in Vorleis-
tung, indem er afghanische Offiziere nicht mehr, wie lange Zeit üblich,
zur militärischen Ausbildung in die Sowjetunion schickte, sondern nach
Ägypten und in andere prowestliche Länder.[19] Noch wichtiger: Daud begann die kleine kommunistische DVPA zu verfolgen – davon wird noch
die Rede sein.

Über die Motive der USA, diesen Kurs zu unterstützen, wurde in verschiedene Richtungen spekuliert. Eine Lesart war, es sei der Regierung
weniger darum gegangen, Afghanistan »ins westliche Lager zu ziehen,
sondern nur von seiner prosowjetischen zu einer wirklich neutralen Haltung zu bringen«.[20] Doch diese Interpretation war wenig plausibel. Wie
erwähnt, war man sich in der amerikanischen Führung lange Zeit im
Klaren darüber, dass die Sowjetunion Afghanistan als Teil ihrer Einflusssphäre sah und auf jeden Versuch fremder Einmischung sehr empfindlich
reagieren würde – auch westliche Entwicklungshilfe im großen Stil hätte
also die Stabilität in der Region gefährden können. In einem Dokument
von 1962 heißt es dazu: »Wir dürfen das Spiel in Afghanistan nicht über-
reizen, die Afghanen nicht in Schwierigkeiten bringen – für sie ist es
überlebenswichtig, sich mit der Sowjetunion gut zu stellen. Eine Politik,
die Befürchtungen bei der Sowjetunion weckt, wäre zum Scheitern verurteilt. Wenn wir zu viel Druck machen, lösen wir sowjetischen Gegen-
druck aus.«[21]

Einfach gesagt: Der US-Führung war klar, dass Afghanistans Souveränität gefährdet wäre, falls die USA in einem Land so nahe am sowjeti-

---

18 Diego Cordovez/Selig Harrison, Out of Afghanistan: The Inside Story of the
   Soviet Withdrawal, New York, S. 16.
19 The Shah's Embrace, *Far Eastern Economic Review*, 18. 5. 1974; Selig Harrison, Shah not the Kremlin Touched off Afghan Coup, *Washington Post*, 13. 5.
   1979.
20 Cordovez/Harrison, Out of Afghanistan, S. 15 f.
21 Elements of U.S. Policy toward Afghanistan, s.o. Anm. 13.

schen Territorium in großem Stil ihren Einfluss zu verstärken versuchten. Aber warum wurde diese vorsichtige Haltung 1974 aufgegeben? Vermutlich war die Rückendeckung für das Engagement des Iran Teil einer umfassenden Strategie der USA, für die Außenminister Henry Kissinger einstand: Es sollte deutlich werden, dass die USA auch nach dem Rückschlag in Vietnam noch über die Kraft und das militärische Potenzial für weltweite Interventionen verfügten.[22] Ironischerweise trug die Wende von 1974 erheblich zum Sturz von Mohammed Daud bei. Damit hatten die USA, was immer ihre Absichten bei der Unterstützung der iranischen Politik gewesen sein mögen, letztlich zur Destabilisierung Afghanistans beigetragen – und damit auch zur sowjetischen Invasion und Besetzung von 1979.

In den Dokumenten aus den 1970er Jahren finden sich kaum Hinweise, dass die Sowjetunion aus eigenem Interesse Pläne zur Besetzung Afghanistans verfolgte. In Moskau war man mit der »Finnlandisierung« des Landes offenbar zufrieden. Dass seit 1974 die Spannungen in der Region zunahmen, ging nicht auf sowjetische Initiative zurück, sondern auf die von den USA ermutigten politischen Manöver des Schahs von Persien.

Die DVPA und die Saur-Revolution

Die DVPA war 1965 gegründet worden, nachdem der König im Rahmen eines Demokratisierungsprogramms eine neue gesetzgebende Versammlung eingerichtet hatte und Parteien sich organisieren durften. Tatsächlich errang die DVPA einige Sitze, sie spielte aber (bis zum Putsch von 1978) keine bedeutende Rolle in der Politik des Landes. Allerdings stellte sie eine der wenigen nicht ethnisch gebundenen Kräfte dar, und sie erwies sich als Vorkämpferin der Frauenrechte (ihrer Führungsspitze gehörten mehrere Frauen an) – für Afghanistan mit seiner streng patriarchalischen Ordnung und seinen deutlich regional und ethnisch bestimmten politischen Strukturen war die DVPA somit eine neuartige Partei. Unterstützung fand sie vor allem unter den »Intellektuellen«, womit mehr oder weniger alle gemeint waren, die eine weiterführende Schule besucht hatten. Zu ihren Mitgliedern zählten Lehrer und Staatsdiener

---

22 Der frühere führende CIA-Mitarbeiter John Stockwell hält den Wunsch, die Scharte von Vietnam auszuwetzen, für ein wichtiges Motiv bei den Interventionen der USA in Angola 1974 und 1975. Siehe John Stockwell, In Search of Enemies: A CIA Story, New York 1978.

der unteren Ränge, in Städten und größeren Ortschaften, einen gewissen
Rückhalt besaß sie auch in der Armee, besonders unter den vielen Offizieren, die in der Sowjetunion ausgebildet worden waren.
Die Schwächen der DVPA waren offensichtlich. Erstens gelang es ihr
nicht, in der Schicht der Bauern, der Bevölkerungsmehrheit, Fuß zu fas-
sen. Obwohl sie die ungerechte Verteilung des Grundeigentums kritisierte und für eine Bodenreform eintrat, stieß sie bei den Bauern auf
Misstrauen oder Feindschaft. Sicherlich weil die tiefreligiöse Landbevölkerung die »gottlose« marxistische Ideologie nicht annehmen konnte,
aber auch wegen des Eintretens für die Rechte der Frauen. In einem Land
ohne nennenswerte Arbeiterklasse konnte die DVPA ohne Anhängerschaft unter den Bauern natürlich kaum Mitglieder rekrutieren.[23]
Zweitens wurde sie durch chronische innerparteiliche Auseinandersetzungen in Mitleidenschaft gezogen. Zwei Lager standen sich gegenüber: Parcham (»die Fahne«) unter Führung von Babrak Karmal und
Khalq (»das Volk«), geführt von Mohammed Nur Taraki und Hafizullah Amin. Neben Debatten um die Parteidoktrin ging es vorwiegend um
persönliche Differenzen zwischen den Führern und ihrer Klientel. Die
Parcham-Fraktion nahm eine gemäßigte Haltung ein, bis 1973 stützte
sie den König – um sich dann allerdings sofort auf die Seite des republikanischen Regimes von Mohammed Daud zu schlagen. Nach ihrer
Überzeugung war Afghanistan noch nicht reif für den Sozialismus, sie
richtete sich auf eine lange Übergangsperiode ein. Die Khalq-Fraktion
dagegen trat für einen raschen und radikalen sozialen Wandel ein.
Für die Sowjetunion wurden die afghanischen Kommunisten erst nach
der vom Schah von Persien geförderten außenpolitischen Kursänderung
von 1974 interessant – zuvor hatte sie den Genossen wenig Beachtung
geschenkt. Nun drängte sie, unterstützt von der indischen Kommunistischen Partei, die DVPA zur Beilegung ihres Richtungsstreits. 1977 kam
es zu einem Vereinigungsparteitag, zweifellos auch unter der Maßgabe,
sich der antikommunistischen Kampagnen des Daud-Regimes erwehren
zu müssen. Auch zu diesem Zeitpunkt deutet nichts darauf hin, dass die
Sowjets auf eine Machtübernahme durch die DVPA hinarbeiteten. In der
sowjetischen Führung war man skeptisch: Vor allem die Khalq-Fraktion
galt als aktionistisch und politisch unreif. Und Afghanistan schien einfach zu rückständig, um über eine sozialistische oder kommunistische
Zukunft nachzudenken. Ein Regierungsvertreter erklärte damals: »Wenn

23 Eine Analyse dieser Partei findet sich in David Gibbs, The Peasant as Counter-
Revolutionary: The Rural Origins of the Afghan Insurgency, in: *Studies in
Comparative International Development*, 21, 1986, Heft 1.

es unter den Entwicklungsländern eines gibt, in dem wir den wissenschaftlichen Sozialismus nicht einführen wollen, dann ist es Afghanistan.«[24] Der prowestliche Kurswechsel der Regierung zog nach 1974 auch in der Innenpolitik erhebliche Veränderungen nach sich. Daud sah die Zerschlagung der DVPA als Teil seiner Abmachungen mit dem Schah, sein Innenminister Abdul Nuristani, ein erklärter Antikommunist, ließ 1977 und 1978 in einer Reihe von Razzien die Führung der Partei verhaften. Im April 1978 nahmen DVPA-Mitglieder aus dem Gefängnis Kontakt zu ihren Verbindungsleuten im Militär auf. Schlüsselfigur war der politisch ambitionierte Oberstleutnant der Luftwaffe Abdul Qadir. Kurz darauf führten Luftwaffeneinheiten einen Putsch an, der nach tagelangen Kämpfen zwischen Teilen des Militärs und der Geheimdienste zum Erfolg führte. Daud wurde getötet, die Putschisten ließen die DVPA-Führung frei und übergaben ihr die politische Macht. Plötzlich stellte die DVPA in Afghanistan die Regierung.

Hier ist nicht der Ort, den Putsch in allen Einzelheiten darzustellen.[25] Festzuhalten bleibt, dass die Sowjets offenbar diesen Umsturz nicht angeleitet hatten. Alexander Morozow, ein führender KGB-Mitarbeiter, erklärte nach dem Ende des Kalten Krieges in einem Interview, die in Afghanistan stationierten Vertreter der Sowjetunion hätten während des Putsches aus Moskau unklare und widersprüchliche Anweisungen erhalten, direkte Unterstützung für die DVPA habe es nicht gegeben.[26] Auch in den ersten Tagen nach der Machtübernahme hielt man sich offiziell bedeckt und weigerte sich, die neue Führung als kommunistische Regierung anzuerkennen. Erst nach Wochen war in der sowjetischen Presse von einer afghanischen »Revolution« und der Möglichkeit eines sozialistischen Staates die Rede – ein deutlicher Hinweis auf Vorbehalte gegen die DVPA-Regierung.[27]

Die DVPA war also überraschend an die Macht gekommen, sie war entsprechend unvorbereitet und ohne konkrete Pläne für das politische Vorgehen. In der parteiinternen Konkurrenz zwischen Parcham und Khalq, die trotz offizieller Versöhnung fortbestand, hatte nun die radikalere Khalq-Fraktion die Oberhand. Aus ihren Reihen kamen die bei-

---

24 Zit. n. Louis Dupree, Afghanistan under the Khalq, in: *Problems of Communism*, 28, 1979, Heft 4, S. 50.
25 Vgl. hierzu David N. Gibbs, Does the USSR Have a »Grand Srategy«? Reinterpreting the Invasion of Afghanistan, in: *Journal of Peace Research*, 24, 1987, Heft 4.
26 Cordovez/Harrison, Out of Afghanistan, S. 27f.
27 John P. Willerton, Soviet Perspectives on Afghanistan: The Making of an Ally, in: *Jerusalem Journal of International Relations*, 8, 1986, Heft 1.

den Führungsfiguren der »Revolutionsregierung«. Nur Taraki wurde
Staatspräsident, doch weitaus einflussreicher als der schon etwas ältere
und dem Alkohol zugeneigte Parteiführer dürfte sein Genosse Hafizullah
Amin gewesen sein. Die Beobachter sind sich einig, dass Amin, mit dem
Amt des Außenministers versehen, die Fäden zog und die Machtübernahme zum revolutionären Akt erklärte: zur »Saur-(April-)Revolution«.
Amin bewunderte die russische Oktoberrevolution von 1917 und träum-
te offenbar von einer Neuaufführung vor Ort. Das Regime unternahm
große Anstrengungen zum Umbau nicht nur der politischen, sondern
auch der sozialen Strukturen Afghanistans – wie kaum anders zu erwarten, mit katastrophalen Folgen.[28]

Auf den ersten Blick schienen die Reformvorhaben der DVPA durchaus sinnvoll. Eine umfassende Landreform sollte den Großgrundbesitz in
Parzellen für die armen Bauern aufteilen; die Frauen erhielten neue Rechte, nicht zuletzt wurde der traditionelle »Brautpreis« abgeschafft, den
eine Familie erhielt, damit sie ihre Tochter in die Ehe gab; eine umfassende Alphabetisierungskampagne (mit besonderer Förderung der Mäd-
chen) wurde gestartet. Studenten und andere Kader der DVPA ließen
sich aufs Land schicken und warben mit Begeisterung für diese Reformen. Im Rückblick ist nicht zu leugnen, dass solche Reformen notwendig und längst überfällig waren. Nicht lange vor der kommunistischen
Machtübernahme hatte sich eine Forschungsgruppe der Internationalen
Arbeitsorganisation (ILO) für die Bodenreform in Afghanistan ausgesprochen.[29] Aber die Umsetzung der Reformvorhaben war geprägt von
Zwangsmaßnahmen und Ungeschick. Die äußerst konservative Landbevölkerung sperrte sich gegen den Wandel, und die marxistischen Parolen
der DVPA sorgten für Empörung.

Erste Folgen zeigten sich im Sommer 1978 in einer Reihe lokaler Aufstände gegen die Zentralregierung. Nach und nach verbanden sich die
verstreuten Guerillakämpfer zu einer mächtigen antikommunistischen
Bewegung mit starkem Rückhalt in der Bevölkerung. Unter ihren Führern gab es nicht nur Traditionalisten, die für die Rückkehr zu den Verhältnissen vor der kommunistischen Machtübernahme kämpften, son-

---

28 Zu den internen Entwicklungen der Saur-Revolution vgl. Fred Halliday, Revo-
    lution in Afghanistan, in: New Left Review, Nr. 112, 1978; Rasul Bux Rais,
    War without Winners: Afghanistan's Uncertain Transition after the Cold War,
    Karatschi 1994; und Antonio Giustozzi, War, Politics and Society in Afghani-
    stan, 1978–1992, Washington, D.C., 2000.
29 Vgl. I. Z. Bhatty/L. Berouti, A Development Strategy for Afghanistan: Lessons
    of an Employment Policy Mission, in: Pakistan Development Review, 19,
    1980, Heft 4.

dern auch Politiker wie Gulbuddin Hekmatyar – seine Vision war ein islamischer Staat, mit einem weit strengeren Sittengesetz, als es je in Afghanistan gegolten hatte. Auch wenn sich die pauschale Bezeichnung »Gotteskrieger« (Mudschaheddin) für diese bewaffnete Opposition einbürgerte, bestand doch nie eine zentrale Organisation der zahlreichen Gruppen. Vor allem von den extremistischen Fraktionen der Guerilla wandten sich viele Afghanen später ab, aber anfangs waren sie populär – und eine ernste Bedrohung für die DVPA.

Die DVPA brachte sich durch Säuberungen in den eigenen Reihen zusätzlich in Bedrängnis, die von der führenden Khalq-Fraktion ausgingen, vor allem vom Führungszirkel um Hafizullah Amin. Nach und nach wurden die Anhänger des Parcham-Flügels aus der Regierung gedrängt; ihr Führer Babrak Karmal musste als Botschafter in die Tschechoslowakei gehen und erfuhr in diesem Exil dann von seinem Ausschluss aus der Partei. Amin leitete eine groß angelegte Säuberung auf allen Parteiebenen ein, um sich der Parcham-Fraktion zu entledigen: Verhaftungen, Folter und Hinrichtungen waren die Mittel. Natürlich schwächte dieser Terror die Partei. Ende 1978 war die DVPA vom internen Machtkampf ebenso beansprucht wie vom sich ausweitenden Bürgerkrieg.

Reaktionen der UdSSR auf die Krise in Afghanistan

Für meine Frage nach den Gründen des sowjetischen Einmarsches in Afghanistan ist der Zeitraum kurz nach der Machtübernahme der DVPA im April 1978 von besonderem Interesse. Glücklicherweise können wir heute auf eine große Zahl von Quellen zugreifen, die das Cold War International History Project (CWIHP) zugänglich gemacht hat.[30] Diese neuen Dokumente zeigen, dass die Sowjetunion nur wenig Interesse an einer Invasion und Besetzung Afghanistans hatte – sie zögerte lange und entschloss sich letztlich nur zum Handeln, weil ihr die Politik der afghanischen Kommunisten, vor allem der Kurs von Amin missfiel.

Die erste verfügbare Quelle aus dem Bestand von CWIHP-Dokumenten stammt vom 31. Mai 1978: A. Puzanow, der damalige sowjetische Botschafter in Afghanistan, stellt die Umstände der erst einen Monat

---

30 Die Dokumente des vom Woodrow Wilson International Center in Washington, D.C., geförderten Cold War International History Project (CWIHP) sind im Internet unter der Adresse http://wilsoncenter.org/index.cfm?fuseaction=library.document&topic_id=1409&id=39 einsehbar.

zurückliegenden Machtübernahme durch die DVPA dar. Es wird deutlich, dass die Sowjets ihre Vorbehalte gegen die DVPA-Führung (zumindest vorläufig) aufgegeben hatten und bereit waren, ihre afghanischen Genossen offiziell anzuerkennen. Überwiegend besteht der Bericht aus einer marxistischen Analyse des Staatsstreichs, mit den obligaten Verweisen auf »bourgeoise Grundherren« und »Kräfte der nationalistischen Rechten« – obwohl er nicht für die Öffentlichkeit bestimmt war, liest er sich wie zeittypische Sowjetpropaganda, mit durchaus optimistischem Grundton. Doch in die positive Einschätzung mischt sich bereits damals eine gewisse Besorgnis: »Schädliche Einflüsse gehen vom Streit zwischen der Khalq- und der Parcham-Fraktion aus«, stellt der Botschafter fest.[31] Die Welle der Repressionsmaßnahmen nach der Machtübernahme gab Anlass genug für solche Befürchtungen – offensichtlich hatte die Sowjetunion die DVPA von Anfang an nicht unter Kontrolle. Ende 1978, nach den Säuberungen gegen die Parcham-Fraktion, wurden in den sowjetischen Dokumenten die Bedenken sehr viel deutlicher formuliert. In einem Bericht vom Oktober 1978 heißt es, ein Vertreter des Zentralkomitees sei nach Afghanistan entsandt worden, um »die massenhaften Gewaltmaßnahmen zu stoppen, die immer weiter zunehmen« – vor allem gegen die Parcham-Anhänger. Es deutet sich ein Konflikt zwischen der Sowjetführung und ihren afghanischen Schützlingen an, in dem Bericht ist auch von »deutlichen Spannungen« bei einem Treffen mit den Afghanen die Rede.[32]

Ungeachtet solcher Misstöne hatte die Sowjetunion Ende 1978 ein umfassendes Programm der Militärhilfe aufgelegt, damit sich die DVPA und die Streitkräfte der zunehmenden Angriffe aufständischen Mudschaheddin erwehren konnten: Große Mengen militärischer Güter wurden geliefert, die Ausbildung des afghanischen Militärs intensiviert, sowjetische Militärberater sollten die taktischen Fähigkeiten der kämpfenden Truppen verbessern. Anfang 1979 waren, nach den internen sowjetischen Unterlagen, etwa 550 solcher Berater in Afghanistan tätig.[33] Wie man sehen wird, blieben die Verantwortlichen aber sehr skeptisch gegenüber den afghanischen Verbündeten.

---

31 Brief des sowjetischen Botschafters in Afghanistan A. Puzanow, 31. Mai 1978. In: CWIHP Afghan series, wilsoncenter.org/index.cfm?fuseaction=library. document&topic_id=1409&id=39, 1–2.
32 Information from CC CPSU to GDR leader Erich Honecker, October 13, 1978, CWIHP Afghan series, wilsoncenter.org/index.cfm?fuseaction=library. document&topic_id=1409&id=39, 6.
33 Sitzung des Politbüros, 17. März 1979, in: CWIHP Afghan series, wilsoncenter. org/index.cfm?fuseaction=library.document&topic_id=1409&id=39, 18.

Im März 1979 verschärfte sich die Krise. Während eines größeren Aufstands in der westafghanischen Stadt Herat lief ein großer Teil einer afghanischen Division zu den Mudschaheddin über, unter Mitnahme von Waffen und Gerät. Diese Rebellion weckte in Moskau wie in Kabul ernste Befürchtungen, dass der DVPA die Kontrolle über das Land entgleiten könne. Nachdem die afghanischen Kommunisten dringend die Entsendung sowjetischer Truppen zur Niederschlagung der Aufstände gefordert hatten (ein Eingeständnis der DVPA, dass auf ihre Verbände nicht mehr Verlass war), trat am 17. und 18. März in Moskau das Politbüro unter Vorsitz von Leonid Breschnew zusammen, um die Situation in Afghanistan zu diskutieren. Es herrschte Krisenstimmung.

Vor allem am ersten Sitzungstag war man offenbar so besorgt, dass die Entsendung von Truppen fast schon beschlossene Sache war. Stabilität an ihren südlichen Grenzen gehörte eindeutig zu den strategischen Interessen der Sowjetunion, und ein Sieg islamischer Kräfte wie der Mudschaheddin durfte auch aus Prestigegründen nicht erlaubt werden. Außenminister Andrei Gromyko gab die Mehrheitsmeinung wieder: »Wir müssen von dem Grundsatz ausgehen, [...] dass wir Afghanistan unter keinen Umständen verlieren dürfen. Seit 60 Jahren leben wir in Frieden und Freundschaft mit Afghanistan. Wenn uns Afghanistan jetzt verloren geht und sich gegen die Sowjetunion wendet, dann bedeutet das einen schweren Rückschlag für unsere Außenpolitik.« Dem stimmte auch Ministerpräsident Alexei Kossygin zu: »Wir müssen um Afghanistan kämpfen.«[34]

Während das Politbüro also am 17. März eine direkte Intervention zu befürworten schien, bleibt doch festzuhalten, dass von strategischen »Vorteilen« durch eine Truppenpräsenz in Afghanistan nicht die Rede war, schon gar nicht von eisfreien Häfen oder dem Persischen Golf. Es ging offensichtlich nicht darum, einen Stützpunkt für künftige Expansionsvorhaben zu schaffen, sondern um das mehr defensiv orientierte Anliegen, die bestehende Einflusssphäre zu schützen.

Bis zur zweiten Sitzung, am 18. März, hatten die Sowjetführer die Lage offenbar überdacht. Nun wandte man sich eindeutig gegen eine direkte Intervention, zum einen wegen der möglichen Kosten, aber ausdrücklich auch wegen der politischen Schwäche der afghanischen Kommunisten. Die Diskussionen an diesem Tag wurden ungewöhnlich offen geführt und ließen trotz ihrer ideologischen Färbung viele der üblichen Floskeln vermissen. Entsprechend aufschlussreich sind manche Einlassungen. KGB-Chef Juri Andropow gab die Richtung vor:

34　Sitzung des Politbüros, 17. März 1979, in: CWIHP Afghan series, wilsoncenter
　　org/index.cfm?fuseaction=library.document&topic_id=1409&id=39, 13–15.

»Wir sollten uns äußerst sorgfältig überlegen, für wen wir eintreten, falls wir unsere Truppen nach Afghanistan entsenden. Dass in Afghanistan heute der Sozialismus noch nicht die Antwort auf alle Probleme des Landes sein kann, steht außer Frage. Die Wirtschaft ist rückständig, fast die gesamte Landbevölkerung kann weder lesen noch schreiben, und die islamische Religion besitzt entscheidenden Einfluss. Wir wissen, was Lenin uns über eine revolutionäre Situation lehrt. Und wie wir es auch betrachten – in Afghanistan finden wir eine solche Situation nicht vor. Ich glaube daher, dass wir die Revolution (der Mudschaheddin) in Afghanistan nur mit der Macht der Bajonette niederhalten können, und das kommt überhaupt nicht in Frage. Ein solches Risiko dürfen wir nicht eingehen [...] das Volk steht nicht hinter der Taraki-Regierung. Wären unsere Truppen überhaupt eine Hilfe? In einer solchen Lage ist mit Panzern und Panzerfahrzeugen nichts zu retten.«

Auch Gromyko revidierte seine Position vom Vortag:

»Ich kann dem Vorschlag des Genossen Andropow nur zustimmen. Eine Entsendung unserer Truppen nach Afghanistan darf auf keinen Fall beschlossen werden. Auf die afghanische Armee ist kein Verlass, also wird unsere Armee als der Aggressor erscheinen, wenn sie dort einmarschiert. Und gegen wen wird sie kämpfen? Vor allem gegen das afghanische Volk, sie wird Afghanen töten müssen. [...] Afghanistan ist nicht reif für eine Revolution. Und wir würden in unseren großen Bemühungen der letzten Jahre um Entspannung, Rüstungskontrolle und vieles mehr einen Rückschlag erleiden. Wir müssen uns fragen, was wir zu gewinnen haben in Afghanistan, mit seiner rückständigen Wirtschaft, seiner geringen Bedeutung für die Weltpolitik und mit der gegenwärtigen Regierung. Außerdem ist zu bedenken, dass wir die Entsendung von Truppen auch rechtlich nicht begründen könnten.«[35]

Solche Aussagen lassen keinen Zweifel daran, dass die Sowjetführer Afghanistan für zu rückständig hielten, um dort den Sozialismus einzuführen. Diese Überzeugung bestimmte vermutlich seit langem die sowjetische Haltung. Nun kam verstärkend hinzu, dass das Politbüro wenig Vertrauen in ihre afghanischen Partner setzte. Die revolutionären Anstrengungen der DVPA wertete man als Abenteurertum, das den nationalen Interessen der Sowjetunion entgegenstehe. Die Sowjetregierung war nicht daran interessiert, den Kommunismus nach Afghanistan zu exportieren.

Deutlich wird auch, dass Afghanistan für die Führung nach wie vor ein Pufferstaat in einer unsicheren Grenzregion war, ohne weitere strategische Bedeutung. Gromykos Bemerkung, man habe dort wenig zu gewinnen, schon wegen der »geringen Bedeutung für die Weltpolitik«, fand im Politbüro keinen Widerspruch. Dieses Treffen der Sowjetführung stützt in keiner Weise die im Westen verbreitete Überzeugung, Afghanistan sei ein entscheidender Dominostein im regionalen oder

---

35 Sitzung des Politbüros, 18. März 1979, in: CWIHP Afghan series, wilsoncenter. org/index.cfm?fuseaction=library.document&topic_id=1409&id=39, 23–24.

weltweiten Sicherheitsgefüge gewesen und die Sowjetunion habe die Besetzung Afghanistans längst im Voraus geplant und nur auf eine Gelegenheit gewartet. Die Sowjetführung war keineswegs auf eine Besetzung Afghanistans erpicht.

Zum gegebenen Zeitpunkt jedenfalls lehnte das Politbüro eine direkte Intervention ab – mit guten Gründen, wie wir gesehen haben. Während der folgenden sechs Monate blieb die Führung kompromisslos bei ihrer Entscheidung, keine Kampfeinheiten zu schicken. Direkt nach der Sitzung wurde Taraki telefonisch informiert – er wiederholte seine Forderung nach Truppenentsendung, aber Kossygin wies das Ansinnen im Namen des Politbüros entschieden zurück.[36] Taraki flog nach Moskau, um die Führung in direkten Verhandlungen umzustimmen. Seine Bitte nach militärischem Beistand wurde von Kossygin erneut abschlägig beschieden, und zwar mit dem deutlichen Hinweis, im Falle eines Einmarschs »würden unsere Truppen nicht nur gegen ausländische Aggressoren, sondern auch gegen Teile Ihres [afghanischen] Volkes kämpfen müssen. Und Völker vergessen so etwas nicht. Außerdem würden China und alle anderen Aggressoren sich gerechtfertigt sehen, wenn unsere Truppen die Grenzen überschreiten.«[37] Im Juli und August stießen weitere Hilfeersuchen der afghanischen Führung auf Ablehnung.[38]

In der durch den Aufstand in Herat ausgelösten Krise behielten die afghanischen Streitkräfte am Ende die Oberhand, doch die Revolte der Mudschaheddin ging weiter. Und auch die innere Auflösung der DVPA setzte sich fort. Als Hauptproblem erwies sich dabei Hafizullah Amin, der allmählich seine Machtstellung ausbaute und den weniger aggressiv auftretenden Taraki zur bloßen Galionsfigur machte. Zweifellos waren die Sowjets mit Amin und mit der gesamten DVPA-Führung höchst unzufrieden.

Gemeinsam mit ihren Verbündeten im Ostblock unternahm die Sowjetunion verschiedene Anstrengungen, um Amins Position zu schwächen

---

36 Transcript of Telephone Conversation between Soviet Premier Alexei Kosygin and Afghan Prime Minister Nur Mohammed Taraki, 17. (vielleicht 18.) März 1979, CWIHP Afghan series, wilsoncenter.org/index.cfm?fuseaction= library.document&topic_id=1409&id=39.

37 Meeting of Kosygin, Ustinov, and Ponomarev with Taraki in Moscow, 20. März 1979, CWIHP Afghan series, wilsoncenter.org/index.cfm?fuseaction =library.document&topic_id=1409&id=39, 36–37.

38 Boris Ponomarev, Reports from Kabul, 19–20 July 1979; und Report from Soviet Deputy Defense Minister army Gen. Ivan Pavlovskii, during Visit to Afghanistan, August 25, 1979, beides in: CWIHP Afghan series, wilsoncenter. org/index.cfm?fuseaction=library.document&topic_id=1409&id=39, 52, 54.

und die Selbstzerstörung der DVPA aufzuhalten. Das wird aus freigegebenen US-Geheimdokumenten[39] deutlich: Amerikanische Regierungsvertreter führten in Kabul regelmäßig Gespräche mit ihren sowjetischen Kollegen und berichteten nach Washington, was sie dabei in Erfahrung bringen konnten. Diese äußerst faszinierenden Dokumente bestätigen im Wesentlichen die Befunde aus den sowjetischen Akten. Zuständig für die sowjetischen Versuche, Amin zu zügeln, war der KGB-Offizier Vassily Safronchuk. In einem Telegramm der US-Botschaft vom Juli 1979 heißt es dazu: »Wir glauben, dass Moskau nur zu gern einen politischen Weg finden würde, um ein funktionierendes und einigermaßen stabiles marxistisches Regime in Kabul an der Macht zu halten. Aber dafür scheint es etwas zu spät, vielleicht unternimmt Safronchuk hier nur den letzten verzweifelten Versuch, die Khalq-Fraktion zu überzeugen, dass sie ihren Laden in Ordnung bringen muss.«[40]

Auch aus sowjetischen Dokumenten vom Sommer 1979 geht hervor, dass man sich verstärkt darum bemühte, die unzuverlässigen afghanischen Verbündeten auf Linie zu bringen. In einem Bericht an das Zentralkomitee von Ende Juni heißt es: »Die DVPA-Führung trifft wenig gemeinsame Entscheidungen, alle Macht liegt bei N. M. Taraki und H. Amin, und beide erlauben sich nicht selten Fehler und Verstöße gegen das Gesetz.«[41]

Im September 1979 waren die Schlichtungsversuche der Sowjetunion endgültig gescheitert: Die auf Amin eingeschworenen Extremisten in der DVPA übernahmen durch einen internen Putsch die Macht, Taraki und seine Gefolgsleute wurden verhaftet und später hingerichtet. Aus sowjetischer Sicht konnte das nur als schwerer Rückschlag gelten, und entsprechend besorgt äußert man sich in den Dokumenten aus dieser Zeit. In einem Bericht unmittelbar nach dem Putsch heißt es, fast schon verzweifelt: »Amin hat die Hebel der Macht jetzt fast vollständig in der Hand [...] Wiederholte Appelle unserer Genossen, dass sein Vorgehen

---

39 Bei ihrer Besetzung der amerikanischen Botschaft in Teheran 1979 entdeckten die iranischen Studenten dort versteckte Regierungsakten. Ein großer Teil der (später im Wortlaut veröffentlichten) Dokumente bezog sich auf die Beziehungen der USA zu Afghanistan; sie enthalten wichtige Einschätzungen der sowjetischen Aktivitäten in Afghanistan 1978–1979. Eine ausführliche Analyse dieser iranischen Dokumentensammlung findet sich in: Gibbs, Does the USSR have a »Grand Strategy«? (s.o. Anm. 25).

40 Zit. n. ebd., S. 373.

41 Gromyko-Ustinov-Ponomarev report to CPSU CC on the Situation in Afghanistan, June 28, 1979, CWIHP Afghan series, wilsoncenter.org/index.cfm?fuseaction=library.document&topic_id=1409&id=39, 50.

ernste Konsequenzen für die Partei und das Land haben könnte, hat Amin wiederholt ignoriert.«[42] Nach diesem Affront wurden die sowjetische Presse und die Propagandaabteilungen angewiesen, zur Regierung Amin deutlich auf Distanz zu gehen. Ab diesem Zeitpunkt begann die Sowjetunion wohl, über eine Invasion nachzudenken – ein erster Hinweis darauf findet sich in einer Äußerung von Leonid Breschnew in der Politbürositzung vom 20. September: »Offiziell wird Amin sicher weiterhin unseren Empfehlungen folgen. *Aber wir haben eine schwierige und heikle Aufgabe vor uns.*«[43]

Hier muss kurz die internationale Lage zum Zeitpunkt der Ereignisse in Afghanistan betrachtet werden. Ende 1979 war die Entspannungspolitik in die Krise geraten, die Konfrontation zwischen den Machtblöcken nahm zu. Im Umkreis der Regierung Carter hatte Sicherheitsberater Zbigniew Brzezinski an Einfluss gewonnen und gemäßigtere Politiker verdrängt – entsprechend kompromisslos traten die USA auf. Ein sowjetischer Regierungsvertreter schrieb später: »Im Winter 1979 war die Politik der Entspannung in fast allen Belangen am Ende.«[44] Damit musste die Sowjetunion in Afghanistan allerdings auch keine Rücksichten mehr auf ihre entspannungspolitischen Optionen im Verhältnis zum Westen nehmen. Es kam hinzu, dass die Regierung Carter in Afghanistan in einer Weise aktiv wurde, die eine Konfrontation mit der Sowjetunion heraufbeschwor. Heute wissen wir, dass die CIA seit Juli 1979 insgeheim die Mudschaheddin unterstützte – mithin mehrere Monate vor dem sowjetischen Einmarsch. Es flossen zwar nur einige hunderttausend Dollar an die Rebellen, doch den Sowjets musste diese Einmischung in einem ihrer heiklen Grenzgebiete als Aggression erscheinen. Brzezinski erklärte 1998 in einem Interview ganz offen, man habe gewusst, dass dieses Hilfsprogramm »eine sowjetische Militärintervention auslösen würde«. Er habe dies als die Chance begriffen, die Sowjets in die »afghanische Falle zu locken« und »der UdSSR ihren Viet-

---

42 CPSU CC Politburo Decision, September 15, 1979, with Report by Gromyko, Ustinov, and Tsvigun, CWIHP Afghan series, wilsoncenter.org/index. cfm?fuseaction=library.document&topic_id=1409&id=39, 56.

43 Excerpt from Transcript, CPSU CC Poliburo Meeting, September 20, 1979, CWIHP Afghan series, wilsoncenter.org/index.cfm?fuseaction=library. document&topic_id=1409&id=39, 59. Hervorhebungen von mir.

44 Aussage eines anonymen ehemaligen sowjetischen Regierungsvertreters in einem Interview mit Odd Arne Westad, zit n. Westad, Concerning the Situation in ›A‹: New Russian Evidence on Soviet Intervention in Afghanistan, in: CWIHP Afghan series, wwics.si.edu/index.cfm?fuseaction=library.document &topic_id=1409&id=391, 6.

namkrieg zu verschaffen«.[45] Man darf schließen, dass die Sowjetunion Grund hatte, sich bedroht zu fühlen und Mutmaßungen über neue Absichten der USA in Afghanistan anzustellen. Und diese Annahmen schienen bestätigt, als Amin wiederholt andeutete, er könne sich im Kalten Krieg neu orientieren und die Seite wechseln – solche Tendenzen zeigten sich schon kurz nach seiner Machtübernahme im September 1979.

Dass die USA ernsthaft erwogen hätten, mit einem so ungesicherten und isolierten Machthaber wie Amin ein Bündnis zu schließen, scheint allerdings sehr unwahrscheinlich zu sein. Doch das konnten die Sowjets nicht wissen – aus ihrer Sicht war die Entwicklung sehr besorgniserregend. In einem Bericht an das Zentralkomitee der KPdSU vom 29. Oktober 1979 heißt es: »Es gibt Anzeichen dafür, dass die neue Führung Afghanistans [Amin] eine ›ausgewogenere Politik‹ gegenüber den Westmächten anstrebt. Wir wissen, dass vor allem Vertreter der USA aus ihren Kontakten mit den Afghanen den Schluss ziehen, ein politischer Kurswechsel Afghanistans im Sinne Washingtons sei denkbar.« Auch ein Hinweis auf Pläne zur Entmachtung Amins findet sich in diesem Dokument: »Weiterhin mit Amin und der gegenwärtigen DVPA-Führung aktiv zusammenarbeiten [...] keinen Verdacht erregen, dass wir ihm nicht trauen und ihn vielleicht fallen lassen.«[46]

Trotz aller Bedenken im Vorfeld – vom 24. bis 27. Dezember 1979 marschierten schließlich doch sowjetische Truppen nach Afghanistan ein. Amin wurde getötet, und die Sowjetunion übernahm erstmals die volle Kontrolle über die DVPA – die nun wieder eine Einheitspartei aus Parcham- und Khalq-Fraktion zu sein hatte. Babrak Karmal, der Führer

---

45 Über dieses geheime Programm geben die folgenden Texte Auskunft: Robert Gates, From the Shadows: The Ultimate Insider's Story of Five Presidents and How They Won the Cold War, New York 1996, S. 146–147; und Les Révélations d'un Ancien Conseilleur de Carter: »Oui, la CIA est Entrée en Afghanistan avant les Russes ...«, Le Nouvel Observateur, 15.–21. Januar 1998. Brzezinskis Interview wird auf Englisch zitiert in: David N. Gibbs, Afghanistan: The Soviet Invasion in Retrospect, in: International Politics, 37, Nr. 2, 2000. Die vollständige englische Fassung findet sich unter: www.gened.arizona.edu/dgibbs/brzezinski_interview.htm.

46 Gromyko-Andropov-Ustinov-Ponomarev report to CPSU CC, October 29, 1979. Ganz ähnliche Informationen zu Amins politischer Öffnung gegenüber den USA finden sich in Personal Memorandum, Andropov to Brezhnev, undatiert (vermutl. Anfang Dezember 1979). Beides in: CWIHP Afghan series, wilsoncenter.org/index.cfm?fuseaction=library.docuent&toic_id=1409&id=39, 64, 68.

des Parcham-Flügels, kam aus dem Exil zurück und wurde Präsident einer Marionettenregierung unter der sowjetischen Besatzungsmacht. Eine Mitschrift der Politbüro-Sitzung, auf der die Invasion beschlossen wurde, ist leider nicht zugänglich, aber es gibt einen zusammenfassenden Bericht vom April 1980, also kurz nach dem Einmarsch. Dort wird, nicht ohne Befriedigung, festgestellt:

»[Die sowjetische Militärintervention] hat die Entstehung eines neuen Hinterlands für militärische Angriffe auf die Südgrenzen der Sowjetunion verhindert. Sie hat auch das politische Abenteurertum der Regierung Amin beendet, dessen Folgen die Diskreditierung der Ziele der Aprilrevolution [1978], die Abwendung von der Sowjetunion und die Aufnahme enger Beziehungen zum Westen waren. Nach und nach setzt sich die Einsicht durch, dass in der Afghanistan-Frage kein Weg an der Tatsache vorbeiführt, dass Afghanistan, als Nachbarland der Sowjetunion, ein wichtiger Teil der sowjetischen Interessensphäre ist.«[47]

Selbst in diesem Text findet sich kein Hinweis darauf, dass die Sowjetunion Afghanistan als Aufmarschgebiet für einen Vorstoß in den Mittleren Osten oder nach Asien betrachtete. Und in keinem der sowjetischen Dokumente geht es um verstärkten Einfluss am Persischen Golf.

Zusammenfassung

Insgesamt geht aus den Dokumenten eindeutig hervor, dass die Sowjetunion bei ihrem Einmarsch nach Afghanistan keine weitergesteckten offensiven Ziele verfolgte. Bleibt die Frage, ob daraus nicht dennoch eine Bedrohung für die Sicherheit des Westens erwuchs. Immerhin standen nun große sowjetische Truppenkontingente in einem Land, das weniger als 1000 Kilometer vom Persischen Golf entfernt ist. Für diese Annahme spricht gleichwohl sehr wenig.

Tatsächlich lag die damalige Sowjetunion kaum weiter entfernt von der Golfregion als Afghanistan, zudem wäre Afghanistan mit seinen unwegsamen Regionen und seiner unzureichenden Infrastruktur als Aufmarschgebiet für einen Vorstoß an den Golf denkbar schlecht geeignet gewesen. Die angeführten Dokumente belegen auch, dass die sowjetische Führung in der Besetzung Afghanistans kaum andere strategische Vorteile sah als die bessere Verteidigung ihrer Südgrenzen gegen Übergriffe des Westens. Sowjetische Regierungsvertreter glaubten sogar, diese

---

47 CPSU CC Politburo Decision on Afghanistan, April 10, 1980, CWIHP Afghan series, wilsoncenter.org/index.cfm?fuseaction=library.document&topic_id=1409&id=39, 97, 99.

Operation könne einen Rückschlag für ihre internationalen Ziele bedeuten, weil sie weltweite Kritik und einen Ansehensverlust für die UdSSR nach sich ziehen würde. Den Mitgliedern des Politbüros war klar, dass die sowjetischen Truppen in die unangenehme Lage geraten würden, eine unpopuläre Regierung gegen eine umfassende Aufstandsbewegung zu verteidigen, und dass dies für die UdSSR eine schwere finanzielle Belastung darstellte. Darum fiel die Entscheidung zum Einmarsch erst, als alle anderen Möglichkeiten zur Disziplinierung Amins und zur Lösung der afghanischen Staatskrise erschöpft waren.

Interessanterweise schätzten manche amerikanische Regierungsvertreter die Lage ganz ähnlich ein – sie sahen in der Invasion keinen strategischen Vorteil für die Sowjetunion, sondern eine langfristige Belastung. Brzezinski hat sogar für sich in Anspruch genommen, diesen Einmarsch provoziert zu haben. Lange Zeit schien den US-Regierungen Afghanistan so unbedeutend, dass kein Zusammenhang mit der Sicherheit am Golf oder im Nahen Osten hergestellt wurde. Sogar als die sowjetischen Truppen 1989 abzogen, galt diese Einschätzung noch. In einem Artikel der *New York Times* vom Februar 1989 wird festgehalten: »Ein Regierungsvertreter erklärte: ›Wir gehen grundsätzlich davon aus, dass Afghanistan eben nicht der Iran ist. Das Land hat keine Ölvorkommen und es liegt nicht am Persischen Golf. Also ist seine strategische Bedeutung gering.‹«[48]

Schlussbemerkung

In der geschichtswissenschaftlichen Betrachtung des Kalten Krieges neigten die meisten Autoren der Auffassung zu, die George F. Kennan 1947 in seinem berühmten und anonym verfassten Aufsatz in *Foreign Affairs* präsentiert hatte: Die Sowjetunion sei auf weltweite Expansion verpflichtet, ein Erbe aus dem russischen Nationalcharakter, verstärkt durch die Ideologie des Marxismus-Leninismus.[49] Kennan distanzierte sich später von dieser Haltung und zeigte sich sehr gemäßigt in seinen Urteilen über den Kalten Krieg.[50] Doch sein früher Aufsatz wirkte lange

---

48 Zit. n. Elaine Sciolino, To U.S., Afghanistan Seems to Move Farther Away, *New York Times*, 12. 2. 1989.
49 George F. Kennan (»X«), The Sources of Soviet Conduct, in: *Foreign Affairs*, 25, 1947, Heft 7.
50 Siehe dazu etwa George F. Kennan, Im Schatten der Atombombe: eine Analyse der amerikanisch-sowjetischen Beziehungen von 1974 bis heute, Köln 1982.

nach – erst jüngst in der postum erschienen Arbeit von John Lewis Gaddis (»We Now Know«), die stark meinungsbildend gewirkt hat.[51] Gaddis behauptet darin, das Material aus den heute zugänglichen sowjetischen Archiven belege die frühe These Kennans, die sowjetische Außenpolitik sei stets genuin expansionistisch gewesen. Und Michael Cox bekräftigte noch 2003: »Die sowjetische Bedrohung war real. Das zeigt jede der [sowjetischen] Quellen, die uns heute zugänglich sind.«[52]

Insgesamt herrscht somit eine sehr einseitige Sicht auf den vergangenen Konflikt vor: Die UdSSR erscheint als gnadenloser Aggressor gegen die zurückhaltenden und defensiv orientierten USA. Der Fall Afghanistan kann aber nicht als Beleg für diese Lesart dienen. Wie gezeigt, waren die Sowjets mit einem neutralen Status Afghanistans durchaus zufrieden, sie zeigten wenig Interesse, den Kommunismus in diesem Land einzuführen. Nicht subversive Strategien der Sowjetunion, sondern die Initiative des Schahs von Persien, das Land dem Westen zuzuführen, störten ab 1974 diesen Ruhezustand. Und selbst in der Folgezeit deutete nichts darauf hin, dass die Sowjets nun unbedingt ein kommunistisches Afghanistan errichten wollten – zumindest inoffiziell machten Politbüromitglieder keinen Hehl aus ihren Vorbehalten gegen die afghanische kommunistische Partei. Dass sowjetische Agenten hinter dem Putsch von 1978 steckten, ist in keiner Weise zu belegen. Entgegen allen, noch immer kursierenden Legenden hat die Sowjetunion sehr lange gezögert – sie entschloss sich erst zum Eingreifen, als sie glaubte, die Politik der DVPA-Führung werde zur Instabilität an ihrer Südgrenze führen.

Dass Afghanistan eine Bedrohung für die Sicherheit der Golfregion darstellte, ist eindeutig ein Mythos der Geschichtsschreibung. Zweifellos stellte der sowjetische Einmarsch im Dezember 1979 eine schwere Aggression gegen das afghanische Volk dar. Die sowjetische Führung hat es stets abgestritten, doch es handelte sich um eine klassische Invasion.

---

51 John Lewis Gaddis, We Now Know: Rethinking Cold War History, New York 1997. Gegenmeinungen und scharfe Kritik an Gaddis finden sich in Robert Buzzanco, What Happened to the New Left? Toward a Radical Reading of American Foreign Relations, in: *Diplomatic History*, 23, 1999, Heft 4; Bruce H. Lester, Recent Scholarship and Findings about the Korean War, in: *American Studies International*, 36, 1998, Heft 3; Bruce Cumings (Brief an die Redaktion), in: *CWIHP Bulletin*, Juli 1995; und Melvin P. Leffler, Inside Enemy Archives: The Cold War Reopened, in: *Foreign Affairs*, 75, 1996, Heft 4.

52 Michael Cox, The Empire's Back in Town: Or America's Imperial Temptation, in: *Millenium Journal of International Studies*, 32, 2003, S. 10, Heft 1.

George F. Kennan notierte damals: »Selbst für die treuesten Anhänger mussten die Vorwände [für den Einmarsch], die Moskau zu bieten hatte, eine Beleidigung ihrer Intelligenz bedeuten.«[53] Gleichwohl stellte die Besetzung Afghanistans weder eine Bedrohung der Sicherheit des Westens dar noch einen Angriff auf das Gleichgewicht in der Region.

Aus dem Englischen von Edgar Peinelt

---

53 Siehe George F. Kennan, On Washington's Reaction to the Afghan Crisis.

James S. Corum
Der Bürgerkrieg in El Salvador 1980–1992

Während des größten Teils des Kalten Krieges interessierten sich die Weltmächte kaum für Mittelamerika. Von einer kurzen Episode unter der Kennedy-Regierung abgesehen, als die »Allianz für den Fortschritt« verkündet und ein großzügiges Hilfsprogramm für Lateinamerika auf den Weg gebracht wurde, trat die gesamte Region zwischen 1945 und 1980 auf dem politischen Radarschirm kaum in Erscheinung. Dazu stand für die beiden Machtblöcke in Europa, Asien und dem Nahen Osten zu viel auf dem Spiel. Das einzige Mal, dass Lateinamerika ernsthaft in den Mittelpunkt der Aufmerksamkeit rückte, war während der kubanischen Revolution und der durch die Installierung sowjetischer Raketenstellungen ausgelösten Kubakrise. Doch schon kurze Zeit nach der amerikanisch-sowjetischen Kraftprobe um Kuba im Oktober 1962 fiel die ganze Region in ihren gewohnten Zustand der wohlwollenden Nichtbeachtung durch die Supermächte zurück.

Dies änderte sich 1980. Nach dem Sieg der sandinistischen Revolution in Nicaragua und dem Beginn einer Massenerhebung in El Salvador betrachteten die Vereinigten Staaten die Region mit wachsender Besorgnis. Die Auseinandersetzungen in Mittelamerika wurden von den Amerikanern wie auch von vielen Menschen in Lateinamerika nicht als innere Angelegenheit oder regionaler Konflikt, sondern als Teil des Kalten Krieges angesehen. Innere Konflikte in kleinen mittelamerikanischen Staaten wurden also sowohl von amerikanischer als auch sowjetischer Seite internationalisiert. Im Gegensatz zu vielen anderen Konflikten des Kalten Krieges hatte jedoch keiner der beiden Machtblöcke je geplant, Mittelamerika zu einem Schauplatz der Konfrontation zu machen. Sie mischten sich erst als Reaktion auf die lokalen Ereignisse in Nicaragua und El Salvador und auf die Maßnahmen der jeweils anderen Seite hinein.

Der Bürgerkrieg in El Salvador, der von 1980 bis 1992 wütete, war einer der schwersten Konflikte des 20. Jahrhunderts in der westlichen Hemisphäre. Schätzungsweise 75 000 Menschen kamen dabei ums Leben – ein furchtbarer Blutzoll für eine kleine Nation von fünf Millionen Einwohnern. Einer der Gründe für das außergewöhnlich hohe Gewaltniveau war das allseits, auch auf salvadorianischer Seite, verbreitete Ge-

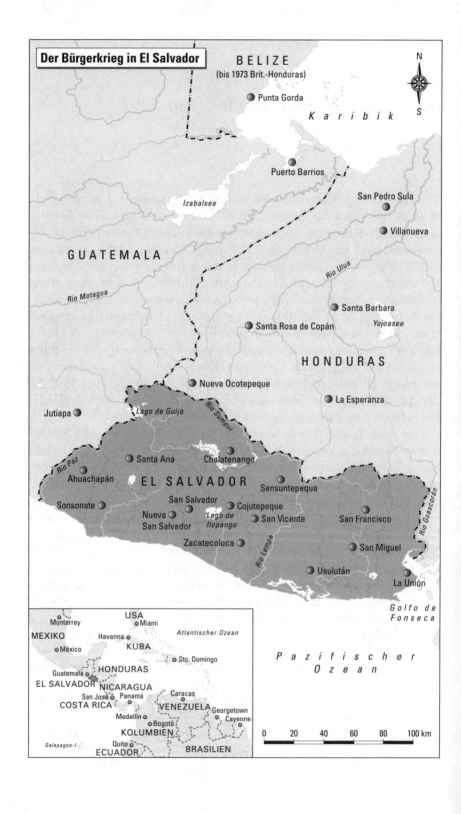

Der Bürgerkrieg in El Salvador

BELIZE
(bis 1973 Brit.-Honduras)

● Punta Gorda

Karibik

N

S

● Puerto Barrios

Izabalsee

San Pedro Sula ●

● Villanueva

GUATEMALA

Rio Ulua

Rio Motagua

● Santa Barbara

● Santa Rosa de Copán

Yojoasee

HONDURAS

● Nueva Ocotepeque

● La Esperanza

Jutiapa ●

Lago de Guija

Rio Sumpui

Santa Ana ●

Chalatenango ●

Ahuachapán ●

Rio Paz

EL SALVADOR

Sensuntepeque ●

Sonsonate ●

San Salvador ●

Cojutepeque ●

Rio Goascorán

Nueva ●
San Salvador

Lago de Ilopango

San Vicente ●

San Francisco ●

Zacatecoluca ●

Rio Lempa

San Miguel ●

Usulután ●

La Unión ●

Golfo de Fonseca

USA

Monterrey ●

● Miami

Atlantischer Ozean

MEXIKO

Havanna ●

KUBA

● México

Pazifischer Ozean

● Sto. Domingo

Guatemala ●

HONDURAS

EL SALVADOR

NICARAGUA

Caracas ●

San José ●

Panamá ●

COSTA RICA

VENEZUELA

Georgetown ●

Medellín ●

Cayenne ●

Bogotá ●

KOLUMBIEN

Galapagos-I.

Quito ●

ECUADOR

BRASILIEN

0   20   40   60   80   100 km

fühl, hier werde kein nationaler Zwist, sondern ein weitaus größerer globaler Konflikt ausgetragen.

Der Bürgerkrieg in El Salvador war eine Schlacht des Kalten Krieges – eine Auseinandersetzung, in der sich der Kalte in einem »heißen Krieg« entlud. Obwohl der Bürgerkrieg einerseits ein »Stellvertreterkrieg« war, bei dem sich die beiden Supermächte UdSSR und USA durch mittelamerikanische Verbündete bekämpften, war er andererseits gleichzeitig eine lokale Angelegenheit, die viel stärker von den spezifischen Gegebenheiten in Mittelamerika als von irgendwelchen Interventionen im Rahmen des Kalten Krieges vorangetrieben wurde. Besonders bemerkenswert an der Konfrontation war jedoch, dass sich einige der treuesten Verbündeten Amerikas in Bezug auf mehrere Schlüsselthemen von der amerikanischen Führung lösten und erfolgreich eigene Wege zur Beilegung des Krieges in El Salvador und anderer regionaler Konflikte beschritten. Tatsächlich ist der Bürgerkrieg in El Salvador ein interessantes Beispiel dafür, wie kleine Länder, die in erheblichem Maße von den Vereinigten Staaten abhingen, eigene politische Agenden entwickeln und durchsetzen konnten – manchmal sogar in erklärtem Gegensatz zur US-Politik.

Die Ursachen des Bürgerkriegs in El Salvador

Der Bürgerkrieg in El Salvador, der von 1980 bis 1992 dauerte, ist die Folge einer mittelamerikanischen Revolution, die ihre Wurzeln in massiven wirtschaftlichen und sozialen Ungleichheiten und Jahrzehnten der Militärdiktatur hat. Seit der brutalen Niederschlagung eines kommunistisch geführten Volksaufstands durch die Streitkräfte im Jahr 1932 hatte in El Salvador eine Militärregierung geherrscht, die nicht den geringsten Widerspruch duldete. Die kompromisslose Haltung der kleinen salvadorianischen Oligarchie hatte zur Folge, dass sogar ein gemäßigter christdemokratischer Reformer wie José Napoleón Duarte in den 1970er Jahren verfolgt, inhaftiert und ins Exil getrieben wurde. Obwohl sich aufgrund des Wirtschaftswachstums in den 1960er und 1970er Jahren eine ansehnliche Mittelschicht in El Salvador gebildet hatte, wurde das Land noch immer von einer kleinen Zahl von Familien beherrscht.[1]

Diese politischen Gegebenheiten führten zur Entstehung von mehr als 20 Parteien, Organisationen und Splittergruppen, die alle danach streb-

---

1 Einen guten Überblick über die Bedingungen, die zur Revolution in El Salvador führten, liefert Hugh Byrne, El Salvador's Civil War. A Study of Revolution, Boulder 1996, S. 17–51.

ten, die Oligarchie zu entmachten und revolutionäre Reformen in El Salvador durchzuführen. Der repressive Charakter des Regimes zwang viele Angehörige der Mittelschicht dazu, sich den revolutionären Gruppen anzuschließen, da es keine legitime politische Möglichkeit gab, für grundlegende soziale und wirtschaftliche Reformen zu kämpfen. Ein großer Teil der Bevölkerung wurde also durch das diktatorische Regime selbst radikalisiert.[2] Damit unterschied sich die Situation grundlegend von der im benachbarten Honduras, in dem sich keine nennenswerten revolutionären Bewegungen bildeten, obschon es ärmer als El Salvador war. Obwohl auch Honduras während des größten Teils des 20. Jahrhunderts eine Militärregierung hatte, bestand hier nicht dieselbe Tradition politischer und repressiver Gewalt wie in El Salvador. Unter einem toleranteren Regime vollzog Honduras 1980 den Wandel zu einer demokratischen Zivilregierung. Obwohl es ebenso gravierenden wirtschaftlichen Problemen gegenüberstand wie El Salvador, blieb es in den 1980er Jahren von politischer Gewalt weitgehend verschont.

Ende der 1970er Jahre hatte sich die Situation in El Salvador gefährlich zugespitzt. Ebenso wie in Nicaragua und Guatemala (das seit den 1960er Jahren in einen Bürgerkrieg verwickelt war) regte sich in El Salvador nicht nur unter der Landbevölkerung, die die Bevölkerungsmehrheit darstellte, sondern auch unter der Mittelschicht zunehmender Widerstand gegen das als unhaltbar empfundene System der Militärdiktatur. Ein überwältigender Teil der Bevölkerung Mittelamerikas drängte auf Demokratisierung und umfassende wirtschaftliche und soziale Reformen. In einer Region, in der die meisten Menschen dieselbe Sprache sprechen, eine gemeinsame Kultur haben und bereitwillig in benachbarten Ländern arbeiten oder Handel treiben, verbreiten sich neue Ideen und Nachrichten rasch über die Landesgrenzen hinweg. Oft sind auch die Angehörigen der kleinen herrschenden Schichten miteinander bekannt. Tatsächlich besteht eine lange Tradition der familiären Verflechtung zwischen den Eliten der einzelnen mittelamerikanischen Länder, und bei jeder modernen Revolution kommt es vor, dass Regierungsbeamte und Armeeoffiziere Verwandte im revolutionären Lager haben.[3] Die politischen Spannungen in Nicaragua und El Salvador hatten außerdem zur Folge, dass in den 1970er Jahren Tausende von Menschen aus diesen Ländern ins Exil nach Costa Rica, Honduras oder Panama flüchteten.

---

2 Ebenda, S. 22–26.
3 Eine sehr nützliche Studie über die Machteliten der Region und ihre Verwandtschaftsbeziehungen findet sich in Samuel Stone, The Heritage of the Conquistadors, Lincoln 1990.

Unter solchen Bedingungen sind die Menschen in Mittelamerika in der Regel gut über die Politik ihrer Nachbarn informiert, und Nachrichten über Revolutionen oder Repressionen verbreiten sich rasch. Die brutale Niederschlagung des Aufstands in El Salvador, die im Jahr 1932 von den Nachbarländern kaum registriert wurde, wäre in den 1970er Jahren aufgrund der verbesserten Kommunikations- und Verkehrsmittel von der gesamten Region aufmerksam verfolgt worden. Infolge ihrer gemeinsamen regionalen Kultur verstehen sich die Menschen oft nicht nur als Salvadorianer oder Costa-Ricaner, sondern als Mittelamerikaner. Wichtige politische Ereignisse wie Kriege oder Revolutionen werden ebenfalls oft in einem regionalen und nicht nur nationalen Zusammenhang gesehen. Und so betrachtete man den Bürgerkrieg in El Salvador von Anfang an nicht nur als eine salvadorianische Angelegenheit, sondern als eine Krise der ganzen Region.

Die Revolution in Nicaragua als Katalysator

Die politische Situation in Mittelamerika zwischen 1979 und 1990 wurde von einem Ereignis maßgeblich beeinflusst: dem Erfolg der sandinistischen Revolution in Nicaragua im Juli 1979. Dabei war es nicht so sehr der Sturz der Somoza-Diktatur selbst (der von allen Ländern in der Region begrüßt wurde), sondern der rasche Schulterschluss der sandinistischen Führung mit dem sowjetischen Machtblock, der eine Kette von Ereignissen in Gang setzte. Die sandinistische Revolution beflügelte nicht nur radikale und revolutionäre Bewegungen in der gesamten Region, sie löste auch eine außergewöhnlich brutale Konterrevolution in El Salvador und Guatemala aus. Alle Konflikte der 1980er und 1990er Jahre in Mittelamerika haben ihre Wurzeln in der sandinistischen Revolution, und ein Verständnis des Konflikts in El Salvador ist nicht möglich, ohne den Faktor Nicaragua zu berücksichtigen.

Bis 1978 waren die mittelamerikanischen Staaten, die US-Regierung und die breite Mehrheit der nicaraguanischen Bevölkerung übereinstimmend zu der Auffassung gelangt, das Somoza-Regime in Nicaragua müsse abgelöst werden. Die Somozas beherrschten Nicaragua seit mehr als 40 Jahren. Obwohl sich ihr Regime nicht durch außergewöhnliche Gewaltanwendung auszeichnete – für eine Diktatur war das Repressionsniveau vergleichsweise moderat –, waren Nicaraguaner aller gesellschaftlichen Gruppen und Klassen – darunter viele führende Geschäftsleute – ihrer Herrschaft einfach überdrüssig. Schon lange betrachtete man die Clanherrschaft der Somozas in allen Ländern der Region als

einen Anachronismus. Sie behinderten die moderaten politischen und
sozialen Reformen, die von den USA und sogar von den konservativen
Machteliten Mittelamerikas befürwortet wurden. Als die Somozas 1972
nach dem verheerenden Erdbeben in Nicaragua dreist einen erheblichen
Teil der für Hilfeleistungen und den Wiederaufbau zur Verfügung gestellten Gelder unterschlugen, überspannten sie den Bogen. Selbst die
machtbesessensten Eliten der Region sahen ein, dass ein solches Verhalten der Wirtschaft und dem Fortschritt schadete. Die USA kürzten zunächst ihre Finanzhilfe und stellten sie dann Ende 1978, als die Somoza-
Regierung diesen Wink nicht verstand, ganz ein.

Das Somoza-Regime war so unbeliebt, dass selbst Costa Rica und
Honduras, zwei Staaten mit traditionell geringer Affinität zu radikalen
oder revolutionären Bestrebungen, Somoza-feindlichen Gruppen in den
1970er Jahren Zuflucht und Unterstützung gewährten und Waffenlieferungen durch ihr Land nach Nicaragua gestatteten. Die feindliche Haltung, die dem Somoza-Regime von Seiten aller Regierungen in der Region entgegenschlug, und die fehlende Unterstützung durch die USA
führten zum raschen Zusammenbruch des Regimes und ermöglichten es
der sandinistischen Koalition im Juli 1979, mit breiter Unterstützung der
meisten politischen Gruppierungen in Nicaragua die Macht in Managua
zu übernehmen. Obwohl sich die Sandinisten anfangs der Unterstützung
und Sympathie aller Länder in der Region sowie der Vereinigten Staaten
erfreuten, verwandelte sich diese wohlwollende Haltung rasch in Misstrauen und Besorgnis, als sich abzuzeichnen begann, dass Nicaragua
einen radikal revolutionären Kurs einschlug.

Wenige Wochen nach dem Sieg der Sandinisten wurde ein umfassendes Programm der Enteignung und Verstaatlichung eingeleitet, das sich
keineswegs nur auf den Besitz der Somozas beschränkte.[4] Die politische
Rhetorik der Ortegas und der sandinistischen Führung insgesamt war
unverhüllt revolutionär und sozialistisch.[5] Innerhalb von sechs Monaten

---

4   In den ersten 18 Monaten sandinistischer Herrschaft fand in Nicaragua ein be-
    merkenswert rascher Prozess der Verstaatlichung und wirtschaftlichen Zen-
    tralisierung statt. 1978 befand sich die Bauindustrie zu 40 % in staatlicher
    Hand, 1980 lag der Anteil bei 70 %. Der Bergbau ging von 100 % Privatbesitz
    zu 95 % in staatlichen Besitz über. Zwischen 1979 und 1980 stieg der An-
    teil des unter staatlicher Kontrolle erwirtschafteten BIP von 15 % auf 41 %.
    Siehe Henri Weber, Nicaragua: The Sandinist Revolution, London 1981,
    S. 86–89.
5   Einen guten Überblick über die Meinungen der sandinistischen Führung ver-
    mittelt die Sammlung politischer Reden: Nicaragua: The Sandinista People's
    Revolution, New York 1985.

hatte die neue nicaraguanische Regierung zahlreiche Handels- und Hilfs-
abkommen mit der Sowjetunion und Staaten des sowjetischen Machtblocks wie der DDR, der Tschechoslowakei und Bulgarien geschlossen.[6]
Noch vor Jahresende trafen ostdeutsche Kader ein, die die Führer der
sandinistischen Gewerkschaftsvereinigung ausbilden sollten.[7] Um auch
die letzten Zweifel bei der amerikanischen Regierung auszuräumen, wurde auf parteigesponserten Demonstrationen vor der US-Botschaft lautstark die sandinistische Hymne mit der Zeile »Wir kämpfen gegen den
Yankee, den Feind der Menschheit« intoniert. Am beunruhigendsten waren die engen militärischen Verbindungen, die die sandinistische Regierung mit Kuba und dem Sowjetblock einging. Schätzungen zufolge erhielt die nicaraguanische Regierung in den ersten drei Jahren ihrer Amtszeit rund 310 Millionen US-Dollar an militärischer Unterstützung von
der Sowjetunion und ihren Verbündeten.[8]

Der von den Sandinisten eingeschlagene revolutionäre Kurs löste eine
Kette von Ereignissen in Mittelamerika aus:

1. Reformorientierte und revolutionäre Bewegungen in anderen Ländern fühlten sich durch den Sturz der Somoza-Diktatur und das sandinistische Regierungsmodell ermutigt. So verstärkten die oppositionellen
Gruppen in El Salvador und Guatemala ihre Bemühungen, die eigenen
Diktaturen zu stürzen.

2. Der Erfolg der revolutionären Linken und die Vergesellschaftung
der Wirtschaft in Nicaragua lösten unter den Machteliten, der Mittelschicht und sogar unter kleinen Grundbesitzern in El Salvador und Guatemala große Ängste aus. Gruppen, die bis dahin moderate Reformen
und eine Demokratisierung befürwortet hatten, nahmen nun eine vehement konterrevolutionäre Haltung ein. Die Regime in beiden Ländern
ergriffen Maßnahmen zur massiven Unterdrückung der Linken.

3. Eine breite Koalition von Nicaraguanern – darunter viele Bauern,
die gemeinsam mit den Sandinisten für den Sturz Somozas gekämpft hatten – lehnte die Stoßrichtung der sandinistischen Revolution ab und fing
an, sich dem Regime zu widersetzen. Noch bevor die von den USA unterstützten Contras auf der Bildfläche erschienen, brach 1980/1981 ein
Bürgerkrieg in Nicaragua aus. Der gegen die Revolution gerichtete Wi-

---

6 Siehe Henrik Bischof, The Socialist Countries and Central American Revolutions, in: Wolf Grabendorff, Heinrich Krumwiede und Joerg Todt (Hg.), Political Change in Central America: Internal and External Dimensions, Boulder
   1984, S. 228–244.
7 Ebenda, S. 234.
8 The Soviet Militarization of Nicaragua, *Human Events*, 2. 9. 1989.

derstand im eigenen Land bestärkte die Sandinisten darin, ihren Gegnern mit aller Härte entgegenzutreten, und förderte die Militarisierung des nicaraguanischen Regimes.

4. Dass die nicaraguanische Regierung Hilfe und militärische Unterstützung von den Staaten des Sowjetblocks erhielt, führte zur Internationalisierung des nicaraguanischen Kampfes. Die Länder in der Region sahen sich gezwungen, entweder für die USA oder für die Sowjetunion Partei zu ergreifen.

5. Die Vereinigten Staaten, die in der Region bis dahin eine Politik der wohlwollenden Nichtbeachtung betrieben hatten, sahen sich gezwungen, ihr finanzielles und militärisches Engagement in der Region aufzustocken, um dem zunehmenden Einfluss der Sowjetunion, wie er sich in Nicaragua und den revolutionären Bewegungen manifestierte, zu begegnen.

Der Ausbruch des Krieges in El Salvador – die Kontrahenten

Im Oktober 1979 stürzte eine Gruppe reformorientierter Armeeoffiziere in einem unblutigen Putsch die salvadorianische Militärregierung und setzte eine Junta ein, der auch mehrere gemäßigte Zivilisten angehörten. Die neue Regierung trat mit dem Versprechen an, eine Landreform und demokratische Wahlen durchzuführen. Selbst die salvadorianische Machtelite sah inzwischen ein, dass die Ära altmodischer Militärregierungen ihrem Ende zuging und das Land umfassende Reformen und Demokratisierung brauchte. Die Ereignisse in Nicaragua weckten jedoch in El Salvador große Ängste. Man begann sich vor den Kräften zu fürchten, die von einer Landreform und demokratischen Wahlen möglicherweise freigesetzt würden, und so fingen die Führer der Junta im Frühjahr 1980 an, die liberalen Kabinettsmitglieder aus der Regierung zu drängen und sie durch rechtsgerichtete Hardliner zu ersetzen, die nur darauf brannten, den leisesten Funken von Revolution erbarmungslos auszutreten.[9] Zwischen 1979 und 1981 fand eine zunehmende Radikalisierung der Rech-

---

9 Cynthia Arnsen, The Salvadoran Military and Regime Transformation, in: Political Change in Central America, S. 97–113. Zum Putsch und seinen Nachwirkungen siehe S. 107f. Dokumente zu den wichtigsten politischen Positionen in El Salvador und den Wurzeln der Revolution finden sich bei Marvin Gettleman, Patrick Lacefield u.a., El Salvador: Central America in the Cold War, New York 1986.

ten in El Salvador statt. Rechtsgerichtete Parteien, insbesondere die Arena-Partei, gingen eine inoffizielle Allianz mit Armeeoffizieren ein, die bereit waren, gnadenlos gegen jeden vorzugehen, der revolutionärer Sympathien verdächtigt wurde.

Die linksgerichteten Gruppen in El Salvador, deren politisches Spektrum von den Kommunisten bis zu den Sozialdemokraten reichte, hatten den Putsch im Oktober 1979 zunächst begrüßt. Bis zum Frühjahr 1980 verloren sie jedoch jede Hoffnung, El Salvador auf friedlichem Weg reformieren zu können. Der Konflikt erfasste bereits das ganze Land und forderte allein in jenem Jahr schätzungsweise 15 000 Todesopfer, von denen rund zwei Drittel auf das Konto des Militärs und der rechtsextremen Todesschwadronen gingen.[10] Im Oktober 1980 schlossen sich in Kuba sechs sozialistische und kommunistische Parteien zur FMLN (Nationale Befreiungsfront Farabundo Martí) zusammen, um den revolutionären Sturz des salvadorianischen Regimes herbeizuführen. Obwohl die FMLN (wie die sandinistische Bewegung vor 1979) eine Koalition war, in der die Sozialisten und Kommunisten dominierten, waren in ihr auch einige Sozialdemokraten organisiert.[11]

Die Bildung rivalisierender Blöcke in der Region

Wie bereits erwähnt, stellte sich die nicaraguanische Regierung von Anfang an klar auf die Seite des sowjetischen Machtblocks, der das Land wirtschaftlich großzügig unterstützte. Zwischen 1980 und 1982 erhielt Nicaragua Handelskredite über 216 Millionen US-Dollar, direkte Finanzhilfen in Höhe von 31 Millionen Dollar sowie weitere 158 Millionen Dollar von der DDR, Ungarn, der Tschechoslowakei und Bulgarien.[12] Die sowjetische Militärhilfe gelangte in der Regel auf dem Umweg über Kuba ins Land, damit die USA nicht unter Berufung auf die Monroe-Doktrin gegen die äußere Einmischung in ihr Interessengebiet Einspruch erheben konnten. Über die militärischen Lieferungen, die von Kuba und Nicaragua ins benachbarte El Salvador flossen, liegen keine genauen Angaben vor, aber ihr Umfang dürfte beträchtlich gewesen sein. Einer Schätzung zufolge lieferte Nicaragua in den ersten 16 Monaten der sandinistischen Herrschaft 50 000 Handfeuerwaffen und die entsprechende Munition an salvadorianische Re-

---

10 Byrne, El Salvador's Civil War, S. 59–61, 63.
11 Helen Schooley, Conflict in Central America, Chicago 1987, S. 168.
12 Bischof, The Socialist Countries, S. 234.

bellen.[13] Fast während des gesamten Bürgerkriegs war die FMLN in
der Lage, eine mit leichten Waffen (Handfeuerwaffen, Mörsern, Rake-
tenwerfern und Munition) gut ausgerüstete und gut ausgebildete Armee von 10000 Mann ins Feld zu schicken. Später belieferte Nicaragua
die FMLN sogar mit leichten sowjetischen Flugabwehrraketen, die von
der Sowjetunion nach Kuba und von dort weiter nach Nicaragua geschickt wurden.[14]

Als Reaktion auf die Annäherung Nicaraguas an die Sowjetunion und
die Verschärfung des Bürgerkriegs in El Salvador nahmen die Vereinigten Staaten Ende 1980 ihre zuvor aufgrund der massiven Menschenrechtsverletzungen abgebrochene Militärhilfe an El Salvador wieder auf.
Es war der Versuch der Carter-Administration, den veränderten politischen Bedingungen Rechnung zu tragen und die militärischen Erfolge
der FMLN zu stoppen. Als Ronald Reagan im Januar 1981 die Regierung übernahm, war Mittelamerika in zwei Blöcke mit konkurrierenden
politischen Visionen gespalten.

Auf der einen Seite standen die proamerikanischen Länder El Salvador, Guatemala, Honduras und Costa Rica. Ihre politischen Führer befürworteten wie die US-Regierung mehrheitlich keineswegs ein Festhalten am Status quo. Vielmehr gab es einen breiten Konsens unter den
Angehörigen der herrschenden Eliten, dass moderate soziale und wirtschaftliche Reformen notwendig seien, um die ökonomischen Bedingungen zu verbessern und die durch extreme Wohlstandsunterschiede
bedingten Spannungen zu verringern. Darüber hinaus unterstützte die
politische und wirtschaftliche Führung ein kontinuierliches Programm
der Demokratisierung und Handelsliberalisierung. Als Modell diente
den mittelamerikanischen Staaten dabei Costa Rica, ein Land, das
seine Streitkräfte 1949 abgeschafft hatte und sich seither einer stabilen
demokratischen Regierung erfreute. Costa Rica ist ein relativ wohlha-
bendes, kapitalistisches Land mit freundschaftlichen Beziehungen zu
den Vereinigten Staaten. Obwohl es in Costa Rica durchaus Probleme
mit Armut und Kriminalität gibt, bestehen dort nicht dieselben extremen Wohlstands- und Klassenunterschiede wie in den anderen mittelamerikanischen Staaten. Politische Auseinandersetzungen werden
öffentlich und lautstark, aber ohne Gewalt ausgetragen. Wenn man
durch Mittelamerika reist und die Menschen in Honduras, Nicaragua

---

13 Glenn Garvin, We Shipped Weapons, Sandinistas Say, *Miami Herald,* 19. 7.
   1999.
14 Leroy Thompson, Ragged War: The Story of Unconventional and Counter-
   revolutionary Warfare, London 1994, S. 79.

oder El Salvador danach fragt, welches politische System sie sich für ihr Land wünschen, erhält man für gewöhnlich die Antwort: »Ein System wie in Costa Rica.«[15]

Die amerikanische Politik unter den Präsidenten Carter, Reagan und Bush senior erkannte die Notwendigkeit politischer und sozialer Reformen in Mittelamerika an und setzte konsequent Hilfsprogramme als Anreiz und Druckmittel ein, um diese Ziele in El Salvador, Guatemala und Honduras voranzutreiben. Die Mitglieder des gemäßigten Reformblocks akzeptierten ihrerseits die regionale Führungsposition der Vereinigten Staaten.[16]

Der andere Block umfasste Nicaragua, unterstützt von Kuba und der Sowjetunion, und eine Vielzahl revolutionärer Bewegungen in ganz Mittelamerika. Auch dieser Block hatte eine klare Vision: ein politisches und wirtschaftliches System nach dem Vorbild Nicaraguas und Kubas – mit wirtschaftlichen und politischen Beziehungen zu den Staaten des Sowjetblocks anstatt zu den USA.

Der Politikwissenschaftler Wolf Grabendorff schrieb in den 1980er Jahren mit Blick auf die damalige politische Situation in Mittelamerika, es gebe in der Region drei rivalisierende internationale Bestrebungen: die Allianz des Status quo (USA, Guatemala, El Salvador, Costa Rica, Israel und Honduras), die Allianz des revolutionären Wandels (Kuba, Nicaragua, die sozialistischen Staaten, Libyen, die PLO, Algerien und die Guerillabewegungen) sowie die Allianz des sozialen Wandels (Mexiko, Panama, Frankreich, Kolumbien, Venezuela und die Sozialistische Internationale). Mexiko schrieb er dabei eine wichtige Rolle als externer Akteur in der Region zu.[17] Im Rückblick lässt sich diese Vorstellung von drei Blöcken mit unterschiedlichen politischen Bestrebungen kaum belegen. Auch die Auffassung, Israel, Frankreich, Libyen, die PLO und die Sozialistische Internationale hätten mehr als nur eine marginale Rolle gespielt, ist schwer zu untermauern. Panama, Kolumbien und Venezuela spielten zwar in den 1980er Jahren eine Rolle in der Region und beim

---

15 Diese Meinung beruht auf den Erfahrungen, die ich während meines Aufenthalts in Honduras von 1987 bis 1988 und während meiner Reise durch Mittelamerika 1998 gemacht habe.

16 Eine Erörterung der US-Strategie in Mittelamerika und El Salvador findet sich bei Edwin Corr und Courtney Prisk, El Salvador. Transforming Society to Win the Peace, in: Edwin Corr und Stephen Sloan (Hg.), Low Intensity Conflict. Old Threats in a New World, Boulder 1992, S. 223–245.

17 Wolf Grabendorff, The Internationalization of the Central American Crisis, in: Political Change in Central America, S. 155–171, siehe S. 167.

Friedensprozess, aber sie war von untergeordneter Bedeutung. Obwohl in Mexiko einige der Friedensgespräche stattfanden, übte es keinen Einfluss auf das Friedensabkommen aus. Die als Allianz des sozialen Wandels bezeichnete Bewegung trat in Wirklichkeit niemals als einflussreiche politische Kraft in Erscheinung, da Mexiko, Kolumbien, Venezuela und Westeuropa den Regierungen und den Menschen in Mittelamerika keine klare politische und ökonomische Vision anzubieten hatten.

In Wirklichkeit standen den Regierungen und der Bevölkerung in Mittelamerika nur zwei Wahlmöglichkeiten offen: der Weg der gemäßigten Reform unter amerikanischer Führung (nach dem Vorbild Costa Ricas) oder der von Nicaragua eingeschlagene Weg des revolutionären Wandels (nach dem Vorbild Kubas). In der öffentlichen Wahrnehmung hatten weder die Staaten der Contadora-Gruppe noch die Europäer ein ökonomisch-politisches Modell anzubieten, das für die Menschen in Mittelamerika Sinn ergab.

Internationale Aspekte des Bürgerkriegs – der Krieg aus amerikanischer Perspektive

Der Konflikt in El Salvador wurde von den USA wie auch von allen anderen Staaten in der Region als Teil der größeren Krise in Mittelamerika aufgefasst. In den Jahren 1980 und 1981 beurteilte das US-Außenministerium die Überlebenschancen des salvadorianischen Regimes als ziemlich gering.[18] Um zu verhindern, dass in El Salvador die Kommunisten an die Macht kamen, leiteten die Vereinigten Staaten ein umfangreiches wirtschaftliches und militärisches Hilfsprogramm ein, das auch die militärische Ausbildung einschloss. Aufgrund des politischen Klimas, das in Amerika nach dem Vietnamkrieg herrschte, begrenzte der Kongress die Zahl der amerikanischen Berater und Ausbilder in El Salvador auf 55, obwohl diese Zahl gelegentlich mit besonderer Genehmigung des Kongresses auf 120 angehoben wurde. Es war den amerikanischen Beratern ausdrücklich untersagt, an Kampfhandlungen teilzunehmen. Amerika musste also die FMLN indirekt durch die salvadorianischen Streitkräfte bekämpfen, die zu der Zeit alles andere als ein schlagkräftiges Werkzeug darstellten. Im Jahr 1980 war die salvadorianische Armee mit 12 000 Mann eher klein, schlecht ausgerüstet, schlecht geführt und ausschließlich für einen konventionellen Krieg ausgebildet. Um auch nur

---

18 Byrne, El Salvador's Civil War, S. 56.

die geringsten Erfolgsaussichten gegen die FMLN zu haben, mussten die Streitkräfte beträchtlich aufgestockt, modernisiert, vollständig neu organisiert und besser ausgebildet werden. Ebenso wichtig war es, die geistige Verfassung in der Armee, die von Jahrzehnten der Militärherrschaft und der Menschenrechtsverletzungen geprägt war, so zu ändern, dass einerseits die Aufständischen wirksam bekämpft werden könnten und andererseits die Bevölkerungsmehrheit nicht entfremdet würde.[19]

Die von den USA in den 1980er Jahren in El Salvador verfolgte Politik war in sich weitgehend konsistent. Die Aufständischen wurden hauptsächlich indirekt bekämpft – über die Wirtschaftshilfe, die darauf ausgerichtet war, die salvadorianische Regierung zu stärken. Zwischen 1981 und 1991 erhielt El Salvador von den USA 4,5 Milliarden Dollar an Wirtschaftshilfe und mehr als eine Milliarde Dollar an Militärhilfe.[20] Letztere wurde von den USA zum Teil als Druckmittel benutzt, um Reformen in den salvadorianischen Streitkräften zu erzwingen. So wurden dringend benötigte Militärlieferungen manchmal so lange ausgesetzt, bis die salvadorianische Armee Zugeständnisse hinsichtlich der Einhaltung der Menschenrechte machte.[21] Die finanzielle Unterstützung sollte die Salvadorianer außerdem ermutigen, ihre Wirtschaft zu reformieren und eine umfassende Landreform in Angriff zu nehmen. Damit hoffte man, die Bauern für die Regierung einzunehmen. Diese Teile der US-Politik wurden sowohl von der salvadorianischen Führung als auch von den Staaten des gemäßigten Reformblocks gebilligt. Die Krise in El Salvador war so besorgniserregend, dass Honduras – ein Land, das mit El Salvador 1969 Krieg geführt hatte und es traditionell als seinen Feind betrachtete – den USA gestattete, eine neue große Militärbasis auf seinem Territorium zu errichten. Diese wurde zur Ausbildung der gegen die Rebellen eingesetzten neuen salvadorianischen Truppen benutzt. Obwohl die USA Honduras nur mit beträchtlicher militärischer und wirtschaftlicher Hilfe für diesen Plan gewinnen konnten, ist es fraglich, ob Honduras der Aufrüstung seines Nachbarn zugestimmt hätte, wenn es nicht vor der Alternative einer feindlichen demokratischen oder einer revolutionären Regierung in El Salvador gestanden hätte.

---

19 Einen allgemeinen Überblick über die militärischen Aspekte des Konflikts vermittelt James Corum, The Air War in El Salvador, in: *Airpower Journal* (Sommer 1998), S. 27–44.

20 Benjamin Schwarz, American Counterinsurgency Doctrine and El Salvador: The Frustrations of Nation Building, Rand Report R-4042, Santa Monica, CA 1991, S. 2.

21 Corum, The Air War, S. 38–39.

Obwohl die Länder des gemäßigten Reformblocks die amerikanischen Initiativen in der Region überwiegend akzeptierten, stimmten demokratische Politiker in El Salvador und den übrigen mittelamerikanischen Staaten in etlichen wichtigen Punkten nicht mit der amerikanischen Politik überein. Der erste Kritikpunkt betraf die amerikanische Unterstützung der nicaraguanischen Contras. Sie wurde von den Regierungen aller mittelamerikanischen Staaten als ein unerwünschter Schritt zur Eskalation des Konflikts in der Region betrachtet. Honduras tolerierte die Contra-Stützpunkte auf seinem Hoheitsgebiet zwar, aber nur widerwillig, da es sich dadurch zur Zielscheibe sandinistischer Militäraktionen machte. Als Oscar Arias 1986 zum Präsidenten von Costa Rica gewählt wurde, verwies er die amerikanischen Berater, die die Unterstützung der Contras organisierten, in aller Stille des Landes und machte unmissverständlich klar, dass er keine Contra-Stützpunkte in Costa Rica dulden werde. Die Contra-Rebellen wurden nicht zuletzt deshalb von allen Ländern der Region als Unruhefaktor empfunden, weil sie Nicaragua den Vorwand für eine massive und die Region destabilisierende militärische Aufrüstung lieferten.[22]

Nach den weitgehend demokratischen Präsidentschaftswahlen von 1984, aus denen José Napoleón Duarte als Sieger hervorging, veränderte sich das Verhältnis zwischen den USA und El Salvador. Duarte war glühender Demokrat und hatte sich als Bürgermeister von San Salvador einen Namen gemacht. Bei seiner ersten Kandidatur für die Präsidentschaft als Führer einer Mitte-Links-Koalition war er 1972 von der Armee verhaftet, gefoltert und für sieben Jahre ins Exil nach Venezuela verbannt worden. Aus amerikanischer Sicht war Duarte in vielerlei Hinsicht der ideale Regierungschef. Er war einer der wenigen mittelamerikanischen oder salvadorianischen Politiker, die nicht im Ruf standen, korrupt zu sein. Als Gegner der Revolution hatte er sich während seiner gesamten politischen Karriere für moderate demokratische Reformen eingesetzt. Zu seinen Zielen gehörte es außerdem, die Menschenrechtsverletzungen der salvadorianischen Streitkräfte zu beenden und umfassende wirtschaftliche Reformen anzuregen. In einem entscheidenden Punkt vertrat er jedoch eine Auffassung, die der amerikanischen Politik vollständig zuwiderlief. Duarte war überzeugt, dass der Bürgerkrieg in El Salvador nur am Verhandlungstisch und nicht durch einen militärischen Sieg über die Rebellen beendet werden könne. Die Amerikaner dagegen misstrauten förmlichen Verhandlungen mit der FMLN. Diese Vor-

---

22 Zum Widerstand Arias' gegen die Unterstützung der Contras durch die CIA siehe Clifford Krauss, Inside Central America, New York 1991, S. 233–241.

behalte gegen Verhandlungen mit revolutionären oder kommunistischen Gruppen, die bezeichnend für die amerikanische Haltung während des gesamten Kalten Krieges waren, beruhten auf der Annahme, dass die Kommunisten, bezöge man sie in eine nichtkommunistische Regierung ein und erlaube es ihnen, sich frei zu entfalten, ihre Position schließlich dazu benutzen würden, die demokratische Regierung zu unterwandern und eine kommunistische Diktatur zu errichten.[23] Die amerikanische Politik ist verständlich, wenn man sich die Erfahrungen vor Augen hält, die 1944 bis 1946 in Griechenland bei der Einbeziehung der Kommunisten in eine Koalitionsregierung sowie 1948 in der Tschechoslowakei gemacht wurden, als eine die Kommunisten einschließende Koalitionsregierung durch einen kommunistischen Staatsstreich abgelöst wurde. Das amerikanische Modell der Rebellenbekämpfung orientierte sich an Malaysia und den Philippinen, wo man die kommunistischen Aufständischen so geschwächt hatte, dass sie schließlich aufgaben. Mittelamerika war jedoch nicht Europa oder Asien, und Duarte begriff die Dynamik des Konflikts weitaus besser als seine amerikanischen Berater.

Sofort nach seiner Wahl zum Präsidenten leitete Duarte 1984 eine Reihe von Gesprächen mit der Führung der FMLN ein, um die Möglichkeiten einer politischen Lösung des Bürgerkriegs zu sondieren. Obwohl sich die amerikanische Regierung in öffentlichen Erklärungen positiv zu Friedensgesprächen in El Salvador und der Region äußerte, lehnte sie hinter den Kulissen jede Verhandlungslösung des Konflikts in El Salvador ab. Inzwischen hatte sich die militärische Situation in El Salvador grundlegend verändert. Aufgrund der umfangreichen US-Hilfe zwischen 1981 und 1984 hatte sich die militärische Schlagkraft der salvadorianischen Armee erheblich verbessert, während die Rebellentruppen der FMLN nicht weiter gewachsen waren. Bestärkt von ihren amerikanischen Beratern, war die Führung der salvadorianischen Armee 1984 bereit, eine Offensive zur Vernichtung der FMLN zu starten. Das Außenwie auch das Verteidigungsministerium in den USA waren besorgt, dass Duartes Beharren auf Gesprächen mit der FMLN die Bemühungen um eine militärische Vernichtung der Rebellentruppen, wie es das Ziel der Amerikaner und des salvadorianischen Militärs war, unterminieren würde.[24]

---

23 Der US-Botschafter in El Salvador, Edwin Corr, warnte im Juni 1988 die US-Regierung davor, übereilt eine Verhandlungslösung voranzutreiben, die die Zukunft der Demokratie nicht gewährleisten könne. Zit. n. Byrne, El Salvador's Civil War, S. 174.

24 Corum, The Air War, S. 36–37.

Die FMLN und ihre internationalen Beziehungen

Die FMLN war ursprünglich eine weit gefächerte, lockere Koalition, wie es die Sandinisten gewesen waren. Anders als bei der sandinistischen FSLN konnte jedoch keine einzelne Gruppe oder Partei die klare Führung innerhalb der Bewegung erringen. Während des ganzen Bürgerkriegs fanden in der FMLN heftige Machtkämpfe statt. Duartes aufrichtiger Versuch, Friedensgespräche einzuleiten, spaltete die Führung der FMLN in Hardliner, die wie die Falken in der salvadorianischen Armee einen militärischen Sieg anstrebten, und Gemäßigte, die bereit waren, die Möglichkeit einer Verhandlungslösung zu prüfen. Im Gegensatz zu den amerikanischen Befürchtungen schwächten die Bemühungen Duartes um eine politische Lösung die Kampfbereitschaft keineswegs, sondern stärkten vielmehr das Ansehen der salvadorianischen Führung bei der eigenen Bevölkerung und den benachbarten Staaten. Umgekehrt verspielte die FMLN öffentliche Sympathien, indem sie sich während eines Großteils der 1980er Jahre ernsthaften Verhandlungen entzog.

Während des gesamten Bürgerkriegs erhielt die FMLN in beträchtlichem Umfang Militärhilfe aus Kuba und Nicaragua. Obwohl Nicaragua und El Salvador keine gemeinsame Grenze haben, liegen die beiden Länder am Golf von Fonseca nur etwa 50 Kilometer auseinander. Waffen und Munition konnten auf dem Seeweg leicht von Nicaragua nach El Salvador geschmuggelt werden. Auch auf dem Landweg über Honduras oder mit kleinen Flugzeugen, die nachts in Nicaragua starteten und auf einem der vielen kleinen Flugplätze für Agrarflugzeuge landeten, wurden Hunderte von Kilogramm an militärischer Ausrüstung ins Land gebracht.[25] Salvadorianische Rebellentruppen unterhielten Büros in Managua, und viele FMLN-Kämpfer wurden in Lagern in Nicaragua ausgebildet. Kuba und Nicaragua leugneten zwar damals ihre direkte militärische Unterstützung der FMLN. Doch es wurden genügend kubanische und nicaraguanische Waffenlieferungen nach El Salvador abgefangen, dass kein Zweifel an einer militärischen Hilfe besteht.[26]

Die Abhängigkeit der FMLN von kubanischer und nicaraguanischer Unterstützung wirkte sich in mancherlei Hinsicht nachteilig für die FMLN und die Region aus. Einige der gemäßigteren Führer der FMLN verübelten es Kuba und Nicaragua, dass sie versuchten, ihren politischen

---

25 John Waghelstein, El Salvador: Observations and Experiences in Counterinsurgency, Carlisle 1985, S. 21–22.
26 Miguel Castellanos und Courtney Prisk (Hg.), The Commandante Speaks. Memoirs of an El Salvadoran Guerrilla Leader, Boulder 1991, S. 36–38.

Kurs zu bestimmen. In den Kreisen der FMLN hieß es, nicht ohne Berechtigung, dass die Regierung Duarte tun müsse, was die Amerikaner wollten, während die FMLN sich nach den Vorgaben Kubas und Nicaraguas zu richten habe. Die Abhängigkeit von äußerer Unterstützung bedeutete zudem, dass jede regionale Friedensvereinbarung, die die militärische Unterstützung Nicaraguas für die revolutionären Bewegungen unterbände, mit großer Wahrscheinlichkeit die FMLN außer Gefecht gesetzt hätte.

Nachdem die FMLN 1981 mit dem Versuch, die Regierungstruppen in einer Großoffensive militärisch zu besiegen, gescheitert war, verlegte sie sich auf eine Zermürbungstaktik, die die Regierungstruppen schwächen sollte. Die massive militärische und wirtschaftliche Hilfe der USA durchkreuzte dieses Ziel jedoch. In Wirklichkeit schadete sich die FMLN mit ihrer Zermürbungstaktik nur selbst, denn immer mehr Salvadorianer betrachteten die kompromisslose Haltung der FMLN als den Hauptgrund für die anhaltende Misere des Landes. Die Wahlen von 1984 liefern ein klares Bild der herrschenden Stimmungslage in El Salvador. Duarte trat als Kandidat der Mitte gegen den rechtsextremen Führer der Arena-Partei Roberto D'Aubisson an, der enge Verbindungen zu den Todesschwadronen hielt. Mit seinem Wahlprogramm, den Bürgerkrieg durch direkte Verhandlungen mit der FMLN zu beenden, konnte sich Duarte mühelos gegen seinen Rivalen durchsetzen. Als sich die FMLN weiterhin weigerte, mit Duarte in einen ernsthaften Dialog einzutreten, entfremdete sich die öffentliche Meinung weiter von der revolutionären Bewegung. Für die Mehrheit der salvadorianischen Bevölkerung war Duarte nach 1984 der moralisch Überlegene.

Der Streit um die Weiterführung des Zermürbungskriegs oder den Eintritt in Verhandlungen mit der Duarte-Regierung führte zu einer tiefen Spaltung in der Führung der FMLN. Die in der Regel von Nicaragua unterstützten Hardliner lehnten Friedensverhandlungen mit der Regierung ab. 1984 verschärften sich die inneren Machtkämpfe noch einmal erheblich, und führende Köpfe der FMLN ordneten in einer internen Säuberungsaktion die Ermordung von Führern rivalisierender Gruppen an. Viele Offiziere der FMLN verließen daraufhin empört die Bewegung, und die Zahl der Mitglieder ging zurück.[27]

---

27 Ebenda, S. vii–ix. Zu den Auseinandersetzungen in der Führung der FMLN siehe Helen Schooley, Conflict in Central America, Chicago 1987, S. 166–168, 266.

Mittelamerikanische Bemühungen um eine politische Lösung des Konflikts

Im Jahr 1983, auf dem Höhepunkt des Konflikts in Mittelamerika, starteten die Regierungen von Panama, Mexiko, Kolumbien und Venezuela eine Verhandlungsinitiative, die den Frieden in der Region wiederherstellen sollte. Diese nach dem Ort ihres ersten Zusammentreffens als Contadora-Gruppe bezeichneten Staaten bemühten sich, El Salvador, Guatemala, Nicaragua, Honduras und Costa Rica in einen Prozess der friedlichen Konfliktlösung einzubinden. Dazu formulierte die Contadora-Gruppe eine Reihe von Zielen, die vom Abzug aller ausländischen Militärberater in der Region bis zur Beendigung der Unterstützung von Guerillabewegungen reichte. Obwohl zwischen 1983 und 1986 etliche Gespräche stattfanden, kam man dem Ziel einer friedlichen Lösung der Konflikte in Nicaragua und El Salvador nicht näher.

Der Contadora-Prozess scheiterte zum Teil am Widerstand der USA, die eine Beendigung der Unterstützung der Contras als Bedingung für den Frieden ablehnten, zum Teil an Vorbehalten der Staaten des gemäßigten Reformblocks, die ein strengeres Kontrollsystem forderten, um überwachen zu können, dass Nicaragua seine Streitkräfte reduzierte und seine Unterstützung der Guerillabewegungen einstellte. Einer der Hauptgründe für den mangelnden Erfolg der Contadora-Gruppe war jedoch die Rolle Panamas und Mexikos als Verhandlungsführer. Obwohl Panama und Mexiko als die zwei wichtigsten mittelamerikanischen Volkswirtschaften eine bedeutende Rolle in der Region spielten, galten die Regierungen beider Länder als korrupt, so dass die anderen Staaten ihnen wenig Vertrauen entgegenbrachten. Darüber hinaus hatte Mexiko das sandinistische Regime und dessen radikale Politik von Anfang an wirtschaftlich und diplomatisch unterstützt, wodurch es sich in den Augen der USA als unparteiischer Vermittler diskreditierte. Nicht die Botschaft, sondern die Boten waren also das Problem.

Die Dynamik des Friedensprozesses änderte sich dramatisch, als Oscar Arias 1986 die Präsidentschaftswahlen in Costa Rica gewann. Arias machte es sich zur persönlichen Aufgabe, die regionalen Friedensverhandlungen wiederzubeleben. Im Mai 1986 berief er ein Treffen mittelamerikanischer Staaten in Esquipulas in Guatemala ein, an dem die Staatschefs von El Salvador, Costa Rica, Guatemala, Honduras und Nicaragua teilnahmen. Präsident Arias, Präsident Duarte und die Präsidenten von Honduras und Guatemala kamen überein, dass eine rein mittelamerikanische Friedensinitiative größere Erfolgsaussichten als Verhandlungen über die Contadora-Gruppe habe und politisch diesen vorzuziehen sei.

Von diesem Zeitpunkt an spielte die Contadora-Gruppe praktisch keine wichtige Rolle mehr in den regionalen Friedensverhandlungen. Im Februar 1987, nach Konsultationen mit El Salvador, Guatemala, Honduras und den USA, legte Arias den mittelamerikanischen Staaten den Entwurf eines Friedensabkommens vor, das Waffenruhen, Verhandlungen zwischen den aufständischen Gruppen und den nationalen Regierungen sowie demokratische Wahlen in allen fünf beteiligten Ländern (Nicaragua, El Salvador, Guatemala, Honduras und Costa Rica) vorsah. Sowohl die nicaraguanische Regierung als auch die Amerikaner verweigerten bei späteren Treffen im Jahr 1987 entscheidenden Teilen des Entwurfs ihre Zustimmung. So forderten die Nicaraguaner als Vorbedingung für eigene Zugeständnisse, dass die USA jegliche Unterstützung der Contras einstellten. Die Vereinigten Staaten wiederum lehnten dies ab.[28]

Obwohl die Vereinigten Staaten den mittelamerikanischen Friedensinitiativen äußerst misstrauisch gegenüberstanden, mussten sie nach außen hin den regionalen Friedensprozess unterstützen. Binnen eines Jahres gelang es Oscar Arias, sich an die Spitze der Friedensinitiative in Mittelamerika zu stellen. Dass der Präsident eines kleinen Landes von 2,5 Millionen Einwohnern eine zentrale Führungsrolle in der Region übernehmen konnte, ist weitgehend auf die besondere Stellung Costa Ricas zurückzuführen. Wie bereits erwähnt, war Costa Rica seit langem eine funktionierende Demokratie. Es strebte weder eine Vormachtstellung in der Region an, noch erhob es territoriale Ansprüche gegenüber seinen Nachbarn. Als Präsident Costa Ricas besaß Arias eine moralische Autorität und Glaubwürdigkeit, die Panama und Mexiko fehlten. Überdies nahm Arias seine Rolle als neutraler Vermittler sehr ernst. Er war ein scharfer Kritiker des sandinistischen Regimes. Wiederholt prangerte er die Verletzung der Redefreiheit in Nicaragua an und forderte freie Wahlen. Gleichzeitig war er der erfolgreichste und glaubwürdigste mittelamerikanische Kritiker der US-amerikanischen Unterstützung der Contras. In den Jahren 1987 und 1988 reiste er mehrmals nach Washington, um sich öffentlich für eine Beendigung dieser Politik einzusetzen. Nach seiner Auffassung lieferten die Contras der nicaraguanischen Regierung nur einen Vorwand für die Unterdrückung und Militarisierung des Landes. Obwohl Arias die US-Politik in Mittelamerika im Allgemeinen befürwortete und er die Amerikaner im Großen und Ganzen als Freunde betrachtete, zögerte er nicht, gegen bestimmte Aspekte der amerikanischen Politik öffentlich Stellung zu beziehen.

---

28 Zum Widerstand der USA gegen den Friedensplan von Arias siehe Krauss, Inside Central America, S. 240.

Faktoren, die zu einer Lösung der regionalen Krise und zum Frieden in El Salvador führten

Von 1987 bis 1989 waren es vor allem zwei Faktoren, die die Bemühungen um ein allgemeines Friedensabkommen für die Region und eine Verhandlungslösung für El Salvador beeinflussten. Der erste war die militärische Pattsituation, die sich nach acht Jahren des Bürgerkriegs in Nicaragua und El Salvador eingestellt hatte. Keine der Bürgerkriegsparteien konnte mehr hoffen, den militärischen Sieg zu erringen. In Nicaragua dauerten die kriegerischen Auseinandersetzungen auch nach dem Abbruch der amerikanischen Militärhilfe für die Contras im Jahr 1987 auf niedrigem Niveau weiter an. Zwar hatten die Contras keine Chance, die sandinistischen Streitkräfte militärisch zu besiegen, doch konnte umgekehrt auch das sandinistische Regime nicht hoffen, die Kontrolle über das Hochland im Landesinneren zu erlangen, wo das Zentrum des bewaffneten Widerstands lag. In El Salvador kontrollierte die FMLN trotz der günstigeren militärischen Lage der Regierungstruppen fast ein Drittel des Landes. Ungeachtet ihrer schweren Verluste konnte die FMLN noch immer 10000 bis 12000 bewaffnete Kämpfer ins Feld schicken. Aber der lange Konflikt hatte die Bevölkerung El Salvadors und Nicaraguas erschöpft. Sogar die unversöhnlichsten Hardliner in der politischen Führung waren gezwungen, eine Lösung in Betracht zu ziehen, die auf Verhandlungen mit den aufständischen Gruppen beruhte. Dieser Gesinnungswandel war nirgends deutlicher als in El Salvador. Die von rechtsextremen Kräften gegründete Arena-Partei, die in den frühen 1980er Jahren enge Verbindungen zu den Todesschwadronen gehabt hatte, rückte allmählich von ihrer kompromisslosen Haltung gegenüber der FMLN ab. Dies lag nicht zuletzt daran, dass die Partei Ende der 1980er Jahre von Geschäftsleuten dominiert wurde, die einsahen, dass der anhaltende Krieg der wirtschaftlichen Entwicklung schadete. Ohne Aussicht auf einen militärischen Sieg war man inzwischen bereit, eine Verhandlungslösung in Betracht zu ziehen, solange die FMLN dabei nicht die Macht erlangte und Landreformen nicht ohne großzügige Entschädigung durchgeführt wurden. Die Arena-Partei, die als die größte politische Partei El Salvadors jahrelang die von Duarte und seinen christdemokratischen Anhängern befürworteten Verhandlungen mit der FMLN abgelehnt und blockiert hatte, akzeptierte nun dessen Politik einer Verhandlungslösung und erklärte sich mit demokratischen und politischen Reformen zur Beschwichtigung der FMLN einverstanden. Zwar unterlag Duarte in den Präsidentschaftswahlen von 1989 dem Arena-Kandidaten Alfredo Christiani, doch setzte der neue Präsident den Verhandlungsprozess im Sinne Duartes fort – eine Politik, die noch sieben Jahre zuvor für Arena undenkbar gewesen wäre.

Der zweite ausschlaggebende Faktor war die Führungsrolle Oscar Arias' und sein erfolgreicher Aufbau einer gemeinsamen Front mit den Staaten des gemäßigten Reformblocks (Costa Rica, El Salvador, Guatemala und Honduras). Angesichts des vereinten Widerstands ihrer wichtigsten mittelamerikanischen Verbündeten konnten die Vereinigten Staaten ihre Politik der militärischen Unterstützung der Contras nicht länger aufrechterhalten. Nachdem sich Arias in den Jahren 1987 und 1988 erfolgreich vor dem US-Kongress für die Beendigung der US-Militärhilfe an die Contras eingesetzt hatte, war eines der größten Hindernisse auf dem Weg zu einer Verhandlungslösung ausgeräumt. Diplomatisch isoliert, sah sich Nicaragua einer gemeinsamen Front seiner vier Nachbarstaaten gegenüber. Aufgrund des äußeren wie auch des inneren Drucks, den Krieg zu beenden, stimmte die nicaraguanische Regierung 1989 schließlich einem Waffenstillstand zu. Sie erlaubte den Contras die Rückkehr nach Nicaragua und erklärte sich damit einverstanden, Anfang 1990 Wahlen unter internationaler Aufsicht abzuhalten.

Ein Faktor, der bislang noch nicht näher untersucht wurde, ist die Rolle, die die mittelamerikanischen Medien im Friedensprozess spielten, indem sie durch den Druck der öffentlichen Meinung die jeweiligen nationalen Regierungen zu einer Verhandlungslösung drängten. Ende der 1980er Jahre äußerten alle wichtigen Zeitungen in Honduras, Costa Rica, Guatemala und El Salvador Unterstützung für die Bemühungen von Präsident Arias, durch den Aufbau einer gemeinsamen Front eine Friedenslösung in der Region herbeizuführen. Die Treffen in Esquipulas, die zur Unterzeichnung zweier Abkommen führten, wurden in den Leitartikeln aller wichtigen mittelamerikanischen Zeitungen sehr positiv bewertet. Die Presse stellte sich eindeutig hinter Arias, während sich Nicaragua und – in geringerem Maße – auch die Vereinigten Staaten den Vorwurf gefallen lassen mussten, den Friedensprozess zu behindern. Etwa von 1986 an folgte die Presse der öffentlichen Meinung eher, als dass sie sie formte, mit dem Resultat, dass die Politik Arias' und Duartes starke Rückendeckung erhielt.

Auch die veränderte Haltung der Sowjetunion und die Verringerung der Spannungen zwischen Ost und West dürften dazu beigetragen haben, die Voraussetzungen für einen Frieden in Mittelamerika zu schaffen. So spielte der Rückgang der sowjetischen Unterstützung für Nicaragua und Kuba in den späten 1980er Jahren sicherlich eine Rolle dabei, die Sandinisten und die FMLN an den Verhandlungstisch zu

zwingen.[29] Der Zusammenbruch der Sowjetunion versetzte dem Selbstbewusstsein der revolutionären Bewegungen in Mittelamerika einen
schweren Schlag. Allerdings würde ich das nicht als einen entscheidenden Faktor bewerten. Schon bevor die Sowjetunion ihre Hilfe reduzierte, hatten die Bestrebungen für eine friedliche Lösung in Mittelamerika eine starke Eigendynamik entwickelt. Bestenfalls wurde dieser
Prozess durch den Zusammenbruch des sowjetischen Systems beschleunigt.

Die Beendigung des regionalen Konflikts und das Friedensabkommen in El Salvador

Im Jahr 1989 kam es schließlich zum entscheidenden Durchbruch im
Friedensprozess in Mittelamerika. Arias, der noch immer an der Spitze
des gemäßigten Reformblocks stand, konnte das sandinistische Regime
dazu bewegen, für Anfang 1990 freie und allgemeine Wahlen unter internationaler Aufsicht anzuberaumen. Nach dem Abbruch der amerikanischen Unterstützung für die Contras hatte die nicaraguanische Regierung
einen Waffenstillstand und eine Amnestie verkündet und den ehemaligen
Contras die Rückkehr erlaubt. Überzeugt, dass das nicaraguanische Volk
die Revolution mehrheitlich unterstütze, beraumten die Gebrüder Ortega und die übrige sandinistische Führung freie Wahlen an. Nach Meinungsumfragen schien den Sandinisten ein überwältigender Sieg sicher
zu sein. Trotzdem zeigte es sich am Wahlabend im Februar 1990, dass
sich die sandinistische Führung hinsichtlich der wahren Gefühle des nicaraguanischen Volkes getäuscht hatte. Mit 54,7 Prozent der Stimmen
gewann das antisandinistische Bündnis der Nationalen Oppositions-
union (UNO) die Wahlen mit einem deutlichen Vorsprung vor den Sandinisten, die nur 40,8 Prozent der Stimmen erhielten. In 102 von 131 Ge-
meinderäten errang die Opposition die Stimmenmehrheit.[30] Der wahre
Schock kam, als sich herausstellte, dass die Arbeiterviertel in Managua,
die stets als die Basis der Revolution gegolten hatten, mehrheitlich für die
Opposition gestimmt hatten. Unter den Augen der internationalen Medien, die die Wahlen beobachteten und darüber berichteten, blieb Daniel
Ortega nichts anderes übrig, als in Anwesenheit Oscar Arias' und des
ehemaligen US-Präsidenten Jimmy Carter in Managua die Wahlergeb-

---

29 Byrne, El Salvador's Civil War, S. 169.
30 Henry Vanden und Gary Provost, Democracy and Socialism in Sandinist Nicaragua, Boulder 1993, S. 145.

nisse widerstrebend zu akzeptieren und die Macht einer demokratischen Zentrumskoalition unter Violeta Chamorro zu übergeben.

Mit der Wahlniederlage der Sandinisten in Nicaragua verlor die FMLN ihre letzte Stütze im Ausland. Obwohl sie nicht mehr auf den Sieg hoffen konnte, setzte sie die Kämpfe unvermindert fort, um die Regierung zu möglichst großen Zugeständnissen zu zwingen. Im September 1991 trafen die Kontrahenten schließlich eine Vereinbarung zur Beendigung des Bürgerkriegs, deren Bedingungen im Wesentlichen von der Regierung bestimmt wurden. Letztere blieb im Amt, und die FMLN musste sich verpflichten, die Waffen abzugeben und sich zu einer friedlichen, demokratischen Partei umzugestalten. Für die Kämpfer der FMLN wurde eine Amnestie erklärt, und manche ihrer Soldaten wurden gemeinsam mit Polizisten des alten Regimes in eine neu gebildete nationale Polizeitruppe aufgenommen. Für die kleinen Bauern und Landpächter in El Salvador wurde ein umfassendes Programm der Landreform verkündet. Das Friedensabkommen, das den Bürgerkrieg offiziell beendete, wurde im Februar 1992 unterzeichnet.

Schlussfolgerung

Der Bürgerkrieg in El Salvador kann nicht als ein lokales oder isoliertes Ereignis betrachtet werden. Er war von Anfang an Teil eines weitaus größeren Konflikts, der mit der Entstehung rivalisierender politischer Blöcke verbunden war. Ebenso war auch der Prozess, der zum Frieden in El Salvador führte, in einen größeren regionalen Zusammenhang eingebunden.

Die Revolutionen in Nicaragua (1979) und El Salvador (1980) wurden in hohem Maße von der Bevölkerung getragen, was darauf zurückzuführen war, dass in diesen Ländern repressive Diktaturen geherrscht hatten. Die revolutionären Führer in El Salvador und Nicaragua täuschten sich jedoch gewaltig, als sie annahmen, der Wunsch der Bevölkerung, das diktatorische Regime zu beseitigen, sei mit dem Wunsch nach einer radikalen sozialen, politischen und wirtschaftlichen Revolution gleichzusetzen. Nicht das marxistische Ideal einer klassenlosen Gesellschaft, sondern das costa-ricanische Modell einer weitgehend erfolgreichen Demokratie prägte die öffentliche Vorstellung in El Salvador und Mittelamerika. Die Arbeiter und Bauern wünschten sich im Wesentlichen Demokratie, eine halbwegs ehrliche und sozial gerechte Regierung sowie eine Verbesserung ihres Lebensstandards und ihrer sozialen Bedingungen. In Costa Rica war all dies gegeben, ohne dass es zu Ausbrüchen politischer Gewalt kam. Für die Mehrheit der Bevölkerung konnte das marxistische Ideal daher niemals mit Duartes realistischer Vision von Demokratisierung und moderaten Reformen konkurrieren. Mit ihrem Eintreten für Demokratie und moderate Reformen in El Salvador und der Region kam die US-Politik den Erwartungen der Menschen in Mittelamerika also viel näher als die vom sowjetischen Machtblock verfolgte Politik einer Unterstützung marxistisch inspirierter Revolutionen. Allerdings irrte sich die amerikanische Politik, als sie den Aufstand in El Salvador mit kommunistischen Revolten und Umsturzversuchen in Asien und Europa verglich und sich aus diesem Grund einer Verhandlungslösung widersetzte. Duarte verstand die Hintergründe des salvadorianischen Kampfes viel besser als die Amerikaner, und letzten Endes erwies sich seine Politik als erfolgreich.

Ein Aspekt, der in diesem Zusammenhang nicht unterschätzt werden darf, ist die entscheidende Bedeutung einer moralisch glaubwürdigen Führung in Mittelamerika. Schließlich war die erfolgreiche Beendigung der Bürgerkriege in El Salvador und Nicaragua hauptsächlich den Bemühungen von José Napoleón Duarte und Oscar Arias zu verdanken, zweier Präsidenten, deren klares Bekenntnis zu Demokratie und deren Ruf als ehrliche und unparteiische Vermittler ihnen nicht nur in ihren jeweiligen Heimatländern, sondern in der gesamten Region große Sympathien eintrugen. Als der von Mexiko und Panama, den zwei wichtigsten Mächten der Region, eingeleitete Friedensprozess Anfang der 1980er Jahre ins Stocken geriet, war es der Initiative dieser beiden Politiker aus sehr kleinen Staaten zu verdanken, dass er schließlich wieder in Gang kam und die mittelamerikanischen Staaten einen starken gemeinsamen Block bildeten. Dies war nur möglich, weil die beiden Präsidenten an der Spitze des Friedensprozesses regional und lokal eine Glaubwürdigkeit besaßen, die den Führern der größeren Staaten fehlte. Mit der Unterstützung des gemäßigten Reformblocks mittelamerikanischer Staaten und gestärkt von der öffentlichen Meinung in der Region konnten Arias und Duarte der amerikanischen Politik, die von der Ablehnung regionaler Verhandlungen und der Unterstützung der Contras gekennzeichnet war, erfolgreich entgegentreten und so die Voraussetzungen für die Beendigung zweier Konflikte schaffen, die zu den längsten und blutigsten in der westlichen Hemisphäre zählen.

Aus dem Englischen von Doris Gerstner

Brad Simpson
Indonesiens Kolonialkrieg in Osttimor 1975–1999

Am 7. Dezember 1975, nur sieben Monate nach dem Zusammenbruch des von den USA unterstützten Regimes in Saigon, der das Ende des Vietnamkriegs ankündigte, marschierten indonesische Streitkräfte in die ehemalige portugiesische Kolonie Osttimor ein. Damals glaubten die indonesische Regierung und auch etliche Politiker der internationalen Gemeinschaft, die »nur unzureichend bewaffnete osttimorische Unabhängigkeitsbewegung würde es mit der indonesischen Armee nicht aufnehmen können«.[1] Darüber hinaus standen nach dem Vietnamkrieg viele westliche Staaten den Ambitionen Indonesiens wohlwollend gegenüber, sahen sie doch in dem Land eine heranwachsende Regionalmacht und ein Gegengewicht zum chinesischen und vietnamesischen Einfluss in Südostasien. Doch der Widerstand nationalistischer Kräfte in Osttimor war stärker als erwartet, und so artete die Invasion in einen brutalen Krieg und eine militärische Okkupation aus. Zwischen 1975 und 1981 kamen schätzungsweise 150 000 bis 200 000 Osttimorer bei Massakern ums Leben, verhungerten oder starben aufgrund von Erkrankungen. Obwohl es dem Suharto-Regime letztlich gelang, die physische Kontrolle über Osttimor zu festigen, sollte der Widerstand gegen die indonesische Herrschaft noch 24 Jahre lang anhalten, bis die Osttimorer im September 1999 bei einem von den Vereinten Nationen geförderten Referendum mit überwältigender Mehrheit für die Unabhängigkeit stimmten.

In Jakarta und anderen Hauptstädten wurde die indonesische Invasion mit der Sorge über die regionalen Folgen des Kriegsendes in Vietnam angesichts des Kalten Krieges gerechtfertigt. Doch mit Antikommunismus und geopolitischen Erwägungen allein lässt sich das Vorgehen Indonesiens und dessen Billigung durch die internationale Gemeinschaft nicht erklären. Der Fall Saigons im April 1975 und der Sieg der Kommunisten in Laos und Kambodscha führten bei tonangebenden asiatischen

---

1   John Taylor, »Encirclement and Annihilation«: The Indonesian Occupation of East Timor, in: Ben Kiernan und Robert Gellateley (Hg.), The Specter of Genocide: Mass Murder in Historical Perspective (Cambridge 2003), S. 163–189.

Indonesiens Kolonialkrieg in Osttimor

Ho-Chi-Minh-Stadt
(bis 1976 Saigon)

PHILIPPINEN

Mindanao

BRUNEI

MALAYSIA

Pazifischer
Ozean

Kuala Lumpur

Singapur

Sumatra

Borneo

Celebes

INDONESIEN

Äquator

Jakarta

Java

Sunda-See

Banda-See

Neuguinea

Flores

Timor

Dili

Kupang

1975 von Indonesien besetzt
1976 internat. nicht anerkannte
Annexion

Indischer
Ozean

Timor-See

Darwin

0 300 600 900 km

Port Hedland

AUSTRALIEN

Banda-See

Laliki

Selat
Romang

P. Wetar

Huaki

P. Kisar

Adonara

Lomblen

Moru

Alor

Selat
Ombai

Atauro

Selat Wetar

Tutuala

Waiwerang

Pantar

Pulau
Atauro

Lautem

Lori

Likisia

Dili

Manatuto

Maliana

OSTTIMOR

Ossu

OSTTIMOR

Atambua

Same

Pantemakassar

Bobouaro

Sawu-See

Timor

Fohorem

Benain

Besikama

INDONESIEN

Mina

Nunkolo

Semau I.

Oesau

Kupang

Selat Roti

Timor-See

Roti I.

Baa

0 30 60 90 km

Politikern und westlichen Diplomaten tatsächlich zu einer vorsichtigen Neueinschätzung, was die Zukunft der Region betraf, wobei Indonesiens vermeintliche Rolle als nicht alliierte, aber prowestliche Bastion des Antikommunismus in Südostasien noch einmal unterstrichen wurde. Solche Überlegungen erklären zum Teil, dass das Schicksal Osttimors wenig Beachtung fand, weil man glaubte, freundliche Beziehungen zum Suharto-Regime unterhalten zu müssen, während die zunehmende Bedeutung Indonesiens in der politischen Ökonomie der Region die Aggression und den Völkermord an den Timorern in den Hintergrund treten ließ.

Die Erfahrungen Osttimors im Kampf gegen die Kolonialherrschaft liefen den durch den Kalten Krieg verursachten Befürchtungen entgegen und transzendierten sie zugleich. Das Vorgehen Indonesiens war Ausdruck für die subimperialen Überlegungen eines Landes, das eine bedeutendere Rolle in der Region zu spielen gedachte und sich gleichzeitig der Fragilität der eigenen postkolonialen Grenzen bewusst war. Darüber hinaus zeigte die Reaktion der westlichen Welt auf die indonesische Invasion, wie fragwürdig deren Engagement für die Selbstbestimmung kolonialisierter Völker war – insbesondere, wenn solche Prinzipien nicht dazu taugten, die durch den Kalten Krieg bedingten Rivalitäten zwischen den USA und der Sowjetunion auszunutzen. Doch so, wie Indonesien und seine Unterstützer die Konflikte des Kalten Krieges benutzten, um einen regionalen »heißen Krieg« zu rechtfertigen, sollte auch das Ende des Kalten Krieges und der Zusammenbruch der Sowjetunion Kräfte mobilisieren, die zum Sturz des Suharto-Regimes und zur Unabhängigkeit Osttimors führten.

Die Internationale Gemeinschaft und die Neue Ordnung

Nach dem Sturz des Sukarno-Regimes und der vom Westen unterstützten Vernichtung der Kommunistischen Partei Indonesiens Ende 1965 und Anfang 1966 spielte das autoritäre Regime General Suhartos eine entscheidende Rolle in den strategischen Überlegungen vieler Länder für die Region.[2] Für die internationale Gemeinschaft war Indonesien nicht nur wegen seiner strategisch günstigen Lage eine Bastion des Antikommunismus und der Stabilität, es war auch ein wichtiger Rohstofflieferant und gehörte zu den Ländern mit dem stärksten Zuwachs an privaten In-

---

2   Aktennotiz Walt Rostows für Präsident Johnson, 18. 10. 1968, Foreign Relations of the United States (FRUS), 1964–1968, Bd. XXVI, S. 563 ff.

vestitionen.[3] Entsprechend übernahmen Indonesiens Verbündete unter Führung der Vereinigten Staaten und Japans zwischen 1966 und 1974 Garantien für das Suharto-Regime in Höhe von fast 450 Millionen Dollar pro Jahr, was zur Folge hatte, dass die USA 1974 zum wichtigsten Waffenlieferanten Jakartas geworden waren.[4]

Zwar betonte Indonesien als Mitglied der blockfreien Bewegung (NAM, Non Aligned Movement) öffentlich stets seine Ungebundenheit, doch aufgrund der Abhängigkeit der Regierung von ausländischer Hilfe und ausländischen Investitionen und wegen ihres erbitterten Antikommunismus bekam diese Neutralität eine deutlich prowestliche Schlagseite.[5] Das bevorstehende Ende des Vietnamkriegs verstärkte diese Tendenz noch. Während die Vereinigten Staaten Anfang der 1970er Jahre nach und nach ihre Streitkräfte aus Vietnam abzogen, zeigte die Regierung Nixon wachsendes Interesse an einer Stärkung der politischen und militärischen Rolle Indonesiens in der Region, ein Wunsch, der sich mit dem Präsident Suhartos deckte.[6] Angesichts der riesigen Einnahmen aus dem Erdölexport betrieb Indonesien entschlossen die Modernisierung seiner Streitkräfte, vorzugsweise mit US-Ausrüstung und US-Ausbildern. Geschickt machte sich die indonesische Führung nach dem militärischen Rückzug aus Südostasien die Ängste Washingtons zunutze und forderte mehr und mehr Militärhilfe, um die US-Interessen zu wahren. Sie hoffte, Kissingers Obsession mit Glaubwürdigkeit in wirtschaftliche und insbesondere militärische Hilfe umzumünzen.[7]

---

3 Airgram A-63, »Policy Analysis Resource Allocation«, 4. 4. 1973, Record Group (RG) 59, POL 1 INDON-US, Subject Numeric Files (SNF) 1970–1973, Box 2376, NARA; Aktennotiz Ingersolls für Außenminister Vance, »Increased cooperation with Indonesia«, 28. 3. 1974, RG 59, Subject Files of the Office of East Asia and Pacific Affairs, 1961–1974, Box 24, NARA.

4 Background Paper, »Economic and Military Assistance«, Bilateral Briefing Book for Deputy Secretary's Trip to East Asia, 25. 3. 1974, RG 59, Lot Files 75091, Office of the Executive Secretary, Box 186, Briefing Books 1958–1976, NARA.

5 National Intelligence Estimate 55–68, 31. 12. 1968, FRUS, 1964–1968, Bd. XXVI, S. 565–576; Michael Leifer, ASEAN and the Security of South-East Asia, London 1989; Memorandum Robert Ingersolls für den Präsidenten, »Visit of Indonesian President Suharto«, 1. 7. 1975, NSC Country Files, EAP, Indonesia, Box 6, GFL.

6 Aktennotiz Ingersolls für Außenminister Vance, »Increased cooperation with Indonesia«, 28. 3. 1974, RG 59, Subject Files of the Office of East Asia and Pacific Affairs, 1961–1974, Box 24, NARA.

7 Telegramm 3017 Jakartas an das Außenministerium, 13. 3. 1973, RG 59, DEF 19 INDON, SNF 1970–1973 Box 1745, NARA; Aktennotiz Robert In-

Das antikoloniale Erwachen Osttimors

Indonesien entfaltete seine Ambitionen in der Region zu einer Zeit, da – im April 1974 – in Portugal die Caetano-Diktatur zusammenbrach und somit eine Dekolonisierung des portugiesischen Teils Timors zu erwarten war. Mehr als 400 Jahre lang hatte die östliche Hälfte Timors, etwa 650 Kilometer nördlich von Australien im südöstlichen Zipfel des indonesischen Inselreichs gelegen, als rückständiges Hinterland des portugiesischen Reichs dahingesiecht, während die westliche Hälfte zu den Ostindischen Inseln der Niederlande und später Indonesien gehörte.[8] Bis 1974 leugnete das Suharto-Regime öffentlich jedes Interesse an Portugiesisch-Timor. Doch seit der Unabhängigkeit im Jahre 1949 ließen indonesische Nationalisten immer wieder verlautbaren, die Zukunft Osttimors läge in der Zugehörigkeit zu Indonesien. Wie das benachbarte Westguinea (später Irian Jaya oder Westpapua) hielten viele Länder der westlichen Welt auch Portugiesisch-Timor für zu klein, zu abgelegen und zu isoliert, um aus eigener Kraft zu existieren, und fanden sich mit der möglichen Einverleibung durch Indonesien ab.[9]

Wenige Wochen nach dem Putsch der Bewegung der Streitkräfte (Movimento das Forças Armadas, MFA) in Lissabon legten portugiesische Kolonialbeamte die verschiedenen Optionen für die politische Zukunft des Gebietes dar: eine fortgesetzte Anbindung an Portugal, Unabhängigkeit oder die Integration in den indonesischen Staat. In der kleinen Bildungselite Timors formierten sich rasch entsprechende Gruppierungen: Die União Democrática de Timor (UDT, Demokratische Union Timors) befürwortete die Fortsetzung der Anbindung an Portugal, die Associação Socialdemocrata de Timor (ASDT, später umbenannt in Frente Revolucionária do Timor – leste Independente (FRETILIN) engagierte sich für die baldige Unabhängigkeit, und die Associação Popular Democrática Timorense (APODETI) setzte sich für die Zugehörigkeit zu Indonesien ein.

gersolls für den Präsidenten, 24. 9. 1974, National Security Council (NSC) Country Files, East Asia and the Pacific (EAP), Indonesia, Box 6, Gerald Ford Library (GFL); Hanhimäki, Flawed Architect: Henry Kissinger and American Foreign Policy, New York 2004, S. 401.

8 Sanjay Subrahmanyam, The Portuguese Empire in Asia, 1500–1700: A Political and Economic History, London 1993.

9 Telegramm 1137 von Jakarta an das US-Außenministerium, 26. 1. 1963, National Security Files (NSF), Box 114, Indonesia folder, JFK Library; Hintergrund-Memo, Entwurf, »Portuguese Timor«, South East Asia Department, Foreign Office, 1. 1. 1965, FO 180236, Public Records Office (PRO).

Mitte 1975 war die FRETILIN die stärkste und am besten organisierte
Partei.[10]

Anfangs wurde Osttimor von der internationalen Gemeinschaft weitgehend ignoriert. Der Blick der US-Regierung war auf das südliche
Afrika fixiert: Moçambique und Angola befanden sich in Aufruhr, und
den Einfluss der Sowjetunion und Chinas sah Washington im Kontext
des Kalten Krieges mit großer Sorge.[11] Etwas mehr Gedanken machten sich australische Politiker, die Osttimor schon lange als Bestandteil
ihrer strategischen Pläne für die nördliche Peripherie des Landes im Blick
hatten. Wie Indonesien fürchtete auch Canberra nach dem Ende des
Vietnamkriegs die Folgen für die Region und teilte die Ängste Indonesiens vor einer möglichen kommunistischen Unterwanderung des Archi-
pels, so unwahrscheinlich diese auch sein mochte.[12] Noch mehr in die
Waagschale fiel dabei die Sorge, ein unabhängiges Osttimor könne Sepa-
ratisten aus anderen Teilen des Landes als Sammelplatz dienen. Die »na-
heliegendste langfristige Entwicklung« für Timor, so schloss der australische Außenminister, »liegt darin, dass es Teil Indonesiens wird«,
vorzugsweise durch einen Akt der Selbstbestimmung. Weder australische noch andere Politiker machten sich Gedanken darüber, wie diese
einander widersprechenden Ziele in Übereinstimmung gebracht werden
sollten.[13]

---

10 Die beste Darstellung der MFA-Zeit ist nach wie vor Jill Jolliffe, East Timor.
   Nationalism and Colonialism, St. Lucia, Australia 1978; siehe auch James
   Dunn, East Timor. A Rough Passage to Independence, Longueville 2003,
   S. 45–85; John Taylor, Indonesia's Forgotten War. The Hidden History of East
   Timor, London 1991, S. 25–46; David Webster, Non-State Diplomacy: East
   Timor, 1975–1999, in: *Portuguese Studies Review* 11, 2003, Heft 1, S. 1–28.
11 Piero Gliejeses, Conflicting Missions. Havana, Washington, and Africa,
   1959–1976, Chapel Hill 2002, S. 230f.; Raymond Gartoff, Détente and Confrontation: American-Soviet Relations from Nixon to Reagan, Washington
   1985, S. 502–537; Kenneth Maxwell, The Legacy of Decolonization, in: Regional Conflict and U.S. Policy: Angola and Mozambique, Algonac, Michigan
   1988, S. 7–39; Jussi Hanhimäki, Flawed Architect, S. 400f.
12 Greg Pemberton, All the way. Australia's road to Vietnam, Sydney 1987; Peter
   Edwards, A Nation at War. Australian Politics, Society and Diplomacy during
   the Vietnam War, 1965–1975, Sydney 1997; Jeff Doyle, Jeffrey Gray und Peter
   Pierce, Australia's Vietnam War, College Station 2002.
13 Planungsdokument, 3. 5. 1974, Canberra, NAA: A 1838, 696/5, ii, zitiert in:
   Australia and the Indonesian Incorporation of Portuguese Timor, 1974–1976,
   S. 50–52; Notiz von Evans für Curtis, Canberra, 10. 5. 1974, ebenda, S. 53.

Operasi Komodo und die indonesische Intervention

Anfangs schenkte Indonesien Portugiesisch-Timor wenig Beachtung, zumindest so lange, bis in Portugal Überlegungen zur Entkolonialisierung angestellt wurden. Außenminister Adam Malik und Präsident Suharto befürchteten, eine Kampagne für die Übernahme Portugiesisch-Timors könne dem Image Indonesiens in der Bewegung der Blockfreien schaden und, was noch wichtiger war, etwaige Militär- und Wirtschaftshilfe der USA, Australiens und anderer Länder gefährden. Doch eine Vielzahl der engsten Militärberater Suhartos sah in einem unabhängigen Portugiesisch-Timor eine Gefahr für die Sicherheit Indonesiens, nicht zuletzt deshalb, weil es separatistische Bestrebungen in anderen Teilen des Landes Auftrieb verschaffen könnte. Außerdem weckten angesichts steigender Ölpreise die riesigen unterseeischen Ölvorkommen des Gebiets Begehrlichkeiten. Vielleicht dachten Suhartos Generäle ganz einfach (aber irrtümlicherweise), die Einnahme Timors sei ein Kinderspiel und werde bei seinen Nachbarn und Unterstützern kaum Gegenwehr hervorrufen.[14]

Nach einem Treffen mit hilfsbereiten westlichen Vertretern und im Vertrauen darauf, dass die internationale Gemeinschaft keine Einwände erheben würde, riefen indonesische Militärs schließlich die Operasi Komodo ins Leben, eine Geheimoperation mit dem Ziel, durch Subversion, Propaganda und Terror die Zustimmung zu einem Zusammenschluss mit Indonesien zu erzwingen.[15] In den folgenden sieben Monaten erzeugte Operasi Komodo Verwirrung und Spannung in Portugiesisch-Timor und erschwerte damit den Versuch portugiesischer Politiker, einen Konsens für einen Dekolonisierungsplan zu erreichen. Unter portugiesischer Schirmherrschaft begannen im Mai 1975 Dekolonisierungsgespräche, die Ende Juni in Macao zu einem Abkommen führten. Es sah einen Dreijahresplan für die Loslösung von Portugal mit der Wahl einer konstituierenden Versammlung Ende 1976 und einem Ende der portugiesischen Oberhoheit im Jahre 1978 vor.

Angesichts dieser Dekolonisierungstendenzen wurden die Militärs nervös. Sie fürchteten, ihre Versuche könnten scheitern, Unterstützung

14 George Aditjondro, Is Blood Thicker than Oil? A Study of Oil Companies Interests and Western Complicity in Indonesia's Annexation of East Timor, New York 1999; Benedict Anderson, The Spectre of Comparisons: Nationalism, Southeast Asia and the World, London 1998, S. 132 f.; James Dunn, East Timor, S. 91 ff.
15 Aktennotiz von W.R. Smyser an Kissinger, 30. 12. 1974, NSC Country Files, EAP, Indonesia, Box 6, GFL. Über Kissingers Antwort darauf ist in der Ford Library kein Nachweis zu finden.

für die Anbindung an den indonesischen Staat zu finden. Agenten der Operation Komodo betrieben verstärkt die von der US-Botschaft in Jakarta offen als »Propaganda« bezeichneten Maßnahmen, die auf Timor und die internationale Gemeinschaft zielten. Gleichzeitig signalisierte die indonesische Regierung immer deutlicher, dass sie sich nötigenfalls das Gebiet auch mit Gewalt einverleiben werde.[16] Da die Ziele Indonesiens nichts Gutes ahnen ließen, dachte man im Westen über mögliche Reaktionen auf eine Invasion in Osttimor nach. Die US-Botschaft empfahl »ein allgemein leises Vorgehen« mit dem Argument, »dass wir in Indonesien beträchtliche Interessen haben und in Timor keine«.[17] Die Nachbarländer und Unterstützer Indonesiens pflichteten dem im Großen und Ganzen bei. Der Vorsitzende der oppositionellen Nationalpartei Neuseelands teilte Präsident Suharto am 17. Februar 1975 mit, »ein völlig unabhängiges Portugiesisch-Timor wäre wirtschaftlich nicht lebensfähig« – ein »schwer verdaulicher Brocken«, wie es ein anderer Beobachter bildhafter ausdrückte.[18] Die Südostasienabteilung des britischen Außenministeriums ließ verlauten, dass »die Integration Timors in den indonesischen Staat wahrscheinlich die richtige Antwort ist, um die Stabilität in der Region zu wahren«.[19] Doch alle waren sich darin einig, dass die Bewohner Portugiesisch-Timors ein Recht auf Selbstbestimmung besaßen und sich, wenn sie von diesem Recht Gebrauch machten, in großer Mehrheit für die Unabhängigkeit entscheiden würden – was die indonesische Führung ebenfalls so sah. Die Bedenken hinsichtlich der Rückständigkeit und Lebensfähigkeit Timors wogen eindeutig schwerer als die Ängste vor dem Kommunismus.[20]

---

16 Telegramm 2484 der amerikanischen Botschaft in Jakarta an das US-Außenministerium, 27. 2. 1975, freigegeben nach FOIA-Anfrage des Autors.

17 Aktennotiz W.R. Smysers für Kissinger, 4. 3. 1975, NSC Country Files, EAP, Indonesia, Box 6, GFL.

18 Aktennotiz G.A. Duggans, Mitarbeiter der britischen Botschaft in Jakarta, für R.E. Palmer, Foreign and Commonwealth Office, 17. 2. 1975, FCO 15/1714, PRO; »Note on Meeting With [excised]«, Notiz der neuseeländischen Botschaft in Jakarta an Wellington, 5. 7. 1975, freigegebenes Dokument im Besitz des Autors.

19 Aktennotiz C.W. Squires, Südostasienabteilung, »The Future of Portuguese Timor«, 5. 3. 1975, FCO 15/1703, PRO.

20 Telegramm 10244 von Jakarta an das US-Außenministerium, 21. 8. 1975, freigegeben durch FOIA-Anfrage des Autors; ähnlich äußerten sich Vertreter Großbritanniens in Jakarta: »Die Indonesier räumen in privaten Gesprächen ein, dass gegenwärtig ein Referendum eine Mehrheit für die Unabhängigkeit bringen würde«, Telegramm 244 der britischen Botschaft in Jakarta nach London, 4. 7. 1975, FCO 15/1704, PRO.

Angesichts der pessimistischen Haltung westlicher Geheimdienste zu den Invasionsvorhaben überrascht die einhellige Meinung zugunsten einer Einverleibung Timors durch Jakarta. Die indonesischen Militärstrategen unterschätzten die Gefahren und Herausforderungen einer Invasion in Osttimor bei weitem. »In der timoresischen Elite oder der Bevölkerung allgemein gibt es kein Sympathiepotenzial für eine indonesische Oberherrschaft«, äußerte der US-amerikanische Konsul nach einem Besuch Osttimors im Dezember. Darüber hinaus »würden militärische Operationen in Timor ohne geheimdienstliche Tätigkeiten vor Ort und ohne Zustimmung in der Bevölkerung die Kapazitäten auch der besten Streitkräfte der Welt arg strapazieren« – eine Kategorie, zu der Indonesien kaum hinzugezählt werden konnte. Jeder Versuch Indonesiens, sich Osttimor mit Gewalt einzuverleiben, würde aller Wahrscheinlichkeit nach ein schwieriges, blutiges und kostspieliges Unterfangen werden.[21]

Das Ende des Vietnamkriegs

Das Ende des Vietnamkriegs im Frühjahr 1975 ließ Indonesiens Interventionspläne in Portugiesisch-Timor völlig in den Hintergrund treten. In den folgenden Monaten versicherte die US-Regierung unter Präsident Gerald Ford ihren Verbündeten in der Region, dass sich die Vereinigten Staaten dort engagieren und die Länder, die sich durch den Sieg Hanois bedroht fühlten, unterstützen würden.[22] In der amerikanischen Regierung herrschte Einigkeit darüber, dass die USA ihren Freunden in der Region Sicherheit garantieren müssten, und zwar vor allem in Form von Militärhilfe.[23] Für das Suharto-Regime bedeuteten die Monate nach dem Zusammenbruch Südvietnams daher eine Gelegenheit, die amerikanischen Befürchtungen hinsichtlich der Auswirkungen, die der Sieg Hanois haben könnte, auszunutzen, um erhöhte Militärhilfe und Unterstützung für die geplante Einverleibung Portugiesisch-Timors zu erhalten. Um verstärkt Militär- und Wirtschaftshilfe zu erhalten, warnten etwa die Vertreter Indonesiens ihre amerikanischen Verhandlungspartner, sie

---

21 Telegramm 3399 des amerikanischen Konsulats in Surabaya an die amerikanische Botschaft in Jakarta, 3. 3. 1975, freigegeben nach FOIA-Anfrage des Autors; siehe auch »Appreciation of the Indonesian Armed Forces Capability to Intervene in Portuguese Timor«, 16. 6. 1975, Südostasienabteilung des britischen Außenministeriums 15/1705, PRO.
22 Hanhimäki, Flawed Architect, S. 399.
23 Gedächtnisprotokoll eines Gesprächs zwischen Präsident Ford und Außenminister Kissinger, 25. 4. 1975, NSC Country Files, EAP, Indonesia, Box 6, GFL.

seien »noch nicht in der Lage, der Gefahr eines ungeteilten Vietnam oder eines von Vietnam dominierten Indochina zu begegnen«.[24]

Die US-Vertreter reagierten positiv. Als US-Präsident Ford im Juli 1975 zum ersten Mal mit Präsident Suharto zusammentraf, bot er an, die Militärhilfe für Indonesien auf fast das Doppelte aufzustocken. Suharto sprach auch das Thema Osttimor an und erklärte, die portugiesische Kolonie sei »kaum lebensfähig«, die Mehrheit der Bewohner Timors »wünsche die Vereinigung mit Indonesien« und »die einzige Möglichkeit«, das Gebiet zu dekolonisieren, bestehe darin, es »in den indonesischen Staat zu integrieren«.[25] Präsident Ford schwieg dazu. Zweifellos fühlten sich die Vertreter Indonesiens bestärkt und teilten der australischen Regierung mit, es sei eine endgültige Entscheidung gefallen, und man müsse die Ereignisse nun »im Kontext des vorrangigen Ziels sehen, Portugiesisch-Timor einzugliedern«, wobei die Optionen von einer freiwilligen Entscheidung der Timorer für diese Eingliederung bis zu einer »bewaffneten Intervention Indonesiens in Portugiesisch-Timor – dem Einsatz von Gewalt ohne Provokation« reichten. Die indonesische Regierung schätzte, dass das Land der internationalen Reaktion auch auf eine umfassende militärische Invasion standhalten könne, da man Protest nur von Australien und China erwartete und mit der Unterstützung der USA und Großbritanniens bei den Vereinten Nationen rechnete.[26]

Andere Länder gelangten zu ähnlichen Schlussfolgerungen. So telegraphierte die britische Botschaft in Jakarta nach Whitehall: »[...] es liegt im britischen Interesse, dass sich Indonesien das Territorium so rasch und unauffällig wie möglich einverleibt und dass wir, wenn es hart auf hart geht und es bei den UN zum Streit kommt, die Köpfe einziehen und vermeiden, Partei für die Indonesier zu ergreifen«.[27] »Es besteht kein Zweifel [...] dass unsere Beziehungen zu Indonesien langfristig gesehen wichtiger sind als

---

24 Gesprächsnotiz »Call on the President by Australian Prime Minister Whitlam«, 7. 5. 1975, NSC Country Files, EAP, Indonesia, Box 6, GFL; Aktennotiz Henry Kissingers für den Präsidenten, »Philip C. Habib's Trip to Southeast Asia«, 13. 6. 1975, ebenda; Protokoll eines Gesprächs zwischen Murtopo, Murdani, Feakes und Curtin, 4. 4. 1975, Australia and the Indonesian Incorporation, S. 248–250.
25 Gesprächsnotiz, 5. 7. 1975, NSC Country Files, EAP, Indonesia, Box 6, GFL; Telegramm 170357 des Außenministeriums an Jakarta, 18. 7. 1975, ebenda.
26 Telegramm O.JA0533 der australischen Botschaft in Jakarta an Canberra, 10. 7. 1975, Australia and the Indonesian Incorporation, S. 290f.
27 Aktennotiz J.A. Fords, britische Botschaft in Jakarta, für P.J.E. Male vom britischen Außenministerium, 14. 7. 1975, FCO 15/1715, PRO; Aktennotiz des Außenministers für den Premierminister Neuseelands, 22. 8. 1975, freigegebenes Dokument im Besitz des Autors.

die Zukunft Osttimors«, schrieb der australische Gesandte Richard Woolcott an den Außenminister in Canberra nach einem Treffen mit General Yoga Sugama, einem der Architekten der Operasi Komodo. »Ich weiß, dass ich damit vorschlage, unsere Prinzipien aufgrund der Nähe Indonesiens und seiner Bedeutung für uns sowie der relativen Bedeutungslosigkeit Portugiesisch-Timors aufzuweichen, aber meiner Ansicht nach liegen hier unsere nationalen Interessen.« Das Interesse ausländischer Regierungen an Portugiesisch-Timor verringerte sich entsprechend, als sie begriffen, dass Indonesien seine Pläne tatsächlich umzusetzen beabsichtigte und niemand, vor allem die US-Regierung nicht, diesem Vorhaben entscheidenden Widerstand entgegensetzen würde. Australische Botschaftsangehörige bemerkten Ende Juli, dass Timor »fast ein Tabuthema für die wichtigen Botschaften hier ist – Singapur und die anderen ASEAN-Länder, die Vereinigten Staaten und die Niederlande«.[28]

Der Bürgerkrieg in Osttimor und die indonesische Militärintervention

Im Frühjahr und Sommer des Jahres 1975 wurden die indonesischen Militärs allmählich nervös angesichts der anhaltenden linken Ausrichtung der portugiesischen Politik und des wachsenden Rückhalts, den die FRETILIN in Portugiesisch-Timor genoss.[29] Als die Agenten der Operasi Komodo erkannten, dass ihre Versuche, Unterstützung für die Anbindung an Indonesien zu erhalten, fehlgeschlagen waren, erhöhten sie ihre Anstrengungen, einen Konflikt in Timor zu provozieren, um eine indonesische Intervention zu rechtfertigen. Zum Teil als Reaktion auf indonesische Warnungen, Jakarta werde niemals ein Osttimor unter Führung der FRETILIN tolerieren, unternahm die UDT im August 1975 einen Putschversuch, der das Land in einen kurzen blutigen Bürgerkrieg stürzte. Dabei starben annähernd 2000 Menschen, und es kam zu Gräueltaten auf beiden Seiten.[30] Doch zur Überraschung Indonesiens erholte

28 Telegramm O.JA1201 der australischen Botschaft in Jakarta an Canberra, 14. 8. 1975, Australia and the Indonesian Incorporation, S. 306–309; Brief Dans an Joseph, Jakarta, 21. 7. 1975, ebenda, S. 294f.

29 Laut Peter Carey erhielt FRETILIN bei lokalen Wahlen im Juli 55 Prozent der Stimmen. Peter Carey and G. Carter Bentley (Hg.), East Timor at the Crossroads: The Forging of a Nation, Honolulu 1995, S. 239.

30 Der Geheimdienst des Pentagon setzte die Zahl der Opfer niedriger an und berichtete damals, der Bürgerkrieg habe »Hunderte Tote« gefordert. DIA Intelli-

sich die FRETILIN rasch wieder, schlug die UDT in die Flucht und gewann praktisch die Kontrolle über das ganze Gebiet.

Zu diesem Zeitpunkt war den westlichen Geheimdiensten durchaus bekannt, dass Indonesien den Putschversuch der UDT provoziert hatte und Suharto zunehmend unter Druck stand, einer Invasion in Osttimor zuzustimmen. US-Außenminister Kissinger bemerkte, es sei »völlig klar, dass die Indonesier früher oder später die Insel einnehmen werden«.[31] In Washington, Canberra und London hatte man allerdings Suhartos Zögern registriert – er hatte sich allein im August zweimal gegen eine Invasion ausgesprochen. Dies zeigte, wie sehr er die Reaktion der USA und anderer Länder auf eine indonesische Invasion fürchtete.[32] Es waren drei Faktoren, die Suharto Sorge bereiteten: erstens, dass ein vorschnelles Eingreifen in Osttimor die internationale Wirtschaftshilfe gefährden könne, ein entscheidender Punkt nach den Enthüllungen über die Insolvenz der staatlichen Ölgesellschaft Pertamina; zweitens, dass angesichts der enormen indonesischen Abhängigkeit von US-Waffen eine Invasion zur Beendigung der gegenwärtigen Militärhilfe führen könne; und drittens, dass eine Invasion die langfristige US-Militärhilfe gefährdete, die die Streitkräfte brauchten, um ihre Pläne für eine Modernisierung der Armee umzusetzen.[33] US-Vertreter gaben jedoch zu verstehen, dass sie Verständnis für die indonesischen Bedenken hätten und im Falle einer Invasion versuchen würden, die Regierung zu schützen.

Aufgrund des Sieges der FRETILIN im osttimoresischen Bürgerkrieg sahen die indonesischen Militärs die Notwendigkeit eines umfassenden Angriffs. Von September an beobachteten westliche Geheimdienste eine stetige Zunahme verdeckter militärischer Anschläge auf Osttimor, wobei die britische Botschaft von »irregulären Einheiten indonesischer Streitkräfte, getarnt als UDT- und APODETI-Unterstützer« sprach.[34] Das Ziel dieser verdeckten Operationen sei, so die CIA, »Streitkräfte der

gence Brief, 18. 9. 1975, 25. 8.–30. 8. 1975, »The Timor Papers«, australische *National Times*, 30. 5.–5. 6. 1982, S. 3.

31 Treffen der Leiter und Regionalexperten im Außenministerium, 12. 8. 1975, RG 59, Office of the Secretary of State, Transcripts of HAK Staff Meetings, 1973–1977, Box 8, NARA.

32 CIA Daily Intelligence Brief, 20. 8. 1975, 25. 8.–30. 8. 1975, The Timor Papers, australische *National Times*, 30. 5.–5. 6. 1982, S. 3.

33 Telegramm 315 von Jakarta an das Außenministerium, 25. 8. 1975, PRO; zu Pertamina siehe R.E. Elson, Suharto: A Political Biography, Cambridge 2001, S. 210ff.

34 Telegramm 342 von Jakarta an das britische Außenministerium, 12. 9. 1975, FCO 15/1716, PRO.

FRETILIN zu binden, proindonesische Elemente zu unterstützen und Zwischenfälle zu provozieren, die den Indonesiern die Rechtfertigung für eine Invasion verschafften, sollten sie eine solche beschließen«.[35] Öffentlich hingegen leugnete Außenminister Adam Malik jeden Angriff auf die ehemalige portugiesische Kolonie, während praktisch alle ausländischen Beobachter sowie Vertreter der FRETILIN, die wiederholt die Vereinten Nationen um Hilfe baten, dem eindeutig widersprachen. Da jedoch Mitglieder des UN-Sicherheitsrates nicht einmal bereit waren, die Angriffe öffentlich zu bestätigen, waren den Vertretern Timors praktisch die Hände gebunden.[36]

Am 28. November erklärte die FRETILIN einseitig die Unabhängigkeit Osttimors. Nur wenige Regierungen nahmen davon Notiz. Die Erklärung erfolgte über eine Woche nach einer eskalierenden Militäroffensive Indonesiens, bei der es unter anderem zu schwerem Granatenbeschuss durch indonesische Kriegsschiffe gekommen war, die vor der Nordküste in unmittelbarer Nähe der Hauptstadt Dili lagen. Fünf Tage zuvor hatten Vertreter der FRETILIN den UN-Sicherheitsrat gebeten, einzuschreiten und die indonesischen Angriffe zu unterbinden, während José Ramos Horta mit internationalen Botschaftern in Canberra zusammentraf. Der US-Botschafter in Australien hörte sich Hortas Anliegen und seine Warnungen vor einer unmittelbar bevorstehenden Invasion »ohne Kommentar« an. Aufgrund der nahezu einhelligen Meinung ausländischer Beobachter kam die CIA zu dem Schluss, die Erklärung der Unabhängigkeit sei »anscheinend ein verzweifelter Versuch der FRETILIN, sich vor indonesischen Militäroperationen zu schützen«.[37] In Westtimor entwarfen Agenten der Operasi Komodo umgehend eine von UDT und APODETI unterzeichnete Petition, in der die einseitige Unabhängigkeits-

---

35 CIA National Intelligence Daily, 18., 19. und 26. 9. 1975, zitiert in: The Timor Papers, australische *National Times*, 30. 5.–5. 6. 1982, S. 4.

36 Telegramm 4955 der US-Mission bei den Vereinten Nationen an Jakarta, 11. 10. 1975, freigegeben nach FOIA-Anfrage des Autors; Telegramm 5029 der US-Mission bei den Vereinten Nationen an Jakarta, 15. 10. 1975, freigegeben nach FOIA-Anfrage des Autors; CIA National Intelligence Daily, 28. 10. 1975, zitiert in: The Timor Papers, australische *National Times*, 6.–12. 6. 1982, S. 16; Jose Ramos Horta, Funu: The Unfinished Saga of East Timor, Trenton, N.J. 1987 (dt.: Funu: Ost-Timors Freiheitskampf ist nicht vorbei, Freiburg i.Br. 1997), S. 75–104.

37 Telegramm 7933 von Canberra an Jakarta und das US-Außenministerium, 26. 11. 1975, freigegeben nach FOIA-Anfrage des Autors; CIA National Intelligence Daily, 29. 11. 1975, zitiert in: The Timor Papers, australische *National Times*, 6.–12. 6. 1982, S. 16.

erklärung (UDI, Uniliteral Declaration of Independence) der FRETILIN verurteilt und die Integration in den indonesischen Staat erklärt wurde. Die UDI war genau die Rechtfertigung für eine umfassende Invasion, auf die die indonesische Regierung gewartet hatte, und so gab sie umgehend zu verstehen, dass ein Angriff bevorstünde.[38]

Die indonesische Invasion in Osttimor fand vor dem Hintergrund eines Besuchs von US-Präsident Ford und Henry Kissinger in Jakarta am 5. und 6. Dezember 1975 statt. General Suharto – der ja bis zu diesem Zeitpunkt aus Angst vor heftigen internationalen Reaktionen von der Invasion abgesehen hatte – schloss daraus zu Recht, dass die USA und ihre Verbündeten einen derartigen Schritt unterstützten und ihn im Kontext der politischen Stabilität in der Region in Zeiten des Kalten Krieges und nach dem Ende des Vietnamkriegs sahen.[39] Präsident Suhartos Gespräche mit Präsident Ford und Henry Kissinger konzentrierten sich, wie vorherzusehen war, auf Fragen, die sich aus dem Ende des Vietnamkriegs ergaben. Zudem diskutierten sie eine mögliche Bedrohung durch China und Nordvietnam. In diesem Zusammenhang bat Suharto die USA um »Verständnis«, falls Indonesien »drastische Maßnahmen« in Osttimor ergreifen sollte. Fords Antwort war unmissverständlich. »Wir werden es verstehen und in dieser Frage keinen Druck auf Sie ausüben. Wir verstehen das Problem und Ihre Absichten.« Der US-Außenminister betonte gegenüber Suharto, es sei »wichtig, dass, was immer Sie unternehmen, rasch Erfolg hat«.[40] Die USA trafen die Entscheidung, Indonesiens Invasion in Osttimor zu unterstützen, bewusst und zielgerichtet, was auch für den Großteil der internationalen Gemeinschaft galt.[41]

---

38 Aktennotiz des Außenministers für den Premierminister Neuseelands, »Portuguese Timor«, 3. Dezember 1975, freigegebenes Dokument im Besitz des Autors; Telegramm 445 von Jakarta an das FCO in London, 5. Dezember 1975, FCO 15/1716, PRO.

39 Außenministerium Briefing Paper, »Indonesia and Portuguese Timor«, ohne Datum, RG 59, Records of the Executive Secretariat, Briefing Books 1958–1976, Box 227, NARA.

40 Telegramm 1579 von Jakarta an den US-Außenminister, 6. 12. 1975, Kissinger-Scowcroft Temporary Parallel File, Box A3, Country File, Far East-Indonesia, State Department Telegrams 4/1/75–9/22/76, GFL.

41 »Ask Kissinger about East Timor: Confronting Henry Kissinger«, East Timor Action Network, August 1995, http://etan.org/news/kissinger/ask.htm (zuletzt gesichtet am 6. 10. 2004); 1999 behauptete Kissinger in einem Radiointerview: »Am Flughafen in Jakarta erfuhren wir kurz vor unserem Abflug, dass sie beabsichtigten, Osttimor an diesem oder am nächsten Tag einzunehmen.« http://www.etan.org/_vti_bin/shtml.exe/news/kissinger/radio.htm/map (zuletzt gesichtet am 6. 10. 2004); »News Conference #384 at the White House

Die Invasion in Osttimor und die internationale Reaktion

Wenige Stunden nachdem Ford und Kissinger am frühen Morgen des 7. Dezember 1975 aus Jakarta abgereist waren, sprangen indonesische Fallschirmjäger über der Küstenhauptstadt Dili ab. Indonesische Kriegsschiffe im Hafen beschossen die umliegenden Berge mit Artilleriefeuer, während Marineinfanteristen die Strände stürmten. An die 100 000 Soldaten unter Führung der indonesischen Eliteeinheiten der Fallschirmjägertruppen und der gefürchteten Sondereinheit *Kopassus* waren an der ungeordneten ersten Invasion in Osttimor beteiligt und zwangen die Soldaten der FRETILIN, sich in die umliegenden Berge zurückzuziehen, wo sie Lebensmittel und Ausrüstung für einen Guerillakampf gelagert hatten. Timoresische Zeugen sprachen von einem chaotischen und brutalen Überfall, bei dem die indonesischen Soldaten in den ersten Tagen wahllos mehrere hundert Zivilisten töteten, und zwar insbesondere unter der chinesischen Bevölkerung in Dili. Im Frühjahr 1976 schätzte die CIA, dass 35 000 indonesische Streitkräfte Osttimor besetzten.[42]

Die internationale Reaktion auf die Invasion war gedämpft. Wenige Stunden nach dem Angriff verkündete das US-Außenministerium, dass »die USA keine Interessen in Osttimor an sich« hätten und jegliches Interesse »allein mit den umfassenderen Interessen« in den Beziehungen zu Indonesien, Australien, Portugal und anderen Ländern in der Region zu tun hätte.[43] Die Nachbarn Indonesiens stimmten dem zu. »Es gab in der Tat ein gemeinsames Ziel (die Anbindung Osttimors an Indonesien mit international akzeptierten Mitteln) [...] so widerwärtig die gegenwärtigen Methoden Indonesiens zur Erreichung dieses Ziels auch sein mögen«, telegraphierte der australische Botschafter in Indonesien, Richard Walcott, an den Außenminister in Canberra. Neuseelands Außenminister Frank Corner drängte Premierminister Robert Muldoon ebenfalls zu einer proindonesischen Haltung mit dem Argument, das »starke Interesse [des Landes] an der Aufrechterhaltung guter Beziehungen zu Indo-

---

with Ron Nesson«, 7. 12. 1975, RG 59, Executive Secretariat Briefing Books, 1958–1976, Box 227, President Ford's Trip to the Far East (Follow-Up) Nov.–Dez. 1975, NARA; Paul Gardner, Shared Hopes, Separate Fears: Fifty Years of U.S.-Indonesian Relations, Boulder 1997, S. 284–289.

42 Vgl. Matthew Jardine, East Timor: Genocide in Paradise, Tucson 1995, S. 31; siehe auch Dunn, East Timor, S. 252.

43 Informationsmemo, »Reported Indonesian Intervention in East Timor and U.S. Interests«, 7. 12. 1975, Kissinger-Scowcroft Temporary Parallel File, Box A3, Country File, Far East-Indonesia, State Department Telegrams 4/1/75–9/22/76, GFL.

nesien kann gelegentlich ein gewisses Maß an Kompromissbereitschaft in prinzipiellen Fragen erforderlich machen«.[44] Die CIA zog zu Recht den Schluss, dass »die meisten Mitglieder der Weltgemeinschaft [...] das Thema so bald wie möglich ad acta legen möchten«. Darüber hinaus werde die isolierte Lage Osttimors indonesische Bemühungen begünstigen, keine »Informationen über timoresische Dissidenten an die Außenwelt gelangen« zu lassen.[45]

In Australien allerdings stellte die Unterstützung für diese indonesische Invasion in Osttimor die Regierung vor große Probleme: Die »öffentliche Meinung« kümmerte die Not der Timorer.[46] Die Haltung der Regierung war im Land ausgesprochen unpopulär und rief unmittelbar eine lautstarke und gut organisierte Solidaritätsbewegung auf den Plan, an der sich auch etliche Parlamentarier und die organisierte Arbeiterschaft beteiligten. Die geographische Lage und die Geschichte des Landes gewannen hier die Oberhand über antikommunistische und realpolitische Überlegungen des australischen Außenministeriums: »Allein schon die Nähe sowie die historische Erinnerung an das Opfer, das Osttimorer im Zweiten Weltkrieg gebracht haben, um australische Soldaten gegen japanische Angriffe zu schützen, spielten eine Rolle« bei der Auslösung dieser Bewegung, »ebenso die wachsende osttimoresische Flüchtlingsgemeinde in Australien«.[47] Osttimor wurde und blieb nach dem Volksentscheid für die Unabhängigkeit im Jahre 1999 und dem Auftritt australischer Friedensaktivisten als Folge der indonesischen Politik der verbrannten Erde für die bilateralen Beziehungen zu Indonesien ein zentrales Thema.

Auch in verschiedenen europäischen Ländern entstanden Solidaritätsbewegungen, die sich für Osttimor einsetzten: in Portugal aufgrund seiner kolonialen Bindungen und der vielen Flüchtlinge, in den Nie-

---

44 Telegramm O.JA3568 von Jakarta an Canberra, 9. 12. 1975, zitiert in: Australia and the Indonesian Incorporation, S. 611–613; Telegramm 447 von Jakarta an das FCO in London, 8. 12. 1975, FCO 15/1716, PRO; Aktennotiz des Außenministers für den Premierminister Neuseelands, 10. 12. 1975, freigegebenes Dokument im Besitz des Autors.

45 Memorandum des Offiziers des Staatlichen Sicherheitsdienstes für Japan und den pazifisch-asiatischen Raum an Thomas Barnes, »The Outlook for Timor«, 12. 12. 1975, NSC Country Files, EAP, Indonesia, Box 6, GFL.

46 Telegramm von Canberra an Jakarta, 7. 10. 1975, zitiert in: Australia and the Indonesian Incorporation, S. 447.

47 David Hill, East Timor and the Internet: Global political leverage in/on Indonesia, unveröffentlichtes Manuskript, Asia Research Centre at Murdoch University (Western Australia, 2002), S. 4.

derlanden aufgrund der historischen Bindungen zu Indonesien und in Großbritannien, wo sich die Zentralen von Menschenrechtsgruppen wie Amnesty International, des Katholischen Instituts für Internationale Beziehungen (CIIR, Catholic Institute for International Relations) und von TAPOL, einer von einem ehemaligen indonesischen politischen Gefangenen gegründeten Menschenrechtsbewegung, befanden.[48] In den Vereinigten Staaten beschäftigte sich lediglich ein kleiner Kreis von Wissenschaftlern, Journalisten, Aktivisten der katholischen Kirche, Amerikanern portugiesischer Abstammung und Menschenrechtsaktivisten sowohl im Kongress wie auch außerparlamentarisch mit der Osttimorfrage. Infolge mangelnder historischer Bindungen und abnehmender Berichterstattung in den Medien nach der Invasion, insbesondere im Vergleich zu Australien, spielte hier die öffentliche Meinung nahezu keine Rolle.[49] Das relative Schweigen in den USA steht in starkem Kontrast zu dem »phänomenalen Anschwellen der Aktivitäten zum Thema Menschenrechte in den Vereinigten Staaten« Mitte der 1970er Jahre. Nicht einmal der Kongress widmete sich der Timorfrage nach der Invasion Indonesiens, und das vorrangige Interesse der Menschenrechtsvertreter im Kongress beschränkte sich auf die Misere indonesischer politischer Gefangener.[50]

Die internationale Aufmerksamkeit richtete sich rasch auf die Vereinten Nationen, wo etliche blockfreie westafrikanische Länder eine Resolution in die Generalversammlung einbrachten, in der die indonesische Aggression »zutiefst missbilligt« und Indonesien aufgefordert wurde, seine Streitkräfte unverzüglich aus Osttimor abzuziehen. Die Resolution 3485 der Generalversammlung wurde am 12. Dezember 1975 mit überwältigender Mehrheit (72 zu 10 Stimmen bei 43 Enthaltungen) angenommen, wobei sich die Unterstützer Indonesiens der Stimme enthielten oder dagegen stimmten. Zehn Tage später verabschiedete auch der UN-Sicherheitsrat einstimmig eine Resolution mit der Aufforderung an Indonesien, seine Streitkräfte abzuziehen, und dem Antrag, eine Untersuchungskommission einzurichten, um die Situation zu analysieren. Am 22. April 1976

---

48 James Dunn, East Timor: A People Betrayed, Sydney 1996, S. 311 u. 333; Pedro Pinto Leite (Hg.), The East Timor Problem and the Role of Europe, Leiden 1998, passim.

49 Siehe beispielsweise Ben Andersons Aussage vor dem Unterausschuss für internationale Organisationen des Komitees für Internationale Beziehungen, U.S. Policy on Human Rights Assistance: Overview and Indonesia, Government Printing Office, 15. 2. 1978.

50 Kenneth Cmiel, The Emergence of Human Rights Politics in the United States, in: Journal of American History 86, 1999, Heft 3, S. 1231–1250.

verabschiedete der UN-Sicherheitsrat erneut eine ähnlich lautende Resolution, diesmal unter Enthaltung der USA und Japans.[51] Die Invasion in Osttimor deckte Spaltungen zwischen den Ländern der blockfreien Bewegung auf – zur großen Freude der USA, die deren Neutralität in Fragen des Kalten Krieges verurteilten. Nun betrachteten die Amerikaner das unterschiedliche Abstimmungsverhalten der Blockfreien als Zeichen dafür, dass sie keine einheitlichen Ziele mehr verfolgten.[52]

Die westlichen Länder, die das Suharto-Regime unterstützten, waren von Beginn an entschlossen, eine wirksame Antwort der Vereinten Nationen auf die indonesische Invasion zu verhindern.[53] Die Vertreter Indonesiens wussten, dass sie Kritik erfahren würden, vermuteten aber vollkommen zutreffend, dass die Machtverhältnisse zu ihren Gunsten standen. Laut CIA hielt Jakarta die Maßnahmen des Sicherheitsrates für »kaum mehr als ein Auf-die-Finger-Klopfen«.[54] Angesichts der Tatsache, dass Indonesien sein Vorgehen mit der Rhetorik des Kalten Krieges rechtfertigte, überrascht es, dass selbst die Sowjetunion und China nicht einschritten. Dies spricht gegen die Behauptung, dass die Invasion die mögliche Ausbreitung des Kommunismus in der Region eindämmen sollte. Was in Osttimor geschah, warf ein Schlaglicht auf die tiefe Zäsur zwischen der Blütezeit der antikolonialen Bewegungen Anfang der 1960er Jahre und der Ära nach dem Vietnamkrieg. Weder in Washington noch in Canberra fühlte man sich unter Druck gesetzt, man ging davon aus, dass Moskau wenig Interesse habe, sich für die Unabhängigkeit Osttimors einzusetzen, und sah, ungeachtet der laut tönenden Behauptungen indonesischer Generäle, keinen Hinweis darauf, dass Timor zum Schauplatz kommunistischer Aktivitäten werden könnte. Der

---

51 Die Texte der UN-Resolutionen sind abgedruckt in: Geoffrey Gunn, East Timor and the United Nations: The Case for Intervention, Lawrenceville, NJ 1997, S. 107–111.

52 Telegramm des US-Botschafters bei den Vereinten Nationen Daniel Patrick Moynihan an das Außenministerium, 23. 1. 1976, zitiert in: Noam Chomsky und Edward Herman, The Political Economy of Human Rights, Bd. I: The Washington Connection and Third World Fascism, Boston 1979, S. 158.

53 Telegramm 15438 von Jakarta an das Außenministerium und die US-Mission bei den Vereinten Nationen, 17. 12. 1975, freigegeben nach FOIA-Anfrage des Autors.

54 Der britische Botschafter in Jakarta berichtete, »Indonesien [halte] es für ausgesprochen günstig, dass Großbritannien gegenwärtig den Vorsitz im Sicherheitsrat innehabe«. Telegramm 474 von Jakarta an das britische Außenministerium, 29. Dezember 1975, FCO 15/1707, PRO; CIA National Intelligence Daily, 2. 1. 1976, zitiert in: The Timor Papers, australische National Times, 6.–12. 6. 1982, S. 18.

Gegensatz zu der Krise im südlichen Afrika im Zusammenhang mit dem Kalten Krieg, wo sich die USA, Kuba und schließlich auch die Sowjetunion in die Unabhängigkeitskämpfe in Angola und Namibia einmischten, ist auffällig. Die Vertreter der FRETILIN versuchten, die Verbindungen zu China – beziehungsweise zu jedem Land, das bereit war, ihren Widerstand gegen die indonesische Invasion zu unterstützen – aufrechtzuerhalten. Sie verfolgten eine zweigleisige Strategie, einerseits des militärischen Kampfes im Land selbst und andererseits eines diplomatischen bei den Vereinten Nationen, um als »einziger Repräsentant« des timoresischen Volkes anerkannt zu werden. Aber durch derlei Bemühungen konnten sie sich lediglich die Unterstützung einiger ehemaliger portugiesischer Kolonien in Afrika und einer Hand voll blockfreier Staaten sichern.[55]

Das Suharto-Regime vertraute darauf, dass die Invasion nicht in einen Ost-West Konflikt münden und dass das ohnehin geringe internationale Interesse an Timor bald ganz verebben würde. Vor diesem Hintergrund blockierte Indonesien die internationale Gemeinschaft überall. So bestanden indonesische Regierungsvertreter darauf, dass ausländische Vertreter mit der provisorischen Marionettenregierung Osttimors verhandeln sollten, die die Militärs in Westtimor und Dili installiert hatten, und behaupteten hartnäckig, es gäbe keine indonesischen Soldaten in Osttimor, sondern nur indonesische »Freiwillige«. Als Antwort auf die Resolution des UN-Sicherheitsrats vom 22. Dezember 1975 erklärte der indonesische UN-Botschafter, Jakarta werde mit den Vereinten Nationen nur unter bestimmten Bedingungen kooperieren, und bezeichnete die Forderungen nach einem Rückzug indonesischer Truppen aus dem Gebiet als »unbedeutend«.[56] »Indonesien wird in der Praxis keinerlei internationale Intervention akzeptieren«, bemerkte die britische Botschaft in Jakarta, außer wenn sie dazu diene, der Einverleibung Osttimors einen legitimatorischen Anstrich zu verleihen«.[57]

---

55 David Webster, Non-State Diplomacy: East Timor, 1975–1999, in: *Portuguese Studies Review* 11, 2003, Heft 1, S. 8f.
56 Telegramm 1916 von Jakarta an das US-Außenministerium, 24. 12. 1975, freigegeben nach FOIA-Anfrage des Autors.
57 Telegramm 462 von Jakarta an das Außenministerium in London, 18. 12. 1975, FCO 15/1717 PRO.

Die internationale Gemeinschaft findet sich ab

Da Indonesien den internationalen Zugang nach Osttimor streng kontrollierte, konnte die Regierung auch die Nachrichten aus der Region filtern, die von Medien in aller Welt und den politischen Vertretern des Westens freundlicherweise als Tatsachen gemeldet wurden, obwohl die Berichte der westlichen Nachrichtendienste den Behauptungen Indonesiens widersprachen.[58] Wie die Nachrichtendienste sehr wohl wussten, war die indonesische Invasion jedoch festgefahren und stellte das Regime Suhartos vor ernste Probleme. Wie aus Geheimdienstquellen hervorging, kontrollierten die indonesischen Streitkräfte im Frühjahr 1976 (und faktisch in den folgenden vier Jahren) die meisten größeren Städte, während die FRETILIN auf dem Land Fuß gefasst hatte und in der Lage war, einen »langwierigen und teuren Guerillakampf« auf die Beine zu stellen.[59] Während dieser Zeit traten Vertreter Indonesiens immer wieder an die US-Regierung heran und ersuchten um zusätzliche Militärhilfe, weil der FRETILIN-Widerstand heftiger und nachhaltiger ausfiel, als man offiziell zugab. Bei einem Treffen mit US-Botschafter Newsom räumte Außenminister Adam Malik ein, dass sich die indonesischen Militäroperationen noch über Monate hinziehen würden, bevor auch nur die Kontrolle über die größeren Städte konsolidiert werden könne.[60] Im April 1976 traf sich der Stabschef des U.S. Pacific Command (CINCPAC) Lt. General Moore mit General Yoga Supardi vom indonesischen Verteidigungsministerium, der ankündigte, Indonesien stehe vor »schweren Versorgungsengpässen vor allem bei Munition für Handfeuerwaffen, Artillerie-, Panzer- und Marinegeschützen«, ferner würden Hubschrauber, Funkausrüstung und »Munition für alle Kaliber« benötigt. Knapp zwei Jahre später räumte General Benny Murdani gegenüber US-Vertretern ein, das indonesische Militär kontrolliere weniger als die Hälfte, vielleicht sogar nur 20 Prozent des Territoriums und seiner Bevölkerung.[61]

---

58 Diplomatischer Bericht des Außenministeriums Nr. 182/76, »Timor: Indonesia's reluctant takeover«, 15. 3. 1976, FCO 15/1709, PRO, S. 6f.

59 Telegramm 0694 Jakartas an CINCPAC, 16. 1. 1976, freigegeben nach FOIA-Anfrage des Autors; Aufzeichnung eines Gesprächs zwischen Peacock und Panggabean, 14. 4. 1976, Australia and the Indonesian Incorporation, S. 741–745; Aktennotiz von J.L. Jones von der Südostasienabteilung im britischen Außenministerium (SEAD, FCO) an Mr. Simons, 10. 2. 1976, FCO 15/1717, PRO.

60 Telegramm 1176 Jakartas an das US-Außenministerium, 28. 1. 1976, NSC Country Files, EAP, Indonesia, Box 6, GFL.

61 Telegramm 5605 Jakartas an das US-Außenministerium, 29. 4. 1976, freigegeben nach FOIA-Anfrage des Autors.

Zahlreiche Berichte aus Kirchenkreisen, von Überläufern und anderen machten überdies deutlich, dass sich in Osttimor ein Genozid anbahnte. Im Februar 1976 hatte der Präsident der von Indonesien installierten Übergangsregierung Osttimors (PGET) bekannt gemacht, dass in den wenigen Monaten seit der indonesischen Invasion bis zu 60 000 Osttimorer – annähernd zehn Prozent der Bevölkerung – getötet worden waren.[62] Zahlreiche Regierungen bestritten solche Behauptungen später, doch die US-Botschaft hielt die Zahlen damals für glaubwürdig und sah sie durch andere Quellen bestätigt.[63] Präsident José Martins von der kleinen, für die Anbindung an Indonesien eintretenden Partei KOTA, der bereits am 16. Dezember 1975 vor dem Sicherheitsrat der Vereinten Nationen ausgesagt hatte, lief ebenfalls über und verurteilte in einem Brief an UN-Generalsekretär Kurt Waldheim den Angriff durch Indonesien. Die Invasion, so Martins, habe »viele tausend Todesopfer« gefordert, darunter Tausende, die durch die Maschinengewehre der Invasionstruppen niedergemetzelt wurden; deshalb verlangte er einen sofortigen Rückzug der indonesischen Streitkräfte und erklärte, der Ruf nach einem Zusammenschluss Indonesiens und Osttimors sei eine »völlige Farce [gewesen], ohne Mandat durch unser Volk«.[64]

Solche zeitnahen – und glaubwürdigen – Aussagen hatten fast keinen Einfluss auf die Haltung der Unterstützer Indonesiens, die weiterhin davon ausgingen, die Eingliederung Osttimors sei eine vollendete Tatsache und nicht wieder rückgängig zu machen, auch wenn sie ausgesprochen ungeschickt vollzogen worden war. »Es ist bemerkenswert«, stellte ein Mitarbeiter der britischen Botschaft fest, »dass man den Indonesiern trotz ihrer groben Fehler zur Zeit alles durchgehen lässt.«[65] Anfang April 1976 gab der indonesische Außenminister bekannt, die Übergangsregierung werde einen »Akt der freien Wahl« durchführen, um sich den Zusammenschluss mit Indonesien bestätigen zu lassen; die Vereinten Nationen wurden aufgefordert, die Abstimmung zu beobachten. Sechs

---

62 *New York Times*, 15. 2. 1976.
63 Telegramm 1442 von Lissabon an das US-Außenministerium, 5. 3. 1976, freigegeben nach FOIA-Anfrage des Autors.
64 Telegramm 1182 der diplomatischen Vertretung der Vereinigten Staaten an das US-Außenministerium, 1. 5. 1976, freigegeben nach FOIA-Anfrage des Autors; Eingabe an Peacock von G.B. Feakes, First Assistant Secretary for South East Asia and PNG Division, 5. 3. 1976, Australia and the Indonesian Incorporation, S. 716–720; Aktennotiz von A.D. Brighty, Vertretung Großbritanniens bei den Vereinten Nationen, an J.L. Jones, Südostasienabteilung, FCO, 3. 5. 1976, FCO 15/1717, PRO.
65 Aktennotiz von J.A. Ford, 10. 2. 1976, FCO 15/1709, PRO.

Jahre zuvor hatte Jakarta einen ähnlichen »Akt der freien Wahl« inszeniert, um die Übernahme Papua-Neuguineas zu rechtfertigen.[66] UN-Generalsekretär Kurt Waldheim erklärte unverhohlen gegenüber Evan Luard, Staatssekretär im britischen Außenministerium, Indonesien erwarte
von den Vereinten Nationen, »den ›Anschluss‹ zu legalisieren«.[67] »Indonesien verfolgt offenbar das Ziel, der hastigen Übernahme von Osttimor
einen Anschein von Korrektheit zu verleihen, indem es angesehene Aus-
länder mit dem ›Akt der Wahl‹ in Verbindung bringt«, berichtete die
Südostasienabteilung im britischen Außenministerium, während die
Botschaften Australiens und der Niederlande die Einladung Indonesiens
an ausländische Diplomaten als »Heuchelei« und als »peinlich« bezeichneten.[68] Indonesische Regierungsfunktionäre räumten ein, es sei notwendig, die Auswahl der Vertreter, die um den Zusammenschluss »ersuchen«, »bis zu einem gewissen Grad zu manipulieren«.[69]

Ende Mai 1976 inszenierte Jakarta eine »Volksvertreterversamm-
lung« in der osttimorischen Hauptstadt Dili, die sich einstimmig für den
Zusammenschluss mit Indonesien aussprach. Der Konsul der neuseeländischen Vertretung in Jakarta, der einzige anwesende westliche Diplomat, erklärte, die Veranstaltung sei wie nach Drehbuch abgelaufen, die
Timorer hätten keine Entscheidungsfreiheit gehabt und seien sogar daran gehindert worden, mit Ausländern zu sprechen. Am 16. Juli verabschiedete das indonesische Parlament ein Gesetz, das Osttimor offiziell
zur 27. Provinz des Landes erklärte. Ein Vertreter Australiens gab die zutreffende Prognose ab, es sei »wahrscheinlich, dass der Zusammenschluss bald von vielen Regierungen anerkannt wird«.[70] Die Briten waren derselben Meinung und erklärten, da der »Zusammenschluss jetzt

---

66 John Saltford, The United Nations and the Indonesian Takeover of West Pa-
   pua, 1962–1969, London 2003.
67 Zusammenfassung des Gesprächs zwischen Mr. Luard und dem Generalsekretär der Vereinten Nationen am 15. 5. 1976, FCO 15/1710, PRO.
68 Telegramm 308 des britischen Außenministeriums an die britische Botschaft in
   Jakarta, 20. 4. 1976, FCO 15/1717, PRO; Telegramm 220 Canberras an das
   britische Außenministerium, 17. 5. 1976, FCO 15/1710, PRO; Telegramm
   148 Jakartas an das britische Außenministerium, 14. 5. 1976, FCO 15/1710,
   PRO.
69 Telegramm 6284 Jakartas an das US-Außenministerium, 13. 5. 1976, freigegeben nach FOIA-Anfrage des Autors; Mitschrift der Stabsbesprechung des Außenministers, 1. 6. 1976, RG 59 Office of the Secretary of State, Mitschrift des
   HAK Staff Meetings, 1973–1977, Box 10, NARA.
70 James Dunn, East Timor, S. 259; Überseetelegramm O.CH383025 Canberras
   an Jakarta, 16. 7. 1976, Australia and the Indonesian Incorporation, S. 816–
   818.

unvermeidlich ist«, neige das britische Außenministerium zu der »Meinung, dass eine unter den gegebenen Umständen größtmögliche Legitimierung dieses Zusammenschlusses in unserem Interesse liegt«.[71] Eine ähnlich zynische Haltung nahm man in Washington ein, wo Ende Juni die Regierung Ford Außenminister Adam Malik versprach, man werde sich auch weiterhin um engere Beziehungen zu Indonesien bemühen, und verstärkte Militärhilfe in Aussicht stellte.[72]

Der Weg zum Völkermord

In den ersten beiden Jahren nach der Invasion in Osttimor versuchten die indonesischen Streitkräfte, die Kontrolle über Gebiete außerhalb der Hauptstadt Dili und die Küstenstädte zu gewinnen. Über die Hälfte der Bevölkerung floh in unzugängliche Gebirgsgegenden im Landesinneren, wo sie durch FRETILIN-Kämpfer beschützt wurde, die den vorrückenden indonesischen Soldaten massiven Widerstand entgegensetzten. Bei einem Treffen mit Vertretern der US-Botschaft beklagte der indonesische General Benny Murdani, dass es den Streitkräften an »Soldaten, Nachschub und Know-how« fehle, um die FRETILIN–Guerillas zu besiegen, deren Zahl er mit 660 angab und denen schätzungsweise 25 000 bis 40 000 indonesische Soldaten gegenüberstanden – ein Hinweis darauf, dass die Armee entweder extrem unfähig oder der Widerstand gegen die indonesische Invasion weitaus umfassender war, als man zugab.[73] Überdies hatten die Streitkräfte trotz einer Verdoppelung der US-Militärhilfe seit 1976 mit massiven Versorgungsengpässen zu kämpfen. Ein westlicher Diplomat erklärte Ende 1977 gegenüber der *Los Angeles Times*, Indonesien gehe »das militärische Inventar aus« und infolge der »Operationen auf Timor steht es mit dem Rücken zur Wand«.[74]

---

71 Aktennotiz A.C. Galsworthys für Mr. Simons von der Südostasienabteilung des britischen Außenministeriums, 9. 7. 1976, FCO 15/1717, PRO.

72 Aktennotiz eines Gesprächs, Arbeitsessen für den indonesischen Außenminister, 29. 6. 1976, freigegeben nach FOIA-Anfrage des Autors.

73 Telegramm 000345 Jakartas an das US-Außenministerium, 3. 1. 1978, freigegeben nach FOIA-Anfrage des Autors.

74 Telegramm 5605 Jakartas an das US-Außenministerium, 29. 4. 1976, freigegeben nach FOIA-Anfrage des Autors; *Indonesian Times*, 1. 2. 1976; Telegramm Jakartas an das US-Außenministerium, 3. 1. 1978, freigegeben nach FOIA-Anfrage des Autors; George McArthur, Indonesia anxious to replace decrepit arms, *Los Angeles Times*, 4. 12. 1977.

Der Zufluss westlicher Militärhilfe in den Jahren 1976 und 1977, vor allem in Form von US-Erdkampfflugzeugen des Typs OV-10 Bronco, erwies sich als entscheidend. Angesichts der militärischen Versorgungsengpässe seit der Invasion und der Unfähigkeit der Streitkräfte, die Timorer im gebirgigen Landesinneren anzugreifen, hätte man Indonesien durch die Verweigerung zusätzlicher Militärhilfe zweifellos zum Rückzug aus dem Gebiet zwingen können. Im September 1977 leitete die indonesische Armee eine neue Operation mit dem Namen »Einkreisen und Vernichten« ein. Hierzu gehörten auch etliche zielgerichtete »Such- und Vernichtungsfeldzüge« mit flächendeckenden Bombenangriffen und Entlaubung von FRETILIN-Gebieten, wodurch der Widerstand gebrochen werden sollte. Timoresische Flüchtlinge, Kirchenvertreter und Journalisten berichteten, dass bei diesen und den folgenden Militäroperationen viele tausend Zivilisten getötet wurden, und etliche Beobachter sprachen zu dieser Zeit bereits von Völkermord. Während bis dahin die Morde an Zivilisten weitgehend reaktiv und spontan stattfanden, verübte die indonesische Armee nun systematisch Massaker. Ein französischer Journalist, der Ende 1977 nach Osttimor vordrang, meldete, dass von den Invasionsstreitkräften Dörfer, die verdächtigt wurden, die FRETILIN zu unterstützen, »systematisch ausradiert« wurden. Unterdessen beklagten timoresische Geistliche in einem Brief, der im November 1977 aus dem Territorium geschmuggelt wurde, dass »wir auf dem Weg zum vollständigen Völkermord sind«.[75] Ein katholischer Priester, der im März 1979 die Stadt Maubisse 40 Kilometer südlich von Dili besuchte, entdeckte Kirchendokumente, aus denen hervorging, dass die indonesischen Streitkräfte seit Beginn der Invasion 5021 der 9607 Bewohner der Stadt ermordet hatten.[76]

Indonesische Militäroperationen führten nicht nur zu groß angelegten Massakern an der timoresischen Bevölkerung, sondern brachten auch die Landwirtschaft zum Erliegen. Als die Nahrungsmittelvorräte ausgingen und die Widerstandskämpfer die Menschen, die Schutz vor militärischen Angriffen suchten, nicht mehr ernähren konnten, ermutigten die FRETILIN-Führer über 60000 unterernährte Flüchtlinge, auf ein Angebot der Indonesier einzugehen, die ihnen die unbehelligte Rückkehr an ihren Wohnort versprachen. Doch stattdessen wurden sie in Umsiedlungslager im Flachland und in Küstenregionen gebracht, wo sie nichts anbauen konnten, so dass Zehntausende an Hunger und Infektionen

---

75 Zitiert in: James Dunn, East Timor, 2001, S. 269f.
76 John G. Taylor, »Encirclement and Annihilation«: The Indonesian Occupation of East Timor, in: Gellately/Kiernan (Hg.), The Specter of Genocide, S. 166ff.

starben. Im Jahr 1979 lebten nach Schätzungen der U.S. Agency for International Development 300000 Timorer in solchen Umsiedlungs- oder Konzentrationslagern. Erst als Ende 1978 Journalisten Zutritt in das Gebiet erhielten und Bilder von verhungernden Timorern um die Welt gingen, sahen sich westliche Regierungen zum Eingreifen gezwungen und setzten Indonesien unter Druck, dem Roten Kreuz die Rückkehr in das Territorium zu erlauben.[77]

Dennoch wurden die verheerenden militärischen Angriffe im Landesinneren fortgesetzt. Nach der Operation »Einkreisen und Vernichten« begannen die indonesischen Militärs mit der Operation »Keamanan« (»Letzte Säuberung«); während dieser Operation wurden Tausende timoresischer Zivilisten mit vorgehaltenem Gewehr gezwungen, in langen Reihen über weite Landstriche zu marschieren, um die FRETILIN-Kämpfer aus ihren Verstecken zu treiben. Die Taktiken, zu denen die indonesische Armee zwischen 1975 und 1983 griff, um den militärischen und zivilen Widerstand der Timorer gegen Invasion und Besatzung zu brechen, waren vielfältig: Neben dem Massenmord an Zivilisten, Zwangsumsiedlungen und Vertreibungen waren Massenverhaftungen und Arrest, Zwangssterilisation von Frauen und systematische Folter an der Tagesordnung. Das Ziel dieser Maßnahmen war die Zerstörung der timoresischen Nationalidentität und Kultur sowie die physische Vernichtung der timoresischen Opposition – also nichts anderes als ein regierungsamtliches Genozidprogramm. Indonesische Politiker rechtfertigten ihre Absichten im Namen des Antikommunismus – so wie sie es bei der Vernichtung angeblicher Kommunisten im Jahr 1965 getan hatten – und durch den Gebrauch biologistischer und in Genoziden üblicher Metaphern.[78] Die zuverlässigsten Schätzungen gehen davon aus, dass von 1975 bis 1983 zwischen 150000 und 200000 Timorer durch Massaker, den erzwungenen Hungertod oder Krankheiten umkamen, also etwa ein Fünftel bis ein Drittel der Bevölkerung. Solche Zahlen sind keineswegs präzise, und überdies ist es schwierig, sie den einzelnen Todesursachen zuzuordnen. Proportional gesehen, also im Verhältnis zur Gesamtbevölkerung, wurden die Timorer jedoch zweifelsfrei Opfer eines Massen-

---

77 Telegramm 6150 Canberras an das US-Außenministerium, 1. 9. 1977, freigegeben nach FOIA-Anfrage des Autors.
78 Taylor, »Encirclement and Annihilation«, S. 166 ff.; Ben Kiernan, War, Genocide and Resistance in East Timor, 1975–1999: Comparative Reflections on Cambodia, in: Mark Seldon und Alvyn Y. So (Hg.), War and State Terrorism: The United States, Japan, and the Asia-Pacific in the Long Twentieth Century, Oxford 2004, S. 199–235.

mords, der in der Größenordnung, wenn auch nicht in absoluten Zahlen, mit dem von den Roten Khmer in Kambodscha verübten Genozid vergleichbar ist.[79]

Anfang der 1980er Jahre hatten die indonesischen Streitkräfte den bewaffneten Widerstand der FALINTIL (Forças Armadas de Libertação Nacional de Timor Leste, der militärische Teil der FRETILIN) gebrochen, was zu deren Neuorganisation und Neubildung unter der Führung von Xanana Gusmao führte. Der Versuch, den timoresischen Nationalismus und die timoresische Kultur auszulöschen, kam auch in einem Regierungsprogramm zum Ausdruck, das die Einwanderung von Bauern aus der überbevölkerten Insel Java förderte; in die gleiche Richtung ging das Verbot der timoresischen Sprache sowie die Unterweisung der Schulkinder in Indonesisch (*Bahasa Indonesia*) und in der Geschichte von Präsident Suhartos Regime der »Neuen Ordnung«. Im Lauf der Zeit, so hofften indonesische Regierungsvertreter, würden solche Programme den Timorern eine indonesische Identität einimpfen oder wenigstens dazu führen, dass sich die Bevölkerung der indonesischen Herrschaft ergab. Als der militärische Widerstand allmählich nachließ, benutzten indonesische Militärs Osttimor als Versuchslabor für ihre *Kopassus*-Sondertruppen und Eliteeinheiten des Geheimdienstes für die Aufstandsbekämpfung.[80] Die indonesischen Besatzungstruppen konzentrierten sich zunehmend auf politische und militärische Kontrolle, gezielte Repressionen gegen aktive Mitglieder des Widerstands und kleine Einsätze, mit denen die verbleibenden FALINTIL-Guerillas ausgeschaltet werden sollten.

Die aktive militärische, wirtschaftliche und politische Unterstützung durch die Verbündeten Indonesiens in der westlichen Welt und in Asien war maßgeblich für die Konsolidierung der Kontrolle über Osttimor. Die Vereinigten Staaten und andere wichtige Mächte versorgten Indonesien

---

79 Ben Kiernan hält die niedrigere Zahl für wahrscheinlicher. John Taylor extrapoliert die portugiesische Volkszählung von 1974, die 688771 Einwohner ermittelte, und den indonesischen Zensus von 1980, der 555000 Einwohner ergab, geht von einem jährlichen Bevölkerungswachstum von 1,7 Prozent aus, und kommt damit zu der Zahl von ungefähr 200000 Menschen, die getötet wurden. Im November 1979 erklärte der indonesische Außenminister Mochtar Kusumaatmadja, dass schätzungsweise 120000 Timorer seit der Invasion umgekommen seien; Kiernan, War, Genocide and Resistance, S. 200; Taylor, »Encirclement and Annihilation«, S. 162.

80 Die umfassendste Darstellung der indonesischen Militäroperationen liefern Dunn, East Timor, S. 243–301, und Taylor, »Encirclement and Annihilation«, S. 166–176.

mit Waffen und militärischen Gütern, aber die politische Unterstützung erwies sich als ebenso wichtig. So verhinderten zwischen 1976 und 1980 die Verbündeten Indonesiens unter Führung der USA mit ihrem Vetorecht regelmäßig Resolutionen der Vollversammlung der Vereinten Nationen, in denen die Annexion Osttimors verurteilt und das Recht der Region auf Selbstbestimmung betont wurde; außerdem wirkten sie darauf hin, Osttimor von der Tagesordnung des Ausschusses für besondere politische Fragen und Entkolonialisierung zu streichen. Die westliche Position stand in krassem Gegensatz zur Haltung der blockfreien Staaten, die in diesem Zeitraum zweimal für Resolutionen stimmten, die das Selbstbestimmungsrecht Osttimors bekräftigten und seine baldige Unabhängigkeit forderten.[81]

Das Ende des Kalten Krieges und die Umwandlung Osttimors

In den 1980er Jahren setzten die westlichen Regierungen ihre Politik gegenüber Indonesien wie gehabt fort, unterstützten das Land durch Waffenlieferungen und militärische Ausbildung, bilaterale Wirtschaftshilfe und Zahlungen durch internationale Finanzinstitutionen wie die Asiatische Entwicklungsbank und den Internationalen Währungsfonds. Außerdem gaben sie der indonesischen Besatzung Osttimors bei den Vereinten Nationen und anderen internationalen Foren weiterhin politische Rückendeckung. 1986 erkannte Australien als erstes (und einziges) Land die Annexion an, ein Schachzug, der die Verhandlungen um die Aufteilung der Erdöl- und Erdgasreserven auf dem Kontinentalschelf zwischen Australien und Timor erleichterte. Die Vereinigten Staaten akzeptierten weiterhin die faktische Angliederung Osttimors, ohne zu behaupten, dass ein rechtsgültiger Akt der Selbstbestimmung stattgefunden hat.

Die Unterstützer Osttimors im Kreis der nichtstaatlichen Organisationen bemühten sich über Foren wie den Ausschuss für besondere politische Fragen und Dekolonialisierung der Vereinten Nationen, den Status Timors als einer Kolonie ohne eigene Regierung zu erhalten, als ein Ge-

---

81 Telegramm 5688 der Vertretung der Vereinigten Staaten bei den Vereinten Nationen (USUN) an das amerikanische Außenministerium, 6. 12. 1978, freigegeben nach FOIA-Anfrage des Autors; Telegramm 4899 von USUN an das amerikanische Außenministerium, 3. 11. 1979, ebenda; Telegramm 04413 von USUN an das amerikanische Außenministerium, 21. 10. 1980, ebenda; Chomsky/Hermann, The Political Economy of Human Rights, Bd. II, S. 157–159, 186.

biet also, das noch dekolonialisiert werden müsse. Die Niederlage der FALINTIL-Guerilla Anfang der 1980er Jahre schmälerte die Chancen für eine Unabhängigkeit des Gebiets jedoch enorm. Internationale Stellungnahmen konzentrierten sich in diesem Jahrzehnt meist auf das begrenzte Thema der Menschenrechtsverletzungen unter der indonesischen Besatzung statt auf die weiter gefasste Frage der Selbstbestimmung. Ende der 1980er Jahre schien Osttimor »der Inbegriff einer verlorenen Sache, für die sich nur noch ein sehr kleiner harter Kern von Aktivisten einsetzt«.[82] Als vorhersehbare Folge der Politik des Kalten Krieges und der strategischen und wirtschaftlichen Bedeutung Indonesiens setzte der Westen seine Unterstützung für Jakarta während dieser Zeit nahezu unumstritten fort.

Fast 15 Jahre nach der Invasion und Annexion Osttimors durch Indonesien schuf ein Zusammentreffen verschiedener Faktoren im internationalen System, in Indonesien und in Osttimor selbst den politischen Raum für eine erneute Überprüfung des Status der ehemaligen portugiesischen Kolonie. 1989 hielt das Suharto-Regime Osttimor für hinreichend befriedet, um Journalisten und ausländische Touristen einzulassen; sogar ein Besuch Papst Johannes Pauls II. wurde zugelassen, der von unübersehbaren Protesten osttimoresischer Jugendlicher begleitet war. Diese Jugend bildete das Rückgrat einer aufkeimenden gewaltfreien Widerstandsbewegung, die die Massen erfasste, während die Guerilla den Kampf gegen die indonesische Armee symbolisch fortsetzte.[83] Die teilweise Öffnung Osttimors und die neue Internettechnologie ermöglichten einen freieren Informationsfluss zu internationalen Menschenrechtsorganisationen und anderen Unterstützern.

Verschiebungen im internationalen System schufen außerdem neuen Spielraum für Kritik an der indonesischen Besatzung und an der Unterstützung Jakartas durch den Westen. Bedingt durch das Ende des Kalten Krieges konnte ab 1989 die Invasion und Besatzung Osttimors von der Rolle Jakartas als Bastion des Antikommunismus in Südostasien abgekoppelt werden – vor allem im Denken der einstigen Unterstützer Indonesiens

---

82 Zit. n. Charles Scheiner, Grassroots in the Field – Observing the East Timor Consultation, in: Richard Tanter u.a. (Hg.), Bitter Flowers, Sweet Flowers: East Timor, Indonesia, and the World Community, New York 2001, S. 109; siehe auch Solidarity groups meet in Copenhagen, *Tapol Bulletin* (London) 92 (April 1989), S. 17–18.

83 Constancio Pinto und Matthew Jardine, East Timor's Unfinished Struggle: Inside the Timorese Resistance, Boston 1997, S. 106–121; Arnold S. Kohen, From the Place of the Dead: Bishop Belo and the Struggle for East Timor, New York 1999, S. 130–159.

in den Vereinigten Staaten. Geopolitische Erwägungen als Rechtfertigung für die Besatzung Osttimors und für die Verweigerung des Selbstbestimmungsrechts wurden einer kritischen Prüfung unterzogen. »In dem Maße, wie der strategische Wert Indonesiens sank«, stellte Thomas Ambrosio in einer maßgeblichen Analyse fest, »rückten Menschenrechtsfragen und wirtschaftliche Themen im Denken Washingtons und Canberras stärker in den Vordergrund.« Überdies stand auch die Loslösung der baltischen Staaten aus dem Sowjetimperium in scharfem Gegensatz zur fortdauernden Besatzung Osttimors, wie damals immer wieder betont wurde.[84]

Ein letzter Anstoß kam mit der irakischen Invasion in Kuwait im August 1990. Um seine Überraschung angesichts der internationalen Reaktion auf seinen Angriff gegen Kuwait zum Ausdruck zu bringen, bemerkte der irakische Präsident Saddam Hussein, bei der indonesischen Invasion in Osttimor habe man doch auch ein Auge zugedrückt. Husseins Äußerung provozierte über die Hälfte der Abgeordneten im US-Kongress dazu, einen Brief an Präsident George Bush zu unterzeichnen, in dem er aufgefordert wurde, sich für die Timorer einzusetzen.[85] Auch die Äußerung des australischen Premierministers Bob Hawke von der Labor Party, »große Länder, die in kleine Ländern einmarschieren, dürfen nicht ungeschoren davonkommen«, wurde von Aktivisten aufgegriffen, die auf den Widerspruch zwischen der Haltung der australischen Regierung im Fall Kuwait und ihrer Position in der Osttimorfrage hinwiesen.[86] Doch die erhöhte Aufmerksamkeit, die Osttimor zwischen 1989 und 1991 erhielt, hatte keine Auswirkungen auf die politische Haltung der wichtigsten Unterstützer Indonesiens: Großbritannien, Australien und die Vereinigten Staaten.

Im November 1991 wurde das Schicksal Osttimors – ähnlich wie bei anderen Unabhängigkeits- und Freiheitsbewegungen – durch einen Akt kolonialer Gewalt entscheidend beeinflusst. Ende Oktober 1991 griff die indonesische Regierung in Osttimor besonders hart durch und sagte den

---

84 Thomas Ambrosio, East Timor Independence: the Changing Nature of International Pressure, in: Robert M. Compton (Hg.), Transforming East Asian Domestic and International Politics: the Impact of Economy and Globalization, Burlington 2002, S. 115; zit. n. Scheiner, Grassroots in the Field, S. 111; Baltics Parallel East Timor? *Reuters,* 12. 9. 1991.

85 Pablo Azocar, Timor: The Other Annexation, *Inter Press Service,* 18. 3. 1991; zur Reaktion Indonesiens siehe den Artikel des indonesischen Außenministers Ali Alatas, Why East Timor Isn't Kuwait, *Jakarta Post,* 28. 3. 1991; »US Senate: Solve E. Timor conflict!« posted on reg.easttimor, 12. 8. 1991; Dunn, Timor: A People Betrayed, S. 338.

86 East Timor: time to talk, *Green Left Weekly,* 22. 10. 1991.

geplanten Besuch einer Delegation des portugiesischen Parlaments ab,
für den timoresische Jugendliche größere Protestaktionen vorbereitet
hatten. Daraufhin verwandelten Aktivisten am 12. November 1991 den
Trauerzug für einen ermordeten Studenten in eine Unabhängigkeitsde-
monstration von historischer Bedeutung, an der viele tausend Einwohner der Hauptstadt Dili teilnahmen. Als die Menge den Santa-Cruz-
Friedhof am Stadtrand erreichte, eröffneten indonesische Soldaten mit
US-amerikanischen M-16-Maschinengewehren das Feuer, erschossen
270 Demonstranten und töteten in den darauf folgenden Tagen noch
mehrere hundert Menschen.[87] Auch dieses Massaker wäre vielleicht der
öffentlichen Aufmerksamkeit entgangen, hätten nicht ein britischer Ka-
meramann und zwei amerikanische Journalisten den Vorfall beobachtet
und die Nachricht von dem Massaker um die Welt geschickt.[88] Damit gelangte Osttimor für einen historischen Augenblick in die Schlagzeilen,
und es bot sich die »noch nie da gewesene und wohl einmalige Chance,
die US-Politik zu ändern«.[89] Das Massaker von Dili führte zu einem
Wiederaufleben der internationalen Solidarität mit Osttimor und veranlasste etliche Bürgerrechtsbewegungen, Druck auf die Regierungen auszuüben, die nach wie vor Indonesien unterstützten. Damit wurden die
durch das Ende des Kalten Krieges ausgelösten Veränderungen im internationalen System weiter vorangetrieben.

Nach dem Santa-Cruz-Massaker gründeten die Osttimor-Unterstüt-
zergruppen die Internationale Föderation für Osttimor (IFET, International Federation for East Timor), um ihre Aktivitäten, vor allem bei
internationalen Gremien wie der Menschenrechtskommission der Vereinten Nationen, zu koordinieren. Regionale Ableger der IFET wie die
Asia-Pacific Coalition for East Timor (APCET) setzten die Nachbarländer Indonesiens unter Druck, die Forderung nach Selbstbestimmung für
Osttimor zu unterstützen. 1995 existierten in über 20 Ländern Unter-
stützungsgruppen – allein in Japan gab es 50 lokale Organisationen. Ein
ähnlich starkes Netzwerk in Australien sorgte dafür, dass Osttimor zur
wichtigsten bilateralen Frage in den Beziehungen zwischen Canberra

---

87 East Timor: Forgotten Case of Annexed Isle Resurfaces, *Agence France Press*,
   12. 11. 1991; U.S. Reporter, Badly Beaten in East Timor, Says Saw Dozens
   Killed, *Reuters*, 12. 11. 1991.
88 Nairn, Allan, »›I Witnessed and Survived the Massacre at the Santa Cruz Ce-
   metery‹«, in: »Crisis in East Timor and U.S. policy toward Indonesia«: Hear-
   ing before the Committee on Foreign Relations, United States Senate, One
   Hundred Second Congress, second session, 27. 2. und 6. 3. 1992 (Washington,
   D.C.: U.S. G.P.O. 1992).
89 Scheiner, Grassroots in the Field, S. 116.

und Jakarta wurde, obwohl die Regierung eine aggressiv proindonesische Haltung an den Tag legte.[90] In Europa setzte die wiederauferstandene Osttimor-Solidaritätsbewegung die Regierungen von Schweden, den Niederlanden, Irland, Großbritannien, Deutschland und anderen Staaten unter Druck, den Waffenexport nach Indonesien zu stoppen, und veranlasste Parlamentarier, sich für das Selbstbestimmungsrecht Osttimors einzusetzen.[91]

Das internationale Aktivistennetzwerk arbeitete auch mit den neu gebildeten Bürgerrechtsorganisationen in Osttimor und Indonesien zusammen, was sich als sehr vorteilhaft erwies. 1996 war in Dili die erste osttimorische Menschenrechtsorganisation, Yayasan HAK, gegründet worden, die das Büro des katholischen Bischofs Carlos Belo dabei unterstützte, Informationen über Menschenrechtsverletzungen zu sammeln und an die Außenwelt weiterzugeben.[92] Zu den wichtigsten Vereinigungen in Indonesien zählten die Indonesische Rechtshilfegesellschaft (LBH) und die Menschenrechtsorganisationen Solidamor sowie das Institute for Human Rights Study and Advocacy (ELSHAM). Diese Gruppen unterstützten die osttimoresischen Aktivisten, gingen Menschrechtsverletzungen nach und gaben Informationen an die Medien und internationale NGOs weiter. Außerdem setzten sie der offiziellen Propaganda zu Osttimor eine analytische Perspektive entgegen, die die fortdauernde Besatzung Osttimors und die dort begangenen Gräuel mit den Menschenrechtsverletzungen in anderen Teilen der Inselgruppe in Zusammenhang brachte und das autoritäre Regierungssystem Indonesiens anprangerte.[93] Als das Regime Suharto im November 1994 Gastgeber der APEC-Kon-

---

90 Gerry Simpson, A Stone in Each Shoe: Australian Foreign Policy and East Timor, in: Leite (Hg.), The East Timor Problem, S. 143–155; Rodney Tiffen, Diplomatic Deceits: Government, Media and East Timor, Sydney 2001.

91 Andrea Needham, Jen Parker und Jo Wilson, Seeds of Hope – East Timor Ploughshares Disarming the Hawks, in: Stephen McCloskey, Paul Hainsworth, John Pilger (Hg.), The East Timor Question: The Struggle for Independence from Indonesia, London 2000, S. 85–95.

92 Siehe auch: New organization set up in East Timor, *Tapol Bulletin*, 145 (Febr. 1998), S. 20–21.

93 Eine Darstellung der indonesischen Unterstützergruppen liefert George J. Aditjondro, Menyongsong Matahari Terbit di Puncak Ramelau (Die aufgehende Sonne auf dem Gipfel des Ramelau begrüßen), Jakarta, 2000, S. 249–260. Eine zuvor veröffentlichte englische Version ist unter http://www.asiet.org.au/reports/gja_pet1.htm zu finden (gesichtet am 3. 9. 2001); siehe auch Frederick Bunnell, Community Participation, Indigenous Ideology, Activist Politics: Indonesian NGOs in the 1990s, in: Making Indonesia: Essays on Modern Indonesia in Honor of George McT. Kahin, Ithaca 1996, S. 180–201.

ferenz (Asia-Pacific Economic Cooperation) in Jakarta war, halfen indonesische Aktivisten timoresischen Studenten, über den Zaun der amerikanischen Botschaft zu klettern und das Gelände symbolisch zu besetzen, was weltweit ein wohlwollendes Medienecho auslöste.[94] Wie anwesende Journalisten berichteten, brachte der Protest der timoresischen Jugendlichen Indonesien in »äußerste Verlegenheit«, nachdem die Regierung »alle erdenklichen Anstrengungen unternommen [hatte], die Menschenrechte von der Tagesordnung des Forums fern zu halten«.[95]

Obwohl das Massaker von Dili Osttimor vorübergehend ins Rampenlicht rückte, gelang es anfänglich nicht, neben der Menschenrechtsfrage auch das Selbstbestimmungsrecht in die Diskussion um das Gebiet einzubringen und beide in den durch das Ende des Kalten Krieges veränderten Kontext zu setzen. Regierungen und nichtstaatliche Organisationen, die sich für Osttimor einsetzten, sahen sich mit dem Informationsmonopol Indonesiens, dem Totschweigen des Themas in den westlichen Medien und der öffentlichen Haltung der Verbündeten Indonesiens konfrontiert, die sich erboten, die Invasion de facto oder de jure anzuerkennen, und Jakarta weiterhin wirtschaftlich und militärisch unterstützten. James Dunn, ehemals australischer Konsul in Portugiesisch-Timor und führender Aktivist, der sich auf internationaler Ebene für Osttimor einsetzte, stellte 1995 fest, dass »es nicht besonders schwer ist, die Großmächte dazu zu bringen, einzelne Menschenrechtsfragen anzusprechen«, aber »wenn es darum geht, Unterstützung für eine umfassende UN-Lösung zu finden, die auch Osttimors noch unausgesprochenes Selbstbestimmungsrecht umfasst, dann tun sich die Portugiesen schwer, die Unterstützung von Großmächten zu gewinnen, die Einfluss auf Jakarta haben«.[96]

94 Stephen Sherlock, Political Economy of the East Timor Conflict, in: *Asian Survey* 36, 1996, Heft 9, S. 840 f.; Bishop Paul Moore, Atrocities Are Bad for Business; Ending the Rape of East Timor Should Top the Agenda with Indonesia, Op-Ed, *Washington Post*, 13. 11. 1994.

95 Manuela Saragosa, Summit light spills over on to East Timor, *Financial Times*, 11. 11. 1994; Jeremy Wagstaff, Timorese Protestors Say They Won't Quit Embassy, *Reuters*, 12. 11. 1994; Hugh O'Shaughnessy, Aid money goes to Indonesian regime despite massacres, *London Observer*, 13. 11. 1994.

96 Dunn, Timor: A People Betrayed, S. 338.

Die Wende in der Debatte: Der Nobelpreis und Suhartos Sturz

1996 war es der Solidaritätsbewegung gelungen, die Osttimorfrage in den Mittelpunkt der Beziehungen Indonesiens zu westlichen und asiatischen Staaten zu rücken. Nun galt es, nicht nur über Menschenrechtsverletzungen zu sprechen, sondern die Frage der Selbstbestimmung gezielt aufzuwerfen.[97] Dies geschah, als Bischof Belo und der faktische Außenminister Jose Ramos Horta für ihre Bemühungen um eine friedliche Beendigung der indonesischen Besatzung den Friedensnobelpreis erhielten.[98] Der Preis verlieh den Anstrengungen der Timorer und ihrer Unterstützer eine internationale Legitimation, nicht nur Menschenrechte zu fordern, sondern auch echte Selbstbestimmung, wie sie in UN-Resolutionen verlangt wurde.[99] Belo und Horta forderten die internationale Gemeinschaft umgehend auf, ein Referendum über Osttimors politische Zukunft in die Wege zu leiten. Große Medienanstalten in Ländern, die zuvor Indonesien unterstützt hatten, begannen bald, neben den Menschenrechtsverletzungen durch Indonesien auch die Möglichkeit der Selbstbestimmung für Osttimor zu diskutieren.[100]

Die Verleihung des Friedensnobelpreises beeinflusste überdies die öffentliche Debatte in den Vereinigten Staaten.[101] Auch in Kanada, Australien, Japan, Großbritannien und anderen europäischen Ländern mit einem aktiven Osttimor-Solidaritätsnetzwerk kam die Diskussion um Osttimor in Bewegung. Die indonesische Regierung aber wies die Forde-

---

97 East Timor solidarity worldwide, *Tapol Bulletin* (London), Nr. 130 (Aug. 1995), S. 1–16.

98 Michael A. Salla, Creating the ›ripe moment‹ in the East Timor conflict, in: *Journal of Peace Research* (Oslo) 34, 1997, Heft 4, S. 449–466.

99 Kohen, Place of the Dead, S. 220–253; Leitartikel, A Hoping-for-Peace Prize, *Washington Post*, 15. 10. 1996; German Social Democrats urge Kohl to intervene on East Timor, *Agence France Press*, 16. 10. 1996; Australian senate votes in favour of East Timor self-determination, *Agence France Press*, 16. 10. 1996; Amnesty renews call for halt to British arms sales to Indonesia, *Agence France Press*, 9. 6. 1997; Leitartikel, Spotlight on East Timor, *Christian Science Monitor*, 16. 10. 1996; Barry Wilson, Timor stance ignores public opinion, *New Zealand Herald*, 9. 12. 1996.

100 Ali Kotarumalos, Belo Demands Freedom Vote in East Timor, *Sydney Morning Herald*, 15. 10. 1996.

101 East Timor Battle Heats up on Capitol Hill, *The East Timor Estafeta* 2 (Winter 1996/97), S. 1; ETAN Action Alert, Ask your Congressperson to support East Timor resolution, ebenda.

rung nach einem Referendum weiterhin zurück.[102] Erneut wirkten internationale Kräfte auf die Situation ein. Die Wirtschaftkrise, die Asien 1997 erfasste, erhöhte den weltweiten Druck auf Jakarta, auf dem Verhandlungsweg eine Lösung für die Situation in Osttimor zu finden. Selbst indonesienfreundliche Beobachter sahen die Osttimorfrage nun einerseits als schwere Belastung, die lebenswichtige nationale Ressourcen band, und andererseits als schweres Hindernis für Auslandshilfe als Voraussetzung für eine Erholung der Wirtschaft. Nach dem Ende des Kalten Krieges konnte Indonesien gegenüber der internationalen Gemeinschaft nun auch nicht mehr die Angst vor sowjetischen, chinesischen oder vietnamesischen Expansionsgelüsten als Rechtfertigung für Maßnahmen heranziehen, die die Stabilität der Region bedrohten.[103] Am Vorabend des APEC-Gipfels in Vancouver, wo eine Unterredung Präsident Clintons und des Verteidigungsministers William Cohen mit Präsident Suharto vorgesehen war, sprach sich der US-Kongress erstmals gegen die Verwendung von Waffen aus US-Lieferungen in Osttimor aus. Damit wurde die Auszahlung eines Stützkredits in Höhe von drei Milliarden Dollar, den das Weiße Haus Jakarta unmittelbar zuvor angeboten hatte, implizit von einem Kurswechsel in der Osttimorfrage abhängig.[104]

Fünf Monate später, am 21. Mai 1998, musste Präsident Suharto angesichts des wirtschaftlichen Zusammenbruchs seines Landes dem Druck von mehreren hunderttausend Indonesiern weichen, die trotz angedrohter militärischer Gewalt auf die Straße gingen und seinen Rücktritt forderten. Nach Suhartos Sturz forderten osttimoresische Führer umgehend ein Referendum über die Zukunft des Territoriums, während Jugendliche in Massenprotesten darüber hinaus die Freilassung des inhaftierten Unabhängigkeitskämpfers Xanana Gusmao forderten. Das indonesische Militär und der Geheimdienst reagierten mit der Mobilisierung paramilitärischer Milizen, um die Unabhängigkeitsbefürworter zu terrorisieren. Vertreter des Westens, die sich darum bemühten, die

---

102 Nick Cohen, Making a killing out of Indonesia, *The Observer*, 11. 12. 1996; Doug Mellgren, Nobel Peace Prize Once Again Prods Totalitarian Regimes, *Associated Press*, 11. 12. 1996.

103 Zur Krise in Indonesien siehe Andrew McIntyre, Political Institutions and the Economic Crisis in Thailand and Indonesia, in: T.J. Pempel (Hg.), The Politics of the Asian Economic Crisis, Ithaca 1999, S. 143–163; Thomas Ambrosio, East Timor Independence, S. 126–129.

104 Congress restricts U.S. arms sales to Indonesia, *Agence France Press*, 14. 11. 1997; Congress Restricts Indonesian Weapons Use, *Defense Week*, 17. 11. 1997; Indonesia Wants U.S. Weapons, *United Press International*, 21. 11. 1997.

politische und wirtschaftliche Stabilität in Jakarta wiederherzustellen, sahen sich jetzt mit einer gestärkten Widerstandsbewegung in Osttimor, einer Eskalation des indonesischen Militärterrors und einer schlagkräftigen internationalen Opposition gegen die Unterstützung Suhartos konfrontiert.[105]

Nach Suhartos Sturz verkündete Übergangspräsident B. J. Habibie, Jakarta wolle sich für eine stärkere Autonomie Osttimors einsetzen und er werde unter der Schirmherrschaft der Vereinten Nationen intensivere Verhandlungen mit Portugal führen, um eine politische Lösung zu finden. Am 5. Mai 1999 kamen Indonesien und Portugal überein, Ende August eine Volksabstimmung über die Zukunft Osttimors abzuhalten. Die Wähler sollten sich für oder gegen den indonesischen Vorschlag einer größeren Autonomie aussprechen, wobei eine Ablehnung der Autonomie als faktisches Votum für die Unabhängigkeit gelten sollte. Kurz nachdem Vertreter der Vereinten Nationen die Abstimmung angekündigt hatten, verstärkten indonesische Streitkräfte und paramilitärische Truppen die Terrorkampagne gegen die Anhänger der Unabhängigkeit. Die Vereinbarung hatte Indonesien die Kontrolle über Sicherheitsfragen in der Zeit vor der Volksabstimmung überlassen. Gleichzeitig widersetzten sich die Verbündeten Jakartas in Washington und anderswo der Entsendung von UN-Sicherheitstruppen in das Gebiet, die eine faire Abstimmung garantiert hätten, weil sie glaubten, dass ein zusätzlicher Druck auf Indonesien die schwache Regierung destabilisieren könne.[106]

Die Anwesenheit von internationalen Beobachtern, UN-Mitarbeitern und internationalen Medien machte den Timorern gleichwohl Mut; sie trotzten der Terrorkampagne und ergriffen mit einer welthistorisch einmaligen Beteiligung (über 98 Prozent der eingetragenen Wähler) die Chance, über ihre Zukunft zu entscheiden. Unmittelbar nach Bekanntgabe des Ergebnisses – 78,5 Prozent der Timorer sprachen sich gegen das Autonomieangebot Indonesiens aus – führten die indonesische Armee und ihre paramilitärischen Handlanger einen grausamen Feldzug gegen

---

105 Michael Richardson, U.S., Australia and Portugal Call for the Release of Resistance Leader, *International Herald Tribune*, 22. 5. 1998; Allan Nairn, Our Men In Jakarta, *The Nation*, 15./22. 6. 1998; U.S. Urges Elections Soon & Resolution to E. Timor Issue, *AP*, 6. 6. 1998.

106 With Suharto gone, hope for change grows in East Timor, *AP*, 10. 6. 1998; Bob Lowry, East Timor: An Overview of Political Developments, in: Chris Manning und Peter Van Diemen (Hg.), Indonesia in Transition: Social Dimensions of the Reformasi and the Economic Crisis, London 2000, S. 91–109.

das osttimoresische Volk durch, richteten ein beispielloses Werk der Vernichtung an, vertrieben fast 300000 Menschen, die über die Grenze ins benachbarte Westtimor flohen, und töteten etwa 2000 Timorer.[107] Zur Empörung der Beobachter in aller Welt wies die US-Regierung zunächst internationale Forderungen zurück, Indonesien müsse Friedenstruppen der Vereinten Nationen in das Gebiet lassen.[108] Aus Sorge, die Krise in Osttimor könne Indonesien destabilisieren und Folgen für die gesamte Region haben, kappte US-Präsident Bill Clinton dann schließlich am 9. September 1999 die militärischen Verbindungen zu Jakarta und forderte die indonesische Regierung auf, eine internationale Friedenstruppe unter Führung Australiens ins Land zu lassen. IWF und Weltbank ließen durchblicken, dass eine Fortsetzung der Gewalt die künftige Unterstützung für Jakarta gefährde. Nach der wütenden Entgegnung, jede internationale Truppe müsse sich »den Weg nach Osttimor freischießen«, stimmten der indonesische Außenminister Ali Alatas und der Oberbefehlshaber der Armee General Wironto dann aber doch einer Friedenstruppe zu.[109]

Schlussfolgerung: Opfer und Kind des Kalten Krieges

Der Einzug einer internationalen Friedenstruppe in Osttimor Ende September 1999 markierte das Ende der brutalen, 24 Jahre währenden Besatzung des Territoriums. Nach der Unabhängigkeit nahm die Bedeutung des Landes in der internationalen Politik rapide ab, während seine Abhängigkeit von den großen Nachbarn wuchs. Stapleton Roy, US-Botschafter in Indonesien, lieferte eine freimütige Erklärung für das Zögern Washingtons, nach der Verwüstung Osttimors im Jahr 1999 Sanktionen

---

107 Samuel Moore, The Indonesian Military's Last Years in East Timor: An Analysis of Its Secret Documents, in: *Indonesia* 72 (Oktober 2001), S. 9–43; die ausführlichste Darstellung liefert Gerry Van Klinken (Hg.), Masters of Terror: Indonesia's Military and Violence in East Timor in 1999, Canberra 2002.

108 Alex Keto, White House Talks Loudly With No Stick On E. Timor, *Dow Jones Newswire,* 7. 9. 1999; Elizabeth Becker und Philip Shenon, U.S. Priority Is to Maintain Good Ties With Indonesia, Officials Indicate, *New York Times,* 8. 9. 1999; Gay Alcorn, Media critics have Administration »bastards« on the defense, *Sydney Morning Herald,* 9. September 1999.

109 Clinton demands Indonesia accept international force, *Agence France Press,* 9. 9. 1999; Randall Mikkelsen, U.S. Cuts Military Ties With Indonesia, *Reuters,* 9. 9. 1999.

gegen Jakarta zu verhängen: Die Großmächte stünden vor einem Dilemma, denn »Indonesien ist wichtig, Osttimor nicht«.[110] Osttimors Einfluss auf die Haltung der internationalen Gemeinschaft gegenüber Indonesien nahm ebenso rasch ab. Im Jahr 2000 gaben Sonderermittler der Vereinten Nationen einen harsch formulierten Bericht heraus, der Jakarta aufforderte, die Täter zur Rechenschaft zu ziehen, die in Osttimor Verbrechen gegen die Menschlichkeit begangen hatten; in dem Bericht wurden höchstrangige Offiziere der indonesischen Armee für die Zerstörung Osttimors im Jahr 1999 verantwortlich gemacht. Darauf setzte Jakarta ein Ad-hoc-Gericht ein, das praktisch alle angeklagten Offiziere freisprach.[111] Im Jahr 2004 ließ sich der ehemalige indonesische Verteidigungsminister General Wironto, der von den Vereinten Nationen wegen Verbrechen gegen die Menschlichkeit und wegen seiner Rolle bei der Zerstörung Osttimors 1999 öffentlich angeklagt worden war, von Golkar, der Partei von Exdiktator Suharto, sogar als Kandidat für das Präsidentenamt aufstellen.[112] Obwohl UN-Vertreter für ein internationales Tribunal für die Verbrechen in Osttimor eintreten, spielen osttimorische Führer dieses Ansinnen meist herunter, um die stabilen Beziehungen zu Jakarta nicht zu gefährden. Das Ende des Kalten Krieges und der Sturz Suhartos schufen zwar die unabdingbaren Voraussetzungen für die Unabhängigkeit Osttimors, verhinderten aber nicht, dass die Auslandsbeziehungen der jungen Nation erneut von regionalen Bedingungen und seiner Rolle als kleiner Staat im internationalen System bestimmt werden.

Aus dem Englischen von Gabriele Gockel und Sonja Schumacher

---

110 Zit. n. Matthew Jardine, East Timor, the United Nations, and the International Community. Force feeding human rights into the institutionalized jaws of failure, in: *Pacifica Review* 12 (2000), S. 47–62, hier S. 47; Sander Thoenes, What Made Jakarta Accept Peacekeepers, *Christian Science Monitor*, 14. 9. 1999. Kurz nachdem Thoenes diesen Artikel verfasst hatte, wurde er in der osttimorischen Hauptstadt Dili von indonesischen Soldaten ermordet.
111 M. Taufiqurrahman, Human rights tribunal fails to uphold justice, *Jakarta Post*, 29. 1. 2003.
112 Ex General to Make Run for President of Indonesia, *New York Times*, 16. 1. 2004.

Henner Fürtig
Der irakisch-iranische Krieg 1980–1988

Vielen Beobachtern blieb der irakisch-iranische Krieg von seinem Beginn 1980 bis zu seinem Ende 1988 ein Rätsel. Er wurde zwar in vielen Details untersucht, sein Gesamtbild blieb jedoch weiterhin diffus. Diese »Unschärfe« rührt zunächst aus der Tatsache, dass sich der Konflikt dem üblichen Schema der Stellvertreterkriege des Ost-West-Konflikts weitgehend entzog. Damit entfiel für viele Analytiker die Notwendigkeit, sich der Komplexität des Konfliktpotenzials zu stellen.

Dieser Komplexität gerecht zu werden, heißt nämlich, einen weiten Bogen zu spannen: vom seit dem 7. Jahrhundert bestehenden arabisch-persischen Dualismus mit seinen friedlichen und militanten Phasen über das religiöse Schisma zwischen Sunniten und Schiiten, territoriale Differenzen (Schatt al-Arab, Khuzestan u.a.) bis hin zu gegenwartsnahen Problemen wie der Nationsbildung in beiden Ländern, der Legitimationsproblematik der herrschenden Eliten und der wirtschaftlichen Konkurrenz auf den Erdölexportmärkten – und das alles unter Bedingungen fast permanenter Einflussnahme weiterer Parteien auf das Konfliktgeschehen.[1] Vor diesem Hintergrund stellte die iranische Revolution von 1979 eines jener gravierenden Ereignisse dar, das die »kritische Masse« des Konfliktpotenzials so weit überstieg, dass es zu einer eruptiven, gewaltsamen Austragung der angehäuften Widersprüche kam. Der allen Massenrevolutionen eigene Drang zum »Export« der Revolution bedingte 1979/80 das massive iranische Bestreben, die schiitische Bevölkerungsmehrheit Iraks zu instrumentalisieren und zum Aufstand zu bewegen. Dem versuchte der irakische Machthaber Saddam Hussein mit einem »Präventivkrieg« zuvorzukommen, der ihm angesichts der desolaten Lage im nachrevolutionären Iran leicht gewinnbar erschien.

---

1 Kriegsursachenanalyse steht hier nicht im Vordergrund. Vgl. dazu z.B. Henner Fürtig, Der irakisch-iranische Krieg, 1980–1988. Ursachen, Verlauf, Folgen, Berlin 1992.

Der irakisch-iranische Krieg

Baku · Krasnowodsk

N

Urfa · Diyarbakir · Täbris · Ardäbil · Resa'iye · *Kaspisches Meer* · UDSSR

S · Aschchabad

SYRIEN

Mosul · Arbil · Sändschan · Räscht

Kirkuk · As Sulaimaniya · Babol

Teheran · Mäschhad

Hämädan

IRAK
von 1979–2003
Baath-Regime unter
Saddam Hussein · Bagdad · Kermanschah · Qom

◄ 1980–1988 ►

An Nadjaf · Desful · Isfahan

Al-Amara · IRAN
bis 1978 Schah-Regime
seit 1979 Islamische Republik

Ahvas

Basra · Abadan · Behbehan

Neutrale Zone · KUWAIT
Kuwait · Schiras · Kerman

SAUDI-ARABIEN · *Persischer Golf* · Bendar Abbas

BAHRAIN · Hormus · Straße von Hormus

Al Manama · KATAR

Siedlungsgebiet
der Kurden · Riad · Doha · Dubai · 0 100 200 300 km

Kriegsverlauf

Der irakisch-iranische Krieg begann am 22. September 1980, 14.00 Uhr Ortszeit, mit massiven Angriffen der irakischen Luftwaffe auf grenznahe iranische Ziele, aber auch auf militärische und zivile Objekte in Teheran und Täbris. Noch am gleichen Tag überschritten neun Heeresdivisionen die Grenze. Der Angriff verlief jedoch viel mühsamer, als anfangs erwartet; der Widerstand war zäher als angenommen. Auf dem flachen Land gelangen noch relativ rasch Geländegewinne, aber alle größeren Städte blieben umkämpft. Erst am 24. Oktober wurde mit Khorramshahr die einzige nennenswerte, und zudem grenznächste, iranische Stadt eingenommen. Am 19. Dezember erreichten die irakischen Truppen mit etwa 14 000 Quadratkilometern erobertem iranischen Territoriums das Maximum ihrer Geländegewinne während des gesamten Krieges.[2]

---

2   Vgl. ebenda, S. 62.

Saddam Hussein hatte die eigenen Kräfte über- und die des Gegners grob unterschätzt. Dabei hätte ihn ein kurzer Blick in die Geschichtsbücher warnen können. Alle großen Massenrevolutionen der Neuzeit entwickelten, wenn von außen angegriffen, eine enorme Widerstandskraft. Das nummerische Kräfteverhältnis stand genauso gegen die französischen Revolutionäre, wie auch gegen die russischen und nun die iranischen. Bei den blutigen inneren Machtkämpfen ging es aber meistens um die Richtung der Revolution, nicht um ihre Negierung: Und selbst »Konterrevolutionäre« waren in der Regel Patrioten. Auch in Iran vereinigte sich das ganze Land zu seiner Verteidigung – kurzum, der militärisch halbherzig vorbereitete, auf diesen Widerstand in keiner Weise eingestellte irakische Kriegsplan scheiterte. Saddam Hussein bot deshalb schon am 25. Dezember einen Waffenstillstand an. Teheran lehnte ab.[3] Das Jahr 1981 war von einer Pattsituation gekennzeichnet.

Nach der Klärung der inneriranischen Machtverhältnisse zugunsten der klerikalen Kräfte entwickelte Iran Anfang 1982 Gegenschlagskapazitäten. Zwischen Februar und Mai 1982 warfen iranische Truppen die irakischen Invasoren in mehreren Kampagnen wieder hinter die Ausgangslinien zurück. Am 20. Juni befahl Saddam seinen Generälen, sich innerhalb von zehn Tagen hinter die internationalen Grenzen zurückzuziehen, und verkündete einen einseitigen Waffenstillstand. Iran ignorierte ihn nicht nur, sondern sorgte ab jetzt allein für die Verlängerung des Krieges.

Khomeini und seine Anhänger glaubten – auf anderer Grundlage, aber ähnlich verblendet wie der irakische Präsident – nun die einmalige Chance zu besitzen, ihre Revolution militärisch zu exportieren. Jetzt machte Teheran aber die gleichen Erfahrungen wie Bagdad. Die irakische Bevölkerung rückte zusammen, die iranischen Geländegewinne waren minimal und unter großen Verlusten erkauft. Ähnlich wie Saddam sich in den Arabern Khuzestans geirrt hatte, musste jetzt auch Khomeini feststellen, dass die Schiiten Südiraks sich primär als Iraker und erst danach als Schiiten definierten, also nicht überliefen.

Zwischen Mitte 1982 und 1987 entwickelte sich aus dieser Konstellation ein erbitterter Abnutzungskrieg, dem Ersten Weltkrieg viel ähnlicher als dem Zweiten mit seinen weiträumigen Bewegungen. Die menschlichen Verluste stiegen allerdings rasant, vor allem auf Seiten der iranischen Angreifer. Trotzdem wuchs in Bagdad die Sorge, der iranischen Überlegenheit an menschlichen Ressourcen und Sendungsbewusstsein auf Dauer nicht gewachsen zu sein. Die irakische Führung

---

3   Vgl. ebenda, S. 72.

führte deshalb zwei neue Kampfformen in den Abnutzungskrieg ein: den »Krieg der Tanker« und den »Krieg der Städte«.

Der Angriff irakischer Kampfflugzeuge auf das iranische Erdölverladezentrum Kharq leitete im Herbst 1983 eine Strategie ein, die dem iranischen Erdölexport entscheidende Schläge versetzen sollte, wobei später hauptsächlich Tanker ins Visier gerieten. Ihre Versenkung schadete Iran direkt (Verlust an Deviseneinnahmen), aber auch indirekt (Verteuerung der Versicherungsprämien).[4] Bis 1987 griffen irakische Kampfflugzeuge insgesamt 334 Schiffe an.[5]

Mit dem Ziel, Teheran zu einem Waffenstillstand zu zwingen, ergänzte die irakische Führung den »Krieg der Tanker« um eine Taktik, die neben direkten Schäden an kriegswichtigen Industrieanlagen vor allem die Bevölkerung demoralisieren sollte. Im »Krieg der Städte« erzeugten irakische Mittelstreckenraketen und Bomben Angst und Schrecken – allerdings nicht wegen ihrer Treffgenauigkeit, sondern wegen ihrer Menge, Unberechenbarkeit und – nicht zuletzt – eventuellen Befüllung mit B- und/oder C-Waffen.[6] Iran war zwar um reziproke Maßnahmen bemüht, verfügte aber weder in Qualität noch Quantität über ein hinreichendes Waffenarsenal. Das »Gleichgewicht des Schreckens« hätte den Krieg noch auf unbestimmte Zeit verlängern können, wenn der irakischen Regierung nicht eine Internationalisierung des Konflikts zu ihren Gunsten gelungen wäre.

Der »Krieg der Tanker« setzte eine Entwicklung in Gang, die schließlich in den Waffenstillstand mündete. Obwohl der Krieg von Irak initiiert worden war, traf die Vergeltung der Erdöl importierenden Staaten vor allem Iran. In Ermangelung irakischer Schiffe im Golf antwortete Iran auf Angriffe gegen seine Tanker in der Regel mit Attacken gegen Schiffe irakischer Verbündeter: im Wesentlichen Tanker der Mitgliedsländer des Golf-Kooperationsrates (GKR). Diese wiederum transportierten den Löwenanteil des im Westen benötigten Erdöls. Die Importeure waren deshalb nur zu bereit, den Tankerverkehr im Golf durch eigene Kriegsschiffe zu schützen. Nachdem die US-Regierung 1987

---

4 Vgl. Robert S. Litwak, The Soviet Union and the Iran-Iraq War, in: Efraim Karsh (Hg.), The Iran-Iraq War; Impact and Implications, Basingstoke 1989, S. 205.

5 Vgl. Juri Korschunow, Persischer Golf – Explosive Lage, in: Neue Zeit 21 (1987), S. 9.

6 Vgl. Gary Sick, Slouching toward Settlement: The Internationalization of the Iran-Iraq War, 1987–1988, in: Nikki R. Keddie/Mark J. Gasiorowski (Hg.), Neither East nor West. Iran, the Soviet Union, and the United States, New Haven 1990, S. 223.

einem Ersuchen der kuwaitischen Regierung stattgegeben hatte, die nationale Tankerflotte unter US-Flagge zu betreiben, erreichte der Konflikt eine neue Qualität. Erstens waren jetzt Angriffe auf kuwaitische Tanker auch Angriffe auf Handelsschiffe der USA, zweitens erhöhte das den Schutzbedarf dieser Schiffe immens. Die USA wurden indirekt Kriegspartei. Eine sich abzeichnende direkte iranisch-amerikanische Konfrontationen fand am 3. Juli 1988 mit dem irrtümlichen Abschuss eines Linienflugzeuges der Iran Air durch die USS Vincennes ein abruptes Ende.

Iran war zu diesem Zeitpunkt militärisch am Ende. Ausgehöhlt im Innern und von fast allen wichtigen äußeren Bezugsquellen abgeschnitten, musste die iranische Führung am 18. Juli 1988 die ein Jahr zuvor vom UNO-Sicherheitsrat verabschiedete Waffenstillstandsresolution Nr. 598 anerkennen (Saddam Hussein hatte das sofort getan). Am 20. August trat der Waffenstillstand in Kraft.

Wirkungen des Krieges auf den Ost-West-Konflikt

Im Gegensatz zum 2. Golfkrieg, das heißt der internationalen Militäraktion zur Befreiung Kuwaits (1991), und dem 3. Golfkrieg, dem von den USA und ihren Verbündeten im April 2003 herbeigeführten Sturz Saddam Husseins, erhielt der 1. Golfkrieg nur ein vergleichsweise geringes Echo in der internationalen Öffentlichkeit. Obwohl sich der Krieg zum längsten und – mit mehr als einer Million Opfern – blutigsten Krieg entwickelte, der je zwischen Entwicklungsländern geführt wurde, gewann ein Beobachter im Westen bisweilen den Eindruck, als spiele sich dieser Konflikt im Verborgenen ab. Das wirkte umso erstaunlicher, weil der Krieg in der letzten und entscheidenden Phase des Ost-West-Konflikts stattfand. Die Spezifika dieser Phase selbst, aber mehr noch die Weigerung der Kombattanten, innerhalb des gewohnten Rasters von Stellvertreterkriegen zu agieren, bilden die Hauptursachen für diese Anomalie.

Reaktionen der Supermächte auf den irakischen Angriff

Obwohl beide Supermächte letztlich vom Sturz des Schahs und dem Sieg der islamischen Revolution in Iran überrascht worden waren, herrschte in der Sowjetunion große Genugtuung über die Umwälzung in ihrem südlichen Nachbarstaat. Schließlich galt der Schah als erklärter Hauptverbündeter, als »Golfgendarm«, der USA in der erdölreichen Golfre-

gion. Iran fungierte als Gastgeber für ein von den USA betriebenes eng-
maschiges elektronisches Überwachungssystem an der 2500 km langen
iranisch-sowjetischen Grenze, als verlässlicher Freund Israels und als
wichtigste regionale Macht im antisowjetischen Militärpakt CENTO.
Beim Schutz dieses Verbündeten versagt zu haben, wurde den USA nicht
nur in der Sowjetunion als großer Prestigeverlust angerechnet. Im ange-
nommenen Nullsummenspiel des Kalten Krieges bedeutete jeder Verlust
der einen Seite fast automatisch Gewinn für die andere. Noch vor dem
Sieg der Revolution warnte KPdSU-Chef Breschnew vor einer ausländischen Einmischung in die inneren Angelegenheiten Irans.[7] Auch von der
kommunistischen iranischen Tudeh-Partei trafen ermutigende Signale in
Moskau ein. Beide Seiten versicherten sich, die Fehler aus der Mossa-
degh-Ära nicht wiederholen zu wollen, das heißt einen potentiellen Verbündeten nicht erneut seinem Gegner auszuliefern wie 1953.[8] Revolutionsführer Khomeini hatte die USA schließlich als »großen Satan«
tituliert, bei geschicktem Vorgehen könne aus dem »antiimperialistischen Charakter«[9] der iranischen Revolution schließlich ein sozialistischer erwachsen.

In der schematischen Freund-Feind-Zuordnung des Kalten Krieges
galt Irak, der westliche Nachbar Irans, spätestens seit der Unterzeichung
eines Freundschaftsvertrags 1972 als Verbündeter Moskaus. Sowjetische
Instrukteure wirkten im zivilen und militärischen Bereich, der Warschauer Pakt war der hauptsächliche Rüstungslieferant. Mit zunehmender Liquidität Iraks im Gefolge des Erdölpreisbooms 1973 lockerten
sich die Beziehungen allerdings sukzessive. In der Innenpolitik nahm sich
das Baath-Regime 1979 eine blutige Kampagne gegen die KP Iraks heraus, in der Außenpolitik folgte heftige Kritik am sowjetischen Vorgehen
in Afghanistan und am Horn von Afrika. Trotzdem waren die irakisch-
sowjetischen Beziehungen noch so eng, dass Moskau 1979/80 die Vision
einer gemeinsamen »antiimperialistischen« Außenpolitik mit Irak *und*
Iran für realistisch hielt.[10]

Der Überfall Iraks auf Iran am 22. September1980, ohne »Genehmigung«, ja nicht einmal Vorinformation Moskaus, machte diese Pläne zu-

---

7 Vgl. Litwak, The Soviet Union, S. 203.
8 Vgl. Manshour Varasteh, The Soviet Union and Iran, 1979–1989, in:
   Anoushiravan Ehteshami/Manshour Varasteh (Hg.), Iran and the International Community, London 1991, S. 48.
9 Vgl. *Prawda*, 24. 2. 1981.
10 Vgl. Mark N. Katz, Moscow and the Gulf War, in: Christopher C. Joyner
   (Hg.), The Persian Gulf War, New York 1990, S. 139.

nichte. Die Reaktionen der sowjetischen Partei- und Staatsführung zeigten sich entsprechend: Bagdad wurde heftig kritisiert und der Krieg scharf verurteilt. Der Tenor in den sowjetischen Medien lautete, dass der Krieg nicht nur von der Lösung des Nahostkonflikts ablenke, sondern den USA die Chance biete, unter dem Vorwand ihrer angeblichen Schutz- und Fürsorgepflicht für die ihrem Lager zugerechneten Erdöl produzierenden arabischen Golfstaaten nicht nur die gerade verlorene Position in der Region zurückzugewinnen, sondern durch direkte Militärpräsenz sogar aufzuwerten. Die Bestrafung Iraks erfolgte umgehend: Zum einen baute Moskau die zivile Kooperation mit Teheran aus, bot Transitrouten über sowjetisches Territorium an, lieferte Rüstungsgüter[11] und Ausbilder für die Revolutionswächter (*pasdaran* – die reguläre Armee galt als proamerikanisch), zum anderen wurde Irak mehrfach als Aggressor gebrandmarkt,[12] und – wesentlicher – die Rüstungsexporte an den unbotmäßigen Verbündeten wurden eingestellt. Da die meisten Waffen und Ausrüstungsgegenstände der irakischen Armee sowjetischer Bauart waren, schmälerte dieses Embargo die irakische Kampfkraft nachhaltig.

Trotzdem steckte die sowjetische Politik in einem Dilemma. Die iranische Revolutionsführung machte keinen Hehl aus ihrer antikommunistischen Einstellung. Unter anderem bezeichnete sie die Sowjetunion als »Kleinen Satan«, unterstützte die Widerstandskämpfer gegen die Rote Armee in Afghanistan und ermutigte die muslimischen Glaubensbrüder in den zentralasiatischen Sowjetrepubliken zum Aufstand. Es machte also wenig Sinn, einem »unsicheren Kantonisten« zum Sieg zu verhelfen und gleichzeitig den ehemaligen Verbündeten möglicherweise dauerhaft in die Arme der USA zu treiben. Saddam Hussein dürfe kein neuer Anwar as-Sadat[13] werden, hieß es in Moskau. Zu diesem Zweck wurde es Alliierten im Warschauer Pakt, insbesondere Polen, gestattet, Waffen an Irak zu verkaufen beziehungsweise sowjetische Lieferungen umzudekla-

---

11 Direktlieferungen, mehr aber noch Lieferungen über Dritte, insbesondere die prosowjetischen Verbündeten Irans: Nordkorea, Libyen und Syrien (vgl. Litwak, The Soviet Union, S. 204). Mit Syrien unterzeichnete die Sowjetunion im Oktober 1980 ostentativ einen Freundschaftsvertrag (vgl. Steve A. Yetiv, The Evolution of U.S.-Russian Rivalry and Cooperation in the Persian Gulf, in: *Journal of South Asian and Middle Eastern Studys* 21 (1998), 3, S. 25.

12 Vgl. *The Soviet Union and the Middle East* 5 (1980), 9, S. 2f.; 5 (1980), 11, S. 2; 6 (1981), 3, S. 4f.

13 Gemeint ist die »Öffnungspolitik (infitah)« Sadats ab 1971, die eine radikale Kehrtwende von der prosowjetischen Politik seines Vorgängers, Gamal Abdel Nasser, einschloss (Varasteh, The Soviet Union, S. 51).

rieren.[14] Im Zuge dieser pragmatischen und nüchternen Überlegungen forderte die Sowjetunion Irak nun zum sofortigen Rückzug aus Iran auf und erklärte sich im Übrigen für neutral.[15]

Bei Ausbruch des Krieges zwischen Irak und Iran war in den USA die Lähmung angesichts der strategischen Niederlage durch die iranische Revolution noch nicht abgeklungen. Im ersten Halbjahr 1979 ergingen sich die verschiedenen Fraktionen der politischen Klasse in Washington in gegenseitigen Vorwürfen, das Debakel zugelassen beziehungsweise nicht verhindert zu haben. Folgerichtig waren die Vorschläge, wie zu reagieren sei, konträr: Entweder die Revolution als *fait accompli* hinzunehmen und ihren islamischen Charakter im Kampf gegen den Kommunismus zu instrumentalisieren oder sie mit allen Mitteln zu bekämpfen, vor allem, weil sie einen nicht hinnehmbaren strategischen Zugewinn für die Sowjetunion bedeute.[16] Kleinster gemeinsamer Nenner blieb, die eigenen strategischen Grundziele aufrechtzuerhalten, nämlich die Eindämmung des sowjetischen Einflusses, die Gewährleistung der Sicherheit Israels und der Schutz US-amerikanischer Interessen am Persischen Golf.[17] Zu diesem Zweck erneuerte Präsident Carter am 23. Januar 1980 seine bereits 1977 erstmals verkündete Doktrin, dass »jeder Versuch einer auswärtigen Macht, die Kontrolle über den Persischen Golf zu gewinnen, als Angriff auf die vitalen Interessen der USA gewertet und ein derartiger Angriff mit allen notwendigen Mitteln zurückgewiesen wird, einschließlich gewaltsamer«.[18] Damit war zwar ein Zeichen für die Rivalen im Ost-West-Konflikt gesetzt, ein Standpunkt gegenüber Iran und Irak ließ sich daraus aber nicht ableiten.

Unter Berücksichtigung der intensiven Verhandlungen von Sicherheitsberater Zbigniew Brzezinski mit Politikern und Militärs des gestürzten Schahregimes sowie Diplomaten der arabischen Golfanrainerstaaten seit dem zweiten Halbjahr 1979 verfestigt sich der Eindruck, in der US-Administration hätten sich damals die Kräfte durchgesetzt, die einen Sturz der Mullahs in Teheran anstrebten. Entscheidend war

---

14 Vgl. Carol R. Saivetz, The Soviet Union and Iran: Changing Relations in the Gorbachev Era, in: Mirun Rezun (Hg.), Iran at the Crossroads. Global Relations in a Turbulent Decade, Boulder 1990, S. 183 f.

15 Vgl. Litwak, The Soviet Union, S. 204.

16 Vgl. Eric Hooglund, The Policy of the Reagan Administration toward Iran, in: Keddie/Gasiorowski (Hg.), Neither East, S. 182.

17 Vgl. ders., The United States and Iran, 1981–1989, in: Ehteshami/Varasteh (Hg.), Iran, S. 32.

18 Zit. n.: P. Stoddard, U.S. Policy in the Gulf and it's Future Perspectives, London/Basra 1984, S. 8.

dabei die Geiselnahme von 66 Mitarbeitern und Angehörigen der US-Botschaft in Teheran am 4. November 1979. Wenn davor einzelne Maßnahmen der Regierung[19] darauf hinwiesen, dass der provisorischen Regierung Irans unter Premierminister Bazargan noch zugetraut wurde, die islamische Revolution, wenn schon nicht zu beenden, dann aber in eine »genehme« Richtung zu dirigieren, waren diese Hoffnungen mit dem am Tag der Geiselnahme erfolgten Rücktritt des Kabinetts Bazargan zunichte gemacht worden. Jetzt standen die Zeichen in Washington auf Befreiung der Geiseln und Bestrafung der Geiselnehmer. Im April 1980 erklärte Brzezinski, das Weiße Haus sehe keine Unvereinbarkeit seiner Interessen mit denen Bagdads. In den Medien der USA erschienen bis August 1980 Artikelserien über die »schiitische Gefahr«, aber auch die »Labilität des iranischen Regimes«.[20] Im Juni 1980 meldete sich Brzezinski erneut mit der Bemerkung zu Wort, dass seine Regierung für das Bestreben Bagdads Verständnis zeige, die Schatt al-Arab-Frage und das »Arabistan«-(Khuzestan-)Problem erneut auf die Tagesordnung zu setzen.[21]

Brzezinskis Äußerungen verbergen allerdings ein Dilemma der US-Regierung: Jetzt zugängliche Dokumente beweisen zwar, dass der Sturz Khomeinis ab November 1979 ein wichtiges Ziel der Außenpolitik geworden war, Art und Umfang der dafür eingesetzten Mittel durften jedoch keine internationale Reaktion hervorrufen, die per Saldo den politischen Gewinn eines Regimewechsels in Iran zunichte gemacht hätten.[22] Die offene Ermutigung und Unterstützung Iraks zu beziehungsweise in einem Krieg gegen Iran wäre ohne Zweifel so ein Fall gewesen. Deshalb wurde Aktionen der iranischen »Konterrevolution« gegen Khomeini eindeutig der Vorzug gegeben. Eine zweite Überlegung erhärtete diese

---

19 Es gilt als sicher, dass Washington die provisorische Regierung Irans Mitte Oktober 1979 über einen CIA-Emissär in Teheran darüber in Kenntnis setzte, dass Irak sich massiv auf einen Krieg gegen Iran vorbereite. Vgl. History Roundtable: The 1980–1988 Iran-Iraq War, Woodrow Wilson International Center for Scholars, http://wilsoncenter.org/index.cfm?topic_id=1426&fuseaction=topics.item&news_id=90411.

20 Vgl. Fürtig, Der irakisch-iranische Krieg, S. 134–137.

21 Vgl. W. W. Masin/A. I. Jakowlew, Perzidskij Zaliw w Planach i Politika Zapada, Moskau 1985, S. 94.

22 Vgl. Memorandum, Zbigniew Brzezinski to the President, NSC Weekly Report Nr. 122, Top Secret, 21. 12. 1979. In einer handschriftlichen Bemerkung Präsident Carters auf dem Memorandum heißt es: »We need to list everything that Khomeini would not want to see occur and which would not incite condemnation of U.S. by other nations.«

Strategie. Angesichts der unverändert fragilen politischen Lage in der Region und der dort geschwächten eigenen Position, schien ein Krieg ein unkalkulierbares Wagnis. Außerdem war in Washington weiterhin schwer vorstellbar, dass ausgerechnet der mit der Sowjetunion als verbündet geltende Irak das Instrument der eigenen Vergeltung werden könnte. Das 1968 in Bagdad an die Macht gekommene Baath-Regime galt als antiamerikanisch und antiisraelisch, als Sponsor von Umsturzplänen und Terror gegen Freunde der USA in der Region. In dieser Sichtweise hätte also ein Sieg gegen Iran lediglich ein Problem durch ein weitaus schwerwiegenderes ersetzt.

So darf also nicht verwundern, dass nicht nur die Sowjetunion, sondern auch die USA ihre Neutralität im irakisch-iranischen Krieg erklärten – eine seltene Erscheinung im Ost-West-Konflikt, zumal beide Supermächte den Eindruck erweckten, es ernst damit zu meinen. Obwohl beide Seiten dementierten, galt in diplomatischen Kreisen Washingtons und Moskaus als sicher, dass Leonid Breschnew und Jimmy Carter Briefe ausgetauscht hatten, in denen sie sich gegenseitig Neutralität und Nichteinmischung in den Krieg versicherten.[23] Da gleichzeitig in Afghanistan, im südlichen Afrika, in Südostasien und Nicaragua erbitterte Rivalität zwischen den Supermächten herrschte, wird die angeführte »Anomalie« des 1. Golfkriegs besonders deutlich.

Der Umgang Moskaus und Washingtons mit der iranischen Gegenoffensive

Die erfolgreiche Gegenoffensive Irans im Frühjahr 1982 veränderte die sowjetische Sichtweise auf den Konflikt. Machtpolitisch »rechnete« sich strikte Neutralität nur dann, wenn keine Seite den Sieg davontragen würde. Nachdem schon Wochen nach dem irakischen Überfall klar geworden war, dass Bagdad die Mittel zum finalen militärischen Erfolg fehlten, stellte sich diese Sicherheit in Bezug auf Iran nicht ein: Dazu war der Gegenschlag zu wuchtig gewesen. Zwar hatten die Dissonanzen zwischen Bagdad und Moskau seit der Machtübernahme Saddam Husseins an Zahl und Tiefe zugenommen, trotzdem galt das Zerwürfnis in beiden

---

23 Eine der raren Bestätigungen gab z.B. der stellv. US-Außenminister Muskie in einem Interview. Vgl. *New York Times*, 26. 9. 1980, S. A8. Siehe auch Helmut Hubel, The Soviet Union and the Iran-Iraq war, in: Hanns W. Maull/Otto Pick (Hg.), The Gulf War. Regional and International Dimensions, London 1989, S. 146 f.

Hauptstädten immer noch als Streit unter »Freunden«. Die sowjetische Führung fürchtete deshalb bei einer irakischen Niederlage zweierlei: zum einen, bei einem Sturz Saddam Husseins bei der eigenen Klientel als ebenso unzuverlässige Schutzmacht dazustehen wie die USA im Falle des Schahs, und zum anderen, von einem Sieg Irans nicht wirklich zu profitieren. Die iranischen Revolutionäre hatten sich schon in der Bedrängnis nicht auf den »Kleinen Satan« eingelassen, warum dann erst in der Periode des Erfolgs? Die Sowjetunion hatte keinesfalls die Absicht, zur Helfershelferin des iranischen Revolutionsexports zu werden.

Es lag deshalb nahe, sich wieder dem irakischen »Freund« zuzuwenden. Saddam Husseins Angebot eines Waffenstillstands deckte sich mit den ursprünglichen sowjetischen Zielen, den unerwünschten Krieg so schnell wie möglich zu beenden.[24] Außerdem war angesichts der Lage auf den Schlachtfeldern die Abhängigkeit Iraks von sowjetischen Waffenlieferungen dramatisch gewachsen. Nachdem Direktlieferungen in geringem Umfang schon im Dezember 1981 wieder aufgenommen worden waren, erreichte der Lieferumfang im ersten Halbjahr 1982 Vorkriegsniveau und »explodierte« geradezu, als sich iranische Truppen anschickten, in Irak einzumarschieren. Nach CIA-Angaben verdreifachte sich das Volumen des sowjetischen Waffenexports nach Irak im Verlauf des Jahres 1982.[25]

Wenn sich die iranische Revolutionsführung bis zu diesem Zeitpunkt bemüht hatte, nach ihrem außenpolitischen Motto »Weder Ost noch West« zu verfahren, so beantwortete sie die Hinwendung der Sowjetunion zu Irak mit einer Repressionswelle gegen die einheimische Linke, insbesondere die Tudeh-Partei. Mit der Verhaftung von deren Vorsitzendem, Nureddin Kianuri, wurde im Februar 1983 ein gewisser Höhepunkt der Kampagne erreicht, zumal sie mit der Ausweisung von 18 sowjetischen Diplomaten einherging.[26] Die Reaktion in den sowjetischen Medien war entsprechend: Der Bogen reichte von der üblichen Propaganda, hinter der Kampagne stecke die CIA,[27] bis zu Artikeln in Fachzeitschriften, angesichts der iranischen Feindschaft in der Region, vor allem in Afghanistan, müsse die eigene Position zum »revolutionä-

---

24 Vgl. Saivetz, The Soviet Union, S. 185.
25 Vgl. Moscow's Tilt Toward Baghdad: The USSR and the War Between Iran and Iraq. An Intelligence Assessment, Directorate of Intelligence, Central Intelligence Agency, August 1983, S. 1.
26 Vgl. Richard Herrmann, The Role of Iran in Soviet Perceptions and Policy, 1946–1988, in: Keddie/Gasiorowski (Hg.), Neither East, S. 81f.
27 Vgl. *Prawda*, 20. 2. 1983.

ren, antiimperialistischen Islam« überdacht werden.[28] Trotzdem verebbte das antiiranische Trommelfeuer rasch. Die sowjetische Führung fürchtete, die iranischen Revolutionäre bei zu nachhaltigem Affront wieder in die Arme Washingtons zu treiben. Sie sorgte deshalb für eine fortdauernde Belieferung Irans mit Rüstungsgütern via Nordkorea, Vietnam, Syrien, Libyen sowie einiger Ostblockstaaten[29] und bemühte im offiziellen Sprachgebrauch den Begriff »Reziprozität«. Im Juni 1983 erklärte Außenminister Gromyko in einer Rede vor dem Obersten Sowjet: »Wir haben freundschaftliche Beziehungen zum Irak. Wir sind aber auch für normale Beziehungen der Freundschaft mit Iran [...]. Kurzum: Die Sowjetunion wird sich gegenüber Iran so verhalten, wie Iran mit der Sowjetunion umgeht.«[30] Per Saldo war die eher passive sowjetische Neutralität unmittelbar nach Kriegsbeginn also einer aktiveren Balancepolitik nach der iranischen Gegenoffensive gewichen.

Weil die irakische Baath-Führung bei der seit Januar 1981 amtierenden Reagan-Administration eine im Vergleich zu Präsident Carter ausgeprägtere antiiranische Position vermutete (prominente »Falken« wie Alexander Haig, Caspar Weinberger und Jane Kirkpatrick nahmen wichtige Funktionen in der neuen Regierung ein), war ihr sehr daran gelegen, die wieder verbesserten Beziehungen zur Sowjetunion in Washington nicht als unwiderrufliche Kehrtwende erscheinen zu lassen. Da die diplomatischen Beziehungen zwischen Irak und den USA seit 1967 unterbrochen waren, bemühte sich Bagdad, seine proamerikanischen Verbündeten in der arabischen Welt für irakische Interessen einzuspannen. Ägypten, Jordanien, Saudi-Arabien und andere sollten in Washington bezeugen, dass das Baath-Regime mit seiner radikalen Vergangenheit gebrochen habe und die Unterstützung des Westens im Kampf gegen Iran verdiene.[31]

Der Boden für eine Neubewertung der irakischen Rolle in der Region war in Washington längst bereitet. Auch wenn die Carter-Regierung aus den genannten Gründen nicht bereit war, Iraks Angriff auf Iran vorbehaltlos zu unterstützen, förderte sie die Loslösungsbestrebungen des Baath-Regimes vom Ostblock nach Kräften. Im Jahr 1980 war die »Interessensektion« der USA in der belgischen Botschaft in Bagdad größer

---

28 Vgl. Igor Timofejew, Rol Islama v obshchestvenno-politicheskoy Zhizni Stran Zarubeshnogo Vostoka, in: *Meshdunarodnoye Otnosheniya* (1983), 5, S. 51–63.
29 Vgl. Katz, Moscow, S. 142.
30 *Prawda*, 17. 6. 1983.
31 Vgl. Hooglund, The United States, S. 37.

(15 Offizielle) als die meisten Botschaften akkreditierter Staaten, die Konsularabteilung vergab im selben Jahr 2000 Visa für irakische Studenten an amerikanischen Universitäten.[32] Die von der irakischen Führung vermutete stärkere antiiranische Haltung der Reagan-Administration bewahrheitete sich. Nachdem die US-Geiseln in Iran im Januar 1981 freigelassen worden waren, entfielen für die US-Regierung weitere Gründe der Rücksichtnahme gegenüber Iran. Noch im März 1981 wurde der Exportstopp für fünf Boeing-Großraumflugzeuge nach Irak aufgehoben, die leicht zu Truppentransportern umgerüstet werden konnten.[33] Eine deutlichere Zäsur markierte die Streichung Iraks von der Liste Terror unterstützender Staaten im Februar 1982. Danach zog der Handelsaustausch spürbar an, sowohl im zivilen[34] als auch militärischen[35] Bereich.

Vor diesem Hintergrund nimmt es nicht wunder, dass die US-Regierung die erfolgreiche iranische Gegenoffensive im ersten Halbjahr 1982 mit großer Sorge verfolgte. Interne Studien und Memoranden warnten vor der großen Gefahr für die Stabilität der Region und die Sicherheit der westlichen Erdölversorgung, wenn der Erfolg Irans sich verfestigen oder sogar ausdehnen würde.[36] Eine erste nachhaltigere Reaktion darauf erfolgte im Frühjahr 1983, als Präsident Reagan »Operation Staunch« unterzeichnete, die Drittstaaten Sanktionen für den Fall androhte, dass sie Waffen an die angreifende Seite im irakisch-iranischen Krieg lieferte.[37] Nach Lage der Dinge konnte damit nur Iran gemeint sein. Obwohl der Operation in der Unterdrückung des lukrativen Waffenhandels im

---

32 Vgl. Amazia Baram, Iraq: Between East and West, in: Karsh (Hg.), The Iran-Iraq War, S. 80.

33 Vgl. *International Herald Tribune*, 30. 11. 1982.

34 Der Irak kaufte zum Beispiel zwischen Mitte 1982 und 1985 für 1,5 Mrd. US-$ Agrarerzeugnisse in den USA. Vgl. *The Washington Post Magazine*, 12. 8. 1985, S. 42; 1983 gewährte die US-Regierung dem Irak einen Kredit von 400 Mio. US-$ für den Kauf amerikanischer Waren. Vgl. Hooglund, The Policy, S. 192; Cable, State Department to U.S. Interests Section Baghdad, U.S. Credit Possibilities with Iraq: Follow-Up to February 14, 1983 Secretary-Mammadi Meeting, Washington, D.C., 16. 3. 1983.

35 Vertrag über die Lieferung von Bell-Kampfhubschraubern im Dezember 1982. Vgl. Keesings Contemporary Archive, Washington, D.C., S. 34515.

36 Vgl. z.B. Memorandum and Attached Report, Henry S. Rowan, National Intelligence Council, to Geoffrey Kemp, National Security Council, The Iranian Threat to American Interests in the Persian Gulf, Washington, D.C., 20. 7. 1982.

37 Vgl. Hooglund, The United States, S. 37.

1. Golfkrieg wenig Erfolg beschieden war, nahmen sie sowohl Iran als auch die arabischen Staaten als Signal für eine Abkehr der USA von ihrer bisher neutralen Position. Die Wahrnehmung war nicht unbegründet, denn ungeachtet der offiziellen Verlautbarungen, dass sich an der neutralen Haltung nichts geändert habe, wurden in Ministerien und anderen Regierungsbehörden intensive Überlegungen über Pro und Kontra einer Aufkündigung der Neutralität zugunsten Iraks angestellt.[38]

Offiziell blieb es bei der neutralen Position, aber die realen Schritte der US-Regierung sprachen eindeutig von einer Hinwendung zu Irak. Im Dezember 1983 besuchte mit dem stellvertretenden Verteidigungsminister Donald Rumsfeld der höchste US-Repräsentant seit 16 Jahren Irak. In seinen Gesprächen mit Saddam Hussein und dem irakischen Außenminister Tariq Aziz war er autorisiert, der irakischen Seite das »Verständnis« der USA für die komplizierte Kriegslage zu übermitteln und deutlich zu machen, dass Washington »jede deutliche Verschlechterung der militärischen Lage Iraks als strategische Niederlage des Westens betrachten würde«.[39] Rumsfeld selbst meldete nach den Unterredungen am 19./20. Dezember 1983, er habe Saddam Hussein und Tariq Aziz den Wunsch seiner Regierung übermittelt, dass der Krieg mit einem Ergebnis zu Ende gehen möge, der weiteren iranischen Ambitionen keinen Vorschub leiste.[40] Knapp ein Jahr nachdem Irak aus dem Verzeichnis gestrichen war, setzte die US-Regierung Iran am 20. Januar 1984 auf die Liste der Staaten, die den internationalen Terror unterstützten.[41] Ihre symbolische Krönung fand die Phase der Hinwendung der USA zu Irak im November 1984 mit der Wiederaufnahme diplomatischer Beziehungen.

---

38 Vgl. z. B. State Department Memorandum, Nicholas A. Veliotes and Jonathan T. Howe to Lawrence S. Eagleburger, Iran-Iraq War, Analysis of Possible U.S. Shift from Position of Strict Neutrality, Secret, Washington, D.C., 7. 10. 1983; eine Studie des Nationalen Sicherheitsrates kam Ende Oktober 1983 zu dem Schluss, dass eine Niederlage Iraks den Interessen der USA zuwiderlaufen würde. Vgl. S. Preece, US Policy Toward Iran: 1979–86, CRS Report for Congress, 87–974, Washington, D.C., 1987, S. 20.
39 Cable, U.S. Interests Section Baghdad, Talking Points for AMB Rumsfeld's Meeting with Tariq Aziz and Saddam Husain, Secret, Baghdad, 14. 12. 1983.
40 Vgl. Cable, American Embassy Rome to State Department, Rumsfeld's Larger Meeting with Iraqi Deputy PM and FM Tariq (sic) Aziz, December 19, Secret, Rom, 20. 12. 1983; Cable, American Embassy London to State Department, Rumsfeld's Mission: December 20 Meeting with Iraqi Leadership, Secret, London, 21. 12. 1983.
41 Vgl. Nader Entessar, Israel and Iran's National Security, in: *Journal of South Asian and Middle Eastern Studys* 27 (2004), 4, S. 9.

Nutznießung im Abnutzungskrieg

Angesichts der deutlichen Verbesserung der Beziehungen zwischen Irak und den USA sowie der für Iran nachteiligen Folgen von »Tankerkrieg« und »Krieg der Städte«, suchten maßgebliche Fraktionen in der iranischen Führung ab 1984 wieder die Annäherung an die Sowjetunion. Zwar lehnte die Geistlichkeit, einschließlich Revolutionsführer Khomeini, weiterhin jede ostentative Verbrüderung mit dem »Kleinen Satan« ab, aber die Regierung konnte sich – mit Verweis auf die wirtschaftliche und militärische Lage – mit ihrem Vorschlag eines pragmatischen Kurses gegenüber Moskau durchsetzen. Im Juni 1984 reiste eine iranische Wirtschaftsdelegation nach Moskau und vereinbarte eine sofortige Normalisierung des Handelsaustauschs.[42] Die Wiederaufnahme offizieller Beziehungen zwischen Irak und den USA im November desselben Jahres beschleunigte die Verbesserung des Verhältnisses zwischen Iran und der Sowjetunion weiter. Die Wahl Michail Gorbatschows zum Generalsekretär der KPdSU im März 1985, die weite Felder der sowjetischen Politik in erhebliche Bewegung brachte, änderte am Verhältnis zu Iran allerdings nur wenig. Im Gegenteil, im Februar 1986 reiste mit dem stellvertretenden Außenminister Georgi Kornienko der höchste sowjetische Repräsentant seit dem Sturz des Schahs nach Teheran. Über das Protokollarische hinaus, schätzte der iranische Präsident Rafsanjani ein, dass der Besuch »große Bedeutung für unsere Beziehungen mit der Sowjetunion und dem Ostblock haben wird. Optimismus ist besonders auf technischem, militärischem, wirtschaftlichem, aber auch politischem Gebiet erlaubt«.[43] Hinter der fast euphorischen Prognose verbarg sich die Genugtuung über die Zusicherung der Sowjetunion, Waffenlieferungen an Iran zukünftig direkt, und nicht ausschließlich über Klientelstaaten, vorzunehmen. Nachdem alternative Lieferquellen für iranischen Nachschubbedarf an Rüstungsgütern zunehmend austrockneten, war diese Zusicherung von eminenter Bedeutung. Waffen sowjetischer Bauart stellten bald 50 Prozent des gesamten iranischen Arsenals und fast 100 Prozent der Bewaffnung der *pasdaran*.[44]

Gleichzeitig war die Sowjetunion aber auch bemüht, die mit der Wiederaufnahme direkter Rüstungslieferungen an Irak deutlich verbesserten Beziehungen zum Baath-Regime weiter zu vertiefen. Bagdad beklagte weiterhin die Duldung respektive Veranlassung von Belieferungen des

---

42 Vgl. Varasteh, The Sovietunion, S. 53 f.
43 *New York Times*, 10. 2. 1986.
44 Vgl. Litwak, The Soviet Union, S. 207.

iranischen Kriegsgegners mit sowjetischen Rüstungsgütern, vor allem über Syrien und Libyen, und verwies dabei besonders auf Boden-Boden-Raketen, die Iran im »Krieg der Städte« gegen Ziele in Bagdad und Basra einsetze.[45] Gleichzeitig blieben die Terraingewinne der USA in Irak bei der sowjetischen Führung nicht unbemerkt. Der wachsende Handelsaustausch, inklusive Rüstungsgüter, »Operation Staunch« und – nicht zuletzt – die erwähnte Wiederherstellung diplomatischer Beziehungen zwischen den USA und Irak ließ in Moskau die Überzeugung reifen, um Irak »kämpfen« zu müssen.

Zu den Bemühungen gehörten im diplomatischen Bereich ein »flexibles« Herangehen an die »Charmeoffensive« der USA dergestalt, dass zwar einerseits Verständnis für das irakische Bestreben der Ausweitung seiner Bündnispartner geäußert wurde, andererseits dieses Verständnis aber immer mit dem Hinweis versehen war, die USA habe nicht das Wohl Iraks im Auge, sondern nur die Verlängerung des Krieges zu ihren Gunsten.[46] Zum »handfesteren« Entgegenkommen gehörten ausgesprochen lukrative Offerten im Bereich von Handel und Wirtschaft, vor allem aber der Ausbau des Rüstungsexports.[47] Obwohl Teheran und Moskau ab 1984 eine »Tauwetterperiode« in ihren Beziehungen einleiteten, ließ sich die sowjetische Regierung nicht davon abhalten, Irak aus ihrer Sicht so hinreichend militärisch auszurüsten, dass ein Ausgleich zu den strategischen Vorteilen Irans gegeben schien. Ab 1982 stellte die Sowjetunion knapp 60 Prozent des irakischen Rüstungsbedarfs.[48]

Hier erwies sich auch einer der markanten Unterschiede im Herangehen der USA und der Sowjetunion an den irakisch-iranischen Krieg. Während die USA, gestützt auf Traditionen politischer Akzeptanz in Iran und den konservativen arabischen Golfmonarchien, darauf hofften, ihre politische und militärische Präsenz zu restaurieren und dazu auch das Instrument des Rüstungsexports einsetzten, war die Sowjetunion faktisch auf Letzteren angewiesen. Die fragilen Bündnisbeziehungen zu Irak konnten die Vorteile des Westens im Allgemeinen und der USA im Besonderen in der Golfregion jedenfalls nicht ausgleichen und führten zu einer Konzentration der Sowjetunion auf das Mittel des Rüstungsex-

---

45 Vgl. *Washington Post*, 30. 3. 1985.
46 Vgl. Information Note Regarding the Visit of Iraqi Vice Premier and Foreign Affairs Minister Tariq Aziz in Moscow, Secret, Ministry of Foreign Affairs, Warschau, 28. 11. 1983.
47 Vgl. *Wall Street Journal*, 5. 3. 1985.
48 Vgl. Anthony Cordesman, The Iran-Iraq War and Western Security 1984–1987: Strategic Implications and Policy Options, London 1987, S. 26f.

ports, wovon der Anteil sowjetischer Waffen an den Arsenalen beider Kriegsparteien beredtes Zeugnis ablegt.

Die Aufdeckung der geheimen Waffengeschäfte der USA mit Iran (»Irangate«) Ende 1986 ließ latente Befürchtungen der Sowjetunion schlagartig wieder virulent werden. Zeigten sich die Verbindungen zwischen Washington und Teheran vielleicht doch so stabil, dass die durch die Revolution hervorgerufenen Irritationen eine Episode bleiben würden? Nachdem jedoch Klarheit herrschte, dass »Irangate« nur von Teilen der iranischen beziehungsweise US-amerikanischen Führung und zudem dilettantisch eingefädelt worden war, nutzte die Sowjetunion den Skandal zu einem umfangreichen Propagandafeldzug. Die Medien des Landes stellten die Sowjetunion als den »einzig wahrhaftigen« Freund der Araber dar und kritisierten im Gegenzug die »Doppeldeutigkeit« der amerikanischen Außenpolitik. Die Bekundungen der Neutralität hätten sich als »hohle Phrase« herausgestellt, die USA seien primär an einer Verlängerung des Krieges interessiert, weil sich dadurch ihre Rückkehr in die Region beschleunigen lasse.[49] Langfristiger und stabiler politischer Erfolg in den beiden Krieg führenden Ländern, etwa in Gestalt eines Übergewichts über den Einfluss der USA, ließ sich allerdings durch die Instrumentalisierung von »Irangate« nicht herstellen.

Die inoffizielle Parteinahme der USA für Irak, die unter Präsident Reagan seit 1981 stetig gewachsen war, erreichte nach der Wiederaufnahme diplomatischer Beziehungen zwischen beiden Staaten eine neue Qualität. Was bei der Sowjetunion kaum überraschte, wurde jetzt auch im Fall der USA zur Normalität: die permanente Versorgung Iraks mit hochwertigen Rüstungsgütern. Allein für 1985 wurde der Verkauf von 45 modernen Kampfflugzeugen vom Typ F-15 und F-16 vereinbart, zudem von Radarsystemen und Flugabwehrraketen, die hinreichen sollten, die gesamte Grenze zu Iran zu schützen.[50] Hinzu kam die Bereitstellung von Daten der Satellitenaufklärung, die bisweilen einen solchen Umfang erreichten, dass US-Dienststellen beklagten, die Iraker seien überfordert beziehungsweise »unfähig zu handeln«.[51] Eine andere immer wieder geäußerte Sorge bestand darin, dass Irak geneigt sein könne – gegen entsprechendes Entgegenkommen –, neueste Waffensysteme, insbesondere

49 Vgl. Robert O. Freedman, Gorbachev, Iran, and the Iran-Iraq War, in: Keddie/ Gasiorowski (Hg.), Neither East, S. 121 f.
50 Vgl. *Süddeutsche Zeitung*, 28. 1. 1985.
51 PROFS (White House E-mail) Message, Bob Pearson forwarding Message from Ken DeGraffenreid to Donald Fortier and John M. Poindexter, Intelligence Exchange with Iraq, Top Secret, Washington, D.C., 24. 2. 1986.

Steuersoftware und Computertechnologie, an die Sowjetunion weiterzureichen.[52] Trotzdem waren die Warnungen der CIA und anderer Nachrichtendienste vor einer drohenden irakischen Niederlage 1985 und 1986 so drängend,[53] dass diese Bedenken zurückgestellt und die Rüstungslieferungen fortgesetzt wurden.

Mitte der 1980er Jahre gewannen innerhalb der US-Administration aber auch Kräfte an Einfluss, die sich gegen eine zu starke Parteinahme für Irak wandten. Obwohl nicht mehr im Amt, sprach der ehemalige Außenminister Henry Kissinger im Namen zahlreicher aktiver Politiker, wenn er formulierte:»Am besten wäre es, wenn beide Seiten verlören.«[54] Sinngemäß gleich, nur in diplomatischerem Stil erklärte der stellvertretende Außenminister Richard Murphy in einer Anhörung vor dem Kongress:»Der Sieg einer Seite ist weder militärisch erreichbar noch strategisch wünschenswert.«[55] Diese Haltung lief auf eine Rückkehr zu einer ausbalancierten Politik gegenüber den Kriegsparteien hinaus und bereitete den geistig-konzeptionellen Boden für einen Vorgang, der als »Irangate« in die Geschichte des irakisch-iranischen Krieges eingehen sollte.

Der Skandal, den der geheime Waffenexport der USA und Israels nach Iran 1986 hervorrief und der dem Vorgang die Bezeichnung »Irangate« – in Anlehnung an die »Watergate«-Affäre von 1973 – einbrachte, begründete sich primär aus der Tatsache, dass die politisch Verantwortlichen in den USA gesetzliche Vorgaben und demokratische Gepflogenheiten gleichermaßen missachtet hatten. Insbesondere der »mafiose« Charakter der Umlenkung der Erlöse aus dem Waffenverkauf an die Contras in Nicaragua löste einen Sturm der Entrüstung in der amerikanischen Öffentlichkeit aus. Auf den irakisch-iranischen Krieg bezogen reduziert sich »Irangate« dagegen lediglich auf ein besonders plastisches Beispiel für die Balancepolitik der Supermächte.

Es waren Regionalexperten der US-Geheimdienste, die im Frühjahr 1985 auf gravierende Nachteile hinwiesen, die sich langfristig aus einer zu einseitigen Parteinahme für Irak ergeben würden. Graham Fuller von der CIA sowie Donald Fortier und Howard Teicher vom National Security Council (NSC) betonten im Mai respektive Juni in Memoranden,

---

52 Vgl. Department of State Memorandum, Richard W. Murphy and William Schneider to Secretary of State, Letter to Secretary Weinberger on U.S.-Iraqi Relations and Advanced Technology Exports to Iraq, Secret, Washington, D.C., 28. 4. 1985.
53 Vgl. z.B. Intelligence Assessment, CIA Directorate of Intelligence, Is Iraq Losing the War? Secret, Washington, D.C., April 1986.
54 Der Spiegel (1984), 23, S. 103.
55 Christian Science Monitor, 14. 6. 1984.

dass der Einfluss der Sowjetunion in Iran stetig wachse. Deshalb sei bei einem plötzlichen Ableben Ayatollah Khomeinis zu befürchten, dass sich prosowjetische Kräfte in der Nachfolge durchsetzten. Selbst wenn die Bedeutung Moskaus für Iran nicht überschätzt werden dürfe, bestünde immer noch ein erheblicher Vorteil gegenüber den USA, die über keinerlei Einfluss verfügten. Der schnellste »Einstieg« in die politische Szene Irans könne mit dem Angebot von Waffenlieferungen gelingen, weil Iran bei der Gewährleistung stabilen Nachschubs größte Schwierigkeiten habe.[56] Die Ideen stießen zunächst auf ein geteiltes Echo, weil sie eine zu radikale Abkehr von der bisherigen Iranpolitik der Reagan-Administration bedeutet hätten. Während Sicherheitsberater McFarlane und CIA-Chef Casey die neue Taktik begrüßten, wurde sie von Verteidigungsminister Weinberger und Außenminister Shultz abgelehnt.[57] Die Initiatoren überarbeiteten deshalb ihre Positionspapiere und fügten im Sommer 1985 – neben den bisherigen Punkten der Zurückdrängung sowjetischen Einflusses und des Aufbaus einer eigenen Klientel in der iranischen Führung – noch zwei weitere Argumente an, die ihr Anliegen befördern sollten.

Zum einen den unmittelbaren Nutzen, den die wichtigen US-Verbündeten am Golf, namentlich Saudi-Arabien und Kuwait, von einer weniger radikalen iranischen Regierung hätten.[58] Zum anderen das gemeinsame Interesse der USA und Irans bei der Ölpreisgestaltung. Die rasante Talfahrt der internationalen Erdölpreise betraf die kriegsgeschädigte Erdölproduktion Irans genauso wie die teuer produzierenden Gesellschaften in Texas, Louisiana oder Oklahoma. Beiden war nur mit kontrollierter Produktion und hohen Preisen geholfen.[59] Es kann nur spekuliert werden, ob diese Argumente hingereicht hätten, um die gesamte Administration und insbesondere Präsident Reagan zu überzeugen, zumal der treibende Einfluss Israels berücksichtigt werden muss.

Angeblich beruhte die Idee des Waffenexports als »Eintrittskarte« nach Iran ursprünglich auf israelischen Überlegungen. Die Rüstungsexporte sollten demnach selbstverständlich auch israelische Lieferungen

---

56 Vgl. John Tower/Edmund Muskie/Brent Scowcroft, The Tower Commission Report, New York 1987, S. 112–121.
57 Vgl. Hooglund, The United States, S. 40.
58 The National Security Archive, The Chronology: The Documented Day-by-Day-Account of the Secret Military Assistance to Iran and the Contras, New York 1987, S. 301.
59 Vgl. James A. Bill, The U.S. Overture to Iran, 1985–1986: An Analysis, in: Keddie/Gasiorowski (Hg.), Neither East, S. 170.

umfassen und für Deviseneinnahmen sorgen. Zudem könnte das nie aufgegebene Konzept der Partnerschaft Israels und Irans bei der Eindämmung des gemeinsamen »arabischen Feindes« wiederbelebt werden.[60] Auch wenn die Heterogenität der iranischen Führung, bestehend aus »moderaten« und »radikalen«, »linken« und »konservativen«, »ideologischen« und »pragmatischen« Fraktionen, keine reibungslose Annäherung versprach, war sich die US-Administration zunehmend sicherer, angesichts der realen Afghanistan- und Zentralasienpolitik Teherans antisowjetische Gesprächspartner in Iran zu finden. Jedenfalls gewann die neue Strategie in Washington an Zustimmung. Weil CIA-Chef Casey von Anbeginn zu den Befürwortern gezählt hatte, überraschte es kaum, als er erklärte: »Iran hat eine besondere Rolle in der Welt, einen speziellen Platz auf der Landkarte, direkt am Unterleib Russlands. Die USA dürfen Iran deshalb nicht den Rücken zuwenden und das Land sowjetischem Einfluss überlassen.«[61] Die Trendwende manifestierte sich schon eher in einer Äußerung von Donald Regan, dem Stabschef des Weißen Hauses, der die Meinung des Präsidenten wie folgt umriss: »Er hat dieses Gefühl, dass wir Iran nicht erlauben dürfen, in das sowjetische Lager überzulaufen.«[62] Präsident Reagan unterzeichnete infolgedessen im Dezember 1985 und im Januar 1986 drei Positionspapiere, in denen er Waffenlieferungen an Iran grundsätzlich sanktionierte.[63] Das genaue Procedere sollten Spezialisten aushandeln.

Diese Experten begleiteten Sicherheitsberater Robert McFarlane am 25. Mai 1986 bei seinem Geheimbesuch in Teheran. In der Frage der Waffenlieferungen wurde man sich rasch einig. Die Iraner sicherten zudem zu, ihren Einfluss bei der Freilassung amerikanischer Geiseln im Libanon geltend zu machen. Trotzdem blieb bei einem hohen CIA-Offizier in der Delegation der Eindruck bestehen, die iranische Seite scheue eine sichtbare Kehrtwende. Namen und Funktionen der iranischen Gesprächspartner blieben bis zuletzt unbekannt, es gab zahlreiche organisatorische Pannen, und es wurde deutlich gemacht, dass – aus Furcht vor innenpolitischen Folgen – kein iranischer Offizieller die Delegation empfangen würde. Das Verhalten der iranischen Seite veranlasste den CIA-Offizier in seinem Abschlussbericht zu vermerken: »Wir können es als Gewissheit ansehen, dass Khomeini weder über unsere Anwesenheit

---

60 Vgl. ebenda, S. 174.
61 Zit. N. Bob Woodward, Veil: The Secret Wars of the CIA, 1981–1987, New York 1987, S. 433.
62 Tower/Muskie/Scowcroft, The Tower Commision Report, S. 226.
63 Vgl. Fürtig, Der irakisch-iranische Krieg, S. 143.

noch über unsere Mission informiert war.«[64] Angesichts der Brisanz des
Vorgangs blieb die Mehrheit der internationalen Iranexperten allerdings
bei der Meinung, Ayatollah Khomeini habe nicht nur Kenntnis erhalten,
als die Waffentransporte wirklich stattfanden, sondern müsse von Anfang an eingeweiht gewesen sein.[65]

Im Rahmen der in Teheran getroffenen Vereinbarungen erhielt Iran jedenfalls 2004 TOW-Panzerabwehrraketen und 200 essenzielle Ersatz-
teile für seine HAWK-Flugabwehrbatterien.[66] Zumindest im Umfang der
Liefermenge stehen diese Zahlen klar hinter den israelischen Exporten
zurück. Diese umfassten 5000 Tonnen und übertrafen mit einem Wert
von 500 Mio. US-\$ den der US-Lieferungen um das Zehnfache.[67] In der
Rückschau kann so leicht der Eindruck entstehen, die USA seien bei
»Irangate« – wissentlich oder unwissentlich – von Israel lediglich als
»Türöffner« benutzt worden. Das allein machte den Misserfolg von
»Irangate« aber nicht aus.

In den Monaten nach der Teheranreise McFarlanes vertiefte sich in
Washington der Eindruck, die mit der Initiative verknüpften Hoffnungen würden sich nicht erfüllen. Die iranische »Hand« bei der Freilassung
amerikanischer Geiseln war zwar durchaus zu spüren, aber die entlasse-
nen Geiseln wurden in der Regel flugs durch neue ersetzt. Schwerer wog,
dass die proamerikanischen Kräfte in der iranischen Führung insgesamt
aber offensichtlich zu schwach waren, um die Kooperation mit den USA
in politisches Kapital umzumünzen.

Als das libanesische Nachrichtenmagazin *Ash-Sharaa* das Geheimnis
schließlich im November 1986 lüftete, betrafen die kapitalen Auswirkungen deshalb kaum das Verhältnis zwischen den USA und Iran. Neben
den bereits genannten innenpolitischen Folgen für die USA erschütterten die Enthüllungen insbesondere die arabische Welt. Die USA gerieten
in eine schwerwiegende Glaubwürdigkeitskrise und mussten erhebliche
Mühe darauf verwenden, ihre arabischen Bündnispartner vom »Aus-
nahmecharakter« des »Irangate«-Skandals zu überzeugen.[68] Für Irak

---

64 Memorandum, George Cave, Account of Robert McFarlane Mission to Tehran, Secret, Washington, D.C., 30. 5. 1986.
65 Vgl. James A. Bill, The U.S. Overture, S. 175.
66 Vgl. ebenda, S. 166.
67 Vgl. Sick, Slouching, S. 242 f., Rn 1.
68 In einem internen Memorandum des State Department hieß es z.B.: »[...] it is
   difficult to refute the Iraqis' underlying accusation – that the U.S. has armed
   Iran to kill Iraqis, and that the action may well have spurred others to sell to
   Tehran.« State Department Memorandum, Richard W. Murphy to Under Se-

wirkte sich die peinliche Lage der USA jedoch außerordentlich positiv aus. Der US-Regierung war nun jede »Lust« auf Experimente vergangen, sie war jetzt bestrebt, durch – im Vergleich zu 1982 bis 1985 – noch deutlicheres Agieren zugunsten Iraks verlorenes Vertrauen in den arabischen Staaten zurückzugewinnen. Die irakische Baath-Führung erkannte das zu ihren Gunsten wirkende Dilemma der USA sofort: Während das machtlose Parlament »Irangate« verurteilen durfte, prangerten Regierung und Baath-Partei lediglich die »dubiosen Kontakte zwischen Iran und Israel« an.[69] Anders als beabsichtigt, nahm »Irangate« somit erheblichen Einfluss auf den Ausgang des Krieges.

Diskrepanzen und Gemeinsamkeiten auf dem Weg zum Waffenstillstand

Die mit großer Verve verkündeten veränderten außenpolitischen Prämissen der Sowjetunion unter dem neuen KP-Chef Gorbatschow, die sich hinter Schlagworten wie »Menschheitsinteresse« vor »Nationalinteresse«, »Balance der Interessen« statt »Balance der Kräfte«, friedliche anstelle von gewaltsamer Konfliktlösung (bei einer entsprechenden Aufwertung der UNO) und »Schluss« mit der Initiierung und Nutzung von Regionalkonflikten als Stellvertreterkriege verbargen, bedeuteten letztlich einen Bedeutungsverlust der Dritten Welt für die sowjetische Außenpolitik. Angesichts des primären Bemühens um einen Ausgleich mit dem Westen und der realistischeren Einschätzung der eigenen wirtschaftlichen und finanziellen Möglichkeiten, verabschiedete sich die Sowjetunion sukzessive von der kostspieligen Unterstützung des »antiimperialistischen Kampfes« in den Entwicklungsländern (zum Beispiel Angola, Äthiopien, Südjemen, Vietnam) zugunsten einer Annäherung an »kapitalistische« und einflussreiche Entwicklungsländer wie Brasilien oder Indonesien.[70] Vor diesem Hintergrund und eingedenk der bisherigen Erfahrungen, erhielt der irakisch-iranische Krieg nur noch geringe Aufmerksamkeit in Moskau, floss nur wenig Kreativität in die Suche nach neuen und ungewöhnlichen Varianten der Einflussnahme. In der Realität lief das auf eine phantasielose Fortsetzung der bisherigen Schaukelpolitik hinaus, das heißt, in Bezug auf den 1. Golfkrieg unterschied sich Gor-

---

cretary Armacost, U.S.-Iraqi Relations: Picking Up the Pieces, Secret, Washington, D.C., 5. 12. 1986.
69 Vgl. *Al-Thawra*, 1. 12. 1986.
70 Vgl. Litwak, The Soviet Union, S. 201.

batschow kaum von seinen Vorgängern Tschernenko, Andropow und Breschnew.

Nachdem die Beziehungen zwischen der Sowjetunion und Iran bis zum Sommer 1986 verhältnismäßig entspannt gewesen waren, schlug das Pendel im Herbst 1986 wieder zugunsten einer Annäherung Moskaus an Bagdad aus. Die Sowjetunion verurteilte die iranische Frühjahrsoffensive im Januar 1987 und unterstrich, dass kein Staat das Recht habe, einem anderen seine Regierungsform aufzuzwingen – ein klarer Bezug auf das von Iran offiziell verkündete Ziel, Saddam Hussein zu stürzen und in Irak eine islamische Republik zu errichten.[71] Es ist müßig, darüber zu spekulieren, wie lange der proirakische Kurs angehalten hätte, wenn nicht ein regionales Ereignis eine neue Wende gebracht hätte.

Im Sommer 1986 war der Delegierte Kuwaits in der UNO mit der Bitte vorstellig geworden, Anstrengungen für den Schutz des Tankerverkehrs im Persischen Golf zu unternehmen. Eine Reaktion blieb bis zum Januar 1987 aus, als sich die Sowjetunion bereit erklärte, drei unter eigener Flagge fahrende Tanker an Kuwait zu vermieten. Da Kuwait zu den wichtigsten Financiers der irakischen Kriegsanstrengungen zählte, konnte dieser Schritt nur als weiterer Beleg für die proirakische Position der Sowjetunion bewertet werden. Erst die Antwort der USA brachte die Wende. Noch im Dezember 1986 hatte Washington auf eine Anfrage der kuwaitischen Regierung, die nationale Tankerflotte unter dem Schutz der US-Flagge verkehren zu lassen, nicht reagiert. Das sowjetische Entgegenkommen bewirkte aber ein Umdenken in dieser Frage. Im März 1987 entschloss sich die Regierung in Washington, auf elf kuwaitischen Tankern die »Stars and Stripes« zu hissen.[72] Da diesem Schritt eine deutliche Positionsbestimmung Präsident Reagans gegen Iran und die Sowjetunion vorausgegangen war,[73] betrachtete Moskau das Umflaggen als Teil einer weiterreichenden Strategie der USA. »Irangate« sollte in der arabischen Welt vergessen gemacht und auf dem Gebiet der Militärpräsenz sollten vollendete Tatsachen geschaffen werden. Das zwischen April und Juni 1987 ablaufende »tit-for-tat« zwischen den USA und der Sowjetunion zeigt klar, wie tief die Reflexe des Kalten Krieges trotz aller Entspannungsrhetorik noch wirkten. Die Sowjetunion jedenfalls wandte sich jetzt wieder Iran zu.

---

71 Vgl. *Iswestja*, 9. 1. 1987.

72 Vgl. Gary Sick, The United States and the Persian Gulf, in: Maull/Pick (Hg.), The Gulf, S. 132 f.

73 »The use of the vital sea lanes of the Persian Gulf will not be dictated by the Iranians. These lanes will not be allowed to come under the control of the Soviet Union.« *New York Times*, 30. 5. 1987.

Der stellvertretende Außenminister Juri Worontzow erklärte seinen iranischen Gesprächspartnern bei einem Besuch in Teheran am 14./15. Juni 1987, dass sich die Interessen seines Landes mit denen der USA im Golf nicht decken würden, dass Washington Aktionen sowohl gegen die Sowjetunion als auch gegen Iran plane, dass die Sowjetunion fremde Militärpräsenz im Golf ablehne und dass sein Land der iranischen Revolution schon immer aufgeschlossen gegenübergestanden habe.[74] Da die Reaktionen Irans abwartend blieben, kam Moskau die Verabschiedung der Waffenstillstandsresolution Nr. 598 durch den UNO-Sicherheitsrat am 20. Juli 1987 sehr gelegen. Während Irak die Resolution aus nahe liegenden Gründen umgehend annahm, verhielt sich Iran indifferent. Angeführt von den USA, formierten sich daraufhin im Sicherheitsrat starke Kräfte, die Iran mit Sanktionen zu belegen beabsichtigten, wenn es der Resolution nicht zustimme. Die Sowjetunion kündigte indirekt, aber gleichwohl wirkungsvoll ein Veto gegen jeden derartigen Beschluss an und stellte sich damit demonstrativ auf die Seite Irans.[75] Gleiches galt auch für ihre Position hinsichtlich der Gleichzeitigkeit der Aufnahme von Waffenstillstandsverhandlungen und der Feststellung der Kriegsschuld. Iran war sich der Verurteilung Iraks sicher und wollte das Faustpfand keinesfalls vorzeitig aus der Hand geben.[76] Im Sommer 1987 wurden auch neue gemeinsame Wirtschaftsprojekte auf den Weg gebracht. Dazu zählten unter anderen der Bau einer Erdölpipeline von Iran an das Schwarze Meer und einer weiteren Verbindung im Schienenverkehr.[77] Als »erwiesener Freund« bot die Sowjetunion Iran an, eine zentrale Vermittlerrolle bei der Beilegung des Krieges zu übernehmen, der nur amerikanischen und israelischen Interessen diene, weil er das Augenmerk der Muslime vom arabisch-israelischen Konflikt ablenke.[78]

Obwohl die iranische Führung die sowjetische Hilfe gern annahm, sperrte sie sich doch gegen eine Einvernahme. Moskau sei seit Kriegsbeginn zu wankelmütig gewesen, um wirklich Vertrauen zu verdienen, hieß es allgemein. Der stellvertretende Außenminister Ali Besharati fand hierfür außerordentlich klare Worte: »Die Sowjetunion versucht den Anschein zu erwecken, in diesem Krieg unparteilich zu sein [...]. Der Punkt ist aber, dass sie nicht nur nicht neutral ist, sondern dass sie durch die offene und versteckte Unterstützung für das Bagdader Regime Saddam

---

74 Vgl. Freedman, Gorbachev, S. 125.
75 Vgl. ebenda, S. 128.
76 Vgl. Saivetz, The Soviet Union, S. 189.
77 Vgl. New York Times, 5. 8. 1987.
78 Vgl. Katz, Moscow, S. 144.

ermutigt hat [...] deshalb sind die Russen seine Partner und haben Anteil an seinen Verbrechen.«[79] Meinungen wie diese wurden durch den Kriegsverlauf im Frühjahr 1988 zweifellos gestärkt. Erstmals seit Jahren griff Irak wieder an, und Iran hatte dem kaum etwas entgegenzusetzen. Mit der Aussicht, riesige menschliche und materielle Opfer eventuell umsonst erbracht zu haben, reagierte die iranische Führung jetzt ausgesprochen »dünnhäutig«. Die Medien lenkten die Aufmerksamkeit auf die sowjetischen Waffen in den Händen der irakischen Angreifer, verwiesen auf die sowjetischen Raketen, die auf iranische Siedlungen fielen,[80] und behaupteten, dass die USA und die Sowjetunion bei der Zerstörung der Islamischen Republik Iran zusammenarbeiteten. Es kam zu Massenprotesten vor der sowjetischen Botschaft in Teheran und Konsulaten in Isfahan und Täbris.[81] Es bedurfte somit nicht der Annahme von Resolution Nr. 598 durch Iran am 20. Juli 1988, um aller Welt zu zeigen, dass der »reaktive Opportunismus«[82] Moskaus gescheitert war.

Das Scheitern manifestierte sich nämlich auch gegenüber den arabischen Staaten. Obwohl die sowjetische Führung euphemistisch behauptete, im Gegensatz zur anderen Supermacht zu beiden Krieg führenden Parteien partnerschaftliche Beziehungen zu unterhalten,[83] misstrauten die meisten arabischen Regierungen Moskaus »Schaukelkurs« genauso tief wie die iranische. Damit war für die Sowjetführung eine unangenehme Lage entstanden. Trotz aller Rhetorik von der »Interessenbalance« war das Lagerdenken keinesfalls so weit überwunden, dass »die Araber« nicht im eigenen und »Israel« nicht im anderen Camp gewähnt wurden. Der Krieg hatte nicht nur von dieser, die sowjetische Rolle aufwertenden Konfrontation abgelenkt, sondern das arabische Lager auch tief gespalten. Die meisten neigten Irak zu, die iranischen Verbündeten Syrien und Libyen zeigten sich jedenfalls nahezu vollständig isoliert. Auf der anderen Seite gelang es Ägypten graduell, aus der durch die Unterzeichnung des Friedensvertrags mit Israel entstandenen innerarabi-

---

79 Foreign Broadcast Information Service – Near East Survey (FBIS-NES), 88145, 28. 7. 1988.
80 Obwohl die sowjetische Regierung kategorisch dementierte, an der Weiterentwicklung der nach Irak gelieferten Scud-B-Raketen beteiligt zu sein, fand die Erklärung in Iran keinen Glauben. Vgl. Hubel, The Soviet Union, S. 144.
81 Vgl. Freedman, Gorbachev, S. 134f.
82 Plastischer Begriff von Robert S. Litwak. Vgl. Litwak, The Soviet Union, S. 201.
83 Vgl. Elizabeth Gamlen, US Responses to the »Tanker War« and the Implications of its Intervention, in: Charles Davies (Hg.), After the War: Iran, Iraq, and the Arab Gulf, Chichester 1990, S. 331f.

schen Isolierung auszubrechen. Ägypten galt als proamerikanisch, genau wie Saudi-Arabien und die Partner im GKR. Beide gehörten zu den engsten Verbündeten Iraks; der gesamtarabische Trend zugunsten Iraks bedeutete aus der Sicht Moskaus deshalb auch einen Trend in Richtung auf die USA und den Westen.[84]

Gleichzeitig hatte die mit dem Umflaggen kuwaitischer Tanker einsetzende Stationierung immer umfangreicherer amerikanischer Marineeinheiten im Persischen Golf den USA einen Einfluss verschafft, der dem des »Golfgendarmen« Mohammad Reza Pahlawi kaum nachstand. Es passte in das Bild sowjetischer Außenpolitik unter Gorbatschow, die UNO bei der Konfliktlösung in den Vordergrund zu rücken. So kam die Resolution 598 unter tatkräftiger Mithilfe der Sowjetunion zustande. Die Ablehnung von Sanktionen gegen Iran und vor allem die Aufforderung, die Gewährleistung der Sicherheit der Schifffahrt im Persischen Golf der UNO und nicht der US-Marine zu übertragen, zeigen, dass es Moskau weiterhin primär um die Eindämmung der US-Rolle im Golf ging.[85] Das konnte nur durch ein möglichst rasches Ende des Krieges erreicht werden. Ungeachtet aller gegenteiliger Beteuerungen befand sich die Sowjetunion deshalb nach dem 20. Juli 1987, dem Tag der Verabschiedung von Resolution 598, de facto im proirakischen Lager, denn es war Iran, das die Zustimmung zunächst verweigerte und den Krieg dadurch verlängerte. Nicht zuletzt sei darauf verwiesen, dass die im Ganzen wenig souveräne Politik der Sowjetunion erst nachvollziehbar wird, wenn sie im Zusammenhang mit dem kräftezehrenden Feldzug in Afghanistan gesehen wird, der das Agieren der Sowjetunion sowohl im internationalen als auch im regionalen Rahmen enorm erschwerte.

Obwohl »Irangate« kaum mehr als eine proiranische Episode in der ansonsten klar Irak zuneigenden Haltung der Reagan-Administration war, standen nach der Aufdeckung des Skandals für die USA vor allem »Aufräumarbeiten« an, um das Vertrauen Iraks und der arabischen Verbündeten zurückzugewinnen. Der aktuelle Verlauf des Krieges bot dafür eine günstige Gelegenheit. Iran hatte die Halbinsel Fao eingenommen und am

---

84 Vgl. Freedman, Gorbachev, S. 117.

85 Anfang 1988 stellte Gorbatschow US-Außenminister Shultz in offenen Worten die Frage: »Tell me, have you been thinking about the possibility of reducing your military presence in the Persian Gulf? Or do you think that such a step would be taken as a sign of weakness? You can solve the missions which you put before yourselves there with fewer ships.« Record of a Conversation of M. S. Gorbachev with US Secretary of State G. Shultz, 22 February 1988, Gorbachev Foundation, Moskau 1988, S. 4.

9. Januar 1987 mit »Kerbela 5« die massivste Offensive seit 1982 begonnen. Revolutionswächter, Freiwillige und reguläre Soldaten überwanden vier der fünf Verteidigungsringe um Basra, ehe die großen Verluste sie zum Einhalten zwangen. Die Eroberung Basras misslang schließlich, aber weder in Bagdad noch in Washington oder Moskau wollte jemand dafür eine Garantie abgeben, dass die nächste Offensive nicht erfolgreich sein würde. Die USA und die Sowjetunion waren sich seit Beginn des Krieges bekanntlich unausgesprochen darüber einig gewesen, weder Iran noch Irak Sieg oder Niederlage zuzugestehen. In der aktuellen Situation von 1987 galt es deshalb, eine Niederlage Iraks zu verhindern.[86] Nach wie vor hatten die USA kein Interesse daran, selbst Krieg führende Partei zu werden, aber alle anderen Maßnahmen unterhalb dieser Schwelle sollten in Erwägung gezogen werden. Kuwait und die Umflaggaktion waren der Schlüssel für die Realisierung dieser Politik.

Als Irak den »Tankerkrieg« mit Angriffen auf iranische Schiffe initiierte, war klar, dass sich Iran – mangels einer Handels- oder Kriegsmarine der Iraker im Golf – mit Gegenattacken auf Tanker revanchieren würde, deren Eigner zu erwiesenen Verbündeten Iraks gehörten. Obwohl das letztlich auf die meisten Mitgliedsländer des GKR zutraf, beantragte zuerst Kuwait den Schutz der internationalen Gemeinschaft. Im September 1986 ergingen zudem Direktanfragen an Moskau und Washington, ob die dortigen Regierungen bereit seien, den militärischen Schutz der kuwaitischen Tankerflotte im Golf zu übernehmen.[87] Die US-Behörden reagierten reserviert. Nach allgemeiner Einschätzung waren kuwaitische Tanker nicht stärker von iranischen Angriffen betroffen als die anderer Handelsnationen im Golf, außerdem bargen militärische Schutzleistungen die große Gefahr, direkt in Kampfhandlungen verwickelt zu werden. Das ausbleibende Echo hielt die kuwaitische Regierung nicht davon ab, die Anfrage am 23. Dezember 1986 zu erneuern.

Während die USA keine neuen Gründe für eine Veränderung ihres Standpunkts sahen, reagierte die Sowjetunion diesmal positiv. Im Januar 1987 handelte eine kuwaitische Delegation in Moskau die Vermietung von drei sowjetischen Tankern an Kuwait aus und empfahl angesichts der

---

86 »[...] while the Administration has proclaimed a policy of strict neutrality (in the Iran-Iraq war) [...] a minimal requirement of its strategy is to see that Iraq does not collapse. If it did, radical Islamic fundamentalism could well spread to Iraq itself and quite possibly to the moderate Gulf states and beyond.« National Security Policy Implications of US Operations in the Persian Gulf. Report of the Defense Policy Panel and Investigations Subcommittee of the House Committee on Armed Services, Washington, D.C., Juli 1987, S. 25.
87 Vgl. Gamlen, US Responses, S. 322.

Knappheit sowjetischer Tonnage das Hissen der sowjetischen Flagge auf kuwaitischen Tankern.[88] Bis Mitte Februar hatte Kuwait den Vorschlag mit der Benennung von fünf Schiffen für die Umflaggaktion präzisiert. In diesem Stadium erhielt die US-Administration Kenntnis von dem Vorgang. Wohlkalkuliert unterbreitete das prowestliche Kuwait, dem es primär um den Schutz seiner Tankerflotte und nicht etwa um einen Seitenwechsel im Kalten Krieg ging, das Angebot ein weiteres Mal den USA und benannte sofort sechs Schiffe, die unter US-Flagge verkehren sollten. Washington bot am 7. März überraschend an, alle elf Tanker unter den Schutz der eigenen Flagge zu stellen.[89] Zu diesem Zeitpunkt noch nicht absehbar, markiert jener Tag damit einen Wendepunkt des Krieges.

Ungeachtet der kuwaitischen Partikularinteressen existierten für die USA keine essenziellen ökonomischen beziehungsweise kommerziellen Gründe, um mit eigenen Marineverbänden im Golfkrieg zu intervenieren. Der Erdölstrom aus der Region war nicht spürbar beeinträchtigt. Einerseits verlief er zu einem großen Teil durch Pipelines, andererseits brachte der »Tankerkrieg« die Schifffahrt keineswegs zum Erliegen. Die Unsicherheit wirkte sich zwar negativ auf die Kostenstruktur aus, letztlich war aber nur eine Minderzahl aller im Golf verkehrenden Schiffe von Angriffen betroffen, und die meisten Attacken endeten mit Schäden und nicht dem Totalverlust.[90] Nicht zuletzt diese Fakten hatten die US-Regierung zunächst zögern lassen, auf die kuwaitische Anfrage positiv zu reagieren. Da sie sich im März 1987 nicht grundsätzlich anders darstellten, muss es andere Gründe für das Umdenken in Washington gegeben haben.

Der erste ist mit der Rolle der Sowjetunion bereits benannt worden. Obwohl die Gespräche der kuwaitischen Delegation in Moskau in der Frage des militärischen Schutzes der geleasten Tanker beziehungsweise der unter sowjetischer Flagge fahrenden Schiffe sehr vage geblieben waren, führte allein die Aussicht einer stärkeren sowjetischen Marinepräsenz in »unserem« Persischen Golf in den USA zu einer reflexartigen Abwehrreaktion. Anders ist die sofortige Übernahme aller elf kuwaitischen Tanker kaum zu erklären.

Der zweite Grund hängt mit der fundamentalen Neubewertung der eigenen Rolle im Krieg nach »Irangate« und der drohenden irakischen Niederlage zusammen. Nach wie vor bestand die Gefahr der direkten

---

88 Vgl. ebenda, S. 323.
89 Vgl. David D. Caron, Choice and Duty in Foreign Affairs: The Reflagging of the Kuwaiti Tankers, in: Joyner (Hg.), The Persian Gulf War, S. 155.
90 Vgl. Gamlen, US Responses, S. 326.

Konfrontation eskortierender US-Kriegsschiffe mit iranischen Verbänden. Die USA wären damit unmittelbarer Kriegsteilnehmer geworden, und zwar eindeutig auf Seiten Iraks. Diese Internationalisierung des Krieges, im Herbst 1986 noch gefürchtet, war im Frühjahr 1987 plötzlich hinnehmbar geworden. Die iranische Regierung erkannte den Positionswechsel jedenfalls sofort. Wenn es den USA wirklich um die Gewährleistung einer sicheren Handelsschifffahrt im Golf gegangen wäre, hätte sie sich genauso eindeutig gegen irakische Angriffe auf iranisches Erdöl transportierende Tanker wenden müssen; schließlich lag hier der Ursprung des gesamten »Tankerkrieges«.[91] Die US-Regierung hielt aus iranischer Sicht nun nicht einmal mehr die Fassade von Neutralität aufrecht und hatte mit der Internationalisierung des Krieges genau die Entwicklung eingeleitet, die Iran am meisten fürchtete. Durch die eigenen Offensiven seit 1982 war Iran nicht nur in der arabischen Nachbarschaft, sondern auch international weitgehend in die Isolation geraten. Wenn jetzt viele Nationen dem Beispiel der USA folgten, stand Iran – für alle sichtbar – quasi »gegen den Rest der Welt«.

Die Internationalisierung setzte sich auf diplomatischem Parkett fort. Nachdrücklich trieben die USA in der UNO die Verabschiedung einer Waffenstillstandsresolution voran. Am 11. Mai 1987 unterrichtete der stellvertretende US-Außenminister Richard Murphy Saddam Hussein in Bagdad über den Stand der Ausarbeitung. Im Kern sollten beide Seiten aufgefordert werden, sich auf die international anerkannten Grenzen zurückzuziehen, wobei der Seite Sanktionen angedroht werden sollten, die sich der Aufforderung widersetzte. Da Irak schon in den Vorjahren mehrfach beteuert hatte, einem Waffenstillstand zu diesen Bedingungen sofort zuzustimmen, war Saddam Hussein sofort klar, dass die US-Regierung massiv zu seinen Gunsten Partei nahm.[92] Die Sowjetunion und einige nichtständige Mitglieder des UN-Sicherheitsrates setzten zwar – eher im Zuge einer Gesichtswahrung – im Resolutionsentwurf noch einen Passus durch, der die Bildung einer Kommission zur Untersuchung der Kriegsschuld vorsah, aber dieser den Interessen Irans entgegenkommende Paragraph war erst an sechster Stelle im Entwurf positioniert und in seinen Durchführungsbestimmungen vage gehalten. Letztlich war sich die US-Regierung des starken Interesses der Sowjetunion an einer raschen Beendigung des Krieges zu sicher,[93] um zu vermuten, dass Moskau

---

91 Vgl. ebenda.
92 Siehe Leitartikel *Al-Thawra*, 20. 7. 1987.
93 Vgl. Research Paper, CIA Directorate of Intelligence, Soviet Policy Toward the Middle East, Secret, Washington, D.C., 1. 12. 1986.

die Resolution am Ende torpedieren würde. Deshalb wurde sie am 20. Juli 1987 angenommen.

In dem nun folgenden Jahr bis zur Annahme der Resolution durch Iran entwickelte der Krieg sich vorhersehbar. Mit der internationalen Gemeinschaft im Rücken gelangen Irak jetzt wieder Geländegewinne, das Baath-Regime fühlte sich so ungefährdet, dass es nun mehr chemische Waffen einsetzte als in allen Jahren zuvor. Auch die Zusammenstöße zwischen US-Marineeinheiten und iranischen Truppen nahmen erwartungsgemäß zu. US-Verteidigungsminister Weinberger artikulierte die Gegnerschaft zu Iran im September 1987 unverhüllt: »In Iran muss eine vollkommen andere Regierung an die Macht kommen [...] weil wir mit der gegenwärtigen irrationalen und fanatischen nicht umgehen können.«[94] Einen Monat später änderten sich die »Rules of Engagement (ROE)« für die US-Marineeinheiten im Golf dahingehend, dass jetzt Vergeltung statt Verteidigung in den Vordergrund rückte. Nun kam es zu Dutzenden der genannten Zusammenstöße, im April 1988 entwickelte sich ein regelrechtes Gefecht, nachdem die USS Samuel Roberts in internationalen Golfgewässern auf eine Mine gelaufen war.[95] Iran konnte sich nicht mehr wirkungsvoll verteidigen, Ayatollah Khomeini musste den »Schierlingsbecher« leeren, wie er es beschrieb, und am 20. Juli 1988 der Sicherheitsratsresolution 598 zustimmen. Obwohl die USA damit zur treibenden Kraft für diesen Ausgang des Krieges geworden waren, blieben die Gegenmaßnahmen der Sowjetunion letztlich kosmetischer Natur. Die Hauptkontrahenten des Kalten Krieges waren sich in der Bewertung des irakisch-iranischen Krieges im Grunde an seinem Ende genauso einig wie am Beginn.

Fazit

Es scheint an dieser Stelle sinnvoll, die Frage nach dem »untypischen« Wesen des irakisch-iranischen Krieges im Rahmen der Ost-West-Auseinandersetzung im Lichte der bisherigen Erörterungen noch einmal aufzugreifen. Es bleibt dabei: Gewaltsame Regionalkonflikte von eigentlich minderer Intensität und Dauer wurden während des Kalten Krieges von den Supermächten und ihren Verbündeten zu lokal begrenzten, nichtsdestotrotz heißen Schauplätzen dieses Krieges umfunktioniert, die Konfliktparteien zum eigenen Nutzen gegeneinander in Stellung gebracht,

---

94 *New York Times*, 28. 9. 1987.
95 Vgl. Gamlen, US Responses, S. 328.

nicht selten aber auch eigenen Machtinteressen geopfert. Einen achtjäh-
rigen zwischenstaatlichen Krieg in einer der strategisch bedeutendsten
Regionen der Welt nicht auf die gewohnte Weise instrumentalisieren zu
können oder zu *wollen*, ihn an der Peripherie des Ost-West-Konflikts zu
halten, kann deshalb weiterhin nur als bemerkenswerte Anomalie betrachtet werden.

Im Bereich des *Wollens* zeigt sich die Anomalie noch am geringsten
ausgeprägt. Wie aufgezeigt, fielen beide Supermächte bei vielen Gelegenheiten und in zahlreichen Phasen des Krieges reflexartig in die traditionellen Verhaltensmuster zurück und trachteten danach, der anderen
Seite zu schaden. Dass sich daraus am Ende nicht doch der bekannte
Stellvertreterkrieg entwickelte, liegt am Unvermögen der Kontrahenten,
also im Bereich des *Könnens*. Keineswegs aus kongruenten Gründen,
aber in der Wirkung ähnlich, konnten sich weder die USA noch die Sowjetunion mit einer der beiden Kriegsparteien dauerhaft solidarisieren.
Dieser Einschätzung widerspricht auch die eher proirakische Haltung
der USA nicht grundsätzlich. Die Unterstützung reichte nicht einmal in
Ansätzen so weit, Saddam Hussein etwa bei der nachträglichen Durchsetzung seiner Kriegsziele zu helfen und eine vernichtende Niederlage
Irans hinzunehmen. Aufgrund ihrer dominierenden Stellung auf dem internationalen Rüstungsmarkt hatten es beide Supermächte in der Hand,
durch Art und Umfang der Waffenlieferungen an Iran und Irak das signifikante Übergewicht einer der beiden Seiten zu verhindern.[96] Darin
zeigt sich das gemeinsame Bestreben Washingtons und Moskaus, den
Krieg nicht mit einem eindeutigen Sieger respektive Verlierer ausgehen
zu lassen, ihn deshalb einzudämmen und schließlich unspektakulär zu
beenden.

Ein zweiter Grund für das skizzierte Verhalten der Supermächte ist im
zeitlichen Kontext des irakisch-iranischen Krieges zu suchen. Er fiel in
die letzte und einschneidende Phase des Ost-West-Konflikts. Zwischen
der Unterzeichung des Waffenstillstands am 20. August 1988 und dem
Auseinanderbrechen der Sowjetunion Ende 1991 lag eine – im historischen Maßstab außerordentlich kurze – Periode von etwas mehr als
drei Jahren. »Glasnost« und »Perestroika«, das »Neue Denken« Michail
Gorbatschows verhießen zwar offiziell auch ein fundamental verän-
dertes Herangehen Moskaus an Regionalkonflikte vom Charakter des
1. Golfkrieges; inoffiziell wurde aber damit die zunehmende Schwäche
der Sowjetunion kaschiert, derartige Konflikte – wie noch Jahre und
Jahrzehnte zuvor – im eigenen Interesse in Verlauf und Ausgang zu be-

---

96 Vgl. Hubel, The Soviet Union, S. 140.

einflussen. Wachsende wirtschaftliche und innenpolitische Probleme sowie das eigene »Vietnam« in Afghanistan stellten ein solches Handicap dar, dass die Sowjetunion im 1. Golfkrieg nicht mehr auf die gewohnte Weise reagieren konnte.

So spiegelt sich im Kräfteverhältnis am Golf zum Ende des irakisch-iranischen Krieges auch die veränderte Gesamtkonstellation im Ost-West-Konflikt. Die USA waren der eigentliche Sieger. Die Revanche für Revolution und Geiselnahme war geglückt, ohne Iran als Nationalstaat zu gefährden. Eine signifikante Marinepräsenz war gesichert, mit der Rapid Deployment Force der Kern einer dauerhaft stationierten Truppe im Fördergebiet des Persischen Golfs entstanden. Volle Reife erlangten diese Früchte aber erst mit dem Ausgang des 2. Golfkrieges (1991), als die arabischen Erdölmonarchien ihrerseits die dauerhafte Stationierung von US-Truppen erbaten und Iraks Hegemonialambitionen in der Region gleichzeitig auf ein beherrschbares Niveau zurückgestutzt wurden.

Thomas Scheben
Ein Bündnis mit begrenzter Haftung.
Ägypten im Kalten Krieg

Der Kalte Krieg war ein mehrdimensionaler Konflikt, und unter seinen Dimensionen war die militärische weder die häufigste noch die dominante.[1] Lediglich in der Dritten Welt geriet der Kalte zeitweise zum heißen Krieg mit dem Nahen Osten als hauptsächlichem Schlachtfeld. Der arabisch-israelische Konflikt fungierte dabei als Einfallstor der Supermächte in eine Region, die ansonsten nur zu glücklich war, ihre kolonialen Vormünder endlich ziehen zu sehen.

Der bis heute ungelöste Konflikt zweier Völker um dasselbe Land wurde in vieler Hinsicht durch den Kalten Krieg beeinflusst, kann aber nur sehr begrenzt als Sonderkonflikt des Kalten Krieges angesehen werden, wozu namentlich westliche Historiker neigen.[2] Vielmehr bemächtigte sich der Gegensatz der Supermächte bestehender regionaler Konflikte, nutzte sie für ihre eigenen Interessen aus und verlieh ihnen so eine neue Dimension.[3] Aus der regionalen Perspektive war der Kalte Krieg ganz im Gegenteil weit eher eine Zutat zu der lokalen Auseinandersetzung. Diese begann über 50 Jahre vor dem Kalten Krieg und benötigte zu ihrer Entstehung weder die Konkurrenz der Supermächte, noch endete sie mit dieser. Der arabisch-israelische Konflikt hat seine eigenen Ursachen, hat seine eigene Dynamik und wird aller Voraussicht nach noch eine lange Zukunft haben. Andere Streitigkeiten und Gegensätze innerhalb der Region, die enger mit dem Kalten Krieg verwoben waren, sind dagegen tatsächlich verschwunden oder haben Charakter und Intensität beträchtlich verändert. In der ideologischen und politischen Konfrontation wurden der arabische Sozialismus und der Panarabismus als expansive Ideologien inzwischen vom Islamismus als Herausforderung der bestehenden Ordnung abgelöst.

---

1 Zu Terminologie, Definition und Periodisierung s. Bernd Stöver, Der Kalte Krieg, München 2003, S. 7 ff.

2 Ebenda, S. 49.

3 Jacob Goldberg, Consequences of Superpower Competition in the Middle East for Local Conflicts, in: Steven Spiegel/Mark Heller/Jacob Goldberg (Hg.), The Soviet-American Competition in the Middle East, Lexington/Toronto 1988, S. 288–299, v. a. 294.

Ähnliches gilt für die – vor allem gewaltsamen – Formen der Konfliktaustragung. Die beiden großen Waffengänge innerhalb der Region nach dem Kalten Krieg hatten eine Koalition auswärtiger Mächte als Hauptakteure. Mit Ausnahme der angegriffenen irakischen Armee spielten die regionalen Streitkräfte nur eine Nebenrolle im ersten, gar keine im zweiten Irakfeldzug. Israel mit der stärksten regionalen Streitmacht agiert inzwischen ausschließlich in nichtkonventionellen Formen des Kleinen Krieges und läuft dabei ständig Gefahr, sich die Klein- und Bürgerkriegstaktiken seiner Gegner selbst anzueignen und ihnen so immer ähnlicher zu werden.

Ägypten war eines der mehrdimensionalen Schlachtfelder. Ideologische, ökonomische, technologische, kulturelle und soziale Komponenten entfalteten hier eine höchst komplexe Wirkung. Im Nahen Osten hing immer alles mit allem anderen zusammen. Bilaterale Fragen erreichten schnell multilaterale Ausmaße, wobei die Grenzen verschwammen, die lokale, nationale, regionale und internationale Angelegenheiten voneinander trennten.[4] Auch war der zeitliche Rahmen ein anderer. Ägypten betrat die Bühne des Kalten Krieges ein rundes Jahrzehnt nach dessen Beginn und zog sich als aktiver Part wiederum etwa ein Jahrzehnt vor der Implosion des Sowjetblocks davon zurück. Dazwischen war es gemeinsam mit Syrien wohl das am intensivsten außen- wie innenpolitisch darin verwickelte Land der Region.

Wesen und Verlauf des Kalten Krieges im Nahen Ostens bleiben unverständlich, wenn einzelne Dimensionen isoliert betrachtet werden. So sind denn auch die innen- und gesellschaftspolitische Ebene kaum von der Außenpolitik zu trennen. Nassers Verständnis des Arabismus trug ein starkes sozioökonomisches Element in sich, da er ihn nicht nur als Entwicklungsmodell für sein Land, sondern für die gesamte arabische Welt verstand. Sein Ansatz zur arabischen Einigung im Zeichen des arabischen Sozialismus lief zwangsläufig auf eine Revolutionierung derjenigen Staaten hinaus, deren konservative Machteliten sich der Einbeziehung ins Lager der »fortschrittlichen Kräfte« widersetzten oder, wie die Baath-Ideologie in Damaskus und Bagdad, auf ihrer eigenen Version eines sozialistischen arabischen Weges beharrten, und die sich folglich auch nicht Nassers Interpretation der ansonsten weit verbreiteten Auffassung anschließen wollten, nach der die von den Kolonialmächten willkürlich vorgenommenen Grenzziehungen innerhalb der arabischen Welt zu korrigieren seien. Erst im vergangenen Jahrzehnt ist die Neigung

---

4 Carl L. Brown, International Politics and the Middle East. Old Rules, Dangerous Games, London 1984, S. 16.

staatlicher Akteure, außenpolitische Ziele durch Einmischung in die Innenpolitik des betroffenen Staates zu verfolgen, signifikant zurückgegangen.[5]

Die einzige Konfliktpartei, die innenpolitisch niemals wirklich von außerhalb unter Druck gesetzt wurde, war Israel. Tief sitzender Hass auf alles Israelische hinderte die arabischen Führungen daran, innenpolitische Differenzen in Israel selbst für eigene Zwecke zu nutzen. Der Satz, nach dem der Vietnamkrieg nicht in den Dschungeln Südostasiens, sondern in den Straßen von San Francisco gewonnen wurde, wird dem langjährigen sowjetischen Außenminister Andrei Gromyko zugeschrieben. Ägyptischen Politikern ist ein solches Denken offensichtlich fremd. Zum einen galt und gilt den meisten von ihnen Israel – wie jeder Gegner – als ein einziger solider Block. Zum anderen hätte das Ausspielen unterschiedlicher politischer Strömungen innerhalb Israels die implizite Anerkennung seiner Existenz ebenso bedeutet wie den Umgang mit Menschen, die ihnen die eigene Propaganda als ungeheuerliche Monster erscheinen ließ. Ein Diplomat, der Sadat 1977 auf seinem Flug nach Jerusalem begleitet hatte, berichtete mir, dass nicht wenige Mitglieder der Delegation mit dem Leben abgeschlossen hatten und erwarteten, bei der Landung in Lod samt und sonders niedergeschossen zu werden.

Es wird zu zeigen sein, dass die Interessen der Supermacht und ihres Satelliten nur bis zu einem bestimmten Maße zur Deckung zu bringen waren. Am Misserfolg des sowjetisch-ägyptischen Bündnisses war diese Inkongruenz maßgeblich, wenn auch nicht ausschließlich, beteiligt. Linientreue konnte Moskau, anders als in Osteuropa, nicht gewaltsam erzwingen. Ägypten hat aus dem Pakt keinerlei dauerhaften Nutzen gezogen und die negativen Folgen dieser Epoche immer noch nicht überwunden. Insofern kann die gesellschaftspolitische, ökonomische und machtpolitische Misere der arabischen Welt eben nur bedingt der Globalisierung und der Politik des Westens angelastet werden – ein großer Teil davon ist das Erbe einer Sowjetunion-orientierten Ausrichtung ebendieser Politikfelder über rund zwei Jahrzehnte. Der Themenstellung folgend können diese Elemente nur kurz gestreift werden; die Darstellung wird sich auf die strategischen und militärischen Kategorien der Teilnahme Ägyptens am Kalten Krieg konzentrieren. Diese werden aus ihrem Entstehungszeitraum in den 1950er Jahren heraus entwickelt und bis zur Wende Sadats Mitte der 1970er Jahre nach dem Yom-Kippur-Krieg verfolgt.

---

5 S. Mohamed Abdel-Salam, Intra-Arab State Conflicts, Kurasat Istratijiya 23 (englische Reihe), Al-Ahram Center of Political and Strategic Studys, Cairo (ohne Jahr, etwa 1995).

Glacis des Weltkonflikts

Der Nahe Osten spielte vom Beginn des Kalten Krieges an eine zentrale Rolle in der Strategie der Supermächte. Die USA und ihre Verbündeten hatten dort lebenswichtige Interessen zu verteidigen.[6] Die Region war seit den 1940er Jahren dabei, den Golf von Mexiko als bedeutendste Ölförderregion abzulösen. Ägypten förderte selbst nur wenig Öl für den Eigenbedarf,[7] kontrollierte mit dem Suezkanal aber den Engpass, den die Tanker auf dem Weg nach Europa passieren mussten. Hinsichtlich der Ölversorgung waren die UdSSR und ihre osteuropäischen Satelliten autark.[8] Entsprechend strebten Stalin und seine Nachfolger keine Kontrolle über die arabischen Ölquellen an. Ihre Interessen in der Region waren vielmehr zunächst primär defensiver Natur. So galt es, die im Kaukasus gelegenen wichtigsten Ölfelder der UdSSR zu schützen. Vor dem NATO-Beitritt der Türkei waren die britischen Basen im Nahen Osten ideal, sogar weitaus günstiger als in Mitteleuropa gelegen, um relevante Wirtschaftszentren der UdSSR aus der Luft anzugreifen.[9] Die britischen Anlagen entlang des Suezkanals mit ihren zehn Flugfeldern bildeten 1945 die größte Militärbasis der Welt.[10]

In den 1940er Jahren hatte Moskau nur geringen diplomatischen Einfluss im Nahen Osten. Offizielle Beziehungen mit Kairo wurden erst 1944 aufgenommen. Die meisten Regime waren monarchisch-konservativ und lebten in der dauernden Furcht vor einer Revolution. Stalin hatte die Staatsgründung Israels aktiv gefördert, um die britische Position in der Region zu unterminieren. Außerdem stammte ein großer Teil der sozialistisch orientierten zionistischen Elite aus Russland und Osteuropa; in der Vorstellung der Kremlherren eine Voraussetzungen für gute Beziehungen mit dem künftigen Judenstaat. Stalins Glaubwürdigkeit dort litt allerdings erheblich unter den Judenverfolgungen in der UdSSR, und außerdem war die israelische Gesellschaft weder grundsätzlich bereit, sich

---

6 Helmut Mejcher, Die Politik und das Öl im Nahen Osten, Bd. 2: Die Teilung der Welt 1938–1950, Stuttgart 1990, S. 293–307; Daniel Yergin, Der Preis, Frankfurt am Main 1991, S. 501 f. und 539 ff.; Douglas Little, American Orientalism. The United States and the Middle East since 1945, Chapel Hill 2002, S. 52–58.

7 Mejcher, Öl, S. 219.

8 Ebenda, S. 304 f.

9 Michael J. Cohen, Fighting World War Three from the Middle East. Allied Contingency Plans 1945–1954, London/Portland 1997, S. 132 f.; zur Bedeutung des Nahen Ostens für die UdSSR ebenda, S. 19, 39.

10 Ebenda, S. 124.

von der Demokratie abzuwenden, noch dadurch die lebenswichtigen Verbindungen zur amerikanischen Diaspora zu kappen. Trotz aller Gegensätze indes sollte der Kreml selbst in den heißesten Konfliktphasen das Existenzrecht Israels niemals in Zweifel ziehen.

Nachdem prosowjetische Aufstände in Griechenland und Iran unterdrückt worden waren, bereitete sich der Westen auf einen konventionellen Angriff auf die türkischen Meerengen und die iranische Ölprovinz Khusistan vor. Insofern hatte Großbritannien alles Interesse daran, seine Position in Ägypten zu behaupten. Die Ägypter indes wollten die Briten loswerden, je eher, desto besser. Der britische Umgang mit Ägyptens Souveränität während des Krieges war noch in frischer Erinnerung. Im Übrigen glaubten ägyptische Nationalisten, wie viele Menschen in Kolonialgebieten, dass sich mit dem Erlangen wirklicher nationaler Unabhängigkeit viele ihrer wirtschaftlichen und sozialen Probleme quasi von selbst lösen würden. Das Auslaufen des Britisch-Ägyptischen Beistandspaktes von 1936 im Jahre 1956 bot dazu die passende Gelegenheit.

Bedrängt von nationalistischen und islamistischen Kräften, musste die ägyptische Regierung auf einen vollständigen Abzug der Kolonialherren hinarbeiten. London dagegen wollte zumindest das Recht wahren, seine Stützpunkte in der Kanalzone instand zu halten und im Krisenfalle wieder Truppen stationieren zu können, was in dem 1954 schließlich mit Nasser erzielten Abkommen zunächst noch zugestanden wurde.[11] Gleichzeitig wurden Anstrengungen unternommen, Ägypten in ein von London geführtes regionales Verteidigungsbündnis zu integrieren.[12] Trotz des ersichtlichen Niederganges der britischen Weltmacht gingen Truman und Dulles seitens der USA davon aus, dass die Briten zumindest noch an ausgewählten Schwerpunkten eine starke Präsenz aufrechterhalten konnten. Den Nahen Osten sollte ihr Stützpunktsystem in Verbindung mit amerikanischer Wirtschafts- und Militärhilfe für die lokalen Partner im Rahmen der Truman-Doktrin hinreichend stabilisieren, um ihn gegen sowjetische Einflüsse abschirmen und gegen einen konventionellen Angriff verteidigen zu können.

Auf diese Weise würden sich die USA nicht nur auf die entscheidende Front in Mitteleuropa konzentrieren, sondern auch zumindest geographisch vom arabisch-israelischen Konflikt fern halten können. Dort sah

---

11 Ebenda, S. 128, 131.
12 Stefan Fröhlich, Zwischen selektiver Verteidigung und globaler Eindämmung. Geostrategisches Denken in der amerikanischen Außen- und Sicherheitspolitik während des Kalten Krieges, Baden-Baden 1998, S. 300 f.; Cohen, World War Three, S. 239 ff.

sich Truman mit demselben Dilemma konfrontiert wie noch jeder seiner Nachfolger: Einerseits bestanden enge Bindungen an den Judenstaat, selbst wenn die offiziellen Beziehungen zeitweise gespannt waren. Washingtons Entschlossenheit, Israel vor einer schweren militärischen Niederlage zu bewahren, stand nie ernsthaft zur Diskussion. Gleichzeitig zwang die Logik des Kalten Krieges dazu, die Ölversorgung des Westens sicherzustellen und die relevanten arabischen Regime gegen Umsturzversuche zu stützen. An dieser Stelle wirkte jede Unterstützung Israels kontraproduktiv, denn sie setzte die prowestlichen arabischen Regierungen dem Vorwurf der Radikalen aus, sich mit eben der Macht einzulassen, die das Überleben des »zionistischen Gebildes« überhaupt erst ermöglichte.

Als der NATO-Beitritt Griechenlands und der Türkei 1952 dem Bündnis neue militärische Optionen eröffnete, wurde Ägypten in der westlichen Strategie zum strategischen Hinterland einer nunmehr weiter nördlich verlaufenden Verteidigungslinie herabgestuft.[13] Während einer ausgedehnten Nahostreise im Mai 1953 kam Außenminister Dulles außerdem zu dem Schluss, dass die gesamte Region hochgradig instabil und einem »fanatischen revolutionären Eifer« erlegen sei, der sie für die tatsächliche sowjetische Bedrohung blind gemacht habe.[14] Die Lücke, die im westlichen Verteidigungssystem zwischen den Bündnispartnern der NATO und dem Südostasienpakt SEATO klaffte, sollte der Bagdad-Pakt schließen. Er wurde 1955 ursprünglich zwischen der Türkei und Irak geschlossen und später um Großbritannien, Iran und Pakistan erweitert. Als sich Bagdad nach der Revolution von 1958 daraus zurückzog, wurde er in CENTO umbenannt.[15]

Derartige Aktivitäten bestärkten nicht nur sowjetische Einkreisungsängste,[16] sondern erregten auch das Missfallen der revolutionären Offiziere in Kairo. Aus ihrer Sicht bedeutete der Pakt eine Aufwertung des Irak, damals ein starker Konkurrent um die Führung der arabischen Welt und nach dem Umsturz in Kairo im Jahr 1952 auch ein konservatives Gegengewicht gegen die radikalen Kräfte dort. Nasser war zusätzlich befremdet, weil Bagdad seine nationale Sicherheit durch Kräfte außerhalb der Arabischen Liga, obendrein die britische Kolonialmacht, aufwerten wollte.[17]

---

13 Orna Almog, Britain, Israel and the United States 1955–1958. Beyond Suez, London/Portland 2003, S. 10 ff.; Cohen, World War Three, S. 250 f., S. 298–312.
14 Zit. n. ebenda, S. 314.
15 Fröhlich, Verteidigung, S. 142.
16 Ebenda, S. 136.
17 Almog, Beyond Suez, S. 13.

Der arabische Kalte Krieg

Diese Polarisierung wird als der Beginn des »arabischen Kalten Krieges«[18] bezeichnet. Die Akteure mögen im Einzelfall gewechselt haben, aber es bestand immer ein Grundkonflikt zwischen progressiven Kräften, als Verräter an den traditionellen Werten Arabiens und des Islam denunziert, und Konservativen, gebrandmarkt als Knechte des westlichen Imperialismus. Die wirksamste Legitimation eines jeden Führungsanspruches in der arabischen Welt bestand auch und gerade für sonst prowestlich ausgerichtete Staatsführer im Kampfeseifer gegen das »zionistische Gebilde«. Mit einer über hundertjährigen Erfahrung im Ausspielen überlegener Großmächte zum eigenen Vorteil und einer ausgeprägten regionalen diplomatischen Kultur waren die nahöstlichen Regierungen keineswegs willenlose Marionetten auswärtiger Kräfte. Hin und wieder war kaum klar zwischen Puppenspieler und Puppe zu unterscheiden, nicht einmal im Verhältnis zu den Supermächten. Gerade Nasser verstand es meisterhaft, seine russischen Verbündeten für seine eigenen Zwecke zu manipulieren.[19]

Die Jahre 1952 und 1955 markierten Wendepunkte in der Geschichte Ägyptens und des gesamten Nahen Ostens. Als eine Junta junger Offiziere sich am 23. Juli 1952[20] in Kairo an die Macht putschte, hatte sie keine vorformulierte Außenpolitik, die über das Nahziel einer ungeschmälerten nationalen Souveränität hinausreichte. Als Voraussetzung dafür galt zunächst der vollständige Abzug der britischen Truppen, als Mittel ihrer Bewahrung die Entwicklung des Landes und der Ausbau seiner Streitkräfte, um eine Lösung mit Israel erzwingen und das Land gegen erneute imperialistische Übergriffe verteidigen zu können.

Der Coup wurde seitens amerikanischer Beobachter zunächst durchaus mit Sympathie betrachtet. Das Ende der handlungsunfähigen Monarchie mit ihren Kurzzeitkabinetten bedauerte niemand. Viele Bestandteile des Regierungsprogrammes der Revolutionäre wie eine Landreform und eine beschleunigte Industrialisierung wurden als gangbarer Weg zu einer tragfähigen Entwicklung angesehen, und einer Militärregierung traute man die nötige Durchsetzungskraft dafür zu. Im Übrigen waren die meisten der neuen Machthaber gestandene Antikommunisten mit

---

18 So der Titel eines bekannten zeitgenössischen Werkes zum Thema: Malcolm Kerr, The Arab Cold War, London 1971.
19 Brown, International Politics, S. 198.
20 Das offizielle Revolutionsdatum ist der 26. Juli, der Tag der Abdankung von König Faruk.

einer prowestlichen Ausrichtung, die lediglich Großbritannien explizit ausschloss. Einige waren in den USA ausgebildet worden. Sie wussten um die Dissonanzen im anglo-amerikanischen Verhältnis, die sie durch eine Hinwendung zu Amerika für ihre Zwecke zu nutzen gedachten.[21] Immerhin war es Washington gewesen, das London in der Frage der Suezkanalbasen zum Einlenken genötigt hatte.[22]

Kairo war schon damals der Dreh- und Angelpunkt für jede arabisch-israelische Initiative. Hoffnungen auf eine solche Lösung im Gefolge des Suezabkommens, genährt durch Äußerungen einiger Putschoffiziere, wurden indes bald enttäuscht.[23] Ein als »Plan Alpha«[24] bekannt gewordener Entwurf kam nie wirklich voran. Nicht genug damit, dass er sich in den Plänen für ein nahöstliches Verteidigungssystem verhedderte, wurde er auch noch durch die konfliktträchtigen ägyptisch-amerikanischen Verhandlungen über die künftige Entwicklungszusammenarbeit belastet. In deren Mittelpunkt stand die Errichtung eines neuen Assuan-Dammes. Er sollte billige elektrische Energie erzeugen, eine dauerhafte Bewässerung des Niltales garantieren und die Urbarmachung von Wüstenland ermöglichen. Der Staudamm war daher ein machtvolles Symbol des revolutionären Regimes und seiner ambitionierten Entwicklungspläne.[25] Während die ägyptische Führung ihn als Schlüssel zu einer besseren Zukunft für ihr Land betrachtete, sah das US-Außenministerium darin lediglich einen Verhandlungsgegenstand für eine Nahostfriedensregelung.[26] Kleinkariertes Geschacher über die Finanzierung und nebensächliche Details vergifteten das Verhandlungsklima, bis das amerikanische Finanzierungsangebot im Juli 1956 formell zurückgezogen wurde. Auch fürchtete Nasser angesichts der langfristigen Bindung Ägyptens an die USA infolge der Anleihen eine Beschneidung seines außenpolitischen Spielraumes.

Nicht minder bedeutsam war die Suche nach einem verlässlichen Waffenlieferanten. Nassers Propaganda hat den Mythos geschaffen, dass der Westen sich geweigert habe, Waffen an Ägypten zu liefern, gleichzeitig aber Israel in den 1950er Jahren zu einem militärischen Riesen aufgerüstet habe. Tatsächlich lieferte allein Großbritannien 1955 Kairo mehr

---

21 Muhammad Abd el-Wahab Sayed-Ahmed, Nasser and American Foreign Policy 1952–1956, Kairo 1989, S. 39f., 46f., 53, 59, 67; Jon Alterman, Egypt and American Foreign Assistance. Hopes Dashed, New York 2002, S. 9–13, 26f.; Little, American Orientalism, S. 165f.
22 Sayed-Ahmed, Nasser and American Foreign Policy, S. 73.
23 Ebenda, S. 90f., 96.
24 Vgl. Almog, Beyond Suez, S. 44–48.
25 Alterman, Hopes Dashed, S. 97ff., 109.
26 Ebenda, S. 104–109, 128; Almog, Beyond Suez, S. 76f.

Waffen, als es in allen sieben Jahren seit der Staatsgründung zusammen nach Tel Aviv verkauft hatte.[27] Die USA wiederum verweigerten Waffenlieferungen an Israel mit Rücksicht auf ihre Position in der arabischen Welt. Außerdem wollte Washington kein Wettrüsten im Nahen Osten provozieren, das nukleare Dimensionen anzunehmen drohte, seit Israel seinen Reaktor in Dimona in Betrieb genommen hatte. Die erste offizielle US-Waffenlieferung von 1958 hätte gerade ausgereicht, um eine größere Jagdgesellschaft auszurüsten. Erst Präsident Kennedy fuhr in den 1960er Jahren die Aufrüstung des Judenstaates hoch, aber bis 1967 blieb Frankreich der Hauptlieferant. Nicht zuletzt aufgrund dieser Zurückhaltung waren die offiziellen amerikanisch-israelischen Beziehungen in den 1950er Jahren recht kühl.[28] Das bedeutete nun keineswegs, dass irgendein Präsident oder maßgebliches Mitglied einer Regierung proarabische Gefühle gehegt hätte. Respekt und Sympathie lagen immer auf der Seite Israels.[29] Die Sturheit der israelischen Regierung und ihre – den Arabern hier durchaus ähnliche – Neigung zur Politik vollendeter Tatsachen wurden unterdessen in Washington als Hindernis zu einem besseren amerikanisch-arabischen Verhältnis betrachtet, wodurch man wiederum die Abwehr sowjetischer Einflussnahme beeinträchtigt sah.

In der Dreiererklärung vom 25. Mai 1950 waren die Westmächte übereingekommen, ein regionales Wettrüsten durch die Überwachung und Beschränkung von Waffenlieferungen sowie die Garantie der territorialen Integrität zu verhindern.[30] Im Ergebnis lief dies auf ein Waffenembargo hinaus, dessen Regularien Washington auch auf die ägyptischen Lieferwünsche anzuwenden gedachte. Die Ägypter, die gerade ihre Kolonialherren verabschiedet hatten, lehnten die vorgesehenen Restriktionen für den Einsatz solcher Waffen als Souveränitätsverlust ebenso ab wie die obligate Entsendung einer US-Militärmission. Die Akkumulation von Fehlern und Missverständnissen auf beiden Seiten degradierten die Jahre 1954 und 1955 nach Meinung der ägyptischen Öffentlichkeit zu einer Zeit verlorener Hoffnungen beim Aufbau neuer und gleichberechtigter Beziehungen mit dem Westen.[31] Dort wurde diese Ansicht durchaus geteilt.

---

27 Almog, Beyond Suez, S. 42.
28 Little, American Orientalism, S. 89 ff.
29 Ebenda, S. 26 f., 31, 33 f.
30 Robert Harkavy/Stephanie Neuman, US-Arms Transfer and Arms Control Policies: The Middle East, in: Spiegel u.a. (Hg.), Soviet-American Competition, S. 17–48.
31 Alterman, Hopes Dashed, S. 109; Anouar Abdel-Malek, Ägypten: Militärgesellschaft. Das Armeeregime, die Linke und der soziale Wandel, Frankfurt am Main 1971, S. 152 f.

Allzu groß waren diese Hoffnungen nie gewesen. Außenminister Dulles hatte wenig Gefühl für die Eliten in der Dritten Welt, und seine antikommunistischen Instinkte ließen ihn in jedem dieser Revolutionäre einen sowjetischen Erfüllungsgehilfen wittern.[32] Nassers Außenpolitik hatte auch kaum eine Gelegenheit ausgelassen, diesen Eindruck zu bestätigen. Ein Memorandum des State Department kam im April 1956 zu dem Ergebnis, dass »wenig dafür spricht, dass die Vereinigten Staaten in der nächsten Zukunft mit Nasser zusammenarbeiten können«.[33]

Zu Beginn der 1950er Jahre war der Kalte Krieg in Europa erstarrt. Ihn dort wieder in Bewegung zu bringen, barg für beiden Seiten hohe Risiken bei höchst ungewissen Erfolgsaussichten. Daher verschob sich der Schwerpunkt zusehends in die Dritte Welt. Von 1952 an intensivierte die UdSSR die Kooperation mit den »fortschrittlichen« Kräften und Staaten im Nahen Osten. In Ägypten boten die Revolution selbst und die wachsende Kluft zwischen den Freien Offizieren und dem Westen Moskau Gelegenheit, sich als künftiger Partner zu profilieren, beispielsweise durch proarabische Voten der Sowjetunion im UN-Sicherheitsrat im Frühjahr 1954. Aus der Perspektive Kairos sah der Kalte Krieg durchaus anders aus als aus dem Blickwinkel Moskaus und Washingtons. Ägypten sah sich nicht in erster Linie im Kampf gegen eine kommunistische Bedrohung, zumal eine »kommunistische Zelle« am Nil weniger eine Organisationsform als den Aufenthaltsort ihrer Mitglieder bezeichnete. Die Herausforderungen dort waren Armut, Unbildung und Krankheit. Während die Sowjetunion ein mächtiges, aber weit entferntes Land war, lauerten der britische Imperialismus und Israel vor der Haustür. Moskau dagegen symbolisierte Fortschritt, sozialen Wandel und Revolution gegen die reaktionären Kolonialmächte.[34] Den Durchbruch markierte das ägyptisch-tschechoslowakische Rüstungsabkommen vom September 1955,[35] das zeitlich mit der ersten Konferenz des Bagdad-Paktes und bilateralen Beistandsabkommen Ägyptens mit Syrien und Saudi-Arabien zusammenfiel,

---

32 Er betrachtete Nassers Vorgänger als Führer der Freien Offiziere, General Mohammed Naguib, als »ägyptischen Kerensky mit Fez«, vgl. Little, American Orientalism, S. 166; Alterman, Hopes Dashed, S. 126.
33 Zit. n. Alterman, Hopes Dashed, S. 121.
34 Ebenda, Vorwort S. xx; Almog, S. 9; Little, S. 181.
35 Zu den diplomatischen Aspekten s. Rami Ginat, Origins of the Czech-Egyptian Arms Deal: A Reapprisal, in: David Tal (Hg.), The 1956 War. Collusion and Rivalry in the Middle East, London/Portland 2001, S. 145–195. Für Details zu Waffenlieferungen vgl. Jack S. Levy/Joseph R. Gochal, Democracy and Preventive War: Israel and the 1956 Sinai War, International Studys Association, 40th Annual Convention 1999, www.ciaonet.org/isa/lej01.

die sich beide vom Bagdad-Pakt bedroht fühlten. Damit war der Kalte Krieg im Nahen Osten angekommen.[36] Ein Jahr später flossen Waffen und Ausrüstung nach Ägypten und trugen zum Ende der Verhandlungen über den Assuan-Damm bei. Als Ägypten sowjetische Zusagen zu dessen Finanzierung und Bau sowie zur Errichtung eines riesigen Stahlkombinates nahe Kairo annahm,[37] hatte Moskau die nördliche Verteidigungslinie des Westens an der ökonomischen Front ebenfalls ausflankiert.

Erzürnt über die Verweigerung des Westens, den Dammbau zu finanzieren, verkündete Nasser am Revolutionsfeiertag 1956 die Verstaatlichung des Suezkanals. Künftig sollten dessen Einnahmen in das Dammprojekt fließen. Großbritannien und Frankreich als Hauptaktionäre der Kanalgesellschaft kamen daraufhin überein, durch die militärische Besetzung der Kanalzone nicht nur ihre unmittelbaren Interessen dort zu wahren, sondern auch das Obristenregime zu stürzen. Diese Planungen fielen mit wachsenden Spannungen entlang der ägyptisch-israelischen Demarkationslinie zusammen. Zahlreiche Operationen palästinensischer Fedayin, die mal mit, mal ohne Unterstützung Kairos vom Gazastreifen ausgingen, hatten einen israelischen Gegenschlag provoziert. Der so genannte Gaza-Raid im Februar 1955 hatte die letzte Hoffnung auf eine Implementierung des »Plans Alpha« endgültig begraben. Dieser Angriff war der erste direkte Zusammenstoß regulärer israelischer und ägyptischer Streitkräfte seit dem Waffenstillstand von 1948. Mit Dutzenden ägyptischer Opfer markierte er den ersten Schritt zum Krieg, dessen nächster die Waffenlieferungen aus der ČSSR waren. Israels Militärführung wollte zuschlagen, bevor deren Übernahme durch die ägyptischen Verbände diesen ein Übergewicht verlieh. Der Gaza-Raid und ein wenig glücklich verlaufener Vorstoß gegen die jordanisch-palästinensische Stadt Qalqiliyah im Oktober 1956 schließlich überzeugten Ben Gurion davon, dass durch solche isolierten Angriffe den ständigen Guerillaattacken nicht beizukommen war und nach umfassenderen Lösungen gesucht werden musste. Ende Oktober überrannte die israelische Armee die Halbinsel Sinai, während französische und britische Fallschirmjäger die Suezkanalzone besetzten.

Die Vorgänge im Nahen Osten, gepaart mit dem Ungarnaufstand, tauchten die Weltlage in ein düsteres Licht.[38] In Nahost fanden sich die

---

36 Abdel Malek, Militärgesellschaft, S. 151 f.
37 Details in Galal A. Amin, Egypt's Economic Predicament, Leiden u.a. 1995, S. 1; John Waterbury, The Egypt of Nasser and Sadat. The Political Economy of two Regimes, Princeton 1983, S. 70; Mourad M. Wahba, The Role of the State in the Egyptian Economy, Reading 1994, S. 3 f.
38 Stöver, Der Kalte Krieg, S. 48 ff.

USA plötzlich in einer Front mit Moskau gegen zwei ihrer eigenen Verbündeten, um einen Sowjetalliierten zu beschützen. Eisenhower war bestrebt, die Besatzungstruppen so schnell wie möglich aus Ägypten herauszuverhandeln, da man andernfalls befürchtete, die ganze arabische Welt könne unter sowjetischen Einfluss geraten. Im Ergebnis trugen die Suezkrise und ihre Nachwehen entscheidend dazu bei, die Grundstruktur des Kalten Krieges in Nahost zu etablieren.

Das vielleicht wichtigste Element war die Bereitschaft der Supermächte, regionale Konflikte so zu begrenzen, dass diese nicht zu einer direkten bewaffneten Konfrontation eskalieren konnten.[39] Weder Moskau noch Washington ließen sich je auf ein formales Bündnis selbst mit ihren engsten Alliierten in der Region ein oder gaben militärische Garantien, ausgenommen im Falle einer unmittelbaren Bedrohung durch die jeweils andere Supermacht.[40] Folgerichtig traten die Vereinigten Staaten auch der CENTO nicht bei und widerstanden dem wiederholten Werben Israels für ein engeres Verteidigungsbündnis. Spiegelbildlich ließ sich die UdSSR trotz ihrer Marinebasis in Alexandria nicht auf weitergehende Verpflichtungen gegenüber Kairo ein. Wie schnell jede Großmacht in einen lokalen Konflikt hineingezogen werden konnte, beleuchtete der erwähnte israelische Raid in das Westjordanland im Herbst 1956. Nur mit Mühe war Amman davon abzubringen, vertraglich garantierten Beistand gegen die israelischen Angriffe von Westminster einzufordern, das zur selben Zeit mit Israel über einen gemeinsamen Feldzug gegen Ägypten verhandelte.

Folgerichtig bauten die US-Streitkräfte niemals Kapazitäten für Nahostinterventionen im großen Rahmen auf; die von der 6. Flotte unterstützten Kontingente, die 1958 und 1982 im Libanon zum Einsatz kamen, blieben zahlenmäßig klein. Stattdessen sollte die Eisenhower-Doktrin von 1957 das Machtvakuum füllen, das der Abzug der früheren Kolonialmächte aus der Kanalzone hinterlassen hatte. Quasi in Erweiterung der Truman-Doktrin wurde vom Kommunismus bedrohten Staaten neben wirtschaftlicher und finanzieller Unterstützung nun auch Militärhilfe zugesichert.[41]

Desgleichen entsandte Moskau nur ein einziges Mal eigene Kampftruppen zur aktiven Unterstützung Ägyptens während des Abnutzungskrieges entlang des Suezkanals in den Jahren 1969 und 1970. Es bedurfte einer glaubwürdigen Rücktrittsdrohung Nassers und des mas-

---

39 Ebenda, S. 50.
40 Helmut Hubel, Das Ende des Kalten Krieges im Nahen Osten, München 1995, S. 27.
41 Fröhlich, Verteidigung, S. 305.

siven Eintretens Marschall Gretschkos, um den zögernden Breschnew zu diesem Engagement zu drängen, das er als beispiellosen Schritt bezeichnete.[42] Die Gegner waren indes Israelis und keine NATO-Verbände. Im sicheren Wissen, dass diese sowjetischen Truppen sich niemals in einen regulären Krieg gegen Israel hineinziehen lassen würden, musste Sadat sie schließlich heimschicken, um seine Kriegspläne umsetzen zu können. Selbst an der Ernsthaftigkeit der sowjetischen Drohung, durch eine militärische Intervention ihre arabischen Verbündeten 1973 vor einer totalen Niederlage zu bewahren, sind rückblickend Zweifel angebracht.[43] Indem es Israel zum Waffenstillstand nötigte, verhinderte Washington jede mögliche Eskalation zwischen den Supermächten, während es gleichzeitig die Tür zu künftigen israelisch-arabischen Verhandlungen öffnete, die auf lange Sicht seine Machtposition eher verbessern würde als diejenige der Sowjets.

Für beide Seiten behielt der Nahe Osten jedoch einen hohen Stellenwert. Für die Sowjetunion blieben in erster Linie Ägypten, dann auch die übrigen arabischen Verbündeten bevorzugte Empfänger militärischer und ziviler Unterstützung. Sie waren zudem bedeutende und lukrative Handelspartner des RGW[44] auf dem zivilen wie militärischen Sektor. Dabei versuchte Kairo, seine ökonomische Abhängigkeit so gering wie möglich zu halten, indem es auch wirtschaftliche Kontakte zum Westen aufrechterhielt. Die Bundesrepublik Deutschland wurde als Gebernation in den späten fünfziger Jahren nur von der UdSSR übertroffen.[45] Später versuchte Kennedy, Nasser durch Hilfsangebote für seine krisengebeutelte Wirtschaft zu einer konzilianteren Haltung gegenüber dem Westen zu bewegen. Als der Ra'is[46] keine Miene machte, sich »mehr um Traktoren als um Panzer« zu bemühen, stellte Lyndon Johnson schließlich die noch verbliebene Nahrungsmittelhilfe ganz ein.[47] Die Rüstungs- und Entwicklungshilfe für Israel dagegen verzeichnete einen stetigen Zuwachs. Aus diesen Quellen konnte Ägypten erst wieder schöpfen, als Sadat seine Politik gegenüber Israel radikal veränderte.[48] Neben den stra-

---

42 Efraim Karsh, Peacetime Presence and Wartime Engagement: The Soviet Case, in: Spiegel u.a. (Hg.), Soviet-American Competition, S. 145–158, 163.
43 Ebenda, S. 153.
44 Eine Bewertung aus ökonomischer Sicht geben Gur Ofer/Joseph Pelzman, Soviet Economic Interests in the Middle East, in: Spiegel u.a. (Hg.), Soviet American Competition, S. 221–238.
45 Abdel-Malek, Militärgesellschaft, S. 300.
46 Arabisch: Präsident.
47 Little, American Orientalism, S. 183ff.
48 Heute führen Israel und Ägypten die Liste der US-Hilfeempfänger an.

tegischen Erwägungen spielte der Zugang zu westlicher Hilfe eine wesentliche Rolle für Sadats Seitenwechsel.

Nicht bereit, eine direkte Konfrontation zu riskieren, unterwarfen beide Supermächte die Kriegführung ihrer lokalen Verbündeten starken Restriktionen. In allen bewaffneten Konflikten schränkten sie deren Spielräume so weit ein, dass keine Seite jemals einen totalen Sieg erringen und dem Gegner eine totale Niederlage beibringen konnte. In der wohl gefährlichsten Krise 1973 traten Moskau und Washington in einen direkten Dialog ein, um die Lage zu entschärfen.[49] Gleichzeitig füllten sie die Arsenale ihrer Partner ungeachtet immenser Kosten nach jedem Waffengang zügig wieder auf. Ägypten erfreute sich immer wieder der speziellen Zuwendung des Kreml, der jedoch selbst dann nicht von seiner strikten atomaren Nichtverbreitungspolitik abwich, als Israel in den 1950er Jahren unter dem geflissentlichen Wegsehen der USA nukleare Kapazitäten entwickelte.[50] In den 1970er Jahren wies Moskau erstmals eine umfangreiche ägyptische Wunschliste zurück. Der Rogers-Plan[51] schien die Tür zu einer Nahostfriedensregelung aufzustoßen, und dieses eine Mal wollte Moskau um der globalen Entspannung willen nicht als Friedenssaboteur dastehen.[52] Als Sadat in Sachen Rüstungslieferungen weit weniger Gehör fand als sein Vorgänger und mit leeren Händen aus Moskau zurückkehrte, war er zum Seitenwechsel bereit.[53] Insofern stand Ägyptens Beteiligung am Kalten Krieg immer in erster Linie unter dem Primat der eigenen nationalen Ziele und Interessen.

»Das bedeutendste Land der Welt«

Diese nationalen Interessen hatte Nasser im regionalen und globalen Kontext neu definiert. Die arabische Einheit zu schaffen, wurde zur zentralen Aufgabe der eigenen Außenpolitik erklärt. Entscheidend für den

---

49 Yaacov Bar-Siman-Tov, Israel, the Superpowers and the War in the Middle East, New York u.a. 1987.

50 Shai Feldman, Superpower Nonproliferation policies: The Case of the Middle East, in: Spiegel u.a. (Hg.), Soviet-American Competition, S. 95–110, v.a. 104.

51 Detailliert, wenn auch aus israelischer Sicht, schildert die Details der komplexen Vorschläge und Verhandlungen Gideon Rafael, Der umkämpfte Friede, Frankfurt am Main u.a. 1984, S. 269–296.

52 Es war die Zeit der SALT-Verhandlungen, vgl. Stöver, Der Kalte Krieg, S. 89f.

53 Bar-Siman-Tov, Superpowers, S. 19. Sadats eigene Darstellung findet sich in seinen Memoiren: Anwar El-Sadat, Unterwegs zur Gerechtigkeit, Wien u.a. 1978, S. 262ff.

Aufstieg panarabischer Ideen war unter anderem die Erfahrung der Niederlage gegen Israel im Jahre 1948, zu der nationale Alleingänge der beteiligten Staaten – Ägypten eingeschlossen – erheblich beigetragen hatten. Die Analyse dieses desaströsen Lehrstücks arabischer Spaltung und Egoismen brachte Nasser zu der Erkenntnis, dass es »in der arabischen Sphäre eine Rolle gibt, die ziellos auf der Suche nach einem Helden umherwandert«.[54] Als er selbst zwischen 1954 und 1956 mehr und mehr in diese Rolle hineinwuchs und mit ihr identifiziert wurde, wurde der Arabismus unter seiner Führung zur stärksten politischen Triebkraft der arabischen Welt. In diesen beiden Jahren verhandelte er die Kolonialmacht aus seinem Land heraus und widerstand dem Druck zur Integration in den Bagdad-Pakt. Zum umjubelten Heros der arabischen Massen machte ihn dann die Verstaatlichung des Suezkanals und die Abwehr der anschließenden Intervention der ehemaligen Kolonialherren.[55] Von da an überlebte der Nimbus des Ra'is alle Krisen und Niederlagen, am Ende sogar seinen Tod im Jahre 1970.[56]

Für die Verfolgung seiner panarabischen Ziele erwies sich dieses Charisma als unschätzbarer Vorteil, da er darüber unmittelbaren Zugang zu den Menschen in den Nachbarländern bekam. Die panarabische Sphäre war die wichtigste von insgesamt dreien, in denen er Ägypten neben der afrikanischen und islamischen positioniert sah. Er betrachtete seine Version des arabischen Sozialismus als Weg zur wirtschaftlichen und sozialen Entwicklung nicht nur für sein Land, sondern für alle arabischen Völker. Daher bestand Nassers Außenpolitik aus vier Hauptelementen:[57]

– dem Aufbau einer antiimperialistischen arabischen Allianz, um ein dem ägyptischen Regime günstiges internationales Ambiente zu schaffen;

---

54 Zit. n. Brown, International Politics, S. 164. Vgl. auch Albert Hourani, A History of the Arab Peoples, Cambridge 1991, S. 406 ff.; Panayiotis J.Vatikiotis: The Modern History of Egypt. From Muhammad Ali to Mubarak, London 1991, S. 146; Israel Gershoni, The Emergence of Pan-Arabism in Egypt, Tel Aviv 1981.

55 S. Elie Podeh, Regaining lost Pride: The Impact of the Suez Affair on Egypt and the Arab World, in: Tal (Hg.), The 1956 War, S. 209–224.

56 Zu den charismatischen Aspekten von Nassers Herrschaft vgl. Friedemann Büttner, Gamal Abdel Nasser – Charisma bis zum bitteren Ende, in: Wilfried Nippel (Hg.), Virtuosen der Macht. Herrschaft und Charisma von Perikles bis Mao, München 2000, S. 223–243.

57 Peter Pawelka, Herrschaft und Entwicklung im Nahen Osten, Äygpten, Heidelberg 1985, S. 242–245.

– der weltpolitischen Rolle Ägyptens – auf der Konferenz von Bandung
schwang sich Nasser durch die Anerkennung der Volksrepublik China
und den ostentativen Schulterschluss mit Dritte-Welt-Radikalen wie
Kwame Nukramah und Ahmed Sukarno zum Bannerträger des arabischen und afrikanischen Antiimperialismus auf, bis mit dem Abtreten
vieler befreundeter Galionsfiguren und einer Reihe militärischer Konfrontationen zwischen ihren Mitgliedern in den frühen 1960er Jahren
die Bewegung der Blockfreien viel von ihrem Einfluss verlor und ausgerechnet in jenem Jahr, in dem Nasser das Gipfeltreffen in Kairo aus-
richtete, erste Anzeichen des Niedergangs zeigte;[58]
– der wirtschaftlichen Integration der arabischen Welt und dem Zugang
zu den Märkten der neuen afrikanischen Staaten, um neue Absatzmärkte für die expandierende ägyptische Wirtschaft zu öffnen und
den Zugang zu Rohstoffen zu sichern;
– der propagandistischen Instrumentalisierung von Nassers zunehmender internationaler Reputation, die seine Popularität im eigenen Land
steigerte und das angekratzte Selbstbewusstsein der Durchschnitts-
ägypter hob, die sich nun vom Status bescheidener Kolonialunterta-
nen in den Rang von Großmachtbürgern erhoben fühlten. In seinen
endlosen, sprachlich bombastischen Reden zur Außenpolitik war eine
wiederkehrende Phrase die Bezeichnung Ägyptens als »bedeutendstes
Land der Welt«, die bis heute die Selbstwahrnehmung vieler Ägypter
bestimmt.

Das wohl bedeutendste außenpolitische Einzelprojekt war die Fusion
mit Syrien zur Vereinigten Arabischen Republik (VAR) im Jahr 1958.
Diese scheiterte schließlich an der Einsicht der Syrer, dass sie auf dem
besten Wege waren, zu einer sozioökonomischen Kolonie der Ägypter
herabzusinken. Gegen einen Staatsstreich in Damaskus ging Nasser
1961 nicht gewaltsam vor und zog seine Statthalter ab. Vor einem Bürgerkrieg innerhalb der VAR scheute er zurück. Derart offener Imperialismus barg die Gefahr völliger innerarabischer Isolation. Um den Prestigeverlust aufzufangen, verschärfte der Ra'is den innenpolitischen Kurs
hin zu noch rigiderer gesellschaftlicher und wirtschaftlicher Kontrolle.
Ein weiterer Vereinigungsversuch, diesmal mit dem Irak, scheiterte zwar
ebenfalls schon im Ansatz, aber das 1958 zur Macht gelangte prosowjetische, nationalistische Regime der Obristen Qassim und Arif wurde
dennoch sowohl in Kairo als auch in Moskau als nützlicher Verbündeter
angesehen. Bagdads Versuch einer Annexion Kuwaits wurde allerdings
1961 durch das energische Auftreten der britischen Schutzmacht in die

---

58 Stöver, Der Kalte Krieg, S. 42.

Schranken gewiesen. Im Libanon und in Jordanien waren im Krisenjahr 1958 ebenfalls militärische Interventionen der Briten und Amerikaner nötig gewesen, um die die konservativ-prowestlichen Regierungen Camille Schamouns und König Husseins vor dem Umsturz durch arabisch-nationalistische, »nasseristische« Kräfte zu bewahren.[59] Der arabische Kalte Krieg trieb seinem Höhepunkt entgegen, als eine »progressive« Bewegung das erzkonservative za'iditische Imamat des Jemen stürzte und um ägyptische Hilfe ersuchte. Nasser sah seine Chance, einen Brückenkopf auf der Arabischen Halbinsel zu errichten, direkt vor der Haustür der stärksten innerarabischen Konkurrenz in Riad. In der Konsequenz wurde der jemenitische Bürgerkrieg als Stellvertreterkrieg der beiden Regionalmächte ausgetragen, wobei das Königreich seinerseits Unterstützung aus dem Westen erhielt. Auf dem Höhepunkt des Konflikts standen rund 60 000 ägyptische Soldaten in dem unzugänglichen Bergland im Kampf gegen die Aufgebote der traditionell sehr kriegerischen Stämme. Als Nasser nach der Niederlage im Sechstagekrieg dringend auf die Hilfe der arabischen Welt angewiesen war, machte Riad den ägyptischen Rückzug aus dem Jemen zur Bedingung solcher Zuwendungen. Die Kämpfe unter den verfeindeten Fraktionen zogen sich indes noch bis 1970 hin.

Das ebenso kostspielige wie erfolglose Eingreifen im Jemen markierte bereits den Anfang vom Ende der ägyptischen Expansion unter der Flagge des Panarabismus. In dessen Rahmen hatte Nasser auch entscheidend dazu beigetragen, die PLO 1964 zu einer effektiven Guerillabewegung umzuformen und dafür syrische und sowjetische Unterstützung zu erhalten. Nach einer etwas ruhigeren Periode Anfang der 1960er Jahre begann die Lage entlang der israelischen Grenze nach 1965 abermals zu eskalieren. Als Nasser 1966 ein formales Bündnis mit Syrien schloss, dem wenig später auch Jordanien beitrat, war die Umzingelung Israels komplett. Die arabische Niederlage von 1967 besiegelte aber das Scheitern von Nassers panarabischen Ambitionen. Ohne die Aufgabe seiner Absichten zur politischen Umgestaltung der arabischen Welt nach seiner Version des arabischen Sozialismus war die Unterstützung der konservativen Regime nicht zu haben, auf deren Hilfe er nun dringend angewiesen war.

---

59 Almog, Beyond Suez, S. 145–209.

»Von der Nadel zur Rakete«

Die staatszentrierte Entwicklungspolitik, die Nasser in den 1950er Jahren eingeleitet und die sich immer mehr sozialistischen Modellen angenähert hatte, war in eine nicht mehr beherrschbare Krise eingemündet, deren Ausmaß mit Kriegsfolgen allein nicht mehr zu erklären war. Am Anfang stand eine Entwicklungsstrategie, welche die Freien Offiziere nicht erfunden hatten und die nicht zwangsläufig im Staatssozialismus enden musste. Die Idee der Import substituierenden Industrialisierung (ISI) entstand bereits in den 1930er Jahren und wurde von einer ganzen Reihe von Entwicklungsländern angewandt; in Ägypten galt sie zwischen 1952 und 1972 als Leitschnur.[60] Sie galt als Erfolg versprechender Weg hin zu wirtschaftlicher und politischer Emanzipation von kolonialer und postkolonialer Bevormundung, um finanzielle Ressourcen für Investitionen freizusetzen und einen kräftigen Schub für die Ankurbelung des Verbrauchs zu geben. Erwünschter politischer Nebeneffekt war ein Machtzuwachs für die jeweilige Regierung, da diese sowohl die Kontrolle über die Wirtschaft übernehmen als auch durch Arbeitsbeschaffung und Einkommenssteigerungen ihr Ansehen steigern konnte. Ein beträchtlicher Teil des öffentlichen Konsums floss üblicherweise in Rüstungskäufe, um die relative Machtposition ausbauen und das Sicherheitsgefühl gegenüber tatsächlichen oder eingebildeten Bedrohungen stärken zu können. Soweit der gedachte Verlauf – der tatsächliche war allerdings häufig ein anderer. In den meisten Fällen erzeugte ISI einen Importsog für Investitionsgüter, dessen Kosten nicht durch Exporterlöse gedeckt waren. Die kostenintensive Produktion für einen heimischen Markt mit beschränkter Kaufkraft erzwang hohe Schutzzölle, die die internationale Wettbewerbsfähigkeit noch weiter herabsetzten, und damit auch die Chance, die benötigten Devisen zu erlösen. Hohe Wachstumsraten zu Beginn dieser Politik wurden sehr bald von einer Wachstums- und Produktionskrise abgelöst, diese wiederum von einer Schuldenkrise, die schließlich das ganze Modell staatlich forcierter Entwicklung und mit ihr die Stabilität des Regimes untergruben.

Eine Grundannahme für die Anwendung dieser Strategie in Ägypten verlangte, dass die Landwirtschaft als profitabelster Wirtschaftssektor

---

60 Für allgemeine Diskussionen der ISI in der Dritten Welt vgl. Franz Nuscheler, Lern- und Arbeitsbuch Entwicklungspolitik, Berlin 1996, S. 48; Michael P. Todaro, Economic Development, London/New York 1997, S. 465–478. Eine Bewertung der unterschiedlichen Ansätze mit Blick auf Ägypten gibt John Waterbury, Nasser and Sadat, S. 6–12.

zumindest die Kosten eines Teils der notwendigen Importe für die ISI abdecken würde, darunter Maschinen und Düngemittel für weitere Effizienzsteigerungen. Der neue Assuan-Staudamm sollte kostengünstige Energie für die Industrialisierung liefern. Investitionslenkende Maßnahmen wurden eingeleitet, um vorhandenes Privatkapital in die von den Offizieren geplanten »produktiven Industrialisierungsprojekte« zu kanalisieren. Als sich das Agrar- und Wirtschaftsbürgertum der »Erfüllung seiner nationalen Verpflichtung« aus nachvollziehbaren Gründen verweigerte, griff das Regime zu Zwangsmaßnahmen, die nicht nur die nötigen Gelder freisetzen, sondern auch dem gesamten Bürgertum die wirtschaftliche Basis entziehen und es so als potenziellen Machtfaktor ausschalten sollten. Es folgten mehrere Wellen der Nationalisierung und Enteignung sowie eine Landreform, die Ägypten immer näher an ein sozialistisches Wirtschaftsmodell heranführte. Nach anfänglichem Zögern sprach man dann auch offen von Sozialismus. Der entscheidende Schritt waren die Enteignungsdekrete vom Juli 1961, denen noch kleinere Wellen in den Jahren darauf folgten. Alle größeren Betriebe, Banken, Versicherungen, Außenhandelsfirmen, Speditionen und Medien wurden in Staatsbesitz überführt und zahlreiche Privatvermögen beschlagnahmt, ihre Inhaber vielfach inhaftiert. Kleinbetriebe, Handwerker, Einzelhändler und freie Berufe blieben zwar verschont, wurden aber mit einem dichten Netz von Kontrolle und Gewinnabschöpfung überzogen. Im Ergebnis war der private Sektor zwar nicht vernichtet, aber völlig marginalisiert und von einem absolut dominanten öffentlichen Sektor abhängig.[61] Dennoch war auswärtige Finanzhilfe nötig, um die ehrgeizigen Ziele des ersten Fünfjahresplanes von 1959/60 bis 1964/65 zu erreichen. Unter dem Motto »Von der Nadel zur Rakete« sollte dieser die industrielle Fertigung in Quantität und Qualität, Tiefe und Breite zugleich steigern und so das Bruttosozialprodukt in zehn Jahren[62] verdoppeln, was Wachstumsraten von etwa sieben Prozent im Jahr erforderte. Die krakenhaft wuchernde Planungs- und Lenkungsbürokratie wurde ihrer Aufgabe in den weit höher entwickelten Volkswirtschaften der Zweiten Welt nicht gerecht und versagte in der Dritten durchgängig, wovon Ägypten keine Ausnahme machte – im Gegenteil.

Die Verteidigungsausgaben lasteten als schwere Bürde auf dem Staatshaushalt. Die Jahre 1950 bis 1976 sahen einen kontinuierlichen Anstieg

---

61 Eine Liste sequestrierter Unternehmen und Vermögen sowie Einzelheiten zum Ablauf finden sich bei Abdel Malik, Militärgesellschaft, S. 181–221.
62 D.h., nach dem zweiten Fünfjahresplan, der zwar entworfen, aber nie implementiert wurde.

von 3,9 auf 37 Prozent des Bruttosozialproduktes, von etwa 100 Millionen auf rund 4,3 Milliarden Dollar. Die höchsten Steigerungsraten verursachten in den 1960er Jahren der Krieg im Jemen und der eskalierende Konflikt mit Israel, zudem zahlreiche kleinere Interventionen zugunsten »progressiver Kräfte« in der arabischen Welt und darüber hinaus.[63] Rüstungsgüter, die meisten aus der UdSSR importiert, machten 1973 schließlich rund 90 Prozent aller Einfuhren aus.

Sowohl der technologische Entwicklungsstand als auch finanzielle Engpässe beschränkten die Entwicklung einer eigenen Rüstungsindustrie. Ehrgeizige Pläne für den Bau eigener Flugzeuge, Raketen und Motoren – teilweise mit Hilfe ehemaliger deutscher Wehrmachts- und SS-Offiziere[64] – stießen schnell an die Grenzen der ägyptischen Möglichkeiten. Nassers Ziel der Unabhängigkeit von seinen ausländischen Waffenlieferanten erwies sich als unerreichbar. Die Sowjets weigerten sich offen, jeden Aufbau einer ägyptischen Rüstungsindustrie zu fördern, der Wartung und Reparatur des gelieferten Geräts überschritt. Die Gründe dafür waren ein Mix aus den Wünschen, eigene Rüstungsgeheimnisse zu bewahren, sich einen lukrativen Absatzmarkt zu erhalten sowie ein Minimum an Kontrolle über die gelegentlich etwas zu schießwütigen Nahostalliierten ausüben zu können.[65] Später entwickelte Ägypten die Idee, eine profitable Rüstungsindustrie mit arabischen Öldollars aufzubauen, um dann die gesamte arabische Welt mit Waffen versorgen zu können. Sadats Separatfrieden mit Israel machte dieses Projekt indes schon in den Ansätzen zunichte. Mehr als Handfeuerwaffen, Munition aller Art sowie einige Waffensysteme mittlerer Komplexität in Lizenzfertigung können in Ägypten bis heute nicht gefertigt werden, und im Vergleich zu den benötigten Importen ist der Wert exportierter Rüstungsgüter marginal.[66] Für Wartung und Ersatzteilversorgung komplexer Waffensysteme ist Ägypten nach wie vor auf Beratung und Importe angewiesen.

---

63 Michael N. Barnett, Confronting the Costs of War. Military, State and Power in Egypt and Israel, Princeton 1992, Tabelle auf S. 81.

64 Anekdotisches dazu in den Erinnerungen des israelischen Meisterspions Wolfgang Lotz, Fünftausend für Lotz, Frankfurt am Main 1975; auch Peter G. Tsouras, Changing Orders. The Evolution of the World's Armies, 1945 to the Present, London 1994, S. 56.

65 Barnett, Costs of War, S. 91.

66 Eckehart Ehrenberg, Ägypten, in: Veronika Büttnern/Joachim Krause (Hg.), Rüstung statt Entwicklung? Sicherheitspolitik, Militärausgaben und Rüstungskontrolle in der Dritten Welt, Baden-Baden 1995, S. 353–372, v.a. 362 ff.; Barnett, Costs of War, S. 143.

Der Wiederaufbau der zerschlagenen Streitkräfte nach 1967 und der Abnutzungskrieg zur Wiedergewinnung wenigstens eines Rests an Selbstachtung und die Hoffnung, die Supermächte durch die Eskalation des Konflikts zu seiner Lösung zu nötigen,[67] stärkten die sowjetische Position in Ägypten. In den Jahren 1969 und 1970 wurden tausende von Militärberatern und zivilen Experten an den Nil entsandt und markierten auch personell den Höhepunkt der sowjetischen Präsenz in Ägypten. Die beiden Kriege hatten den Niedergang der Wirtschaft beschleunigt, und Nasser musste in Moskau um Hilfe bitten. Als die Sowjets weitere finanzielle Unterstützung allerdings an die Bedingung knüpften, dass Planung und Implementierung des Fünfjahresplanes GOSPLAN-Experten übertragen werde, verweigerte Nasser seine Zustimmung. Dennoch konnte man kaum noch von einer nationalen Unabhängigkeit Ägyptens sprechen, und es schien, als hätten ausgerechnet die Freien Offiziere lediglich die britische gegen eine sowjetische Vorherrschaft ausgetauscht. Freunde Nassers sind der Überzeugung, dass diese demütigende Erfahrung erheblich zu seinem frühen Tod 1970 beigetragen habe.

Friedenspolitik und offene Tür

Das amerikanische Dilemma, mit einem Bein im israelischen und dem anderen im arabischen Lager zu stehen und es keinem jemals völlig recht machen zu können, hatte der Kreml rund zwei Jahrzehnte zum eigenen Vorteil ausgenutzt. Früh stellte sich die Sowjetführung entschlossen auf die Seite der Araber und wertete ihre Position noch einmal erheblich auf, als sie die Beziehungen zu Israel nach dem Sechstagekrieg abbrach. Die Sowjets waren dennoch fast augenblicklich aus dem Rennen, als Sadat nach 1973 seine Wende vollzog. Ein Vermittler ist nämlich nur handlungsfähig, wenn er über Beziehungen zu beiden Seiten verfügt. Die hatten aber nur die USA, die als einzige Macht genug Einfluss und Vertrauen in Jerusalem genossen, um israelische Widerstände zu überwinden. Der Weg zu einer Verständigung mit Israel führte über Washington, nicht über Moskau. Nachdem der Kreml Ägypten 1972 militärisch und 1974 politisch verloren hatte, verlor er Kairo 1977 auch diplomatisch. Zumindest im Nahen Osten hatte der sozialistische Block deutliche Risse bekommen, und die sowjetische Nahoststrategie hatte ihr regionales Gravitationszentrum eingebüßt.

---

67 Nasser war der Erste, der den Rogers-Plan akzeptierte.

Zweifellos hatte die Einsicht in die Erfolglosigkeit des strategischen Bündnisses mit dem Ostblock dazu einen beträchtlichen Beitrag geleistet. Die Liste der Gründe wäre jedoch unvollständig ohne einen Blick auf die bereits angedeutete katastrophale Wirtschaftslage, in die nicht nur die militärischen Konflikte, sondern vor allem der seit 1961 konsequent beschrittene Pfad in die Planwirtschaft nach sozialistischem Muster das Land geführt hatte. Zum Zeitpunkt von Nassers Tod war die Situation nahezu aussichtslos geworden, bestand Wirtschaftspolitik nur noch aus kurzatmigem Krisenmanagement und dem ständigen Aufreißen neuer Löcher zum Stopfen älterer. Das Regime hatte bis 1970 langfristige Auslandsschulden von etwa 1,7 Milliarden Dollar angehäuft, zu denen Sonderkredite für Rüstungsgüter von drei Milliarden sowie einige kurzfristige Verpflichtungen kamen, die sich in Summa auf rund fünf Milliarden Dollar beliefen.

Mittlerweile wurden die ersten dieser Kredite fällig. Besonders Moskau zeigte sich trotz allen Handelns und Verhandelns durch Präsident Sadat abgeneigt, irgendwelche Zahlungserleichterungen einzuräumen, so dass sich Kairo von 1973 an im Kapitalverkehr mit Moskau zu einem Nettozahler entwickelte.

Entsprechend größer wurde der Stellenwert arabischer Finanzhilfen. Das wohlbegründete Misstrauen der konservativen Ölpotentaten gegenüber den revolutionären Unruhestiftern vom Nil wurde zumindest teilweise durch die Einsicht neutralisiert, dass nur eine gemeinsame arabische Anstrengung den Konflikt mit Israel in der Balance halten konnte. Das Abkommen von Khartum gestand den so genannten Frontstaaten substanzielle Subsidien zu. Sadat erhöhte die Schuldenlast dennoch weiter durch eine massive Aufstockung der Rüstungsimporte und die forcierte Ausbildung der Truppen. In Ägypten ist die Zeit von 1967 bis 1974 als die »sieben mageren Jahre« bekannt. Die Bevölkerung akzeptierte indes die Wohlstandsverluste als notwendiges Opfer zum Wiederaufbau der Streitkräfte, ohne die sie sich letztlich jedweden israelischen Bedingungen hätten beugen müssen. Von den wirtschaftlichen Strukturproblemen wurde indes nicht eines gelöst, und nach dem Oktoberkrieg sprach Anwar El-Sadat offen vom Staatsbankrott. Das Land beanspruchte weitere Hilfen von den reichen Ölstaaten, deren drastisch gestiegene Einkünfte nach der ersten Ölkrise nach ägyptischer Lesart letztlich mit dem Blut ägyptischer Soldaten erkauft worden waren. Bis 1975 hatte sich die arabische Hilfe im Vergleich zu 1973 verdreifacht. Je näher Sadat indes einer Verständigung mit dem Erzfeind Israel und einem Überwechseln ins westliche Lager rückte, desto weniger arabische Hilfszahlungen erreichten Kairo, bis die Petrodollars nach seinem Besuch in Jerusalem im November 1977 fast völlig ausblieben und durch amerikanische *Greenbacks* ersetzt wurden.[68]

Ohne substanzielle Reformen, massive westliche Hilfe sowie den Zugang zu den westlichen Märkten war ein Ende der wirtschaftlichen Talfahrt unvorstellbar. *Jeder Weg zu diesem Ziel führte über Washington, der Weg dorthin aber über Jerusalem.* Eine Verständigung mit Israel war unerlässlich, aber aus der Position des gedemütigten Verlierers für das ägyptische – und gesamtarabische – Selbstbewusstsein völlig inakzeptabel. Nachdem der Oktoberkrieg Ägypten zumindest in den Augen der eigenen Bevölkerung wieder auf gleiche Augenhöhe gebracht hatte, setzte Sadat seine Absichten zügig um. Für den Zugang zu westlichen Kapitalmärkten war eine wirtschafts- und finanzpolitische Neuorientierung ebenso notwendig wie ein Ende sozialistischer Propaganda, die neben konservativen Potentaten auch die USA abgeschreckt hatte. Zusätzlich würde eine breitere Basis ökonomischer Beziehungen die immer weniger einträgliche Abhängigkeit von der UdSSR verringern helfen.

Interne Diskussionen über einen wirtschaftspolitischen Kurswechsel setzten bereits 1973 ein. Dabei war nicht nur das eigene Scheitern, sondern auch der Erfolg von Entwicklungsländern wie Taiwan oder Südkorea ein Ansporn, die einstige ISI-Politik durch eine exportgetriebene Wachstumsstrategie ersetzen. Nach außen wurden die ersten vorsichtigen Reformschritte noch als Weiterentwicklung des sozialistischen Modells verkauft und mit der relativen Offenheit anderer sozialistischer Ökonomien wie der Jugoslawiens, des engen Verbündeten in der Blockfreienbewegung, gerechtfertigt.

Im März 1974 legte Sadat schließlich sein »October Paper« vor, in dem er offen das Ende der Ära Nasser und den Beginn seiner eigenen Epoche propagierte und entscheidende Schritte zu einer marktwirtschaftlichen Öffnung der ägyptischen Wirtschaft ankündigte; das arabische Wort für Öffnung, *infitah*,[69] gab den Folgejahren ihren Namen. Rechtlich verbindlich wurde die »Politik der offenen Tür« mit der Verabschiedung des »Gesetzes Nr. 43 über arabische und ausländische Investitionen« im Juni 1974.[70] Einige Monate später folgte 1975 ein Dekret, das privatwirtschaftliche Investitionen im öffentlichen Sektor gestattete und auf diese Weise dem Privatsektor wieder eine führende Rolle zumaß.

---

68 Zur veränderten Zusammensetzung der ägyptischen Staatsverschuldung vgl. Wahba, Role, S. 154–157.
69 Zur Entwicklungs des Begriffs ebenda, S. 179 ff.
70 Details bei Waterbury, Nasser and Sadat, S. 131 f.

Die sowjetische Nahoststrategie hatte ihr Gravitationszentrum verloren. Dem von Ägypten ausgehenden und gespeisten Panarabismus fehlte sein Kraftwerk zum einen durch den Verlust der Galionsfigur Nasser, zum anderen durch Sadats Rückkehr zu einer »Egypt First«-Politik. Beide, Nasser und Ägypten, waren in dieser Rolle nicht zu ersetzen. Bemühungen etlicher arabischer Potentaten, den Stab zu ergreifen, schlugen fehl. Die fast einmütige Ablehnung des Camp-David-Abkommens durch die Arabische Liga und andere islamische Staaten schuf neue, wenn auch begrenzte Möglichkeiten für die sowjetische Diplomatie. Ihre enge Verbindung mit revolutionären Bewegungen und Staatsführungen schloss eine Annäherung an die konservativen Regime weiterhin aus und beschränkte so die Zahl möglicher Partner. Ohne einen Verbündeten von der Bedeutung Ägyptens und ohne diplomatische Beziehungen zu Israel blieb die sowjetische Diplomatie in der Verfolgung eigener Projekte beschränkt und musste sich mit der Verhinderung möglicher amerikanischer Erfolge bescheiden.[71] Die verbliebenen Bündnispartner stellen sich in der Analyse als Kollektion von eher zweifelhaftem Wert dar: radikale Elemente in der PLO, schwache und erratische Regime wie im Süd-Jemen, 1986 durch einen Bürgerkrieg erschüttert, ein völlig unberechenbarer Muammar al-Ghaddafi, dann Irak, als Machtfaktor durch den 1. Golfkrieg bald neutralisiert, und als wohl stärkste Bastion Syrien,[72] als strategischer Verbündeter jedoch von geringem Gewicht. Allein konnte es sich niemals in einen offenen Konflikt mit Israel einlassen und war mit diesem als südlichem und dem NATO-Mitglied Türkei als nördlichem Nachbarn von amerikanischem Einflussgebiet umgeben. Insofern war die sowjetische Position im östlichen Mittelmeer insgesamt bedroht.[73]

In der Liste der verpassten Gelegenheit findet sich auch das Versäumnis, sich entschiedener für die Sache der Palästinenser zu engagieren. Die Kremlführung vergab auf diese Weise die Chance, wirkliche Popularität unter den arabischen Massen zu erwerben, Ägypter eingeschlossen. Erst 1978 erkannte Moskau die PLO als einzige legitime Repräsentantin des palästinensischen Volkes an, warf sein politisches Gewicht aber niemals wirklich zu deren Gunsten in die Waagschale. Es blieb bei verbaler Pro-

---

71 Hubel, Ende, S. 31, 196.
72 Zur strategischen Bedeutung für die UdSSR in den 1970er und 1980er Jahren vgl. Francis Fukuyama, Soviet Military Power in the Middle East; or Whatever became of Power Projection, in: Spiegel u.a. (Hg.), Soviet-American Competition, S. 158–182.
73 Hubel, Ende, S. 143.

paganda, und weder im Schwarzen September von 1970 noch als Assad die palästinensischen Milizen 1978 im Libanon zerschlug und Israel die PLO 1982 aus ihren dortigen Stützpunkten vertrieb, trat Moskau wirklich für seine Schützlinge ein. Im Untergrund unterstützten die osteuropäischen Satellitenstaaten die Kommandos zwar mit Waffen und Ausbildung, hielten derartige Aktivitäten mit Rücksicht auf die Weltöffentlichkeit indes unter der Decke. Sie waren, ähnlich wie die engen Beziehungen zu Hintermännern des Terrors wie Ghaddafi und Assad, den angestrebten besseren Beziehungen zur westlichen Welt alles andere als förderlich. Die meist vorhersehbare, fast schon ritualisierte Reaktion der Sowjetpropaganda auf Terrorakte folgte zumeist dem Muster, zunächst den Anschlag selbst zu verurteilen, dennoch Verständnis für die Motive des Angreifers zu äußern, die Verantwortung der PLO zu leugnen, um schließlich die USA und Israel ihrerseits der Unterstützung terroristischer Aktivitäten zu zeihen.[74]

Zu ungünstig positioniert, um eigene Absichten zu verwirklichen, konnte der Kreml Pläne der Gegenseite sehr wohl noch stören, verzögern oder gar durchkreuzen. So gelang es, die Beteiligung weiterer arabischer Staaten am Friedensschluss mit Israel zu verhindern und Ägypten weitgehend zu isolieren. Die wirtschaftliche Erfolglosigkeit des arabischen Sozialismus und das Dahinsiechen des Panarabismus erschwerten allerdings die Einflussnahme auf die Innenpolitik der arabischen Staaten. Insofern konnte Moskau von der zeitweiligen Schwäche der amerikanischen Position in den 1980er Jahren nicht profitieren. Als sich der regionale Schwerpunkt des Ost-West-Konfliktes an den Persischen Golf und nach Afghanistan verlagerte,[75] lockerte sich die Quarantäne über Ägypten. Die Standfestigkeit Kairos zahlte sich schließlich aus. Mit dem israelischen Rückzug vom Sinai war das wichtigste strategische Ziel erreicht. Politisch und militärisch fest mit den USA verbunden, bauten Kairo und Riad eine proamerikanische Stabilitätsachse gegen die islamische Revolution in Teheran und deren möglichen Export auf. Als bevölkerungsstärkstes arabisches Land mit einer im regionalen Vergleich gut ausgebildeten Armee bot Ägypten dem gegen Iran Krieg führenden Irak die unerlässliche strategische Tiefe in der kritischen Phase des Golfkrieges,

---

74 Zu den Beziehungen zur PLO vgl. Ariel Merari, Soviet Attitudes toward Middle Eastern Terrorism, in: Spiegel u.a. (Hg.), Soviet-American Competition, S. 191–200 und 193–196.

75 Shahin P. Malik, Explaining outside interests in the Persian Gulf, in: Alan P. Dobson (Hg.), Deconstructing and Reconstructing the Cold War, Aldershot u.a. 1999, S. 110–135; Hubel, Ende, S. 59 ff.

als Teheran zeitweise die Oberhand zu gewinnen drohte. Der Mittelpunkt der arabischen Welt war auf die politische Landkarte zurückgekehrt.

»Wir wissen weder, wo wir sind, noch, was wir tun sollen«

Ägyptens Anbindung an die UdSSR war aus Sorge um die nationale Sicherheit und infolge strategischer Erwägungen erfolgt. Aus denselben Gründen beendeten die Araber die ägyptisch-sowjetische Allianz.

In der Geschichte des modernen Nahen Ostens waren es oft Militärreformen, die namentlich im 19. Jahrhundert ein Land fremden Einflüssen öffneten und als Motor des Wandels fungierten. Idealtypisch startete ein solcher Prozess, wenn die Einsicht in die eigene militärische Unterlegenheit Reformen unausweichlich machte. Meist benötigte die Armee bessere Waffen und Ausbildung, für die Material und Instruktoren von einer erfolgreichen Militärmacht angefordert wurden, deren politische Position den eigenen Zielen nicht im Wege stand. Später initiierte der Bedarf an besser ausgebildeten Soldaten die Anfänge einer Bildungsreform. Der Mangel an Geldmitteln begrenzte die Waffenimporte und stand zusammen mit dem Wunsch, sich aus der Abhängigkeit von den Lieferanten zu lösen, am Beginn einer Industrialisierung auf dem Rüstungssektor. Schließlich musste all das auch bezahlt werden, weshalb der Staat über ein effizienteres Finanz- und Fiskalwesen seine Einnahmen zu erhöhen und zu verstetigen suchte. Der Unterhalt der Armee, die Investitionen in den expandierenden staatlichen Wirtschaftssektor und immer neue Infrastrukturprojekte, verbunden mit der Unfähigkeit, diese Ausgaben über entsprechende Gewinne zu amortisieren, zwangen dann die Regierung in eine Spirale beschleunigter Auslandsverschuldung. Dies ist in groben Zügen die Entwicklung, die Ägypten in den ersten drei Vierteln des 19. Jahrhunderts durchlief. Das letzte Viertel sah dann den völligen Fehlschlag dieses Entwicklungsmodells, den Absturz in den Staatsbankrott, ausländische Vormundschaft über Staatsfinanzen und Wirtschaft, schließlich die militärische Besetzung und weitgehende politische Entmündigung.[76] Auch wenn man nicht an die Wiederholung der Geschichte glaubt, scheint es doch, als habe Ägypten während des Kalten

---

76 Vatikiotis, Modern History, S. 49–169. Speziell zum Militär s. David B. Ralston, Importing the European Army. The Introduction of European Military Techniques and Institutions into the Extra-European World 1600–1914, Chicago/London 1990, S. 79–106.

Krieges einen – allerdings erheblich beschleunigten – zweiten Zyklus dieser Art durchlaufen.

Im ersten Zyklus hatte die Militärreform recht befriedigende Resultate erbracht. Zwar konnte die neue Armee Mehmet Alis sich mit ihren europäischen Vorbildern nicht messen, sehr wohl aber lokale Konkurrenten aus dem Feld schlagen und die eigene Dynastie als erbliche Monarchie etablieren und behaupten. Unter britischer Herrschaft bestand die ägyptische Armee mit allen Waffengattungen unter Führung einheimischer Offiziere fort. Am Beginn des Zweiten Weltkrieges hielten britische Zweifel an deren Kampfkraft und politischer Zuverlässigkeit, namentlich der oft achsenfreundlichen Offiziere, die Truppen von der Front fern.[77]

Drei Jahre nach Kriegsende wurden sie dann in den Kampf gegen den gerade ausgerufenen Staat Israel geschickt.[78] Frisch erworbene Panzerfahrzeuge und Flugzeuge hatten der Armee im Hinblick auf Beweglichkeit und Feuerkraft einen gewissen Vorteil gegenüber den Israelis beschert. Ihre Leistung im Feld entsprach indes nicht den daraus genährten Erwartungen. Die Truppenführer zeichneten sich durch Mangel an Initiative und Flexibilität aus, sie scheuten vor mobilen Operationen zurück und zogen es vor, passiv in vorbereiteten Stellungen zu verharren. Während sich die Einheiten dort gegen Angriffe couragiert und hartnäckig verteidigten, fiel ihnen gegen die überraschenden Attacken schneller israelischer Verbände im Bewegungsgefecht meist nichts ein. Der Kampf verbundener Waffen im Zusammenwirken von Infanterie, Artillerie und

---

77 Roswell, Steven, Military Ally or Liability? The Egyptian Army 1936–1942, in: *Army & Defence Quarterly Journal*, Bd. 128, Nr. 2 (April 1998), S. 180–187.

78 Soweit nicht anderweitig zitiert, stützt sich dieser Überblick auf die einschlägigen Werke zur Geschichte der Nahostkriege wie Ahron Bregman, Israel's Wars. A History since 1947, London/New York 2000; Trevor N. Dupuy, Elusive Victory. The Arab-Israeli Wars 1947–1974, London 1978; Chaim Herzog, Kriege um Israel 1948–1984, Frankfurt am Main u.a. 1984; Edward Luttwak/Dan Horowitz, The Israeli Army, London 1975. Aufgrund der zahllosen Hindernisse für die historische Forschung existieren keine qualifizierten Werke zur neuesten Militärgeschichte arabischer Streitkräfte. Eine bemerkenswerte Ausnahme ist Lon Nordeen/David Nicoll, Phoenix over the Nile. A History of Egyptian Air Power 1932–1994, Washington/London 1996. Eine neue Arbeit ist die stark analyseorientierte Studie von Kenneth M. Pollack, Arabs at War. Military Effectiveness 1948–1991, Lincoln/London 2002. In dieselbe Richtung zielt Norvel De Atkine, Why Arabs lose Wars, in: Barry Rubin/ Thomas A. Keaney (Hg.), Armed Forces in the Middle East. Politics and Strategy, London 2002, S. 23–40.

Panzerverbänden fand kaum statt, und wenn doch, verlief er nicht erfolgreich. Die Handhabung von Informationen und Aufklärungsergebnissen zählte zu den Hauptproblemen aller Ränge und Truppengattungen. Ägyptische Frontverbände gaben oft genug unvollständige, verzerrte und falsche Informationen oder frei erfundene Angaben an die übergeordneten Stäbe weiter. Neben ihrer Unfähigkeit, sich im Bewegungskrieg zu behaupten, war die notorische Unzuverlässigkeit der Nachrichtenübermittlung einer der wesentlichen Gründe für die häufige Passivität ägyptischer Streitkräfte: Befehle und Pläne aufgrund falscher Informationen erwiesen sich zwangsläufig als undurchführbar, und der verantwortungsscheue Offizierstyp der mittleren Führungsränge tat in solchen Fällen lieber gar nichts, bevor er ohne explizite Order oder einem Befehl zuwider handelte.[79]

Hier ist, *nota bene*, die Rede von der Leistung der Königlich Ägyptischen Armee. Viele ihrer Offiziere in den besagten mittleren Rängen waren eben jene »Freien Offiziere«, die wenige Jahre später ihren Monarchen entthronen und eine Revolutionsregierung bilden sollten. Umzingelt von israelischen Truppen im Sinai, hatten Gamal Abdel Nasser und seine Kameraden in langen Nächten die Grundzüge ihres späteren politischen Programms diskutiert und entwickelt.[80] Genau diese Offiziere, denen es vielfach an Initiative und Flexibilität gefehlt hatte, sollten später die Geschicke nicht nur ihrer Einheiten, sondern der Wirtschaft und der politischen Institutionen ihres ganzen Landes lenken.

Vier Jahre nach der Revolution trat die ägyptische Armee abermals gegen ihre israelischen Gegner in die Schranken. Israel führte 1956 einen Präventivschlag gegen das massiv aufrüstende Nachbarland.[81] Auf dem Schlachtfeld wurde offensichtlich, dass es den revolutionären Offizieren bei weitem noch nicht gelungen war, ihr höchst eigenes Metier so zu revolutionieren, dass sie dem Gegner auf Augenhöhe gegenübertreten konnten. Der Feldzugsplan sah eine Reihe von Verzögerungsaktionen vor, um die Einheiten möglichst intakt vom Sinai hinter den Suezkanal zurückzuziehen, wo sie gegen die weitaus bedrohlichere Invasion britischer und französischer Luftlandetruppen benötigt wurden. Die ägyptische Armee fiel abermals in denselben Fächern durch wie 1948. Standhaft und tapfer bei der Verteidigung ausgebauter Feldbefestigungen, versagte sie wiederum im mobilen Gefecht. Erneut erzeugte die Verzer-

79 Pollack, Arabs at War, S. 25 f.
80 Helmut Mejcher, Sinai, 5. Juni 1967. Krisenherd Naher und Mittlerer Osten, München 1998, S. 44 f.; Herzog, Kriege um Israel, S. 111 f.
81 Jack S. Levy/Joseph R. Gochal, Democracy and Preventive War.

rung von Informationen eine hausgemachte Vernebelung der tatsächlichen Lage: Erfolge wurden übertrieben, Niederlagen entweder überhaupt nicht gemeldet oder aber die Stärke des Feindes maßlos übertrieben, um das eigene Versagen zu kaschieren.[82] Dispositionen, die die höhere Führung aufgrund solcher Nachrichten traf, mussten zwangsläufig die sich anbahnende Katastrophe beschleunigen. Wiederum waren es die mittleren Ränge, die lieber detaillierte Befehle abwarteten, als aufgrund eigener Lagebeurteilung schnell und flexibel zu handeln. Im modernen Bewegungsgefecht indes sind präzise Befehle notwendigerweise kaum und fast nie rechtzeitig zu bekommen, aber aus der Sicht der Kommandeure entgeht man so wenigstens dem Vorwurf, Befehle missachtet oder dem Willen der Vorgesetzten zuwidergehandelt zu haben. Diese Seuche der organisierten Verantwortungslosigkeit sollte später von der Armee auf nahezu alle vom Regime kontrollierten Institutionen übergreifen und lähmt Politik, Verwaltung und Wirtschaft des Landes bis auf den heutigen Tag.

Moskau übernahm den Ersatz der materiellen Verluste von 1956.[83] Die Transformation der ägyptischen Armee nach den Doktrinen der Roten Armee machte in der folgenden Dekade nach außen hin beträchtliche Fortschritte. Obwohl die Sowjetführung einen eindeutigen Schwerpunkt auf die Lieferung defensiver Waffensysteme und die Durchführung entsprechender Ausbildungsprogramme legte,[84] geriet der nächste Waffengang im Sommer 1967 für die beiden »sowjetisierten« arabischen Partner Ägypten und Syrien zu einem Debakel der Extraklasse. Dieselben Mängel wie zehn Jahre zuvor lähmten die ägyptische Armee, dieses Mal noch durch eine monumentale Konfusion im Oberkommando multipliziert.[85] Fest entschlossen, eine weitere Blamage auf der Bühne des weltweiten Systemkonflikts für ihre Waffentechnik und ihre Kampfdoktrin unbedingt zu verhindern, zogen die Schutzherren die Zügel fester an und übernahmen nach 1967 *de facto* das Kommando über die ägyptischen Streitkräfte. Sie leiteten die ägyptische Militärakademie und entsandten tausende ägyptischer Offiziere zu Trainingskursen an sowjetische Ausbildungsstätten. Schließlich erhielt bis hinab zur Brigade- und Bataillonsebene jeder ägyptische Kommandeur seinen individuellen »Bera-

---

82 Pollack, Arab Armies, S. 40–47.
83 Jon D. Glassman, Arms for the Arabs. The Soviet Union and War in the Middle East, Baltimore 1975, S. 26–37.
84 Luttwak/Horowitz, Israeli Army, S. 234 f.; B.W. Panow (Hg.), Geschichte der Kriegskunst, Berlin (Ost) 1987, S. 568 f.
85 Pollack, Arabs at War, S. 75–88.

ter«, deren Zahl zwischen 1967 und 1972 von einigen hundert auf mehrere tausend anwuchs.[86] Komplexe Waffensysteme wurden teilweise von russischem Personal in ägyptischen Uniformen bedient.[87] Die militärische Entmündigung und das vielfach äußerst arrogante Benehmen der »Russen« stieß vielen Ägyptern äußerst sauer auf. Dieses Unbehagen wurde durch den offensichtlichen Misserfolg der ungleichen Waffenbrüderschaft nicht eben gemildert. In den zahlreichen Zusammenstößen des »Abnutzungskrieges« zogen die Ägypter in der Regel den Kürzeren, und ihren russischen Vorbildern erging es meist nicht viel besser, wenn sie – was Moskau zu vermeiden suchte – darin verwickelt wurden. Als am 30. Juli 1970 eine Hand voll russischer MiG-Piloten in eine Falle der israelischen Luftwaffe flog und abgeschossen wurde, fanden beileibe nicht nur in den israelischen Basen Siegesfeiern statt. Auch die Ägypter stießen darauf an, dass die überheblichen Russen endlich einmal ihr Fett abbekommen hatten.[88]

Die Entlassung der meisten »Berater« im Juli 1972 war keineswegs gleichbedeutend mit einem Wandel in der Militärdoktrin. Auch blieb die UdSSR zunächst noch die einzige Quelle für den Bezug militärischer Spitzentechnologie. Daher hatte Sadat im Wesentlichen diejenigen Instruktoren und Fachkräfte entlassen, die erst während des Abnutzungskrieges gekommen waren. Nachdem Armee und Luftwaffe einen befriedigenden Ausbildungsstand erreicht hatten, wurden sie nicht länger gebraucht. Das Bedienungspersonal für Waffensysteme, die die Ägypter nicht handhaben konnten, behielt Sadat hingegen wohlweislich im Lande. Die Spannung in den ägyptisch-sowjetischen Beziehungen hatte sich im Frühjahr 1973 wieder etwas gelegt. Einige der angeforderten neuen Waffen wurden nun doch geliefert, und mit ihnen kehrte auch eine Anzahl der zuvor ausgewiesenen Instruktoren zurück.[89]

Die ersten vier Tage des Yom-Kippur-Krieges sahen dann die beste Leistung einer ägyptischen Armee der Neuzeit. Sie war das Resultat eines sechsjährigen intensiven Planungs- und Trainingsprogramms. Dabei hatte man wenig Mühe darauf verschwendet, die beschriebenen strukturellen Probleme der Truppe zu lösen. Vielmehr hatte man Wege

---

86 Weiteres Zahlenmaterial bei Barnett, Costs of War, S. 125.
87 Glassman, Arms for the Arabs, S. 105–117; Udo Ulfkotte, Interessenspezifische Nahostpolitik der Großmächte im Nahen Osten 1948–1979, Frankfurt am Main 1984, S. 28ff.; Mohamed Abdel Ghani El-Gamassy, The October War, Kairo 1993, S. 88–139.
88 Ehud Yonay, No Margin for Error. The Making of the Israeli Air Force, New York 1993, S. 299–302; Luttwak/Horowitz, Israeli Army, S. 324.
89 Pollack, Arabs at War, S. 105f.

gesucht und gefunden, sie sozusagen zu umgehen. Statt Einfallsreichtum und Initiative der Truppenführer zu entwickeln, ließ man diese immer wieder dieselbe Operation üben, bis selbst der letzte Gefreite seine persönliche Rolle auswendig gelernt hatte, buchstäblich jeden Handgriff und Schritt im Schlaf ausführen konnte. Das Ergebnis war ein erstaunlicher Erfolg, solange sich die Schlacht planmäßig entwickelte und das Drehbuch die nötige Anleitung bereithielt. Als die Realität jedoch unvermeidlich begann, vom »gedachten Verlauf« abzuweichen, rissen die gewohnten Zustände schnell wieder ein: »Wir wissen weder, wo wir sind, noch, was wir tun sollen [...]. Wir haben selbst noch keinen Schuss abgefeuert, aber schwere Verluste erlitten«, notierte ein ägyptischer Kampftaucher, immerhin Angehöriger eine Elitetruppe, am 7. Oktober in sein Tagebuch.[90] Die Israelis brauchten rund 100 Stunden, um die neuen Taktiken und Waffensysteme ihrer Gegner zu analysieren und Gegenmaßnahmen einzuleiten. Auch ohne Feindeinwirkung waren die Ägypter in ihre gewohnten Verhaltensweisen zurückgefallen. Dies zeigte sich deutlich, als sie ihre Offensive am 14. Oktober 1973 wieder aufnahmen. Chancen blieben ungenutzt, der Kampf der verbundenen Waffen funktionierte nicht mehr, Mobilität auf dem Schlachtfeld ebenso wenig, Flexibilität und Initiative waren ohnehin Fremdworte geblieben, so dass es nicht gelang, die erfolgreichen Taktiken der ersten Kriegstage einer veränderten, nicht zuvor eingeübten Situation anzupassen.

Der israelische Gegenstoß zeitigte dann das schon gewohnte Bild einer zerbröckelnden ägyptischen Abwehr und der rapiden Auflösung der angegriffenen Verbände. Offensichtlich hatte die Truppe die innovativen Konzepte der Führung nicht wirklich verinnerlicht, sondern lediglich eine Abfolge auswendig gelernter Operationen abgespult: »Am 10. Oktober hatten die Ägypter ihr Pulver verschossen, und ohne die detaillierten Operationspläne des Generalstabes waren die ägyptischen Streitkräfte so ineffektiv wie immer [...]. Sobald die Pläne umgesetzt waren und die Leitung der Operationen auf die Befehlshaber vor Ort übergegangen war, stellte sich bei ägyptischen Operationen die gewohnte Inkompetenz wieder ein«, resümierte ein israelischer Offizier.[91]

Es war offensichtlich, dass die Übernahme der sowjetischen Militärdoktrin[92] auf dem Schlachtfeld nicht die erwarteten Resultate erbracht

---

90 Zit. n. Chaim Herzog, The War of Atonement, Boston/Toronto 1975, S. 162.
91 Pollack, Arabs at War, S. 126–131, Zitat auf S. 131.
92 Condoleezza Rice, The making of Soviet Strategy, in: Peter Paret (Hg.), Makers of Modern Strategy, Princeton 1986, S. 648–676.

hatte. Elemente wie den sowjetischen Schwerpunkt auf Mobilität und den Kampf der verbundenen Waffen[93] bekamen die Ägypter nicht in den Griff. Die eine Ausnahme der Regel war eben die Überquerung des Suezkanals 1973 als Resultat eines jahrelangen ausgefeilten Planungsprozesses, dessen sich nicht einmal die planungsversessenen Sowjets[94] hätten schämen müssen. Die überzentralisierten Managementmethoden, die individuelle Entscheidungs- und Handlungsspielräume auf ein Minimum reduzieren, waren im Ostblock keineswegs nur auf die Streitkräfte beschränkt. Sie wurzeln vielmehr unmittelbar in den Grundprinzipien des »wissenschaftlichen Sozialismus«, die auf allen Sektoren der Gesellschaft Anwendung finden.[95] Diese Spielart des autoritären Bürokratismus wurde nur zu gern von den ägyptischen Streitkräften übernommen und durchdrang alsbald den gesamten – zudem häufig von Offizieren kontrollierten – ökonomischen Staatssektor und die gesamte öffentliche Verwaltung, wo ihre Folgen noch heute zu besichtigen sind.

Seit Sadats Wendung nach Westen sind nunmehr fast drei Jahrzehnte vergangen, in denen US-Offiziere die Aufgabe der früheren Sowjetinstruktoren übernommen haben. Neben der Aufgabe, den Umgang mit moderner westlicher Militärtechnologie einzuüben, sollen sie ihre ägyptischen Partner auch ermutigen, Grundsätze westlicher Truppenführung wie die Dezentralisierung von Verantwortung und die Delegation von Entscheidungsbefugnissen zu übernehmen. Die Abneigung dagegen schränkt nicht nur die Leistungsfähigkeit der Truppen im Kampf ein. Sie beeinträchtigt auch die Fähigkeit zum Umgang mit komplexen Waffen- und Kommunikationssystemen und zementiert damit die Abhängigkeit von den amerikanischen Beratern auf unabsehbare Zeit.[96] Überzentralisierung, Mangel an Initiative und Flexibilität in den unteren Rängen sowie die Manipulation von Nachrichten waren in dem ägyptischen Kontingent, das an Desert Storm 1991 teilnahm, ebenso manifest wie im Palästinafeldzug zwei Generationen zuvor.

Die Geschichte zeigt somit, dass man keineswegs die gesamte Verantwortung für das Scheitern ihrer ägyptischen Schützlinge den Sowjetinstruktoren zuschieben kann. Es spricht vieles dafür, dass ver-

---

93 Ebenda, S. 674.
94 A. S. Sholtow/J. A. Chomenko/T. R. Kondratkow (Hg.), Militärische Theorie und Praxis, Berlin (Ost) 1980, S. 322–338.
95 Ebenda, S. 353, 359–375. Eine kritische zeitgenössische Bewertung der Effizienz der Roten Armee gibt Andrew Cockburn, Die sowjetische Herausforderung, Gütersloh 1983, zu Überzentralisierung und dem Mangel an Eigeninitiative vgl. S. 181–186.
96 Pollack, Arabs at War, S. 137–147.

schiedene Elemente ihrer Militärdoktrin auf wesensverwandte Züge
der gesellschaftlichen und politischen Kultur Ägyptens trafen und sich
mit ihnen verbanden. Die Leistungsfähigkeit der ägyptischen Armee
hat sich zwischen 1948 und 1991 mit bemerkenswerter Hartnäckigkeit
jedem Wandel zum Besseren widersetzt. Ein US-Offizier mit langjähri-
ger Ägyptenerfahrung kam dann auch zu dem Schluss: »Das Einzige,
dass die Russen geschafft haben, war, dem einen Schuss von Wissen-
schaftlichkeit hinzuzufügen, was die Ägypter sowieso getan haben.«[97]
Dazu zählt auch die Neigung, jede Art von Wissen als Herrschaftsmit-
tel zu behandeln und mit dem Adjektiv »geheim« zu versehen, eine
Neigung, die durch eine paranoide Furcht vor feindlicher Spionage und
Verschwörungen noch gefördert wird. Selbst durch Putsch und Verschwörung an die Macht gelangt, ist grundsätzlich jeder andere Offizier verdächtig, eines Tages etwas Ähnliches zu versuchen. Daher
wurde das sowjetische Prinzip strikter zentraler Kontrolle, die Einräu-
mung nur des allernötigsten Handlungsspielraumes zur Erfüllung einer
gegebenen Aufgabe und der Weitergabe des absoluten Minimums an
Information von den ägyptischen Militärmachthabern hingebungsvoll
nachgeahmt.[98]

Die Haltung der sowjetischen Lehrmeister gegenüber den Fortschritten ihrer nahöstlichen Genossen in Sachen angewandter Marxismus-Leninismus war einigermaßen zwiespältig. Schon früh, im Jahre 1956, präsentierte Chruschtschow seine Version von Realpolitik: Die UdSSR
werde Nasser unterstützen, »obwohl er Kommunisten ins Gefängnis
wirft«.[99] Bei anderer Gelegenheit verglich der Generalsekretär die Araber auf dem Weg zum Sozialismus mit Schulkindern, die gerade begonnen haben, das Alphabet zu lernen, kritisierte das Militärregime und
andere Aspekte von Nassers Herrschaft und Ideologie. Theoretiker lehnten den »unwissenschaftlichen« Ansatz, namentlich das Insistieren auf
einem eigenen »ägyptischen Weg« zum Sozialismus, ab. Gleichzeitig waren sie indes gefordert, das Bündnis mit den ägyptischen – und sonsti-
gen arabischen – Sozialisten ideologisch zu rechtfertigen, mussten also
zumindest zu einigen positiven Schlüssen gelangen. Sie gründeten ihre
Zustimmung auf die theoretische Verwandtschaft von arabischem Sozialismus und Marxismus, wobei sie die völlig gegenteilige Auffassung der
arabischen Theoretiker souverän ignorierten. Bei der Einweihung des
Assuan-Dammes konstatierte Chruschtschow öffentlich, dass Ägypten

97 Ebenda, S. 146.
98 De Atkine, Why Arab lose Wars, S. 37f.
99 Ginat, Czech-Egyptian Arms Deal, S. 2.

nunmehr mit dem Aufbau des Sozialismus begonnen habe.[100] Eine Dekade später bezweifelte die neue Sowjetführung unter Leonid Breschnew intern die ägyptische Fähigkeit eben dazu, als Kairo angesichts der Wirtschaftskrise vor dem Sechstagekrieg um Schuldenerleichterungen bat.[101] Letztlich kostete der pragmatische Weg, dogmatische Konsequenz mit realpolitischer Flexibilität zu verbinden, während der Nasser-Ära zwar eine gehörige Stange Geld, erwies sich machtpolitisch aber als durchaus erfolgreich und sicherte dem Kreml eine konkurrenzlose Vormachtstellung im politischen Zentrum der arabischen Welt.

In militärischer Hinsicht war die Allianz mit der UdSSR aus ägyptischer Sicht eine einzige Enttäuschung – und aus sowjetischer Perspektive wohl nicht minder. Das war sie jedoch weniger aufgrund dessen, was die Sowjets taten, sondern eher wegen dessen, was sie unterließen. Anstatt einen durchgreifenden Wandel der militärischen Kultur ihrer Protegés anzustreben, verstärkten sie noch deren nachteilige Charakterzüge. Wegen der Nähe beider Kulturen wäre für die Sowjets allerdings das Infragestellen der ägyptischen Gewohnheiten und Verhaltensweisen gleichbedeutend mit einem Antasten ihrer eigenen Doktrinen und Traditionen gewesen – und das ist mehr, als man von einer ideologisch legitimierten Gesellschaft verlangen kann.

---

100 Ebenda, S. 44 f.; Waterbury, Nasser and Sadat, S. 61; Hourani, Arab Peoples, S. 407.
101 Waterbury, Nasser and Sadat, S. 97.

Bruce Kuniholm
Die Nahostkriege, der Palästinakonflikt und der Kalte Krieg

Die Beziehung zwischen dem Kalten Krieg und den arabisch-israelischen Kriegen wurde sowohl von lokalen als auch von internationalen Faktoren bestimmt. Diese beeinflussten und komplizierten die Dynamik zwischen den Akteuren vor Ort, in der Region des Nahen Ostens und auf internationaler Ebene. Dieser Aufsatz konzentriert sich auf die großen arabisch-israelischen militärischen Konflikte, obwohl viele andere Aspekte des Nahostkonflikts ebenfalls eng mit dem Kalten Krieg verbunden sind. Zwar werden alle Beteiligten der verschiedenen Konflikte in die Betrachtung einbezogen, doch die Palästinenserfrage und das Verhältnis zwischen den USA und Israel stehen mehr im Vordergrund als die Beziehungen zwischen der UdSSR und Ägypten. Ohne eine solche Beschränkung würde der hier vorgegebene Rahmen gesprengt, und die Diskussion verlöre sich in Details.

Kalter Krieg und heiße Kriege in Nahost

Die Frage, der im Folgenden nachgegangen wird, lautet: Spiegelt die Struktur der bewaffneten Konflikte zwischen Arabern und Israelis die Logik des Kalten Krieges wider, oder folgte sie einer anderen Logik? Sie betrifft nicht nur die Architektur der zur Debatte stehenden Konflikte, sondern auch die Kräfte, die sie beeinflusst haben: Wie sind die Kräfte zu charakterisieren, die die arabisch-israelischen Kriege ausgelöst haben, und in welchem Kontext stehen diese Kriege? Leider gibt es hierauf keine einfache Antwort, jedoch kann man zwei zweckdienliche Verallgemeinerungen treffen. Die erste lautet: Die arabisch-israelischen Kriege sind zu einem beträchtlichen Teil das Produkt eines existenziellen Konflikts mit lokalen wie internationalen Dimensionen.

Ein Kampf ums Überleben

Die arabisch-israelischen Kriege haben ihre Ursprünge im Palästinenserproblem. Es stellt den Kern des arabisch-israelischen Konflikts dar. Die Auseinandersetzungen beruhen also auf indigenen Faktoren, die dem

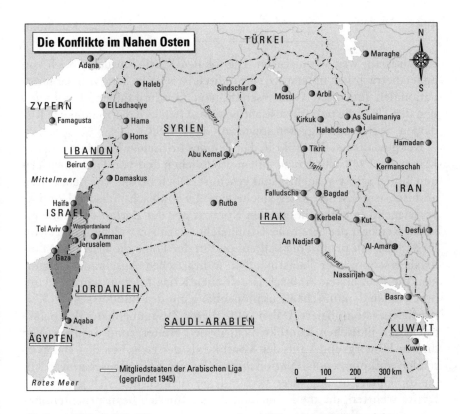

Die Konflikte im Nahen Osten

TÜRKEI

Adana

Haleb

ZYPERN — El Ladhaqiye

Famagusta — Hama

Homs

LIBANON

Beirut

Mittelmeer — Damaskus

Sindschar

Mosul — Arbil

Kirkuk — As Sulaimaniya

Halabdscha

Tikrit

Hamadan

Abu Kemal

Euphrat

Tigris

Kermanschah

Haifa

ISRAEL

Tel Aviv — Westjordanland

Amman

Jerusalem

Gaza

Falludscha — Bagdad

Rutba

IRAK — Kerbela — Kut

An Nadjaf

Euphrat

Al-Amara

Nassirijah

IRAN

Desful

JORDANIEN

Aqaba

SAUDI-ARABIEN

Basra

KUWAIT

ÄGYPTEN

Kuwait

Maraghe

N

S

Rotes Meer

Mitgliedstaaten der Arabischen Liga
(gegründet 1945)

0   100   200   300 km

Die Grenzen Israels 1949–1967

■ Das israelische Staatsgebiet, wie es
der UN-Teilungsplan vorsah, der von
den Arabern abgelehnt wurde

▨ Gebiete außerhalb der
UN-Grenzen, die Israel
1948–1949 eroberte

▢ Westjordanland,
von Jordanien annektiert

▨ Gazastreifen,
von Ägypten besetzt

LIBANON

Saida

Damaskus

Sur

SYRIEN

Akko

Haifa — *See Genezareth*

Nazareth

Jenin — Irbid

Tel Aviv — Nablus

Jaffa — Ramallah

Mittelmeer

Jerusalem — Jericho — Amman

Bethlehem

Gaza — Hebron

Totes Meer

Beer Scheba

ISRAEL

Sinai

Wüste Negev

JORDANIEN

ÄGYPTEN

Maan

Eilat

Akaba

0 20 40 60 80 100 km

Israel 1967, nach dem Sechstagekrieg

■ Israelisches Gebiet 1949 bis 4. Juni 1967

▨ Von Israel im Sechstagekrieg
(5.–11. Juli 1967) eroberte Gebiete

Tripoli

LIBANON

Beirut — Damaskus

SYRIEN

Akko — *Golan*

Haifa

Nazareth

Jenin

Mittelmeer

Tel Aviv — Nablus — **Allenby-Brücke**

Ramallah — Amman

Jerusalem — Jericho

Bethlehem

Gaza — *Totes Meer*

Beer Scheba

Port Said

Suezkanal ▷

Suez

Kairo

ISRAEL

JORDANIEN

Maan

ÄGYPTEN

Sinai

Eilat — Akaba

Golf von Suez

Golf von Akaba

SAUDI-ARABIEN

0 20 40 60 80 100 km

Scharm el Scheich

Kalten Krieg weit vorausgehen. Die lokalen Kräfte wurden jedoch von außen beträchtlich unterstützt: die jüdisch/israelische Seite von der internationalen jüdischen Gemeinschaft, von Großbritannien, Frankreich und den USA, die palästinensische Seite von Ländern der Region wie Jordanien, Syrien und Ägypten sowie von der UdSSR.

Der gewaltsame Konflikt in der Zeit des britischen Mandats und der Krieg von 1948 wurden zu einem erheblichen Teil von Palästinensern und Juden selbst ausgelöst und geschürt. Doch bereits vor dem ersten arabisch-israelischen Krieg spielte sich der arabisch-jüdische Konflikt vorwiegend in einem imperialen Kontext ab: der Zerfall des Osmanischen Reiches, der Streit der Großmächte darüber, welche Länder von diesem Zerfall profitieren sollten, und in der Folge die britische Mandatsherrschaft über Palästina. Die militärischen Auseinandersetzungen, die dem ersten arabisch-israelischen Krieg folgten, wurden dann durch einen dynamischen Zusammenhang mit den Bündnissen des Kalten Krieges kompliziert. Dabei sollte dieser Zusammenhang den palästinensisch-jüdischen Konflikt nicht in den Hintergrund drängen. Vor diesem Hintergrund kann der Konflikt als der zwischen den rivalisierenden aufkommenden Nationalismen zweier Völker gesehen werden, die die Unterstützung ihrer Verbündeten suchten und sich gegen jene Kräfte wehrten, die die Freiheiten, die sie für sich beanspruchten, beschneiden wollten.

Kurz gesagt, sowohl die Palästinenser als auch die Israelis standen vor schweren Existenzproblemen und suchten für ihre Ziele Verbündete, wo und wann immer sie konnten. Doch in einem Punkt unterschied sich ihre Situation grundlegend, nämlich in dem Ausmaß der Unterstützung von außen. Die Gründung Israels ging auf die Briten zurück, die eine jüdische »Heimstatt« in Palästina förderten, was wiederum deren Mandat in Palästina nach dem Ersten Weltkrieg geschuldet war. Der junge israelische Staat wurde außerdem von den Juden in der Diaspora und, als Folge des Holocaust, von den Vereinten Nationen unterstützt. Diese Hilfe von außen führte jedoch an und für sich nicht zum Sieg Israels im Jahre 1948. Er ging nicht auf das Eingreifen einer Großmacht in den Krieg zurück, sondern verdankte sich eher der Entschlossenheit und Organisation des *Jischuw*, der jüdischen Gemeinschaft in Palästina. Auch war der Sieg Israels nur insofern ein Ergebnis des Kalten Krieges, als die Briten in den Jahren 1947 und 1948 aufgrund anderer Prioritäten nicht in der Lage waren, in Palästina weiterhin eine bedeutende Militärmacht gegen den entschlossenen jüdischen Widerstand aufrechtzuerhalten. Darüber hinaus sahen die Amerikaner ihre Hauptaufgabe in Europa und konnten und wollten daher die britischen Truppen, die sich aus Palästina zurückzogen und Palästina den Siegern überließen, nicht ersetzen.

Zu dieser Zeit stand die US-amerikanische Hilfe für Israel nicht mit dem Kalten Krieg in Zusammenhang. Schließlich unterstützte die UdSSR den Teilungsplan der Sonderkommission der Vereinten Nationen für Palästina (UNSCOP) genauso wie die Vereinigten Staaten und ließ den Juden über die Tschechoslowakei in erheblichem Umfang Militärhilfe zukommen. Aufgrund ihrer damaligen strategischen Interessen hätten die USA eigentlich zurückhaltender bei ihrer Unterstützung für Israel vorgehen müssen. Dass sich Präsident Truman bei den Vereinten Nationen für den Teilungsplan stark machte und seine Regierung um Zustimmung für die Teilung warb, verlieh dem jüdischen Anspruch auf Souveränität in Palästina weltweit Legitimität.[1]

Während der israelische Staat anfangs sowohl von den Vereinigten Staaten als auch von der Sowjetunion gutgeheißen wurde, hatten die Palästinenser keinen Anwalt ihrer Interessen, sieht man einmal von rhetorischer Unterstützung durch arabische Staaten ab. Die Länder in der Region, die nach dem Rückzug der Briten im Jahre 1948 Palästina angriffen, taten das aus eigenen Motiven. Für die Palästinenser kam der Konflikt, der lange vor dem Abzug der Briten begann, einer Katastrophe gleich. Sie fühlten sich fortan zutiefst ungerecht behandelt. Von der Gründung des jüdischen Staates im Jahre 1948 an, die auf frühere, von ihnen abgelehnte Teilungspläne zurückging, widersetzten sich die Palästinenser jeglicher Anerkennung der Realität. Die *Nakbat*, die palästinensische Katastrophe, wie die Palästinenser sagen, erzeugte – ähnlich wie bei den Überlebenden des Holocaust – einen existenziellen Durchsetzungswillen in Zeiten der Not.[2] Wie die Juden fast durch ihre ganze Geschichte hindurch hatten die Palästinenser keine echten Verbündeten.

Und sie hatten auch nur wenig Hoffnung. Die zahlreichen Widersprüche in den Verpflichtungen und Versprechen der Briten gegenüber Arabern und Juden,[3] die Nichtumsetzung von Woodrow Wilsons 14-Punkte-Plan nach dem Ersten Weltkrieg und die Scheinheiligkeit des britischen Mandats selbst, das kaum den ihm zugrunde liegenden Prinzipien des Völkerbunds entsprach, hatten die Palästinenser tief enttäuscht.

---

1 Siehe Bruce Kuniholm, U.S. Policy in the Near East: the Triumphs and Tribulations of the Truman Administration, in: Michael Lacey (Hg.), The Truman Presidency, Cambridge 1989, S. 299–338.

2 Amos Elon, The Israelis: Founders and Sons, New York 1971, S. 198.

3 Eine lesenswerte Abhandlung zu diesen Themen findet sich in: Charles Smith, Palestine and the Arab-Israeli Conflict, Boston 2004.

Die während des Mandats entwickelten Teilungspläne fielen stets zugunsten der Juden aus, ebenso der Mehrheitsbericht der UNSCOP[4] und schließlich auch die Abstimmung in der Generalversammlung der Vereinten Nationen im Jahre 1947, die die Teilung besiegelte. Aus Sicht der Palästinenser stand dahinter der Wunsch der internationalen Gemeinschaft, sich des »Judenproblems« in Europa und des europäischen Antisemitismus auf Kosten des palästinensischen Volkes in Palästina zu entledigen.

Nach dem ersten arabisch-israelischen Krieg waren viele Palästinenser über weite Teile der arabischen Welt verstreut. Ihnen wurde meist die jeweilige Staatsbürgerschaft verweigert, sie verfügten über relativ wenig Macht und wurden von den arabischen Regime für deren eigene Zwecke missbraucht.[5] Erschwert wurde die Lage der Palästinenser durch die Tatsache, dass ihre Verbündeten nur dem Namen nach Nationalstaaten waren, da nationales Denken erst spät im Nahen Osten Einzug gehalten hatte. Die Grenzen der arabischen Staaten – Staaten, auf deren Hilfe die Palästinenser anfänglich zählten – waren vor allem ein Produkt der imperialistischen Politik Großbritanniens. Diese Staaten waren somit problematische politische Gebilde unter Herrschern, die über wenig Legitimität verfügten. Das Zugehörigkeitsgefühl zu und die Loyalität genenüber einem solchen Staat wurden zudem oft durch familiäre und Stammesbindungen, ethnische und religiöse Gemeinschaften erschwert, so dass die Beziehungen der Staatsbürger untereinander offenbar nur auf überzogener Rhetorik nationaler oder panarabischer Art beruhten.

Daher erlebte der Panarabismus zwar nach dem Krieg von 1956 und dem »Triumph« Gamal Abdel Nassers seinen rhetorischen Höhepunkt, blieb aber praktisch wirkungslos. Nach dem Sieg der Israelis über Ägypten im Jahre 1967, Nassers Tod 1970 und dem Erscheinen Ajatollah Khomeinis 1978/79 erwuchs dem Panarabismus Konkurrenz in dreifacher Form: durch linke Ideologien,[6] durch einen auf den jeweiligen Nationalstaat be-

---

4 UNSCOP sprach 55 Prozent Palästinas den Juden zu, die etwa ein Drittel der Bevölkerung ausmachten und etwas mehr als sechs Prozent des Landes in Palästina besaßen.

5 Siehe Bruce Kuniholm, The Palestine Problem and U.S. Public Policy, in: Samuel F. Wells u. a. (Hg.), Security in the Middle East, Boulder 1987, S. 184–214. In der Regel erhielten Palästinenser nur in Jordanien die Staatsbürgerschaft.

6 Nicht zufällig wurden die meisten palästinensischen Terrorgruppen (PFLP, PDFLP) von gebürtigen Christen (George Habasch, Naif Hawatmeh) angeführt, die ihrer Ideologie nach Marxisten waren – vielleicht deshalb, weil sie am wenigsten in die vorherrschende Kultur jener Zeit passten.

zogenen Nationalismus und schließlich durch den Panislamismus in verschiedenen Ausprägungen. Innerhalb dieser konkurrierenden Kräfte versuchten sich die Palästinenser zu positionieren und Widerstand gegen die Israelis zu mobilisieren. Zugleich förderten Länder in der Region, wie Syrien, der Irak und Ägypten, aus eigenen Interessen, die nicht unbedingt die der Palästinenser waren, verschiedene palästinensische Fraktionen.[7] Die Sowjetunion wiederum zog es stets vor, Länder der Region zu unterstützen anstatt die Palästinensische Befreiungsorganisation (PLO).

Entscheidend für die Entwicklung des Konfliktes war, dass die Israelis zwar verteidigungspolitisch keinen sicheren Status besaßen – was zum Teil erklärt, warum sie die Kriege von 1956 und 1967 begannen –, im Hinblick auf ihre politische Identität und ihren Staat aber sehr wohl. Die Palästinenser genossen hingegen diesen Luxus nicht. Aus ihrer Sicht wurde ihnen die politische Identität in der Resolution 242 des UN-Sicherheitsrats von 1967 ebenso verwehrt, wie dies 50 Jahre zuvor in der Balfour-Erklärung (1917) der Fall gewesen war, als man sie als Teil der »existierenden nichtjüdischen Gemeinschaften Palästinas« betrachtet hatte, obwohl sie damals 90 Prozent der Bevölkerung ausgemacht hatten. 1967 war von ihnen nur noch als von dem »Flüchtlingsproblem« die Rede. Da die internationale Gemeinschaft wenig Hilfsbereitschaft zeigte, suchten sie zuerst bei Nasser Unterstützung.[8] Danach verließen sich die Palästinenser, unter dem Schirm der PLO, nur noch auf sich selbst und später – zumindest nach der Gründung der Hamas – auf den Islam. Getrieben von der ungerechten Behandlung durch die internationale Gemeinschaft,[9] dem überwältigenden Wunsch, in ihre Heimat zurückzukehren, und dem immer stärker werdenden Bedürfnis nach einem eigenen Staat, verschlossen sich die meisten Palästinenser gegen Kompromisse, die vermeintlich auf ihre Kosten gingen.[10]

---

7 Siehe dazu Helena Cobban, The Palestinian Liberation Organization, Cambridge 1984. So wurde zum Beispiel die PLO von Nasser gegründet.

8 Einen guten Einblick in das Leben in der palästinensischen Diaspora zu dieser Zeit und später liefert Fawaz Turki, The Desinherited: Journal of a Palestinian Exile, New York 1972, 1974.

9 Insbesondere ist hier die harte Behandlung der Palästinenser durch die Länder der Region zu erwähnen, wo sich nicht nur Juden (Deir Jassin, 1948), sondern auch Jordanier (jordanischer Bürgerkrieg im Jahre 1970), Syrer (Tal al-Saatar im Jahre 1976) und die libanesische Falange (Sabra und Schatilla im Jahre 1982) an den Massakern an Palästinensern beteiligten.

10 Solche Kompromisse waren zum Beispiel die UNSCOP-Resolution von 1947 und der Reagan-Plan von 1983, der ihnen einen eigenen Staat vorenthielt und ihre Bedürfnisse unter jordanischer Herrschaft zu befriedigen suchte.

Zwar waren manche Palästinenser bereit, einen Kompromiss in Erwägung zu ziehen, doch herrschte zwischen den vielen palästinensischen
Fraktionen aufgrund ihrer unterschiedlichen Rahmenbedingungen kein
Konsens.[11] Der kleinste gemeinsame Nenner unter den meisten dieser
Fraktionen war die Überzeugung, dass die Ungerechtigkeit beseitigt werden müsse und sie kaum etwas zu verlieren hätten, wenn sie bei ihrer
kompromisslosen Haltung blieben. Da politische Optionen – sofern
überhaupt vorhanden – begrenzt und infolge der überwältigenden israelischen Überlegenheit auch die militärischen Möglichkeiten stark beschränkt waren, zudem die US-Unterstützung für Israel weitaus umfangreicher ausfiel als die der UdSSR für arabische Staaten, wurde der
Terrorismus zu einer der wenigen Waffen. Er sollte sich jedoch als dau-
erhaftes Hindernis bei jeglichem Versuch erweisen, Frieden in der Region zu schaffen – bis heute.

Sowohl die Palästinenser als auch die Juden verweigerten sich in ihren
verschiedenen Diasporen der Assimilation, waren Vorurteilen und Unge-
rechtigkeiten ausgeliefert und kämpften stets um die Kontrolle über dasselbe »gelobte« Land Palästina. Die Wurzel des Problems sind die auffällig parallelen, wenn auch nicht immer gleichzeitigen Bedürfnisse und
Anliegen von Juden und Palästinensern: die Beseitigung von Ungerech-
tigkeiten angesichts von nicht eingehaltenen Versprechen und Demütigungen, Leben und Freiheit angesichts von Verfolgung und Unterdrückung und die Suche nach einer eindeutigen politischen und nationalen
Identität. Schließlich kamen beide Völker, wenn auch zu verschiedenen
historischen Zeitpunkten, zu dem Schluss, dass sie Sicherheit nur in einem eigenen Staat erlangen würden, in dem sie selbst über sich bestimmen konnten. Die arabisch-israelischen Kriege spiegelten daher – wie in
der ersten Verallgemeinerung vorausgeschickt – einen in seinem Kern indigenen Existenzkampf wider – einen Konflikt, der jede Partei veranlasste, wo immer möglich nach Verbündeten Ausschau zu halten.

Eskalation und Eindämmung

Die zweite These, die das Verhältnis von Nahostkonflikt und Kaltem
Krieg bestimmen soll, lautet: Die arabisch-israelischen Kriege waren
stark vom Kalten Krieg beeinflusst, insofern als erstens die Bündnisse
des Kalten Krieges diese Kriege – zu verschiedenen Zeitpunkten – so-

---

11 So verfolgten die Palästinenser, die in Israel Land hatten aufgeben müssen, andere Ziele als diejenigen, die Ansprüche auf Teile der heutigen Westbank und
Gazas hatten.

wohl auslösten als auch eindämmten; zweitens die Bündnisse des Kalten Krieges die Lösung des Palästinenserproblems behinderten, weil sie aus Staaten bestanden und die Palästinenser durch keinen Staat repräsentiert wurden; und schließlich drittens die Bündnisse des Kalten Krieges zur Beendigung von Kriegen beitrugen, weil sie die Gefahr einer Eskalation vermeiden wollten.

Mit dem allmählichen Niedergang der britischen und französischen Kolonialmacht nach 1948 entstanden fast überall auf der Welt antikoloniale Bewegungen. Doch weder Großbritannien noch Frankreich zogen sich bereitwillig aus ihren Kolonien zurück. Großbritannien wollte seine Stützpunkte am Suezkanal behalten, und Frankreich sah im ägyptischen Präsidenten Nasser die Ursache für seine Probleme in Algerien. Folglich widersetzten sich beide Länder Nassers Bemühungen, Ägypten von der Vorherrschaft der Kolonialmächte zu befreien. Aus diesem Grund kann man den Suezkrieg von 1956 nicht nur als Produkt des Existenzkampfes zwischen Israelis und Palästinensern betrachten, sondern auch als Fortsetzung der kolonialen Dynamik. Der Krieg selbst begann mit einem Aufstand in Gaza im Februar 1955, bei dem etwa 40 Ägypter aus Vergeltung für die Tötung eines Israeli drei Tage zuvor umgebracht wurden. Der Krieg entstand also durch ein Zusammentreffen von lokalen und regionalen Faktoren und im Zusammenhang mit dem Palästinenserproblem. Hinzu kam der bevorstehende Rückzug der Briten aus der Suezregion. Zu diesem Zeitpunkt hatte der Kalte Krieg kaum Einfluss auf das Problem.

Danach jedoch wurde der Kalte Krieg zu einem Hauptfaktor – durch Nassers Versuche, Waffen von den USA zu bekommen, um die Israelis von einem Angriff abzuschrecken, die Amerikaner gegen die Sowjets auszuspielen oder schließlich von der UdSSR Waffen über die Tschechoslowakei zu beziehen. Israel befürchtete, dass nach dem Abzug der Briten aus der Suezregion Ägypten freie Hand haben könnte, Israel anzugreifen und sich dann der »palästinensischen Frage« zuzuwenden.[12] Dies zu verhindern war der Grund für die so genannte Lavon-Affäre im Jahre 1954.[13] Die weiterhin bestehenden kolonialen Ambitionen Großbritanniens und

---

12 Benny Morris, Righteous Victims, New York 2001, S. 281.
13 Damals griff die Einheit 131 des israelischen militärischen Geheimdienstes amerikanische und britische Kulturzentren in Kairo an, um einen Keil zwischen Großbritannien und die USA auf der einen und Ägypten auf der anderen Seite zu treiben, und verstärkte so die Gefahren des britischen Rückzugs, um diesen möglicherweise zu verzögern oder ganz zu verhindern. Ebenda, S. 282.

Frankreichs[14] ausnutzend, versuchte Israel 1956, den Abzug der Briten rückgängig zu machen, indem es sich heimlich mit dem Angriff Großbritanniens und Frankreichs auf Ägypten einverstanden erklärte. Doch ihre gemeinsamen Ziele wurden durch die Vereinigten Staaten durchkreuzt, die sich womöglich nicht so vehement widersetzt hätten, wären sie nicht in den Kalten Krieg mit der UdSSR verstrickt gewesen.

Aufgrund des ungelösten Palästinenserproblems wäre es früher oder später zu einem größeren Konflikt zwischen Ägypten und Israel gekommen. Doch wären auch die Großmächte daran beteiligt gewesen? Ohne sowjetische Waffenlieferungen an Nasser hätten sich Israel und Frankreich weniger bedroht gefühlt, und die Franzosen hätten sich womöglich nicht so ohne weiteres bereit erklärt, den Israelis Waffen zu liefern. Ohne den Kalten Krieg wäre der Einsatz von Außenminister John Foster Dulles für die Finanzierung des Assuan-Staudamms und Nassers Kampf um die Verstaatlichung des Suezkanals womöglich anderen Strategien untergeordnet worden. Ohne den Kalten Krieg und angesichts dessen, dass die Sowjetunion mit Ungarn und Polen beschäftigt und kaum zur Unterstützung Ägyptens bereit war, hätten vielleicht Israel, Frankreich und Großbritannien ihren Einfluss auf dem Sinai und am Suezkanal erfolgreich geltend gemacht. Aber es gab einen Kalten Krieg. Um eine Unterminierung ihrer Strategie einer geschlossenen Abwehrfront an der Südgrenze der Sowjetunion zu verhindern, mussten die USA die Briten und Franzosen zum Abzug vom Suezkanal und die Israelis zu dem aus dem Sinai bewegen. Daher übten die USA finanziellen Druck auf Großbritannien aus und drohten Israel mit der Beendigung öffentlicher und privater Unterstützung und dem Ausschluss aus der UNO, sollte es den Sinai nicht verlassen.[15] So löste zwar der Kalte Krieg nicht die Suezkrise aus, erhöhte aber durch die Bewaffnung beider Seiten die Gefahr, dass daraus ein heißer Krieg entstand. Gleichzeitig aber trug er zur Lösung bei, indem die USA die Briten, Franzosen und Israelis veranlassten, sich aus Ägypten zurückzuziehen. Zu einer Lösung des Palästinenserproblems hingegen führte er nicht, obwohl es weiterhin den Kern des Konflikts darstellte.

In dem Maße, wie die USA in den Folgejahren Israel unterstützten und die amerikanisch-israelischen Beziehungen der Sowjetunion die Gelegen-

---

14 Der britische Premierminister Anthony Eden und Frankreichs Premier Guy Mollet sahen in Nasser eine Art wiedergeborenen Hitler. Smith, Palestine, S. 235 ff.; Morris meint, dieser Vergleich sei im Grunde ein Vorwand gewesen, siehe Morris, Victims, S. 298.

15 Smith, Palestine, S. 240; Morris, Victims, S. 298.

heit gaben, arabische Verbündete durch Waffenlieferungen zu gewinnen, ermöglichte die so entwickelte Bündnisstruktur beiden Seiten, die Kriegsparteien sowohl zu unterstützen als auch – angesichts der Zuspitzung des Konflikts – sie zu mäßigen. 1967 waren die USA der wichtigste Verbündete Israels,[16] während Nasser sich der UdSSR angenähert hatte. Bereits früher hatte Präsident Kennedy befürchtet, Nasser könne versuchen, sich als Reaktion auf Israels Atomprogramm Raketen zu beschaffen und Israel, solange sich noch die Gelegenheit bot, in einem Präventionsschlag vernichten. Diese Angst teilte Israel. Die Verwundbarkeit des israelischen Atomreaktors gilt als wichtiger Katalysator für den Krieg von 1967.[17] Das Gefühl der Bedrohung entstand jedoch nicht erst mit der Krise von 1967 und infolge der sowjetischen Waffenlieferungen an Ägypten und Syrien. Wir wissen, dass Israel sein Atomprogramm 1953 begann[18] – also bevor sich Großbritannien bereit erklärte, aus Ägypten abzuziehen, und bevor Nasser mit der UdSSR Waffenlieferungen vereinbart hatte. Nasser wäre also von den Israelis in jedem Fall bedroht gewesen. Beide Seiten fühlten sich beständig bedroht, und die Bündnisse des Kalten Krieges dienten in erster Linie dazu, das Risiko für den Gegner zu erhöhen.

Eine andere Frage im Zusammenhang mit dem Kalten Krieg lautet, ob sich Nasser auf die Entscheidungen eingelassen hätte, die 1967 zum Rückzug der UN-Blauhelmtruppen aus dem Sinai führten, wenn ihm der sowjetische Geheimdienst nicht die Falschinformation hätte zukommen lassen, dass ein Angriff Israels auf Syrien unmittelbar bevorstünde, und er nicht überzeugt gewesen wäre, Unterstützung von den Sowjets zu erhalten. Vielleicht nicht. Jedenfalls verschärften die Sowjets, über deren Motive zahllose Vermutungen kursierten, die Krise, die zum Krieg führte.[19]

---

16 Siehe Warren Bass, Support Any Friend: Kennedy's Middle East and the Making of the US-Israeli Alliance, New York 2003. Auch Frankreich war ein wichtiger Verbündeter und hatte dem Land Ende der 1950er und Anfang der 1960er Jahre beim Bau eines Atomreaktors geholfen. Siehe Morris, Victims, S. 307.

17 Siehe Michael Oren, Six Days of War: June 1967 and the Making of the Modern Middle East, New York 2002, S. 75f.; und Morris, Victims, S. 307f., der darauf hinweist, dass die Ägypter kurzzeitig einen Präventivschlag gegen Israels Atomreaktor in Erwägung zogen, davon jedoch abgehalten wurden – »vielleicht aufgrund amerikanischer (und möglicherweise auch sowjetischer) Warnungen«.

18 Ebenda, S. 308.

19 Es wurde u.a. gemutmaßt, die Sowjets hätten Nassers Prestige stärken wollen oder – im Gegenteil – die Absicht verfolgt, seinen Tod herbeizuführen, ihre Beziehungen zu Syrien verbessern oder ihren Einfluss im Nahen Osten ausweiten wollen. Siehe Oren, Six Days, S. 54f.; Smith meint, Moskau habe die Übermitt-

Angesichts des Vietnamkriegs hatte Präsident Johnson wenig Zeit und Neigung, Israel gegen die ägyptische Bedrohung etwas anderes zu empfehlen als den Einsatz von Gewalt. Hätte Israel auch dann einen Präventivschlag gewagt, wenn sich die Vereinigten Staaten nach Nassers Blockade der Straße von Tiran dem widersetzt und alternative Lösungen gesucht hätten? Vielleicht nicht. Aber das rote Licht, für das Außenminister Dean Rusk plädierte, wurde zum gelben durch den Richter am Obersten Gerichtshof Abe Fortas, der Israel das Recht zusprach, eigenständig zu handeln, sollten die USA nicht bereit sein, die Straße von Tiran wieder zu öffnen, und vom israelischen Außenminister Abba Eban als grünes Licht verstanden.[20]

Der Sechstagekrieg von 1967 bereitete der amerikanischen Regierung große Sorgen. Sie fürchtete, der Konflikt könne zu einem dritten Weltkrieg eskalieren, unterstützte daher einen Waffenstillstand und führte über den heißen Draht 20 Gespräche mit der sowjetischen Seite. Wäre nicht der Kalte Krieg gewesen, hätten die arabischen Länder weniger Druck auf die UdSSR ausüben können, Waffen geliefert zu bekommen; hätte sich Israel weniger bedroht gefühlt, hätten die USA weniger Grund gehabt, das Land mit Waffen zu beliefern, aber auch weniger Einfluss auf das Vorgehen Israels. Unterdessen blieb die Palästinenserfrage trotz der in der UN-Resolution 242 bestätigten Notwendigkeit, eine gerechte Lösung für »das Flüchtlingsproblem« zu finden, weiterhin unbeantwortet. Dass ein echter Friede nun zur Bedingung für einen israelischen Rückzug aus den 1967 besetzten Gebieten wurde, zeigt, dass das Land in Gestalt der USA einen Fürsprecher in den Vereinten Nationen gefunden hatte, der aus den Erfahrungen des Jahres 1957 gelernt hatte, als ein erzwungener Rückzug Israels aus dem Sinai keine Bewegung hin zu einem endgültigen Frieden brachte.

Erst nach 1967 begannen die Palästinenser, ihr Schicksal wirklich selbst in die Hand zu nehmen. Bis dahin versuchten verschiedene arabische Länder, sie für ihre eigenen Zwecke zu manipulieren und zu benutzen. Nach 1967 forderten Syrien, Jordanien und Ägypten natürlich von

lung dieser Informationen nicht genehmigt, und Nasser, der ihnen zunächst unbesehen Glauben geschenkt habe, sei später darüber informiert waren, dass sie falsch waren, siehe Smith, Palestine, S. 274. Siehe jedoch auch Norman Finkelstein, Image and Reality of the Israel-Palestine Conflict, London 2003, S. 188 ff., der behauptet, die Informationen seien zwar überzogen gewesen, hätten jedoch auf einer tatsächlichen Entscheidung der israelischen Regierung basiert, Syrien anzugreifen.

20 Siehe zu diesem Thema William Quandt, Peace Process: American Diplomacy and the Arab-Israeli Conflict since 1967, Brookings 2001, S. 23–55.

Israel besetztes Land zurück. Die Rolle dieser Länder in dem Konflikt erhöhte ihre regionale Bedeutung und machte sie zu wichtigen Akteuren in den folgenden arabisch-israelischen Kriegen. Die USA weigerten sich, mit den Palästinensern zu reden, hielten nach einem geeigneten Gesprächspartner für sie Ausschau und zogen es vor, statt ihrer mit Ägypten – nach dem Krieg von 1973 – oder Jordanien – nach dem Krieg von 1982 – über das Palästinenserproblem zu verhandeln. Erst als Arafat 1988 die »magischen Worte« sprach und Israels Existenzrecht anerkannte, die UN-Resolution 242 akzeptierte[21] und dem Terrorismus abschwor,[22] begann ein Dialog zwischen den USA und der PLO.

Der Krieg von 1973 hingegen war das Ergebnis eines Status quo, der dem ägyptischen Präsidenten Anwar al-Sadat und, wenn auch in geringerem Maße, dem syrischen Präsidenten Hafis al-Asad als nicht hinnehmbar erschien. Das Problem lag in der fortdauernden israelischen Besetzung arabischen Territoriums nach dem Sechstagekrieg, die von Henry Kissinger infolge der Jordanienkrise von 1970 gutgeheißen wurde. Kissinger zufolge, dessen »Linkage«-Politik regionale Konflikte mit dem Kalten Krieg verknüpfte, war diese Krise nicht von Syrien ausgelöst worden, sondern von der UdSSR. Deshalb war seiner Ansicht nach eine engere Beziehung zu Israel im amerikanischen Interesse, da sie, wie er glaubte, die Sowjets gezwungen habe, Syrien zu zügeln. So beschloss Kissinger, den sowjetischen Einfluss in Ägypten zu verringern, indem er Sadat demonstrierte, dass Israel stets militärisch überlegen sein werde und Ägypten keine militärischen Optionen habe, weil die UdSSR in dieser Hinsicht nicht mit den USA konkurrieren könne. Nur wenn Sadat die Sowjets loswürde, die ihm ohnehin die für eine Konfrontation mit Israel nötige Bewaffnung verweigert hatten, könne er den Sinai zurückgewinnen.[23]

Aus Sorge, die USA und die UdSSR könnten den Status quo aufrechterhalten, verwies Sadat 1972 die sowjetischen Truppen des Landes und erfüllte somit die Bedingung der USA, unter der sie sich als Vermittler in dem Konflikt angeboten hatten. Doch die Antwort der US-Regierung

---

21 Dies wurde im 2. Sinai-Abkommen von 1975 zur Bedingung gemacht. Siehe Edward Sheehan, The Arabs, Israelis, and Kissinger: A Secret History of American Diplomacy in the Middle East, New York 1976.

22 Darauf hatte Außenminister Shultz bestanden. Siehe George Shultz, Turmoil and Triumph, New York 1993, S. 1034–1045.

23 Siehe Quandt, Peace Process, S. 76, 83–86. Siehe auch William Bundy, A Tangled Web, New York 1998, S. 428–472. Zu den Ansichten Kissingers siehe Henry Kissinger, White House Years, Boston 1979, S. 594–631.

war aufgrund der Präsidentschaftswahlen und der Watergate-Affäre ausweichend. So wandte sich Sadat erneut den Sowjets zu und erneuerte seine Bitte um Hilfe. Die sowjetische Militärführung hatte im Unterschied zu den Befürwortern der Entspannungspolitik im Kreml schon zuvor eine militantere Haltung gegenüber den USA gefordert, und nun war die Sowjetunion eher bereit, Sadat entgegenzukommen.[24] Kissinger blieb dabei, den Konflikt im Zusammenhang mit dem Kalten Krieg zu sehen, anstatt sich den regionalen Aspekten zuzuwenden; im Glauben, dass die Sowjets die Entspannung wollten und nicht handlungsfähig seien, reagierte er nicht schnell genug, so dass Sadat keine andere Möglichkeit mehr sah, als sich wiederum der nunmehr seinen Wünschen aufgeschlosseneren Sowjetunion zuzuwenden, um von ihr Waffen für einen Krieg zu bekommen. So hatte der Kalte Krieg für eine Weile einen arabisch-israelischen Krieg verhindert; doch in dem Maße, in dem die USA nicht bereit waren, sich konstruktiv für eine Beseitigung der ägyptisch-israelischen Differenzen einzusetzen, führte der Kalte Krieg gleichzeitig dazu, dass Sadat 1973 schließlich doch zum Mittel des Krieges griff.

Sadat brach diesen Krieg nicht vom Zaun, um Israel zu besiegen, sondern um die USA und die Sowjetunion zu bewegen, sich für den später so genannten Friedensprozess einzusetzen. Jeder Schritt in die eine oder andere Richtung in diesem Konflikt war durch den Kalten Krieg beeinflusst – so wie die Länder der Region versuchten, ihre internationalen Bündnispartner einzubeziehen, so taten dies umgekehrt auch die internationalen Mächte mit ihren Bündnispartnern in der Region. Diese Dynamik werde ich weiter unten detaillierter darlegen.

Zunächst jedoch bedarf die Ölpolitik einer kurzen Betrachtung. Sie wurde im Kalten Krieg zum entscheidenden Trumpf in Sadats Hand, da die Saudis ihre Wirtschaftsmacht ohne besondere Angst vor US-amerikanischen Repressalien ausspielen konnten.[25] Hätten die USA nicht Gegenmaßnahmen der Sowjetunion befürchten müssen, hätten sie offen Vergeltungsmaßnahmen androhen können, und die Saudis hätten eher gezögert, das Öl als Waffe einzusetzen. Der Krieg und die Verhängung

---

24 Siehe Smith, Palestine, S. 311f.

25 Vergeltungsmaßnahmen für die »Strangulierung« wurden nur implizit formuliert. Siehe: Interview by *Business Week* with Secretary of State Henry Kissinger on Possible Responses to ›Strangulation‹ of the Industrialized World by OPEC, 23. 12. 1974, *Bulletin* des Außenministeriums vom 27. 1. 1975, S. 101. Siehe auch: U.S. Congress, Committee on International Relations, Special Subcommittee on Investigations, Oil Fields as Military Objectives: A Feasibility Study, Report Prepared by the Congressional Research Service, 94th Cong., 1st sess., 21. 8. 1975, Washington, D.C., 1975.

des Ölembargos beförderten das Interesse der USA an dem Friedensprozess in hohem Maße, nicht zuletzt, weil sie das Embargo aufgehoben sehen wollten.

Die USA und die UdSSR engagierten sich mit allen Kräften für den Frieden – zum einen im Interesse ihrer Verbündeten und aus Gründen des Prestiges (und im Falle der USA auch der eigenen Wirtschaft), zum anderen, weil die Gefahr einer Eskalation immens war. Die Einkreisung der ägyptischen Dritten Armee durch Israel im Jom-Kippur-Krieg 1973 bedeutete eine Verletzung des Waffenstillstands und veranlasste die Ägypter, um Hilfe zu bitten. Daraufhin drohte die Sowjetunion zu intervenieren, obwohl sie offensichtlich nicht die Absicht hegte, Truppen zu entsenden.[26] Die Vereinigten Staaten reagierten auf die sowjetische Drohung wiederum, indem sie die erhöhte Verteidigungsbereitschaft ausriefen. Gleichzeitig untersagte man den Israelis, die die eigentlichen Verursacher dieser Kette von Ereignissen waren, die Dritte Armee zu vernichten, was vielleicht nicht geschehen wäre, hätten die Sowjets tatsächlich interveniert.

Kurz gesagt, wie in vielen anderen Fällen versuchten auch hier sämtliche Beteiligten, die anderen zu manipulieren, und in gewisser Hinsicht ist es müßig, darüber zu spekulieren, in welchem Grad Ägypten oder Israel es verstanden, den Konflikt der Supermächte erfolgreich zu ihrem Vorteil auszunutzen. Man kann jedoch sagen, dass die Eskalationsgefahr beide Kontrahenten im Kalten Krieg – insbesondere aber die USA, da Kissinger den arabisch-israelischen Konflikt immer weniger als Nullsummenspiel betrachtete – dazu brachte, den Friedensprozess zu fördern. In diesem Sinne führte das Risiko, dass aus dem kalten ein heißer Krieg werden könne, sowie die Erkenntnis, dass sich das Energieproblem nicht von selbst lösen würde, zu einem wachsenden Engagement für die Beilegung des ägyptisch-israelischen Konflikts. Von der Palästinenserfrage lässt sich dies hingegen nicht behaupten.[27]

Wie alle anderen arabisch-israelischen Kriege hängt auch der Libanonkrieg von 1982 mit dem ungelösten Palästinenserproblem zusammen. Der damalige Verteidigungsminister Ariel Scharon verfolgte bei dieser Operation mehrere Ziele. Er wollte nicht nur die PLO aus dem Libanon vertreiben und freie Hand auf der Westbank bekommen, sondern auch die Bedrohung des Libanon durch Syrien beenden, im Libanon unter dem christlichen Maroniten Baschir Gemajel ein verbündetes Regime errichten und gemeinsam mit den USA den sowjetischen Einfluss im Na-

26 Siehe Abraham Rabinovich, The Yom Kippur War, New York 2004, S. 478–498.
27 Siehe Quandt, Peace Process, S. 173.

hen Osten zurückdrängen.[28] Die Regierung Reagan, die den Konflikt im
Großen und Ganzen unter dem Aspekt des Kalten Krieges betrachtete,
insbesondere in der Zeit, als Alexander Haig Außenminister war, sah anfänglich einen »Konsens in den strategischen Interessen« (Haig) mit
Israel.[29] Dies mag erklären, weshalb Haig Israel grünes Licht für die Invasion gab, wie manche Israelis behaupten, oder zumindest »schwach-
gelbes Licht«, wie ein amerikanischer Beobachter meint.[30]

Ob die Israelis auch ohne die Billigung der USA in den Libanon einmarschiert wären, ist schwer zu sagen. Klar ist jedoch, dass ihnen nach dem
ägyptisch-israelischen Friedensvertrag von 1979 und dem Rückzug Israels aus dem Sinai 1982 kein Zwei-Fronten-Krieg mehr drohte. Im Südwesten abgesichert, suchten sie nun nach einem Vorwand, die Probleme
an der Nordgrenze zu lösen. Doch Syrien war Verbündeter der Sowjetunion, und die Gefahr eines größeren Konflikts ließ die USA zögern.[31] Unabhängig davon, ob Außenminister Alexander Haig den Israelis grünes
Licht gab oder nicht, stand mit dem Einmarsch der israelischen Truppen
in Beirut der Krieg vor einer Eskalation. Daraufhin entschloss sich Präsident Reagan nach einigem Zögern, den Israelis Einhalt zu gebieten, den
Palästinensern den Rückzug aus dem Libanon zu erleichtern und seinen
eigenen Plan voranzutreiben, der zwar vorsah, den Palästinensern innerhalb Jordaniens Autonomie zu gewähren, ihnen aber nach wie vor das
Recht, in eigener Sache zu verhandeln, verweigerte.[32] Erst nach der ersten
Intifada und dem Ende des Kalten Krieges akzeptierten die USA in Ma-
drid die Palästinenser als Verhandlungspartner, ein *Quid pro quo* für die
Beilegung der amerikanisch-sowjetischen Differenzen und für die Unterstützung durch die arabischen Verbündeten im Golfkrieg 1991.[33]

Nach diesen Ausführungen dürfte klar geworden sein, dass die USA
und die UdSSR erhebliche Mitschuld an den arabisch-israelischen Krie-

---

28 Eine kenntnisreiche Analyse vom »Krieg Scharons« und seinen Zielen findet
    sich in: Ze'ev Schiff und Ehud Ya'ari, Israel's Lebanon War, New York 1984.
29 Siehe Quandt, Peace Process, S. 245–254, hier: S. 248; und Howard Jones
    (Hg.), Safeguarding the Republic, New York 1992, S. 329.
30 Quandt, Peace Process, S. 250; und Morris, Victims, S. 512.
31 Die technologische Überlegenheit der USA über die Sowjetunion zeigte sich
    deutlich an den elektronischen Abwehrsystemem, die Israel zur Verfügung ge-
    stellt bekam. Siehe hierzu aber auch Schiff und Ya'ari, Israel's Lebanon War,
    S. 151–180, insbesondere S. 167f., die weniger die technologische Überlegen-
    heit in der Luft hervorheben als vielmehr die Art und Weise, wie Israel sein
    Kriegsgerät gegen Syrien einsetzte.
32 Siehe Shultz, Turmoil, S. 43ff.
33 Siehe James Baker, The Politics of Diplomacy, New York 1995, S. 414.

gen trugen, insbesondere durch ihre Waffenlieferungen, aber auch durch ihre Unachtsamkeit und mehrdeutigen Signale. Gleichzeitig waren sie es, die die arabisch-israelischen Kriege eindämmten, indem sie den Kriegführenden Einhalt geboten, Waffenlieferungen zurückhielten und Sanktionen androhten. Schließlich beförderten sie die Beendigung der Kriege durch ihre Vermittlertätigkeit, die vorwiegend von der Furcht vor einer Eskalation, aber auch durch weiterführende Interessen in der Region motiviert war.

Es besteht also kein Zweifel daran, dass der Kalte Krieg eine zentrale Rolle in der Dynamik der arabisch-israelischen Kriege spielte.

Globale Strategie und lokaler Konflikt

Wenden wir uns deshalb nun den globalen strategischen Erwägungen zu, die bei lokalen Konflikten eine Rolle spielen. Auch in dieser Frage werden zwei Thesen zu diskutieren sein. Erstens: Globale strategische Erwägungen spielten im arabisch-israelischen Konflikt während des Kalten Krieges eine wichtige Rolle, weil nach dem Zweiten Weltkrieg dem Bestreben der USA, die UdSSR einzudämmen und die Ölversorgung vom Persischen Golf zu sichern, das Interesse der Sowjetunion entgegenstand, ihren Einfluss in der Region auszuweiten.

Die US-Strategie

Der gesamte nahöstliche Schauplatz der arabisch-israelischen Konfrontationen in der Frühphase des Kalten Krieges kann als eine Konfliktregion des Ost-West-Gegensatzes angesehen werden. Sie war aufgrund der konkurrierenden Interessen der ehemaligen Alliierten während und unmittelbar nach dem Zweiten Weltkrieg entstanden, als einerseits die USA und Großbritannien und andererseits die UdSSR gewissermaßen ihr »Großes Spiel« fortsetzten. Die historische Rivalität um Einfluss in einem Gebiet, das sich vom Balkan bis nach Afghanistan erstreckte, entfaltete sich nun an der Peripherie der Sowjetunion, wobei die USA schrittweise die imperiale Rolle Großbritanniens in der Region übernahmen sowie auch deren Prämisse, dass zur Durchsetzung der eigenen Interessen die Aufrechterhaltung der Machtbalance in der Region erforderlich sei.[34]

---

34 Siehe Bruce Kuniholm, The Origins of the Cold War in the Near East: Great Power Conflict and Diplomacy in Iran, Turkey and Greece, Princeton 1994.

Die einzelnen Phasen dieses Prozesses lassen sich an den Zeitpunkten festmachen, an denen die Briten erkannten, dass sie in bestimmten Teilen der Region keine Rolle mehr spielen konnten: in der Türkei und Griechenland 1945 bis 1947, in Palästina 1947 bis 1948, in Suez 1954 bis 1956 und am Persischen Golf 1968 bis 1971. In sämtlichen Fällen, ausgenommen Palästina, erklärten die Vereinigten Staaten in einer Doktrin des jeweiligen Präsidenten ihre Bereitschaft, den Abzug der britischen Truppen und den Verlust des britischen Einflusses durch amerikanische Wirtschafts- und Militärhilfe zu kompensieren und das in ihren Augen herrschende Gleichgewicht der Kräfte in der Region zu stützen. Dies trifft auf die Truman-Doktrin von 1947 ebenso zu wie auf die Eisenhower-Doktrin von 1957, die als »Politik der Zwei Säulen« bekannt gewordene Nixon-Doktrin der frühen 1970er Jahre, die den Iran und Saudi-Arabien betraf, und auf die Carter-Doktrin, die 1980 nach dem Sturz des Schahs im Iran die Nixon-Doktrin ablöste.[35]

Die Entscheidungsträger in Washington unterschieden stets zwischen der – wie sie es nannten – Nordflanke des Nahen Ostens und der übrigen Region. Zwar misstrauten die Türkei und der Iran den Briten in hohem Maße, doch aufgrund ihrer Nachbarschaft zur UdSSR und der aggressiven sowjetischen Haltung zu Beginn des Kalten Krieges fürchteten sie territoriale Begehrlichkeiten der Sowjets noch weitaus mehr. Die Strategie der Türkei und des Iran, sich aus den Klauen Großbritanniens und der UdSSR zu befreien, veranlasste sie, sich während des Zweiten Weltkriegs an die Seite Deutschlands zu stellen und nach dem Krieg die Unterstützung der USA zu suchen.

Die arabischen Staaten am östlichen Mittelmeer hingegen hatten andere historische Erfahrungen mit den Briten als die Staaten an der Nordflanke des Nahen Ostens. Für sie stand im Vordergrund, das britische Joch abzuschütteln, während aufgrund der größeren geographischen Entfernung die Angst vor sowjetischen Begehrlichkeiten keine große Rolle spielte.[36] Außerdem befremdete sie zunehmend die amerikanische Unter-

---

35 Zu den Einzelheiten der amerikanischen Nahost-Doktrinen siehe Bruce Kuniholm, 9/11, the ›Great Game,‹ and the ›Vision Thing‹: The Need for (and elements of) a more Comprehensive Bush Doctrine, in: *Journal of American History* 89 (September 2002), Heft 2, S. 426–438.

36 Allerdings wollten nicht alle arabischen Staaten die Bindungen zu Großbritannien kappen – vor allem nicht die kleinen Emirate am Persischen Golf, deren Scheichtümer von den drei aufstrebenden Regionalmächten am Golf bedroht waren (Saudi-Arabien, Irak und Iran) und daher stärker (bis 1971) auf Großbritannien setzten. Dabei waren sie sogar bereit, die Kosten für die Fortführung der britischen Präsenz am Golf zu übernehmen, nachdem die Briten 1968

stützung Israels, so dass sie den sowjetischen Einfluss als Gegengewicht zu den USA sogar willkommen hießen. Die amerikanische Hilfe für Israel stand deshalb im Widerspruch zu den strategischen Überlegungen der USA. Die Nahostexperten des Außenministeriums, die aufgrund ihrer Fachkenntnisse und Verantwortung die Bedenken der Araber sehr genau kannten, hielten es folgerichtig aus nationalem Interesse für geboten, zur arabischen Welt gute Beziehungen zu pflegen. Eine amerikanische Unterstützung der zionistischen Ziele, so befürchteten sie, könnte die Araber befremden, sie für die Sowjets empfänglicher machen und die Bemühungen der USA, den sowjetischen Einfluss im Nahen Osten einzudämmen, untergraben. »Es ist widersinnig, das Gewölbe [Griechenland, die Türkei und den Iran] zu verstärken«, schrieb im Oktober 1946 Gordon Merriam, Direktor der Nahost-Abteilung des Außenministeriums, an Loy Henderson, Direktor des Bureau for Near Eastern Affairs (NEA), »wenn wir die tragenden Pfeiler umstürzen.« Henderson stimmte ihm zu. Eine feindliche Haltung der Araber, schrieb er im August 1947 an den Staatssekretär im Außenministerium Robert A. Lovett, »würde hinterrücks die Position bedrohen, die wir mühsam in Griechenland, der Türkei und dem Iran aufrechtzuerhalten suchen«. In einem Bericht des Politischen Planungsstabs vom Januar 1948 zur Haltung der USA gegenüber Palästina angesichts des Teilungsvorschlags der UN-Sonderkommission zu Palästina (UNSCOP) wurde diese Besorgnis noch näher erläutert: Der Teilungsplan würde der Sowjetunion Gelegenheit bieten, die US-Position an der Nordflanke zu umgehen, die Stabilität des gesamten östlichen Mittelmeerraums gefährden und die Sicherheitsstruktur untergraben, die im Nahen Osten geschaffen worden sei.[37]

Präsident Truman jedoch ließ sich von den Argumenten des Außenministeriums nicht überzeugen. Aufgrund seiner humanitären Einstellung und seines tief verwurzelten biblischen Glaubens hatte er trotz gelegentlicher Verärgerung über das Drängen der Zionisten volles Verständnis für das Bestreben des jüdischen Volkes, einen eigenen Staat zu gründen. Das Außenministerium kümmerte sich seiner Meinung nach mehr um das Wohlwollen der Araber als um das Leid der Juden. Truman glaubte,

---

angekündigt hatten, bis 1971 abzuziehen. Siehe Bruce Kuniholm, Great Power Rivalry and the Persian Gulf, in: Robert Helms und Robert Dorff (Hg.), The Persian Gulf Crisis: Power in the Post-Cold War World, Westport 1993, S. 39–55.

37 Zu diesen Zusammenhängen siehe Bruce Kuniholm, U.S. Policy in the Near East: the Triumphs and Tribulations of the Truman Administration, in: Michael Lacey (Hg.), The Truman Presidency, Cambridge 1989, S. 299–338.

gleichzeitig den Opfern des Holocaust zu einem neuen Zuhause in Palästina verhelfen, seine eigene politische Zukunft in den USA sichern und die Interessen der USA im Nahen Osten wahren zu können.

Die verschiedenen US-Regierungen sind durchaus zu unterschiedlichen Einschätzungen gelangt, was die strategische Bedeutung Israels betraf. So betrachtete die auf die Regierung Truman folgende Regierung Eisenhower das Verhältnis der USA zu Israel als eine Belastung.[38] Die Regierungen Nixon und Reagan wiederum sahen Israel mitunter als wertvollen strategischen Partner an.

Während der ersten Amtszeit Reagans versuchte auch Außenminister Alexander Haig, »einen Konsens über die Strategien in der Region zwischen den Staaten dieses Gebiets herzustellen, von Pakistan im Osten bis Ägypten im Westen, einschließlich der Türkei, Israels und anderer bedrohter Staaten«. Die Regierung Reagan kam jedoch schließlich zu der Auffassung, dass es keinen regionalen strategischen Konsens gebe, und baute das von den Vorgängerregierungen geschaffene Sicherheitssystem weiter aus.[39] Laut William Quandt nahmen die Israelis im Allgemeinen Anstoß an der Vorstellung, die Unterstützung durch die USA beruhe auf privaten Hilfeleistungen oder einer moralischen Verpflichtung, und pochten daher seit 1967 verstärkt darauf, dass ein starkes Israel im strategischen Interesse der USA liege.[40] Manche Israelis versuchten zwar, aus ihrer Rolle als strategischer Aktivposten Nutzen zu ziehen, andere jedoch hielten demokratische Werte und moralische Bindungen für entscheidender, weil sie befürchteten, dass sich die strategischen Überlegungen eines Tages ändern und Israel der Logik der Realpolitik zum Opfer fallen könnte. Eine solche Logik hatte sich ja bereits im Denken der Regierungen Truman und Eisenhower gezeigt. Nach dem Ende des Kalten Krieges wurden erneut solche Szenarien diskutiert, und es wurden Fragen laut, warum die USA gegenüber Israel weiterhin in massivem Umfang Hilfe leisten solle, nachdem das Argument des »strategischen Aktivpostens« seine Gültigkeit verloren hatte.[41]

Zwar spielten in der amerikanischen Nahostpolitik globalstrategische Überlegungen stets eine wichtige Rolle, doch sie waren weitaus weniger wirksam, als man vermuten würde. Da die US-Präsidenten in stärkerem Maße als die Vertreter des Außenministeriums von der öffentlichen Mei-

---

38 Siehe Morris, Victims, S. 299f.
39 Siehe Bruce Kuniholm, U.S. Relations with the Middle East: 1960s to the Present, in: Jones, Safeguarding the Republic, S. 307.
40 Quandt, Peace Process, S. 84.
41 Ebenda, S. 305.

nung in den USA beeinflusst waren und sich vor der Öffentlichkeit verantworten mussten, teilten sie nicht immer die Auffassung, dass gute Beziehungen zwischen den USA und Israel – selbst wenn sie Probleme bereiteten – gleichbedeutend seien mit den strategischen Interessen der USA in dieser Region. Deshalb versuchten die USA zumeist, und nicht immer mit großem Erfolg, ein Gleichgewicht zwischen der Unterstützung Israels und ihren übrigen Interessen in der Region zu wahren.

Die Grenzen der Supermächte

Die zweite These hinsichtlich der Bedeutung globalstrategischer Parameter auf lokale Konflikte lautet: Die globalen strategischen Interessen spielten zwar eine wichtige Rolle in den arabisch-israelischen Kriegen, doch der Einfluss der USA und der UdSSR war begrenzter als vermutet.

Den USA waren von Beginn des Kalten Krieges an die Widersprüche ihrer Interessen sehr wohl bewusst: Die Unterstützung Israels befremdete die arabischen Staaten und barg das Risiko, die Strategie der Eindämmung an der Nordflanke zu untergraben. Auch die Zusammenarbeit mit den Briten verhinderte bessere Beziehungen zu den aufstrebenden nationalen Kräften in der arabischen Welt und rief die Gefahr hervor, die Eindämmung des sowjetischen Einflusses zu unterminieren. Diese Widersprüche führten stets zu Komplikationen und schürten im Nahen Osten die Konkurrenz zwischen den USA und der Sowjetunion. Nachdem den Sowjets erst einmal die Tür geöffnet worden war, war es ausgesprochen schwierig, sie wieder hinauszukomplimentieren. Allerdings befanden sich die Sowjets stets im Nachteil. Dass die UdSSR nicht zum unmittelbaren Nachbarn der arabischen Welt wurde, wurde durch die Mitgliedschaft der Türkei in der NATO sowie die türkische und iranische Mitgliedschaft im Bagdad-Pakt und später in der CENTO (Central Treaty Organization) sichergestellt. Diese Bündnisse erschwerten es der Sowjetunion, die in der Frühphase des Kalten Krieges hauptsächlich eine Landmacht war, in erheblichem Maße, ihren Einfluss in der Region geltend zu machen.

Im Nahen Osten als Ganzem (einschließlich des Persischen Golfs) erschwerte das geopolitische Engagement der USA und der UdSSR beiden Ländern den konstruktiven Umgang mit den aufstrebenden nationalen Kräften in der Region. Sobald die Geopolitik mit diesen Kräften in Konflikt geriet und die USA und die UdSSR die Länder in der Region wie Bauern auf einem Schachbrett behandelten, mussten beide Mächte ähnlich wie ihre imperialen Vorgänger feststellen, dass ihre Kontrolle weit begrenzter war, als sie angenommen hatten. Nationalistische Kräfte profitierten teilweise von den Beschränkungen, die das Machtgleichgewicht den Großmächten auferlegte, und setzten sich schließlich durch. Das ist, so scheint es, die Lehre aus der iranischen Revolution und dem afghanischen Widerstand.

Eine Erklärung dafür, dass die USA und die UdSSR in der Region auf solch große Schwierigkeiten stießen, liefert L. Carl Brown. Laut Brown hat sich im Nahen Osten ein spezifisches System internationaler Politik herausgebildet, das er das »Eastern Question«-System nennt.[42] Dieses System zeichne sich durch ein internationales und ein regionales Machtgefüge mit jeweils einer Vielzahl autonomer politischer Einheiten aus, deren Bestrebungen nach Hegemonie in der Region gegenläufige und auf Ausgleich ausgerichtete Reaktionen ausgelöst hätten. Und diese Reaktionen demonstrierten das »hartnäckige Festhalten an einem kaleidoskopischen Gleichgewicht«. Tatsächlich sei – so Brown – keine äußere Macht in der Lage gewesen, den Nahen Osten zu dominieren und umzugestalten, kein Staat im Nahen Osten habe eine regionale Dominanz etablieren können, und weder die Siege noch die Niederlagen der äußeren Mächte scheinen langfristig gesehen so bedeutsam gewesen zu sein wie zuerst gedacht. Die Erfahrungen der Amerikaner im Iran und der Sowjets in Afghanistan scheinen Browns These zu bestätigen, ebenso die Erfahrungen der Israelis, der Ägypter und der Syrer während ihrer verschiedenen Konflikte.

Da nach Browns Auffassung keine der Großmächte in der Lage war, den Nahen Osten zu dominieren und umzugestalten, sie aber dennoch mehr oder weniger ihre Stellung innerhalb dieses Systems unter relativ geringem Risiko und geringen Kosten behaupten konnten, hätten sie akzeptieren sollen, dass ihr Einfluss begrenzt war, und dementsprechend handeln. Kurz gesagt, so Brown, wäre für die Großmächte mehr Umsicht in der Außenpolitik vorteilhafter gewesen. Im Hinblick auf die arabisch-israelischen Kriege zielt diese Kritik weniger auf die USA, die generell eine umsichtigere Politik verfolgten (mit der einen Ausnahme, so ließe sich einwenden, der Palästinenserfrage), sondern eher auf die Sowjets, deren Politik im östlichen Mittelmeerraum gelegentlich fahrlässig, zuweilen provokativ und letztlich unkonstruktiv war.

---

42 L. Carl Brown, International Politics and the Middle East: Old Rules, Dangerous Game, Princeton 1984, S. 12–15.

Die regionalen Akteure und der Kalte Krieg

Nach der Betrachtung des Verhältnisses von Kaltem Krieg und den arabisch-israelischen Kriegen sowie der Rolle strategischer Kalküle in lokalen Konflikten fragen wir nun danach, in welcher Art und welchem Ausmaß sich den Akteuren der Region die Möglichkeit eröffnete, die Konfrontation der Supermächte zu ihrem Vorteil zu nutzen.

Im Falle einer ernsthaften Bedrohung hätten die USA nicht gezögert, Israel zu Hilfe zu eilen – so geschehen während des Krieges von 1973, als die Amerikaner Nachschub lieferten. Es bestand ein starker moralischer Anspruch auf solche Hilfe, der auf der freundschaftlichen Verbundenheit beider Länder und dem beträchtlichen jüdischen Bevölkerungsanteil in den USA gründete. Dabei versuchten die USA jedoch, diese Hilfe mit ihrem Interesse in Einklang zu bringen, zu verhindern, dass Israel Ägypten vernichtend schlug und demütigte, wie es im Krieg von 1973 der Fall war. Die Unterstützung der USA zielte vor allem darauf, die Existenz des Staates Israel sicherzustellen, und rechtfertigte sich schon dadurch, dass Israel die enorme US-Hilfe mit gutem Erfolg nutzen konnte.

Zuweilen verfolgte Israel eine Politik, die die USA missbilligten, und die Führung Israels war sich auch nicht zu schade, über die Köpfe von US-Präsidenten hinweg ihre Sache ihren amerikanischen Freunden vorzutragen. Bei bestimmten Gelegenheiten nahmen die USA Israel sogar an die Kandare oder übten harsche Kritik, wenn sie der Meinung waren, dass es die Grenzen dessen überschritt, was Überleben oder Vernunft geboten. Die USA hätten Israel jedoch nicht zu bremsen vermocht, hätten sie nicht jeweils einen alternativen Lösungsvorschlag für Israels Notlage anbieten können, beispielsweise als Israel versuchte, eine Antwort auf Nassers Aktionen im Vorfeld des Krieges von 1967 zu finden. Die USA verurteilten auch bestimmte politische Entscheidungen Israels, etwa die Errichtung von Siedlungen in den besetzten Gebieten, die alle US-Präsidenten mit Ausnahme Reagans als illegal und Hindernis für den Frieden ansahen. Doch eine solche Verurteilung war meist kaum mehr als eine sanfte Rüge, insbesondere was das Thema der Siedlungen betraf. Nur Präsident George W. Bush verknüpfte die Vergabe von Kreditbürgschaften mit der Siedlungsfrage.[43]

Versuche der US-Regierung, ihre Politik gegenüber Israel neu auszurichten, führten in den USA oft zu hitzigen Debatten, beispielsweise als Henry Kissinger 1976 unter der Regierung Ford die US-Politik gegenüber Israel einer »Neubewertung« unterziehen wollte, woraufhin 76 US-

---

43 Siehe Baker, The Politics of Diplomacy, S. 540–557.

Senatoren unmissverständlich ihre Missbilligung zum Ausdruck brachten.[44] Ebenso umstritten waren politische Entscheidungen, die in Israel auf Widerstand stießen, etwa der Verkauf von AWACS (Airborne Warning and Control System) Flugzeugen an die Saudis durch die Regierung Reagan[45] oder der Versuch verschiedener US-Regierungen, mit den Palästinensern in Dialog zu treten. Ergebnis waren oft Kompromisse, die zwar die israelischen Zweifel an der moralischen Unterstützung der USA bestärkten, aber zu massiver wirtschaftlicher und militärischer Hilfe für Israel führten, wie etwa beim 2. Sinai-Abkommen von 1975.[46]

Vor einigen Jahren stellte William Quandt, ehemals Mitglied des Nationalen Sicherheitsrates, fest, dass die Präsidenten Nixon und Ford zu verschiedenen Zeiten den beiden folgenden Ansichten beipflichteten:

Wenn Israel seine Sicherheit für so weit gewährleistet hält, dass es die für die Einwilligung der Araber zu einem Friedensabkommen notwendigen Gebietsansprüche anerkennt, muss es weiterhin in großem Umfang von den USA militärisch und wirtschaftlich unterstützt werden.

Wenn Israel zu stark und zu selbstbewusst wird, wird es keine Notwendigkeit für eine Veränderung des Status quo sehen. Hilfslieferungen der USA müssen daher zurückgehalten werden, um Druck ausüben zu können.[47]

Die beiden Präsidenten versuchten zweifellos, Israel durch eine Mischung aus Zuckerbrot und Peitsche zu den nötigen Schritten in Richtung Frieden zu bewegen. Seit den Regierungen Nixon und Ford und über das Ende des Kalten Krieges hinaus bemühten sich die USA, die richtige Kombination aus Anreizen und Druckmitteln zu finden, um Einfluss auf die israelische Politik zu nehmen.

Was die UdSSR betrifft, so waren den Versuchen der Sowjets, die US-Hilfe für Israel und die Empörung der Araber über die ihrer Ansicht nach ungerechte Behandlung der Palästinenser zu ihren Gunsten auszunutzen, aufgrund verschiedener Faktoren enge Grenzen gesetzt. Dazu zählten die Unzulänglichkeiten der sowjetischen Wirtschaft, ihre eher minderwertige Technologie, die im Vergleich zu den Frontstaaten be-

---

44 Siehe Edward Tivnan, The Lobby: Jewish Political Power and American Foreign Policy, New York 1988, S. 88 ff.

45 Siehe Alexander Haig, Israel and Saudi Arabia: The AWACS Controversy, in: ders., Caveat: Realism, Reagan, and Foreign Policy, New York 1984, S. 167–193.

46 Siehe George Ball und Douglas Ball, The Passionate Attachment: America's Involvement with Israel, 1947 to the Present, New York 1992, S. 81 ff.

47 William Quandt, Decade of Decisions: American Policy Toward the Arab-Israeli Conflict, 1967–1976, Berkeley 1977, S. 321.

grenzte militärische Schlagkraft ihrer arabischen Verbündeten und die Tatsache, dass die Israelis den arabisch-israelischen Konflikt als einen Kampf ums Überleben betrachteten, den sie keinesfalls verlieren durften. Die von den arabischen Staaten als Erniedrigung empfundenen Niederlagen in den arabisch-israelischen Kriegen schürten den Wunsch nach Revanche und stärkerer militärischer Unterstützung. Im Allgemeinen kamen die Sowjets solchen Ersuchen nach, um ihren Einfluss in der arabischen Welt zu wahren – jedoch nicht in dem Maße, dass dadurch Israels Existenz gefährdet wurde und das Risiko eines globalen Krieges erwuchs. Die Sowjets steckten gewissermaßen in einer »Glaubwürdigkeitsfalle«.

Der sowjetische Einfluss auf den arabisch-israelischen Konflikt war auch deshalb beschränkt, weil nur die USA über die Möglichkeit verfügten, Israel zu den von den Arabern verlangten entscheidenden Konzessionen zu drängen. Henry Kissinger konnte mit diesem Argument Anwar al-Sadat dazu bewegen, 1972 die Sowjets aus Ägypten zu verweisen. Zumeist versuchten die USA, die Sowjets vom Friedensprozess fernzuhalten, obgleich sie sie gelegentlich in breiter angelegten Verhandlungen mit einbezogen. In diesem Punkt betrieben viele US-Regierungen ähnlich wie bei der Frage, wie Israel am besten zu beeinflussen sei, eine Schaukelpolitik. Die USA versuchten auch, Frontstaaten wie Ägypten und Jordanien mittels beträchtlicher Wirtschafts- und Militärhilfe für sich zu gewinnen. Diese Taktik erleichterte die Friedensverhandlungen zwischen Ägypten und Israel 1979 und – nach dem Kalten Krieg – 1994 den Abschluss des Friedensvertrags zwischen Jordanien und Israel.

Kosten und Folgen des Konflikts

Zuletzt sollen Charakter, Verlauf und Kosten des arabisch-israelischen Konflikts skizziert werden. Der arabisch-israelische Konflikt ist, wie bereits erwähnt, primär ein Existenzkampf zwischen Israel und den Palästinensern und führte zu mehreren regionalen Konflikten zwischen Israel und seinen Nachbarstaaten, in die die USA und die UdSSR während des Kalten Krieges eingriffen. Obgleich der Hauptgrund für diese Kriege die Frage des Überlebens war, haben die Unterstützung Israels seitens der USA und die sowjetische Hilfe für die arabischen Gegner wesentlich zur Entstehung der Kriege beigetragen.

Ohne die US-Hilfe wäre das Überleben Israels gefährdet gewesen und hätte sich Israel womöglich gezwungen gesehen, Atomwaffen einzusetzen. Dank der US-Hilfe hat Israel überlebt, ist aber zugleich auch unnachgiebiger geworden, weil sie ihm die Möglichkeit eröffnete, in den USA Einfluss zu nehmen und mittels des Vetos der USA jegliche Kritik des UN-Sicherheitsrates an seinem Vorgehen abzuwehren. Auf der anderen Seite hätten Ägypten und Syrien ohne die Unterstützung durch die Sowjetunion eine weniger schwere Bedrohung für Israel dargestellt und womöglich eine weniger konfrontative Politik verfolgt. Aufgrund der sowjetischen Hilfe betrieben beide Länder eine Politik der Konfrontation, bis Ägypten – nachdem es die Schmach von 1967 durch seine militärischen Achtungserfolge im Jahre 1973 überwunden hatte – in den Friedensprozess einbezogen wurde und 1979 mit Israel einen Friedensvertrag schloss. Die Bedrohung Israels durch Syrien wurde durch das Ende des Kalten Krieges und die Einstellung der sowjetischen Hilfe für Syrien deutlich geringer. Das Palästinenserproblem jedoch harrt nach wie vor einer Lösung.

Erst in den vergangenen beiden Jahrzehnten wurden die Palästinenser von den Israelis als Gesprächspartner in eigener Sache anerkannt. 2001 erfolgte zwar ein Durchbruch im Friedensprozess, doch die negativen Folgen der seit dem Jahr 2000 andauernden zweiten Intifada haben dessen Fortgang erheblich erschwert.[48]

Die Kosten der arabisch-israelischen Kriege – sowohl an Menschenleben als auch an Geldmitteln – werden unterschiedlich eingeschätzt, man muss jedoch davon ausgehen, dass bisher etwa 11 300 Israelis und 52 300 Araber ums Leben gekommen sind.[49] Die Zahl der Verwundeten dürfte noch weitaus höher liegen.

Die finanziellen Gesamtkosten aller arabisch-israelischen Kriege beruhen auf vagen Annahmen. So schätzt der ehemalige Staatssekretär im

---

48 Zur Bewertung des Friedensprozesses in der Zeit nach dem Kalten Krieg und der noch andauernden Suche nach einer Lösung der Palästinenserfrage siehe Dennis Ross, The Missing Peace: The Inside Story of the Fight for Middle East Peace, New York 2004, und Robert Malley, Israel and the Arafat Question, *New York Review of Books*, 7. 10. 2004, S. 19–23.

49 Laut Trevor Dupuy kamen bei Kampfhandlungen zwischen 1948 und 1973 10 637 Israelis und 34 474 Araber ums Leben. Diese Zahlen decken sich in etwa mit denen anderer Schätzungen. Einer plausiblen Schätzung zufolge kamen im palästinensisch-israelischen Krieg 1982 17 825 Araber um, während die Israelis unmittelbar vor ihrem Abzug aus dem Libanon im Juni 1985 ihre Verluste auf 654 bezifferten. Siehe Trevor Dupuy, The Arab-Israeli Wars, 1947–1974, New York 1978, S. 124, 212, 333, 369, 609; siehe auch die Schätzungen von Morris, Victims, S. 248, 296, 327, 431, 558; *New York Times*, 2. 9. 1982; Michael Jensen, The Battle of Beirut, Boston 1982, S. 130; *Washington Post*, 6. 9. 1982; *Christian Science Monitor*, 4. 6. 1985.

US-Außenministerium George Ball die unmittelbaren Kosten, die den USA aus den speziellen Vergünstigungen für Israel sowie der direkten und indirekten Hilfe für Israel in den Jahren 1948 bis 1991 erwuchsen, auf fast 62 Milliarden Dollar. Die während dieser Zeit entstandenen indirekten Kosten der amerikanisch-israelischen Beziehungen, einschließlich der Verluste der US-Wirtschaft, von denen Israel keinen Vorteil hatte, betragen Ball zufolge fast 102 Milliarden Dollar. Rechnet man die Kosten hinzu, die die Sowjets, Israelis, Ägypter, Jordanier, Syrer, Libanesen und nicht zuletzt die Palästinenser zu tragen hatten, so liegt die Summe gewiss bei Hunderten Milliarden Dollar. Ganz zu schweigen von dem schwer zu berechnenden Preis, den ganze Generationen zu zahlen haben, weil ihre Chancen auf ein produktives Leben zunichte gemacht wurden.

Während einerseits für die USA das Überleben Israels nach wie vor einen hohen Stellenwert hat, ist andererseits die implizite und zuweilen auch explizite Unterstützung des israelischen Siedlungsbaus auf der besetzten Westbank und im Gazastreifen zu einem schwer kalkulierbaren Risiko geworden. Fast weltweit gilt inzwischen das Leid der unter israelischer Besatzung lebenden Palästinenser – obschon nicht vergleichbar mit dem Leid derjenigen, die in den 1980er Jahren Hafis al-Asad und Saddam Hussein zum Opfer fielen – als Sinnbild der Unversöhnlichkeit und Arroganz Israels und seines amerikanischen Verbündeten. Nach den Ereignissen des 11. September 2001 und den US-Invasionen in Afghanistan und im Irak hat sich dieser Eindruck noch verstärkt. So lastet das Erbe der während des Kalten Krieges praktizierten US-Politik gegenüber dem arabisch-israelischen Konflikt schwer auf den Schultern der Vereinigten Staaten.

Kaum jemand im Westen würde bestreiten, dass der Konflikt zwischen den Palästinensern und Israel kompliziert ist oder dass alle Seiten daran Schuld tragen. Der Widerspruch zwischen dem israelischen Sicherheitsbedürfnis und dem palästinensischen Wunsch nach Selbstbestimmung wird von vielen Arabern und Israelis als Nullsummenkonflikt angesehen – das heißt, der Gewinn der einen Seite ist zwangsläufig der Verlust der anderen Seite. Dennoch haben viele US-Regierungen stets betont, dass dieser Konflikt kein Nullsummenspiel ist, ein Kompromiss zu gegenseitigem Nutzen möglich sei und – in jüngster Zeit – ein Palästinenserstaat in den immer noch von Israel besetzten Gebieten nicht nur im Interesse der Palästinenser liege, sondern auch im Interesse Israels und der USA. Natürlich würde viel von dem Prozess einer solchen Staatsbildung abhängen, von den Sicherheitsgarantien für Israel und insgesamt vom Kontext, in dem solche Entwicklungen stattfänden. Doch die Erfordernisse der amerikanischen Außenpolitik, insbesondere seit den Ereignissen des 11. September 2001, machen die Suche nach Mitteln und Wegen unabdingbar, um den Konflikt zwischen Arabern und Juden zu entschärfen und wenn möglich beizulegen.

Ein entschiedenes Eintreten der USA für eine gerechte und unparteiische Lösung des palästinensisch-israelischen Konflikts, bei dem sowohl das legitime Recht Israels auf Sicherheit (aber nicht auf die Errichtung von Siedlungen in den besetzten Gebieten oder todbringende kollektive Bestrafungen) als auch das legitime Recht der Palästinenser auf Selbstbestimmung (aber nicht auf Terrorakte im Namen eines nationalen Befreiungskrieges) anerkannt würden, wäre ein Schritt in die richtige Richtung. Zudem würden die USA auf diese Weise klar zu erkennen geben, dass für sie Terrorismus zwar keinesfalls zu rechtfertigen ist, sie jedoch wissen, dass er nicht ohne Grund entsteht. Sie würden damit signalisieren, dass sie eine besondere Verantwortung für das Zustandekommen einer gerechten Lösung des Konfliktes auf sich nehmen wollen. Niemand gibt sich der Illusion hin, dass die USA allein durch ein entschiedenes Engagement für die Lösung der Palästinenserfrage ihr Problem mit dem internationalen Terrorismus lösen könnten, doch ebenso zweifelsfrei ist, dass Passivität und die weitere Eskalation des Konflikts den Kampf der USA gegen den Terrorismus in dieser Region weiter untergraben. Solange das Palästinenserproblem nicht gelöst und dem palästinensischen Volk nicht ebenso wie den Israelis ein eigener Staat zugestanden wird, werden die Interessen Israels wie die der USA in dieser Region schwer durchzusetzen sein.

Aus dem Englischen von Gabriele Gockel und Bernhard Jendricke

Piero Gleijeses
Kuba in Afrika 1975–1991

Kubas Rolle in der Welt ist beispiellos. Kein anderes Land der Dritten Welt hat seine Militärmacht jenseits seiner unmittelbaren Nachbarstaaten eingesetzt. Während des Kalten Krieges waren transkontinentale Militärinterventionen lediglich den beiden Supermächten, einigen wenigen europäischen Ländern und Kuba vorbehalten. Und in den 30 Jahren zwischen dem Sieg der kubanischen Revolution und dem Ende des Kalten Krieges gingen die westeuropäischen Militäreinsätze stetig zurück, während diejenigen Kubas an Umfang und Risikobereitschaft zunahmen. Selbst die Sowjetunion schickte weniger Soldaten in nicht angrenzende Regionen als die Karibikinsel. In dieser Hinsicht wird Kuba nur von den Vereinigten Staaten übertroffen.

Mehr als vier Jahrzehnte lang hat Castro den Vereinigten Staaten getrotzt und sie gedemütigt. In den 1960er Jahren beherrschte die Furcht vor einem zweiten Kuba in Lateinamerika die US-amerikanische Politik und trug zur Entstehung der Entwicklungshilfe-Institution »Alliance for Progress« bei. Von den späten 1970er bis Ende der 1980er Jahre unterstützte Havanna Bestrebungen, in Mittelamerika einen revolutionären Wandel herbeizuführen. Doch Castros Bestrebungen reichten weit über die westliche Hemisphäre hinaus. Die Entsendung von 36 000 kubanischen Soldaten nach Angola zwischen November 1975 und April 1976 verblüffte die Welt und leitete eine Periode von Militäroperationen größeren Maßstabs ein: 16 000 kubanische Soldaten in Äthiopien Ende 1977, kubanische Militärmissionen im Kongo, in Guinea, Guinea-Bissau, Moçambique und Benin, und vor allem die dauerhafte Präsenz in Angola, die 1988 mit 52 000 Soldaten ihren Höhepunkt erreichte. Kubas Militärengagement in Afrika wurde von einem groß angelegten Programm zur technischen Unterstützung begleitet: Zehntausende kubanische Experten, hauptsächlich auf den Gebieten Gesundheit, Erziehung und Bauwesen, waren in Angola, Moçambique, Kap Verde, Guinea-Bissau, Äthiopien, São Tomé und Príncipe, Tansania, Benin, Algerien sowie im Kongo im Einsatz. Zehntausende Afrikaner wiederum (deren Höchstzahl 1988 mit 18 075 erreicht wurde) studierten in Kuba oder wurden dort ausgebildet, gefördert durch Stipendien der kubanischen Regierung.

Kubas afrikanischer Einsatz begann nicht erst 1975. Angola war nur eine Station auf dem langen Weg, den das Land bereits 1959 eingeschlagen hatte und der schon mehr als 1000 Kubaner – Soldaten und Hilfskräfte – nach Algerien, Kongo-Léopoldville (dem späteren Zaire), Kongo-Brazzaville und Guinea-Bissau geführt hatte.[1] Und Angola war auch nicht das Ende der Reise. Dieser Essay wird sich in erster Linie mit den beiden Hauptoperationen in der Zeit von 1975 bis 1988 beschäftigen: die Intervention in Äthiopien 1977/78 und vor allem die dauerhafte kubanische Präsenz in Angola. Ich stütze mich dabei auf bislang gesperrte Dokumente aus kubanischen Archiven,[2] auf Quellen aus den USA sowie – soweit geeignet – auf Presseberichte und die wenigen Buchveröffentlichungen zu diesem Thema. Bevor ich mich der Analyse von Havannas Motiven und der Frage zuwende, wieweit die kubanische Politik von sowjetischen Forderungen bestimmt wurde, möchte ich die kubanische Politik gegenüber Äthiopien und Angola darstellen. Bewertet werden sollen auch Nutzen und Kosten der kubanischen Afrikapolitik.

Im Zentrum der politischen Entscheidungsgewalt auf Kuba stand ein einziger Mann, Fidel Castro. Er war umgeben von einer Gruppe enger Berater. Einer davon verdient besonderes Augenmerk: Jorge Risquet, Mitglied des Politbüros der Kommunistischen Partei Kubas (PCC). Intelligent, eloquent, geistreich und leidenschaftlich der Sache verschrieben, der er sich verpflichtet sah, war Risquet in den 1980er Jahren Castros wichtigster Experte für Afrikafragen. So meinte General Ulises Rosales del Toro, Chef des Generalstabs der kubanischen Streitkräfte, im September 1984 gegenüber einem sowjetischen General: »Wenn wir in meinem Land Strategiediskussionen über Angola führen – selbst zu militärischen Fragen –, muss Risquet anwesend sein, weil bei ihm viele Jahre alles zusammenlief, was Angola betraf.«[3]

---

1   Siehe Piero Gleijeses, Conflicting Missions. Havana, Washington, and Africa, 1959–1976, Chapel Hill 2002.
2   Wie ich Zugang zu diesen Archiven bekam, ist in Conflicting Missions geschildert. Von allen in diesem Essay zitierten kubanischen Dokumenten besitze ich Fotokopien.
3   »Conversación del general de división Ulises Rosales del Toro con el general de ejército Varennikov V.I.«, 5. 9. 1984, Centro de Información de las Fuerzas Armadas Revolucionarias, Havanna (im Folgenden: CIFAR). Der erste Band einer Biographie Risquets, die sehr interessant zu werden verspricht, erscheint 2006: Gloria León Rojas, El Pavel Cubano. Jorge Risquet, del solar a la sierra, Havanna.

Sieg in Angola, 1975–1976

Die Ereignisse in Angola in den Jahren 1975 und 1976 sind in ihren Grundzügen allgemein bekannt.[4] Nach dem Zusammenbruch der portugiesischen Diktatur im April 1974 konkurrierten im Land drei Unabhängigkeitsbewegungen miteinander: die von Agostinho Neto angeführte Volksbewegung zur Befreiung Angolas (MPLA), die Nationale Front für die Befreiung Angolas (FNLA) unter Holden Roberto und die von Jonas Savimbi geleitete Nationale Union für die Vollständige Unabhängigkeit Angolas (UNITA). Obgleich Portugal mit diesen drei Bewegungen übereinkam, dass eine Übergangsregierung unter einem portugiesischen Hochkommissar das Land bis zur Unabhängigkeit am 11. November 1975 verwalten sollte, brach im Frühjahr 1975 der Bürgerkrieg aus. Je näher der Unabhängigkeitstag rückte, umso mehr gewann die MPLA die Oberhand über das Bündnis aus FNLA und UNITA. Der Grund dafür war nicht die kubanische Hilfe – zu diesem Zeitpunkt kämpften noch keine kubanischen Soldaten in Angola. Es lag auch nicht an überlegener Waffentechnik – das gegnerische Bündnis hatte Dank der Freigebigkeit der USA und Südafrikas auf diesem Gebiet sogar einen leichten Vorteil. Die MPLA siegte, weil – wie der Leiter des CIA-Büros in Luanda bemerkte – sie von den drei Bewegungen die weitaus disziplinierteste und motivierteste war. Die Führer der MPLA »waren einsatzbereiter, besser ausgebildet, besser trainiert und stärker motiviert« als die der FNLA und der UNITA. »Selbst die einfachen Soldaten waren stärker motiviert.«[5] Um den Sieg der MPLA zu verhindern, marschierten am 14. Oktober südafrikanische Truppen in Angola ein und verwandelten so den Bürgerkrieg in einen internationalen Konflikt. Südafrika war sich Netos unversöhnlicher Feindschaft gegen die Apartheid und seines Bestrebens, die Befreiungsbewegungen im südlichen Afrika zu unterstützen, sehr wohl bewusst. Vielleicht hätte Pretoria gezögert, wäre es nicht von Washington zu dem Schritt gedrängt worden. US-Außenminister Henry Kissinger sah in Angola eine günstige Gelegenheit, das durch den Fall Südvietnams wenige Monate zuvor angeschlagene Ansehen sowohl der Vereinigten Staaten als auch seiner Person wieder zu heben. Kissinger scheute sich nicht, sich der Terminologie des Kalten Krieges zu bedienen: die frei-

---

4 Meine Darstellung der Ereignisse 1975 bis 1976 basiert auf Conflicting Mission, S. 230–396. Hier nenne ich nur die Quellen der direkten Zitate.

5 Robert Hultslander (Leiter des CIA-Büros in Luanda, 1975), Fax an Piero Gleijeses, 22. 12. 1998, S. 3.

heitsliebende Allianz aus FNLA und UNITA würde die von der Sowjet-
union unterstützte MPLA vernichten. (In Wahrheit war die sowjetische
Hilfe für die MPLA sehr begrenzt, da Moskau Neto misstraute und die
SALT-II-Verhandlungen nicht gefährden wollte.)

Während die Südafrikaner im Eiltempo auf Luanda zumarschierten,
schwand der Widerstand der MPLA immer mehr. Die Südafrikaner hätten die Stadt eingenommen, hätte Castro am 4. November 1975 nicht
beschlossen, auf die verzweifelten Hilfeersuchen der MPLA hin Truppen zu entsenden. Die Kubaner brachten den Vorstoß der Südafrikaner
zum Stillstand und drängten sie nach und nach zurück, bis sich am
27. März 1976 die letzten südafrikanischen Verbände aus Angola zurückzogen.

Es steht außer Frage, dass – wie ein hoher Sowjetfunktionär in seinen
Memoiren schrieb – die Kubaner ihre Truppen nach Angola »aus eigener
Initiative und ohne uns zu konsultieren« sandten.[6] Später räumte dies
selbst Kissinger ein, nachdem er die Kubaner stets als Handlanger der
Sowjetunion abgetan hatte. »Damals glaubte man in Washington allgemein, Castro sei für die Sowjetunion eingesprungen und vergelte ihr damit die wirtschaftliche und militärische Unterstützung«, heißt es im Ab-
schlussband seiner Memoiren. »Dokumente von damals beweisen, dass
dies ein Trugschluss war.«[7]

Was also hat Castro zu seinem kühnen Vorstoß nach Angola bewo-
gen? Realpolitik war es nicht. Mit seiner Entscheidung, Truppen zu entsenden, brüskierte Castro seinen Verbündeten, denn er wusste, dass Leonid Breschnew dies missbilligte. Castro ging ein hohes militärisches
Risiko ein: Angesichts des amerikanischen Debakels in Vietnam im April
1975 hielt er ein militärisches Eingreifen der USA (in Angola oder Kuba)
für wenig wahrscheinlich, doch von Washington ermuntert, hätte Pretoria sein militärisches Engagement durchaus verstärken können. Castros
Truppen hätten die volle Schlagkraft der südafrikanischen Armee zu
spüren bekommen können, ohne sich auf sowjetischen Beistand verlassen zu dürfen. (Tatsächlich ließ sich Moskau zwei Monate Zeit, für den
Lufttransport der kubanischen Truppen nach Angola dringend benötigte
logistische Hilfe zur Verfügung zu stellen.) Darüber hinaus gefährdete
die Entsendung kubanischer Truppen die Verbesserung der kubanischen
Beziehungen mit dem Westen: Die Vereinigten Staaten waren geneigt,

---

6   Anatoli Dobrynin, In Confidence: Moscow's Ambassador to America's Six
    Cold War Presidents, New York 1995, S. 362.
7   Henry Kissinger, Jahre der Erneuerung. Erinnerungen, München 1999, S. 633.

einen Modus Vivendi zu finden, die Organisation der Amerikanischen Staaten hatte gerade ihre Sanktionen aufgehoben, und westeuropäische Regierungen boten Havanna billige Kredite und Entwicklungshilfe an. Die Realpolitik hätte verlangt, dass Kuba das Hilfeersuchen Luandas abgelehnt hätte. Wäre Castro ein Vasall Moskaus gewesen, hätte er sich zurückgehalten.

Castro schickte Truppen, weil er sich dem Kampf gegen die Rassendiskriminierung verpflichtet fühlte. Ein Sieg der Achse Pretoria–Washington hätte den Sieg der Apartheid und die Verfestigung der weißen Herrschaft über die Völker des südlichen Afrika bedeutet. Castro erkannte die Bedeutung des Augenblicks und schickte seine Soldaten los. Wie Kissinger heute sagt, konnte Castro »wahrscheinlich als der originärste revolutionäre Führer gelten, der damals an der Macht war«.[8]

Kubas Sieg verhinderte die Etablierung einer dem Apartheid-Regime verpflichteten Regierung in Luanda. Seine psychologischen Auswirkungen und die Hoffnung, die er aufkeimen ließ, wird von zwei Stellungnahmen aus gegensätzlichen politischen Lagern Südafrikas treffend illustriert. Als im Februar 1976 die kubanischen Truppen die südafrikanische Armee an die namibische Grenze zurückdrängten, schrieb ein südafrikanischer Militärexperte:

»In Angola haben schwarze Einheiten aus Kubanern und Angolanern die weißen Truppen auf dem Schlachtfeld besiegt. Ob ihre Kampfstärke hauptsächlich den Kubanern oder den Angolanern zu verdanken war, spielt keine Rolle bei diesem Krieg, in dem sich die Rassen gegenüberstehen, denn Tatsache ist, dass sie gesiegt haben und immer noch siegen und dass sie nicht weiß sind. Und dass der psychologische Aspekt, der Vorrang, den der weiße Mann im Laufe der 300 Jahre Kolonialismus und Empire genossen und ausgebeutet hat, zusehends schwindet. Das weiße Überlegenheitsdenken hat in Angola einen Schlag erhalten, von dem es sich nicht mehr erholen wird, und die Weißen, die dort waren, wissen dies.«[9]

Die »Weißen Riesen« hatten zum ersten Mal in der jüngeren Geschichte den Rückzug antreten müssen – und die schwarzen Afrikaner feierten es. »Schwarzafrika reitet auf dem Kamm einer vom kubanischen Erfolg in Angola ausgelösten Welle«, schrieb die *World*, die führende schwarze Zeitung Südafrikas. »Schwarzafrika kostet vom berauschenden Wein der Möglichkeit, den Traum der umfassenden Befreiung verwirklichen zu können.«[10] Es hätte keinen berauschenden Traum gegeben, sondern

---

8 Ebenda, S. 632.
9 Roger Sargent, *Rand Daily Mail* (Johannesburg), 17. 2. 1976, S. 10.
10 *World* (Johannesburg), 24. 2. 1976, S. 4.

vielmehr den Schmerz einer vernichtenden Niederlage, hätten die Kubaner nicht interveniert.

Doch nicht nur die Stimmungslage änderte sich, die Ereignisse hatten auch deutlich spürbare Folgen im ganzen südlichen Afrika. Sie zwangen Kissinger, sich von dem rassistischen weißen Regime in Rhodesien abzuwenden, und Carter, an dieser Haltung festzuhalten, bis schließlich 1980 Zimbabwe aus der Taufe gehoben wurde.[11] Und dieser Sieg markierte den wirklichen Beginn des namibischen Unabhängigkeitskriegs. Die Südwestafrikanische Volksorganisation (SWAPO) führte seit 1966 einen bewaffneten Kampf, und sowohl der Internationale Gerichtshof als auch die Vereinten Nationen hatten zu Beginn der 1970er Jahre Südafrika aufgefordert, sich aus der ehemaligen deutschen Kolonie zurückzuziehen, die sie seit dem Ersten Weltkrieg auf der Grundlage eines Mandats des Völkerbundes verwaltete. Doch die Anstrengungen der SWAPO gewannen erst nach dem Sieg der MPLA in Angola an Schlagkraft. So schrieb ein südafrikanischer General: »Zum ersten Mal gelang es den SWAPO-Rebellen, eine Grundlage für die erfolgreiche Durchführung eines Aufstands zu schaffen, vor allem aber hatten sie nun eine Grenze, die sichere Zuflucht bot.«[12]

Nachdem die Kubaner die südafrikanische Armee (SADF) aus Angola vertrieben hatten, wollten sie ihre Truppen schrittweise abziehen, um so der MPLA Zeit zu geben, ihre Streitkräfte (FAPLA) zu stärken, damit diese die Verteidigung Angolas selbst übernehmen könnten. So lautete die Botschaft, die Raúl Castro nach Luanda brachte, als er dort am 20. April 1976 eintraf. Er teilte Neto mit, die kubanische Regierung schlage vor, »Maßnahmen zu ergreifen, damit die Truppen mit Ausnahme der Militärberater im Laufe der nächsten Jahre (1976, 1977, 1978) schrittweise abgezogen werden können«. Neto akzeptierte den kubanischen Zeitplan mit geringen Änderungen, zu denen auch gehörte, dass »die kubanischen Militärärzte, die gegenwärtig in Angola tätig sind, im Land verbleiben und weiterhin ihre wertvollen Dienste leisten«.[13]

---

11 Meine Anmerkungen zu Carter stützen sich auf kürzlich freigegebene Dokumente aus der Jimmy Carter Library in Atlanta. Obgleich wir zu unterschiedlichen Schlussfolgerungen kommen, habe ich großen Gewinn aus Nancy Mitchells Arbeit »Jimmy Carter and Africa: Race and Realpolitik in the Cold War« gezogen, die 2006 erscheint.

12 Jannie Geldenhuys, A General's Story: From an Era of War and Peace, Johannesburg 1995, S. 59.

13 Risquet zu Fidel Castro, 23. 4. 1976, S. 2, Archive des Zentralkomitees der Kommunistischen Partei Kubas, Havanna (im Folgenden: AZK).

Der Weggang von 90 Prozent der 350000 in Angola lebenden Portugiesen im Jahre 1974 hatte das Land praktisch seiner gesamten Fachar-
beiterschaft beraubt. Raúl Castro informierte Havanna, dass die angolanische Regierung auch andere sozialistische Länder um Hilfe gebeten
habe, »aber sämtliche Menschen in Angola, von Präsident Neto und den
übrigen Führern bis hin zum einfachen Volk in den abgelegensten Win-
keln des Landes, hoffen auf kubanische Unterstützung. Das ist nur natürlich angesichts unserer Beteiligung am Krieg, der Tatsache, dass sich
unsere Sprachen so sehr ähneln, unseres ethnischen Hintergrunds und
des Ruhms unserer Revolution.«[14]

Tatsächlich waren die Hilfeleistungen bereits in Gang. Die ersten kubanischen Ärzte waren schon Ende November 1975 in Angola eingetrof-
fen, wenige Tage nach den ersten Truppen. Im darauf folgenden Juli
schrieb *Jeune Afrique*, die die kubanische Präsenz in Afrika nicht gerade
befürwortete: »Huambo [die zweitgrößte Stadt Angolas] lebt in Furcht,
dass die kubanischen Ärzte abziehen könnten. ›Wenn sie gehen‹, meinte
kürzlich ein Priester, ›werden wir alle sterben.‹ [... Als] am 7. März ein
kubanisches Ärzteteam eintraf, gab es [in Huambo] nur mehr einen einzigen angolanischen Arzt und eine einzige Station des Roten Kreuzes.
Diese [...] zog Ende Juni ab. Die kubanischen Ärzteteams spielen eine
Schlüsselrolle im ganzen Land.« Ein Jahr später erklärte der angolanische Delegierte auf der Weltgesundheitskonferenz gegenüber Präsident
Carters Sonderberater für Gesundheitsfragen: »[Der] wichtigste Beitrag
[zur medizinischen Versorgung] kam von Kuba, das keinerlei Bedingungen stellte. Wir hatten insgesamt nur 14 Ärzte, aber jetzt haben wir dank
Kuba über 200.«[15] Ende 1976 waren mehr als 1000 kubanische Hilfskräfte in Angola tätig, und es trafen noch weitere ein. »17 Jahre revolutionärer Herrschaft unter Fidel Castro hat sie zu einer verschworenen,
disziplinierten und akkuraten Gemeinschaft zusammengeschweißt«, berichtete ein Korrepondent der führenden schwarzen südafrikanischen
Zeitung aus Luanda. »Von Montag bis Samstag sieht man sie fleißig arbeiten [...] Sie machen großen Eindruck. Die Kubaner haben nicht nur
für die MPLA den Krieg gewonnen, sondern sie sind auch entschlossen,
mit Hilfe eines Dutzends verschiedener Aufbauprogramme für sie das

---

14 Raúl Castro, »Acerca de la necesidad de una masiva ayuda técnica (civil) a
RPA«, 23. 4. 1976, S. 1 und 3, AZK.
15 *Jeune Afrique* (Paris), 23. 7. 1976, S. 28; »Discussion with Delegates to the
World Health Assembly – Peter G. Bourne, M.D., Geneva, Switzerland, May
1977: Angola«, Staff Offices: Special Assistant to President, box 41, Jimmy
Carter Library, Atlanta, Georgia (im Folgenden: JCL).

Land wieder auf die Beine zu stellen.« Kuba übernahm auch die Rechnung dafür. »Wir bezahlen die Verpflegung unserer Hilfskräfte«, berichtete Risquet, »ihre Löhne in Kuba und die Kosten ihres Transports nach Angola.«[16]

Castro, Carter und Afrika

Bei seinem Amtsantritt im Januar 1977 erklärte Jimmy Carter: »Wir sollten versuchen, unsere Beziehungen zu Kuba zu normalisieren.« Eine entscheidende Bedingung für die Normalisierung war der Abzug der kubanischen Truppen aus Afrika, worauf sich Havanna jedoch nicht einließ: »In unseren ersten Gesprächen mit den Kubanern im März 1977«, schrieb das US-Außenministerium, »zeigten sie hinsichtlich Afrikas keinerlei Bereitschaft zum Einlenken. Ihre einzige Erwiderung auf unsere Einwände gegen ihre Militärpräsenz in Angola lautete, dies sei kein Gegenstand für Verhandlungen.«[17]

Dennoch verminderten die Kubaner seit Mitte 1976 ihre Truppen in Angola, und bis März 1977 waren fast 12 000 Soldaten wieder heimgekehrt. Washington nahm das durchaus zur Kenntnis. Im Frühjahr und Sommer 1977 unternahmen beide Seiten Schritte, um die Beziehungen zu verbessern: Carter ließ die Aufklärungsflüge über der Insel einstellen, ein Fischereiabkommen wurde unterzeichnet, die US-amerikanischen Reisebeschränkungen wurden aufgehoben, Havanna entließ zehn amerikanische Straftäter aus der Haft und erlaubte ihnen die Rückkehr in die USA, und im August wurde in den Hauptstädten beider Länder eine Interessenvertretung des jeweils anderen Staates eröffnet. Doch das Tauwetter war von kurzer Dauer. Im März waren zairische Exilanten – die so genannten Katanga-Gendarmen – mit Unterstützung der angolanischen Regierung und ohne Wissen Kubas in die südzairische Provinz Shaba eingedrungen. Der Diktator Zaires, Mobuto Sésé-Seko, rief seine Freunde zu Hilfe. Auf Drängen von Paris und Washington sandte Marokko mit Hilfe französischer Militärma-

---

16 Zitate aus *The World*, 30. 6. 1976, S. 8, und Risquet an Fidel Castro, 13. 7. 1976, S. 3, AZK. Siehe auch: Departamento General de Relaciones Exteriores del CC del PCC, »Informe sobre la colaboración civil de Cuba con la República Popular de Angola«, 7. 11. 1977, AZK (im Folgenden: »Informe«).

17 Zitate aus der Präsidentendirektive NSC-6, 15. 3. 1977, Vertical File: Presidential Directives, JCL and Department of State [im Folgenden: DOS] memo [Titel getilgt], S. 2, Anhang zu Pastor an Aaron, 7. 8. 1978, Vertical File: Cuba, JCL.

schinen Truppen nach Shaba, woraufhin sich die Katanga-Gendarmen nach Angola zurückzogen.[18]

Die Kubaner reagierten auf die französisch-marokkanische Intervention, indem sie ihren Truppenabzug aus Angola stoppten, »weil«, wie Castro sagte, »wir sahen, dass eine neue Bedrohung entstanden war«.[19] Washington war darüber nicht erfreut. So berichtete das US-Außenministerium: »Gegen Ende 1977 begann die fortdauernde Militärpräsenz Kubas in Angola den erkennbaren Fortschritt in den Beziehungen zwischen den Vereinigten Staaten und Kuba erheblich zu beeinträchtigen.«[20] Im Dezember führten Fred Richmond und Richard Nolan, zwei amerikanische Kongressabgeordnete, die für eine Verbesserung der Beziehungen mit Kuba eintraten, mit Castro ein längeres Gespräch in Havanna. Sie teilten ihm mit, »Präsident Carter sei zwar ›bestrebt‹, die Beziehungen zu normalisieren, es bedürfe aber der Bereitschaft, die kubanische Einmischung in Angola zu reduzieren. Dies sei für Carter die größte Irritation, und sie würden daher um eine Erklärung in dieser Hinsicht ersuchen.« Doch Castro gab nicht nach. Angola sei durch Südafrika und Zaire bedroht, erklärte er. »Der kubanische Einsatz in Angola diene der Verteidigung des Landes [...]. Würde Kuba mit den USA über seine Präsenz in Angola verhandeln, würde dies die kubanischen Beziehungen zu Angola zerstören und möglicherweise sogar die angolanische Regierung selbst. Kein Land, das sich selbst repektiert, würde so etwas tun.« Im Gegenzug betonten Richmond und Nolan, »sie seien hier [in Havanna], um die Verbesserung der Beziehungen zu beschleunigen. Präsident Carter wünsche einfach nur eine Erklärung, dass Kuba die Deeskalation beabsichtige.« Castro jedoch gab keinen Millimeter nach. Er entgegnete,

---

18 Zur Shaba-Krise 1977 und 1978 siehe Piero Gleijeses, Truth or Credibility: Castro, Carter, and the Invasions of Shaba, in: *International History Review*, Februar 1996, S. 70–103.

19 »Conversación sostenida por el Comandante Jefe Fidel Castro, primer secretario del comité central del Partido Comunista de Cuba y Presidente de los consejos de estado y de ministros, con José Eduardo dos Santos, presidente del MPLA-Partido del Trabajo y de la República Popular de Angola, en el comité central del PCC el día 17 de marzo de 1984«, S. 23, AZK (im Folgenden: »Fidel – dos Santos«, gefolgt vom Datum). Zur Zahlenangabe 12000 siehe Risquet in »Conversaciones entre representantes del MPLA-PT y el PCC«, 28. 12. 1981, S. 39, AZK.

20 DOS, »Cuban Presence in Africa«, 28. 12. 1978, S. 14, Freedom of Information Act (im Folgenden: FOIA).

»dies könne nicht einseitig erfolgen. Nur die angolanische Regierung könne eine solche Erklärung abgeben. Die angolanische Regierung müsse dies selbst entscheiden, da die Kubaner nicht eigenmächtig dort sind. [...] Wenn die Wiederherstellung von Beziehungen an die Angola-Frage geknüpft werde, werde es keinen Fortschritt geben. Auf dieser Basis könne Kuba nicht selbstsüchtig handeln, so wichtig oder wünschenswert die Angelegenheit auch sei [...]. ›Im Hinblick auf unsere Politik in Afrika können wir darüber nicht verhandeln.‹«[21]

So lautete die immer wiederkehrende Aussage. Zwei Punkte, die die Amerikaner nicht anerkennen wollten, waren für Castro von entscheidender Bedeutung: Kuba würde mit den Vereinigten Staaten nicht über seine Politik in Angola verhandeln und keinesfalls zulassen, dass die Vereinigten Staaten Kubas Afrikapolitik bestimmten.

Was das bedeutete, sollte bald klar werden.

Knapp zwei Wochen nach Carters Amtsantritt hatte in Äthiopien die Militärjunta, die 1974 Kaiser Haile Selassie, einen Verbündeten der USA, gestürzt hatte, einen Linksruck vollzogen und damit jede noch verbliebene Hoffnung der Amerikaner auf Einflussnahme zunichte gemacht. Im Juli 1977 geriet die Junta durch die somalische Invasion in Ogaden, einer von ethnischen Somaliern bewohnten Region im Osten Äthiopiens, in Bedrängnis. So entschied Castro am 25. November 1977 auf die dringliche Bitte des Juntachefs Mengistu Haile Mariam hin, kubanische Truppen nach Äthiopien zu entsenden, um bei der Zurückschlagung der somalischen Aggressoren zu helfen.

Diese Entsendung von 16 000 Soldaten nach Äthiopien hat heftige Kontroversen ausgelöst. Kritiker werfen den Kubanern vor, sie hätten auf Geheiß der Sowjetunion interveniert, um das Regime Mengistus, eines blutrünstigen und unfähigen Militärdikators, zu retten. Außerdem hätten die Kubaner durch die Zurückschlagung der Somalier Mengistu es ermöglicht, seine Streitkräfte gegen die Unabhängigkeitsbewegungen in Eritrea zu konzentrieren, die einen heldenhaften Kampf gegen Addis Abeba führten.[22]

---

21 »Representatives Fred Richmond and Richard Nolan, Discussions with Cuban President Fidel Castro«, S. 7, 8 und 10–12, als Anlage zu Richmond an Carter, 16. 12. 1977, White House Central File, box CO-20, JCL.

22 Leider konnte ich nur eine begrenzte Anzahl Dokumente zu dieser Frage in den kubanischen Archiven einsehen. Die kubanischen Archivare haben noch keine Suchhilfen für die das Horn von Afrika betreffenden Dokumente entwickelt. Mit Ausnahme von drei schmalen Ordnern lagern diese Dokumente noch in versiegelten Behältern. Deshalb stützt sich meine Analyse der kubanischen Politik hauptsächlich auf den reichen Schatz an amerikanischen Schriftstücken in der Carter Library.

Jede gerechte Bewertung muss den Hintergrund berücksichtigen, vor dem Kubas Politik stattfand: Somalia war in Äthiopien einmarschiert, um Ogaden zu annektieren, einen großen Teil des äthiopischen Territoriums. Somalia hatte die heiligsten Prinzipien der Organisation der Afrikanischen Einheit (OAU) verletzt – die Unantastbarkeit der Grenzen, wie sie zum Zeitpunkt der Unabhängigkeit gezogen worden waren. Ohne dieses Prinzip kann es in Afrika keinen Frieden geben.

Die Somalier waren durch ambivalente Signale aus Washington zu ihrer Invasion ermutigt worden. 1980 schrieb der im Nationalen Sicherheitsrat zuständige Experte für das Horn von Afrika, »angesichts des gravierenden politischen Verfalls in Äthiopien« konnte die somalische Regierung der Versuchung, in Äthiopien einzumarschieren, »nicht widerstehen. Die endgültige Entscheidung darüber scheint jedoch erst getroffen worden zu sein, als die Somalier zu der Überzeugung kamen, sie hätten gute Aussichten, von den USA Militärhilfe zu erhalten.«[23] Kubas Eingreifen verhinderte den somalischen Sieg in letzter Sekunde.

Warum griff Havanna ein? Man kann durchaus dem damaligen Nationalen Sicherheitsberater Zbigniew Brzezinski zustimmen, der Ende März 1977 zu Carter sagte: »Castros Bemühungen, die Äthiopier und Somalier zusammenzubringen, scheinen gescheitert zu sein, und Castro war schließlich mehr von den Äthiopiern positiv angetan. Die Somalier, die auf ihre seit langem bestehenden Gebietsansprüche gegenüber Äthiopien pochten, schienen ihm eher Irredentisten denn Sozialisten zu sein.« Tatsächlich war Castro von der äthiopischen Revolution und von Mengistu, den er Mitte März 1977 traf, sehr beeindruckt. Dem ostdeutschen Staatschef Erich Honecker gegenüber äußerte er, dass »in Äthiopien eine wirkliche Revolution stattfindet. In diesem ehemaligen kaiserlichen Feudalstaat wurde der Boden an die Bauern verteilt. […] Mengistu macht den Eindruck eines ruhigen, ernsthaften, überzeugten politischen Führers.« Im Gegensatz dazu ließ ihn der somalische Präsident Siad Barre äußerst kalt: »Er ist vor allem ein Chauvinist.«[24]

---

23 Henze an Brzezinski, 3. 6. 1980, S. 1, NSA Staff, Horn, Behälter 5, JCL. Zu diesen ambivalenten Signalen siehe Mondale an Carter, 12. 5. 1977 und 13. 5. 1977, als Anlage zu Henze an Brzezinski, 14. 5. 1977; Brzezinski an Carter, undatiert, als Anlage in: Henze an Brzezinski, 15. 6. 1977; NSC, Aktennotiz, »Meeting of Somali Ambassador Addou with President Carter«, 16. 6. 1977«. (Alle in NSA Staff, Horn, box 1, JCL.) Die beste Studie über Carters Politik am Horn von Afrika ist Mitchells Jimmy Carter and Africa.

24 Brzezinski an Carter [Ende März 1977], S. 1, FOIA; »Niederschrift über das Gespräch zwischen Genossen Honecker und Genossen Fidel Castro am Sonntag, dem 3. April 1977, von 11.00 bis 13.30 Uhr und von 15.45 bis 18.00 Uhr,

Im Nachhinein wissen wir, dass Castro die Vorgänge in Äthiopien falsch beurteilte. 1977 war dies jedoch nicht so einfach zu erkennen: Die äthiopische Junta, die zweifellos blutig zu Werke ging, hatte eine radikale Agrarreform verfügt und entschiedene Schritte unternommen, um die kulturellen Rechte der nichtamharischen Bevölkerung zu sichern.

Die kubanische Intervention ermöglichte es Mengistu, seine Kräfte gegen Eritrea zu richten, wo er einen Krieg des Schreckens entfesselte; die Kubaner weigerten sich, dort zu kämpfen. Am 25. November 1977, dem Tag, an dem Castro die Entsendung von Truppen beschloss, betonte er, dass »diese Soldaten ausschließlich an der Ostfront gegen die somalischen Aggressoren eingesetzt werden dürfen«. Sämtliche verfügbaren Aufzeichnungen bestätigen, dass die Kubaner zu ihrem Wort standen. Sie weigerten sich nicht nur, in Eritrea einzugreifen, sondern versuchten auch, als Vermittler bei der Lösung dieses Konflikts zu wirken.[25]

Die kubanische Entscheidung, nach Äthiopien Truppen zu schicken, wurde vom Kreml begrüßt, und während der Operation fanden zwischen Havanna und Moskau enge Konsultationen statt (anders als im Fall Angola, als Kuba ohne vorherige Absprache mit der Sowjetunion Truppen entsandt und Moskau ursprünglich diese Politik missbilligt hatte). Am 27. November 1977 schrieb Breschnew an Castro einen herzlichen Brief, in dem er »unsere völlige Zustimmung zu Ihrer Politik« bekundete. »Wir sind erfreut, dass unsere Bewertung der Ereignisse in Äthiopien sich mit der Ihren deckt, und wir danken Ihnen herzlich für Ihre zur rechten Zeit getroffene Entscheidung, dem sozialistischen Äthiopien internationalistische Hilfe zu leisten.« Doch Zustimmung bedeutet nicht Unterwürfigkeit. Da ich in den kubanischen Archiven nur einige wenige Dokumente zum Horn von Afrika einsehen konnte, lässt sich nicht definitiv sagen, ob die Sowjetunion bei der kubanischen Entscheidung zur Entsendung von Truppen eine Rolle spielte. Bei meinen mehrjährigen Forschungen zur kubanischen Außenpolitik fand ich bisher noch keinen einzigen Beleg, dass Kuba auf Geheiß Moskaus gehandelt hätte. Eine Studie des Nationalen Sicherheitsrats der Vereinigten Staaten vom August 1978 kam zu dem Schluss: »Das Engagements Ku-

---

im Hause des ZK«, Berlin, 3. 4. 1977, S. 20–21, DY30 JIV 2/201/1292, Stiftung der Parteien und Massenorganisationen der DDR im Bundesarchiv, Berlin (im Folgenden: SED, gefolgt vom Aktenzeichen).

25 »Respuesta de Fidel a Senén, 14–15.00 hrs – 25. 11. 77 – via telf. secreto«, CIFAR. Zu den Vermittlungsbemühungen siehe insb. SED, »Büro Axen«, DY IV 2/2.035/127.

bas in Afrika ist nicht hauptsächlich, geschweige denn ausschließlich auf Kubas Verbindungen zur Sowjetunion zurückzuführen. Vielmehr spiegelt Havannas Afrikapolitik sein aktives revolutionäres Ethos und seine Entschlossenheit wider, seinen politischen Einfluss in der Dritten Welt auf Kosten des Westens (das heißt der USA) auszuweiten.«[26]

In Washington schürte Brzezinski Carters Befürchtungen: »Es ist nur eine Frage der Zeit«, warnte er im März 1978, »bis der rechte Flügel sagt, dass die [...] [ausgebliebene Reaktion auf die kubanisch-sowjetische Intervention am Horn von Afrika] unsere Inkompetenz und Schwäche beweist. Dies wird negative politische Auswirkungen haben.«[27] Vor diesem Hintergrund drangen am 13. Mai 1978 die Katanga-Gendarmen zum zweiten Mal von Angola aus in Shaba ein, und erneut erwies sich Mobutus Armee als zu schwach. Während der Westen beim ersten Mal mit der Entsendung marokkanischer Truppen in französischen Flugzeugen reagiert hatte, sandte er dieses Mal französische und belgische Truppen in US-Flugzeugen, woraufhin sich die Katanga-Gendarmen eilig zurückzogen.

Angestachelt von Brzezinski, behauptete Carter unter Verweis auf äußerst fragwürdige Berichte aus dritter Hand, dass Kuba in den Angriff der Katanga-Gendarmen verwickelt sei. In Wahrheit traf das Gegenteil zu. Anfang 1978 waren den Kubanern Gerüchte zu Ohren gekommen, wonach die Katanga-Gendarmen einen weiteren Angriff erwögen. Als Reaktion darauf hatte Castro Risquet nach Luanda geschickt, im Gepäck ein vierzehnseitiges Memorandum für Neto. Dieser Schriftstück ist sehr aufschlussreich, was die kubanische Analyse der Lage in Afrika und Kubas Umgang mit der angolanischen Regierung angeht. Risquet traf am 20. Februar mit Neto zusammen. »Unsere Unterredung dauerte ungefähr eineinhalb Stunden«, berichtete er Castro. »Ich legte anhand unseres schriftlichen Dokuments unsere Haltung dar.«[28] Von der ersten Invasion Shabas sei Havanna überrascht worden. Die Kubaner seien noch nicht einmal darüber unterrichtet worden, wie Risquet in freundlichen Worten Neto erinnerte:

---

26 Breschnew an Fidel Castro, Moskau, 27. 11. 1977, CIFAR; »Response, Presidential Review Memorandum – 36: Soviet-Cuban Presence in Africa«, 18. 8. 1978, S. 15, National Security Archive, Washington, D.C. (im Folgenden: NSA). Siehe auch »Pava entregar al Teniente General Krivolpasov, 25. 11. 77, por el Primer Secretario PCC Fidel Castro«, CIFAR).

27 Brzezinski an den Präsidenten, 3. 3. 1978, Brzezinski Collection, box 28, JCL.

28 Risquet an Castro, [21. 2. 1978], S. 1, AZK.

»In der ersten Märzwoche 1977 hielt ich mich nicht in Angola auf [wo er als Leiter der kubanischen Zivilmission fungierte], sondern in Libyen, um mich dort mit Fidel Castro zu treffen. Wäre ich in der VRA [Volksrepublik Angola] gewesen, wäre ich womöglich von Ihnen oder einem anderen Genossen der angolanischen Führung von dem unmittelbar bevorstehenden Angriff unterrichtet worden – in dem Sinne, dass Sie von den geplanten Ereignissen Kenntnis hatten. Wie Sie wissen, fragte ich während der militärischen Lagebesprechung, die nach meiner Rückkehr stattfand, ob es zuvor bereits Kenntnis über die Invasion gegeben habe oder ob im Gegenteil die Katanga-Gendarmen ohne Befugnis und hinter dem Rücken der Regierung der VRA gehandelt hätten.

Sie baten den [angolanischen Verteidigungsminister] Genossen Iko Carreira, meine Frage zu beantworten, doch seine Antwort fiel vage und unbefriedigend aus; ich hielt es jedoch nicht für korrekt zu insistieren, insbesondere da zahlreiche angolanische, kubanische und sowjetische Genossen zugegen waren.

Beim späteren Nachdenken darüber kam ich zu dem Schluss, dass meine Frage vielleicht hinsichtlich des Ortes, an dem ich sie gestellt hatte, unangebracht gewesen war, doch ich glaube nicht, dass sie unvernünftig war angesichts der möglichen Folgen für die kubanischen Truppen, falls in Angola ein Krieg ausbrach, und für die territoriale Integrität Angolas, die für Kuba eine geheiligte Sache ist.«[29]

Risquet teilte Neto mit, Havanna habe aus verschiedenen Quellen erfahren, die Katanga-Gendarmen seien »vorbereitet, in naher Zukunft erneut gegen Mobutu Aktionen durchzuführen«. Höflich, aber bestimmt übermittelte er Castros ablehnende Haltung gegenüber einem solchen Vorgehen. Obgleich Havanna den Angolanern lebenswichtige Hilfe zur Verfügung stellte, enthielt das Memorandum keinerlei Androhungen, sollte Angola den kubanischen Rat in den Wind schlagen, und nicht die Spur von Herablassung. Allerdings warnte es hellsichtig vor den zu erwartenden Konsequenzen einer zweiten Invasion in Shaba: »Aller Wahrscheinlichkeit nach werden die Imperialisten intervenieren, wie sie es schon bei früherer Gelegenheit getan haben. Vermutlich werden sie sogar noch entschiedener intervenieren, möglicherweise direkt, nicht mit marokkanischen, sondern imperialistischen Streitkräften – aus Frankreich beispielsweise.« Kuba sorge sich um die Sicherheit Angolas. Risquet legte dar:

»Im südlichen Afrika bildet Angola heute noch mehr als vor einem Jahr den tragenden Pfeiler im Kampf gegen die Rassisten, und ohne jeden Zweifel ist es die revolutionäre Vorhut. Die Imperialisten wissen das. Die Imperialisten wissen genau, wie sich Angola für Zimbabwe, für Namibia und für Südafrika einsetzt. Mutig leistet Angola wichtige Unterstützung für die Befreiungsbewegungen in Namibia, Zimbabwe und Südafrika. Angola tut dies mit konkreten Maßnahmen, indem es auf seinem Territorium 20000 Kämpfer aus diesen drei von den Rassisten unterdrückten Ländern ausbildet.

---

29 Risquet an Neto, [Febr. 1978], S. 4–5, AZK.

Dadurch geht Angola ein Risiko ein, doch dieses Risiko ist es wert, auf sich genommen zu werden, es ist eine unvermeidliche Pflicht der Solidarität und des Internationalismus. So stecken die Imperialisten politisch in der Zwickmühle; sie können die Sache der Rassisten nicht offen verteidigen, deshalb suchen sie nach Lösungen, wie man den ausgebrochenen Vulkan mit Hilfe von Zugeständnissen bändigen könnte. Im Falle der internationalen Hilfe für diese drei Bewegungen – SWAPO, ZAPU [die rhodesischen Aufständischen] und ANC [der Afrikanische Nationalkongress Südafrikas] – funktioniert die Koordination zwischen Angola, Kuba und der UdSSR auf das Beste. Diese koordinierte Aktion, gut durchdacht und von den drei Regierungen sorgfältig ausgeführt, erzielt gute Resultate und wird kurz-, mittel- und langfristig für den Sieg dieser drei Bewegungen entscheidend sein.

Dies stachelt den Hass der Imperialisten auf Angola an. Die Imperialisten suchen nach einem Vorwand, nach einer ›politischen‹ Rechtfertigung, um gegen Angola einen offenen Angriff zu führen. Das Wiederaufleben des Krieges um Shaba könnte diesen Vorwand liefern [...] Präsident Neto«, schloss das Memorandum, »wir können Ihnen unsere Bedenken nicht länger verschweigen. Sie sind nicht neu. Wir tragen sie schon eine geraume Weile. Wenn wir in der Vergangenheit mit Ihnen nicht so gesprochen haben, wie wir es jetzt tun, so nur deshalb, weil wir alles vermeiden wollten, was den Anschein einer Einmischung – und sei es auch nur der Form nach – in die inneren Angelegenheiten erweckt hätte, die einzig Ihnen und Ihrer Regierung obliegen.«[30]

Risquet berichtete Castro, Neto habe »erklärt, dass er uns voll und ganz zustimmt«. Am folgenden Tag sandte Neto Risquet einen handgeschriebenen Brief: »Wie bereits in unserem Gespräch deutlich wurde, stimme ich völlig mit den Ansichten der kubanischen Führung und des Genossen Oberbefehlshaber Fidel Castro überein.«[31]

Aus Risquets Memorandum spricht bemerkenswert großer Respekt, ja fast Ehrerbietung gegenüber einer allem Anschein nach von Kuba abhängigen Regierung. Angola war um seiner Sicherheit willen auf kubanische Truppen angewiesen und erhielt von Havanna technische Hilfe in beträchtlichem Umfang. Die Behandlung Angolas durch Havanna lief nicht nur sämtlichen US-Klischees über Kuba zuwider, sondern stand auch in scharfem Kontrast zum Verhalten der USA gegenüber den von ihnen abhängigen Staaten.

Am 4. Mai 1978, wenige Tage vor Shaba II, führte Pretoria einen Luftangriff gegen Cassinga, ein Flüchtlingslager der SWAPO in Angola, 250 Kilometer nördlich der namibischen Grenze. Es war seit dem Scheitern der Invasion 1975 nicht das erste Mal, dass die SADF in das Terri-

---

30 Risquet an Neto, [Febr. 1978], S. 8–9 und 11–12, AZK.
31 Risquet an Castro, [21. 2. 1978], S. 3, AZK; Neto an Risquet, 21. 2. 1978, AZK.

torium der Volksrepublik Angola eindrangen: Seit Sommer 1976 hatten sie über die Grenze hinweg die SWAPO angegriffen und Savimbis UNITA unterstützt, die ihre Niederlage nicht akzeptiert hatte und gegen die angolanische Regierung einen Guerillakampf betrieb. Aber es war das erste Mal seit der gescheiterten Invasion von 1975, dass die Südafrikaner es gewagt hatten, so tief ins angolanische Territorium einzudringen. Diese Eskalation und das Eintreffen der französisch-belgischen Truppen im südlichen Zaire überzeugten Kuba, dass die äußere Bedrohung Angolas zunahm. Auf Bitten Luandas hin vollzog Havanna, das vor Shaba I 12 000 Soldaten abgezogen hatte, eine Kehrtwendung und schickte Angola Verstärkung.

Die Krise am Horn von Afrika und Shaba II markierten das Ende der vorsichtigen Annäherung zwischen Washington und Havanna. »Afrika ist zweifelsohne eines der Themen, das uns am meisten besorgt«, sagte Peter Tarnoff, hochrangiger Beamter im US-Außenministerium, zu Castro, als er und der Mitarbeiter des NSC Robert Pastor im Dezember 1978 Havanna besuchten. »Bei der Durchsicht der Abschriften unserer Gespräche [vom vorausgegangenen Abend mit Kubas Vizepräsidenten Carlos Rafael Rodríguez] sehe ich, dass wir uns 70 Prozent der Zeit mit dem Thema Afrika beschäftigt haben.« Die Vereinigten Staaten waren aufgebracht, dass Kuba weitere Truppen nach Angola sandte, die namibischen und rhodesischen Aufständischen unterstützte und am Horn von Afrika interveniert hatte. Die Kubaner ihrerseits waren von Carter tief enttäuscht. »Wir hielten ihn für den ersten amerikanischen Präsidenten in all den Jahren [seit 1959] mit einer anderen Haltung und einem anderen Umgangsstil gegenüber Kuba«, sagte Castro zu Pastor und Tarnoff. Aber dieser Eindruck sei durch die Behauptung der USA, Kuba sei in Shaba II verwickelt, durch die Wiederaufnahme der Aufklärungsflüge über kubanischem Territorium, durch die Forderungen an Kuba, seine Afrikapolitik aufzugeben, und durch die Weiterführung des Embargos widerlegt worden. »Wir sehen es als zutiefst unmoralisch an, die Blockade als Druckmittel gegen Kuba zu benutzen«, fuhr Castro fort.

»Wir sind überaus empört, verärgert und aufgebracht, dass seit fast 20 Jahren die Blockade als Druckmittel benutzt wird, um Forderungen an uns zu stellen. [...] Vielleicht sollte ich noch eines hinzufügen: Geben Sie sich keinen Illusionen hin – wir lassen uns nicht unter Druck setzen, beeindrucken, bestechen oder kaufen. [...] Weil die USA eine Großmacht sind, meinen sie vielleicht, nach Gutdünken und bloß zum eigenen Vorteil handeln zu können. Die USA scheinen zu sagen, dass es zweierlei Gesetz gibt, zweierlei Spielregeln und Arten von Logik – die eine für die USA und die andere für andere Länder. Vielleicht ist es idealistisch von mir, aber ich habe die universellen Vorrechte der USA niemals anerkannt. Ich habe die Existenz von zweierlei Gesetzen und zweierlei Regeln niemals anerkannt und werde sie niemals anerkennen. [...] Ich hoffe, die Geschichte wird die Schande der USA bezeugen, die seit 20 Jahren nicht den Verkauf von lebenserhaltenden Medikamenten erlaubt. [...] Die Geschichte wird Ihre Schande bezeugen.«[32]

Tarnoff und Pastor wollten wissen, welche Absichten Havanna im südlichen Afrika verfolge. Die kubanische Antwort fiel nuanciert und hintersinnig aus. Rodríguez erklärte:

»Wir möchten betonen, dass systematische Zugeständnisse an [Rhodesiens Premierminister Ian] Smith, [den südafrikanischen Präsidenten John] Vorster und [den südafrikanischen Premierminister P. W.] Botha keine mögliche Grundlage für eine friedliche Lösung sein können. So haben sich die revolutionären Bewegungen in diesen Ländern auf andere Lösungen vorbereitet, und Sie werden verstehen, dass wir zu helfen gewillt sind, wenn keine friedlichen Lösungen erzielt werden. Und falls Smith zusammen mit all seinen Kräften versucht, die Befreiungsbewegungen [in Rhodesien] zu zerschlagen, wäre die Situation ähnlich derjenigen, in der wir Guinea-Bissau und Angola zu Hilfe gekommen sind.«

Nach Guinea-Bissau hatte Kuba Militärberater geschickt, die den Aufständischen in ihrem Unabhängigkeitskampf gegen Portugal entscheidende Hilfe leisteten; nach Angola hatte Kuba, wie die Amerikaner nur zu gut wussten, Truppen geschickt.[33]

Die Kubaner blufften nicht. Sie wollten in den rhodesischen Konflikt nicht eingreifen. Nachdem der moçambiquanische Präsident Samora Machel erwogen hatte, Kuba um Truppen zu bitten, um sein Land gegen das Eindringen rhodesischer Aggressoren zu verteidigen, äußerte Raúl Castro schwere Bedenken. Er gab an, dass sein Land großen Beschränkungen unterliege und bereits zehn befreundeten Ländern Militärhilfe gewähre: »Dies stellt für uns nicht nur eine wirtschaftliche Belastung dar, da wir sämtliche Kosten für unsere Militärhilfe selber tragen, sondern schränkt auch sehr unsere Fähigkeit zur Selbstverteidigung ein und schmälert die Verfügbarkeit materieller Ressourcen und militärischer

---

32 MemoConv (Tarnoff, Pastor, Fidel Castro), 3.–4. 12. 1978, 10.00–15.00 Uhr, S. 6–7, 2, 5, 9–10 und 25, Vertical File: Cuba, JCL. Am 15. Mai 1964 hatten die Vereinigten Staaten die Ausfuhr von Arzneimitteln nach Kuba unterbunden. 1979 befand die Interessenvertretung der USA in Havanna, dass es »nicht von Schaden, sondern von beträchtlichem internationalen Nutzen wäre, nun angemessene Schritte auf medizinischem Gebiet einzuleiten« (USINT Havanna an US-Außenminister, 7. 4. 1979, S. 2, FOIA).

33 MemoConv (Tarnoff, Pastor, Carlos Rafael Rodriguez et al.), 2.–3. 12. 1978, S. 16–17 zitiert; MemoConv (Tarnoff, Pastor, Castro), 3.–4. 12. 1978, 10.00–15.00 Uhr (beides Vertical File: Cuba, JCL).

Führungskräfte in der Heimat.«[34] Die Kubaner hofften, dass die Verhandlungen über eine Regierungsübernahme der schwarzen Bevölkerungsmehrheit in Rhodesien und Namibia erfolgreich verlaufen würden; sie sahen ihre Rolle darin, die dortigen Befreiungsbewegungen zu stärken und ein ungerechtes Verhandlungsergebnis zu verhindern. Falls nötig, würden sie intervenieren, vorzugsweise allerdings nur durch Militärberater. Pastor nahm diese Haltung der Kubaner zur Kenntnis. »Die Kubaner trauen dem Verhandlungsprozess nicht«, berichtete er Brzezinski nach seiner Rückkehr nach Washington.

»Sie denken, ihre Militärpräsenz helfe Massentötungen durch Weiße zu verhindern; wir glauben, dass ihre Präsenz die Möglichkeit einer friedlichen Lösung durch Verhandlungen untergräbt. Die Kluft zwischen unseren Positionen scheint unüberbrückbar. Ich glaube jedoch, dass sie uns Gelegenheit geben werden, die Initiative zu ergreifen (falls wir das können); ich glaube Castro, dass Kuba kein Hindernis für den Frieden darstellen werde. Sie werden nicht kooperativ sein, darüber sollten wir uns keine Illusionen machen. Aber sie werden auch kein Hindernis darstellen, zumindest nicht nach ihren Maßstäben. Aber wenn wir straucheln, werden sie über uns herfallen wie die Geier, dessen können Sie sicher sein.«[35]

In ihren Erinnerungen erklären hochrangige Mitglieder der Regierung Carter – angefangen beim Präsidenten selbst –, ihr entschiedenes Eintreten für ein allgemeines Wahlrecht in Rhodesien sei allein der Absicht geschuldet gewesen, der schwarzen Bevölkerung Rhodesiens zu ihrem Recht zu verhelfen.[36] Liest man jedoch die freigegebenen US-Dokumente, wird klar, dass Carters Politik gegenüber Rhodesien auch von der Furcht geprägt war, die Kubaner würden »wie die Geier« über ihn herfallen.

In den beiden verbleibenden Jahren der Regierung Carter verschlechterten sich die amerikanisch-kubanischen Beziehungen weiter. Bis 1978 war Kubas Afrikapolitik das »hartnäckigste Hindernis für wirkliche Verbesserungen in bilateralen Beziehungen«; im Sommer 1979 folgte der sandinistische Sieg in Nicaragua, worauf Mittelamerika ins Zentrum der Aufmerksamkeit rückte.[37] Doch die kubanische Militärpräsenz in Angola ließ der Regierung Carter nach wie vor keine Ruhe. Die Angriffe

---

34 MemoConv (Raúl Castro, Samora Machel et al.), 13. 12. 1977, S. 16, CIFAR.
35 Pastor an Brzezinski und Aaron, 19. 12. 1978, S. 1, Vertical File: Cuba, JCL.
36 Ich beziehe mich hier auf Mitchells Arbeit »Jimmy Carter and Africa«. Die Autorin hat die wichtigsten Protagonisten interviewt, einschließlich Präsident Carter.
37 Zitate aus DOS, »Cuban Presence in Africa«, 28. 12. 1978, S. 19.

Südafrikas auf Angola – die Bombardierungen, die Überfälle von Namibia aus, die Sabotageakte und die Unterstützung der UNITA – hatten sich verstärkt und – so Castro – beunruhigte dies die Angolaner sehr und verhinderte das Rückzugsabkommen, das wir fast schon erzielt hatten. Wie ich bereits sagte – wir können keinesfalls einseitig handeln«. Pastor wandte daraufhin ein: »Hätten die USA gewartet, bis die Südvietnamesen uns den Abzug erlaubten, wären wir heute immer noch dort.«[38] Er hatte Recht, aber er übersah den entscheidenden Punkt: Kuba war nicht die USA. Und Kubas Verhältnis zu Angola war nicht das zwischen einem Herrn und einem Vasallen.

Die westliche Presse behauptete, die Präsenz »der Mietarmee aus Kuba« würde Angola ein Vermögen kosten, vermutlich an die 500 Millionen Dollar pro Jahr. Der *Economist* erklärte kategorisch: »Kuba wird für seine Söldnerdienste stattlich entlohnt«, während William Safire in der *New York Times* schrieb: »Castros Kuba ist auf die Vermietung seiner Truppen dringend angewiesen.«[39] Die kubanischen Dokumente widerlegen solche Behauptungen. Am 26. Mai 1976 erinnerte Raúl Castro Neto daran, dass »gegenwärtig an die 25 000 angolanische Soldaten von der kubanischen Militärmission Verpflegung erhalten«. Raúl Castro wollte Auskunft darüber, wann die FAPLA in der Lage sei, ihre eigenen Truppen zu verpflegen und ob die angolanische Regierung möglicherweise die kubanischen Soldaten mit »frischen Lebensmitteln« versorgen könne. Netos Antwort war äußerst höflich: »Er erklärte, sie hätten die Möglichkeit einer Beteiligung an diesen Kosten niemals zur Sprache gebracht, weil dies ihrer Meinung nach ein heikles Thema sei und sie befürchteten, ihre kubanischen Genossen zu kränken, wenn sie es anschnitten. Sie wollten sich aber mit der Sache beschäftigen und dazu einige Vorschläge unterbreiten.«[40]

Es geschah jedoch nichts dergleichen, und schließlich sprach im Mai 1978 – zwei Jahre später – General Senén Casas, Generalstabschef der kubanischen Streitkräfte, erneut Neto darauf an. »Es gibt ein Thema, das uns sehr peinlich ist«, sagte er,

»es bringt uns in Verlegenheit, aber wir müssen es zur Sprache bringen. Es handelt sich um die Unterhaltskosten unserer Truppen hier. [...] Das Problem ist, dass Kuba es sich nicht leisten kann, alles in harter Währung zu bezahlen. Wir wollen

---

38 DOS, MemoConv (Tarnoff, Pastor, Castro et al.), 16. 1., 16.00 Uhr, bis 17. 1. 3.00 Uhr, S. 62–63, Vertical File: Cuba, JCL.
39 Zitate aus *Washington Post*, 15. 8. 1982, S. B4, *Economist*, 10. 10. 1987, S. 39, William Safire, *New York Times*, 4. 7. 1988, S. 23.
40 »Septima Reunión RC – AN«, [26. 5. 1976], S. 3–4, CIFAR.

all jene Kosten tragen, die wir mit unserer eigenen Währung bestreiten können, zum Beispiel den Sold für unsere Offiziere und Mannschaften. Aber wir sind nicht in der Lage, auch nur einen Cent in fremder Währung auszugeben, ganz einfach, weil wir ihn nicht haben.«

Gleichwohl stellte er klar, dass Kuba nicht an einen Rückzug oder eine Reduzierung seiner Truppen denke, falls die Angolaner sich nicht an den Kosten beteiligen würden.

Netos Antwort ähnelte der zwei Jahre zuvor: »Wenn es Ihnen peinlich ist, dieses Problem anzuschneiden, so ist es uns noch peinlicher auszusprechen, wie besorgt wir sind über die schwere Last, die Kuba auf sich genommen hat, und wie sehr wir helfen möchten. [...] Wir können Kuba nicht allein diese Bürde tragen lassen, wir müssen helfen.«[41] Das Problem wurde schließlich mit dem im September 1978 unterzeichneten Militärabkommen beigelegt. Es wurde vereinbart, dass Havanna weiterhin die Besoldung des kubanischen Militärpersonals in Angola übernehme und die Volksrepublik Angola sämtliche anderen Kosten trage.[42]

Dies ist das einzige Militärabkommen, das zwischen den beiden Ländern je geschlossen wurde. Es wurde stillschweigend verlängert – das heißt, keine der beiden Seiten verlangte, dass es beendet oder geändert werden solle. Nach Risquets Worten »galt es auf ewig« – bis die kubanischen Truppen Angola verließen.[43] So erklärte Fidel Castro im März 1984 dem angolanischen Präsidenten José Eduardo dos Santos: »Die Angolaner wissen, dass wir für unsere Militärhilfe niemals etwas verlangt haben; [...] und niemand weiß, wie viele Millionen Pesos uns unsere Militärhilfe bereits gekostet hat. [...] Unsere Soldaten sind Internationalisten, keine Söldner.«[44]

Von 1978 an entschädigte Angola Havanna für die kubanischen Hilfskräfte im Land; zuvor war die Hilfe gänzlich kostenlos gewesen. Die in Rechnung gestellten Kosten waren sehr niedrig. Zum Beispiel musste Angola für einen Arzt monatlich 815 Dollar an Kuba entrichten, die eine Hälfte davon in harter Währung und die andere in angolanischer Währung, die nicht konvertibel war.[45] Im Oktober 1983 beschloss Havanna

41 »Notas sobre la entrevista del general de división Senén Casas y el presidente Neto«, [Mitte Mai 1978], S. 4–5 und 10, CIFAR.
42 »Convenio sobre los principios de colaboración en la rama militar, entre la República de Cuba y la República Popular de Angola«, 14. 9. 1978, CIFAR.
43 Interview mit Risquet, Havanna, 14. 1. 2005.
44 »Fidel – dos Santos«, 17. 3. 1984, S. 27.
45 Siehe »Informe«, S. 55–57, und »Acuerdo especial sobre condiciones generales para la realización de la colaboración económica y cientifico-técnica entre el gobierno de la República de Cuba y el gobierno de la República Popular de

angesichts der wirtschaftlichen Notlage Angolas, auf jede weitere Entschädigung zu verzichten. Zu diesem Zeitpunkt waren 4168 kubanische technische Berater in Angola tätig. »Das bedeutet, dass Kuba fortan auf 20 Millionen Dollar pro Jahr verzichten wird«, schrieb Risquet.[46]

Kubas konstruktives Engagement

Die Wahl Ronald Reagans bedeutete eine neue Gefahr für Kuba. Während des Präsidentschaftswahlkampfs hatte Reagan vorgeschlagen, eine Blockade über Kuba zu verhängen, um die Sowjetunion zu zwingen, aus Afghanistan abzuziehen, »denn der Sowjetunion gehört Kuba mit Haut und Haar, daran besteht keinerlei Zweifel. Wenn wir eine Blockade verhängen, ist das für die Sowjets ein schweres logistisches Problem. Ich bin mir ziemlich sicher, dass sie nicht ihre Marine auffahren und zu schießen beginnen. Aber wenn wir Kuba blockieren, für das eine Blockade schwer wiegende Folgen hat, können wir zu ihnen sagen: ›Zieht eure Truppen aus Afghanistan ab, dann geben wir die Blockade auf.‹«[47] Die Kubaner nahmen diese Drohung ernst. »Seit der so genannten Oktoberkrise 1962 waren die Beziehungen der USA zu Kuba nicht mehr so kompliziert und von aggressiven Gesichtspunkten beeinflusst wie nach dem Sieg der Republikaner in den Präsidentschaftswahlen 1980«, hieß es in einem kubanischen Dokument vom März 1981.[48]

Nach Ansicht der Kubaner waren diese Drohungen – in absteigender Reihenfolge – eine Invasion, eine umfassende Blockade, eine Teilblockade und gezielte Luftangriffe. Sie reagierten darauf so gut, wie sie es vermochten. Risquet meinte im Januar 1982 hierzu: »Wir haben unsere Verteidigung rasch verstärkt, weitere 500000 Mann ausgebildet und bewaffnet, zusätzlich zu der Million, die wir bereits hatten. Was die Imperialisten abhält, ist die Tatsache, dass die Kosten für ein solches Abenteuer hoch sein werden. Sie werden mehr Verluste erleiden als wäh-

Angola«, 5. 11. 1977, Archive des Ministerio para la Inversión Extranjera y la Colaboración Económica, Havanna (im Folgenden: CECE).

46 Risquet, »Análisis de la situación en la República Popular de Angola«, Havanna, Dezember 1983, S. 6–7, AZK. Zur Anzahl der kubanischen technischen Berater siehe »Protocolo de la V Sesión de la Comisión Mixta Intergubernamental Cubano-Angolana de Colaboración Económica y Científico Técnica«, 23. 10. 1983, S. 2, CECE.

47 An Interview with Ronald Reagan, *Wall Street Journal*, 6. 5. 1980, S. 26.

48 Annex Nr. 1 (»Aktuelle Fragen der Beziehungen der USA zur Republik Kuba«), S. 1, Anlage zu Sieber an Honecker, 4. März 1981, SED, DY 30, JIV 2/20/197.

rend des Zweiten Weltkriegs. Wir wissen, dass sie uns zerstören können. Wir wünschen uns keinen Krieg. Wir wollen Frieden. Aber wir werden uns verteidigen.«[49] Die Belastung für die kubanische Wirtschaft war gravierend.

Bis Ende 1986, als Reagan durch die Iran-Contra-Affäre geschwächt wurde, war die Möglichkeit eines amerikanischen Militärschlags für die Kubaner ständig präsent. Die Spannung nahm zuweilen zu und wieder ab, aber die Bedrohung war stets vorhanden. Darüber hinaus wussten die Kubaner, dass sie schlimmstenfalls ganz auf sich allein gestellt waren und sich nur bis zu einem gewissen Punkt auf die Sowjetunion verlassen konnten. Das hatten sie aus der Raketenkrise gelernt, als die Sowjets über ihren Kopf hinweg mit den Vereinigten Staaten verhandelt hatten. So hatte Castro 1968 gegenüber einer hochrangigen ostdeutschen Delegation erklärt: »Die Sowjetunion hat uns Waffen gegeben. Wir sind ihr dankbar und werden es immer sein [...] aber wenn die Imperialisten Kuba angreifen, können wir nur auf uns selbst zählen.«[50] In den 1970er Jahren bestand die Gefahr eines Angriffs der USA nahezu nicht. Aber die Wahl Ronald Reagans veränderte die gesamte Lage. Bei der Beurteilung der kubanischen Politik gegenüber Angola sind daher stets die Bedrohung durch die USA und die Fragilität des sowjetischen Schutzschildes zu berücksichtigen.

Die Haltung der Kubaner zu Angola war eindeutig: Ihre Truppen würden so lange bleiben, wie die Volksrepublik Angola durch äußere Aggressoren bedroht sei. Ein Abzug könne nur unter zwei Bedingungen stattfinden. Erstens müsse Namibia unabhängig werden, wie es die Resolution 435 des Sicherheitsrats der Vereinten Nationen vorsähe – denn solange Pretoria Namibia besetzt hielte, würde die SWAPO ihren Befreiungskampf von ihren angolanischen Stützpunkten aus fortsetzen und Angola bliebe, ausgehend von namibischem Boden, von südafrikanischen Invasionen bedroht. Und zweitens müsse Pretoria seine Unterstützung für Savimbis UNITA einstellen, die – wie der US-Geheimdienst feststellte – seit der Wahl Reagans »erheblich« stärker geworden sei.[51] Die Kubaner sähen ihre Aufgabe darin, das Land gegen Angriffe von außen zu schützen und würden der angolanischen Regierung in ihrem Kampf gegen die UNITA

---

49 Risquet, »Entrevista con el presidente Nyerere, 27–1–82«, S. 6, CIFAR.

50 »Aus der Aussprache mit Genossen Fidel Castro am 14. November 1968 während des Mittagessens im Gürtel von Havanna«, S. 4–5, SED, DY30 IVA 2/20/205.

51 INR, »Peacemaking in Angola: A Retrospective Look at the Effort«, 10. 6. 1998, S. 1, FOIA.

nur beistehen, solange Südafrika Savimbi unterstützte. »Wenn die Südafrikaner aus dem Süden Angolas abziehen«, hieß es in einem kubanischen Dokument, »und Namibia unabhängig wird [...] wird der Krieg gegen die UNITA zu einer inneren Angelegenheit Angolas, für die allein die
FAPLA zuständig ist, ohne Beteiligung unserer Truppen.«[52] Und Castro
bekräftigte, dass »die kubanische Truppen [...] gegen den äußeren Feind
und nicht wegen der inneren Konterrevolution im Lande sind«.[53]

An die 3000 Kubaner dienten als Militärberater bei der FAPLA im
Kampf gegen die UNITA, doch der Hauptteil der kubanischen Streitkräfte wurde als Schutzschild gegen eine südafrikanische Invasion eingesetzt. Angesichts der Luftüberlegenheit der SADF, die durch moderne
Militärflughäfen im Norden Namibias noch verstärkt worden war, hatten die Kubaner 1979 ihre Truppen von der Grenze mit Namibia abgezogen und rund 250 Kilometer davon entfernt im Landesinneren eine
Verteidigungslinie aufgebaut. Diese Linie, die sie kontinuierlich verstärkten und verlängerten, verlief schließlich vom Hafen Namibe bis zur
Stadt Menongue im Osten. Wenn die Südafrikaner nach Zentralangola
eindringen wollten, hätten sie zuerst die kubanische Linie überschreiten
müssen. Wiederholt drängten die Kubaner die Angolaner, keine großen
Garnisonen zu weit südlich ihrer Linie einzurichten, weil es ihnen dann
unmöglich wäre, ihnen zu Hilfe zu eilen, sollten die SADF angreifen.
Wiederholt ignorierte die FAPLA den Rat der Kubaner.

1978 hatte Südafrika Bereitschaft gezeigt, sich der UN-Resolution
435 zu beugen, und zugesagt, Namibia in die Unabhängigkeit zu entlassen, doch seitdem immer wieder Vorwände gefunden, um dies nicht in
die Tat umsetzen zu müssen. Diese Missachtung der Vereinten Nationen
erzürnte die internationale Staatengemeinschaft mit Ausnahme der USA
unter der Regierung Reagan, die Südafrika durch ein Junktim einen be-
quemen Ausweg schuf: Südafrikas Rückzug aus Namibia, erklärte das
Weiße Haus, könne nur zeitgleich mit dem Rückzug der kubanischen
Truppen aus Angola erfolgen. Dies verwischte den Unterschied zwischen
einem rechtmäßigen Vorgang – die kubanischen Truppen befanden sich
auf ausdrücklichen Wunsch Luandas in Angola – und einer unrechtmä-

---

52 Risquet, »Algunas ideas en cuanto a lo que debe ser nuestra posición en rela-
   ción al proceso negociador iniciado unilateralmente por la dirección ango-
   lana«, [Febr. 1984], S. 5.
53 »Vermerk über ein Gespräch des Genossen Fidel Castro, Erster Sekretär des
   ZK der KP Kubas und Vorsitzender des Staats- und Ministerrates, mit Genossen Hermann Axen, Mitglied des Politbüros und Sekretär des ZK der SED, am
   26. Juli 1984«, 27. 7. 1984, S. 5, SED, DY30 IV 2/2.035/41.

ßigen Intervention, denn Südafrika hielt Namibia trotz ausdrücklicher Missbilligung durch die Vereinten Nationen besetzt. Mit ungewöhnlicher Offenheit erklärte der kanadische Botschafter vor dem Sicherheitsrat, ein solches Junktim finde »keine Grundlage im Völkerrecht, [...] ist unvereinbar mit der Resolution 435 und [...] wurde vom Sicherheitsrat abgelehnt. [...] Wie das System der Apartheid nur einen Fürsprecher hat, hat auch die Freiheit in Namibia nur einen Hinderungsgrund.«[54]

Das Junktim erwies sich für Pretoria als ein Glücksfall. Im Mai 1988 erklärte Außenminister Pik Botha vor dem südafrikanischen Parlament, nachdem Reagan

»an die Macht gekommen ist, haben sich die Amerikaner hier in Kapstadt gemeldet und gefragt, wie wir darauf reagieren würden, wenn sie die Kubaner zum Abzug bewegen würden. Wir antworteten: Wenn sie die kubanische Präsenz beenden, würde das ›eine neue Runde‹ eröffnen. Und so kam es, dass wir wieder in Verhandlungen auf Grundlage der Resolution 435 eingestiegen sind, diesmal aber mit einem kubanischen Rückzug als Vorbedingung. Während der sieben Amtsjahre Präsident Reagans hat sich diese Haltung als Abwehrschild gegen Sanktionen bewährt, es wurden keinerlei Sanktionen gegen unser Land wegen des Problems Südwestafrika [Namibia] verhängt.«[55]

Ermutigt durch die Rückendeckung Washingtons, fiel Pretoria in den 1980er Jahren wiederholt im Süden Angolas ein, um dort die aufständische SWAPO anzugreifen, die angolanische Regierung zu schwächen und die UNITA zu unterstützen. Aber niemals griffen die SADF die kubanische Verteidigungslinie an, die Zentralangola schützte.

Zermürbt durch die südafrikanischen Übergriffe Ende 1983 und bedrängt von Washington, unterzeichnete Luanda am 16. Februar 1984 in Lusaka ein Abkommen mit Pretoria. Es bestimmte, dass die SADF den breiten Streifen räumten, den sie im Süden Angolas besetzt hatten, wofür sich Angola im Gegenzug verpflichtete, weder die SWAPO noch kubanische Truppen in dem geräumten Gebiet operieren zu lassen. Gemeinsame Patrouillen der SADF und der FAPLA sollten sicherstellen, dass keine SWAPO-Guerillas von dort aus in den Norden Namibias einsickerten. Beide Regierungen erklärten in dem Abkommen außerdem ihre Bereitschaft, Gespräche über die Umsetzung der UN-Resolution 435 zu beginnen. Über Pretorias Hilfe für die UNITA schwieg es sich aus.[56]

---

54 Botschafter Stephen Lewis, Provision Verbatim Record of the 2588th Meeting, United Nations Security Council, June 13, 1985, S. 42 und 45.
55 Pik Botha, 7. 5. 1988, Republik Südafrika, Debates of Parliament, 6. Sitzung, 8. Sitzungsperiode, Spalte 9404.
56 Siehe US-Außenminister an alle afrikanischen Standorte, 25. 2. 1984, FOIA.

Das Abkommen von Lusaka und seine Auswirkungen werfen ein Schlaglicht auf den tatsächlichen Einfluss der Kubaner (und Sowjets) auf die Volksrepublik Angola und enthüllen zugleich Pretorias Vorstellungen für den Südwesten Afrikas. Die Angolaner hatten das Abkommen ohne vorherige Konsultationen mit ihren Verbündeten geschlossen, ja sie hatten sie nicht einmal vorab über die Verhandlungspunkte informiert. Einen Monat später reiste eine hochrangige Delegation unter Führung von Präsident dos Santos zu Gesprächen mit der kubanischen Führung nach Havanna.

Dies waren außergewöhnliche Unterredungen. Fidel Castro erinnerte die Gäste daran, dass die Kubaner sich als Schutzmacht Angolas gegen äußere Aggressoren verstanden. Und er wiederholte Kubas Wunsch – zuerst formuliert von Raúl Castro im April 1976 –, seine Soldaten wieder heimzuholen. Doch würde Kuba das Land nur auf angolanischem Wunsch verlassen. Castro verwies auf das Militärabkommen vom September 1978, das festlegte, dass Kuba und Angola »übereinstimmend der Auffassung sind, sich gegenseitig zu konsultieren, bevor Entscheidungen getroffen oder militärische Aktionen in Gang gesetzt werden«. Weiter sagte Castro:

»Offen gestanden haben wir den Eindruck, dass wir seit dem Abschluss dieses Abkommens nie über irgendeine uns betreffende Entscheidung zu Rate gezogen worden sind; Sie haben uns fast niemals vorab informiert, und selbst im Nachhinein wurde uns nur selten mitgeteilt, wenn Gespräche mit den Vereinigten Staaten stattgefunden hatten. Gelegentlich erfuhren wir über unseren Nachrichtendienst aus Westeuropa, dass es Kontakte zwischen Angola und Südafrika oder zwischen Angola und den Vereinigten Staaten gegeben hatte, und manchmal erfuhren wir davon erst aus der Presse.«[57]

Das Abkommen von Lusaka passte in dieses Bild. »Wir sind mit einem *fait accompli* konfrontiert worden, genau wie die Sowjets. Das ist nicht in Ordnung«, erklärte Castro den Angolanern. Zwar missbilligte er auch den Inhalt der Vereinbarungen, doch war dies nicht der springende Punkt: »Die endgültige Entscheidung lag stets bei Ihnen, nicht bei uns, aber zumindest hätten wir zuvor darüber reden können, was den Sowjets und uns Gelegenheit gegeben hätte, unsere Einwände vorzutragen. Dann hätten wir auch keinen Grund gehabt, uns zu beschweren.« Und mit ironischem Unterton fügte er hinzu: »Ich frage mich, ob unsere angolanischen Genossen in letzter Zeit überhaupt einen Blick in diese Abkommen geworfen haben.«[58]

---

57 »Castro – dos Santos«, 17. 3. 1984, S. 43 und 29–31.
58 »Castro – dos Santos«, 17. 3. 1984, S. 38–40.

Die Angolaner hatten zu ihrer Rechtfertigung nicht viel vorzubringen. Sie gaben zu, dass es besser gewesen wäre, ihre Verbündeten um Rat zu fragen; es sei ein Fehler, ein Versehen gewesen, ihr Staat sei noch jung, und sie versprachen, in Zukunft umsichtiger zu handeln. Castro insistierte nicht weiter, und die Unterredung wandte sich der militärischen und ökonomischen Situation Angolas zu. Schließlich kam man auch auf das Gesundheitswesen zu sprechen, über das sich zwischen den Kubanern ein verblüffender Dialog entspann, dem die Angolaner schweigend lauschten.

Zuerst sprach Rodolfo Puente Ferro, der überaus kenntnisreiche und tüchtige kubanische Botschafter in Angola. »In manchen Regionen und Provinzhauptstädten gibt es praktisch keine medizinische Versorgung. Man gibt den Kranken Rezepte, aber dann müssen sie doch zum Schamanen oder einem traditionellen Heiler gehen, weil keine Arzneimittel vorhanden sind. Aufgrund des Mangels an Medikamenten ist die Sterblichkeitsrate hoch.« Um diesem Missstand abzuhelfen, hatten die kubanischen Gesundheitsbehörden 55 verschiedene, in Kuba hergestellte Medikamente angeboten. Ein Sechsmonatsvorrat sollte Angola 700000 Dollar kosten.

»Können wir diese Medikamente überhaupt für 700000 Dollar produzieren?«, fragte Castro. Als Puente Ferro dies bestätigte, fuhr Castro fort: »Gut, [...] dann machen wir das doch und schicken sie nach Angola, bezahlt werden können sie ja später. [...] Wir wollen keinen Profit mit diesen Medikamenten machen, wir verkaufen sie zum Selbstkostenpreis. [...] Wenn die Situation kritisch ist, können wir sie gleich mit dem nächsten Schiff schicken, bezahlt werden können sie später.« Und er fügte hinzu: »Wir können es nicht zulassen, dass jemand in einem Krankenhaus stirbt, oder ein Kind oder ein alter Mensch oder ein Soldat oder wer auch immer, nur weil jemand vergessen hat, einen Kreditbrief zu schreiben oder weil jemand ihn nicht unterzeichnet hat. Außerdem geht es hier nicht um große Summen. Wir gehen nicht bankrott, wenn Angola nicht bezahlen kann.«

Die Angolaner brachten ihren Dank knapp zum Ausdruck. Präsident dos Santos äußerte allerdings auch eine Sorge: »Wir wissen, dass Kuba noch eine andere sehr wichtige, sehr großzügige Entscheidung getroffen hat. [...] Es hat die Bezahlung in harter Währung für seine technische Hilfe in Angola ausgesetzt. [...] Wir wüssten gerne, [...] wie lange Kuba diese Last noch tragen kann.« Castro antwortete: »Ich glaube [...] in Anbetracht der Situation von Angola sollten Sie sich darum keine Sorgen machen. Wir können dies so lange tragen wie erforderlich. Keine Sorge. Dieses Opfer bringen wir.« Und er fügte hinzu: »Das größte Opfer ist ohnehin menschlicher Natur, verstehen Sie? Es besteht darin, dass wir von unseren Leuten verlangen, sich von ihren Familien zu trennen [...] Es ist ein Opfer für den Einzelnen wie für unseren Staatshaushalt, weil wir ihnen ihr Gehalt mit einem Zuschlag von 30 Prozent auszahlen.« Dos Santos blieb nicht viel mehr zu antworten als: »Vielen Dank, Compañeros.«[59]

Das Abkommen von Lusaka brachte Angola keinen Frieden. Im Verlauf der folgenden 14 Monate kam es sporadisch zu Gesprächen zwischen den Amerikanern, Südafrikanern und Angolanern. Dabei beharrten die Südafrikaner auf ihrem Junktim: »Es ist die unverrückbare Position Südafrikas und der Vereinigten Staaten, dass ein Abzug südafrikanischer Truppen [aus Namibia] gemäß der UN-Resolution 435 nur parallel zu einem Rückzug Kubas aus Angola stattfinden kann.« Dementsprechend erhoben sie die Forderung, die kubanische Präsenz in Angola müsse binnen drei Monaten nach Beginn der Umsetzung der Resolution 435 beendet sein.[60] Der südafrikanische Vorschlag enthielt jedoch kein Wort über die UNITA. Die CIA erklärte im Februar 1985: »Nach unserer Überzeugung gehen die meisten Entscheidungsträger in der südafrikanischen Regierung davon aus, dass am Ende Savimbi die Macht in Luanda übernehmen wird. Savimbis Sieg würde nicht nur eines der von Pretoria am meisten gehassten Regime in der Region beseitigen, sondern Angola auch in einen Ring ›moderater‹ Pufferstaaten rund um Namibia einfügen.« Die Südafrikaner, sagte die CIA voraus, würden jede Abmachung torpedieren, die nicht der Machtübernahme Savimbis entgegenkäme.[61] Während sich so die Gespräche hinzogen, setzte Pretoria seine Sabotageakte gegen Angola fort.[62] Die Gespräche wurden im Mai 1985 ergebnislos abgebrochen.

Den besten Abgesang auf diese Verhandlungen gab Marrack Goulding, Margaret Thatchers Botschafter in Angola. Da die Vereinigten Staaten keine diplomatischen Beziehungen zu Angola unterhielten und mit ihren angolanischen Gesprächspartnern hauptsächlich über die britische Botschaft in Luanda Kontakt hielten, war er ein privilegierter Beobachter. »Crocker und [sein damaliger Stellvertreter] Frank Wisner ver-

---

59 »Castro – dos Santos«, 17. März 1984, S. 51, 55–57, 64–66 und 71–73.
60 »Text of the South African proposals«, [15. Nov. 1984], Anhang beigefügt zu Conradie (stellvertretender Leiter der Ständigen Vertretung Südafrikas bei den Vereinten Nationen) an den Generalsekretär der Vereinten Nationen, 26. Nov. 1984, Dok. S/16839, Security Council Supplement für Okt., Nov. u. Dez. 1984.
61 CIA, Directorate of Intelligence, »Angola: Prospects for MPLA-UNITA Reconciliation«, Febr. 1985, S. 7, FOIA.
62 Chester Crocker, High Noon in Southern Africa: Making Peace in a Rough Neighborhood, New York 1992, S. 215.

suchten die angolanische Regierung zu überzeugen, dass sie das Junktim nicht fürchten müsse. Sobald Namibia unabhängig sei, argumentierten sie, hätte Südafrika keinen Grund mehr, Angola anzugreifen oder die UNITA militärisch zu unterstützen. [...] Mir war nie wohl bei dem die UNITA betreffenden Teil der Vereinbarung. Wahrscheinlicher war, dass die südafrikanische Regierung weiterhin versuchen würde, die angolanische Regierung, die ihrer Ansicht nach einen zersetzenden marxistischen Einfluss auf die Region ausübte, durch die UNITA zu ersetzen.« Goulding fährt fort: »Auch über die Kubaner war ich mit meinen amerikanischen Freunden uneins. Soweit ich es beurteilen konnte, übten sie einen positiven Einfluss aus. Sie hatten wahre Wunder für das angolanische Erziehungs- und Gesundheitswesen bewirkt und hinderten die südafrikanische Armee daran, [...] über den Süden Angolas herzufallen.«[63]

Moskaus Handlanger?

Kuba hätte seine 30 000 Soldaten nicht ohne sowjetischen Beistand in Angola halten können. Ihre Waffen kamen aus der Sowjetunion, und die kubanische Wirtschaft wurde mit sowjetischer Hilfe gestützt.[64] Den Kubanern war das durchaus bewusst. In den 1960er Jahren hatten sie offen die Sowjetunion kritisiert; in den 1970er Jahren erkannten sie Moskaus führende Rolle in der sozialistischen Staatenfamilie an, und innerhalb der kubanischen Streitkräfte wurden die sowjetischen Militärs mit vielsagender Symbolik als »ältere Brüder« bezeichnet. Aber wenn sie es für nötig hielten, traten die Kubaner Moskau gegenüber durchaus selbstbewusst auf. So war es beispielsweise geschehen, als sie im November 1975 aus eigener Entscheidung Truppen nach Angola schickten. Sie wiederholten dies anlässlich des versuchten Staatsstreichs gegen Präsident Neto am 27. Mai 1977. Vieles über diesen Staatsstreich liegt im Dunkeln, aber über zwei Punkte gibt es keine Zweifel: Erstens, die Verschwörer hatten die Sympathie, wenn nicht die Unterstützung der sowjetischen Botschaft. Zweitens, die Kubaner spielten eine zentrale Rolle bei der Niederschlagung der Revolte. So erklärte Botschafter Andrew Young 1978 gegenüber einem Unterausschuss des US-Senats: »Die Kubaner und die Russen waren sich nicht immer einig in Angola. [...] Beim Putschversuch

---

63 Ebenda, S. 461; Marrack Goulding, Peacemonger, Baltimore 2002, S. 142.
64 Nach westlichen Quellen belief sich die sowjetische Wirtschaftshilfe für Kuba in den 1980er Jahren auf annähernd vier bis fünf Milliarden US-Dollar pro Jahr, die Militärhilfe auf über zwei Milliarden.

gegen Neto, der noch nicht lange zurückliegt, war, so berichten afrikanische Quellen, Russland die treibende Kraft. Doch die Kubaner stellten sich auf die Seite Netos.«[65]

In den 1980er Jahren dauerten die Auseinandersetzungen über die geeignete Militärstrategie in Angola an. Dies zeigte sich beispielhaft am Streit um Mavinga, der sich über drei Jahre hinzog. Mavinga, eine kleine Stadt im Südosten von Angola, lag ungefähr 250 Kilometer nördlich der namibischen Grenze und östlich der kubanischen Verteidigungslinie. Im September 1980 war sie von der UNITA besetzt worden. Sie galt als Tor zu Jamba, dem Hauptquartier Savimbis, »einem Komplex von strohgedeckten Gebäuden, der sich über ein Gebiet von 3000 Quadratkilometern rund 200 Kilometer südlich von Mavinga erstreckte«.[66] Für die Sowjets wie die Angolaner war eine Offensive gegen Mavinga gleichbedeutend mit einem Vorstoß nach Jamba.

Gegen Ende des Frühjahrs 1984 hatte sich Konstantin Kurotschkin, Leiter der sowjetischen Militärmission in Angola, einen Angriff auf Mavinga in den Kopf gesetzt. »In der Kriegskunst ist die Wahl der Richtung des Hauptstoßes von entscheidender Bedeutung«, dozierte er vor Risquet und General Polo Cintra Frías, Leiter der kubanischen Militärmission in Angola, nachdem er sie daran erinnert hatte, dass er in vier Kriegen gekämpft hatte, darunter auch im Zweiten Weltkrieg, zu einer Zeit, als Risquet und Cintra Frías noch Kinder waren. Kurotschkin wollte Jamba, den Unterschlupf des Feindes, erobern. Das sei wichtiger, betonte er, als die Guerillagruppen der UNITA, die in die Zentralregionen Angolas vorgedrungen waren, auszuschalten, wie Cintra Frías es vorschlug. Mit denen werde man später fertig. »Compañeros«, wandte er sich an Risquet und Cintra Frías, »vergesst die Lehren der Geschichte nicht. In der Sowjetunion mussten wir auch noch viele Jahre nach Beendigung des Bürgerkriegs gegen Banditen in Zentralasien kämpfen.« Die beiden Kubaner konnte das nicht überzeugen. »Aber das war Zentralasien«, wandte Risquet ein. »Hätten die Banditen zwischen Moskau und Leningrad operiert, dann hätte man nicht so lange warten können. Unser Problem ist, dass sich die Banditen in der wichtigsten Wirtschaftsregion Angolas aufhalten.« Kurotschkin ließ sich davon nicht beeindrucken. Er

---

65 Andrew Young, 12. 5. 1978, in: US-Senat, Auswärtiger Ausschuss, Unterausschuss Afrikanische Beziehungen, *U.S. Policy toward Africa*, 95. Kongress, 2. Sitzung, Washington 1978, S. 32. Siehe auch Gleijeses, Conflicting Missions, S. 372.

66 Fred Bridgland, The War for Africa: Twelve Months That Transformed a Continent, Gibraltar 1990, S. 15.

hatte seinen Plan bereits in Moskau vorgetragen und mit dem Generalstabschef, Marschall Nikolai Ogarkow, gesprochen, und gemeinsam hatten sie bei Verteidigungsminister Dmitri Ustinow »zwei Stunden und siebzehn Minuten lang« vorgesprochen. Ustinow hatte zugestimmt. Aber bei seiner Rückkehr nach Angola traf Kurotschkin auf den Widerstand von Cintra Frías und Risquet.[67] Und damit war die Angelegenheit festgefahren.

Noch den ganzen September 1984 über stritten Angolaner, Kubaner und Sowjets über diesen Punkt. Am 12. September trafen Kurotschkin und Cintra Frías im Verteidigungsministerium von Luanda mit dem angolanischen Verteidigungsminister Pedale, dem angolanischen Generalstabschef Ndalu und dessen Stellvertreter Ngongo zusammen. Kurotschkin bestand auf der Operation gegen Mavinga, Cintra Frías widersprach. Die FAPLA solle sich besser auf den Kampf in den zentralen Regionen konzentrieren, so sein Argument. Ndalu und Ngongo pflichteten ihm bei.[68]

Zwei Wochen später fuhr Kurotschkin schweres Geschütz auf: »Genosse Präsident«, erklärte er dos Santos bei einem Treffen im Haus des Präsidenten, »gestern habe ich mit dem Verteidigungsminister der Sowjetunion, Marschall Ustinow, gesprochen, außerdem mit dem Generalstabschef [Marschall Sergej] Achromejew [der erst vor kurzem Ogarkow abgelöst hatte], heute früh hatte ich erneut eine Unterredung mit dem Generalstabschef, und er hat mich gebeten, unsere angolanischen Genossen davon in Kenntnis zu setzen, dass es notwendig ist, die feindlichen Kräfte in der Region Mavinga zu vernichten und damit einen entscheidenden Schlag gegen die UNITA zu führen.« Erneut widersprach Cintra Frías und warnte, ein Gebiet anzugreifen, über das Südafrika die Lufthoheit besitze.[69]

Unterdessen wurde in Moskau eine parallele Diskussion zwischen General Ulises Rosales del Toro, dem Generalstabschef der kubanischen Streitkräfte, und einer Gruppe von sowjetischen Generälen, darunter Achromejew, geführt. Achromejews Stellvertreter, General Valentin Wariennikow, erging sich in beinahe poetischen Tönen über die Bedeutung der Operation Mavinga. »Alles hat hier seine Wurzeln (er wies auf die

---

67 »Versión de la conversación sostenida en el Estado Mayor de la Misión Militar Cubana en Angola, efectuada a las 1600 horas del día 6 de junio de 1984«, S. 30–31, 19 und 34–35, CIFAR.

68 »Versión de la conversación sostenida en el Ministerio de Defensa de la RPA el 12 de septiembre de 1984«, CIFAR.

69 »Versión de la conversación sostenida en Futungo de Velas el 29 de septiembre de 1984«, S. 6, CIFAR.

Provinz Cuando Cubango [in der Mavinga und Jamba liegen]). Das heißt, der ganze Baum [die UNITA] wurzelt da; von dort bekommt Savimbi alles; hier hat er seine wichtigsten Stützpunkte und Ausbildungslager.« Rosales del Toro trug energisch die kubanischen Einwände vor.[70]

1985 überzeugten die Sowjets schließlich die Angolaner gegen alle Einwände Havannas, Mavinga anzugreifen. Die Kubaner weigerten sich, an der anfangs erfolgreichen Offensive teilzunehmen. »Die UNITA versuchte, sie zum Stehen zu bringen«, schreibt ein ehemaliger Offizier der SADF, »aber [...] sie war dem Ansturm der FAPLA nicht gewachsen.«[71] Als jedoch die Südafrikaner Ende September ihre Luftwaffe und ihre weit reichende schwere Artillerie zum Einsatz brachten, endete die Mavinga-Offensive in einem blutigen Fehlschlag.

Einige Wochen später trug Risquet in Moskau vor: »Unsere Schwachstelle ist die Luftüberlegenheit Südafrikas über den Süden Angolas. Wir müssen das abstellen.« Weiter führte er aus, »wenn man den Rassisten im Süden Angolas die Krallen zieht«, würde das nicht nur der FAPLA ermöglichen, in diesem Gebiet gegen die UNITA vorzugehen, »es würde es den SWAPO-Guerillas auch leichter machen, Namibia zu infiltrieren, und es [...] wäre eine große Ermutigung für alle Menschen im südlichen Afrika«.[72]

Im Januar 1986 diskutierten erneut in Moskau sowjetische und kubanische Offiziere die technischen Details der Frage – die sowjetische Delegation leitete Marschall Achromejew, die kubanische General Rosales del Toro. Der Kubaner war sehr hartnäckig, gut vorbereitet und verstand es, wenn nötig, seine Worte mit einer Portion Sarkasmus anzureichern. Die Sowjets versprachen, die Luftabwehr und die eigenen Flugzeuge zu verbessern, doch Rosales del Toro legte detailreich dar, dass auch dies dem Feind die Luftüberlegenheit über den Süden Angolas nicht nehmen würde. »Wir müssen der Dreistigkeit, mit der Südafrika operiert, ein Ende bereiten, ihnen die Hände abhacken, die sie nach Angola ausstrecken«, betonte er. Die Antwort der Sowjets war ausweichend: »In diesem Fall können wir mit der SWAPO kooperieren. Falls Südafrika seine Luftangriffe verstärkt, kann die SWAPO ihre Flughäfen [im Nor-

---

70 »Reunión entre el mariscal de la Unión Soviética S.F. Ajromieiev, y el general de división Ulises Rosales del Toro. Moscú, 17. 9. 84 16 horas, Ministerio de Defensa de la URSS«, S. 12, CIFAR.

71 Jan Breytenbach, Buffalo Soldiers: The Story of South Africa's 32 Battalion 1975–1993, Alberton (Südafrika) 2002, S. 255 f.

72 »Reunión Bilateral Cuba – URSS«, 24. Jan. 1986, S. 15–16 und »Tripartita Cuba – URSS – RPA«, 27. Jan. 1986, S. 33–34. Beide ACC.

den Namibias] angreifen. So haben es die Vietnamesen [im Kampf gegen die Amerikaner] gemacht; das kann funktionieren.« Doch das war eine maßlose Überschätzung der Möglichkeiten der SWAPO. Rosales del Toro blieb nichts anderes übrig, als seine Argumente seinen stets höflichen, zuweilen sogar ehrerbietigen, aber unnachgiebigen Zuhörern noch einmal vorzutragen.[73]

Bevor er aus Moskau abreiste, schärfte Rosales del Toro den Sowjets und den Angolanern ein, die FAPLA dürfe keine weitere Operation gegen Mavinga beginnen, solange Südafrikas Flugzeuge dort den Himmel beherrschten. Seine freimütige Äußerung hatte eine Unterredung mit Iko Carreira, dem Chef der Luftverteidigung der FAPLA, zur Folge. »Wir haben unserem kubanischen Genossen sehr aufmerksam zugehört«, sagte Carreira. »Seine Worte sind etwas pessimistisch. Er berücksichtigt nicht die Fähigkeiten unserer Streitkräfte. [...] Wir [...] müssen unser Gebiet befreien.« Darauf entgegnete Rosales del Toro: »Bei allem Respekt, aber wir vernachlässigen keineswegs die Notwendigkeit, das Gebiet zu befreien. Bloß muss man den richtigen Zeitpunkt dafür wählen, und man muss die Erfolgschancen abwägen.«[74]

Einige Monate später drängten die Sowjets zu einer weiteren Offensive gegen Mavinga, aber den Kubanern gelang es, die Angolaner davon abzubringen. Stattdessen verstärkte die FAPLA ihre Operationen gegen die UNITA im Zentrum und im Norden des Landes. Als sich die militärische Lage verbesserte, kamen Sowjets und Angolaner auf ihre Angriffspläne zurück. Im September 1987 startete die FAPLA gegen den Widerstand der Kubaner eine Offensive gegen Mavinga. Kuba lehnte eine Beteiligung daran ab. Wie bereits 1985 griffen die Südafrikaner ein und stoppten den Vormarsch. Aber während sie 1985 die FAPLA nur blutig zurückgeschlagen hatten, setzten sie diesmal zur Verfolgung an. Anfang

---

73 Zitate aus: »Versión de la sesión de trabajo realizada entre la delegación cubana y la delegación de la URSS en el Ministerio de Defensa el día 26. 1. 86«, S. 2 (Zitat Rosales del Toro) und S. 14 (Zitat Generaloberst Ilarionow, Büroleiter des Verteidigungsministers); »Versión del encuentro del primer sustituto del ministro de las FAR, Jefe del EMG Gral de Div Ulises Rosales del Toro, con el primer sustituto del ministro de defensa de la URSS Jefe del EMG, Mariscal Ajromeev en el hotel de las Fuerzas Armadas Soviéticas, el día 30. 1. 86«, S. 2 (Zitat Rosales del Toro); Rosales del Toro zu Marschall Achromejew (Mitte Februar 1986), S. 2. Siehe auch »Encuentro Tripartito realizado en el Ministerio de Defensa de la URSS el día 28 de enero de 1986« und Generaloberst Zaitsew zu Rosales del Toro, 8. 2. 1986. Alles CIFAR.

74 »Encuentro Tripartito realizado en el Ministerio de Defensa de la URSS el día 28 de enero de 1986«, S. 16–17, CIFAR.

November hatten sie die Eliteeinheiten der angolanischen Armee in der kleinen Stadt Cuito Cuanavale in die Enge getrieben und standen bereit, sie aufzureiben.

Von Cuito Cuanavale zum New Yorker Abkommen

Der Schlussakt des kubanischen Dramas in Angola wurde durch den südafrikanischen Vormarsch auf Cuito Cuanavale eröffnet und endete mit dem Vertrag von New York vom 22. Dezember 1988. Dieser legte fest, dass die SADF innerhalb von drei Monaten aus Namibia abziehen und das Land entsprechend der UN-Resolution 435 die Unabhängigkeit erhält, Pretoria die Unterstützung für die UNITA einstellt und die kubanischen Soldaten Angola innerhalb von 27 Monaten verlassen.

Nur wenig ist zu diesem Abschnitt der Ereignisse veröffentlicht worden. Die Hauptquelle stellen die Memoiren von Crocker dar, der das Ergebnis – das New Yorker Abkommen – hauptsächlich als einen Sieg amerikanischer Geduld, Verhandlungsgeschicks und Klugheit feiert.[75] Kubanische und amerikanische Dokumente lassen die Dinge jedoch noch in einem anderen Licht erscheinen. Im April 1987 hatte der amerikanische Botschafter aus Pretoria berichtet, die südafrikanische Regierung äußere sich »unnachgiebig ablehnend« zur Unabhängigkeit Namibias.[76] Crockers Memoiren lassen leider im Dunkeln, wie es den Amerikanern gelang, Pretoria durch kluges Überreden von strikter Ablehnung schließlich doch zur Zustimmung zu bewegen. Tatsache ist, dass die amerikanische Politik, wissentlich oder unwissentlich, die Hardliner in Pretoria stärkte, die sich gegen die Unabhängigkeit Namibias stemmten und nach einer militärischen Lösung strebten, um in Angola die UNITA an die Macht zu bringen.

Betrachten wir die Fakten. Pretorias Überfall auf den Südosten Angolas im Herbst 1987 war so unverfroren gewesen, dass der Sicherheitsrat der Vereinten Nationen von Südafrika den »bedingungslosen Abzug aller seiner Streitkräfte in Angola« forderte.[77] Die Vereinigten Staaten schlossen sich dem einmütigen Votum an, doch hatte Crocker inoffiziell dem südafrikanischen Botschafter in den Vereinigten Staaten versichert: »Die südafrikanische Regierung kann davon ausgehen, dass die Resolu-

---

75 Crocker, High Noon.
76 Perkins (US-Botschafter in Pretoria) an den Außenminister, 17. 4. 1987, FOIA.
77 Resolution 602 des UN-Sicherheitsrats, 25. 11. 1987, Vorläufiges Wortprotokoll der 2767. Sitzung.

tion keine umfassenden Sanktionen und auch keinerlei Unterstützung für Angola vorsieht. Dies ist kein Zufall, sondern das Ergebnis unserer Bemühungen, die Auswirkungen der Resolution einzudämmen.«[78] Dies ließ Pretoria genügend Zeit, die Eliteeinheiten der angolanischen Armee zu vernichten. Mitte Januar 1988 vermeldeten südafrikanische Militärquellen und westliche Diplomaten übereinstimmend, dass der Fall von Cuito »unmittelbar bevorsteht«.[79]

Aber Cuito fiel nicht. Am 15. November 1987 hatte Castro nach einer mehr als zehnstündigen Sitzung mit seinen Beratern die besten Einheiten seiner Armee und die hochentwickeltste militärische Ausrüstung nach Angola befohlen. Er wollte weit mehr als nur Cuito Cuanavale retten: Er war entschlossen, die SADF aus Angola zu vertreiben.[80] Wie bereits 1975 hatte Castro auch diesmal Moskau nicht konsultiert. Er war sich bewusst, dass die Sowjets um Entspannung mit den Vereinigten Staaten bemüht waren und daher mit Sorge jede Entwicklung verfolgten, die zu einer militärischen Eskalation im südlichen Afrika führen könne.[81]

Die Dokumente der kubanisch-sowjetischen Beziehungen der Wochen nach dem 15. November 1987 lesen sich sehr spannend. Am 23. November flog Rosales del Toro nach Moskau, um das sowjetische Oberkommando von der kubanischen Entscheidung in Kenntnis zu setzen. Seine Unterredung mit Verteidigungsminister Dmitri Jasow verlief stürmisch. Die kubanische Entscheidung, die SADF aus Angola zu vertreiben, beunruhigte die Sowjets sehr. Sie fürchteten, wie Jasow sagte, »eine massive Antwort Südafrikas, das vermutlich starke Verbände senden wird [...] Südafrika wird dieses Gebiet nicht kampflos preisgeben.« Dies würde zu schweren Zusammenstößen zwischen Kubanern und Südafrikanern führen, und das zu einem sehr ungelegenen Moment. Jasow fuhr fort: »Sie wissen, dass der Generalsekretär [Gorbatschow] bald [in Washington] ein Abkommen über die Mittelstreckenraketen unterzeichnen wird.« Er erklärte Kubas Aktionen als »vom politischen Standpunkt aus unerwünscht [...]. Die Vereinigten Staaten [...] werden jeden Vorwand nutzen, um der Sowjetunion und Kuba eine aggressive Politik vorzuwerfen.« Doch Rosales del Toro gab keinen Deut nach; er brachte vielmehr

---

78 Der amerikanische Außenminister an die Botschaft in Pretoria, 5. 12. 1987, FOIA.
79 *Star* (Johannesburg), 21. 1. 1988, S. 1.
80 »Transcripción sobre la reunión del Comandante en Jefe con la delegación de políticos de Africa del Sur (Comp. Slovo) efectuada en el MINFAR el 29. 9. 88«, S. 16, CIFAR.
81 Siehe Jorge Risquet in V.I. Worotnikow, Havana – Moskvá: pamiatnie godu, Moskau 2001, S. 210.

vor, die kubanische Entscheidung sei Folge sowjetischer Versäumnisse, ja er sagte Jasow ins Gesicht, dass die Offensive gegen Mavinga ein schwerer Fehler der Sowjets gewesen sei.[82]

Die offizielle sowjetische Antwort wurde Raúl Castro am 30. November 1987 in Havanna übergeben. Moskau beklagte sich, dass es nicht konsultiert worden sei, und bezeichnete die kubanische Entscheidung als Überreaktion: »Ein Schritt, der weit über das hinausgeht, was tatsächlich in Angola nötig ist.« Falls die Amerikaner irgendwelche Fragen stellten, sollte Kuba ihnen sagen, dass es bloß einen Truppenaustausch vornehme.[83] Castros Antwort kam am folgenden Tag. Nachdem er dargelegt hatte, wie sich die militärische Situation in Angola zugespitzt hatte, erklärte er Gorbatschow:

> »Wir tragen keine Verantwortung für die militärische Situation, wie sie sich dort entwickelt hat. Die Verantwortlichkeit liegt allein bei den sowjetischen Beratern, die die Angolaner zu einer Offensive im Südosten gedrängt haben. [...] Wir waren stets gegen waghalsige Operationen wie diese, die das Problem nicht lösen können, die Kräfte vergeuden und die Aufmerksamkeit von den Angriffen der UNITA-Guerillas in jenen Regionen des Landes ablenken, die in militärischer, ökonomischer, sozialer wie politischer Hinsicht von wirklich strategischer Bedeutung sind. [...]
>
> Die sowjetische Note kritisiert unsere Entscheidung, Verstärkung zu schicken, weil sie – ich zitiere – ›weit über das hinausgeht, was tatsächlich in Angola nötig ist‹. [...] Die militärische Situation hat sich jedoch fortlaufend verschlechtert. Die Fakten beweisen, dass unsere Entscheidung, unverzüglich Verstärkung zu schicken, richtig ist. Wir können die Möglichkeit bewaffneter Zusammenstöße mit den Südafrikanern nicht ausschließen. Jeder weiß, wie riskant es ist, unter solchen Umständen schlecht gerüstet dazustehen. [...]
>
> Die sowjetische Note schlägt vor, wir sollten erklären, Kuba nehme einen normalen Truppenaustausch vor. Dies wäre ein Fehler. Es gibt keinen Grund, zu einer Entschuldigung oder Lüge Zuflucht zu suchen. Dies würde nur die Moral untergraben und die Glaubwürdigkeit unseres Standpunkts erschüttern. Sollten die Amerikaner Sie im Verlauf Ihrer Gespräche nach diesen Truppenverstärkungen fragen, sagen Sie einfach die Wahrheit: Dass die ungeheuerliche und schändliche Intervention Südafrikas eine gefährliche militärische Situation geschaffen hat, die Kuba

---

82　»Reunión con el Ministro de Defensa de la URSS en el Ministerio de Defensa«, 27. 11. 1987, S. 14–15, 16 und 18. Siehe auch »Nota verbal al Asesor Principal de las FAR«, 19. 11. 1987 und »Reunión en el Ministerio de Defensa de la URSS para informar la situación creada en la RPA«, 25. 11. 1987. Alles CIFAR.

83　»Nota entregada al Ministro de las FAR el 30. 11. 87 por el encargado de negocios soviético, compañero Kisiliov.« Siehe auch »Nota del Ministro de las FAR sobre la entrevista con el compañero Kisiliov« (30. 11. 1987). Beides CIFAR.

zwingt, seine Truppen in einer absolut defensiven und legitimen Aktion zu verstärken. Die USA können versichert sein, dass Kuba ernsthaft an einer Kooperation interessiert ist, um eine politische Lösung für das Problem im südlichen Afrika zu finden. Zugleich sollen sie jedoch gewarnt sein, dass die südafrikanischen Aktionen
über das erträgliche Maß hinausgehen und zu schweren Zusammenstößen mit kubanischen Soldaten führen können. [...]
    Schließlich möchte ich dem Genossen Gorbatschow versichern, dass Kuba alles
in seiner Macht Stehende unternehmen wird, um Angola bei der Bewältigung dieser schwierigen Situation zu helfen.«[84]

Innerhalb der nächsten zwei Monate verbesserten sich die kubanisch-
sowjetischen Beziehungen. Die Sowjets reagierten in gleicher Weise,
wie sie es Ende 1975 getan hatten, als Kuba schon einmal ohne vorherige Absprache Soldaten nach Angola geschickt hatte: Die anfängliche
Irritation wich der Akzeptanz des *fait accompli*, und sie begannen,
Unterstützung zu leisten. Moskau lieferte einen Großteil der Waffen,
die Kuba für seine Truppen in Angola forderte, dazu die modernen, mobilen Luftabwehrsysteme und Kampfflugzeuge vom Typ MiG 23, die
es ermöglichten, der südafrikanischen Luftwaffe Paroli zu bieten. Am
24. Januar 1988 sagte Castro bei einer militärischen Lagebesprechung
zu Risquet: »Die Sache hat sich bereits positiv entwickelt [in der Zeit]
[...] als wir auf eigene Faust gehandelt und uns mit den Sowjets ge-
stritten haben. [...] Nun, da wir auf ein gewisses Maß an sowjetischer
Kooperation zählen können, können wir umso entspannter weiterma-
chen.«[85]
    Am 23. März 1988 begann die südafrikanische Armee mit ihrer letz-
ten großen Offensive gegen Cuito. Sie wurde von den Verteidigern »zum
völligen Stillstand gebracht«, wie ein Offizier der SADF schrieb.[86] Drei
Tage später flog der stellvertretende sowjetische Außenminister Anatoli
Adamischin nach Havanna, um die Kubaner über die Ergebnisse der
jüngsten Gespräche der Sowjets in Washington mit Reagan, Außenminister George Shultz und Chester Crocker zu unterrichten. Crocker hatte
Adamischin gewarnt: »Südafrika wird sich nicht aus Angola zurückziehen, ehe nicht die kubanischen Truppen das Land verlassen haben.« Die
südafrikanischen Militärführer, hatte Crocker hinzugefügt, »fühlen sich
von Tag zu Tag wohler in Angola, wo sie ihre neuen Waffen ausprobie-
ren können und der angolanischen Armee schwere Verluste zufügen«.
Die Botschaft war unmissverständlich: Wenn Havanna und Luanda den

---

84 Fidel Castro an Gorbatschow, 1. 12. 1987, CIFAR.
85 »Orientaciones de FC sobre RPA«, [24. Jan. 1988], S. 11, CIFAR.
86 Breytenbach, Buffalo Soldiers, S. 308.

Abzug Pretorias aus Angola wollten, dann mussten sie erhebliche Zugeständnisse einräumen.[87]

Castro zeigte sich wenig beeindruckt. »Wenn es stimmt, dass die Südafrikaner so stark sind«, erklärte er Adamischin, »dann sollte man [die Amerikaner] fragen [...] wie es dann kommt, dass die Südafrikaner nicht in der Lage sind, Cuito einzunehmen? Vier Monate lang hämmerten sie bereits an die Pforten von Cuito Cuanavale. Warum ist die Armee der überlegenen Rasse nicht in der Lage, das von Schwarzen und Mulatten aus Angola und der Karibik verteidigte Cuito einzunehmen?«[88]

Währenddessen hatte sich Hunderte Kilometer südwestlich von Cuito eine kubanische Militärkolonne in Richtung namibische Grenze in Marsch gesetzt. »Zu jedem anderen Zeitpunkt«, berichtete der US-Geheimdienst, »hätte Pretoria die kubanische Truppenbewegung als Provokation aufgefasst, die eine schnelle und entschlossene Antwort erhalten hätte. Aber die Kubaner rückten mit solchem Tempo und in solcher Zahl vor, dass eine unmittelbare militärische Reaktion für Südafrika ein großes Risiko bedeutet hätte.«[89] Die Südafrikaner wetterten und warnten, der kubanische Vormarsch stelle eine »ernsthafte« Bedrohung für Namibia dar und könne zu »erbitterten Gefechten« führen.[90] Aber sie wichen zurück.

Während Castros Truppen also auf die Grenze Namibias zumarschierten, stritten sich Kubaner, Angolaner, Südafrikaner und Amerikaner am Verhandlungstisch. Die Sowjets hielten sich von alledem fern. Der US-Geheimdienst hielt fest: »Die Sowjets scheinen eine schnelle Verhandlungslösung zu bevorzugen, haben aber bislang nur vage Andeutungen gemacht, welche Form sie annehmen könnte. Sie sind nach wie vor nicht in der Lage, Druck auf ihre Verbündeten auszuüben.« Der südafrikanische Präsident P. W. Botha, der sich viele Jahre lang darin gefal-

---

87 Crocker, zit. n. Adamischin, in »Conversaciones sostenidas el 26/3/88 entre el compañero Jorge Risquet y el viceministro de relaciones exteriores de la URSS Anatoly Adamishin«, S. 3 und 5, Anlage zu Risquet an Fidel Castro, 27. 3. 1988, ACC.

88 »Conversación del Comandante en Jefe Fidel Castro Ruz, primer secretario del comité central del Partido Comunista de Cuba y presidente de los Consejos de Estado y de Ministros, con Anatoli L. Adamishin, viceministro de relaciones exteriores de la URSS. Efectuada el día 28 de marzo de 1988«, S. 48, ACC.

89 Abramowitz (Büro für Aufklärung und Forschung, Außenministerium) an Außenminister, 13. 5. 1988, S. 1–2, FOIA.

90 General Jannie Geldenhuys, Oberbefehlshaber der südafrikanischen Streitkräfte, *Star* (Johannesburg), 27. 5. 1988, S. 1; Verteidigungsminister Magnus Malan, *Star*, 17. 5. 1988, S. 1.

len hatte, die Kubaner als bloße Handlanger der Sowjets kleinzureden, erklärte nun seinem Parlament, Gorbatschow wolle Frieden, aber »es ist nicht klar, wie groß der Einfluss der Russen auf Präsident Castro ist«. Tatsächlich war er nicht besonders groß. Anatoli Dobrynin, der langjährige sowjetische Botschafter in den Vereinigten Staaten, der 1988 Vorsitzender der Internationalen Abteilung des Zentralkomitees der KPdSU war und in dessen Aufgabenbereich die Beziehungen zu Angola fielen, gab gegenüber Jorge Risquet klein bei. »Sie haben die führende Rolle in diesen Verhandlungen«, sagte er ihm.[91]

Für Südafrika und Amerika war die große Frage: Was hatten die Kubaner vor? Würden sie an der Grenze Namibias Halt machen? Crocker versuchte Risquet eine Antwort darauf zu entlocken. Risquet erwiderte: »Ich kann Ihnen darauf keine Antwort geben. […] Verstehen Sie, ich möchte keine Drohung aussprechen. Würde ich sagen, dass sie nicht anhalten, wäre das eine Drohung. Würde ich aber sagen, dass sie anhalten, würde ich Ihnen ein Meprobamato [ein bekanntes kubanisches Beruhigungsmittel], ein Tylenol, verabreichen, und ich will Ihnen weder drohen noch ein Beruhigungsmittel geben. […] Ich habe nur gesagt, dass die einzige Garantie [zu erreichen, dass unsere Soldaten an der Grenze Halt machen] darin besteht, ein Abkommen [über die Unabhängigkeit Namibias] zu treffen.«[92]

Am nächsten Tag griffen kubanische Kampfflugzeuge eine Stellung der SADF bei Calueque, elf Kilometer nördlich der Grenze, an.[93] Bis dahin war der US-Geheimdienst stets von der Luftüberlegenheit Pretorias ausgegangen. Nun erwies sich diese stolze Waffe, die Pretoria in all den Jahren des Konflikts den entscheidenden Vorteil verschafft hatte, plötzlich als wirkungslos. Havanna hatte die Lufthoheit über den Süden Angolas und den Norden Namibias errungen. Einige Stunden nach dem erfolgreichen Angriff der Kubaner auf Calueque zerstörte die SADF eine nahe gelegene Brücke über den Fluss Cunene. Sie taten dies, mutmaßte die CIA, »um den kubanischen und angolanischen Bodentruppen den Übergang über die namibische Grenze zu erschweren und die Zahl der

---

91 Zitate nach: Büro für Aufklärung und Forschung, Außenministerium, »Peace-making in Angola: A Retrospective Look at the Effort«, 10. 6. 1988, S. 4, FOIA; P.W. Botha, 24. 8. 1988, Republik Südafrika, Parlamentsdebatten, sechste Sitzung, achte Sitzungsperiode, Spalte 15508; »Entrevista Dobrynin – Risquet«, 10. 5. 1988, S. 14, ACC.

92 »Entrevista de Risquet con Chester Crocker. 26/6/88, 18:30 horas. Hotel Hyatt, El Cairo«, S. 22–23 und 26–27, ACC.

93 Oberst Dick Lord, zitert in Bridgland, War for Africa, S. 361; CIA, »South Africa – Angola – Cuba«, 29. 6. 1988, FOIA.

zu verteidigenden Stellungen zu verringern«.[94] Noch nie war die Gefahr eines kubanischen Vorstoßes nach Namibia so groß gewesen.

Einige Tage später musste die südafrikanische Regierung einen weiteren schmerzlichen Schlag hinnehmen: Ein Leitartikel in *Die Kerkbode*, dem offiziellen Blatt der niederländisch-reformierten Kirche Südafrikas, sorgte sich aus »christlich-ethischen Gründen« um die »mehr oder weniger permanente« Präsenz der SADF in Angola. »Zweifel am Sinn der Militärstrategie der Regierung sind nicht neu«, hieß es daraufhin im Johannesburger *Star*. »Doch es ist etwas Besonderes, wenn die Rechtmäßigkeit der Operationen in Angola ausgerechnet von *Die Kerkbode* in Frage gestellt wird, was nichts anderes heißt, als dass sich Zweifel innerhalb der Anhängerschaft der [herrschenden] Nationalpartei selbst melden. Sicherlich ist dies keine Revolte, aber die bohrenden Fragen, welche die Gewissenswächter der Afrikaaner stellen, können von der Regierung nicht ignoriert werden.«[95] *Die Kerkbode* äußerte moralische Bedenken, aber der Zeitpunkt – nach dem südafrikanischen Fehlschlag von Cuito und dem Vormarsch der Kubaner auf die Grenze Namibias sowie ihrem erfolgreichen Luftangriff auf Calueque – lässt die Vermutung zu, dass hinter dem Leitartikel mehr als nur ethische Fragen standen.

Am 22. Juli 1988 traf sich eine gemeinsame kubanisch-angolanische Militärdelegation mit südafrikanischen Offizieren und US-Vertretern in Cape Verde, um über einen Waffenstillstand zu verhandeln. Nach einigen Stunden beugten sich die Südafrikaner den kubanischen Forderungen und sagten zu, bei Inkrafttreten eines sofortigen Waffenstillstands bis zum 1. September sämtliche Truppen aus Angola abzuziehen.[96] Am 25. August, als die letzten Soldaten der SADF ihren Rückzug aus Angola vorbereiteten, telegraphierte Crocker an Shultz: »Die Kubaner zu durchschauen ist eine Kunst für sich. Sie sind sowohl zum Krieg als auch zum Frieden bereit. [...] Wir sind Zeugen ihrer beträchtlichen taktischen Finesse und ihres enormen Verhandlungsgeschicks geworden. Dies alles vor dem Hintergrund von Castros grandioser Prahlerei und einer bis dahin beispiellosen Machtdemonstration der kubanischen Streitkräfte.«[97]

Die Verhandlungen dauerten den ganzen Herbst an, während Tau-

---

94 CIA, »South Africa – Angola – Namibia«, 1. 7. 1988, FOIA.
95 *Die Kerkbode* (Kapstadt), 8. 7. 1988, S. 4 (ed.); *Star*, 8. 7. 1988, S. 10 (ed.).
96 Siehe »Documento aprobado como resultado de las discusiones militares celebradas en Cabo Verde el 22–23 de julio de 1988«, CIFAR.
97 Amerikanische Botschaft in Brazzaville an Außenminister, 25. 8. 1988, S. 6, NSA.

sende von kubanischen Soldaten in unmittelbarer Nähe der namibischen Grenze standen und kubanische Flugzeuge im Luftraum patrouillierten. Am 22. Dezember 1988 schließlich kam es zur dramatischen Wende in New York: Südafrika akzeptierte die Unabhängigkeit Namibias. Viele Faktoren haben Pretoria dazu veranlasst, aber ohne die militärische Entschlossenheit und das Verhandlungsgeschick der Kubaner wäre der New Yorker Vertrag nicht zustande gekommen.

Die Bilanz

Zwischen 1975 und 1991, als die letzten kubanischen Soldaten das Land verließen, fanden 2077 Kubaner in Angola den Tod. Ungefähr 200 weitere starben in diesem Zeitraum anderswo in Afrika, hauptsächlich 1978 in Äthiopien.[98] Über diese nüchternen Zahlen hinaus ist es schwer, die Kosten des kubanischen Einsatzes in Afrika zu beziffern, weil es darüber keine zureichenden Unterlagen gibt – meine eigenen Recherchen dazu sind noch nicht abgeschlossen –, und so bleibt vieles der Spekulation überlassen.

Den Sold für seine Soldaten in Afrika hat Kuba selbst aufgebracht, die Waffen wurden von der Sowjetunion kostenlos geliefert. Die übrigen Kosten wurden normalerweise vom Einsatzland getragen, allerdings teilweise auch von den Kubanern selbst übernommen, wie es in Angola beispielsweise bis Ende 1978 der Fall war. Dabei stellte die Entlohnung der Soldaten für Kuba keine geringe Belastung dar: Es handelte sich zum größten Teil um Reservisten, die weiterhin das normale Gehalt bezogen, das sie in ihren Zivilberufen in Kuba verdient hatten, dazu eine sehr bescheidene Zulage für ihren Einsatz in Afrika. Darüber hinaus waren zwischen 1975 und 1988 mehr als 70000 kubanische Helfer – allesamt qualifizierte Arbeitskräfte – in Afrika tätig. Sie leisteten gratis oder zu sehr geringen Kosten technische Hilfe.

Die Steigerung der sowjetischen Wirtschaftshilfe für Kuba in diesen Jahren war vielleicht auch als Entschädigung für die kostspielige kubanische Afrikapolitik gedacht, die im Großen und Ganzen von Moskau unterstützt wurde. Eine sichere Antwort liegt womöglich noch in kubanischen beziehungsweise sowjetischen Archiven verborgen. Man sollte diesen Aspekt jedoch nicht überbewerten. So konnte ich beispielsweise keine Anhaltspunkte dafür finden, dass die kubanische Entscheidung vom 1. Oktober 1983, Angola kostenlos technische Hilfe zur Verfügung

98 *Granma* (Havanna), 6. 12. 1989, S. 1 und 28. 5. 1991, S. 5.

zu stellen, zu einem Anstieg der sowjetischen Hilfeleistungen für Kuba geführt hätte.

So großzügig die kubanische Regierung auch war, verschwenderisch war sie nicht. Bei der Durchsicht Tausender kubanischer Akten ist mir immer wieder aufgefallen, wie sehr sich die Kubaner bemühten, Devisen zu sparen. Während der Verhandlungen von 1988 beispielsweise versuchte Risquet, die Hotelkosten so gering wie möglich zu halten und privat bei Kubanern unterkommen.[99]

Die Entsendung kubanischer Truppen nach Afrika belastete das Verhältnis zu den Vereinigten Staaten schwer. 1975 war Kissinger bereit gewesen, die Beziehungen zu normalisieren – bis die Kubaner in Luanda einzogen. Auch Carters Bemühungen von 1977, das Verhältnis zu entspannen, scheiterte an der kubanischen Militärpräsenz in Afrika. Doch wie lange hätten die Normalisierungsbemühungen überhaupt getragen, selbst wenn sich Havanna Washingtons imperialen Ansprüchen in Afrika gebeugt hätte? Schon 1979 trat Mittelamerika in den Blickpunkt des Interesses. Im folgenden Jahrzehnt lagen Havanna und Washington in erbittertem Widerstreit um Nicaragua und El Salvador. Es ist sehr unwahrscheinlich, dass angesichts des kubanischen Engagements im Hinterhof der USA die Normalisierung Bestand gehabt hätte.

Neben den Opfern an Menschenleben zahlte Kuba für seine Präsenz in Afrika auch einen hohen Preis an – wie Castro es nannte – »menschlichen Kosten«, denn Zehntausende Kubaner verbrachten zwei Jahre unter schwierigen Bedingungen weitab der Heimat und ihrer Familie.

War es die Sache wert? Angesichts der Tatsache, dass die angolanische Regierung im Laufe der Jahre immer repressiver, korrupter und gleichgültiger gegenüber den Bedürfnissen der eigenen Bevölkerung wurde, ist die Frage durchaus berechtigt. Die Antwort hängt vom jeweiligen Standpunkt ab. Im Hinblick auf die eng definierten Interessen Kubas war sie es nicht wert. Kuba konnte keine greifbaren Vorteile aus seinem Einsatz in Afrika ziehen. Wenn man jedoch der Ansicht ist, dass Staaten die Verpflichtung haben, anderen Ländern zu helfen – und der Internationalismus ist ein Kernanliegen der kubanischen Revolution –, lautet die Antwort ganz entschieden: Ja, es hat sich gelohnt. Was die Kubaner für Angola geleistet haben, liegt klar auf der Hand: Trotz ihrer vielen Mängel war die Regierung in Luanda für das Land weitaus besser, als die UNITA je hätte sein können. Savimbi, so schrieb der britische Botschafter Goulding, »war ein Ungeheuer, dessen Machtgelüste seinem Volk

---

99 »Reunión con el Comandante en Jefe el 18/6/88«, S. 45, CIFAR.

schreckliches Unheil gebracht haben«.[100] Darüber hinaus hat die kubanische Militärpräsenz in den 1980er Jahren die SADF an weiteren Zerstörungen im Land gehindert.[101] Doch Havannas Einsatz muss auch im größeren Kontext des südlichen Afrika gewürdigt werden. Hier ist vor allem die kubanische Unterstützung der SWAPO zu nennen, die wiederum entscheidend dazu beitrug, dass Pretoria Namibia in die Unabhängigkeit entlassen musste. Auch der Machtwechsel in Rhodesien Ende der 1970er Jahre zugunsten der schwarzen Bevölkerungsmehrheit wurde durch die kubanische Hilfe entscheidend unterstützt. Die Kampfbereitschaft der Kubaner und ihr Verhandlungsgeschick setzten Signale über Namibia hinaus. So meinte Nelson Mandela, der kubanische Sieg »zerstörte den Mythos von der Unbesiegbarkeit der weißen Unterdrücker [... und] machte den kämpfenden Massen in Südafrika Mut [...]. Cuito Cuanavale war der Wendepunkt für die Befreiung des Kontinents – und meines Volkes – von der Geisel der Apartheid.«[102]

Jede gerechte Bewertung der kubanischen Afrikapolitik muss ihre beeindruckenden Erfolge und vor allem Kubas Leistung anerkennen. Trotz aller gegenteiligen Bemühungen Washingtons trug sie entscheidend dazu bei, der Geschichte des südlichen Afrika einen neuen Verlauf zu geben. Jede faire Bewertung muss weiterhin die Entwicklungshilfe würdigen, die Zehntausende kubanische Experten völlig oder nahezu kostenlos in Afrika geleistet haben, sowie die kostenfreie Ausbildung, die 40 000 junge Afrikaner an kubanischen Bildungseinrichtungen und Hochschulen erhielten. Wenn man all dies berücksichtigt, muss man – trotz der zahlreichen Fragen zur Rolle Kubas in Äthiopien – Nelson Mandela zustimmen, der 1991 bei seinem Besuch in Havanna sagte: »Wir sind mit einem tiefen Gefühl der Dankbarkeit gegenüber dem kubanischen Volk hierher gekommen. [...] Welch anderes Land kann auf eine vergleichbare Bilanz an Selbstlosigkeit verweisen, wie sie Kuba in seinen Beziehungen zu Afrika bewiesen hat?«[103]

Aus dem Englischen von Bernhard Jendricke und Thomas Wollermann

---

100 Goulding, Peacemonger, S. 193.
101 Laut einer UN-Studie lag das Bruttoinlandsprodukt in Angola 1988 »zur Hälfte unter dem Betrag, den es vermutlich ohne die südafrikanische Aggression erreicht hätte« (Vereinte Nationen, Wirtschaftskommission für Afrika, South African Destabilization: The Economic Cost of Frontline Resistance to Apartheid, New York 1989, S. 8).
102 *Granma*, 27. 7. 1991, S. 3.
103 Ebenda.

Zu den Autoren und Autorinnen

Bruce E. Bechtol, Jr., PhD, Assistenzprofessor für Nationale Sicherheit am Air Command and Staff College (ACSC) der US-Luftwaffe. Neuere Veröffentlichungen: North Korean Nuclear and Missile Issues and the ROK-U.S. Collaboration: An American Perspective, in: *Korea Observer*, 35/1 (2004), S. 41–62; Who is Stronger? A Comparative Analysis on the Readiness and Capabilities of the North and South Korean Militaries«, in: *International Journal of Korean Unification Studies* 10/2 (2001), S. 1–26.

James S. Corum, PhD, Professor für Vergleichende Militärwissenschaft an der School of Advanced Airpower Studies der US-Luftwaffe (Maxwell, AL). Arbeitsgebiete: Geschichte der Luftstreitkräfte und des Luftkrieges; Kleine Kriege. Neuere Veröffentlichungen: The Roots of Blitzkrieg. Hans von Seeckt and German Military Reform, Lawrence, KS, 1992; The Luftwaffe. Creating the Operational Air War 1918–1940, Lawrence, KS, 1997.

Amit Das Gupta, Dr. phil., Wissenschaftlicher Mitarbeiter des Instituts für Zeitgeschichte, Abteilung Berlin, Aktenedition des Auswärtigen Amtes. Arbeitsschwerpunkte: Außen- und Sicherheitspolitik Deutschlands, Indiens und Pakistans; europäische Integration; vereintes Deutschland. Neuere Veröffentlichungen: Handel, Hilfe, Hallstein-Doktrin. Die bundesdeutsche Südasienpolitik unter Adenauer und Erhard 1949 bis 1966, Husum 2004; Lob der Schwäche. Heroische Rhetorik zum Untergang der deutschen Scheckbuchdiplomatie, in: Forschungsberichte aus dem Duitsland Instituut Amsterdam, Heft 1, 2004, S. 40–49.

Marc Frey, Dr. phil. habil., Außerordentlicher Professor an der International University Bremen. Arbeitsgebiete: Geschichte der internationalen Beziehungen im 19. und 20. Jahrhundert; amerikanische Außenpolitik; Kolonialismus und Dekolonisierung sowie Geschichte der Entwicklungspolitik. Neuere Veröffentlichungen: (Hg. mit Ronald W. Pruessen und Tan Tai Yong), The Transformation of Southeast Asia. International Perspectives on Decolonization, Armonk/London 2003; Dekolonisierung und Transformation. Die Vereinigten Staaten und die Auflösung der europäischen Kolonialreiche in Südostasien, München 2006.

David N. Gibbs, PhD, Außerordentlicher Professor für Geschichte und Politikwissenschaft an der Universität von Arizona. Arbeitsgebiete: In-

ternationale Beziehungen und Innenpolitik Afrikas südlich der Sahara
und des Nahen und Mittleren Ostens; Zerfall Jugoslawiens 1989–2000.
Neuere Veröffentlichungen: Pretexts and U.S. Foreign Policy: The War
on Terrorism in Historical Perspective, in: *New Political Science* 26/3,
(2004); The Political Economy of Third World Intervention: Mines,
Money, and U.S. Policy in the Congo Crisis, Chicago, IL, 1991.

Henner Fürtig, PD, Dr. phil., Wissenschaftlicher Mitarbeiter am Deutschen Orient-Institut in Hamburg und Privatdozent am Historischen Se-
minar der Universität Hamburg. Arbeitsgebiet: Neueste Geschichte und
Politik des Vorderen Orients. Neuere Veröffentlichungen: Kleine Geschichte des Irak. Von der Gründung 1921 bis zur Gegenwart, München
2003; Iran's Rivalry with Saudi Arabia between the Gulf Wars, Reading
(UK) 2002.

Piero Gleijeses, PhD, Professor für Außenpolitik der USA an der Johns
Hopkins University (Baltimore, MD). Arbeitsgebiete: Außenpolitik der
USA; Geschichte des Kalten Krieges; Außenpolitik Kubas. Neuere Ver-
öffentlichungen: Conflicting Missions. Havana, Washington, and Africa,
Chapel Hill, NC, 2002; Shattered Hope. The Guatemalan Revolution
and the United States, 1944–1954, Princeton, NJ, 1991.

Bernd Greiner, Prof. Dr. phil., Leiter des Arbeitsbereichs Theorie und Geschichte der Gewalt am Hamburger Institut für Sozialforschung; lehrt
am Fachbereich Philosophie und Geschichtswissenschaft der Universität
Hamburg. Arbeitsgebiete: Geschichte der USA; internationale Beziehungen; Verhältnis von Militär- und Zivilgesellschaft. Neuere Veröffentlichungen: (Hg., zusammen mit Roger Chickering und Stig Förster), A
World at Total War. Global Conflict and the Politics of Destruction,
1937–1945, Cambridge 2005; First To Go, Last to Know. Der Dschungelkrieger in Vietnam, in: *Geschichte und Gesellschaft* 29 (2003),
S. 239–261.

Roger E. Kanet, PhD, Professor für Internationale Studien an der Universität Miami (Coral Gables, FL). Arbeitsgebiete: Internationale Sicherheitspolitik; Sowjetische/Russische Außen- und Sicherheitspolitik.
Neuere Veröffentlichungen: (Hg.), The New Security Environment. The
Impact on Russia, Central and Eastern Europe, Aldershot 2005.

Jon V. Kofas, PhD, Professor für Geschichte an der Indiana University
(Kokomo, IN). Arbeitsgebiete: Geschichte der internationalen politi-

schen Ökonomie in Lateinamerika seit 1930; Diplomatiegeschichte der modernen USA; Geschichte des modernen Griechenland. Neuere Veröffentlichungen: Independence from America. Global Integration and Inequality, Aldershot 2005; Under the Eagles Claw: Exceptionalism in Postwar U.S.-Greek Relations, Westport, CT, 2003.

Bruce Kuniholm, PhD, Professor für Politikwissenschaft und Geschichte, Direktor des Sanford Institute of Public Policy und Leiter des Department of Policy Sciences and Public Affairs der Duke University (Durham, NC). Arbeitsgebiete: Außenpolitik der USA seit 1945; Nationale Sicherheit; US-amerikanische Politik im Nahen und Mittleren Osten; Türkisch-amerikanische Beziehungen. Neuere Veröffentlichungen: 9/11, the »Great Game,« and the »Vision Thing«. The Need for (and elements of) a More Comprehensive Bush Doctrine, in: *Journal of American History* 89/2 (2002), S. 426–438; The Origins of the Cold War in the Near East: Great Power Conflict and Diplomacy in Iran Turkey, and Greece, 2. Aufl., Princeton, NJ, 1994.

Robert J. McMahon, PhD, Professor für Geschichte an der Ohio State University und am Mershon Center for International Security Affairs (Columbus, OH). Ehemaliger Präsident der Society for Historians of American Foreign Relations. Neuere Veröffentlichungen: The Cold War. A Very Short Introduction, Oxford 2003; The Limits of Empire. The United States and Southeast Asia since World War II, New York 1999.

Christian Th. Müller, Dr. phil., Wissenschaftlicher Mitarbeiter im Arbeitsbereich Theorie und Geschichte der Gewalt des Hamburger Instituts für Sozialforschung. Arbeitsgebiete: Deutsche Militärgeschichte des 19. und 20. Jahrhunderts; Militärsoziologie; Theorie – Geschichte – Zukunft militärischer Gewalt; Militär und Gesellschaft in der DDR; ausländische Truppen im geteilten Deutschland. Neuere Veröffentlichungen: (Hg. zusammen mit Patrice G. Poutrus), Ankunft – Alltag – Ausreise. Migration und interkulturelle Begegnung in der DDR-Gesellschaft (= Zeithistorische Studien, Band 29), Köln/Weimar 2005; »Tausend Tage bei der Asche«. Unteroffiziere in der NVA. Untersuchungen zu Alltag und Binnenstruktur einer »sozialistischen« Armee (= Militärgeschichte der DDR, Band 6), Berlin 2003.

Thomas Scheben, Dr. phil., Islamwissenschaftler und Journalist, Pressesprecher der Stadt Frankfurt am Main. Arbeitsgebiet: Neueste und Zeitgeschichte des Nahen und Mittleren Ostens. Neuere Veröffentlichungen:

Sicherheit und Frieden – gegenüber einer Partnerschaft zwischen Europa und der Mittelmeerregion, Cairo 1995; Security Structures in the Eastern Mediterranean Region and the Near East, Cairo 1997.

Brad Simpson, PhD, Assistenzprofessor für Geschichte der Amerikanischen Außenpolitik und Internationale Geschichte an der Universität von Maryland (Baltimore, MD), Forscher am National Security Archive und Leiter eines Projektes für die Freigabe US-amerikanischer Akten zu Indonesien und Osttimor. Veröffentlichung: Economists with Guns: Anti-Communism, Military Modernization, and U.S.-Indonesian Relations, 1960–1968 (in Vorbereitung).

Dierk Walter, Dr. phil., Wissenschaftlicher Mitarbeiter am Arbeitsbereich Theorie und Geschichte der Gewalt des Hamburger Instituts für Sozialforschung. Arbeitsgebiete: Militärgeschichte Deutschlands, Großbritanniens und der USA im 19. und 20. Jahrhundert; Theorie und Geschichte der Europäischen Expansion und des Imperialismus; Kolonialkrieg, asymmetrischer Krieg, kleiner Krieg. Neuere Veröffentlichungen: Symmetry and Asymmetry in Colonial Warfare ca. 1500–2000. The Uses of a Concept (IFS Info 3/2005), Oslo 2005; Preußische Heeresreformen 1807–1870. Militärische Innovation und der Mythos der »Roonschen Reform«, Paderborn 2003.

Elaine Windrich, Gastforscherin für Afrikastudien an der Universität Stanford, CA. Arbeitsgebiete: Südliches Afrika, insbesondere Politik und Internationale Beziehungen Simbabwes, Angolas und Südafrikas. Neuere Veröffentlichungen: Britain and the Politics of Rhodesian Independence, London 1978; The Cold War Guerrilla: Jonas Savimbi, the US Media and the Angolan War, New York 1992.

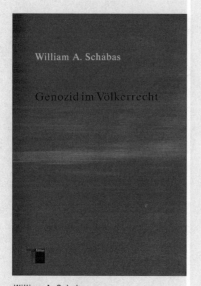

William A. Schabas
Genozid im Völkerrecht
Aus dem Englischen von
Holger Fliessbach
Gebunden, 792 Seiten
ISBN 978-3-930908-88-2

»Noch nie zuvor ist das Verbrechen des Völkermordes rechtswissenschaftlich so durchdrungen worden.«
Christian Hillgruber,
Frankfurter Allgemeine Zeitung

»Die Völkermordkonvention blieb jahrzehntelang ohne politische Auswirkung. Seit den Tribunalen für das ehemalige Jugoslawien und Ruanda hat sich das geändert. Willam A. Schabas' Meisterwerk erhellt diesen Prozeß.«
Alexandra Kemmerer,
Internationale Politik

Gerd Hankel/ Gerhard Stuby (Hg.)
Strafgerichte gegen Menschheitsverbrechen.
Zum Völkerstrafrecht 50 Jahre
nach den Nürnberger Prozessen
Gebunden, 536 Seiten
ISBN 978-3-930908-10-3

»Nürnberg war nicht umsonst. Diese Hoffnung ist der kleine rote Faden, der dieses gute und wichtige Buch zusammenhält.«
Uwe Wesel, WDR

Hamburger Edition HIS Verlagsges.mbH, Mittelweg 36, D 20148 Hamburg, www.Hamburger-Edition.de

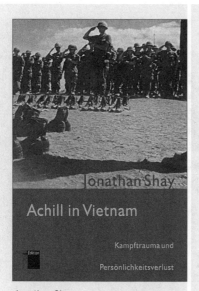

Jonathan Shay
Achill in Vietnam.
Kampftrauma und
Persönlichkeitsverlust
Aus dem Englischen
von Klaus Kochmann
Gebunden, 320 Seiten
ISBN 978-3-930908-36-3

Yves Ternon
Der verbrecherische Staat.
Völkermord im 20. Jahrhundert
Aus dem Französischen
von Cornelia Langendorf
Gebunden, 344 Seiten
ISBN 978-3-930908-27-1

In diesem bemerkenswerten Buch untersucht der amerikanische Psychiater Jonathan Shay die seelischen Verwüstungen, die der moderne Krieg im Menschen anrichtet, indem er die Aussagen seiner Patienten mit denen in Homers Ilias vergleicht.

Seine Patienten sind ehemalige Vietnamkämpfer, die an schweren posttraumatischen Störungen leiden; die Ilias beschreibt, wie der Krieger Achill aus Trauer über den Tod seines Freundes Patroklos »zum Berserker« wird.

»Ternons Analyse enthält die unmißverständliche Warnung, daß prinzipiell jeder zum Täter bei einem Völkermord werden kann.«
Thomas Kreuder,
Frankfurter Rundschau

Hamburger Edition HIS Verlagsges.mbH, Mittelweg 36, D 20148 Hamburg, www.Hamburger-Edition.de

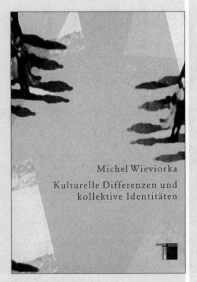

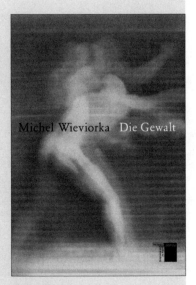

Michel Wieviorka
Kulturelle Differenzen und
kollektive Identitäten
Aus dem Französischen
von Ronald Voullié
Gebunden, 248 Seiten
ISBN 978-3-930908-90-5

Michel Wieviorka
Die Gewalt
Aus dem Französischen
von Michael Bayer
Gebunden, 230 Seiten
ISBN 978-3-936096-60-6

»Daß sich die hier skizzierten Schwierigkeiten in Zukunft noch vergrößern werden – dies macht die beunruhigende, aber eben nicht zu ignorierende Botschaft diese klugen Buches aus.«
Kersten Knipp,
Neue Zürcher Zeitung

»Insgesamt besticht die pragmatische Nüchternheit, mit der Wieviorka über die Probleme multikulturellen Zusammenlebens nachdenkt, denn eine Patentlösung ist nicht in Sicht.«
Rudolf Walther,
Frankfurter Rundschau

»Eine Stärke von Wieviorkas Analyse liegt sicher darin, das er eindimensionale und monokausale Erklärungen und Schlüsse vermeidet. Zu Recht hebt er hervor, dass es keine ›reine, absolute Gewalt‹ gibt, sondern nur solche, die in historisch, gesellschaftlich, politisch, religiös und kulturell geformten Zusammenhängen entstanden ist.«
Rudolf Walther,
Die Zeit

Hamburger Edition HIS Verlagsges.mbH, Mittelweg 36, D 20148 Hamburg, www.Hamburger-Edition.de

Heinz Bude / Bernd Greiner (Hg.)
Westbindungen.
Amerika in der Bundesrepublik
Gebunden, 358 Seiten
ISBN 978-3-930908-50-9

Was immer über die Bundesrepublik in der Rückschau auf ihre
ersten 50 Jahre geschrieben wird,
eine Beobachtung fehlt nie: daß sie
– wie Bernd Greiner und Heinz
Bude in ihren einleitenden Beiträgen ausführen - ohne den Einfluß
der Vereinigten Staaten eine andere
wäre.
Mit Beiträgen von: Heinz Bude,
Bernd Greiner, Edmund Spevak,
Alfons Söllner, Michael Schröter,
Hartmut Lehmann, Klaus Nau-
mann, Werner Bührer, Michael
Wildt, Raimund Lammersdorf,
Wolfgang Kraushaar, Karin Wie-
land, Waltraud Schelkle, Rainer
Hank

Bernd Greiner
Die Morgenthau-Legende.
Zur Geschichte eines
umstrittenen Plans
Gebunden, 441 Seiten,
66 Abbildungen
ISBN 978-3-930908-07-3

»Morgenthaus Erkenntnis lautete
schlicht und einfach: Völkermord
und Aggressionskrieg dürfen nicht
ungesühnt bleiben. Es gibt keine
Normalität im Schatten der Vernichtung. Das war Morgenthaus
Botschaft an die Tätergeneration.
Bernd Greiners Verdienst ist es,
diese Geschichte in seiner fulmi-
nanten Untersuchung rekonstruiert zu haben.«
Michael Marek,
die tageszeitung

Hamburger Edition HIS Verlagsges.mbH, Mittelweg 36, D 20148 Hamburg, www.Hamburger-Edition.de